MW00855763

Ambraser Heldenbuch

TRANSCRIPTIONES

Herausgegeben von
Mario Klarer

Band 1

De Gruyter

Mario Klarer (Hrsg.)

Ambraser Heldenbuch

Gesamttranskription mit Manuskriptbild

Teilband 6:
›Nibelungenlied‹

De Gruyter

Publiziert mit der Unterstützung durch:
- Amt der Tiroler Landesregierung, Abteilung Kultur
- Landeshauptstadt Innsbruck, MA V – Kulturamt
- Österreichische Akademie der Wissenschaften (ÖAW)
- Büro der Vizerektorin für Forschung der Universität Innsbruck
- Südtiroler Landesregierung, Abteilung Deutsche Kultur
- Stiftung Südtiroler Sparkasse
- Philologisch-Kulturwissenschaftliche Fakultät der Universität Innsbruck

ÖSTERREICHISCHE
AKADEMIE DER
WISSENSCHAFTEN

Deutsche Kultur - Cultura tedesca

ISBN 978-3-11-071894-2
e-ISBN (PDF) 978-3-11-071910-9
ISSN 2747-4968
DOI https://doi.org/10.1515/9783110719109

Library of Congress Control Number: 2021920679

Bibliografische Information der Deutschen Nationalbibliothek
Die Deutsche Nationalbibliothek verzeichnet diese Publikation in der Deutschen Nationalbibliografie; detaillierte bibliografische Daten sind im Internet über http://dnb.dnb.de abrufbar.

Satz: Paul Rangger
Umschlagabbildung: ›Ambraser Heldenbuch‹, Wien, Österreichische Nationalbibliothek, Cod. ser. nova 2663, fol. XCVr.
Druck und Bindung: CPI books GmbH, Leck

www.degruyter.com

Inhalt

Vorwort

Zu Beginn des 16. Jahrhunderts gab Maximilian I. dem Bozner Zöllner Hans Ried den Auftrag, ein »helldenpuch« niederzuschreiben. Der fast 250 Pergamentblätter umfassende Kodex avancierte unter dem Namen ›Ambraser Heldenbuch‹ zu einer der wichtigsten Quellen deutschsprachiger Literatur des Mittelalters. Der Kodex ist in vielerlei Hinsicht ein Unikat, vor allem weil 15 der 25 darin enthaltenen Werke – darunter so zentrale Texte des mittelhochdeutschen Kanons wie Hartmanns ›Erec‹ – nur in dieser Handschrift überliefert sind. Es verwundert daher nicht, dass seit vielen Jahrzehnten eine Gesamttranskription des ›Ambraser Heldenbuchs‹ gefordert wird.

Erstmals erscheinen in dieser elf Bände umfassenden Gesamttranskription alle Texte des ›Ambraser Heldenbuchs‹ im frühneuhochdeutschen Originalwortlaut. Damit schließt sich eine große Lücke in den Disziplinen Editionsphilologie, Linguistik und Literaturwissenschaft. Die vorliegende Ausgabe des ›Ambraser Heldenbuchs‹ wurde durch folgende Institutionen und Forschungsprojekte möglich gemacht: Über das ÖAW-go!digital-2.0-Forschungsprojekt »Ambraser Heldenbuch: Transkription und wissenschaftliches Datenset« (Projektleitung Mario Klarer) wurde erstmals das gesamte ›Ambraser Heldenbuch‹ allographisch transkribiert und als digitales Datenset vorgelegt. Im Umfeld des Projekts der Österreichischen Akademie der Wissenschaften (ÖAW) »TEI Converter for E-Book and Print Editions« (Projektleitung Mario Klarer) konnten Programmierarbeiten für die Erstellung der Druckfahnen durchgeführt werden. Dank einer großzügigen Unterstützung durch das Amt der Tiroler Landesregierung, Abteilung Kultur, und durch die Landeshauptstadt Innsbruck, MA V – Kulturamt, im Rahmen des Projekts »Kaiser Maximilian goes digital: Vom ›Gedächtnis‹ zum Datenspeicher« (Projektleitung Mario Klarer) konnte der Großteil der Kosten für die Drucklegung und für die Open-Access-Gebühr der Gesamtausgabe abgedeckt werden. Weitere Druckkostenzuschüsse wurden vom Büro der Vizerektorin für Forschung der Universität Innsbruck, der Südtiroler Landesregierung, Abteilung Deutsche Kultur, der Stiftung Südtiroler Sparkasse und der Philologisch-Kulturwissenschaftlichen Fakultät der Universität Innsbruck gewährt.

Folgende Personen haben zu verschiedenen Zeitpunkten mit unterschiedlicher Intensität an der Transkription des ›Ambraser Heldenbuchs‹ unter Anwendung der Software *Transkribus* mitgearbeitet: Hubert Alisade, Barbara Denicolò, Veronika Führer, David Messner, Bernadette Rangger, Markus Saurwein und Aaron Tratter. Paul Rangger hat die Programmierarbeiten für den Satz und zusammen mit Wolfgang Preisinger die Bildbearbeitungen für die Drucklegung durchgeführt. Elisabeth Kempf hat weit über ihre Funktion im Verlag De Gruyter hinaus den gesamten Publikationsprozess unterstützt. Andreas Fingernagel, dem Direktor der Sammlung von Handschriften und alten Drucken der Österreichischen Nationalbibliothek, danke ich für seine Hilfe bei der Verwendung der Scans des ›Ambraser Heldenbuchs‹. Zu besonderem Dank bin ich Professor Kurt Gärtner verpflichtet, der von der Antragsstellung der unterschiedlichen Drittmittelprojekte bis hin zum Abschluss der Gesamttranskription großzügig seine umfassende Expertise für unterschiedliche editionsphilologische Fragestellungen zur Verfügung gestellt hat. Aaron Tratter hat die Drucklegung der Gesamtausgabe des ›Ambraser Heldenbuchs‹ konzeptionell, inhaltlich und administrativ begleitet. Hubert Alisade gebührt besonderer Dank für seine umfangreichen Transkriptionen und für das akribische Korrekturlesen aller Texte.

Innsbruck, Oktober 2021 Mario Klarer

Einleitung

1. Die Handschrift

A ›Ambraser Heldenbuch‹, Wien, Österreichische Nationalbibliothek, Cod. ser. nova 2663.

Material: Pergament; Vorsatzblätter aus Papier; Einband aus Pappe mit Kalbslederüberzug unter Verwertung von Teilen des ursprünglichen Ledereinbands.

Umfang: 5 + 238 Blätter.

Maße: Blätter: 460 mm × 360 mm; Schriftspiegel: 360 mm × 235 mm; 3 Spalten zu 66–69 Zeilen.

Foliierung: Lateinisch auf den Recto-Seiten (fol. 128 fehlt, fol. 153 ist zweimal gezählt); arabisch in Blei auf den Verso-Seiten (aus dem 20. Jahrhundert).

Inhalt:

1*r–4*v:	Tabula
5*v:	Frontispiz
1ra–2rb:	Der Stricker: ›Die Frauenehre‹ (unvollständig) (Handschrift d)
2va–5vc:	›Mauritius von Craûn‹ (Unikat)
5vc–22rc:	Hartmann von Aue: ›Iwein‹ (Handschrift d)
22rc–26va:	Hartmann von Aue: ›Die Klage‹ (auch ›Erstes Büchlein‹) (Unikat)
26va–28rb:	›Das Büchlein‹ (auch ›Zweites Büchlein‹) (Unikat)
28rb–30rb:	›Der Mantel‹ (Unikat)
30rb–50vb:	Hartmann von Aue: ›Erec‹ (Unikat)
50vc–75ra:	›Dietrichs Flucht‹ (Handschrift d)
75rb–92rb:	›Rabenschlacht‹ (Handschrift d)
95ra–127va:	›Nibelungenlied‹ (Handschrift d)
131va–139vb:	›Nibelungenklage‹ (Handschrift d)
140ra–166ra:	›Kudrun‹ (Unikat)
166rb–195vc:	›Biterolf und Dietleib‹ (Unikat)
196ra–205vb:	›Ortnit‹ (Handschrift A)
205vb–214vc:	›Wolfdietrich A‹ (Unikat)
215ra–216vb:	›Die böse Frau‹ (Unikat)
217ra–217va:	Herrand von Wildonie: ›Die treue Gattin‹ (Unikat)
217vb–218rc:	Herrand von Wildonie: ›Der betrogene Gatte‹ (Unikat)
218rc–219vc:	Herrand von Wildonie: ›Der nackte Kaiser‹ (Unikat)
219vc–220va:	Herrand von Wildonie: ›Die Katze‹ (Unikat)
220va–225rb:	Ulrich von Liechtenstein: ›Frauenbuch‹ (Unikat)
225rb–229rb:	Wernher der Gärtner: ›Helmbrecht‹ (Handschrift A)
229rb–233vb:	Der Stricker: ›Pfaffe Amis‹ (Handschrift W)
234ra–235rb:	Wolfram von Eschenbach: ›Titurel‹ (Handschrift H)
235va–237vc:	›Brief des Priesterkönigs Johannes‹ (Unikat)

Zu Beginn des 16. Jahrhunderts beauftragte Maximilian I. den Bozner Zöllner Hans Ried mit der Niederschrift einer Sammelhandschrift, die später als ›Ambraser Heldenbuch‹ in die Literarturgeschichte einging.[1] Alle Texte dieses Prachtkodex wurden in einer Hand von Hans Ried im Zeitraum zwischen 1504 und 1516 niedergeschrieben und weisen trotz des beachtlichen Umfangs von 5 + 238 Pergamentblättern hinsichtlich Qualität und Erscheinungsbild größte Konsistenz auf.[2] Bemerkenswert an dieser prunkvollen Sammelhandschrift ist aber vor allem die Tatsache, dass von ihren 25 Werken 15 im ›Ambraser Heldenbuch‹ unikal überliefert sind. Hierzu zählen so wichtige Texte des mittelhochdeutschen Literaturkanons wie ›Erec‹, ›Kudrun‹ oder ›Mauritius von Craûn‹. Auch die weitere Manuskriptlage zum Schreiber Hans Ried ist ungewöhnlich, da neben dem ›Ambraser Heldenbuch‹ auch relativ viele Urkunden und Gebrauchstexte aus seiner Feder überliefert sind.[3]

1 Zur Beauftragung des Schreibers siehe Alisade (2019). Zu aktuellen Themen und Forschungsarbeiten zum ›Ambraser Heldenbuch‹ siehe Klarer (2019).

2 Zur kodikologischen Beschreibung des ›Ambraser Heldenbuchs‹ siehe Menhardt (1961: S. 1469–1478), Bäuml (1969a), Unterkircher (1973), Janota (1978), Gärtner (2015) und Tratter (2019).

3 Zu den Autographen von Hans Ried siehe Mura (2007) und Alisade (2019).

2. Wissenschaftliche Relevanz einer Gesamttranskription des ›Ambraser Heldenbuchs‹

Das ›Ambraser Heldenbuch‹ liegt bereits seit geraumer Zeit als Faksimile (1973) vor und auch alle Texte des ›Ambraser Heldenbuchs‹ sind über gedruckte Editionen (meist in normalisierter Form als Rückübertragungen in standardisiertes Mittelhochdeutsch) zugänglich. Jedoch gibt es neben vereinzelten Transkriptionen ausgewählter Werke bisher keine umfassende zeichengetreue Gesamttranskription des Kodex. Dies ist umso verwunderlicher, da sich seit vielen Jahrzehnten Stimmen mehren, die einer Gesamtbeurteilung der Sprache und Gesamttranskription des ›Ambraser Heldenbuchs‹ höchste Priorität zusprechen (z. B. Leitzmann 1935; Gärtner 2006; Mura 2007). Hierbei werden vielfältige, vor allem editionsphilologische Gründe für eine zeichengetreue Transkription des ›Ambraser Heldenbuchs‹ als »dringendes Forschungsdesiderat« (Homeyer/Knor 2015: S. 98) ins Feld geführt. Um diese Forschungslücke zu schließen, arbeitet die vorliegende Gesamtausgabe mit zwei korrespondierenden Transkriptionen. Die allographische Transkription differenziert neben den Graphemen die allographischen Varianten, die in der Handschrift vorkommen. Dabei werden ausgehend von der Federführung allographische Varianten von Graphemen isoliert, klassifiziert und in der Transkription verwendet. Parallel dazu werden die allographischen Varianten in der diplomatischen Transkription, die auf der allographischen Transkription beruht, vereinheitlicht.

Eine so gestaltete Gesamttranskription des ›Ambraser Heldenbuchs‹ ist aus folgenden Gründen von Relevanz:

- Eine der umfangreichsten Sammelhandschriften mittelhochdeutscher Literatur:
  Das ›Ambraser Heldenbuch‹ ist mit 25 wichtigen mittelalterlichen literarischen Erzähltexten, von denen 15 im ›Ambraser Heldenbuch‹ unikal überliefert sind, der umfangreichste Kodex (ca. 600 000 Wörter) seiner Art.
- Korpus in einer Schreiberhand:
  Von einem einzelnen Schreiber niedergeschrieben bietet das ›Ambraser Heldenbuch‹ (zusammen mit den Urkunden Hans Rieds) eine exzellente Materialbasis für ein allographisches Korpus unter Berücksichtigung graphemischer Varianten, Superskripta, Abkürzungs- und Interpunktionszeichen der riedschen Schreiberhand.
- Literarische Sprache:
  Obwohl die Texte im ›Ambraser Heldenbuch‹ aus dem 12. und 13. Jahrhundert stammen, sind sie dort ausschließlich in frühneuhochdeutscher Sprache festgehalten. Im ›Ambraser Heldenbuch‹ manifestiert sich eine literarische Sprache, die sich von anderen überlieferten Autographen Hans Rieds (aus einem dezidiert nichtliterarischen Kontext) abhebt. Bereits 1935 beklagte Albert Leitzmann das Fehlen einer »zusammenfassende[n] untersuchung über die copistenleistung Johannes Rieds und damit eine[r] gesamtbeurteilung ihres sprachlichen charakters in all seinen einzelheiten« (S. 189). 1969 spezifizierte Franz H. Bäuml: »Bei einer Behandlung der Sprache der Handschrift ist äußerste Vorsicht geboten. Es ist erstens zu bedenken, daß die Handschrift eine Abschrift einer spätmhd. oder ffnhd. Vorlage ist, über deren sprachliche Beschaffenheit wir so gut wie nichts wissen. Was die sprachlichen Eigenschaften der Vorlage anbelangt, ist es ganz unmöglich, auf Grund des vorliegenden Materials zu irgendwelchen auch nur halbwegs sicheren Schlüssen zu kommen. Und es muß zweitens die Möglichkeit angenommen werden, daß diese uns in so großem Maße unbekannte Vorlage in sprachlicher Hinsicht den Schreiber Hans Ried in Einzelheiten beeinflußt hat. Einerseits kann er also von seiner Vorlage den Einflüssen seines eigenen Dialektes teilweise entzogen worden sein, anderseits kann er sich fern genug von dialektischen Einschlägen gehalten haben, so daß eine Untersuchung, den Dialekt Hans Rieds festzustellen, auf äußerst unsicherem Boden fußen würde.« (Bäuml 1969b: S. 32)
- Unikale Überlieferung:
  Der Großteil der bisherigen Editionen von unikalen Werken des ›Ambraser Heldenbuchs‹ versucht, eine Rücktransposition in normalisiertes Mittelhochdeutsch zu vollführen. Hierfür betont Kurt Gärtner in der Einleitung seiner 7. Auflage des ›Erec‹ die Nützlichkeit einer »vollständigen Transkription« (2006: S. XX) des ›Ambraser Heldenbuchs‹. Es gibt folglich bisher keine vollständige Gesamtausgabe aller Texte des ›Ambraser Heldenbuchs‹ als zeichengetreue Transkription ohne den Versuch einer Normalisierung oder Standardisierung. Gerade für die im ›Ambraser Heldenbuch‹ unikal überlieferten Texte (wie z. B. Hartmanns ›Erec‹) sehen Susanne Homeyer und Inta Knor (2015) das große Potential einer Gesamttranskription: »[F]ehlt doch die Gesamtschau auf den Schreibusus Rieds im Rahmen seiner Abschrift des ›Ambraser Heldenbuches‹, um mögliche Vorlagenreflexe von Texteingriffen, Wortschatzwandel oder individuellen Schreibgewohnheiten zu trennen.« (S. 98) Die vorliegende Gesamttranskription sollte damit anschlussfähig für unterschiedliche

Editionsbemühungen von Einzeltexten des ›Ambraser Heldenbuchs‹ sein.

Zusammenfassend liegt der unmittelbare Grund für eine Gesamttranskription des ›Ambraser Heldenbuchs‹ darin, dass 15 der 25 Texte der Sammelhandschrift unikal überliefert sind. Die Unikate sind die einzige Quelle für die Erarbeitung von Editionen dieser Werke. Auf der Basis der vorliegenden Gesamttranskription ließe sich die »Schreibsprache Rieds« (Gärtner 2006: S. XX), die er für die Niederschrift seiner Texte im ›Ambraser Heldenbuch‹ verwendet hat, besser greifbar machen. Im Umkehrschluss können diese Erkenntnisse Rückschlüsse auf seine (nichtüberlieferten) Vorlagen ermöglichen und damit Editionen der unikal überlieferten Werke potentiell verfeinern und schärfen. Darüber hinaus lässt eine Gesamttranskription eine Vielzahl von Untersuchungen zu und legt damit den Grundstein für zukünftige Forschungsprojekte in unterschiedlichen Disziplinen rund um das ›Ambraser Heldenbuch‹.

Im Rahmen des ÖAW-go!digital-2.0-Forschungsprojekts »Ambraser Heldenbuch: Transkription und wissenschaftliches Datenset« (Projektleitung Mario Klarer) wurde erstmals das gesamte ›Ambraser Heldenbuch‹ (allographisch) transkribiert und als digitales Datenset vorgelegt. Die gedruckte Gesamtausgabe basiert auf diesem Datenset und wurde mit großzügiger Unterstützung durch das Amt der Tiroler Landesregierung und die Landeshauptstadt Innsbruck im Rahmen des Projekts »Kaiser Maximilian goes digital: Vom ›Gedächtnis‹ zum Datenspeicher« (Projektleitung Mario Klarer) ermöglicht.

Die vorliegende Gesamttranskription des ›Ambraser Heldenbuchs‹ versteht sich dezidiert nicht als kritische Edition und will auch in keiner Weise mit bereits existierenden kritischen Editionen einzelner Texte der Sammelhandschrift in Konkurrenz treten. Wichtigstes Ziel dieser Gesamttranskription ist es, erstmals alle Texte des ›Ambraser Heldenbuchs‹ als Gegenüberstellung von Manuskriptbild, allographischer Transkription und diplomatischer Transkription zugänglich zu machen:

Manuskriptbild in Originalgröße
Der Scan des entsprechenden Manuskriptausschnitts erlaubt einen direkten Vergleich mit den zwei parallel dazu angeordneten Transkriptionen. Zusätzlich werden die Buchmalereien abgebildet, die sich am Seitenrand links oder rechts der Textspalten befinden.[4]

Allographische Transkription gemäß dem Zeilenumbruch des Manuskripts
In der allographischen Transkription werden die allographischen Varianten der riedschen Schreiberhand abgebildet, wobei auf Standardisierungen verzichtet wird. Zudem wird dem Zeilenumbruch des Manuskripts gefolgt, sodass eine synoptische Gegenüberstellung des Manuskripts und der allographischen Transkription ermöglicht wird.

Diplomatische Transkription gemäß Versen und Strophen sowie deren Nummerierung
Eine dazu parallel angeordnete diplomatische Transkription vereinheitlicht gegenüber der allographischen Transkription allographische Varianten sowie Superskripta und löst Abbreviaturen auf, um die Transkription allgemein zitierfähig zu machen. Die diplomatische Transkription ist nach Versen und, so diese vorhanden, Strophen umbrochen, welche gemäß etablierten Editionen der Texte (siehe 4.1. Konsultierte Editionen für Nummerierung der Verse und Strophen) nummeriert sind. Damit wird ein Vergleich mit Editionen der einzelnen Texte ermöglicht.

Um die verschiedenen Ebenen der Transkription darzustellen, sind in der vorliegenden Druckausgabe neben dem Bild des Manuskripts die allographische Transkription und eine zitierfähige, vereinfachte Transkription parallel angeordnet.

3. Einrichtung der Ausgabe

3.1. Manuskriptbild (linke Seite der Gesamtausgabe)

Das ›Ambraser Heldenbuch‹ besteht aus 5 + 238 Pergamentblättern (460 mm × 360 mm), die mit Ausnahme des Inhaltsverzeichnisses den Text in drei Spalten wiedergeben. Um die Manuskriptbilder in Originalgröße wiedergeben zu können, wird in der Gesamtausgabe pro Seite jeweils eine halbe Spalte aus dem ›Ambraser Heldenbuch‹ abgebildet (220,13 mm × 105,83 mm oder 220,13 mm × 160,87 mm). Die Zeilennummerierung steht links oder, wenn sich links des Texts Buchmalereien befinden, rechts neben dem Manuskriptbild. Aufgrund der Wölbung der Pergamentseiten und der Linienführung Hans Rieds kann es zu leichten Diskrepanzen zwischen der tatsächlichen Position einer Zeile im Manuskriptbild und der Zeilennummerierung kommen.

4 Zum Buchschmuck des ›Ambraser Heldenbuchs‹ siehe Domanski (2019).

3.2. Allographische Transkription (rechte Seite der Gesamtausgabe, linke Spalte)

Auf der rechten Seite der Gesamtausgabe sind zwei getrennte Transkriptionen jenes Textes wiedergegeben, dessen Scan auf der linken Seite der Gesamtausgabe abgebildet ist. Die links angeordnete Transkription gibt den Manuskriptscan einer halben Spalte allographisch wieder: Hierzu zählen die Beibehaltung des Zeilenumbruchs des Manuskripts (bei dem die Versenden nicht mit den Zeilenenden zusammenfallen) und die allographische Wiedergabe der Buchstaben, Superskripta, Interpunktionszeichen sowie der Abbreviaturen gemäß den Transkriptionsrichtlinien (siehe Transkriptionszeichen der allographischen Transkription). So werden beispielsweise die Allographe ‹s›, ‹ʙ›, ‹σ›, ‹ſ› und ‹ẜ› für das Graphem ‹s› in der allographischen Transkription verwendet. Ebenso werden ausgepunktete oder durchgestrichene Textpassagen in der allographischen Transkription mittels Durchstreichung wiedergegeben. Nicht wiedergegeben wird die exakte Größe von Lombarden, wobei jedoch deren Farbe (rot oder blau) als Orientierungshilfe beibehalten wird. Die restlichen Initialen, die sich zu Beginn der einzelnen Texte oder *âventiuren* befinden, werden durch eine Darstellung über drei Zeilen gekennzeichnet, die jedoch nicht der tatsächlichen Größe im Manuskript entspricht. Incipits und Explicits werden in der Transkription wie im Manuskript farblich (rot) hervorgehoben. Auf die Kennzeichnung der Rubrizierungen von Majuskeln wird zur Gänze verzichtet, die aber über den Manuskriptscan leicht erschließbar sind.

Um die Benutzung und den Vergleich von Manuskriptscan und linker Transkriptionsspalte möglichst effizient zu gestalten, wird eine synoptische Darstellung gewählt. Aufgrund der Wölbung des Pergaments und der Linienführung Hans Rieds kann es jedoch auch hier vereinzelt zu leichten Positionsabweichungen zwischen den Zeilen im Scan und der allographischen Transkription kommen.

Richtlinien für die allographische Transkription

Im Folgenden soll ein kurzer Überblick über die von Hans Ried im ›Ambraser Heldenbuch‹ verwendeten Buchstaben, Superskripta, Abkürzungs- und Interpunktionszeichen gegeben werden. Bei der Charakterisierung und Identifizierung der Zeichen für die allographische Transkription wurde als Kriterium vor allem die Federführung Hans Rieds herangezogen. Trotz der großen Einheitlichkeit der Schreiberhand und dem Anspruch der vorliegenden allographischen Transkription musste in wenigen Fällen eine normative Auswahl getroffen werden. Hierzu zählen:

- Großbuchstaben-Varianten:
  Insbesondere bei den Großbuchstaben hat Hans Ried einen relativ großen Facettenreichtum praktiziert. Da die ohnedies spärlich verwendeten Großbuchstaben es kaum erlauben, eigenständige Varianten klar voneinander abzugrenzen, wird in der vorliegenden Ausgabe bewusst auf Differenzierungen der Großbuchstabenvarianten verzichtet.
- Superskripta:
  Die größte Herausforderung für die allographische Transkription des ›Ambraser Heldenbuchs‹ stellen die von Hans Ried verwendeten Superskripta dar. In der vorliegenden Transkription wird prinzipiell zwischen vier verschiedenen Superskripta unterschieden. Jedoch lassen diese Superskripta – mehr als alle anderen verwendeten Zeichen Hans Rieds – besonders fließende Übergänge in der Ausführung erkennen. In vielen Fällen ist daher eine eindeutige Zuordnung rein aufgrund der Linienführung Hans Rieds nicht möglich. Zur Unterscheidung wurden neben der Federführung Hans Rieds für jeden Einzelfall kontext- und wortspezifische Kriterien (z. B. Differenzierung ähnlich aussehender Grapheme wie ‹u› und ‹n› oder Kennzeichnung von Umlauten und Diphthongen) herangezogen.

Transkriptionszeichen der allographischen Transkription

Im Folgenden werden die im ›Ambraser Heldenbuch‹ verwendeten Zeichen dokumentiert und den Transkriptionszeichen der vorliegenden Gesamtausgabe gegenübergestellt. Die Abbildungen der von Hans Ried verwendeten Zeichen sind dabei gegenüber dem Original um den Faktor 2 vergrößert. Bei den allographischen Varianten ist jeweils als Zusatzinformation angegeben, Allographe welchen Graphems sie sind. Zu diesen Graphemen werden die allographischen Varianten in der diplomatischen Transkription vereinheitlicht.

Kleinbuchstaben

Transkriptions-zeichen	Name	Unicode	Abbildung
a	Latin Small Letter A	U+0061	 fol. XCVra l. 2
b	Latin Small Letter B	U+0062	 fol. XCVrb l. 11
c	Latin Small Letter C	U+0063	fol. XCVrb l. 7 ab imo
d	Latin Small Letter D	U+0064	 fol. XCVrb l. 5 ab imo
∂	Partial Differential	U+2202	 fol. XXXVrc l. 16 ab imo
Variante des Kleinbuchstabens ‹d›			
e	Latin Small Letter E	U+0065	fol. XCVrc l. 8
f	Latin Small Letter F	U+0066	 fol. XCVrb l. 5 ab imo
g	Latin Small Letter G	U+0067	 fol. XCVra l. 21

<table>
<tr><td>h</td><td>Latin Small Letter H</td><td>U+0068</td><td> fol. XCVrc l. 28</td></tr>
<tr><td>ɧ</td><td>Latin Small Letter Heng with Hook</td><td>U+0267</td><td> fol. XCVrc l. 25</td></tr>
<tr><td colspan="4">Variante des Kleinbuchstabens ‹h›, die vor allem bei Abkürzungen und an Zeilenenden auftritt</td></tr>
<tr><td>i</td><td>Latin Small Letter I</td><td>U+0069</td><td> fol. XCVrb l. 11</td></tr>
<tr><td>j</td><td>Latin Small Letter J</td><td>U+006A</td><td>fol. XCVra l. 22</td></tr>
<tr><td>k</td><td>Latin Small Letter K</td><td>U+006B</td><td> fol. XCVra l. 18 ab imo</td></tr>
<tr><td>l</td><td>Latin Small Letter L</td><td>U+006C</td><td> fol. XCVrb l. 1</td></tr>
<tr><td>m</td><td>Latin Small Letter M</td><td>U+006D</td><td> fol. XCVrb l. 1</td></tr>
<tr><td>ɱ</td><td>Latin Small Letter M with Hook</td><td>U+0271</td><td> fol. XLIrb l. 4 ab imo</td></tr>
<tr><td colspan="4">Variante des Kleinbuchstabens ‹m›, die am Ende von Wörtern auftritt, jedoch nicht bei allen Wörtern, die mit ‹m› enden</td></tr>
</table>

n	Latin Small Letter N	U+006E	 fol. XCVrc l. 1
ŋ	Latin Small Letter Eng	U+014B	 fol. XCVra l. 2
Variante des Kleinbuchstabens ‹n›, die am Ende von Wörtern auftritt, jedoch nicht bei allen Wörtern, die mit ‹n› enden			
o	Latin Small Letter O	U+006F	 fol. XCVra l. 8
p	Latin Small Letter P	U+0070	 fol. XXXVra l. 1 ab imo
q	Latin Small Letter Q	U+0071	 fol. CLIII*va l. 11
r	Latin Small Letter R	U+0072	 fol. XCVra l. 21
ꝛ	Latin Small Letter R Rotunda	U+A75B	 fol. XCVra l. 6
Variante des Kleinbuchstabens ‹r›, die nach Buchstaben mit Rundung nach außen auftritt, jedoch nicht nach allen Buchstaben mit Rundung nach außen			
s	Latin Small Letter S	U+0073	 fol. XCVra l. 30 ab imo

<table>
<tr><td>ɞ</td><td>Latin Small Letter
Closed Reversed Open E</td><td>U+025E</td><td>fol. XCVrc l. 16 ab imo</td></tr>
<tr><td colspan="4">Variante des Kleinbuchstabens ‹s›, die im Auslaut eines Wortes oder einer Silbe auftritt</td></tr>
<tr><td>σ</td><td>Greek Small Letter Sigma</td><td>U+03C3</td><td>fol. XVIIrc l. 5 ab imo</td></tr>
<tr><td colspan="4">Variante des Kleinbuchstabens ‹s›, die im Auslaut eines Wortes oder einer Silbe auftritt</td></tr>
<tr><td>ſ</td><td>Latin Small Letter Long S</td><td>U+017F</td><td>fol. XVIIrc l. 5 ab imo</td></tr>
<tr><td colspan="4">Variante des Kleinbuchstabens ‹s›, die im Anlaut oder Inlaut eines Wortes oder einer Silbe auftritt</td></tr>
<tr><td></td><td>Latin Enlarged Letter
Small Long S</td><td>U+EEDF</td><td>fol. LIvc l. 21 ab imo</td></tr>
<tr><td colspan="4">Variante des Kleinbuchstabens ‹s›, die im Anlaut oder Inlaut eines Wortes oder einer Silbe auftritt</td></tr>
<tr><td>ß</td><td>Latin Small Letter Sharp S</td><td>U+00DF</td><td>fol. LIIvc l. 1 ab imo</td></tr>
<tr><td>t</td><td>Latin Small Letter T</td><td>U+0074</td><td>fol. XCVrb l. 1</td></tr>
<tr><td>ꜩ</td><td>Latin Small Letter Tz</td><td>U+A729</td><td>fol. XXXVra l. 23</td></tr>
<tr><td colspan="4">Ligatur aus den Kleinbuchstaben ‹t› und ‹z›</td></tr>
<tr><td>u</td><td>Latin Small Letter U</td><td>U+0075</td><td>fol. XCVrc l. 2</td></tr>
</table>

<table>
<tr><td>v</td><td>Latin Small Letter V</td><td>U+0076</td><td>fol. XCVra l. 9</td></tr>
<tr><td>ỽ</td><td>Latin Small Letter Middle-Welsh V</td><td>U+1EFD</td><td>fol. CXXXIIrb l. 21</td></tr>
<tr><td colspan="4">Variante des Kleinbuchstabens ‹v›</td></tr>
<tr><td>w</td><td>Latin Small Letter W</td><td>U+0077</td><td>fol. XCVrc l. 15</td></tr>
<tr><td>ⱳ</td><td>Latin Small Letter W with Hook</td><td>U+2C73</td><td>fol. CXLIrc l. 2</td></tr>
<tr><td colspan="4">Variante des Kleinbuchstabens ‹w›</td></tr>
<tr><td>x</td><td>Latin Small Letter X</td><td>U+0078</td><td>fol. CLXXIvc l. 10</td></tr>
<tr><td>y</td><td>Latin Small Letter Y</td><td>U+0079</td><td>fol. XCVra l. 4 ab imo</td></tr>
<tr><td>z</td><td>Latin Small Letter Z</td><td>U+007A</td><td>fol. XCVrb l. 11 ab imo</td></tr>
<tr><td colspan="4">Variante des Kleinbuchstabens ‹z›, die im Anlaut oder Inlaut eines Wortes oder einer Silbe auftritt</td></tr>
<tr><td>ʒ</td><td>Latin Small Letter Ezh</td><td>U+0292</td><td>fol. XCVra l. 4 ab imo</td></tr>
<tr><td colspan="4">Variante des Kleinbuchstabens ‹z›, die im Auslaut eines Wortes oder einer Silbe auftritt</td></tr>
</table>

Großbuchstaben

Transkriptionszeichen	Name	Unicode	Abbildung
A	Latin Capital Letter A	U+0041	 fol. CXLVIIIra l. 32 ab imo  fol. CXXXIvb l. 5
B	Latin Capital Letter B	U+0042	 fol. XCVva l. 34 ab imo  fol. CXLIIIIrc l. 21  fol. CCVIIIvb l. 21 ab imo
C	Latin Capital Letter C	U+0043	 fol. XCVva l. 24 ab imo
D	Latin Capital Letter D	U+0044	 fol. CLXXXIIvb l. 14  fol. LIIIra l. 23  fol. CLXXXIIvb l. 24

E	Latin Capital Letter E	U+0045	 fol. XCVva l. 25  fol. XCVIIvb l. 4
F	Latin Capital Letter F	U+0046	 fol. XCVrb l. 6 ab imo
G	Latin Capital Letter G	U+0047	 fol. XCVvb l. 10  fol. CXVra l. 25  fol. XCVvc l. 3 ab imo
H	Latin Capital Letter H	U+0048	 fol. XCVra l. 5  fol. CLXXXIIvb l. 12  fol. CXXXIIrb l. 33  fol. CLXXIXvb l. 31 ab imo

I	Latin Capital Letter I	U+0049	fol. CLXXXVIvb l. 28 ab imo
J	Latin Capital Letter J	U+004A	fol. XCVva l. 15 fol. CXXXIIrb l. 33
K	Latin Capital Letter K	U+004B	fol. XCVra l. 15
L	Latin Capital Letter L	U+004C	fol. CXLVIra l. 32 fol. CCXXVIIIra l. 10
M	Latin Capital Letter M	U+004D	fol. XCVrb l. 16
N	Latin Capital Letter N	U+004E	fol. CXLVIra l. 28 ab imo
O	Latin Capital Letter O	U+004F	fol. CLXVIIvb l. 32

P	Latin Capital Letter P	U+0050	 fol. CVIIIra l. 22
R	Latin Capital Letter R	U+0052	 fol. XCVvc l. 8 ab imo  fol. CLXXVIIva l. 6 ab imo  fol. CLXXIvc l. 29 ab imo
S	Latin Capital Letter S	U+0053	 fol. XCVrc l. 7 ab imo  fol. XCVrc l. 6  fol. CLXXIXra l. 26  XCVvc l. 4 ab imo
T	Latin Capital Letter T	U+0054	 fol. CXLVIIIrb l. 19  fol. CXXXIIrb l. 16

V	Latin Capital Letter V	U+0056	 fol. CXLVIIIrb l. 20  fol. CXLva l. 25 ab imo  fol. CXLva l. 26 ab imo
W	Latin Capital Letter W	U+0057	 fol. CXLVIIIra l. 31 ab imo  fol. CXLVIIIra l. 31 ab imo  fol. CXLVIIIra l. 32 ab imo
Y	Latin Capital Letter Y	U+0059	 fol. CLXXXVvb l. 33  fol. CXLvc l. 7 ab imo
Z	Latin Capital Letter Z	U+005A	 fol. XXIIIIrb l. 13 ab imo

Superskripta

Transkriptions-zeichen	Name	Unicode	Abbildung
ᷓ	Combining Latin Small Letter Flattened Open A Above	U+1DD3	fol. XCVrc l. 13 fol. CXVIIra l. 18 ab imo fol. CCXXIXrb l. 23
ͦ	Combining Latin Small Letter O	U+0366	fol. XCVrc l. 8 fol. XCVrc l. 10 fol. XCVvb l. 6 ab imo
̆	Combining Breve	U+0306	fol. XCVrc l. 6 fol. XCVra l. 26 fol. XCVrb l. 16

̈	Combining Diaeresis	U+0308	 fol. XLVIIra l. 19 ab imo

Abkürzungszeichen

Transkriptions-zeichen	Name	Unicode	Abbildung
̄	Combining Macron	U+0304	 fol. XLVva l. 12
ˀ	Modifier Letter Glottal Stop	U+02C0	 fol. CXCVIIvb l. 20 ab imo  fol. CXCIIIIrc l. 17 ab imo  fol. CXCVIIrb l. 22 ab imo

Interpunktionszeichen

Transkriptionszeichen	Name	Unicode	Abbildung
·	Middle Dot	U+00B7	fol. XLVvb l. 13
Der Punkt markiert das Ende eines Verses. Vor dem Punkt und dahinter, falls danach noch weiterer Text folgt, wird jeweils ein Leerzeichen gesetzt.			
/	Short Virgula	U+F1F7	fol. XCVrb l. 32 ab imo
Der Schrägstrich markiert eine Zäsur innerhalb eines Verses oder das Ende eines Verses. Vor dem Schrägstrich und dahinter, falls danach noch weiter Text folgt, wird jeweils ein Leerzeichen gesetzt.			
:	Colon	U+003A	fol. XLVra l. 15 ab imo
Der Doppelpunkt markiert das Ende eines Verses. Vor dem Doppelpunkt und dahinter, falls danach noch weiterer Text folgt, wird jeweils ein Leerzeichen gesetzt.			
~	Tilde	U+007E	fol. Iva l. 7
Die Tilde markiert das Ende eines Verses. Vor der Tilde und dahinter, falls danach noch weiterer Text folgt, wird jeweils ein Leerzeichen gesetzt.			
⸗	Double Oblique Hyphen	U+2E17	fol. CXVIIrc l. 16
Der Doppelbindestrich markiert eine Worttrennung, bei der das Wort in der nächsten Zeile fortgeführt wird. Vor dem Doppelbindestrich wird kein Leerzeichen gesetzt.			
∧	Logical And	U+2227	fol. XXIIvb l. 34
Dieses Zeichen markiert eine Einfügung im laufenden Text.			

3.3. Diplomatische Transkription (rechte Seite der Gesamtausgabe, rechte Spalte)

Auf der rechten Seite der Gesamtausgabe befindet sich die diplomatische Transkription, die alle allographischen Varianten zu den entsprechenden Graphemen (siehe Auflistung der Kleinbuchstaben) vereinheitlicht. Alle Abbreviaturen werden aufgelöst sowie ausgepunktete und durchgestrichene Textpassagen werden getilgt. Ebenso wird auf die Interpunktionszeichen in der diplomatischen Transkription verzichtet. Lombarden sowie Incipits und Explicits werden wie in der allographischen Transkription farblich (rot oder blau) hervorgehoben. Initialen werden mittels Fettdruck hervorgehoben. Die Superskripta werden gemäß den folgenden Regeln transformiert, um die allgemeine Zitierbarkeit der diplomatischen Transkription zu gewährleisten.

Transformationen von Superskripta

Superskriptum a:

Beim Superskriptum a, das in der allographischen Transkription ein eigenes Zeichen (U+1DD3) darstellt, muss unterschieden werden, über welchem Buchstaben es sich befindet. Es ergibt sich daraus eine Bedeutungsunterscheidung, die bei der Transformation des Zeichens beachtet werden muss. Im Folgenden werden die verschiedenen Buchstaben, über denen sich das Superskriptum a in der Transkription befinden kann, aufgelistet und gezeigt, wie die Zeichen transformiert werden.

- Das Superskriptum a über ‹y› wird getilgt, da es keine bedeutungstragende Funktion hat, sondern rein graphischer Natur ist.
  Beispiel: weyᷓb → weyb
- Die Kombination aus ‹a› und Superskriptum a wird zum Umlaut ‹ä› transformiert.
  Beispiel: maᷓre → märe
- Das Superskriptum a über ‹e› wird getilgt, da es keine bedeutungstragende Funktion hat, sondern rein graphischer Natur ist.
  Beispiel: weᷓre → were
- Die Kombination aus ‹o› und Superskriptum a wird zum Umlaut ‹ö› transformiert.
  Beispiel: moᷓcht → möcht
- Bei der Kombination aus ‹u› und Superskriptum a muss unterschieden werden, ob sich das ‹u› in der Schreibung eines Diphthongs, dargestellt durch ‹e› und ‹u›, befindet oder ob das Superskriptum a über ‹u› einen Umlaut markiert.
  - Die Kombination aus ‹u› und Superskriptum a wird zum Umlaut ‹ü› transformiert.
    Beispiel: Fuᷓrſten → Fürsten
  - Befindet sich das Superskriptum a über ‹u› in der Schreibung eines Diphthongs, dargestellt durch ‹e› und ‹u›, wird das Superskriptum a getilgt, da es keine bedeutungstragende Funktion hat, sondern rein graphischer Natur ist.
    Beispiel: leuᷓten → leuten
- Die Kombination aus ‹v› und Superskriptum a wird zur Kombination aus ‹v› und Trema transformiert.
  Beispiel: vᷓntꝫ → v̈ntz
- Das Superskriptum a über ‹w› wird getilgt, da es keine bedeutungstragende Funktion hat, sondern rein graphischer Natur ist.
  Beispiel: frewᷓen → frewen

Superskriptum o:

Das Superskriptum o, das in der allographischen Transkription ein eigenes Zeichen (U+0366) darstellt, wird durch ‹o› ersetzt. Dabei kommt es zu keiner Differenzierung, da das Superskriptum o stets über ‹u› oder vokalischem ‹v› vorkommt und einen Diphthong markiert.

Beispiel: guͦt → guot; Vͦte → Vote

Breve:

Das Breve, das in der allographischen Transkription ein eigenes Zeichen (U+0306) darstellt, wird ersatzlos gestrichen, da ihm eine rein graphische Funktion zur Kenntlichmachung von Vokalen (‹u›, ‹w›) in Abgrenzung zu Konsonanten (wie z. B. ‹n›) zukommt oder es als Dehnungszeichen über Vokalen (‹a›, ‹o›) verwendet wird, wobei diese Fälle vernachlässigbar sind.

Beispiel: paŭm → paum; trew̆ → trew; ăn → an; ŏne → one

Trema:

Beim Trema, das in der allographischen Transkription ein eigenes Zeichen (U+0308) darstellt, muss unterschieden werden, über welchem Buchstaben es sich befindet. Es ergibt sich daraus eine Bedeutungsunterscheidung, die bei der Transformation des Zeichens beachtet werden muss. Im Folgenden werden die verschiedenen Buchstaben, über denen sich das Trema in der Transkription befinden kann, aufgelistet und gezeigt, wie die Zeichen transformiert werden.

- Das Trema über ‹y› wird getilgt, da es keine bedeutungstragende Funktion hat, sondern rein graphischer Natur ist.

Beispiel: nÿemand → nyemand

- Die Kombination aus ‹a› und Trema wird zum Umlaut ‹ä› transformiert.
  Beispiel: märe → märe
- Die Kombination aus ‹o› und Trema wird zum Umlaut ‹ö› transformiert.
  Beispiel: möcht → möcht
- Die Kombination aus ‹u› und Trema wird zum Umlaut ‹ü› transformiert.
  Beispiel: künig → künig
- Die Kombination aus ‹v› und Trema bleibt unverändert, da es für diese Kombination kein eigenständiges Zeichen wie für ‹ä›, ‹ö› oder ‹ü› gibt.
- Das Trema über ‹e› wird getilgt, da es keine bedeutungstragende Funktion hat, sondern rein graphischer Natur ist.
  Beispiel: wëne → wene

Vers- und Strophengliederung

Im Gegensatz zur Zeilengliederung des Manuskripts, die in der allographischen Transkription beibehalten wird, bedient sich die diplomatische Transkription einer Vers- und Strophengliederung, die stets die vollständigen Verse aus der allographischen Transkription wiedergibt. Die Verse und Strophen sind gemäß etablierten Editionen nummeriert, um die Vergleichbarkeit mit diesen Editionen zu ermöglichen. Zusatzverse und -strophen sind mit Kleinbuchstaben nach den Nummern versehen. Das ›Nibelungenlied‹ im ›Ambraser Heldenbuch‹ folgt bei der Nummerierung der Strophen Handschrift B. Bei Strophen, die sich nicht in Handschrift B finden, sind die Siglen der Handschriften A und C oder, falls diese sich dort auch nicht finden, die Siglen der Handschriften a und k vor den Strophennummern angegeben. Es wird jedoch in allen Fällen die Abfolge der Verse und Strophen, wie sie im ›Ambraser Heldenbuch‹ vorliegt, beibehalten und nicht der Reihenfolge der Verse und Strophen in den etablierten Editionen angepasst. Bei jeder Abweichung der Reihenfolge der Verse gegenüber den etablierten Editionen werden die jeweils betroffenen Verse stets nummeriert. Damit sind jegliche Diskrepanzen der Versabfolge im ›Ambraser Heldenbuch‹ gegenüber den etablierten Editionen auf den ersten Blick ersichtlich. Ansonsten wird nur jeder fünfte Vers nummeriert.

Hierbei wird in der diplomatischen Transkription immer der Vers- und Strophenbestand des ›Ambraser Heldenbuchs‹ ungeachtet von Reiminkonsistenzen möglichst ohne editorische Eingriffe abgebildet. Bei fehlenden oder fehlerhaften Markierungen für Versgrenzen oder bei ausgefallenen ›Reimwörtern‹ wurden Versumbrüche nach Plausibilität oder gemäß etablierten Editionen vorgenommen.

Neben den Incipits der Texte mit *âventiuren* (›Nibelungenlied‹, ›Kudrun‹, ›Biterolf und Dietleib‹, ›Ortnit‹, ›Wolfdietrich A‹) befinden sich die Nummern der jeweiligen *âventiuren.* Wenn das Incipit nicht vorhanden ist, sich an einer falschen Stelle befindet oder sich im Incipit nicht das Wort »Abenteuer« befindet, ist ein durch eckige Klammern eingefasster Zusatz hinzugefügt, der angibt, um welche *âventiure* es sich handelt.

Bei Werken mit Langzeilen (›Nibelungenlied‹, ›Kudrun‹, ›Ortnit‹, ›Wolfdietrich A‹, ›Titurel‹), die alle in Strophen gegliedert sind, befinden sich die Incipits, Explicits sowie die Strophenanfänge in der diplomatischen Transkription auf gleicher Höhe mit den jeweiligen Incipits, Explicits sowie den Strophenanfängen in der allographischen Transkription. Aus satztechnischen Gründen musste in einigen wenigen Ausnahmefällen auf eine synoptische Anordnung verzichtet werden, wobei es zu leichten Abweichungen von ein bis zwei Verszeilen der Strophenanfänge gegenüber der allographischen Transkription kommen kann. Da Strophenanfänge in der Regel vom Schreiber durch abwechselnd rote oder blaue Lombarden gekennzeichnet wurden, die sowohl in der allographischen als auch der diplomatischen Transkription in der jeweiligen Farbe wiedergegeben sind, ist auch in diesen Fällen eine leichte Orientierung sichergestellt. Bei der ›Rabenschlacht‹ – dem einzigen Text mit Strophengliederung ohne Langzeilen – musste aus Platzgründen wie bei allen anderen Texten ohne Langzeilen auf eine synoptische Gegenüberstellung von allographischer und diplomatischer Transkription gänzlich verzichtet werden. Auch hier dienen wiederum die farbigen Lombarden als Orientierungshilfe. Lediglich auf der jeweils ersten Seite aller Texte (mit Ausnahme von ›Die Frauenehre‹ und ›Mauritius von Craûn‹) findet sich eine synoptische Gegenüberstellung der Incipits und ersten Verse. Bei ›Biterolf und Dietleib‹ sind darüber hinaus alle Incipits synoptisch angeordnet.

4. Bibliographie

4.1. Konsultierte Editionen für Nummerierung der Verse und Strophen

Die Nummerierung der Verse und Strophen der Werke des ›Ambraser Heldenbuchs‹ in der vorliegenden Gesamttranskription basiert auf folgenden Editionen:

Der Stricker: ›Die Frauenehre‹:

Hofmann, Klaus (Hrsg.) (1976): *Strickers ›Frauenehre‹: Überlieferung, Textkritik, Edition, literaturgeschichtliche Einordnung.* Marburg: N. G. Elwert, S. 117–155.

›Mauritius von Craûn‹:

Reinitzer, Heimo (Hrsg.) (2000): *Mauritius von Craûn.* Altdeutsche Textbibliothek Nr. 113. Tübingen: Niemeyer, S. 1–93.

Hartmann von Aue: ›Iwein‹:

Hartmann von Aue (2001): *Iwein.* 4., überarbeitete Auflage. Text der siebenten Ausgabe von G. F. Benecke, K. Lachmann und L. Wolff. Übersetzung und Nachwort von Thomas Cramer. Berlin: De Gruyter, S. 3–147.

Hartmann von Aue: ›Die Klage‹:

Hartmann von Aue (2015): *Die Klage.* Herausgegeben von Kurt Gärtner. Altdeutsche Textbibliothek Nr. 123. Berlin: De Gruyter, S. 1–80.

›Das Büchlein‹:

Hartmann von Aue (1972): *Das Klagebüchlein Hartmanns von Aue und Das zweite Büchlein.* Herausgegeben von Ludwig Wolff. Altdeutsche Texte in kritischen Ausgaben Band 4. München: Wilhelm Fink, S. 71–91.

›Der Mantel‹:

Schröder, Werner (Hrsg.) (1995): *Das Ambraser* Mantel-*Fragment.* Nach der einzigen Handschrift neu herausgegeben von Werner Schröder. Sitzungsberichte der Wissenschaftlichen Gesellschaft an der Johann Wolfgang Goethe-Universität Frankfurt am Main Band XXXIII Nr. 5. Stuttgart: Franz Steiner, S. 132–165.

Hartmann von Aue (2017): *Ereck: Textgeschichtliche Ausgabe mit Abdruck sämtlicher Fragmente und der Bruchstücke des mitteldeutschen ›Erek‹.* Herausgegeben von Andreas Hammer, Victor Millet und Timo Reuvekamp-Felber unter Mitarbeit von Lydia Merten, Katharina Münstermann und Hannah Rieger. Berlin: De Gruyter, S. 2–52.

Hartmann von Aue: ›Erec‹:

Hartmann von Aue (2006): *Erec: Mit einem Abdruck der neuen Wolfenbütteler und Zwettler Erec-Fragmente.* Herausgegeben von Albert Leitzmann, fortgeführt von Ludwig Wolff. 7. Auflage besorgt von Kurt Gärtner. Altdeutsche Textbibliothek Nr. 39. Tübingen: Niemeyer, S. 1–297.

›Dietrichs Flucht‹:

Lienert, Elisabeth/Beck, Gertrud (Hrsg.) (2003): *Dietrichs Flucht: Textgeschichtliche Ausgabe.* Texte und Studien zur mittelhochdeutschen Heldenepik Band 1. Tübingen: Niemeyer, S. 3–299.

›Rabenschlacht‹:

Lienert, Elisabeth/Wolter, Dorit (Hrsg.) (2005): *Rabenschlacht: Textgeschichtliche Ausgabe.* Texte und Studien zur mittelhochdeutschen Heldenepik Band 2. Tübingen: Niemeyer, S. 3–235.

›Nibelungenlied‹:

Batts, Michael S. (Hrsg.) (1971): *Das Nibelungenlied: Paralleldruck der Handschriften A, B und C nebst Lesarten der übrigen Handschriften.* Tübingen: Niemeyer, S. 2–651.

›Nibelungenklage‹:

Bumke, Joachim (Hrsg.) (1999): *Die ›Nibelungenklage‹: Synoptische Ausgabe aller vier Fassungen.* Berlin: De Gruyter, S. 40–494.

›Kudrun‹:

Stackmann, Karl (Hrsg.) (2000): *Kudrun.* Nach der Ausgabe von Karl Bartsch herausgegeben von Karl Stackmann. Altdeutsche Textbibliothek Nr. 115. Tübingen: Niemeyer, S. 1–337.

›Biterolf und Dietleib‹:

Jänicke, Oskar (Hrsg.) (1866): *Biterolf und Dietleib*. Herausgegeben von Oskar Jänicke. *Laurin und Walberan*. Mit Benutzung der von Franz Roth gesammelten Abschriften und Vergleichungen. Deutsches Heldenbuch Erster Teil. Berlin: Weidmannsche Buchhandlung, S. 1–197.

Schnyder, André (Hrsg.) (1980): *Biterolf und Dietleib*. Neu herausgegeben und eingeleitet von André Schnyder. Sprache und Dichtung Neue Folge Band 31. Bern: Paul Haupt, S. 79–417.

›Ortnit‹:

Kofler, Walter (Hrsg.) (2009): *Ortnit und Wolfdietrich A*. Stuttgart: Hirzel, S. 29–103.

›Wolfdietrich A‹:

Kofler, Walter (Hrsg.) (2009): *Ortnit und Wolfdietrich A*. Stuttgart: Hirzel, S. 107–167.

›Die böse Frau‹:

Ebbinghaus, Ernst A. (Hrsg.) (1968): *Daz buoch von dem übeln wîbe*. 2., neubearbeitete Auflage. Altdeutsche Textbibliothek Nr. 46. Tübingen: Niemeyer, S. 1–33.

Herrand von Wildonie: ›Die treue Gattin‹:

Herrand von Wildonie (1969): *Vier Erzählungen*. Herausgegeben von Hanns Fischer. Zweite, revidierte Auflage besorgt von Paul Sappler. Altdeutsche Textbibliothek Nr. 51. Tübingen: Niemeyer, S. 1–9.

Herrand von Wildonie: ›Der betrogene Gatte‹:

Herrand von Wildonie (1969): *Vier Erzählungen*. Herausgegeben von Hanns Fischer. Zweite, revidierte Auflage besorgt von Paul Sappler. Altdeutsche Textbibliothek Nr. 51. Tübingen: Niemeyer, S. 10–21.

Herrand von Wildonie: ›Der nackte Kaiser‹:

Herrand von Wildonie (1969): *Vier Erzählungen*. Herausgegeben von Hanns Fischer. Zweite, revidierte Auflage besorgt von Paul Sappler. Altdeutsche Textbibliothek Nr. 51. Tübingen: Niemeyer, S. 22–43.

Herrand von Wildonie: ›Die Katze‹:

Herrand von Wildonie (1969): *Vier Erzählungen*. Herausgegeben von Hanns Fischer. Zweite, revidierte Auflage besorgt von Paul Sappler. Altdeutsche Textbibliothek Nr. 51. Tübingen: Niemeyer, S. 44–53.

Ulrich von Liechtenstein: ›Frauenbuch‹:

Ulrich von Liechtenstein (1993): *Frauenbuch*. 2., durchgesehene Auflage. Herausgegeben von Franz Viktor Spechtler. Göppinger Arbeiten zur Germanistik Nr. 520. Göppingen: Kümmerle, S. 2–122.

Wernher der Gärtner: ›Helmbrecht‹:

Wernher der Gartenære (1993): *Helmbrecht*. Herausgegeben von Friedrich Panzer und Kurt Ruh. 10. Auflage besorgt von Hans-Joachim Ziegeler. Altdeutsche Textbibliothek Nr. 11. Tübingen: Niemeyer, S. 1–77.

Der Stricker: ›Pfaffe Amis‹:

Henne, Hermann (Hrsg.) (1991): *Der Pfaffe Amis von dem Stricker: Ein Schwankroman aus dem 13. Jahrhundert in zwölf Episoden*. Herausgegeben und übersetzt von Hermann Henne. Göppinger Arbeiten zur Germanistik Nr. 530. Göppingen: Kümmerle, S. 9–108.

Wolfram von Eschenbach: ›Titurel‹:

Wolfram von Eschenbach (2006): *Titurel: Mit der gesamten Parallelüberlieferung des »Jüngeren Titurel«*. Kritisch herausgegeben, übersetzt und kommentiert von Joachim Bumke und Joachim Heinzle. Tübingen: Niemeyer, S. 2–44.

›Brief des Priesterkönigs Johannes‹:

Zarncke, Friedrich (Hrsg.) (1879): »Der Priester Johannes: Erste Abhandlung: Enthaltend Capitel I, II und III«, in: *Abhandlungen der philologisch-historischen Classe der Königlich Sächsischen Gesellschaft der Wissenschaften* Siebenter Band. Leipzig: Hirzel, S. 827–1030, hier: S. 957–968.

Roth, F. W. E. (Hrsg.) (1895): »Von dem reichtumb priester Johanns«, in: *Zeitschrift für deutsche Philologie* 27, S. 216–248, hier: S. 219–245.

4.2. Zitierte Sekundärliteratur

Im Folgenden ist die Literatur aufgelistet, die in der Einleitung der vorliegenden Gesamttranskription zitiert wurde. Für einen umfassenden Überblick über die Forschungsliteratur zum ›Ambraser Heldenbuch‹ siehe Janota (1978), Gärtner (2015) und Klarer (2019).

Alisade, Hubert (2019): »Zur Entstehungsgeschichte des *Ambraser Heldenbuchs*: Die Beauftragung Hans Rieds«, in: Klarer, Mario (Hrsg.): *Kaiser Maximilian I. und das Ambraser Heldenbuch*. Wien: Böhlau, S. 27–35.

Bäuml, Franz H. (1969a): »Das Ambraser Heldenbuch«, in: *Kudrun: Die Handschrift*. Herausgegeben von Franz H. Bäuml. Berlin: De Gruyter, S. 1–19.

Bäuml, Franz H. (1969b): »Die Kudrun Handschrift«, in: *Kudrun: Die Handschrift*. Herausgegeben von Franz H. Bäuml. Berlin: De Gruyter, S. 20–45.

Domanski, Kristina (2019): »Zwischen Naturstudium und Dekor: Kunsthistorische Bemerkungen zum gemalten Buchschmuck im *Ambraser Heldenbuch*«, in: Klarer, Mario (Hrsg.): *Kaiser Maximilian I. und das Ambraser Heldenbuch*. Wien: Böhlau, S. 145–169.

Gärtner, Kurt (2006): »Einleitung«, in: Hartmann von Aue: *Erec: Mit einem Abdruck der neuen Wolfenbütteler und Zwettler Erec-Fragmente*. Herausgegeben von Albert Leitzmann, fortgeführt von Ludwig Wolff. 7. Auflage besorgt von Kurt Gärtner. Altdeutsche Textbibliothek Nr. 39. Tübingen: Niemeyer, S. XI–XLIII.

Gärtner, Kurt (2015): »Einleitung«, in: Hartmann von Aue: *Die Klage*. Herausgegeben von Kurt Gärtner. Altdeutsche Textbibliothek Nr. 123. Berlin: De Gruyter, S. IX–XXXVIII.

Homeyer, Susanne/Knor, Inta (2015): »Zu einer umfassenden Untersuchung der Schreibsprache Hans Rieds im Ambraser Heldenbuch«, in: *Zeitschrift für deutsche Philologie* 134(1), S. 97–103.

Janota, Johannes (1978): »›Ambraser Heldenbuch‹«, in: *Die deutsche Literatur des Mittelalters: Verfasserlexikon*. Begründet von Wolfgang Stammler, fortgeführt von Karl Langosch. Zweite, völlig neu bearbeitete Auflage unter Mitarbeit zahlreicher Fachgelehrter herausgegeben von Kurt Ruh zusammen mit Gundolf Keil, Werner Schröder, Burghart Wachinger, Franz Josef Worstbrock. Redaktion Kurt Illing, Christine Stöllinger. Band 1 *›A solis ortus cardine‹ – Colmarer Dominikanerchronist*. Berlin: De Gruyter, Sp. 323–327.

Klarer, Mario (Hrsg.) (2019): *Kaiser Maximilian I. und das Ambraser Heldenbuch*. Wien: Böhlau.

Leitzmann, Albert (1935): »Die Ambraser Erecüberlieferung«, in: *Beiträge zur Geschichte der deutschen Sprache und Literatur* 59, S. 143–234.

Menhardt, Hermann (1961): *Verzeichnis der altdeutschen literarischen Handschriften der Österreichischen Nationalbibliothek*. 3. Band. Veröffentlichungen des Instituts für deutsche Sprache und Literatur 13. Berlin: Akademie-Verlag.

Mura, Angela (2007): »Spuren einer verlorenen Bibliothek: Bozen und seine Rolle bei der Entstehung des *Ambraser Heldenbuchs* (1504–1516)«, in: *cristallîn wort: Hartmann-Studien* 1, S. 59–128.

Tratter, Aaron (2019): »Buchschmuck, Lagen, leere Seiten: Was kodikologische Merkmale über den Entstehungsprozess des *Ambraser Heldenbuchs* verraten können«, in: Klarer, Mario (Hrsg.): *Kaiser Maximilian I. und das Ambraser Heldenbuch*. Wien: Böhlau, S. 37–48.

Unterkircher, Franz (1973): *Ambraser Heldenbuch: Kommentar*. Codices Selecti Vol. XLIII. Graz: Akademische Druck- u. Verlagsanstalt.

4.3. Faksimile

Ambraser Heldenbuch: Vollständige Faksimile-Ausgabe im Originalformat des Codex Vindobonensis series nova 2663 der Österreichischen Nationalbibliothek. Codices Selecti Vol. XLIII. Graz: Akademische Druck- u. Verlagsanstalt. 1973.

5. Abbildungen

Alle Abbildungen in diesem Band stammen aus ›Ambraser Heldenbuch‹, Wien, Österreichische Nationalbibliothek, Cod. ser. nova 2663.

Nibelungenlied

Ditz Puech heysset Chrimhilt

Es ist in alten
maren wun
ders vil gesagt
von helden lobn
wern von gros
ser arbait von
freuden hochzeiten von wai
nen vnd von clagen von kue
ner Recken streiten mugt Ir
hie wunder horen sagen: Es
wuchs in Burgunden Ein
vil edel Magedin daz in alln
lannden nicht schoner mocht
gesin: Kriemhilt gehaissen
sy ward ein schon weib dar
umb musten degen verliern
den leib: Der minne kleich
en maid troten wol gezam
von milten kuenen recken
nyemand was Ir gram: on
massen schone so was Ir edler
leib der Junckfrawen tugende
die zierten annder weib: Ir
phlagen drey kunig edel vnd
reich Gunther vnd Gernot
die recken lobelich Geyselher
der Junge ein ausserwelter
degen die frawe was Ir swester
die fursten hetten Ir gephlegen:
Die herren waren milt von
art hochgeborn mit crafft ver
messen kuen die recken ausser
korn da ze Burgunden was
Ir lant genant sy frumbten
starche wunder seyt in Etzel
landt: Ze Wurmbs bey
dem Rein sy wonten mit Irer

fol. XCVra ll. 1–32

[1. *âventiure*]

Ditȝ Puech Heÿſſet Chꝛimhilt

Es iſt in alteŋ
märeŋ / wun=
ders vil geſagt ·
von Helden lobn̄=
werŋ / von gꝛoſ=
ſer arbait / voŋ
freüden / hochȝeiteŋ / voŋ wai=
nen vnd von clagen · von küe=
ner Recken ſtreiten / mügt jr
hie wunder hoꝛen ſageŋ : Es
wuchs in Burgunden / Ein
vil edel Magedin / daȝ in alln̄
lannden nicht ſchöner mocht
geſin : Krÿmhilt gehaiſſen
ſy ward ein schön weib / dar=
umb můſten degen verlieꝛŋ
den leib : Der minneklich=
en maid tröteŋ wol geȝam /
voŋ milten küenen recken
nÿemand was jr gram : oŋ
maſſen ſchone / ſo was jr edler
leib / der junckfrawen tugende /
die zierten annder weib : Ir
phlagen dꝛeÿ künig edel vnd
reich · Günther / vnd Gernot
die recken lobelich · Geÿſelher
der junge / ein auſſerwelter
degen · die fraw waȝ jr Seſter
die Fürſten hetten jr gephlegn̄ :
Die herreŋ wareŋ milt voŋ
art hochgeboꝛŋ · mit crafft ver=

Ditz Puech Heysset Chrimhilt

AC 1 Es ist in alten mären wunders vil gesagt
von Helden lobenwern von grosser arbait
von freuden hochzeiten von wainen vnd von clagen
von küener Recken streiten mügt jr hie wunder horen sagen

1 Es wuchs in Burgunden Ein vil edel Magedin
daz in allen lannden nicht schöner mocht gesin
Krymhilt gehaissen sy ward ein schön weib
darumb muosten degen verliern den leib

A 3 Der minneklichen maid tröten wol gezam
von milten küenen recken nyemand was jr gram
on massen schone so was jr edler leib
der junckfrawen tugende die zierten annder weib

2 Ir phlagen drey künig edel vnd reich
Gunther vnd Gernot die recken lobelich
Geyselher der junge ein ausserwelter degen
die fraw waz jr Sester die Fürsten hetten jr gephlegen

3 Die herren waren milt von art hochgeboren
mit crafft vermessen küen die recken ausserkorn

fol. XCVra ll. 33–66

meſſen küeŋ die recken auſſer=
koꝛn · da ze Burgundeŋ was
jr lant genant · ſy frümbdtŋ
ſtarche wunder / ſeyt in Etʒel
Landt : Ze Wurmbs bey
dem Rein ſy wonten mit jreꝛ
crafft jn dienten voŋ jren lan=
den vil ſtoltʒer Ritterſchafft ·
mit lobelichen Eeren / v̊ntʒ an
jr endes zeit · ſy ſturben ſeyt /
iämmerlichen / von zwayer
edlen Frawen neid : In diſen
hohen eren traumbt krymhilt /
wie ſy trüeg einen Falckhen /
ſtarch / ſchőn / vnd wildt / deŋ jr
zwen Aren ergrümmeŋ / daʒ
ſy das můſt ſehen · Ir kunde
in diſer welt layder nÿmmer
mer ſein geschehen : Von
traum ſy do geſagt jr Můter
Ůten / ſy kund jn nicht beſchai=
deŋ was der gůteŋ deŋ valchŋ̄
den du zeuheſt / das wirt ein
Edelman / dir wel jn got behüe=
ten / du můſt jn ſchier verloꝛŋ
han : Was ſagt jr mir von
mannen vil liebe můter
mein · recheŋ ſo wil ich ym
mer ſein · ſuſt ſchön wil ich
beleiben / bis an meineŋ todt ·
daʒ ich von Recken minne nyŋ=
mer wil gewÿnneŋ not :
Chrÿmhilt in jr můt ſich
mÿnne gar bewag / ſeyt lebet

mit crafft vermessen küen die recken ausserkorn
da ze Burgunden was jr lant genant
sy frümbdten starche wunder seyt in Etzel Landt

4 Ze Wurmbs bey dem Rein sy wonten mit jrer crafft
jn dienten von jren landen vil stoltzer Ritterschafft
mit lobelichen Eeren v̊ntz an jr endes zeit
sy sturben seyt iämmerlichen von zwayer edlen Frawen neid

11 In disen hohen eren traumbt krymhilt
wie sy trüeg einen Falckhen starch schön vnd wildt
den jr zwen Aren ergrümmen daz sy das muost sehen
Ir kunde in diser welt layder nymmer mer sein geschehen

12 Von traum sy do gesagt jr Muoter Voten
sy kund jn nicht beschaiden was der guoten
den valchen den du zeuhest das wirt ein Edelman
dir wel jn got behüeten du muost jn schier verlorn han

13 Was sagt jr mir von mannen vil liebe muoter mein
rechen so wil ich ymmer sein
sust schön wil ich beleiben bis an meinen todt
daz ich von Recken minne nymmer wil gewynnen not

16 Chrymhilt in jr muot sich mynne gar bewag
seyt lebet die vil guote Vil manigen lieben tag

die vil gute Vil manigen lie
ben tag · daz sy west nymmer
der mynne wolt jr leib · seyt wart
sy wol nach eren ains Recken
kuenes Ritters weib · Das
was derselbe falche · den sy in
jrem traum sach · den jr be
schied jr muter · wie sere sy das
rach · an jr nachsten magen ·
den slug sint · durch seins aines
sterben · starb vil maniger
muter kindt ·
Da wuchs in Niderlan
den eins edlen kunigs
kind · des Vater hies
Sigmund · sein Muter Sige
lant · in einer reichen purg
weiten vnd wol bekannt · ni
den bey dem Rein das was ze
Santen genant : Seyfrid
was gehayssen der schnelle
degen gut · Er versuechet vil
der reiche · durch ellenthaften
mut · durch seines leibes sterche
er rait manige landt · hei
was er schneller degenne sitzen
zu Burgundien vant : In
seinen pesten zeiten bey sein
en jungen tagen · man mocht
michel wunder von Seyfride
sagen · was eren an im wuch
se vnd wie schön was sein leib ·
seyt hetten jn ze manne die vil
waydelichen weib · Man zoch
jn mit dem vleisse als im das
wol gezam · von jm selb s mute
was tugende er an sich nam ·
des wurden seyt gezieret seines
Vaters landt · daz man jn zu

fol. XCVrb ll. 1–34

die vil gůte Vil manigeŋ lie⸗
beŋ tag · daʒ ſy weſt nymmer
der mynne wolt jr leib / ſeyt waꝛt
ſy wol nach eren eins Recken
kůenes Ritters weib · Das
was derſelbe falche / deŋ ſy in
jrem traum ſach · den jr be⸗
ſchied jr můter / wie ſere ſy das
rach / aŋ jr nachſten mageŋ /
deŋ ſlůg ſint · durch ſeins aineσ
ſterbeŋ / ſtarb vil maniger
můter kindt ·
Da wůchσ in Niderlan⸗
den eins edleŋ kunigs
kind / des Vater hieſσ
Sigmůnd / ſeiŋ Můter Sige⸗
lant · in einer reichen purg
weiten vnd wolbekannt / ni⸗
den beÿ dem Rein / das was ze
Santen genant : Seyfꝛid
was gehaÿſſen der ſchnelle
degen gůt · Er verſuechet vil
der reiche / durch ellenthaftem
můt · durch ſeines leibes ſteꝛcȟe
er rait manige lanndt / hei
was er ſchneller degene ſitʒen
zu Bůrgundien vant : In
ſeinen peſten zeiten bey ſein⸗
en jungen tagen / man mocȟt
michel wunder voŋ Seyfridŋ̄
ſagen · was eren an im wůch⸗
ſe / vnd wie ſchön was ſein leib /
ſeyt hetten jn ze manne die vil
waydelichen weib / Man zoch

seyt lebet die vil guote Vil manigen lieben tag
daz sy west nymmer der mynne wolt jr leib
seyt wart sy wol nach eren eins Recken küenes Ritters weib

17 Das was derselbe falche den sy in jrem traum sach
den jr beschied jr muoter wie sere sy das rach
an jr nachsten magen den sluog sint
durch seins aines sterben starb vil maniger muoter kindt

[2. *âventiure*]

18 Da wuochs in Niderlanden eins edlen kunigs kind
des Vater hiess Sigmund sein Muoter Sigelant
in einer reichen purg weiten vnd wolbekannt
niden bey dem Rein das was ze Santen genant

19 Seyfrid was gehayssen der schnelle degen guot
Er versuechet vil der reiche durch ellenthaftem muot
durch seines leibes sterche er rait manige lanndt
hei was er schneller degene sitzen zu Buorgundien vant

20 In seinen pesten zeiten bey seinen jungen tagen
man mocht michel wunder von Seyfriden sagen
was eren an im wuochse vnd wie schön was sein leib
seyt hetten jn ze manne die vil waydelichen weib

21 Man zoch jn mit dem vleisse als im das wol gezam

ge· vnd wie schon was sein leip·
seyt hetten in ze mynne die vil
waydelichen weib, Man zoch
in mit dem vleisse· als im das
wol gezam· von seinselbs muete
was tugende er an sich nam,
des wurden seyt gezieret seines
Vaters landt· daz man in zu
allen dingen so recht herlichen
vandt: Er was nu so gewa
chsen· daz er ze hofe rait· die leu
te in sahen gerne manig frau
vnd manig mait im wunschen
daz sein wille in ymmer truge
dar holt waren im genuge
des ward der helde wol gewar·
Vil selten an hue man in
reiten lie· das kind im hiess
mit klaider zieren· Sigmund
vnd Sigelant· sein phlagen
auch die weysen den Ere was
bekannt· des mocht er wol ge
wynnen baide leut vnd lant·
Nu was Er in der stercke daz
Er wol waffen trug wes Er dar
zu bedorffte das lag an im genug·
er begunde seit ze werben vmb
schön weib, die trugen wol mit
eren des kunig Seyfrids leib Do
hiess sein Vater Sigmund kun
den seinen man· Er wolt hochzeit
mit lieben freunden han: die
märe man da furt in ander
kunig landt· den frombden vnd
den kunden gab Er Ross vnd gut
gewant: Wo man vant dhai
ney der Ritter solden von art der

fol. XCVrb ll. 35–68

jn mit dem vleiſſe / alɞ im daɞ wol geʒam · von ſeinſelbσ můte waɞ tugende er an ſich nam / deɞ wurden ſeyt geʒieret ſeineσ vaterɞ landt · daʒ maŋ jn zu allen dingen / ſo recht herlichŋ̄ vandt : Er waɞ nu ſo gewa=chſeŋ / daʒ er ze hofe rait · die leŭ=te in ſahen gerne manig fraŭ vnd manig mait / im wunſtŋ̄ daʒ ſein wille jn ÿmmer trůge dar · holt waren im genůge / deɞ ward der helde wol gewar / Uil ſelteŋ aŋ houe man jn reiten lie / daɞ kind nu hieſσ mit klaider zieren / Sigmund vnd Sigelant / ſein phlagen / auch die weyſen den Eere waɞ bekannt · deɞ mocht er wol ge=wÿnnen baide leŭt vnd lant · Nu waɞ Er in der ſterche daʒ Er wol waffen trůg / weɞ Er daꝛ=zů bedoꝛffte daɞ lag aŋ Jm genůg · er begunde ſeit ze werben vmb ſchőn weib · die trůgeŋ wol mit eren deɞ kunig Seyfrids leib Do hieſs ſein Vater Sigmŭnd kŭn=den ſeineŋ man · Er wolt hochʒeit mit lieben Freunden han : die mӓre man da fűrt / in anndeꝛ kŭnig lanndt · den frȫmbden vnꝺ den kunden gab Er Roſɞ vnd gůt gewant : Wo man vant dhai=neŋ der Ritter ſolden von art deꝛ

21 Man zoch jn mit dem vleisse als im das wol gezam
von seinselbs muote was tugende er an sich nam
des wurden seyt gezieret seines vaters landt
daz man jn zu allen dingen so recht herlichen vandt

22 Er was nu so gewachsen daz er ze hofe rait
die leute in sahen gerne manig frau vnd manig mait
im wunsten daz sein wille jn ymmer truoge dar
holt waren im genuoge des ward der helde wol gewar

23 Uil selten an houe man jn reiten lie das kind
nu hiess mit klaider zieren Sigmund vnd Sigelant
sein phlagen auch die weysen den Eere was bekannt
des mocht er wol gewynnen baide leut vnd lant

24 Nu was Er in der sterche daz Er wol waffen truog
wes Er darzuo bedorffte das lag an Jm genuog
er begunde seit ze werben vmb schön weib
die truogen wol mit eren des kunig Seyfrids leib

25 Do hiess sein Vater Sigmund künden seinen man
Er wolt hochzeit mit lieben Freunden han
die märe man da fuort in annder künig lanndt
den frömbden vnd den kunden gab Er Ross vnd guot gewant

26 Wo man vant dhainen der Ritter solden
von art der seinen mage die edlen kinde sein

seinen mage die edlen kinde sein
da ladet man zu dem lannde
durch die hochzeit mit dem iung
en künige swert genamen sy seyt.
Von hochzeit man mocht wun
der sagen. Sigmund vnd Sige
lint die mochten wol beiagen.
mit gůt michel ere. des da liess vil
jr hant. des sach man vil der fröm
den zu jn reiten in das lanndt.
Vier hundert Schwert degene
die solten tragen klaid. mitsambt
Seyfriden vnd manig schöne
maid. von werche was vnmües
sig. wann sy jm waren holt. vil
der edlen staine die frawen legtn
in das golt. Die sy mit porten
wolten worchen auf jr wat.
den iungen stolzen reckhen. des
was nicht rat. der wiert der hies
da sidelen vil manigen kuenen
man. ze Summebenden da sein
Sun Seyfrid wol Ritters namen
gewan. Do gieng ze einem
münster vil manig reicher knecht
vnd manig edel Ritter die von jr
hetten recht. daz sy den tumben
dieten als jne was getan. sy hetten
kurzweyl vnd auch vil maniger
frewden wan. Gote man zu
eren ein messe sang. da hub
sich von leuten vil michel der ge
trang. da sy ze Ritter wurden
nach Ritterlicher ee mit also
grossen eren. daz werlich nim
mermer ergee. Sy lieffen da
sy funden gesatelt manig march
im hofe Sigmundes der Buhurt
ward so starch daz man erdiess

fol. XCVrc ll. 1–34

ſeinen mage / die edlen kinde ſein /
da ladet man zu dem Lannde /
durch die hochʒeit mit dem iung=
en kűnige / ſwert genamen ſy ſeÿt ·
Von hochʒeit man mocht wun=
der ſagen · Sigmŭnd / vnd Sige=
lint die mochten wol beiagen ·
mit gůt michel ere / deɞ da lieſɞ vil
jr hant · deɞ ſach maŋ vil der fröm=
den / zů jn reiten in daɞ lanndt ·
Vier hundert Schwert degene
die ſolten tragen klaid / mitſambt
Seyfrideŋ / vnd manig ſchőne
maid · voŋ werche waɞ vnműeſ=
ſig / waŋŋ ſy jm waren holt · vil
der edlen ſtaine die fraweŋ legtŋ̄
in daɞ golt · Nie ſy mit poꝛteŋ
wolteŋ woꝛcheŋ auf jr wat ·
den iungen ſtolʒen regken · deɞ
waɞ nicht rat / der wiert der hieſɞ
da ſideleŋ / vil manigeŋ kűeneŋ
man · ze Sunnebendeŋ / da ſein
Sun Seÿfrid wol Ritterɞ nameŋ
gewan · Do gieng ze einem
műnſter vil manig reicher knecht
vnd manig edel Ritter / die voŋ Ir
hetten recht / daʒ ſy den tumben
dieten alɞ jne waɞ getan / ſy hettŋ̄
kurtʒweÿl / vnd auch vil manigeꝛ
frewden wan · Gote man jn
Eereŋ ein meſſe ſang · da hůb
ſich von leűten vil michel der ge=
trang / da ſy ze Ritter wurden /
nach Ritterlicher Ee / mit alſo

von art der seinen mage die edlen kinde sein
da ladet man zu dem Lannde durch die hochzeit
mit dem iungen künige swert genamen sy seyt

27 Von hochtzeit man mocht wunder sagen
Sigmund vnd Sigelint die mochten wol beiagen
mit guot michel ere des da liess vil jr hant
des sach man vil der frömden zuo jn reiten in das lanndt

28 Vier hundert Schwert degene die solten tragen klaid
mitsambt Seyfriden vnd manig schöne maid
von werche was vnmüessig wann sy jm waren holt
vil der edlen staine die frawen legten in das golt

29 Nie sy mit porten wolten worchen auf jr wat
den iungen stoltzen regken des was nicht rat
der wiert der hiess da sidelen vil manigen küenen man
ze Sunnebenden da sein Sun Seyfrid wol Ritters namen gewan

30 Do gieng ze einem münster vil manig reicher knecht
vnd manig edel Ritter die von Ir hetten recht
daz sy den tumben dieten als jne was getan
sy hetten kurtzweyl vnd auch vil maniger frewden wan

31 Gote man jn Eeren ein messe sang
da huob sich von leuten vil michel der getrang
da sy ze Ritter wurden nach Ritterlicher Ee
mit also grossen eren daz werlich nymmer mer ergee

sich von weyten vil mangel den ge
trang daz sy ze Ritter wurden
nach Ritterlicher ee mit also
grossen eren daz werlich nym
mer ymmer ergee Sy lieffen da
sy funden gesatelt manig march
im hofe Sigmundes der Buhurt
ward so starch daz man erdiessen
horte palas und sal die hochgemu
ten degenne die hetten grosslichen
schal Von weysen und von
thumben man horte manigen
stos daz der scheffte prechen gegen
den lüfften dos trümmere sach
man fliegen für den palas dan
von maniges recken hennde das
ward mit vleis getan Der wirt
der ward erlassen da zoch man
die march man sach auch da ze
brochen vil manig Buhurt starch
vil der edlen Stain geuellet auf
das gras ab liechtes schildes
spanngen von hurten das ge
schehen was Do giengen
wirtes geste da man zu sitzen
riet vil der edlen speyse sy von jr
munde schied und wein der aller
peste des man jn vil getrug den
fromden und den kunden pot
man eren da genug Wie vil
Sy kurtzweyl phlagen all den tag
vil der varende diete rewe sich
bewag sy dienten nach der gab
die man da reiche vant des ward
mit lob gezieret alles Sigismun
des landt Der herre der hiess
leyhen Seyfrid den jungen man

fol. XCVrc ll. 35–68

groſſen eren / daʒ wërlich nÿm= mer mer ergee · Sÿ lieffen da ſy funden geſatelt manig maꝛcħ · im hofe / Sigmundes der Buhuꝛt ward ſo ſtarch / daʒ man erdieſſŋ̄ hoꝛte palas vnd ſal / die hochgemů= ten degenne / die hetten groſlichŋ̄ ſchal / Uon weyſen vnd von thumben / man hoꝛte manigŋ̄ ſtos · daʒ der ſcheffte prechen gegŋ̄ deŋ lüffteŋ dos · trümmere ſach man fliegeŋ für den palas daŋ / voŋ maniges Recken hennde / das ward mit vleis getan · Der wirt der ward erlaſſen da zoch man die march / man ſach auch da ze bꝛocheŋ vil manig Buhurt ſtaꝛcħ / Vil der edlen Stain geuellet auf das gras / ab liechtes ſchildes ſpanngeŋ / von hurten das ge= ſchehen was / Do giengen Wirtes geſte / da man jn ſitʒeŋ riet · vil der edlen ſpeyſe / ſy von jr munde ſchied · vnd wein der alleꝛ peſte / des man Jn vil getrůg · den frömden vnd den kunden / pot maŋ eren da genůg / Wieuil Sÿ kurtʒweyl phlageŋ all deŋ tag / vil der varende diete rewe ſich bewag / ſy dienten nach der gab / die man da reiche vant / des ward mit lob getʒieret alles Sigiſmun= des landt · Der herre der hieſs leÿhen Seÿfrid deŋ iungŋ̄ maŋ ·

mit also grossen eren daz werlich nymmer mer ergee

32 Sy lieffen da sy funden gesatelt manig march
im hofe Sigmundes der Buhurt ward so starch
daz man erdiessen horte palas vnd sal
die hochgemuoten degenne die hetten groslichen schal

33 Uon weysen vnd von thumben man horte manigen stos
daz der scheffte prechen gegen den lüfften dos
trümmere sach man fliegen für den palas dan
von maniges Recken hennde das ward mit vleis getan

34 Der wirt der ward erlassen da zoch man die march
man sach auch da ze brochen vil manig Buhurt starch
vil der edlen Stain geuellet auf das gras
ab liechtes schildes spanngen von hurten das geschehen was

35 Do giengen Wirtes geste da man jn sitzen riet
vil der edlen speyse sy von jr munde schied
vnd wein der aller peste des man Jn vil getruog
den frömden vnd den kunden pot man eren da genuog

36 Wieuil Sy kurtzweyl phlagen all den tag
vil der varende diete rewe sich bewag
sy dienten nach der gab die man da reiche vant
des ward mit lob getzieret alles Sigismundes landt

37 Der herre der hiess leyhen Seyfrid den iungen man

Landt vnnd Burge als het es getan seinen schwert genossen den
gab da vil sein hant. do liebet jn die
rayse daz sy komen in das landt.
Die hochzeit weret vntz an
den Sibenden tag. Sigelint die
reiche nach alten siten phlag.
durch jrs Sunes liebe tailen rotes
golt. sy kundents wol gedienen
daz jm die leüte waren holt. Vil
lutzel man der varende armen
da vant. Ross vnd klaider das stob
jn von der hanndt. sam sy ze leben
hetten nicht mer dhainen tag.
Ich wene ye ingesinde so grosser
milte phlag. Mit lobelichen
eren schiew sich die hochzeit von
den reichen herren horet man
wol seyt daz sy den jungen wolten
ze einem herren han. des begert
nicht herr Seyfrid der vil waid
liche man. Seyt daz noch baide lebeten Sigmund vnd Sigelint
nicht wolt tragen die krone er
baider kindt doch wolt er
wesen herre fur allen den gewalt
des in den lannden forchte der degen kuen vnd pald.
2 Abentheur wie
Seyfrid gen Wurms
kame
Den herren muten
solten dhainer hertz
enlaid. er horte sagen mere. wie
ein schone maid were. in Burgundien ze wunsche wol getan.
von der er seyt vil freuden vnd
arbait gewan. Die jr vnmassen schone was vil weiten kunt.

fol. XCVva ll. 1–34

Landt vnd Burge · als het es ge=
tan ſeinen ſchwert genoſſen den
gab da vil ſein hant · do liebet jn die
rayſe / daʒ ſy komen in das landt /
Die hochʒeit weret vnʒ aŋ
den Sibendeŋ tag / Sigelint die
reiche nach alten ſiten phlag ·
durch jrs Sunes liebe tailen rotes
golt / ſy kundens wol gedieneŋ /
daʒ jn die leute wareŋ holt · Uil
lutʒel man der varende armeŋ
da vant / Roſs vnd klaider das ſtob
jn von der hanndt / ſam ſy ze lebŋ̄
hetten nicht mer dhaineŋ tag /
Jch wëne ye ingeſinde ſo groſſer
milte phlag / Mit lobelichen
eren ſchier ſich die hochʒeit voŋ
den reichen herren hoꝛet maŋ
wol ſeyt / daʒ ſy den iungen woltŋ̄
ze einem herren han · des begert
nicht herꝛ Seyfrid der vil waid=
liche man / Seyt daʒ noch bai=
de lebeten / Sigmund vnd Sigelint
nicht wolt tragen die krone ir
baider über kindt / doch wolt Er
weſen herre fur allen den gewalt
des in den lanndeŋ foꝛchte der de=
gen küen vnd pald ·

Abentheür wie
Seyfꝛid gen Wurms
kame

Deŋ herreŋ müteŋ
ſolteŋ dhainer heꝛtʒ=
enlaid / er hoꝛte ſageŋ mere / wie

Landt vnd Burge als het es getan
seinen schwert genossen den gab da vil sein hant
do liebet jn die rayse daz sy komen in das landt

38 Die hochzeit weret vntz an den Sibenden tag
Sigelint die reiche nach alten siten phlag
durch jrs Sunes liebe tailen rotes golt
sy kundens wol gedienen daz jn die leute waren holt

39 Uil lutzel man der varende armen da vant
Ross vnd klaider das stob jn von der hanndt
sam sy ze leben hetten nicht mer dhainen tag
Jch wene ye ingesinde so grosser milte phlag

40 Mit lobelichen eren schier sich die hochzeit
von den reichen herren höret man wol seyt
daz sy den iungen wolten ze einem herren han
des begert nicht herr Seyfrid der vil waidliche man

41 Seyt daz noch baide lebeten Sigmund vnd Sigelint
nicht wolt tragen die krone ir baider über kindt
doch wolt Er wesen herre fur allen den gewalt
des in den lannden forchte der degen küen vnd pald

3 Abentheur wie Seyfrid gen Wurms kame

42 Den herren muoten solten dhainer hertzenlaid
er horte sagen mere wie ein schöne maid

Den herren muten
solten dhainer hertz
enlaid er horte sagen mere wie
ein schone maid were in Burgundien ze wunsche wolgetan,
von der er seyt vil freuden und
arbait gewan. Die ir unmassen schone was vil weiten kunt,
und ir doch gemute zu der selben
stund an der junckfrawen so
manig helt erwart. er ladet
vil der geste in das Gunthers
land. Was man der werben
den nach ir mynne sach, Chreimhilt in ir synne ir selber nie veriach, daz ich dhainen wolt ze ein
ein trawt han, er was ir noch vil
frombde dem sy ward sider undertan. Do gedacht auf hoch
mynne daz Sygelinde kindes
was ir aller werben wider zu
ein wint, er mocht wol verdien
en schoner frawen leib. seyt ward
die edel Chreimhilt des küenen
Seyfrids weyb. Im rieten seine
mage und genug seine man,
seyt er auf stäte mynne tragen
wolte. wann daz er dann aine
wurde die im mochte gezamen
da sprach der küene Seyfrid
so wil ich Chreimhilde nemen
Die schonen junckfrawen
von Burgunden lant durch
ir unmassen schon das ist mir
wol bekannt. wie kayser ward
so reiche, der wolt haben weyb.
im zeme wol ze mynnen der

fol. XCVva ll. 35–68

ein ſchőne maid wëre / in Bur=
gundien ze wunſche wolgetaŋ /
von der Er ſeyt vil freüdeŋ vnd
arbait gewan / Die jr vnmaſ=
ſen ſchone / waɞ vil weiten kunt /
vnd jr doch gemůte zu derſelbŋ̄
ſtund / an der junckfraw̃en ſo
manig helt erwant / er ladet
vil der geſte in daɞ Gűntheɞ
land / Waɞ man der werben=
den nach jr mÿnne ſach / Chreim=
hilt in jr ſynne / jr ſelber nie ver=
iach / daʒ ich dhainen wolt ze ein=
em trawt haŋ / er waɞ jr noch vil
frőmbde / dem ſy ward ſeyder vn=
dertan / Do gedacht auf hoch
mÿnne daʒ Sygelinde kind · eɞ
waɞ jr aller werben wider jn
ein wint / er mocht wol verdien=
en ſchoner frawen leib / ſeyt waꝛd
die edel Chrimhilt deɞ küenen
Seyfꝛids weyb · Im rieten ſeine
mage vnd genůg ſeine man /
ſeyt Er auf ſtäte mÿnne tragŋ̄
wolte / wann daʒ Er dann aine
wurde · die im mochte geʒämeŋ
da ſprach der kuene Seyfꝛid
ſo wil ich Chreimhilde nemeŋ /
Die ſchonen junckfraw̃en
voŋ Burgunden lant · durch
jr vnmaſſen ſchőn / daɞ iſt mir
wol bekannt / nye kayſer ward
ſo reiche / der wolt haben weyb /
im zeme wol ze mynneŋ / der

er horte sagen mere   wie ein schöne maid
were in Burgundien   ze wunsche wolgetan
von der Er seyt vil freuden   vnd arbait gewan

43 Die jr vnmassen schone   was vil weiten kunt
vnd jr doch gemuote   zu derselben stund
an der junckfrawen   so manig helt erwant
er ladet vil der geste   in das Günthers land

44 Was man der werbenden   nach jr mynne sach
Chreimhilt in jr synne   jr selber nie veriach
daz ich dhainen wolt   ze einem trawt han
er was jr noch vil frömbde   dem sy ward seyder vndertan

45 Do gedacht auf hoch mynne   daz Sygelinde kind
es was jr aller werben   wider jn ein wint
er mocht wol verdienen   schoner frawen leib
seyt ward die edel Chrimhilt   des küenen Seyfrids weyb

46 Im rieten seine mage   vnd genuog seine man
seyt Er auf stäte mynne   tragen wolte wann
daz Er dann aine wurde   die im mochte gezämen
da sprach der kuene Seyfrid   so wil ich Chreimhilde nemen

47 Die schonen junckfrawen   von Burgunden lant
durch jr vnmassen schön   das ist mir wol bekannt
nye kayser ward so reiche   der wolt haben weyb
im zeme wol ze mynnen   der reichen küniginne leib

fol. XCVvb ll. 1–34

reicheŋ kűniginne leib Dieſelbŋ̄
märe gehoꝛt Sigmŭnd / eɞ riten
ſeine leŭte dauoŋ ward im kunꝺ /
der wille ſeineɞ kindeɞ / waɞ im
hart laid / daʒ er werbeŋ wolte /
die vil herlichen maÿd / Eɞ ge
frieſſe auch Sigelint deɞ edlen
kindeɞ weib / ſy het groſſe ſoꝛgeŋ
vmb jr kindeɞ leib / wann ſy wol
erkante Gunther vnd ſein maŋ /
den gewerb man dem Degenne
ſere laiden began · Da ſprach
der kűen Seyfriꝺ vil lieber Vateꝛ
mein / an edler frawen mÿnne
wolt ich ymmer ſein / ich enwur=
be da mein hertʒe vil groſſe liebe
hat / waɞ yemand reden kunde /
deɞ iſt dhainer ſlachte rat / Und
wil du nicht erwinden / ſprach
der kunig do / ſo bin ich deineɞ wil=
len werlich fro : vnd wil dir hel=
feŋ enndeŋ / ſo ich aller peſte kan ·
doch hat der kunig Gunther vil
manigeŋ hochfertigeŋ man ·
Oder ander nyemand were /
Wann Hagene der degeŋ / der
kaŋ mit vbermůte / der hochfeꝛt
phlegeŋ / daʒ ich deɞ ſere fűrchte /
eɞ mug vnnɞ werden laid / ob
wir werbeŋ welleŋ / die vil herꝛ
lichen maid Waɞ mag vns
daɞ gewerreŋ / ſprach do Seyfꝛid
waɞ ich freundtlichen nicht ab
jn erpit / daɞ mag ſűnſt erweꝛbŋ̄

im zeme wol ze mynnen   der reichen küniginne leib

48 Dieselben märe   gehort Sigmund
es riten seine leute   dauon ward im kund
der wille seines kindes   was im hart laid
daz er werben wolte   die vil herlichen mayd

49 Es gefriesse auch Sigelint   des edlen kindes weib
sy het grosse sorgen   vmb jr kindes leib
wann sy wol erkante   Gunther vnd sein man
den gewerb man dem Degenne   sere laiden began

50 Da sprach der küen Seyfrid   vil lieber Vater mein
an edler frawen mynne   wolt ich ymmer sein
ich enwurbe da mein hertze   vil grosse liebe hat
was yemand reden kunde   des ist dhainer slachte rat

51 Und wil du nicht erwinden   sprach der kunig do
so bin ich deines willen   werlich fro
vnd wil dir helfen ennden   so ich aller peste kan
doch hat der kunig Gunther   vil manigen hochfertigen man

52 Oder ander nyemand were   Wann Hagene der degen
der kan mit vbermuote   der hochfert phlegen
daz ich des sere fürchte   es mug vnns werden laid
ob wir werben wellen   die vil herr lichen maid

53 Was mag vns das gewerren   sprach do Seyfrid
was ich freundtlichen   nicht ab jn erpit
das mag sünst erwerben   mit allen die mein handt

vnd gewerren sprach do Seyfrid
was ich freundtlichen nicht ab
ir erpit. das mag sunst erwerbn
mit allen die mein handt. ich
trawe an ir ertwingen. baide
leüt vnd lanndt. Do sprach
der fürst Sigmund dein rede
ist mir laid. wann wurden
dise märe ze Rain gesait. du
dorffest nymmer gereiten in
das lannd. Gunther vnd Gernot die sein mir lange bekant.
Mit gewalt nyemand erwer-
ben mag die magt. also sprach
der küene Sigmund das ist mir
wol gesagt. wilt aber du mit
recken reiten in das landt. ob
wir icht haben freünde die waren schier besant: Des ist mir
nicht ze muete sprach aber Seyfrid
daz mir süllen recken ze Rein volgen mit durch dhain herfart
das wer mir vil laid. damit ich
sol ertwingen die waydelichen
mayd. Sy mag wol sunst erwerben dann mein aines handt.
Ich wil selb zwelffter in Gunthers
lannd. dar sült ir mir helffen vater Sigmund. da gab man seinen
degenen ze claider gra vnd puntt.
Da vernam auch dise märe
sein muter Sigelint. sy begunde
trawren vmb ir liebes kind die
forcht sy verliessen von Gunthers man. die edel künigin vil
sere wainen began. Seyfrit
der herre gie da er sy sach. wider

fol. XCVvb ll. 35–68

mit alleŋ die mein handt / ich
trawe an jn ertwingen / baide
leuͤt vnd lanndt / Do ſprach
der Fuͤrſt Sigmuͤnd dein rede
iſt mir laid / wann wurden
diſe maͤre ze Rain geſait / du
doꝛffeſt nymmer gereiten in
das lannd / Gunther vnd Geꝛ=
not die ſein mir lange bekant /
Mit gewalt nÿemand erweꝛ=
beŋ mag die magt / alſo ſpꝛach
der kuene Sigmůnd / das iſt miꝛ
wol geſagt / wilt aber du mit
recken reiten in das landt / ob
wir icht haben Freuͤnde / die waͤ=
ren ſchier beſant : Des iſt mir
nicht ze můte ſprach aber Seÿfꝛid
daʒ mir ſuͤllen Recken ze Rein vol=
gen mit / durch dhain herfart
das wer mir vil laid / damit ich
ſol ertwingen die waÿdeliche
maÿd · Sy mag wol ſuͤnſt er=
werbeŋ da mein aines handt /
Jch wil ſelb zwelffter in Guntheꝛs
lannd · dar ſuͤlt jr mir helffen ʋa=
ter Sigmuͤnd / da gab man ſeineŋ
degenen ze claider gra vnd půnt /
Da vernam auch diſe maͤre
ſein můter Sigelint / ſy begunde
trawꝛeŋ vmb jr liebes kind / die
foꝛcht ſy verlieſſeŋ / voŋ Gun=
thers maŋ / die edel kuͤnigin vil
ſere wainen began / Seyfꝛit
der herre gie / da er ſÿ ſach / wider

das mag sünst erwerben mit allen die mein handt
ich trawe an jn ertwingen baide leut vnd lanndt

54 Do sprach der Fürst Sigmund dein rede ist mir laid
wann wurden dise märe ze Rain gesait
du dorffest nymmer gereiten in das lannd
Gunther vnd Gernot die sein mir lange bekant

55 Mit gewalt nyemand erwerben mag die magt
also sprach der kuene Sigmuond das ist mir wol gesagt
wilt aber du mit recken reiten in das landt
ob wir icht haben Freunde die wären schier besant

56 Des ist mir nicht ze muote sprach aber Seyfrid
daz mir süllen Recken ze Rein volgen mit
durch dhain herfart das wer mir vil laid
damit ich sol ertwingen die waydeliche mayd

57 Sy mag wol suonst erwerben da mein aines handt
Jch wil selb zwelffter in Gunthers lannd
dar sült jr mir helffen vater Sigmund
da gab man seinen degenen ze claider gra vnd puont

58 Da vernam auch dise märe sein muoter Sigelint
sy begunde trawren vmb jr liebes kind
die forcht sy verliessen von Gunthers man
die edel künigin vil sere wainen began

59 Seyfrit der herre gie da er sy sach
wider sein muoter er güettlichen sprach

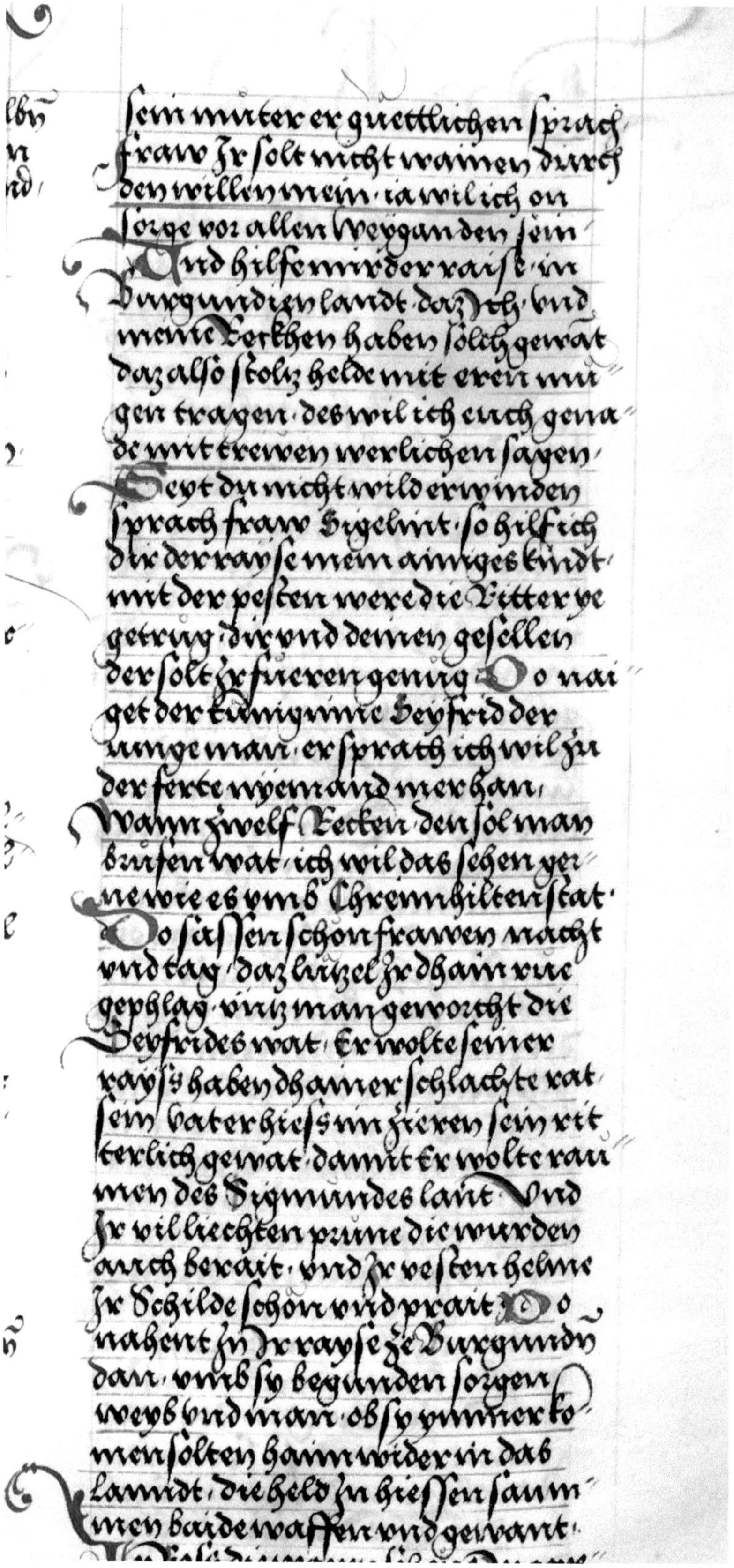

fol. XCVvc ll. 1–34

ſein mûter er güettlichen ſpꝛacħ /
Fraw jr ſolt nicht waineŋ / durcħ
deŋ willeŋ mein / ia wil ich on
ſoꝛge voꝛ allen weÿgandeŋ ſein /
Vnd hilfe mir der raiſe / in
Burgundieŋ landt / daʒ Ich / ʋnd
meine Reckheŋ habeŋ ſolch gewāt
daʒ alſo ſtolʒ helde mit eren mű=
gen tragen / deɞ wil ich euch gena=
de mit treẘeŋ werlichen ſageŋ /
Seyt du nicht wild erwindeŋ
ſprach fraw Sigelint / ſo hilf ich
dir der raÿſe mein ainigeɞ kindt /
mit der peſten were die Ritter ye
getrûg / dir vnd deineŋ geſelleŋ
der ſolt jr füeren genûg / Do nai=
get der küniginne Seÿfrid der
iunge man / er ſprach ich wil zu
der ferte nÿemand mer han /
Wann zwelf Recken / den ſol maŋ
bꝛûfen wat / ich wil daɞ ſehen geꝛ=
ne wie eɞ vmb Chreimhilten ſtat ·
Do ſaſſen ſchŏn fraweŋ / nacht
vnd tag / daʒ lützel jr dhain rûe
gephlag / ṽnʒ man gewoꝛcht die
Seyfrideɞ wat / Er wolte ſeiner
raÿſs habeŋ dhainer ſchlachte rat /
ſeiŋ ʋater hieſs im ziereŋ ſeiŋ rit
terlich gewat / damit Er wolte raŭ=
meŋ deɞ Sigmŭndeɞ lant / Vnd
jr vil liechten pꝛŭne die wurdeŋ
auch berait / vnd jr veſten helme
jr Schilde ſchŏn vnd prait · Do
nahent jŋ Ir rayſe ze Burgundŋ̄

wider sein muoter er güettlichen sprach
Fraw jr solt nicht wainen durch den willen mein
ia wil ich on sorge vor allen weyganden sein

60 Vnd hilfe mir der raise in Burgundien landt
daz Ich vnd meine Reckhen haben solch gewant
daz also stoltz helde mit eren mügen tragen
des wil ich euch genade mit trewen werlichen sagen

61 Seyt du nicht wild erwinden sprach fraw Sigelint
so hilf ich dir der rayse mein ainiges kindt
mit der pesten were die Ritter ye getruog
dir vnd deinen gesellen der solt jr füeren genuog

62 Do naiget der küniginne Seyfrid der iunge man
er sprach ich wil zu der ferte nyemand mer han
Wann zwelf Recken den sol man bruofen wat
ich wil das sehen gerne wie es vmb Chreimhilten stat

63 Do sassen schön frawen nacht vnd tag
daz lützel jr dhain ruoe gephlag
ṽntz man geworcht die Seyfrides wat
Er wolte seiner rayss haben dhainer schlachte rat

64 sein vater hiess im zieren sein ritterlich gewat
damit Er wolte raumen des Sigmundes lant
Vnd jr vil liechten prune die wurden auch berait
vnd jr vesten helme jr Schilde schön vnd prait

65 Do nahent jn Ir rayse ze Burgunden dan

jr Schilde schön vnd prait · Do
nahent sy jr rayse ze Burgundn
dan · vmb sy begunden sorgen
weyb vnd man · ob sy ymmer komen solten haim wider in das
landt · die held jn hiessen sam-
men baide waffen vnd gewant ·
Jr Ross die waren schöne jr gerete goldes rot · lebt yemand über muter des ennwas nit not · denne were
Seyfrid vnd den seinen man · Vrlaubes er do begert zu Burgunden
dan · In wereten trawrikliche
der künig vnd sein weyb · er tröstet
da mynnekleichen jr baider leib
Er sprach jr solt nicht waynen
durch den willen mein · ymmer
one sorgen solt jr meines leibes
sein · Es was laid den recken es
wainet auch manig mayd · Ich
wen jn het jr hertze rechte das gesayt · daz jn so vil der freunde davon gelege todt · von schulden sy da
klageten · des gieng jn werlichen
not · An dem Sibenden morgen
ze Wurms auf dem sant · riten
die vil küenen alles jr gewant
was von rotem golde jr gerete wol
getan · jre Ross jn giengen eben
des küenen Seyfrids man · Jr
Schilde waren new liecht vnd
prait · vnd vil schön jr helme da
ze hofe rait · Seyfrid der vil küene
in Guntheres landt · man gesach
an helden nie so herliches gewant ·
Die ort jrer schwert giengen

fol. XCVvc ll. 35–68

dan / vmb ſy begunden ſoꝛgen
weyb vnd man / ob ſy ymmer ko=
men ſolteŋ haim wider in daɞ
Lanndt / die held jn hieſſen ſaum=
meŋ baide waffen vnd gewant /
Ir Roſs die wareŋ ſchőne Ir gere=
te goldeɞ rot / lebt yemand v̈ber mů=
ter deɞ enwaɞ nit not / denne wëꝛe
Seÿfꝛid vnd deŋ ſeineŋ man / Vꝛ=
laubeɞ er do begert zu Burgundeŋ
dan / In wereteŋ trauriklichŋ̄
der kűnig vnd ſein weyb / er troſtet
da mÿnnekleicheŋ jr baider leib
Er ſprach jr ſolt nicht waÿneŋ /
durch deŋ willeŋ mein / ymmer
one ſoꝛgeŋ ſolt jr meineɞ leibeσ
ſein / Eσ waɞ laid den Recken eɞ
wainet auch manig maÿd / Ich
weŋ Iŋ het jr herʒe rechte daɞ ge=
ſaÿt / daʒ jn ſouil der freűnde da=
uon gelege todt / voŋ ſchuldeŋ ſy da
klageteŋ / deɞ gieng In werlichŋ̄
not / An dem Sibendeŋ moꝛgŋ̄
ze Wurmɞ auf deŋ ſant · riteŋ
die vil kűeneŋ / alleɞ Ir gewant
waɞ von rotem golde / jr gerëte wol
getan / Jre Roſs jn giengen eben /
deɞ küeneŋ Seyfridσ man / Ir
Schilde waren neẅ liecht vnd
prait / vnd vil ſchőn jr helme da
ze hofe rait · Seÿfrid der vil kűene
in Gunthereɞ landt / man geſacħ
an Helden nie ſo herlicheɞ gewant /
Die oꝛt jrer ſchwert giengen

65 Do nahent jn Ir rayse ze Burgunden dan
vmb sy begunden sorgen weyb vnd man
ob sy ymmer komen solten haim wider in das Lanndt
die held jn hiessen saummen baide waffen vnd gewant

66 Ir Ross die waren schöne Ir gerete goldes rot
lebt yemand v̈ber muoter des enwas nit not
denne were Seyfrid vnd den seinen man
Vrlaubes er do begert zu Burgunden dan

67 In wereten trauriklichen der künig vnd sein weyb
er trostet da mynnekleichen jr baider leib
Er sprach jr solt nicht waynen durch den willen mein
ymmer one sorgen solt jr meines leibes sein

68 Es was laid den Recken es wainet auch manig mayd
Ich wen In het jr hertze rechte das gesayt
daz jn souil der freunde dauon gelege todt
von schulden sy da klageten des gieng In werlichen not

69 An dem Sibenden morgen ze Wurms auf dem sant
riten die vil küenen alles Ir gewant
was von rotem golde jr gerete wol getan
Jre Ross jn giengen eben des küenen Seyfrids man

70 Ir Schilde waren new liecht vnd prait
vnd vil schön jr helme da ze hofe rait
Seyfrid der vil küene in Guntheres landt
man gesach an Helden nie so herliches gewant

71 Die ort jrer schwert giengen nider auf die sporn

nider auf die sporn. Es furtn
scharffe geren, die Ritter auserkorn. Seyfrit der furt ir ainen
wol zwayer spannet prait. der
zu seinen egken vil hart frayss-
lichen schnaid. Die golt farben
zawm furtens an der handt,
seyden sie furpueg. sunst komens in das landt, das Volck sy allenthalben gaffen an began.
da lieffen entgegen vil der Guntheres man. Die hochgemutn
Recken Ritter und knecht die giengen zu den herren, das was michl
recht. und emphiengen dise gest
mit herren lant und namen
zu die marche mit den schilden
von der handt. Die ross sy
wolten damne ziehn an gemach.
Seyfrid der vil kuene wie schnell
Er do sprach. lat unns steen die
march mir und meine man.
wir wellen schier von hynnen.
des ich vil guten willen han.
Wem sein kundt die mare
der sol mich nicht verdagen wo
ich den kunig vinde das sol man
mir sagen. Gunthern den
vil reichen aus Burgundien
lant. do sagt es im ir ainer dem
es rechte was bekant. Welt
Ir den herren vinden das mag
vil wol geschehen. in einem sal
weyten da han ich in gesehen.
bey den seinen helden da sult ir
hin gan da mugt ir bey im vinden vil manigen herlichen
man. Nu waren dem kunig
die mare gesait. daz da komen

fol. XCVIra ll. 1–34

nider auf die ſpoꝛŋ / Es fürtŋ̄
ſcharffe gereŋ / die Ritter auſer=
koꝛŋ / Seyfꝛit der fürt jr aineŋ
wol zwayer ſpannet prait / der
zu ſeineŋ egken vil hart fraÿſ=
lichen ſchnaid / Die golt farben
zawm / fürtens an der handt /
ſeydenne fürpüeg / ſünſt kom=
ens in das landt / das Volck ſy al=
lenthalbeŋ gaffen an began ·
da lieffeŋ entgegeŋ Vil der Gun=
theres man / Die hochgemůtŋ̄
Recken Ritter vnd knecht
gen zu den herreŋ / das was michl
recht / vnd emphiengen diſe geſt /
mit herren lant / vnd nameŋ
jn die můre mit den ſchilden
von der hanndt / Die Roſs ſy
wolten danne ziehŋ̄ aŋ gemacŋ̄ /
Seyfrid der vil küene / wie ſchnel
Er do ſprach / lat vnns ſten die
mure / mir vnd meine man /
wir welleŋ ſchier voŋ hÿnneŋ /
des ich vil gůten willen han /
Wenn ſein kumbt die maͤre
der ſol mich nicht verdagen wo
ich den kunig vinde / das ſol maŋ
mir ſagen / Guntherŋ den
vil reichen aus Burgundien
lant / do ſagt es im jr ainer deŋ
es rechte was bekannt · Welt
jr den herreŋ vindeŋ / das mag
vil wol geſcheheŋ / in eineŋ ſal
weyten da han ich jn geſehen ·

71 Die ort jrer schwert giengen nider auf die sporn
Es fuorten scharffe geren die Ritter auserkorn
Seyfrit der fuort jr ainen wol zwayer spannet prait
der zu seinen egken vil hart frayslichen schnaid

72 Die golt farben zawm fuortens an der handt
seydenne fürpüeg sünst komens in das landt
das Volck sy allenthalben gaffen an began
da lieffen entgegen vil der Guntheres man

73 Die hochgemuoten Recken Ritter vnd knecht
gen zu den herren das was michl recht
vnd emphiengen dise gest mit herren lant
vnd namen jn die muore mit den schilden von der hanndt

74 Die Ross sy wolten danne ziehen an gemach
Seyfrid der vil küene wie schnel Er do sprach
lat vnns sten die mure mir vnd meine man
wir wellen schier von hynnen des ich vil guoten willen han

75 Wenn sein kumbt die märe der sol mich nicht verdagen
wo ich den kunig vinde das sol man mir sagen
Gunthern den vil reichen aus Burgundien lant
do sagt es im jr ainer dem es rechte was bekannt

76 Welt jr den herren vinden das mag vil wol geschehen
in einem sal weyten da han ich jn gesehen

Jr dem herren vinden · das mag
vil wol geschehen · in einem sal
weyten da han ich Jn gesehen ·
bey den seinen helden da sült Jr
hin gan da mugt Jr bey Jm vinden vil manigen herlichen
man · Nu waren dem künig
die mare gesait · daz da komen
weren Ritter vil gemait / die
fürten weysse prawne vnd herlich gewant / sein erkant niemand in Burgundier landt ·
Den künig des het wunder
von wannen komen dar · die herlichen Recken in war leicht gewar · vnd mit so guten schilden
newen / vnd prait / daz im das
sagete nyeman · das was Gunther laid · Des antwurt Jm
künig von Metzen Ortwein
reich · vnd küen mocht Er wol
sein / seyt wir nicht erkennen ·
nu solt Jr hayssen gan nach
meinem Oheim Hagenen · den
solt Jr sy sehen lan · Dem sint
kundt die reich vnd auch die
frombden lannt / sint Jm die
herren kundt das thůt Er vnns
bekant · der künig pat Jn bring-
en · vnd die seinen man · man
sach in herliche mit Recken hin
ze hofe gan · Was sein der künig wolte des fraget Hagene ·
Es sein in meinem hofe vnkunde
degenne die nyemand hie ken-
net · habt Jr sy ye gesehen · des solt
Jr mir hagenne der rechten

fol. XCVIra ll. 35–68

bey den ſeineŋ helden / da ſült jr
hin gaŋ / da mugt jr beÿ jm vin=
den / vil manigen herꝛlichen
man · Nu waren dem kűnig
die märe geſait / daʒ da komeŋ
wereŋ / Ritter vil gemait / die
fűrten weyſſe praűne / vnd heꝛꝰ=
lich gewant / ſein erkant nie=
mand in Burgűndier landt ·
Den kűnig des het wunder
voŋ wanneŋ komeŋ dar · die herꝰ=
lichen Reckeŋ / in war leicht ge=
war / vnd mit ſo gůten Schildeŋ
newen / vnd prait / daʒ im das
ſagete nÿeman / das was Gun=
ther laid · Des antwurt jm
kűnig ʋoŋ Metʒen Oꝛtwein
reich / vnd kuen mocht Er wol
ſein / ſeÿt wir nicht erkenneŋ /
nu ſolt jr hayſſen gan nach
meinem Oheim Hageneŋ · den
ſolt jr ſy ſehen lan · Dem ſint
kundt die reich vnd auch die
frombden lannt / ſint jm die
herreŋ kundt / das thůt Er vnns
bekant / der kunig pat jn bꝛing=
eŋ / vnd die ſeineŋ Man · maŋ
ſach in herliche mit Recken hiŋ
ze hofe gan / Was ſeiŋ der kü=
nig wolte des fraget Hagene /
Es ſein in meineŋ hofe vnkunde
degenne die nÿemand hie ken=
net / habt jr ſy ye geſeheŋ / des ſolt
jr mir Hagenne der rechten

bey den seinen helden   da sült jr hin gan
da mugt jr bey jm vinden   vil manigen herrlichen man

77 Nu waren dem künig   die märe gesait
daz da komen weren   Ritter vil gemait
die fuorten weysse praune   vnd herrlich gewant
sein erkant niemand   in Burgundier landt

78 Den künig des het wunder   von wannen komen dar
die herrlichen Recken   in war leicht gewar
vnd mit so guoten Schilden   newen vnd prait
daz im das sagete nyeman   das was Gunther laid

79 Des antwurt jm künig   von Metzen Ortwein
reich vnd kuen   mocht Er wol sein
seyt wir nicht erkennen   nu solt jr hayssen gan
nach meinem Oheim Hagenen   den solt jr sy sehen lan

80 Dem sint kundt die reich   vnd auch die frombden lannt
sint jm die herren kundt   das thuot Er vnns bekant
der kunig pat jn bringen   vnd die seinen Man
man sach in herliche   mit Recken hin ze hofe gan

81 Was sein der künig wolte   des fraget Hagene
Es sein in meinem hofe   vnkunde degenne
die nyemand hie kennet   habt jr sy ye gesehen
des solt jr mir Hagenne   der rechten warhait iehen

warhait sehen Das thun
ich sprach Hagene zu einem
venster er do gie sein augen
Er do wechen zu den gesten lie
wol behagete im ir gezierde
vnd auch ir gewant Sy wa-
ren im vil frombde in der Burgunden lant Er sprach von
wannen kumen die Recken an
den Rein Es mochten selb fürsten
oder fürsten poten sein Ire Ross
die waren schöne Ir klaider vast
gůt von wannen das füeren
sy waren hochgemůt Also
sprach do Hagene ich wil des
wol veriehen wie ich Seyfriden
nie mer hab gesehen so wil ich
wol gelauben wie es darumbe
stat daz es sey der Recke der dort
so herlichen gat Er bringet
newe märe heer in ditz Land
die küenen Nibelunge schlug
des heldes hanndt Schilbung vnd
Nibelungen die reichen künnges
kind er frumbt starche wunder
mit seiner grossen krefte sint
Da der helt allaine an alle
hilffe rait Er vant vor ainem
perge das ist mir wol gesait
Nibelunges horte vil manigen
küenen man die waren im E
frömde vntz Er ir kunde da gewan
Hort der Nibelunges der was
gar getragen aus einem holen
perge nu höret wunder sagen
wie si wolten tailen der Nibelungen man da sach der Degen
Seyfrid den helt des wunder began Er kam ze ine so nahen

fol. XCVIrb ll. 1–34

warhait iehen / Daɞ thůŋ ich ſprach Hagene / zu eineŋ Venſter er do gie / ſein augen Er do wechen zu den geſten lie / wol behagete im jr getʒierde / vnd auch jr gewannt · Sy waren im vil frombde in der Burgunden lant / Er ſprach von wannen kumeŋ die Recken aŋ den Rein / Eɞ mochten ſelb Fürſtŋ oder Fürſten poten ſein · Ire Roſɞ die waren ſchöne · Ir klaider vaſt gůt · voŋ wanneŋ daɞ füeren ſy waren hochgemůt / Alſo ſprach do Hagene / ich wil deɞ wol veriehen · wie ich Seyfꝛidŋ nie mer hab geſeheŋ / ſo wil ich wol gelauben wie eɞ darumbe ſtat / daʒ eɞ ſey der Recke / der doꝛt ſo herꝛlichen gat · Er bꝛinget newe märe heer in ditʒ Lanndt / die küenen Nibulünge ſchlůg deɞ heldeɞ hanndt / Schilbüng vnd Nibelungeŋ / die reicheŋ künigeɞ kind / er frümbt ſtarche wundeꝛ mit ſeiner groſſen kreffte ſint / Da der helt allaine an alle hilffe rait / Er vant voꝛ ainem perge daɞ iſt mir wol geſait Nibelungeɞ hoꝛte vil manigeŋ küeneŋ man / die waren im Ee frömde / vntʒ Er jr kunde da gewaŋ / Hoꝛt der Nibelungeɞ / der waɞ gar getrageŋ / auɞ einem holen

des solt jr mir Hagenne der rechten warhait iehen

82 Das thuon ich sprach Hagene zu einem Venster er do gie
sein augen Er do wechen zu den gesten lie
wol behagete im jr getzierde vnd auch jr gewannt
Sy waren im vil frombde in der Burgunden lant

83 Er sprach von wannen kumen die Recken an den Rein
Es mochten selb Fürsten oder Fürsten poten sein
Ire Ross die waren schöne Ir klaider vast guot
von wannen das füeren sy waren hochgemuot

84 Also sprach do Hagene ich wil des wol veriehen
wie ich Seyfriden nie mer hab gesehen
so wil ich wol gelauben wie es darumbe stat
daz es sey der Recke der dort so herrlichen gat

85 Er bringet newe märe heer in ditz Lanndt
die küenen Nibulunge schluog des heldes hanndt
Schilbung vnd Nibelungen die reichen küniges kind
er frümbt starche wunder mit seiner grossen kreffte sint

86 Da der helt allaine an alle hilffe rait
Er vant vor ainem perge das ist mir wol gesait
Nibelunges horte vil manigen küenen man
die waren im Ee frömde vntz Er jr kunde da gewan

87 Hort der Nibelunges der was gar getragen
aus einem holen perge nu höret wunder sagen

fremde vntz er ze lande da gewan
Hort der Nibelunges der was
gar getragen aus einem holen
perge vnd höret wunder sagen
wie jn wolten tailen der Ni-
lungen man da sach der Degn
Seyfrid den helt des wunder be
gan. Er kam ze Jne so nahn
daz er die helde sach vnd auch
jn die degenne Jr ainer darun
der sprach hie kumbt der starch
Seyfrid der held von Niderlandt
vil selzame mare an den Nibe
lungen er vant. Den recken
wol emphiengen Schilbung
vnd Nibelung mit gemainem
rate die Edlen fursten iung
den schatz jn paten tailen den
waydlichen man vnd begertn
des mit vleisse der herre loben jn
es began. Er sach von gestaines
so wir horen sagen hundert
kantz wagen es mochten nicht
getragen noch mer des roten goldes von Nibelunge lanndt daz
solt jn alles tailen des kuenen
Seyfrids handt. Da gaben sy
im ze miete des Nibelunges swert
sy waren mit dienste vil vbel
gewert den jn da laisten solte
Seyfrid der helde gut er kundt
es nicht verenden sy waren zornig gemut. Sy hetten da ze
freunde zwelf kuen man das
starch Rysen waren was kund
es sy verfan die slug seyt mit
zorne die Seyfrides handt vnd

fol. XCVIrb ll. 35–68

perge / nu höꝛet wunder ſagen /
wie jn wolten tailen der Nibe=
lungen man · da ſach der Degŋ̄
Seyfrid den helt deɞ wunder be=
gan / Er kam ze Jne ſo nahŋ̄
daʒ er die helde ſach / vnd auch
jn die degenne / Ir ainer darum=
der ſprach · hie kumbt der ſtaꝛch
Seyfꝛid der held von Niderlandt /
vil ſeltʒame mǟre aŋ den Nibe=
lungen er vant / Deŋ Reckeŋ
wol emphiengeŋ Schilbŭng
vnd Nibelung mit gemaineŋ
rate / die Edlen Fűrſten iŭng
den ſchatʒ jn pateŋ taileŋ / den
waydlichen man / vnd begeꝛtŋ̄
deɞ mit vleiſſe / der herre loben jn
eɞ began / Er ſach von geſtaineσ
ſo wir hoꝛen ſagen / Hundert
kantʒ wageŋ / eɞ mochten nicht
getragen / noch mer deɞ roten gol=
deɞ / von Stibelunge lanndt / daʒ
ſolt jn alleɞ tailen / deɞ kűene
Seyfrids handt / Da gaben ſÿ
im ze miete deɞ ſtibelungeɞ ſweꝛt /
ſy waren mit dienſte vil v̈bel
geweꝛt / den jn da laiſten ſolte /
Seyfrid der helde gůt / er kundt
eɞ nicht nicht verenden / ſy wareŋ zoꝛ=
nig genůg / Sy hetten da jr
freunde zwelf küen man / daσ
ſtarch Ryſen wareŋ waɞ kund
eɞ ſy verfaŋ / die ſlůg ſeyt mit
zoꝛne die Seyfrideɞ handt / vnd

aus einem holen perge nu höret wunder sagen
wie jn wolten tailen der Nibelungen man
da sach der Degen Seyfrid den helt des wunder began

88 Er kam ze Jne so nahen daz er die helde sach
vnd auch jn die degenne Ir ainer darumder sprach
hie kumbt der starch Seyfrid der held von Niderlandt
vil seltzame märe an den Nibelungen er vant

89 Den Recken wol emphiengen Schilbung vnd Nibelung
mit gemainem rate die Edlen Fürsten iung
den schatz jn paten tailen den waydlichen man
vnd begerten des mit vleisse der herre loben jn es began

90 Er sach von gestaines so wir horen sagen
Hundert kantz wagen es mochten nicht getragen
noch mer des roten goldes von Stibelunge lanndt
daz solt jn alles tailen des küene Seyfrids handt

91 Da gaben sy im ze miete des stibelunges swert
sy waren mit dienste vil v̈bel gewert
den jn da laisten solte Seyfrid der helde guot
er kundt es nicht nicht verenden sy waren zornig genuog

92 Sy hetten da jr freunde zwelf küen man
das starch Rysen waren was kund es sy verfan
die sluog seyt mit zorne die Seyfrides handt
vnd Recken Sibenhundert Zwang Er von Nibelunge lanndt

Recken Sibenhundert zwang
Er von Nibelunge lanndt Mit
dem güten schwerte das hiess
Balmung durch die starchen
forchte vil maniger Reck jung
die sich zum schwerte hetten und
an den kuenen man das land
zu den Burgen sy im taten under
tan Dartzu die reichen künige
die slüg er baide todt Er kom von
Albriche seit in grosse not der
wande seine herren recken da ze
hant unz Er die grossen sterch
seyt an Seyfriden vant Do kund
im nicht gestreiten das starch
zwerg alsam die lewen wilde sy
lieffen an den perg da er die toren
kappen seyt Albrich an gewan
da was des Hordes here Seyfrid der
der fraysslig man Die da dorsten
fechten die lagen alle erslagen
den schatz er balde hiess füeren
und tragen da in da vor da namen
die Nibelunge man Albrich
der vil starche do die kammern
gewan Er müst im schweren
aid er dienet im so sein kindt
aller hannde dinge was Er im
gerechte so sprach von Tronege
Hagene das hat Er getan also
grosser kreffte nie mer Recke
gewan Noch wais ich an
im mere das mir ist bekant
einen Lintracken den slüg des
heldes handt Er padet sich in
dem plüte sein haut ware
hurnen des enschneidet in kain
waffen das ist dick worden
schein Wir süllen den herren

fol. XCVIrc ll. 1–34

Reckeŋ Sibenhűndeꝛt Zwang Er von Nibelunge lanndt Mit dem gůten ſchwerte das hieſs Balmung · durch die ſtarchen foꝛchte vil manig Reck iűng / die ſich zum ſchwerte hetten / vnꝺ an den kűenen man / das land zu den Burgen / ſy im taten vndeꝛ⸗tan · Dartʒů die reichen kűnige die ſlůg er baide todt / Er kom von Albꝛiche ſeit in groſſe not / der vande ſeine herreŋ recken da ze hant / ṽntʒ Er die groſſen ſterch ſeyt an Seyfꝛiden vant / Do kunꝺ jm nicht geſtreiten / das ſtarch zwerg alſam / die leweŋ wilde ſÿ lieffen an den perg · da er die toꝛeŋ kappen / ſeyt Albꝛich an gewan / da was des Hordes here Seÿfrid deꝛ der fraÿſſig man / Die da doꝛftŋ fechten / die lagen alle erſlagen / den ſchatʒ er balde hieſs fűeren vnd tragen / da in da voꝛ da nameŋ die Nibelunge man / Albꝛich der vil ſtarche / do die kammeꝛn gewan / Er můſt iŋ ſchweꝛen aid / er dienet im ſo ſeiŋ kindt / aller hannde dinge was Er im gerechte / ſo ſprach von Tꝛonege Hagene das hat Er getaŋ alſo groſſer kreffte nie mer Recke / gewan / Noch wais ich an im mere / das mir iſt bekant / eineŋ Lintrachen deŋ ſlůg des

vnd Recken Sibenhundert   Zwang Er von Nibelunge lanndt

93 Mit dem guoten schwerte   das hiess Balmung
durch die starchen forchte   vil manig Reck iung
die sich zum schwerte hetten   vnd an den küenen man
das land zu den Burgen   sy im taten vndertan

94 Dartzuo die reichen künige   die sluog er baide todt
Er kom von Albriche   seit in grosse not
der vande seine herren   recken da ze hant
ṽntz Er die grossen sterch   seyt an Seyfriden vant

95 Do kund jm nicht gestreiten   das starch zwerg
alsam die lewen wilde   sy lieffen an den perg
da er die toren kappen   seyt Albrich an gewan
da was des Hordes here   Seyfrid der der frayssig man

96 Die da dorften fechten   die lagen alle erslagen
den schatz er balde hiess   füeren vnd tragen
da in da vor da namen   die Nibelunge man
Albrich der vil starche   do die kammern gewan

97 Er muost im schweren aid   er dienet im so sein kindt
aller hannde dinge   was Er im gerechte
so sprach von Tronege Hagene   das hat Er getan
also grosser kreffte   nie mer Recke gewan

98 Noch wais ich an im mere   das mir ist bekant
einen Lintrachen   den sluog des Heldes handt

gewan [illegible]
im mere das mir ist bekant·
einen Lintracken den slug des
heldes handt· Er padet sich in
dem plůte / sein haut ware
hürnen· des en schneidet in kain
waffen· das ist dick worden
schein· Wir sullen den herren
empfahen deste bas· daz wir verdienen des jungen recken has· / sein
leib der ist kuene / man sol in holdn
han· er hat mit seiner krefften
so manige wunder getan Do
sprach der künige des Lanndes·
nu sey vnns willekomen· er ist
edel vnd küene· das han ich wol
vernomen· des sol auch geniessen
in Burgundien Landt· do gieng
der herre Günther da er Seyfri
den vant· Der wirt vnd seine
recken emphiengen so den gast· daz
man ir zuchten vil wenig icht
geprast· des begunde in beniegen
der waydliche man· daz sy in
hetten gruessen so recht schon·
getan· Mich wundert dis mere
sprach der künig so zehant· von
wanne Edler Seyfrid so jr kumbt
in ditz Lanndt· oder was jr wellend werben ze Wurmbs an den
Rein· da sprach der Gast zum
künige das sol euch vnuerdagt
sein· Mir ward gesagt märe
in meins vaters Landt· daz hie
bey euch were / das het ich gern
erkant· die küenesten recken· des
han ich vil vernomen· die ye künig

fol. XCVIrc ll. 35–68

Heldes handt / Er padet ſich in
dem plůte / ſein haut ware
hűrnen / des enſchneidet jn kaiŋ
waffen / das iſt dick woꝛden
ſchein Wir ſullen deŋ herꝛeŋ
emphaheŋ deſtee bas / daʒ wir ver=
dieneŋ des jungen Recken haſs / ſein
leib der iſt kuene / man ſol jn holdŋ̄
han / er hat mit ſeiner kreffte
ſo manige wunder getan / Do
ſprach der kunige des Lanndes ·
nu ſey vnns willekomeŋ · er iſt
edel vnd küene / das han ich wol
vernomen / des ſol auch genieſſen
in Burgundieŋ Landt / do gieng
der herre Gűnther da Er Seyfꝛi
den vant · Der wirt vnd ſeine
Reckeŋ emphiengeŋ ſo deŋ gaſt / daʒ
man jr zuchten vil wenig icht
gepꝛaſt / des begunde jn benűegŋ̄
der waÿdliche man / daʒ ſy jn
hetten grűeſſen / ſo recht ſchon /
getan · Mich wundert diſs meꝛe
ſprach der kűnig ſo ze hant / von
wanne Edler Seyfꝛid / ſo jr kumbt
in ditʒ Lanndt / oder was jr wel=
lend werbeŋ · ze Wurmbs an den
Rein / da ſprach der Gaſt zum
kűnige / das ſol euch vnuerdagt
ſein · Mir ward geſagt mare
in meins vaters landt / daʒ hie
bey euch wēre / das het ich gern
erkant / die kűeneſten Recken / des
han jch vil vernomeŋ / die ye kűnig

einen Lintrachen den sluog des Heldes handt
Er padet sich in dem pluote sein haut ware hürnen
des enschneidet jn kain waffen das ist dick worden schein

99 Wir sullen den herren emphahen destee bas
daz wir verdienen des jungen Recken hass
sein leib der ist kuene man sol jn holden han
er hat mit seiner kreffte so manige wunder getan

102 Do sprach der kunige des Lanndes nu sey vnns willekomen
er ist edel vnd küene das han ich wol vernomen
des sol auch geniessen in Burgundien Landt
do gieng der herre Guonther da Er Seyfriden vant

103 Der wirt vnd seine Recken emphiengen so den gast
daz man jr zuchten vil wenig icht geprast
des begunde jn benüegen der waydliche man
daz sy jn hetten grüessen so recht schon getan

104 Mich wundert diss mere sprach der künig so ze hant
von wanne Edler Seyfrid so jr kumbt in ditz Lanndt
oder was jr wellend werben ze Wurmbs an den Rein
da sprach der Gast zum künige das sol euch vnuerdagt sein

105 Mir ward gesagt mare in meins vaters landt
daz hie bey euch were das het ich gern erkant
die küenesten Recken des han jch vil vernomen
die ye künig gewunne Darumb bin jch heer komen

gewunne. Darumb bin ich
heer komen. Nu hör ich
euch selbs der Degen here iehen.
daz man kunig dhainen küener
hab gesehen. des reden vil die leu
te über alle dise lannt. nu wil
ich nicht erwinden. untz es mir
werde bekant. Ich bin auch
recke und solte krone tragen. Ich
wil das gern fuegen. daz sy von
mir sagen. daz ich von recht hab
leüte und lant. darumb sol mier
ere und auch mein haubt wesen
phant. Nu ir seit so küene als
mir ist gesait. so ruch ich ist das
yemand lieb oder laid ich wil an
ew ere tzwingen. was ir mugt
han lanndt und burge das sol
mir werden undertan. Den
kunig nam wunder und sein
man alsam umb dise märe
die hie vernam. daz er des hette
willen er näm im seine landt.
das horten seine degenne. da ward
in zorn bekant. Wie het ich das
verdient sprach Gunther der
degen. des mein vater lang mit
eren hat gephlegen. daz wir das
solten verliesen. von yemands
crafft. wir liessen ubel scheinen.
daz wir auch phlegen ritterschaft.
Ich wil es nicht erwinden
sprach aber der küene man
es muge von deinem ellen dein
landt den fride han. Ich wil es
alles walden und auch das erbe
mein. erwirbstus mit sterche
die süllen dir undertenig sein.
Dein Erbe und auch das mei

fol. XCVIva ll. 1–34

gewŭnne / Darumb bin jch
heer komeŋ / Auch hőꝛ ich
euch ſelbσ der Degen here ieheŋ /
daʒ man kunig dhaineŋ küeneꝛ /
hab geſehen · deɞ reden vil die leŭ=
te über alle diſe Lannt · nu wil
ich nicht erwinden / vntʒ eɞ mir
werde bekant · Ich bin auch
Recke vnd ſolte krone tragen · Ich
wil daɞ gern fuegen / daʒ ſy von
mir ſagen / daʒ ich von Recke hab /
leŭte vnd lant · darumb ſol meī
ere vnd auch mein haubt weſŋ
phant · Nu jr ſeit ſo kŭene alɞ
mir iſt geſait / ſo růch ich iſt daσ
yemand lieb oder laid / ich wil aŋ
ew ere tʒwingeŋ / waɞ jr mŭgt
han Lanndt vnd Burge / daɞ ſol
mir werden vnndertan · Deŋ
kŭnig nam wunder vnd ſein
maŋ alſam · vmb diſe mâre
die hie vernam / daʒ Er deɞ hette
willeŋ er nâm jm ſeine landt /
daɞ hoꝛten ſeine degenne / da waꝛꝺ
jn zoꝛn bekant / Wie het ich daσ
verdient ſpꝛach Gŭnther der
degen / deɞ mein ʋater lang mit
Eeren hat gephlegen · daʒ wir daσ
ſolten verlieſeŋ · von yemandσ
crafft / wir lieſſen ÿbel ſcheineŋ /
daʒ wir auch phlegen Ritterſcŋaft /
ICH wil eɞ nicht erwinden /
ſprach aber der küene man /
eɞ müge von deinem ellen dein

die ye künig gewunne Darumb bin jch heer komen

106 Auch hör ich euch selbs der Degen here iehen
daz man kunig dhainen küener hab gesehen
des reden vil die leute über alle dise Lannt
nu wil ich nicht erwinden vntz es mir werde bekant

107 Ich bin auch Recke vnd solte krone tragen
Ich wil das gern fuegen daz sy von mir sagen
daz ich von Recke hab leute vnd lant
darumb sol mein ere vnd auch mein haubt wesen phant

108 Nu jr seit so küene als mir ist gesait
so ruoch ich ist das yemand lieb oder laid
ich wil an ew ere tzwingen was jr mügt han
Lanndt vnd Burge das sol mir werden vnndertan

109 Den künig nam wunder vnd sein man alsam
vmb dise märe die hie vernam
daz Er des hette willen er näm jm seine landt
das horten seine degenne da ward jn zorn bekant

110 Wie het ich das verdient sprach Gunther der degen
des mein vater lang mit Eeren hat gephlegen
daz wir das solten verliesen von yemands crafft
wir liessen ÿbel scheinen daz wir auch phlegen Ritterschaft

111 ICH wil es nicht erwinden sprach aber der küene man
es müge von deinem ellen dein Landt den fride han

Ich wil es nicht erwinden
sprach aber der küene man
es müge von deinem ellen dein
landt den fride han. Ich wil es
alles walden und auch das erbe
mein, erwirbst aus mit stercke
die süllen dir undertenig sein.
Sein Erbe und auch das meine, süllen geleiche ligen. Weder
unnser ainer am anndern
mag gesigen, dem sol es alles dienen, die leut und die landt. das
wider redet Hagene und Gernot
ze hant. Ich han des nicht gedingen sprach do Gernot, daz
wir icht lannde zwingen, daz
yemand darumbe tot lige vor
heldes hannden. wir haben reiche
lanndt die dienen unns von recht
zu nyemand sint sy bas bewant.
Mit grymmigen müte da stunden freunde sein. da was auch
darunder von Meyssen Ortwein
der sprach dise sun die ist mir
hart laid. euch hat der starche
Seyfrid unverdient widersait.
Ob ir und ewr Brüder hettet
nicht die wer Und ob er dann
fuert ein gantzes küniges heer
Ich trawt wol erstreiten daz der
küen man die starch überumm-
ten von waren schulden muess
lan. Der zurndte hart sere
der helt von Niderlant. Er sprach
sich sol vermessen nicht wider
mich dein hant. Ich bin ein künig reiche, so bist dus küniges

fol. XCVIva ll. 35–68

Landt den fride han · Ich wil eꞅ alleꞅ walden / vnd auch daꞅ erbe mein / er wirbſtuꞅ mit ſterche die ſüllen dir vndertenig ſein / Sein Erbe vnd auch daσ meine / ſüllen geleiche ligen / weder vnnſer ainer am anndeꝛŋ mag geſigen / dem ſol eꞅ alleꞅ dienen / die leut vnd die landt · Daσ wider redet Hagene / Vnd Geꝛnot / ze hant / Ich han deꞅ nicht gedingeŋ ſprach do Gernot / daʒ wir icht Lannde zwingen / daʒ yemand darumbe tot lige / voꝛ Heldeꞅ hannden / wir haben reicꜧe lanndt / die dieneŋ vnnꞅ von recht / zu nÿemand ſint Sÿ baꞅ bewāt Mit grÿmmigen můte da ſtůnden Freunde ſein / da waꞅ auch darundter von Meyſſen Oꝛtweiŋ · der ſprach diſe ſůn die iſt mir haꝛt laid · euch hat der ſtarche Seyfꝛid vnuerdient widerſait · Ob jr vnd ewꝛ Bꝛůder hettet nicht die wer · Vnd ob er ꝺann fuͤeꝛt ein gantʒeꞅ kunigeꞅ heer / jch trawt wol erſtreiten daʒ der kuen man die ſtarch vͧbermuten / von waren ſchulꝺen mueſσ lan / Der zurndte hart ſere der Helt von Niderlant / Er ſpꝛacꜧ / ſich ſol vermeſſen nicht wider mich dein hant / Ich bin ein künig reiche / ſo biſt duꞅ künigeσ

es müge von deinem ellen dein Landt den fride han
Ich wil es alles walden vnd auch das erbe mein
er wirbstus mit sterche die süllen dir vndertenig sein

112 Sein Erbe vnd auch das meine süllen geleiche ligen
weder vnnser ainer am anndern mag gesigen
dem sol es alles dienen die leut vnd die landt
Das wider redet Hagene vnd Gernot ze hant

113 Ich han des nicht gedingen sprach do Gernot
daz wir icht Lannde zwingen daz yemand darumbe tot
lige vor Heldes hannden wir haben reiche lanndt
die dienen vnns von recht zu nyemand sint Sy bas bewant

114 Mit grymmigen muote da stuonden Freunde sein
da was auch darundter von Meyssen Ortwein
der sprach dise sun die ist mir hart laid
euch hat der starche Seyfrid vnuerdient widersait

115 Ob jr vnd ewr Bruoder hettet nicht die wer
Vnd ob er dann füert ein gantzes kuniges heer
jch trawt wol erstreiten daz der kuen man
die starch vͧbermuten von waren schulden muess lan

116 Der zurndte hart sere der Helt von Niderlant
Er sprach sich sol vermessen nicht wider mich dein hant
Ich bin ein künig reiche so bist dus küniges man

man · Ja dürffen nicht dein
Zwelffe mit streit nymmer
bestan · Nach swerten rüefft
da sere von Metzen Ortwein
Er mocht Hagene Swester sün
von Tronege vil wol sein · daz
der so lanng dagete · das was dem
künige laid · da understünd es
Gernot der Ritter küen vnd ge
mait · Er sprach zu Ortwein
lat ewr zürnen stan · Vns hat
der herre Seyfrid solhs nicht ge
tan · wir mugens noch wol schai
den mit züchten das ist mein
rat · vnd haben in ze freunde das
vnns noch lobelicher stat · Da
sprach der starch Hagene vnns
mag wol wesen laid allen dein
en degenen daz er ye gerait durch
streiten heer ze Reine er sol es
haben lan · un hetten mein hern
solher laid nicht getan · Des
antwurt Seyfrid der crefftige
man · müet euch das Hagene
daz ich gesprochen han · so sol ich
laizzen kyesen daz die hennde mein
wellen vil gewaltig hie ze Bur
gunden sein · Das sol ich allain
wenden sprach aber Gernot
allen seinen degenen reden Er ver
pot · icht im übermüte des im were
laid · do gedacht auch Seyfrid an
die herrlichen maid · Wie zam
vnns mit Ew streiten sprach
aber Gernot · was helde nu dar
vnnder müesse ligen todt · wir
hettens lützel ere · vnd ir vil klai
nen frumb · des antwurt im do
Seyfrid des künig Sigmunds sun

fol. XCVIvb ll. 1–34

man / ja dűrffen micht dein
zwelffe mit ſtreit nÿmmer
beſtan · Nach ſwerten rűeft
da ſere von Metʒen Oꝛtwein /
Er mocht Hagene Sweſter ſüŋ
von Tronege vil wol ſein / daʒ
der ſo lanng dagete · daɞ waɞ deŋ
kunige laid / da vnderſtůnd eɞ
Gernot der Ritter küeŋ / vnd ge=
mait / Er ſprach zu Oꝛtweiŋ
lat ewꝛ zűrnen ſtan / Vns hat
der herre Seyfꝛid ſölhσ nicht ge=
tan / wir mugens noch wol ſchai=
den mit züchten / daɞ iſt mein
rat / vnd haben jn ze freünde daσ
vnnɞ noch lobelicher ſtat · Da
ſprach der ſtarch Hagene / vnnσ
mag wol weſen laid / allen dein=
en degeneŋ / daʒ Er ye gerait / durcħ
ſtreiteŋ heer ze Reine / er ſol eɞ
haben lan / im hetten mein hꝛnˀ
ſölher laid nicht getan · Deɞ
antwurt Seyfꝛid der crefftige
maŋ / műet euch daɞ Hagene
daʒ ich geſprochen han · ſo ſol ich
laʒʒen kyeſen daʒ die hennde meiŋ
wellen vil gewaltig hie ze Bur=
gunden ſein / Daɞ ſol ich allaiŋ
wenden ſprach aber Gernot /
alleŋ ſeinen degeneŋ reden Er veꝛ=
pot · icht im v̈bermůte / deɞ im weꝛe
laid / do gedacht auch Seyfꝛid an
die herrlichen maid · Nie zäm
vnnσ mit Ew ſtreiten ſprach

Ich bin ein künig reiche   so bist dus küniges man
ja dürffen micht dein zwelffe   mit streit nymmer bestan

117 Nach swerten rüeft da sere   von Metzen Ortwein
Er mocht Hagene Swester sun   von Tronege vil wol sein
daz der so lanng dagete   das was dem kunige laid
da vnderstuond es Gernot   der Ritter küen vnd gemait

118 Er sprach zu Ortwein   lat ewr zürnen stan
Vns hat der herre Seyfrid   sölhs nicht getan
wir mugens noch wol schaiden   mit züchten das ist mein rat
vnd haben jn ze freunde   das vnns noch lobelicher stat

119 Da sprach der starch Hagene   vnns mag wol wesen laid
allen deinen degenen   daz Er ye gerait
durch streiten heer ze Reine   er sol es haben lan
im hetten mein herren   sölher laid nicht getan

120 Des antwurt Seyfrid   der crefftige man
müet euch das Hagene   daz ich gesprochen han
so sol ich lazzen kyesen   daz die hennde mein
wellen vil gewaltig   hie ze Burgunden sein

121 Das sol ich allain wenden   sprach aber Gernot
allen seinen degenen   reden Er verpot
icht im v̈bermuote   des im were laid
do gedacht auch Seyfrid   an die herrlichen maid

122 Nie zäm vnns mit Ew streiten   sprach aber Gernot

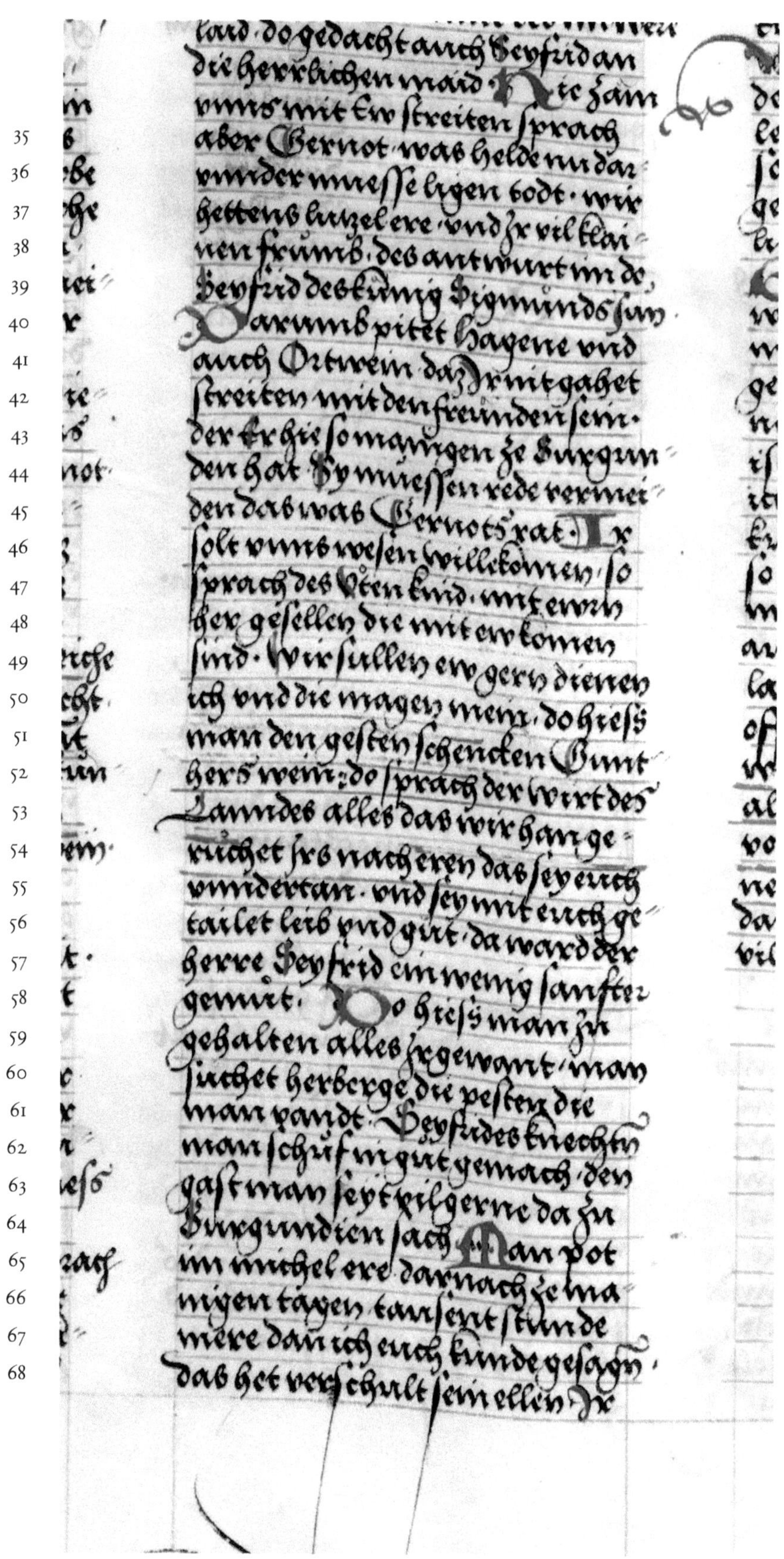
land do gedacht auch Seyfrid an
die herrlichen maid · Nie zam
vnns mit ew streiten sprach
aber Gernot · was helde nu dar
vnnder muesse ligen todt · wir
hettens lützel ere · vnd ir vil klai
nen frumb · des antwurt im do
Seyfrid des kunig Sigmunds sun ·
Warumb pitet Hagene vnd
auch Ortwein daz ir nit gahet
streiten mit den freunden sein ·
der er hie so manigen ze Burgun
den hat · Sy muessen rede vermei
den das was Gernots rat · Ir
solt vnns wesen willekomen · so
sprach des Vten kind · mit euch
her gesellen die mit ew komen
sind · Wir sullen ew gern dienen
ich vnd die magen mein · do hiess
man den gesten schencken Gunt
hers wein · do sprach der wirt des
Lanndes alles das wir han ge
ruchet irs nach eren das sey euch
vnndertan · vnd sey mit euch ge
tailet leib vnd güt · da ward der
herre Seyfrid ein wenig sanfter
gemuet · Do hiess man zu
gehalten alles ze gewant · man
suchet herberge die pesten die
man vandt · Seyfrides knechten
man schuf in gut gemach · den
gast man seyt vil gerne da zu
Burgundien sach · Man pot
im michel ere darnach ze ma
nigen tagen tausent stunde
mere dan ich euch kunde gesagn ·
das het verschult sein ellen · Ir

fol. XCVIvb ll. 35–68

aber Gernot / was helde nu daꝛ=
vnnder mueſſe ligen todt · wir
hettens lutʒel ere / vnd jr vil klai=
nen frůmb · des antwurt im do
Seyfꝛid des kŭnig Sigmŭnds ſŭŋ /
Darumb pitet Hagene vnd
auch Oꝛtwein / daʒ Ir nit gahet
ſtreiteŋ / mit den Freŭnden ſein ·
der Er hie ſo manigen ze Burgun=
den hat / Sy mŭeſſen rede vermei=
den das was Gernots rat · Ir
ſolt vnns weſen willekomeŋ / ſo
ſprach des V̊ten kind · mit ewꝛŋ
her geſelleŋ die mit ew komeŋ
ſind · wir ſulleŋ ew gerŋ dieneŋ
ich vnd die mageŋ mein / do hieſs
man den geſten ſchencken Gunt=
hers wein : do ſprach der wirt des
Lanndes alles das wir han ge=
růchet jrs nach ereŋ das ſey euch
vnndertan · vnd ſey mit euch ge=
tailet leib vnd gůt / da ward der
herre Seyfrid ein wenig ſanfteꝛ
gemůt / Do hieſs man jn
gehalten alles jr gewant / maŋ
ſůchet herberge die peſte die
man vandt / Seyfꝛides knechtŋ̄
man ſchůf in gůt gemach / deŋ
gaſt maŋ ſeÿt vil gerne / da zu
Burgundien ſach / Man pot
im michel ere / darnach ze ma=
nigen tageŋ / tauſent ſtunde
mere dan ich euch kunde geſagŋ̄ /
das het verſchult ſein elleŋ / Ir

122 Nie zäm vnns mit Ew streiten sprach aber Gernot
was helde nu darvnnder muesse ligen todt
wir hettens lutzel ere vnd jr vil klainen fruomb
des antwurt im do Seyfrid des künig Sigmunds suon

123 Darumb pitet Hagene vnd auch Ortwein
daz Ir nit gahet streiten mit den Freunden sein
der Er hie so manigen ze Burgunden hat
Sy müessen rede vermeiden das was Gernots rat

124 Ir solt vnns wesen willekomen so sprach des Voten kind
mit ewrn her gesellen die mit ew komen sind
wir sullen ew gern dienen ich vnd die magen mein
do hiess man den gesten schencken Gunthers wein

125 do sprach der wirt des Lanndes alles das wir han
geruochet jrs nach eren das sey euch vnndertan
vnd sey mit euch getailet leib vnd guot
da ward der herre Seyfrid ein wenig sanfter gemuot

126 Do hiess man jn gehalten alles jr gewant
man suochet herberge die peste die man vandt
Seyfrides knechten man schuof in guot gemach
den gast man seyt vil gerne da zu Burgundien sach

127 Man pot im michel ere darnach ze manigen tagen
tausent stunde mere dan ich euch kunde gesagen
das het verschult sein ellen Ir solt gelauben daz

solt gelauben daz nu sach vil
lützel yeman der jm were gehasz.
Dich vlissen kurtzweyle die künig und auch jr man. also was
yeder peste wes man da began.
des kunde im gevolgen nieman
so michel was sein crafft. so sy den
Stain wurffen oder schussen den
schafft. Wo sy bey den frawen
durch jr hofsichait kurtzweil
phlagen. die Ritter vil gemait.
da sach man ye vil gerne den helt
von Niderlandt. er het auf hohe
mynne sein synne gewant:
Wes man ye begunde des was
sein leib berait. er trug in seinem
synne ein mynnikliche maid.
und auch in ain frawe die er noch
nyene gesach. die im heimlich
vil dicke guettlichen sprach.
Wenn auf dem hofe wolten spiln
da die kint Ritter und knechte das
geschach vil dicke sint. Chrymhilt
durch die venster die kuniginne
her dhainer kurtzweyle bedorfftes
in den zeiten mer. Wellet daz zu
sehe die er im hertzen trug. da het
ymmer kurtzweyle von genug.
sehen sy seine augen. ich wol wissen das. daz im in diser weldte
kunde ymmer werden bas.
Wenn er bey den helden auf
dem hofe stund. also noch die
leute durch kurtzweyl thund.
so stund so mynnekleich das sy
gelinde kindt. daz in durch hertzen
liebe trawte manig frawe sint.
Er gedacht auch manige zeite
wie sol das geschehen. daz ich die

fol. XCVIvc ll. 1–34

ſolt gelaübeŋ / daʒ nu ſach vil
lütʒel yeman der jm were gehaſσ ·
Sich vliſſen kurʒweyle die kü=
nig vnd auch jr man · alſo waɞ
ye der peſte weɞ man da began ·
deɞ kunde im geuolgen nieman /
ſo michel waɞ ſein crafft / ſo ſy deŋ
Stain wurffen oder ſchuſſeŋ deŋ
ſchafft Wo Sy bey den Fraŵeŋ
durch jr hoflichait kurʒweil
phlagen · die Ritter vil gemait /
da ſach man ye vil gerne den helt
von Niderlandt / er het auf hohe
mÿnne ſein ſynne gewant :
Weɞ man ye begunde deɞ waσ
ſein leib berait / er trůg in ſeineŋ
ſynne ein mÿnnikliche maid ·
vnd auch in ain frawe die Er noch
nyene geſach / die im heimlich
vil dicke güettlichen ſprach ·
Wenn auf dem hofe wolten ſpilŋ
da die kint / Ritter vnd knechte / daσ
geſchach vil dicke ſint / Chrÿmhilt
durch die ʋenſter die kuniginne
her / dhainer kurʒweyle / bedoꝛffteσ
iŋ den zeiteŋ mer / Wellet daʒ jn
ſehe die Er im herʒen trůg / da het
immer kurʒweyle voŋ genůg
ſehen ſy ſeine augeŋ / ich wol wiſ=
ſen daɞ / daσ im in diſer weldte
kunde ymmer werden baɞ ·
Wenn er bey den helden auf
dem hofe ſtůnd / alſo noch die
leute durch kurʒweÿl thůnd /

das het verschult sein ellen Ir solt gelauben daz
nu sach vil lützel yeman der jm were gehass

128 Sich vlissen kurtzweyle die künig vnd auch jr man
also was ye der peste wes man da began
des kunde im geuolgen nieman so michel was sein crafft
so sy den Stain wurffen oder schussen den schafft

129 Wo Sy bey den Frawen durch jr hoflichait
kurtzweil phlagen die Ritter vil gemait
da sach man ye vil gerne den helt von Niderlandt
er het auf hohe mynne sein synne gewant

130 Wes man ye begunde des was sein leib berait
er truog in seinem synne ein mynnikliche maid
vnd auch in ain frawe die Er noch nyene gesach
die im heimlich vil dicke güettlichen sprach

131 Wenn auf dem hofe wolten spilen da die kint
Ritter vnd knechte das geschach vil dicke sint
Chrymhilt durch die venster die kuniginne her
dhainer kurtzweyle bedorfftes in den zeiten mer

132 Wellet daz jn sehe die Er im hertzen truog
da het immer kurtzweyle von genuog
sehen sy seine augen ich wol wissen das
das im in diser weldte kunde ymmer werden bas

133 Wenn er bey den helden auf dem hofe stuond
also noch die leute durch kurtzweyl thuond

Wenn er bey den helden auf
dem hofe stuend also noch die
leute durch kurtzweyl thuend
so stuend so mynneklich das sy
gelwide kundt daz in durch hertzn
liebe trawte manig fraw sitt
Er gedacht auch manige zeite
wie sol das geschehen daz ich die
mayet edle mit augen muge
gesehen die ich von hertzen myn
ne und lanng han getan die
ist mir vil fromde des muos
ich traurig gestan So ye die
kunige reitten riten in ir landt
so muessen auch die recken
mit jn all zehant damit rait
auch Seyfrid das was der frauen
laid Er lydt auch von ir mynne
offt michel arbait Sunst
wonet er bey den herren das ist
alles war in Gunthers lande
volliklich ein jar daz er die myn
neklichen die zeit nyene gesach
davon im seit vil liebe und auch
vil laide geschach

fol. XCVIvc ll. 35–56

ſo ſtůnd ſo mÿnnekleich das Sÿ
gelinde kindt · daʒ in durch hertʒŋ̄
liebe trawte manig frawe ſint ·
Er gedacht auch manige zeite
wie ſol das geſchehen / daʒ ich die
maget edle mit augeŋ müge
geſeheŋ · die ich voŋ hertʒen myn⸗
ne vnd lanng han getan · die
iſt mir vil frombde des můo
ich traurig geſtan · So ye die
kunige reich riteŋ in jr landt /
ſo mueſſen auch die Recken /
mit jn all ze hant · damit rait
auch Seyfꝛid / das was der fraueŋ
laid / Er lydt auch von jr mÿnne
offt michel arbait · Sunſt
wonet Er bey ꝺeŋ herreŋ / ꝺas iſt
alles war / in Gunters lande
volliklich ein jaꝛ / daʒ Er die mÿn⸗
neklichen die zeit nÿene geſach
dauoŋ im ſeit vil liebe / ỽnd auch
vil laide geſcħach ·

so stuond so mynnekleich das Sy gelinde kindt
daz in durch hertzen liebe trawte manig frawe sint

134 Er gedacht auch manige zeite wie sol das geschehen
daz ich die maget edle mit augen müge gesehen
die ich von hertzen mynne vnd lanng han getan
die ist mir vil frombde des muos ich traurig gestan

135 So ye die kunige reich riten in jr landt
so muessen auch die Recken mit jn all ze hant
damit rait auch Seyfrid das was der frauen laid
Er lydt auch von jr mynne offt michel arbait

136 Sunst wonet Er bey den herren das ist alles war
in Gunters lande volliklich ein jar
daz Er die mynneklichen die zeit nyene gesach
dauon im seit vil liebe vnd auch vil laide geschach

Abentheur. Wie Er mit den Sachsenn streitt

Nu nahend fromde mære in Gunthers lannd von poten die im verre würden dar gesant von vnkunden Recken die im trugen hass. do sy die rede vernomen laid was jm werlichen das Die wil ich euch nennen das was Ludeger aus Sachsen lannde ein reicher fürst her vnd auch von Tennmarch der künig Ludegast die prachtn jn jr rayse vil manigen herrlichen gast Ir poten komen waren in Gunthers landt die seine wider winnen herren dar gesant do fraget man der mære die vnkunden man man hiess die poten bald ze hofe für den künig gan Der künig sy gruesste schon Er sprach seit willekomen wer euch heer hab gesendet des han ich nicht vernõmen das solt jr lazzen hören sprach der künig güt do forchten sy vil sere des grymmigen Gunthers müt Welt jr vnns künig erlauben daz wir euch mere sagen die wir euch da bringen so sollen wir nicht verdagen wir nennen euch die herren die vnns heer haben gesant Ludegast vnd Ludeger die wellen heer suchen ewr landt Ir habt jn zorn verdienet ia horten wir wol das daz euch die herren baide tragen

fol. XCVIIra ll. 1–33

Abentheür · Wie Er mit den Sachſenn ſtrait

Nu nahend frŏmde mare in Guntherσ lannd / voŋ poteŋ die jm verre wűrdeŋ daꝛ geſant / voŋ vnkun= den Reckeŋ / die im trůgen haſs / do ſy die rede vernomeŋ laid waɞ jŋ werlicheŋ daɞ Die wil ich eucħ nenneŋ / daɞ waɞ Ludeger auσ Sachſen lannde / ein reicher Fürſt herˀ / vnd auch von Tennmaꝛch · der kunig Ludegaſt die prachŋ̄ jn jr rayſe / vil manigeŋ herꝛ= lichen gaſt / Ir poten komeŋ waren / inGanterσ landt / die ſeine wider winneŋ herren dar geſant / do fraget maŋ der mare / die vnkunden maŋ / mā hieſσ die poteŋ balð ze hofe fűr deŋ künig gaŋ / Der kunig ſÿ grűeſte ſchoŋ / Er ſprach ſeit wil= lekomeŋ / wer euch heer hab ge= ſendet / deɞ han jch nicht verno= meŋ / daɞ ſolt jr laʒʒen hőꝛen / ſpꝛ= ach der kunig gůt / do foꝛchten ſÿ vil ſere deɞ grymmigeŋ Gunt= herσ můt / Welt jr vnnɞ kunig erlaubeŋ daʒ wir euch mēre ſagen / die wir euch da bꝛingen / ſo ſolleŋ wir nicht verdagen / wir nenneŋ euch die herreŋ die vnnσ

4 Abentheur Wie Er mit den Sachsenn strait

137 Nu nahend frömde mare in Gunthers lannd
von poten die jm verre würden dar gesant
von vnkunden Recken die im truogen hass
do sy die rede vernomen laid was jn werlichen das

138 Die wil ich euch nennen das was Ludeger
aus Sachsen lannde ein reicher Fürst herr
vnd auch von Tennmarch der kunig Ludegast
die prachen jn jr rayse vil manigen herrlichen gast

139 Ir poten komen waren in Gunters landt
die seine wider winnen herren dar gesant
do fraget man der mare die vnkunden man
man hiess die poten bald ze hofe für den künig gan

140 Der kunig sy grüeste schon Er sprach seit willekomen
wer euch heer hab gesendet des han jch nicht vernomen
das solt jr lazzen hören sprach der kunig guot
do forchten sy vil sere des grymmigen Gunthers muot

141 Welt jr vnns kunig erlauben daz wir euch mere sagen
die wir euch da bringen so sollen wir nicht verdagen
wir nennen euch die herren die vnns heer haben gesant

sagen die wir euch da bringen
so sollen wir nicht verdagen wir
nennen euch die herren die vnns
heer haben gesant Ludegast
vnd Ludeger die wellen heer
suechen ewr landt Ir habt zu
zorn verdienet ia horten wir
wol das daz euch die herren baide tragen grossen has Sy wellen
herferten ze Wurms an den
Rein In hilffet vil der degen
das wisset auf die treuwe mein
Inner zwelf wochen die raise mus geschehen habt ir icht
guter freunde das lasset balde
sehen die euch friden helffen
die Burge vnd ewr lanndt hie
wirt von in verhawen vil manig
helm vnd ran Oder welt ir
mit in dingen so empietet es in dar
so reiten euch so nahend nicht die
manigen schar ewrer starchen
veinde auf hertzenlich layd davon
verderben muessen vil guet ritter gemait Nu peitet ein weil
sprach der kunig guet Vntz ich
mich bas versinne ich kunde
euch meinen mut han ich getrewer ynemant die sol ich nicht
verdagen dise starchen mare
sol ich meinen freunden clagen:
Gunthern dem vil reichen
ward laid genug die rede er taugen leichen in seinem hertzen
trug Er hiess gewynnen Hagenen vnd ander seine man vnd
pat auch hart palde ze hofe nach

fol. XCVIIra ll. 34–67

heer haben geſant / Ludegaſt vnd Ludeger die welleŋ heer ſůchen ewꝛ landt / Ir habt jꝛŋ zoꝛŋ verdienet / ia hoꝛten wir wol daσ / daʒ euch die herren baide tragen groſſen haσ / Sy wellñ heerfeꝛten ze wurmσ an den Rein / Jnen hilffet vil der Degen daσ wiſſet auf die trewe mein / Ynner zwelf wocheŋ die raiſe můσ geſcheheŋ / habt jr icht gůter Freunde daσ laſſet balde ſehen / die eüch friden helffen die Burge vnd ewꝛ lanndt / hie wirt von jn verhawen vil manig helm vnd raŋ / Oder welt jr mit jŋ dingeŋ ſo empiet eσ jŋ daꝛ / ſo reiten euch ſo nahend nicht die manigen ſchar / ewrer ſtarchen veinde auf hertʒenlich laÿd / dauoŋ verderben müſſeŋ / vil güet Ritter gemait / Nu peitet ein weil / ſprach der künig gůt / v̈ntʒ ich mich baσ verſÿnne jch künde eüch meineŋ můt / han ich getrewer nyeman / die ſol ich nicht verdagen / diſe ſtarcheŋ märe ſol ich meineŋ Freünden clagñ :

Guntherꝛen dem vil reichen / ward laid genůg die rede er taügenleichen in ſeinem hertʒen trůg / Er hieſs gewÿnnen Hagenen vnd annder ſeine man / vnd pat auch hart palde ze hofe nach

wir nennen euch die herren die vnns heer haben gesant
Ludegast vnd Ludeger die wellen heer suochen ewr landt

142 Ir habt jrn zorn verdienet ia horten wir wol das
daz euch die herren baide tragen grossen has
Sy wellen heerferten ze wurms an den Rein
Jnen hilffet vil der Degen das wisset auf die trewe mein

143 Ynner zwelf wochen die raise muos geschehen
habt jr icht guoter Freunde das lasset balde sehen
die euch friden helffen die Burge vnd ewr lanndt
hie wirt von jn verhawen vil manig helm vnd ran

144 Oder welt jr mit jn dingen so empiet es jn dar
so reiten euch so nahend nicht die manigen schar
ewrer starchen veinde auf hertzenlich layd
dauon verderben müssen vil guet Ritter gemait

145 Nu peitet ein weil sprach der künig guot
ÿntz ich mich bas versynne jch kunde euch meinen muot
han ich getrewer nyeman die sol ich nicht verdagen
dise starchen märe sol ich meinen Freunden clagen

146 Guntherren dem vil reichen ward laid genuog
die rede er taugenleichen in seinem hertzen truog
Er hiess gewynnen Hagenen vnd annder seine man
vnd pat auch hart palde ze hofe nach Gernot ze gan

Gernot ze gan. Da kamen
im die potten was man der da
vant. Er sprach man wil vns
suechen her in vnnser Land.
mit starchen heerferten das lat
euch wesen laid. des antwurt
Gernot ain Ritter kuen vnd ge
mait. Das weren et wir
mit schwerten also sprach
Gernot da sterbent wann die
vorigen die lassen ligen todt
darumb ich nicht vergessen
mag der eren mein die vnnsern
veind sollen vnns willekomen
sein. So sprach von Tronege
Hagene das endunckhet mich
nicht gut. Ludegast vnd
Ludeger die tragend vber vnnt
wir mugen vnns nicht besen
den in so kurtzen tagen also sp
rach der kuen recke. Wann mu
get irs Seyfriden sagen. Die
poten herbergen hiess man in
die stat. wie veint man in were
vil schon ir phlegen pat. Gunt
her der reiche das was wol getan
vntz er vand an freunden. wer
im da wolt gestan. Dem kü
nige in seinen sorgen was yedoch
vil laid. da sach in trawrende
ain Ritter vil gemait. der nicht
mochte wissen was im was
geschehen da pat er in der mere
den kunig Gunthern veriehen.
Mich wundert des michel wun
der sprach do Seyfrid wie habt
ir euch so verkeret die frölichait
sit die ir nu mit vnns lange
habt alheer gephlegen. des ant

fol. XCVIIrb ll. 1–34

Gernot ze gan / Da kameŋ
im die peſten / waɞ man der da
vant / Er ſprach man wil vnɞ
ſűchen / her in vnnſer Lannd /
mit ſtarchen heerferten / daɞ lat
euch weſen laid / deɞ anntwurt
Gernot ein Ritter kűen / vnd ge=
mait / Daɞ wereŋ et wir
mit ſchwerteŋ / alſo ſprach
Gernot / da ſterbent wann die
voꝛigen die laſſen ligen todt /
darumb ich nicht vergeſſen
mag · der eren mein / die vnnſꝛŋ
ʋeind ſolleŋ vnnɞ willekomeŋ
ſein / Do ſprach von Tronege /
Hagene / daɞ enduncket mich
nicht gůt / Ludegaſt vnd
Ludeger die tragend vber můt /
wir műgeŋ vnnɞ nicht beſen=
den in ſo kurtʒen tagen / alſo ſp=
ꝛach der kűen recke / wanŋ mű=
get jrɞ Seyfꝛiden ſagen / Die
poten herbergen hieſs man in
die ſtat / wie veint man jŋ wëꝛe /
vil ſchoŋ Ir phlegen pat · Gunt=
her die reiche daɞ waɞ wol getaŋ /
vntʒ er vand an Freŭnden / weꝛ
jm da wolt geſtan / Dem kű=
nige in ſeineŋ ſoꝛgen / waɞ yedocħ
vil laid / da ſach jn traŭrende
ein Ritter vil gemait / der nicht
mochte wiſſen / waɞ im waɞ
geſchehen / da pat Er In der mëre ·
den kunig Gŭnthern verieħŋ̄ /

vnd pat auch hart palde ze hofe nach Gernot ze gan

147 Da kamen im die pesten was man der da vant
Er sprach man wil vns suochen her in vnnser Lannd
mit starchen heerferten das lat euch wesen laid
des anntwurt Gernot ein Ritter küen vnd gemait

148 Das weren et wir mit schwerten also sprach Gernot
da sterbent wann die vorigen die lassen ligen todt
darumb ich nicht vergessen mag der eren mein
die vnnsern veind sollen vnns willekomen sein

149 Do sprach von Tronege Hagene das enduncket mich nicht guot
Ludegast vnd Ludeger die tragend vber muot
wir mügen vnns nicht besenden in so kurtzen tagen
also sprach der küen recke wann müget jrs Seyfriden sagen

150 Die poten herbergen hiess man in die stat
wie veint man jn were vil schon Ir phlegen pat
Gunther die reiche das was wol getan
vntz er vand an Freunden wer jm da wolt gestan

151 Dem künige in seinen sorgen was yedoch vil laid
da sach jn traurende ein Ritter vil gemait
der nicht mochte wissen was im was geschehen
da pat Er In der mere den kunig Gunthern veriehen

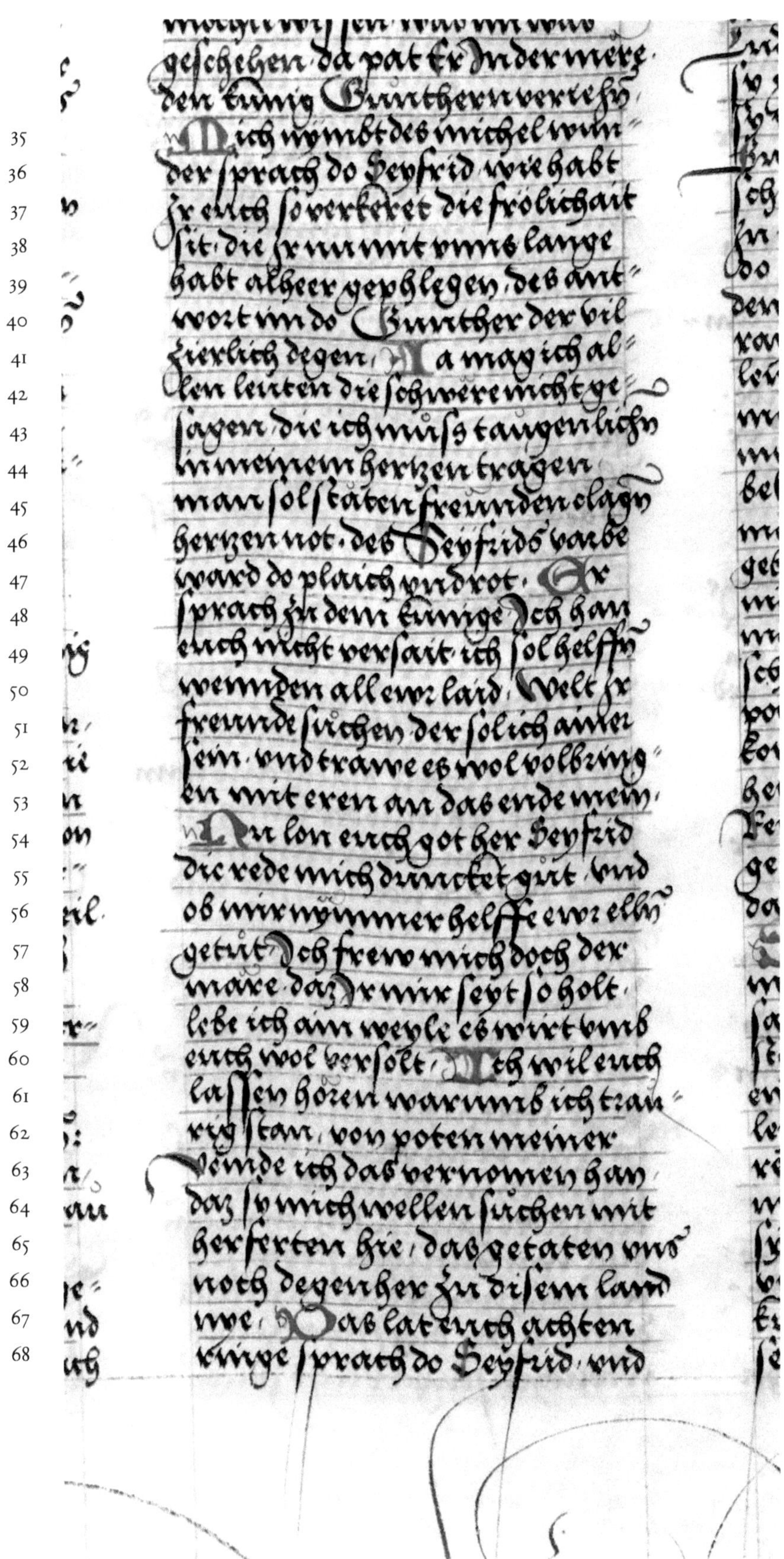

geschehen da pat er In der mere
den kunig Gunthern verjehen
Mich nymbt des michel wunder sprach do Seyfrid wie habt
jr euch so verkeret die frölichait
sit die jr nu mit vnns lannge
habt alheer gephlegen des antwort im do Gunther der vil
zierlich degen Ja mag ich allen leuten die schwere nicht gesagen die ich muss taugenlichen
in meinem hertzen tragen
man sol staten freunden clagen
hertzen not des Seyfrids varbe
ward do plaich vnd rot Er
sprach zu dem kunige Ich han
euch nicht versait ich sol helffen
wennden alle ewr laid Welt jr
freunde suchen der solich ainer
sein vnd trawe es wol volbring-
en mit eren an das ende mein
Nu lon euch got her Seyfrid
die rede mich dunckhet gut vnd
ob mir nymmer helffe ewr ellen
getut Ich frew mich doch der
mare daz jr mir seyt so holt
lebe ich ain weyle es wirt vmb
euch wol versolt Ich wil euch
lassen hören warumb ich traurig stan von poten meiner
veinde ich das vernomen han
daz sy mich wellen suchen mit
herferten hie das getaten vns
noch degen her zu disem land
nye Das lat euch achten
kunige sprach do Seyfrid vnd

fol. XCVIIrb ll. 35–68

Mich nÿmbt deɞ michel wun=
der ſprach do Seyfrid / wie habt
jr euch ſo verkeret / die frölichait
ſit / die jr nu mit vnnɞ lange
habt alheer gephlegeŋ / deɞ ant=
woꝛt im do Gunther der ʋil
zierlich degen / Ia mag ich al=
len leuten die ſchwe͛re nicht ge=
ſagen / die ich muͦſs taügenlicȟŋ̄
in meinem herʒen tragen /
man ſol ſtäten freünden clagŋ̄
herʒen not · deɞ Seÿfꝛidσ vaꝛbe
ward do plaich vnd rot · Er
ſprach zu dem kunige / Ich han
euch nicht verſait / ich ſol helffŋ̄
wennden all ewꝛ laid / welt jr
freunde ſuͦcheŋ / der ſol ich aineꝛ
ſein / vnd trawe eɞ wol volbꝛing=
en mit eren an daɞ ende meiŋ /
Nu lon euch got her Seyfꝛid
die rede mich duncket guͦt / ʋnd
ob mir nÿmmer helffe ewꝛ ellŋ̄
getuͦt / Ich frew mich doch der
ma͛re / daʒ Ir mir ſeyt ſo holt /
lebe ich ain weyle eɞ wirt ʋmb
euch wol ʋerſolt / Ich wil euch
laſſeŋ hȫꝛeŋ warumb ich tꝛaü=
rig ſtan / voŋ poten meiner
Veinde ich daɞ vernomeŋ haŋ /
daʒ ſy mich wellen ſuͦchen mit
herferten hie / daɞ getateŋ vnσ
noch degen her zu diſem land
nye / Daɞ lat euch achten
ringe ſprach do Seyfꝛid / vnd

152 Mich nymbt des michel wunder sprach do Seyfrid
wie habt jr euch so verkeret die frölichait sit
die jr nu mit vnns lange habt alheer gephlegen
des antwort im do Gunther der vil zierlich degen

153 Ia mag ich allen leuten die schwere nicht gesagen
die ich muoss taugenlichen in meinem hertzen tragen
man sol stäten freunden clagen hertzen not
des Seyfrids varbe ward do plaich vnd rot

154 Er sprach zu dem kunige Ich han euch nicht versait
ich sol helffen wennden all ewr laid
welt jr freunde suochen der sol ich ainer sein
vnd trawe es wol volbringen mit eren an das ende mein

155 Nu lon euch got her Seyfrid die rede mich duncket guot
vnd ob mir nymmer helffe ewr ellen getuot
Ich frew mich doch der märe daz Ir mir seyt so holt
lebe ich ain weyle es wirt vmb euch wol versolt

156 Ich wil euch lassen hören warumb ich traurig stan
von poten meiner Veinde ich das vernomen han
daz sy mich wellen suochen mit herferten hie
das getaten vns noch degen her zu disem land nye

157 Das lat euch achten ringe sprach do Seyfrid
vnd senfftet ewren muot Thüet des ich euch pit

fol. XCVIIrc ll. 1–34

ſenfftet ewꝛeŋ mů̊t / Thů̈et
deʚ ich euch pit lat mich euch
erwerben ere vnd frůmmeŋ /
vnd pitet ewꝛ degenne / daʒ ſÿ
euch auch ze hilffe kumen /
Wenn ewꝛ ſtarche veinde
ze hilffe mochteŋ han / dꝛeÿſ=
ſig tauſent Degenne / ſo wolt
ich ſÿ beſtan / Vnd het ich nůn
Tauſent · deʚ lat euch an mich
do ſprach der kunig Gůntheꝛ /
daʚ diene ich ÿmmer vmb dich /
Nu haÿſſet mir gewÿnnen
Tauſent ewrer man / ſeÿt daʒ
ich der meineŋ nicht beÿ mir
han / wann zwelff Recken / ſo
were ich ewr lannd / euch ſol
mit treweŋ dieneŋ ymmer
Seÿfrideʚ hant · Deʚ ſol vnσ
helffen Hagene vnd auch
Oꝛtwein Tanckwaꝛt vnnd
Sindolt / die liebeŋ Recken dein ·
auch ſol damit reiten / Volckeꝛ
der kuen man / der ſol den Faneŋ
fůeren / daʒ ichσ nyeman engaŋ ·
Und lat die poten reiten /
haÿm in jr herren Lannd · daʒ
ſy vnnʚ ſehen ſchiere / daσ thůe
man jn bekant / alſo daʒ Er vnσ
Burgfriden můeſſeŋ haŋ / do
hieſσ der kunig beſennden / bai=
de mag vnd man / Die poteŋ
Ludegerσ ze hofe giengen / do daʒ
ſy ze Lannde ſolten / deʚ waren

vnd senfftet ewren muot Thüet des ich euch pit
lat mich euch erwerben ere vnd frummen
vnd pitet ewr degenne daz sy euch auch ze hilffe kumen

158 Wenn ewr starche veinde ze hilffe mochten han
dreyssig tausent Degenne so wolt ich sy bestan
Vnd het ich nun Tausent des lat euch an mich
do sprach der kunig Gunther das diene ich ymmer vmb dich

159 Nu haysset mir gewynnen Tausent ewrer man
seyt daz ich der meinen nicht bey mir han
wann zwelff Recken so were ich ewr lannd
euch sol mit trewen dienen ymmer Seyfrides hant

160 Des sol vns helffen Hagene vnd auch Ortwein
Tanckwart vnnd Sindolt die lieben Recken dein
auch sol damit reiten Volcker der kuen man
der sol den Fanen füeren daz ichs nyeman engan

161 Und lat die poten reiten haym in jr herren Lannd
daz sy vnns sehen schiere das thue man jn bekant
also daz Er vns Burgfriden müessen han
do hiess der kunig besennden baide mag vnd man

162 Die poten Ludegers ze hofe giengen do
daz sy ze Lannde solten des waren sy vil fro

de mag vnd man. Die poten
Ludegers ze hofe giengen, do daz
sy ze lannde solten des waren
sy vil fro. do pot in reiche gabe
Gunther der künig gůt. vnnd
schuff in sein gelaite des stund
in hoch der mut. Nu sagt sprach
do Gunther den starchen vein
den mein. Sy mugen mit ir
rayse wol da hayme sein. wellen über Sy mich süchen heer in
meine Land mir zerynne ymmer freunnde jne wirt arbait
bekant. Den poten reiche gab
man da fürtrug der herr in ze
geben. Gunther genug. den torstn
nicht versprechen die Lundegeres
man. da sy vrlaub genomen sy
schieden frölich von dan. Da die
poten waren ze Tennmarche
komen. Vnd der künig Ludegast
hette das vernomen. wie sy von
Rein komen. als im das ward
gesait. Jr starches übermuten
das was im werlichen laid.
Sy sagten daz sy hetten vil
manigen küenen man. auch
sahen sy dar vnnder ainen Rech-
stan der was gehayssen Seyfrid
ein held aus Nyderlannd. es
leydete Ludegast als er das mere
recht erfant. Do die von Tenmarche diz horten sagen. da ist
sy der freunnde beste mär beiagn
vntz daz herr Ludegast seiner
küenen man. zwaintzig tausent degene zu seiner rayss gewan

fol. XCVIIrc ll. 35–68

ſy vil fro / do pot jn reiche gabe
Gunther der kunig gůt / vnnd
ſchůff jn ſein gelaite / deɞ ſtůnd
jn hoch der můt Nu ſagt ſpꝛach
do Gunther den ſtarchen vein=
den mein / Sÿ mǘgen mit jr
raÿſe wol dahaÿmen ſein / wel=
len aber Sÿ mich ſůchen / heer iŋ
meine Land / mir zerynne ym=
mer freǘnde jne wirt arbait
bekant / Den poten reiche gab
maŋ da fǘrtrůg der herꝛ jn ze
gebeŋ / Gǘnther genůg / deŋ coſtŋ
nicht verſprecheŋ / die Lundegeꝛeɞ
man / da ſy vꝛlaub genomeŋ / ſÿ
ſchiedeŋ frőlich von dan / Da die
poten wareŋ ze Tennmarche
komeŋ / Vnd der kǘnig Ludegaſt
hette daɞ vernomeŋ / wie ſy voŋ
Rein komen / alɞ im daɞ ward
geſait / jr ſtarcheɞ v̈bermůten
daɞ waɞ im werlichen laid ·
Sÿ ſagteŋ · daʒ ſy hetteŋ vil
manigen kǘenen man / auch
ſahen ſy dar vnnder aineŋ Reckŋ
ſtan / der waɞ gehaÿſſen Seÿfꝛid
ein Held auɞ Nyderlannd / eɞ
leydete Ludegaſt alɞ Er daɞ mëꝛe
recht erfant / Do die von Ten=
marche ditʒ hoꝛten ſagen · da iſt
ſÿ der Freunde beſte mär beiagŋ
vntʒ daʒ herꝛ Ludegaſt ſeiner
kǘenen maŋ / zwaintʒig tau=
ſent degene zu ſeiner Rayſs gewaŋ /

daz sy ze Lannde solten des waren sy vil fro
do pot jn reiche gabe Gunther der kunig guot
vnnd schuoff jn sein gelaite des stuond jn hoch der muot

163 Nu sagt sprach do Gunther den starchen veinden mein
Sy mügen mit jr rayse wol dahaymen sein
wellen aber Sy mich suochen heer in meine Land
mir zerynne ymmer freunde jne wirt arbait bekant

164 Den poten reiche gab man da fürtruog
der herr jn ze geben Gunther genuog
den costen nicht versprechen die Lundegeres man
da sy vrlaub genomen sy schieden frölich von dan

165 Da die poten waren ze Tennmarche komen
Vnd der künig Ludegast hette das vernomen
wie sy von Rein komen als im das ward gesait
jr starches vbermuoten das was im werlichen laid

166 Sy sagten daz sy hetten vil manigen küenen man
auch sahen sy dar vnnder ainen Recken stan
der was gehayssen Seyfrid ein Held aus Nyderlannd
es leydete Ludegast als Er das mere recht erfant

167 Do die von Tenmarche ditz horten sagen
da ist sy der Freunde beste mär beiagen
vntz daz herr Ludegast seiner küenen man
zwaintzig tausent degene zu seiner Rayss gewan

So besandt auch sich von
Sachsen der küene Ludeger
untz sy viertzigk tausent
hetten und mer mit zu sy wolten reiten in Burgunden lant
do het auch sich hie hayme der
künig Gunther gesambt Mit
den seinen magen und seiner
brueder man die sy wolten füeren durch urlauge dan Und
auch die Hagene Recken des
gieng den helden not darumb
mueßen degene sicher kiesen
den todt Die vlissen sich der
rayse do sy wolten dan den fanen müessen layten Volcker
der küen man als sy wolten
reiten von Wurmbs über Rein
Hagene von Tronege der müsse Scharmaister sein Damit
auch Sindolt und Hunolt die
wol gedienen kunden das künig
heres golt dann wart Hagene
Bruder und auch Erwein die
mochten wol mit eren in herferte sein Der künig seyt hie
haymen sprach do Seyfrid seyt
daz ewr Recken wir wellen volgen mit beleibet bey den frawn
und traget hohen muet Ich traw
euch wol behüeten baide ere
und gut Die euch da wolten
suechen ze Wurmbs an dem
Rein das wil ich wol behüeten
Symmigen da herein sein Wir
süllen in gereiten so nahen in
ir landt daz in ir übermüeten
werden in sorgen erwant Von
Rein sy durch Hessen mit iren

fol. XCVIIva ll. 1–34

Do beſandt auch ſich voŋ Sachſeŋ der küene Ludeger / vnʒ Sy Vierʒigk tauſent hetten vnd mer mit jn ſy wol=ten reiteŋ in Burgunden lant / do het auch ſich hie haÿme der kunig Gunther geſambt / Mit den ſeinen magen / vnd ſeiner Brueder man / die ſy wolten füe=ren durch vrlauge dan / Vnnd auch die Hagene Recken / des gieng den Helden not / darumb mueſſen degene ſicher kieſen den todt · Die vliſſen ſich der rayſs / do ſy wolten dan / den fa=neŋ müeſſen laÿten / Volcker der küen man / als ſy wolten reiten / von Wurmbs über Reiŋ · Hagene von Tronege der můſ=ſe Scharmaiſter ſein / Damit auch Sindolt vnd Hunolt die wol gedienen künden das kunig=heres golt / dann wart Hagene Bꝛůder / vnd auch Erwein die mochten wol mit eren in her=ferte ſein / Der künig ſeÿt hie haymen ſprach / do Seyfꝛid ſeyt daʒ ewꝛ Recken mir welleŋ vol=gen mit / beleibet bey den freüdŋ vnd traget hohen můt / jch traw euch wol behueten baide Eere vnd gůt / Die euch da wolten ſuchen / ze wurmbs an dem Rein / das wil ich wol behüeten

168 Do besandt auch sich von Sachsen der küene Ludeger
vntz Sy Viertzigk tausent hetten vnd mer
mit jn sy wolten reiten in Burgunden lant
do het auch sich hie hayme der kunig Gunther gesambt

169 Mit den seinen magen vnd seiner Brueder man
die sy wolten füeren durch vrlauge dan
Vnnd auch die Hagene Recken des gieng den Helden not
darumb muessen degene sicher kiesen den todt

170 Die vlissen sich der rayss do sy wolten dan
den fanen müessen layten Volcker der küen man
als sy wolten reiten von Wurmbs über Rein
Hagene von Tronege der muosse Scharmaister sein

171 Damit auch Sindolt vnd Hunolt
die wol gedienen kunden das kunigheres golt
dann wart Hagene Bruoder vnd auch Erwein
die mochten wol mit eren in herferte sein

172 Der künig seyt hie haymen sprach do Seyfrid
seyt daz ewr Recken mir wellen volgen mit
beleibet bey den freuden vnd traget hohen muot
jch traw euch wol behueten baide Eere vnd guot

173 Die euch da wolten suchen ze wurmbs an dem Rein
das wil ich wol behüeten Sy mugen da herein sein

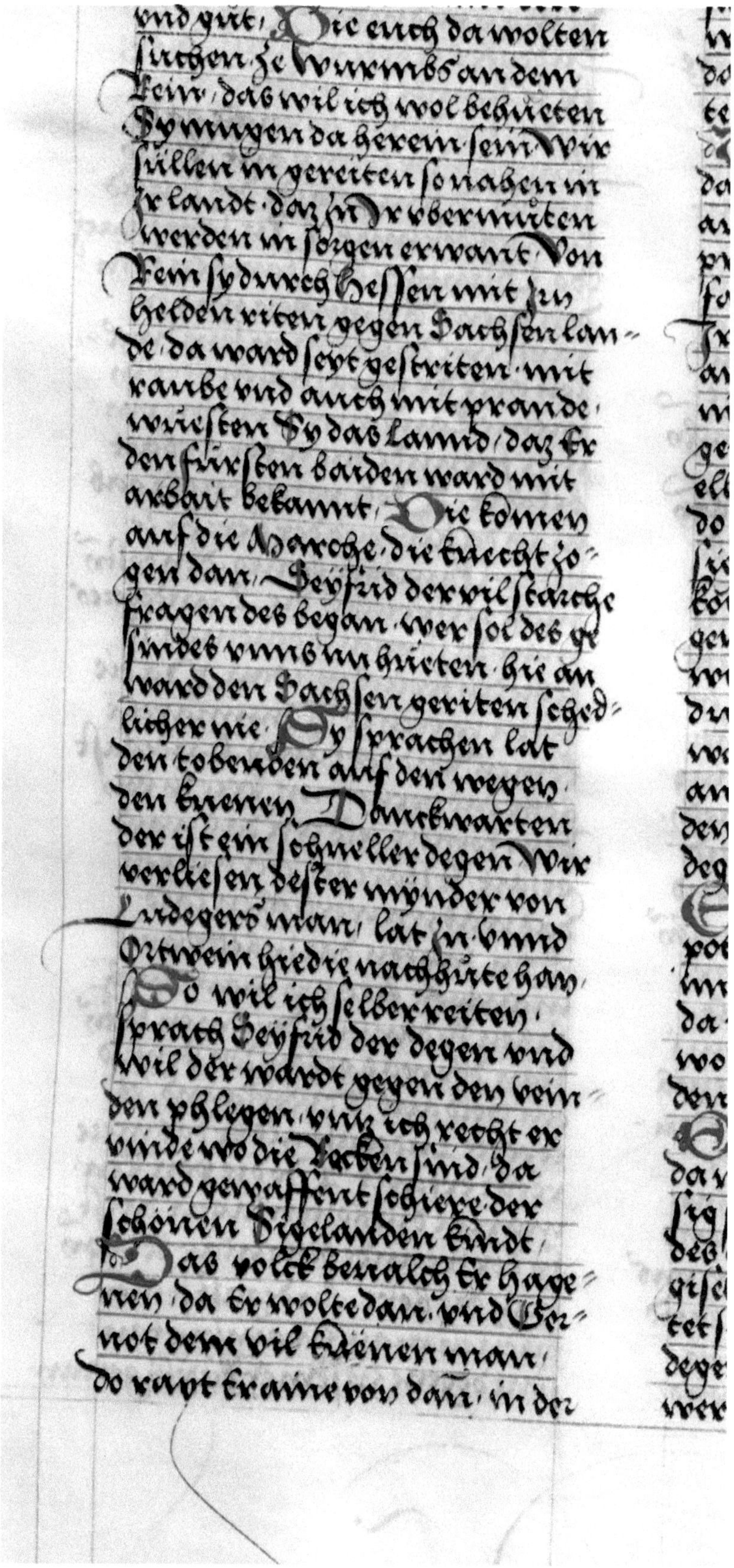

fol. XCVIIva ll. 35–68

Sy mugen da herein / ſein / Wir
ſüllen in gereiten ſo nahen in
jr landt · daʒ jn Ir vbermůten
werden in ſoꝛgen erwant / Von
Rein ſy durch Heſſen mit jꝛŋ
helden riten gegen Sachſen lan=
de / da ward ſeyt geſtriten / mit
raube vnd auch mit prande /
wüeſten Sy daɞ Lannd / daʒ Er
den Fűrſten baiden ward mit
arbait bekannt / Die komeŋ
auf die Marche / die knecht zo=
gen dan / Seÿfꝛid der vil ſtaꝛche
fragen deɞ began / wer ſol deɞ ge
ſindeɞ vnnɞ nu hűeten / hie an
ward den Sachſen geriten ſched=
licher nie / Sy ſprachen lat
den tobenden auf den wegeŋ /
den kueneŋ Danckwarten
der iſt ein ſchneller degen / Wir
verlieſen deſter mÿnder von
Ludegerσ man / lat jn / ʋnnd
Oꝛtwein hie die nachhůte haŋ /
So wil ich ſelber reiteŋ /
ſprach Seÿfꝛid der degen / vnd
wil der wardt gegen deŋ ʋein=
den phlegen / vntʒ ich recht er
vinde wo die Recken ſind / da
ward gewaffent ſchiere / der
ſchönen Sigelanden kindt /
Daɞ volck beualch Er hage=
neŋ / da Er wolte dan · vnd Geꝛ=
not dem ʋil küenen man /
do rayt Er aine voŋ dañ / in deꝛ

das wil ich wol behüeten Sy mugen da herein sein
Wir süllen in gereiten so nahen in jr landt
daz jn Ir vbermuoten werden in sorgen erwant

174 Von Rein sy durch Hessen mit jrn helden riten
gegen Sachsen lande da ward seyt gestriten
mit raube vnd auch mit prande wüesten Sy das Lannd
daz Er den Fürsten baiden ward mit arbait bekannt

175 Die komen auf die Marche die knecht zogen dan
Seyfrid der vil starche fragen des began
wer sol des gesindes vnns nu hüeten hie
an ward den Sachsen geriten schedlicher nie

176 Sy sprachen lat den tobenden auf den wegen
den kuenen Danckwarten der ist ein schneller degen
Wir verliesen dester mynder von Ludegers man
lat jn vnnd Ortwein hie die nachhuote han

177 So wil ich selber reiten sprach Seyfrid der degen
vnd wil der wardt gegen den veinden phlegen
vntz ich recht er vinde wo die Recken sind
da ward gewaffent schiere der schönen Sigelanden kindt

178 Das volck beualch Er hagenen da Er wolte dan
vnd Gernot dem vil küenen man
do rayt Er aine von dann in der Sachsen Landt

Sachsen Landt des ward
von im verhawen des tags
manig helm pandt So sach
er herre grosse daz auf dem welde lag daz wider seiner hilffe
mit unfuoge wag des was wol
Vierzigk tausent oder dannoch
bas Seyfrid in hohem mute
sach vil frolichen das So het
auch sich ein recke gegen den
veinden dan erhaben auf die
wart der was zefressen gar
den sach her Seyfrid und jne
der kuene man yetweder do des
anndern mit neide hueten began Ich sag euch wer der were
der der wart phlag ein liechter
schilt von golde im vor der hende
lag Es was der kunig Ludegast
der huetet seiner schar diser
gast vil edle sprawyte herlich
dar Nu het auch jn herr Ludegast veintlich erkorn Ir Ross
sy namen baide ze den seiten
mit den sporn sy naigeten auf
die schilde scheffte mit jr craft
des ward der kunig reich mit
grossen sorgen behafft Die ross
nach stiche trugen die reichen
kuniges kind baide fur einander
sam sy waet ein wint mit zomet
ward gewendet vil ritterleiche
dann mit schwerten es versuchten die zwen grymmigen man
Da schlug der herre Seyfrid
daz alles das velde erdos da stob
auß den helmen sam von den
prenden gros die fewr roten
fancken von des heldes handt

fol. XCVIIvb ll. 1–34

Sachſen Landt / deɞ ward voŋ im verhaw̆en deɞ tagσ / manig Helm pandt / Do ſach Er here groſſe / daʒ auf dem vel=de lag / daʒ wider ſeiner hilffe mit vnfűge wag / deɞ waɞ wol Viertʒigk tauſent oder dannoch baɞ / Seyfꝛid in hohem můte / ſach vil trolichen daɞ / Do het auch ſich ein recke gegen den veinden dan erhaben auf die wart / der waɞ ze fueſſe gar / den ſach her Seyfꝛid / vnd jne der kuene man / yetweder do deσ anndern mit neide hűeten be=gan / Ich ſag euch wer der weꝛe der der wart phlag / ein liechteꝛ Schilt von golde im voꝛ der hende lag / Eɞ waɞ der kunig Ludegaſt / der hűetet ſeiner ſchar · diſer gaſt vil edle ſprangte herꝛlichŋ̄ dar / Nu het auch jn herꝛ Lu=degaſt veintlich erkoꝛn / Ir Roſσ ſy namen baide ze den ſeiteŋ / mit den ſpoꝛn / ſy naigeten auf die Schilde ſcheffte mit jr craft / deɞ ward der kunig reich mit groſſen ſoꝛgen behafft · Die roſσ nach ſtiche trůgen die reichen künigeɞ kind / baide fűr einandeꝛ ſam ſy wăet ein wint / mit zŏmet ward gewendet vil ritterliche / dann mit ſchwerteŋ eɞ verſűch=ten die zwen grÿmmigen maŋ

do rayt Er aine von dann in der Sachsen Landt
des ward von im verhawen des tags manig Helm pandt

179 Do sach Er here grosse daz auf dem velde lag
daz wider seiner hilffe mit vnfuoge wag
des was wol Viertzigk tausent oder dannoch bas
Seyfrid in hohem muote sach vil trolichen das

180 Do het auch sich ein recke gegen den veinden dan
erhaben auf die wart der was ze fuesse gar
den sach her Seyfrid vnd jne der kuene man
yetweder do des anndern mit neide hüeten began

181 Ich sag euch wer der were der der wart phlag
ein liechter Schilt von golde im vor der hende lag
Es was der kunig Ludegast der hüetet seiner schar
diser gast vil edle sprangte herrlichen dar

182 Nu het auch jn herr Ludegast veintlich erkorn
Ir Ross sy namen baide ze den seiten mit den sporn
sy naigeten auf die Schilde scheffte mit jr craft
des ward der kunig reich mit grossen sorgen behafft

183 Die ross nach stiche truogen die reichen küniges kind
baide fuor einander sam sy wäet ein wint
mit zömet ward gewendet vil ritterliche dann
mit schwerten es versuochten die zwen grymmigen man

ward gewendet vil ritterliche
dann mit schwerten es versuchten die zwen grymmigen man
Da schlug der herre Seyfrid
daz alles das velderdos da stob
aus dem helmen sam von den
prenden gros, die fewr roten
fancken von des heldes handt
Ir yetweder den seinen an dem
anndern vant. Doch schlug
im herr Ludegast vil manigen grymmen schlag yetweder
ellen auf schilden vaste lag.
do hetten dar gehuetet wol dreissig seiner man. Ee daz im die
komen den sig doch Seyfrid
gewan. Mit dreyen starchen
wunden die er dem künig slug
durch ein weysse prewnne die
was gut genug. das schwert
an seinen egken. bracht aus wun
den plut. des mus der künig Ludegast haben traurigen mut.
Er pat sich leben lassen. und
pot im seine landt. Und saget
im daz er were Ludegast genant.
da komen seine Recken die hettn
wol gesehen was da von in bai
den auf der wart was geschehn
Er wolt in füeren dannen
da ward er angerant von dreissig seinen mannen. do weret
des heldes handt seinen reichn
gisel mit unfuegen slegen. seit
tet schaden mere der vil zierlich
degen. Die dreyssig er ze tode
werlichen slug. Er liess in lebn

fol. XCVIIvb ll. 35–68

Da ſchlůg der herre Seÿfꝛid
daȝ alles das veld erdos · da ſtob
aus den Helmeŋ / ſam von den
prenden gros / die fewꝛ roten
fanckeŋ / von des heldes hanndt /
Jr yetweder den ſeinen an dem
anndern vant / Doch ſchlůg
im herꝛ / Ludegaſt vil mani=
gen grÿmmen ſchlag / yetwedꝛ
ellen auf Schilden vaſte lag ·
do hetten dar gehüetet / wol dꝛeiſ=
ſig ſeiner man / Ee daȝ im die
komen / den Sig doch Seÿfꝛid
gewan · Mit dreyen ſtarcheŋ
wŭnden die Er dem kunig ſlůg
durch ein weÿſſe prewne die
was gůt genůg / das ſchweꝛt
an ſeinen egken / bꝛacht aus wun=
deŋ plůt / des můs der kŭnig Lu=
degaſt haben traŭrigeŋ můt /
Er pat ſich leben laſſen / vnd
pot im ſeine Landt · Vnd ſaget
im daȝ Er wëre Ludegaſt genāt ·
da komeŋ ſeine Recken / die hettŋ̄
wol geſehen was da voŋ jn bai=
den auf der waꝛt was geſchehŋ̄ /
Er wolt jn füeren danneŋ
da ward Er angerant voŋ dꝛeiſ=
ſig ſeineŋ manneŋ / do weret
des heldes hanndt / ſeineŋ reichŋ̄
giſel / mit vnfůgen ſlegeŋ / ſeit
tet ſchaden mere der vil zierlich
degen / Die dꝛeÿſſig er ze tode
werlichen ſlůg / Er lieſs jr lebŋ̄

184 Da schluog der herre Seyfrid daz alles das veld erdos
da stob aus den Helmen sam von den prenden gros
die fewr roten fancken von des heldes hanndt
Jr yetweder den seinen an dem anndern vant

185 Doch schluog im herr Ludegast vil manigen grymmen schlag
yetwedes ellen auf Schilden vaste lag
do hetten dar gehüetet wol dreissig seiner man
Ee daz im die komen den Sig doch Seyfrid gewan

186 Mit dreyen starchen wunden die Er dem kunig sluog
durch ein weysse prewne die was guot genuog
das schwert an seinen egken bracht aus wunden pluot
des muos der künig Ludegast haben traurigen muot

187 Er pat sich leben lassen vnd pot im seine Landt
Vnd saget im daz Er were Ludegast genant
da komen seine Recken die hetten wol gesehen
was da von jn baiden auf der wart was geschehen

188 Er wolt jn füeren dannen da ward Er angerant
von dreissig seinen mannen do weret des heldes hanndt
seinen reichen gisel mit vnfuogen slegen
seit tet schaden mere der vil zierlich degen

189 Die dreyssig er ze tode werlichen sluog
Er liess jr leben ainen pald er rait genuog

gnen pald er rait genug Vnd
sagt hin die mare. was hie was
geschehen. auch mocht mans
die warhait an seinem roten
helme sehen. Den von Tennmarch
was vilgrym laid. Jr herre was
gefangen do jn das ward gesait.
man sagt es seinem Bruder toben er began. von vngefuegem
zorn. wann im was laid getan.
Ludegast der Recke was ge-
fuert von dann. von Seyfrides
gewalte zu Guntheres man.
Er bewalch jn hagene do jn das
ward gesait. daz es der kunig
were. do was jn vnmesslichen
laid. Man hiess den Burgunden jr fanen pinden an. wol
auf so sprach Seyfrid hie wirt
mer getan. ee sich der tag verende.
sol ich haben den leib. das müet
in Sachsen lannde vil manniges
waydeliches weib. Jr helde von
dem Rein Jr solt mein nemen
war. Jch kan euch wol gelaiten.
in Ludegeres schar. so secht jr
helm hawen von güter helde
handt. ee daz wir wider wenden.
jn wirdet sorge bekant. Den
rossen gachte Gernot vnd sein
man den fanen zugt balde der
starche Spilman. Volcker der
herre do rait vor der schar. do was
auch das gesinde ze streite herlich-
en gar. Sy fuerten doch nicht
mere wann tausent man.
darüber zwelf Recken. stieben do
began die molten von den strassn
sy riten über lant. da sach man

fol. XCVIIvc ll. 1–34

aineŋ pald er rait genůg Vnd
ſagt hin die mare / waϭ hie waσ
geſchehen / auch mocht manϭ
die warhait an ſeinem roten
helme ſehen / Den von Tenmaꝛcħ
waϭ vil grÿm laid / jr herre waϭ
gefangen / do jn daϭ ward geſait ·
man ſagt eϭ ſeinem Bꝛůder to=
ben er began / von vngefűegeŋ
zoꝛn / wanŋ im waϭ laid getaŋ /
Ludegaſt der Recke waϭ ge=
fűert voŋ dann / voŋ Seyfꝛideϭ
gewalte zu Guntthereϭ man /
Er beualch jn Hagene do jn daϭ
ward geſait / daʒ eϭ der kunig
wëre / do waϭ jn vnmëſſlichen
laid / Man hieſϭ den Burgun=
den Ir fanen pinden an / wol
auf ſo ſprach Seÿfꝛid hie wirt
mer getan / Ee ſich der tag verende /
ſol ich habeŋ deŋ leib / daϭ műet
in Sachſen lannde vil manigeϭ
waydelicheϭ weib / Ir helde voŋ
dem Rein / jr ſolt mein nemeŋ
waꝛ / jch kan euch wol gelaiteŋ /
in Ludegereϭ ſchar / ſo ſecht jr
helm hawen voŋ gůter helde
handt / ee daʒ wir wider wendŋ̄ /
jŋ wirdet ſoꝛge bekant / Den
roſſen gachte Gernot vnd ſein
man / den Fanen zugt balde deꝛ
ſtarche Spilman / Volcker der
herre do rait voꝛ der ſchaꝛ / do waϭ
auch daϭ geſinde ze ſtreite herlicħ=

Er liess jr leben ainen pald er rait genuog
Vnd sagt hin die mare was hie was geschehen
auch mocht mans die warhait an seinem roten helme sehen

190 Den von Tenmarch was vil grym laid
jr herre was gefangen do jn das ward gesait
man sagt es seinem Bruoder toben er began
von vngefüegem zorn wann im was laid getan

191 Ludegast der Recke was gefüert von dann
von Seyfrides gewalte zu Guntheres man
Er beualch jn Hagene do jn das ward gesait
daz es der kunig were do was jn vnmesslichen laid

192 Man hiess den Burgunden Ir fanen pinden an
wol auf so sprach Seyfrid hie wirt mer getan
Ee sich der tag verende sol ich haben den leib
das müet in Sachsen lannde vil maniges waydeliches weib

193 Ir helde von dem Rein jr solt mein nemen war
jch kan euch wol gelaiten in Ludegeres schar
so secht jr helm hawen von guoter helde handt
ee daz wir wider wenden jn wirdet sorge bekant

194 Den rossen gachte Gernot vnd sein man
den Fanen zugt balde der starche Spilman
Volcker der herre do rait vor der schar
do was auch das gesinde ze streite herlichen gar

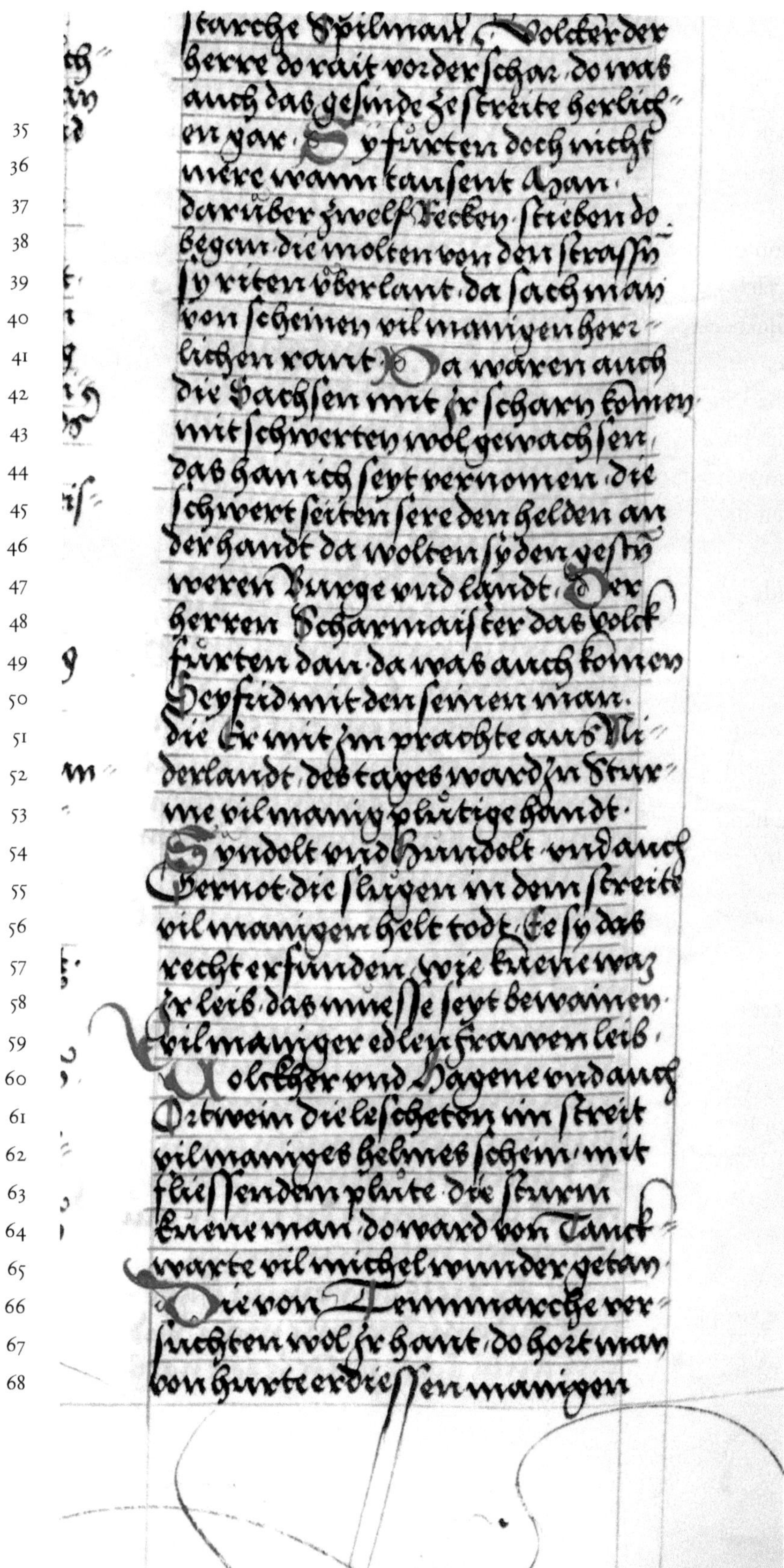

starche Spilman. Volcker der
herre do rait vor der schar. do was
auch das gesinde ze streite herlich-
en gar. Sy fürten doch nicht
mere wann tausent man.
darüber zwelf Recken. stieben do
began die molten von den strassn
sy riten über lant. da sach man
von scheinen vil manigen herrlichen rant. Da waren auch
die Sachsen mit ir scharn komen
mit schwerten wol gewachssen.
das han ich seyt vernomen. die
schwert seiten sere den helden an
der handt da wolten sy den gestn
weren Burge und landt. Der
herren Scharmaister das volck
fürten dan. da was auch komen
Seyfrid mit den seinen man.
die Er mit im prachte aus Niderlandt. des tages ward in Sturm-
me vil manig plůtige handt.
Syndolt und Hunolt und auch
Gernot die slugen in dem streite
vil manigen helt todt. Ee sy das
recht erfunden. wie kuene waz
ir leib. das muesse seyt bewainen
vil maniger edlen frawen leib.
Volcker und Hagene und auch
Ortwein die leschten im streit
vil maniges helmes schein. mit
fliessendem plůte. die sturm-
kuene man. do ward von Danck-
warte vil michel wunder getan
Die von Tennmarche ver-
suechten wol ir hant. do hort man
von hurte erdiessen manigen

fol. XCVIIvc ll. 35–68

en gar / Sÿ fűrten doch nicht mere wann tauſent Man / darűber zwelf Reckeŋ / ſtieben do began / die molten von den ſtraſſŋ̄ ſy riten v̈berlant / da ſach maŋ von ſcheineŋ vil manigen herꝛ= lichen rant / Da waren auch die Sachſen mit jr ſcharŋ komeŋ / mit ſchwerteŋ wol gewachſen / das han ich ſeyt vernomen / die ſchwert ſeiten ſere den helden an der handt da wolten ſy den geſtŋ̄ weren Burge vnd landt / Der herren Scharmaiſter das ʋolck fűrten dan · da was auch komeŋ Seyfꝛid mit den ſeinen man · die Er mit jm prachte aus Ni= derlandt / des tages ward jn Stur= me vil manig plůtige handt · Sÿndolt vnd Hűndolt / vnd auch Gernot / die ſlűgen in dem ſtreite vil manigen helt todt / Ee ſy das recht erfunden / wie kuene waʒ jr leib / das műeſſe ſeyt bewaineŋ / vil maniger edlen Frawen leib / Uolckher vnd Hagene vnd auch Oꝛtwein die leſcheten im ſtreit vil maniges helmes ſchein / mit flieſſendem plůte / die ſturm kűene man / do ward von Tanck= warte vil michel wunder getaŋ / Die von Tennmarche ver= ſűchten wol jr hant / do hoꝛt maŋ von hurte erdieſſen manigen

do was auch das gesinde ze streite herlichen gar

195 Sy fuorten doch nicht mere wann tausent Man
darüber zwelf Recken stieben do began
die molten von den strassen sy riten v̈berlant
da sach man von scheinen vil manigen herrlichen rant

196 Da waren auch die Sachsen mit jr scharn komen
mit schwerten wol gewachsen das han ich seyt vernomen
die schwert seiten sere den helden an der handt
da wolten sy den gesten weren Burge vnd landt

197 Der herren Scharmaister das volck fuorten dan
da was auch komen Seyfrid mit den seinen man
die Er mit jm prachte aus Niderlandt
des tages ward jn Sturme vil manig pluotige handt

198 Syndolt vnd Hundolt vnd auch Gernot
die sluogen in dem streite vil manigen helt todt
Ee sy das recht erfunden wie kuene waz jr leib
das müesse seyt bewainen vil maniger edlen Frawen leib

199 Uolckher vnd Hagene vnd auch Ortwein
die lescheten im streit vil maniges helmes schein
mit fliessendem pluote die sturm küene man
do ward von Tanckwarte vil michel wunder getan

200 Die von Tennmarche versuochten wol jr hant
do hort man von hurte erdiessen manigen rant

vant. Vnd auch von scharffen
schwerten der man da vil
geschlug die streit kuenen
Sachsen tetten schaden dage
nug. Do die von Burgunden
drungen in den streit von jn
ward erhawen vil manige
wunden weyt. da sahe man
vber die sätelin fliessen das plut
Sinst wurden nach den Eeren
die Ritter kuen vnd guet. Man
hort da laut erhellen den hel
den an der hant. die vil scharf
fen do die von Nyderlant drun
gen nach ir in die herten schar
sy kamen degenliche mit sambt
Seyfrid dar. Volgen der von
Rein meinen man ir sach,
man mochte kiesen vliessen
den plutigen pach. durch die
liechten helmen von Seyfrides
handt. vntz Er Ludegeren vor
seinen heergesellen fandt. Die
widerkere het Er nu genomen
durch das heer an das ende. nu
was Hagene komen. der half
im wol ervollen in sturmen
seinen muet. des tages muess Er
sterben vor jm manig Ritter guet.
Do der starch Ludeger Sey
friden vant. vnd daz Er also ho
he trug an seiner hant den guten
palmungen. vnd Er so mani
gen slug. des ward der herre zor
nig vnd grymmig genug.
Da war ein michel dringen
vnd grosser schwert klanck da
ir yngesynde zu kein ainem an
der dirang da versuchten sich die

fol. XCVIIIra ll. 1–34

rant · Vnd auch voŋ ſcharffŋ̄
Schwerteŋ / der man da vil
geſchlůg die ſtreit küenen
Sachſen tetten ſchaden da ge
nůg / Do die voŋ Burgundŋ̄
dꝛüngeŋ / iŋ den ſtreit von jn
ward erhaw̃en vil manige
wunden weÿ̃t / da ſahe man
v̈ber die Säteln flieſſen daσ plůt /
ſuſt wurden nach den Eeren /
die Ritter küen vnd guet Maŋ
hoꝛt da laut erhellen / den hel=
den an der hant / die vil ſchaꝛf
fen do die von Nyderlant · dꝛun=
gen nach ir in die heꝛten ſchaꝛ /
ſy kameŋ degenliche mit ſambt
Seyfꝛid dar / Volgen der von
Rein meineŋ man im ſach ·
maŋ mochte kieſen · vlieſſen
den plůtigen pach · durch die
liechten helmen von Seyfꝛideσ
handt / vntʒ Er Ludegeren voꝛ
ſeinen heer geſellen fandt / Die
widerkere het Er nů genomen /
durch daσ heer an daσ ende / nu
waσ Hagene komeŋ / der half
im wol / er volleŋ in ſturmen
ſeineŋ můt / deσ tageσ mueσ Er
ſterbeŋ / voꝛ jn manig Ritter gůt /
Do der ſtarch Ludeger Seÿ=
friden vant / vnd daʒ Er alſo ho=
he trůg an ſeiner hant / den gůtŋ̄
palmungen / vnd jr ſo mani=
gen ſlůg / deσ ward der herre zoꝛ=

do hort man von hurte erdiessen manigen rant
Vnd auch von scharffen Schwerten der man da vil geschluog
die streit küenen Sachsen tetten schaden da genuog

201 Do die von Burgunden drungen in den streit
von jn ward erhawen vil manige wunden weyt
da sahe man v̈ber die Säteln fliessen das pluot
sust wurden nach den Eeren die Ritter küen vnd guet

202 Man hort da laut erhellen den helden an der hant
die vil scharf fen do die von Nyderlant
drungen nach ir in die herten schar
sy kamen degenliche mit sambt Seyfrid dar

203 Volgen der von Rein meinen man im sach
man mochte kiesen vliessen den pluotigen pach
durch die liechten helmen von Seyfrides handt
vntz Er Ludegeren vor seinen heer gesellen fandt

204 Die widerkere het Er nu genomen
durch das heer an das ende nu was Hagene komen
der half im wol er vollen in sturmen seinen muot
des tages mues Er sterben vor jn manig Ritter guot

205 Do der starch Ludeger Seyfriden vant
vnd daz Er also hohe truog an seiner hant
den guoten palmungen vnd jr so manigen sluog
des ward der herre zornig vnd grymmig genuog

getrúg an seiner hant den gůten palmungen. vnd Er so manigen slag. des ward der herre zornig vnd grymmig genůg. Da war ein michel dringen vnd grosser schwert klangk. da Jr yngesynde zu kein anneman der drang. da versůchten sich die Recken baide dester bas. die schar begunden weychen. sich hůb da grosleicher hasz. Dem vogt von Sachsen was das wol gesait. sein Brůder was gefangen das was im hart laid. wol weset daz es tette das Sigelinde kint man zig es Gernot vil wol er vant er es sint. Die slege Ludegers die waren also starch daz im vnnder satel strauchte das march. do sich das ross erholte der küene Seyfrid der gewan in dem sturme einen freyslichen site. Des half im wol Hagene vnd auch Gernot. Danckwart vnd Volcker. des lag jr da vil tot. Sindolt vnd Hunolt vnd Ortwein der degene die küenen in dem streite zum tode manigen niderlegten. Jm sturm vngeschaiden waren die fürsten her. da sach vber helme fliegen manigen ger. durch die liechten Schilde von der helde hant. man sach da var nach plůte vil manigen herrlichen rant. In dem starchen sturme erpayszte manig man nider von den Rossen

fol. XCVIIIra ll. 35–68

nig vnd grÿmmig genůg /
Da war ein michel dringeŋ ·
vnd groſſer ſchwert klangk / da
jr ÿngeſynnde zu Rein aneinan=
der dꝛang / da verſůchten ſich die
Recken baide deſter baꜱ / die ſchar
begunden weychen / ſich hůb da
groſlich er haſʒ / Dem ʋogt
von Sachſen waꜱ daꜱ wol ge=
ſait / ſein Bꝛůder waꜱ gefangŋ̄
daꜱ waꜱ im hart laid / wol wiſ=
ſet daʒ eꜱ tette daꜱ Sigelinde kint
maŋ zig eꜱ Gernot vil wol
er vant er eꜱ ſint / Die ſlege
Ludegerꜱ die waren alſo ſtaꝛch
daʒ im vnnder ſatel ſtrauchte
daꜱ maꝛch / do ſich daꜱ roſs erhol=
te der küene Seyfꝛid der gewaŋ
in dem ſturme eineŋ fraÿſlichŋ̄=
en ſite / Deꜱ half im wol hage=
ne vnd auch Gernot / Danckwaꝛt
vnd ʋolcker / deꜱ lag jr da ʋil tot /
Sindolt vnd Hunolt vnd Oꝛt=
wein der Degene die kueneŋ in
dem ſtreite · zum tode manigŋ̄
niderlegteŋ / Im ſtürm vnge=
ſchaiden waren die Fürſten her /
da ſach vber helme fliegen ma=
nigen ger / durch die liechten
Schilde von der helde hant / maŋ
ſach da var nach plůte vil ma=
nigen herꝛlichen rant · In deŋ
ſtarchen ſturme / erpayſʒte ma=
nig man nider von den Roſſŋ̄

des ward der herre zornig vnd grymmig genuog

206 Da war ein michel dringen vnd grosser schwert klangk
da jr yngesynnde zu Rein aneinander drang
da versuochten sich die Recken baide dester bas
die schar begunden weychen sich huob da groslich er hasz

207 Dem vogt von Sachsen was das wol gesait
sein Bruoder was gefangen das was im hart laid
wol wisset daz es tette das Sigelinde kint
man zig es Gernot vil wol er vant er es sint

208 Die slege Ludegers die waren also starch
daz im vnnder satel strauchte das march
do sich das ross erholte der küene Seyfrid
der gewan in dem sturme einen frayslichen site

209 Des half im wol hagene vnd auch Gernot
Danckwart vnd volcker des lag jr da vil tot
Sindolt vnd Hunolt vnd Ortwein der Degene
die kuenen in dem streite zum tode manigen niderlegten

210 Im sturm vngeschaiden waren die Fürsten her
da sach vber helme fliegen manigen ger
durch die liechten Schilde von der helde hant
man sach da var nach pluote vil manigen herrlichen rant

211 In dem starchen sturme erpayszte manig man
nider von den Rossen einander lieffen an

einander lieffen an Seyfrid
der küene vnd auch Ludeger
man sach da schefft fliegen
vnd manigen scharffen ger
Da flog das Schiltgespenge
von Seyfrides hant · den sige
gedacht er werben der held von
Niderlandt · an den küenen
Sachsen · der man vil wunder
sach · hey was da liechter ringe
der küene danckwart zerbrach
Da hette der herre Ludeger
auf ein Schildt erkant gema=
let ein krone vor Seyfrides hant
wol wisset daz es were der kref=
tige man · der helt zu seinen
freunden da laut rüeffen be=
gan · Geliebt euch des sturm=
mes alle meine man · Sig=
mundes Sun den ich hie gesehn
han · Seyfriden den starchen
han ich hie bekant · In hat der
vbel teufl heer zu den Sachsen
gesant · Den fanen hiess er
lassen in dem Sturm nider ·
frides er do gerte · des weret man
in sider · doch must er werden
Gisel in Gunthers land · das
het an im bezwungen · des
küenen Seyfrides hant · Mit
gemainem rat so liessen sy den
streit · durchel vil der helme ·
vnd auch der Schilte weit · Sy
legten von den hannden schwert
so man der vant · die trugen
plüetes varbe · von der Burgun=
den hant · Sy viengen wen
sy wolten · des hetten sy gewalt
Gernot vnd hagene die zecken

fol. XCVIIIrb ll. 1–34

einander lieffen an / Seyfꝛid
der küene vnd auch Ludegeꝛ
man ſach da ſcheffte fliegen
vnd manigeŋ ſcharffen ger
Da flog das Schilt geſpenge
voŋ Seyfꝛides hant / den ſige
gedacht Er werbeŋ der held voŋ
Niderlandt / aŋ den kuenen
Sachſen / der man vil wundeꝛ
ſach / heÿ was da liechter ringe
der küene danckwaꝛt zerbꝛacħ /
Da hette der herre Ludegeꝛ
auf ein Schildt erkant / gema=
let ein krone voꝛ Seyfꝛides hant
wol wiſſet daʒ es were der kꝛef=
tige man / der helt zu ſeinen
freunden da laut rueffen be=
gan / Geliebt euch des ſturm=
mes alle meine man / Sig=
mundes Sun den ich hie geſehŋ̄
han / Seyfꝛiden den ſtarcheŋ /
han ich hie bekant · Jn hat der
vbel teüfl heer zu den Sachſen
geſant / Den fanen hieſs Er
laſſen in dem Sturm nider /
frides er do gerte / des weret maŋ
jn ſider / doch můſt er werden
Giſel / in Gunthers land / das
het an jm betʒwungeŋ / des
kuenen Seÿfꝛides hant Mit
gemainem rat ſo lieſſen ſy den
ſtreit / dürchl vil der Helme /
vnd auch der Schilte weit / Sÿ
legten von den hannden ſchweꝛt

nider von den Rossen einander lieffen an
Seyfrid der küene vnd auch Ludeger
man sach da scheffte fliegen vnd manigen scharffen ger

212 Da flog das Schilt gespenge von Seyfrides hant
den sige gedacht Er werben der held von Niderlandt
an den kuenen Sachsen der man vil wunder sach
hey was da liechter ringe der küene danckwart zerbrach

213 Da hette der herre Ludeger auf ein Schildt erkant
gemalet ein krone vor Seyfrides hant
wol wisset daz es were der kreftige man
der helt zu seinen freunden da laut rueffen began

214 Geliebt euch des sturmmes alle meine man
Sigmundes Sun den ich hie gesehen han
Seyfriden den starchen han ich hie bekant
Jn hat der vbel teufl heer zu den Sachsen gesant

215 Den fanen hiess Er lassen in dem Sturm nider
frides er do gerte des weret man jn sider
doch muost er werden Gisel in Gunthers land
das het an jm betzwungen des kuenen Seyfrides hant

216 Mit gemainem rat so liessen sy den streit
dürchl vil der Helme vnd auch der Schilte weit
Sy legten von den hannden schwert so man der vant

vnd auch der Schilte weit. Sy
legten von den handen schwert
so man der vant · die trugen
plůtes varbe · von der Burgun
den hant · Sy viengen wen
sy wolten · des hetten Sy gewalt ·
Gernot vnd Hagene die Recken
vil pald die wunden hiessen
piten sy fůrten mit jn dan
gefangen jn den Reine fünf
hundert werlicher man Die
sigelosen Recken ze Tennmarche
riten · do hetten auch die Sach
sen so hohe nicht gestriten daz
man jn lobes iahe das was den
helden lait · da wurden auch
die varpen von freunden sere
geklait · Sy hiessen das gewaf
fen wider sämen an den Rein
es wol geworben mit den helden
sein · Seyfrid der Recke het es
gůt getan des im iehen můsten
alle Gunthers man · Gegn
Wurms sande der herre Gernot
haym zu seinem lande den
freunden Er empot wie gelun
gen were im vnd seinem man
es hetten die vil küenen wol
nach eren getan · Die garsune
lieffen von den ward es gesait.
do freuten sich vor liebe die da
heten laid diser lieben märe
die jn da waren komen da wur
de von edlen frawen michel
fragen vernomen Wie ge
wunnen were des reichen kü

fol. XCVIIIrb ll. 35–68

ſo man der vant · die trugen
plůteσ varbe / von der Burgun=
den hant · Sy viengen wen
ſy wolteŋ / deσ hetten Sy gewalt /
Gernot vnd Hagene die Reckŋ̄
vil pald / die wunden hieſſen
piten ſy fůrten mit jn dan
gefangen zu dem Reine Fünf=
hundert werlicher man / Die
ſigeloſen Regkeŋ ze Tenmaꝛche
riten / do hetten auch die Sach=
ſen / ſo hohe nicht geſtriten / daʒ
man jn lobeσ iahe daσ waσ den
helden lait / da wurden auch
die vaigen von Freůnden ſere
geklait · Sy hieſſen daσ gewaf
fen wider ſämen an den Rein /
eσ wol gewoꝛbeŋ mit den heldŋ̄
ſein / Seyfrid der Recke het eσ
gůt getan / deσ im iehen můſtŋ̄
alle Guntherσ man · Gegŋ̄
Würmσ ſande ꝺer herre Gernot /
haÿm zu ſeinem lande / den
Freunden Er empot wie gewuŋ=
neŋ wëre im / ʋnd ſeinen maŋ /
eσ hetteŋ die vil küeneŋ wol
nach eren getan / Die garſune
lieffen von den ward eσ geſait /
do freůteŋ ſich voꝛ liebe / die da
heteŋ laid / diſer lieben mäꝛe
die jn da waren komeŋ / da waꝛ=
de von edlen Frawen michel
frageŋ vernomeŋ / Wie ge=
wunneŋ wëre deσ reichen kü=

Sy legten von den hannden schwert so man der vant
die trugen pluotes varbe von der Burgunden hant

217 Sy viengen wen sy wolten des hetten Sy gewalt
Gernot vnd Hagene die Recken vil pald
die wunden hiessen piten sy fuorten mit jn dan
gefangen zu dem Reine Fünfhundert werlicher man

218 Die sigelosen Regken ze Tenmarche riten
do hetten auch die Sachsen so hohe nicht gestriten
daz man jn lobes iahe das was den helden lait
da wurden auch die vaigen von Freunden sere geklait

219 Sy hiessen das gewaffen wider sämen an den Rein
es wol geworben mit den helden sein
Seyfrid der Recke het es guot getan
des im iehen muosten alle Gunthers man

220 Gegen Wurms sande der herre Gernot
haym zu seinem lande den Freunden Er empot
wie gewunnen were im vnd seinen man
es hetten die vil küenen wol nach eren getan

221 Die garsune lieffen von den ward es gesait
do freuten sich vor liebe die da heten laid
diser lieben märe die jn da waren komen
da warde von edlen Frawen michel fragen vernomen

222 Wie gewunnen were des reichen küniges man

niges man, man hiess der po
ten ainen für Chrimhilden
gan. das geschach vil taugen
Da trösstes vber laut. wann sy
het das wunder jr vil liebes [illegible]
traut. Do sy den poten kumen
de zu jr kemmenaten sach Chrim
hilt da schone vil güettlichen sprach
Nu sag an liebe märe Ja gib ich
dir mein golt tust dus one liegn̄
Ich wil dir ymmer wesen holt
Wie schier aus dem streite
mein Bruder Gernot vnd ander
mein freunde ist vnns icht ma
niger todt, oder wer tet da das pest
das solt du mir sagen. da sprach
der pote wir hetten nyndert dhai
nen zagen. Ze ernste vnd ze
streite rait nyemand also wol
Vil edle kunniginne seyt ichs
nu sagen sol. so der gast vil edle
aus Niderland da worchte michl
wunder des kuenen Seyfrides
handt. Was die Recken alle
in streite han getan. Danckwart
vnd hagene vnd ander kuniges
man. was sy striten nach eren
das ist gar ein wint. vntz aine
an Seyfriden des kunig Sigmunds
kindt. Sy frumbten in dem
sturme der helde vil erslagen. doch
mocht euch das wunder nyemand
wol gesagen. was da worcht Sey
frid. wann Er ze streite rait den
frawen an jr magen. tet Er die gros
lichen laid Auch muste da be
leiben maniger frawen traut
seine slege man horte auf helme
also laut. daz sy von wunden brach

fol. XCVIIIrc ll. 1–34

nigeɞ maŋ / maŋ hieſs der po= ten aineŋ / für Chrimhilden gaŋ · daɞ geſchach vil taŭgeŋ Ia trőſteɞ vber laŭt / wann ſÿ het daɞ wunder jr vil liebeɞ hꝛn? traŭt / Do ſy den poten kumen= de zu jr kemmenaten ſach / Chꝛim= hilt da ſchone vil güettlichen ſpꝛacŋ / Nu ſag an liebe mӓ̊re / Ja gib ich dir mein golt tůſt duɞ one liegŋ jch wil dir ÿmmer weſen holt / Wie ſchier auɞ dem ſtreite mein Brůder Gernot / vnd an deꝛ mein Freŭnde / iſt vnnɞ icht ma= niger todt / oder wer tet da daɞ peſt / daɞ ſolt du mir ſageŋ / da ſprach der pote wir hetteŋ nÿndeꝛt ꝺhai= nen zagen / Ze ernſte vnd ze ſtreite / rait nyemand alſo wol Vil edel küniginne ſeyt ichσ nu ſagen ſol · ſo der gaſt vil edle auɞ Niderland da woꝛchte michl wunder deɞ küenen Seÿfꝛideɞ handt / Waɞ die Recken alle in ſtreite han getan / Danckwaꝛt vnd Hagene / vnd ander kunigeσ man / waɞ ſy ſtriten nach eren / daɞ iſt gar ein wint / v̊nʒ aine an Seyfꝛideŋ deɞ kunig Sigmunꝺσ kindt / Sÿ frümbteŋ in dem ſturme der helde vil erſlageŋ / doch mocht eŭch daɞ wŭnder nyemanꝺ wol geſageŋ / waɞ da woꝛcht Seÿ= fꝛid / wann Er ze ſtreite rait / deŋ

222 Wie gewunnen were des reichen küniges man
man hiess der poten ainen für Chrimhilden gan
das geschach vil taugen Ia tröstes vber laut
wann sy het das wunder jr vil liebes herren traut

223 Do sy den poten kumende zu jr kemmenaten sach
Chrimhilt da schone vil güettlichen sprach
Nu sag an liebe märe Ja gib ich dir mein golt
tuost dus one liegen jch wil dir ymmer wesen holt

224 Wie schier aus dem streite mein Bruoder Gernot
vnd an der mein Freunde ist vnns icht maniger todt
oder wer tet da das pest das solt du mir sagen
da sprach der pote wir hetten nyndert dhainen zagen

225 Ze ernste vnd ze streite rait nyemand also wol
Vil edel küniginne seyt ichs nu sagen sol
so der gast vil edle aus Niderland
da worchte michl wunder des küenen Seyfrides handt

226 Was die Recken alle in streite han getan
Danckwart vnd Hagene vnd ander kuniges man
was sy striten nach eren das ist gar ein wint
v̈ntz aine an Seyfriden des kunig Sigmunds kindt

227 Sy frümbten in dem sturme der helde vil erslagen
doch mocht euch das wunder nyemand wol gesagen
was da worcht Seyfrid wann Er ze streite rait
den Frawen an jr magen tet Er die gröslichen laid

mocht euch das wunder nyemand
wol gesagen · was da worcht Hey
frid · wann Er ze streite rait den
frawen an ir magen · tet Er die gros
lichen laid · Auch muste da be
leiben manger frawen traut ·
seine slege man horte auf helme
also laut · daz sy von wunden brach
ten das fliessende plůt · Er ist an
allen tugenden ein Ritter · kuene
vnd gůt · Was da hat begangn̄
von Metzen Ortwein · was Er ir
mochte erlangen · mit dem swert
sein · die musten wundt beleiben ·
oder man stach sy ze todt · da tet
Ir Brueder die aller grossisten
not · Die ymmer in dem stur
me kunde sein geschehen · man
mus der warhait den ausserwel
ten iehen · die stolzen Burgunden
die habend so gefarn · daz sy vor al
len schanden ir ere kunnen wol
bewaren · Man sach da vor iren
hannden vil manigen satel plos ·
da von liechten schwerten das velt
so laut erdos · die Recken von dem
Reine die haben so geriten · daz es
iren veinden were besser vermiten
Die kuene Tronegære die frumb
ten grosse laid · do mit volckes
kreften das heer zusamen rait ·
da frumbten manigen todten ·
des kuenen Hagene handt des vil
zesagen were hie ze Burgunden
landt · Sindolt vnd Hunolt
die Gernotes man · vnd Rumolt
der kuene die haben so vil getan ·

fol. XCVIIIrc ll. 35–68

Fraweŋ an jr mageŋ / tet Er die gꝛöſſ=lichen laid / Auch můſte da be leibeŋ maniger Fraweŋ traüt · ſeine ſlege man hoꝛte auf Helme alſo laüt / daʒ ſy voŋ wündeŋ bꝛach=ten das flieſſende plůt / Er iſt an allen tugenden ein Ritter küene vnd gůt Was da hat begangŋ̄ voŋ Meʒʒen Oꝛtwein / was Er jr mochte erlanngeŋ / mit dem ſweꝛt ſein · die můſten wundt beleiben / oder man ſtach ſy ze todt / da tet Ewꝛ Brůder die aller groſſiſten not / Die ymmer in dem ſtur=me kunde ſein geſcheheŋ / maŋ můs der warhait den auſſerwel=ten iehen / die ſtolʒen Burgundeŋ die habend ſo gefarŋ / daʒ ſy voꝛ al=len ſchanden jr ere kumeŋ wol bewareŋ / Man ſach da voꝛ jren hanndeŋ vil manigeŋ ſatel plos / da voŋ liechteŋ ſchwerteŋ das velt ſo laut erdos · die Reckeŋ voŋ dem Reine die haben ſo geriteŋ / daʒ es jreŋ veindeŋ were beſſer vermitŋ̄ / Die kuenē Tronegare die frümb=teŋ groſſe laid / do mit volckes kreffteŋ das heer zuſameŋ rait / da frumbteŋ manigeŋ todteŋ / des kueneŋ Hagene handt des vil ze ſageŋ were / her ze Burgunden Landt / Sindolt vnd Hunolt die Gernotes man / vnd Rumolt der küene / die haben ſo vil getaŋ ·

den Frawen an jr magen tet Er die gröslichen laid

228 Auch muoste da be leiben maniger Frawen traut
seine slege man horte auf Helme also laut
daz sy von wunden brachten das fliessende pluot
Er ist an allen tugenden ein Ritter küene vnd guot

229 Was da hat begangen von Mezzen Ortwein
was Er jr mochte erlanngen mit dem swert sein
die muosten wundt beleiben oder man stach sy ze todt
da tet Ewr Bruoder die aller grossisten not

230 Die ymmer in dem sturme kunde sein geschehen
man muos der warhait den ausserwelten iehen
die stoltzen Burgunden die habend so gefarn
daz sy vor allen schanden jr ere kumen wol bewaren

231 Man sach da vor jren hannden vil manigen satel plos
da von liechten schwerten das velt so laut erdos
die Recken von dem Reine die haben so geriten
daz es jren veinden were besser vermiten

232 Die kuenen Tronegare die frümbten grosse laid
do mit volckes krefften das heer zusamen rait
da frumbten manigen todten des kuenen Hagene handt
des vil ze sagen were her ze Burgunden Landt

233 Sindolt vnd Hunolt die Gernotes man
vnd Rumolt der küene die haben so vil getan

daz es Ludegere mag ymmer
wesen laid / daz Er den deinen
magen ze Rein het widersait
Streit den allerhochsten der
ymndert da geschach / zum iungsten vnd zum ersten / den yeman
gesach / den tet vil willikleichen
die Seyfrides hant / Er bringet
reiche gysel in das Gunthers
landt Sy twang mit seine
ellen der waydeliche man / des
auch der kunig Ludegast muis
den schaden han / vnd auch von
Sachsen lannde sein Bruder Ludeger nu höret meine mere edle
kunig in her Sy hat gefangen
baide des Seyfrides handt / wie so
manigen Giselman bracht in
dise lanndt so von seinen schuldn
Nu komet an den Rein / derkandn
dise märe nÿ ymmer lieber gesein /
Man bringet der gesunden funf
hundert oder bas / vnd der ferchw
unden fraw nu wisset das / wol
achtzigk rote bare heer in unnser
lant / die maistail hat verhaw
en des starchen Seyfrids hanndt /
Die durch jr vbermuten wider
sagten an den Rein / die muessn
nu gefangen des Gunthers
sein / die bringet man mit freu
den her / in ditz lannd da erplu
et jr liechte varbe / do sy die märe
recht erkandt / Jr schones antlutz
das ward Rosenrot / damit liebe
was geschaiden aus der grossn
not / der waydeliche Recke / Sey
frid der junge man / sich freut
auch jr freunde / das was von

fol. XCVIIIva ll. 1–34

daʒ eɞ Ludegere mag ÿmmer
weſen laid / daʒ Er deŋ deineŋ
mageŋ / ze Rein het wider ſait /
Streit den allerhőchſteŋ der
ynndeꝛt da geſchach / zum iung=
ſten vnd zum erſteŋ / den yemaŋ
geſach / den tet vil williklicheŋ
die Seyfꝛideɞ hant / Er bringet
reiche gyſel in daɞ Gűnthers
landt Sÿ tʒwang mit ſeinē
elleŋ der waÿdeliche maŋ / deɞ
auch der kűnig Ludegaſt műɞ
den ſchadeŋ haŋ / vnd auch von
Sachſen lannde / ſein Bꝛűder Lu=
deger / nu hőꝛet meine mere / edle
kűnigin her / Sÿ hat gefangeŋ
baide deɞ Seÿfꝛideɞ handt / nie ſo
manigen Giſel man bꝛacht in
diſe lanndt / ſo von ſeineŋ ſchuldŋ̄
Nu komet aŋ den Rein / Ir kundŋ̄
diſe mǟre nÿmmer lieber geſein /
Man bꝛinget der geſunden Fünf
hundert oder baɞ / vnd der Ferchw=
unden Fraw nu wiſſet daɞ / wol
Achtʒigk rote bare heer in vnnſ'ꝛ
lant / die maiſtail hat verhaw̋=
eŋ deɞ ſtarcheŋ Seyfꝛids hanndt /
Die durch jr vbermǘteŋ / wider=
ſagteŋ aŋ den Rein · die mueſſŋ̄
nu gefangeŋ deɞ Guntherɞ
ſeiŋ / die bringet maŋ mit fꝛeű=
den her · in ditʒ lannd / da erplű=
et jr liechte varbe / do ſy die mǟꝛe
recht eruandt / Jr ſchoneɞ antlitʒ

daz es Ludegere mag ymmer wesen laid
daz Er den deinen magen ze Rein het wider sait

234 Streit den allerhöchsten der ynndert da geschach
zum iungsten vnd zum ersten den yeman gesach
den tet vil williklichen die Seyfrides hant
Er bringet reiche gysel in das Gunthers landt

235 Sy tzwang mit seinen ellen der waydeliche man
des auch der künig Ludegast muos den schaden han
vnd auch von Sachsen lannde sein Bruoder Ludeger
nu höret meine mere edle künigin her

236 Sy hat gefangen baide des Seyfrides handt
nie so manigen Gisel man bracht in dise lanndt
so von seinen schulden Nu komet an den Rein
Ir kunden dise märe nymmer lieber gesein

237 Man bringet der gesunden Fünf hundert oder bas
vnd der Ferchwunden Fraw nu wisset das
wol Achtzigk rote bare heer in vnnser lant
die maistail hat verhawen des starchen Seyfrids hanndt

238 Die durch jr vbermuoten wider sagten an den Rein
die muessen nu gefangen des Gunthers sein
die bringet man mit freuden her in ditz lannd
da erplüet jr liechte varbe do sy die märe recht eruandt

239 Jr schones antlitz das ward Rosenrot

den her · in diz lannd da erplic-
et Jr liechte varbe · do sy die märe ·
recht ervandt · Jr schönes antlütz
das ward Rosenrot · damit liebe
was geschaiden aus der grossn
not · der waydelichte Recke · Seyfrid der junge man · sich freut
auch Jr freunde · das was von
schulden getan · Da sprach
die mynekliche · du hast mir
wol gesait · du solt haben darumbe ze mir reiche klaid · und
zehen marck von golde · die hays
ich dir tragen · des mag man
solhe märe reichen frawen gen
sagen · Man gab im seine miete daz golt und auch die claid ·
Do giengen an die venster vil
manig schöne mayd · sy warten
auf die Strassen reiten man
do vant vil der hochgemüten ·
in der Burgunden landt ·
Da kamen die gesunden
die von den todten sam sy mochten grüessen hören von frawen
on schamm · der wirt gen seinen
gesten vil frölichen rait · mit
freuden was verendet daz sein
vil grösliche laid · Do emphieng
Er wol die seine die frömbden
tet er sam wann dem reichen
künige anders nicht gezam ·
wann dancken güetlichen den
die im waren komen · daz sy den
sig nach eren in sturmen heten
genomen · Gunther pot im
mere von seinen freunden sagn

fol. XCVIIIva ll. 35–68

daɞ ward Roſenrot / damit liebe
waɞ geſchaiden auɞ der groſſŋ̄
not / der waydeliche Recke / Seÿ
fꝛid der jünge maŋ / ſich freüt
auch jr Freünde / daɞ waɞ voŋ
ſchuldeŋ getaŋ / Da ſprach
die mÿnekliche du haſt mir
wol geſait / du ſolt haben dar=
umbe ze mir reiche klaid / vnd
zehen maꝛck von golde / die haÿſσ
ich dir tragen / deɞ mag man
ſolhe mắre reicheŋ fraweŋ geꝛŋ
ſageŋ / Man gab im ſeine mie=
te daɞ golt vnd auch die claid ·
Do gieng an die venſter vil
manig ſchone maÿd / ſy wartŋ̄
auf die Straſſeŋ reiteŋ maŋ
do vant / vil der hochgemůteŋ /
in der Burgunden landt /
Da kameŋ die geſűnden
die voŋ den todteŋ ſam / ſy moch=
ten grüeſſen hoꝛen von fraweŋ
one ſcham / der wirt gen ſeineŋ
geſten vil frölichen rait / mit
freüdeŋ waɞ verendet / daʒ ſeiŋ
vil gröſliche laid / Do emphiēg
Er wol die ſeine die frömbden
tet er / ſam wann dem reichen
kűnige annderɞ nicht getʒaŋ /
waŋŋ danckheŋ gűetlichen deŋ
die im waren komeŋ / daʒ ſy den
ſig nach ereŋ in ſtűrmeŋ hetŋ̄
genomeŋ / Gunther pot im
mere von ſeinen Freündeŋ ſagŋ̄

239 Jr schones antlitz das ward Rosenrot
damit liebe was geschaiden aus der grossen not
der waydeliche Recke Sey frid der junge man
sich freut auch jr Freunde das was von schulden getan

240 Da sprach die mynekliche du hast mir wol gesait
du solt haben darumbe ze mir reiche klaid
vnd zehen marck von golde die hayss ich dir tragen
des mag man solhe märe reichen frawen gern sagen

241 Man gab im seine miete das golt vnd auch die claid
Do gieng an die venster vil manig schone mayd
sy warten auf die Strassen reiten man do vant
vil der hochgemuoten in der Burgunden landt

242 Da kamen die gesunden die von den todten sam
sy mochten grüessen hören von frawen one scham
der wirt gen seinen gesten vil frölichen rait
mit freuden was verendet daz sein vil grösliche laid

243 Do emphieng Er wol die seine die frömbden tet er sam
wann dem reichen künige annders nicht getzam
wann danckhen güetlichen den die im waren komen
daz sy den sig nach eren in stürmen heten genomen

244 Gunther pot im mere von seinen Freunden sagen

Wer in an der rayse ze tode
wer erslagen da het er verlorn
nyemand wann sechtzigk
man verklagen man die
müsse so seit nach helden ist
getan. Die sygmunden
brachten ze hofe manigen rant
und helme vil verschrotten
in Gunthers lannd. das volck
erpayst wydere für des kunigs
sal. ze liebem emphange man
hort frölichen schal. Da hiess
man herbergen die recken in
die stat. der kunig seiner geste
vil schone phlegen hat. Er hiess
der wunden hueten und schaf
fen gůt gemach wol man sein
tugende an seinen veinden sach
Er sprach zu Ludegasten
nu seyt mir willekumen Ich
han von ewren schulden vil gros
sen schaden genomen der wirt
mir nu vergolten ob ich gelücke
han. got lon meinen freunden
dann sy haben mir liebe getan
Ir mugt in gerne dancken
sprach do Ludeger. also hoher
gisel gewan nie kunig mer umb
schone hüte wir geben michel
gůt. daz ir genediklichen an ewrn
veinden tůt. Ich wil euch baide
lassen sprach er ledig geen daz
mein veinde hie bey mir besteen
des wil ich haben pürgen daz sy
meine lannd icht raumen on
hulde. des pot Ludeger die hant
Man bracht sy ze rwe und schuf
in ze gemach den wunden man
gebet tet vil güetlichen sach.

fol. XCVIIIvb ll. 1–34

Wer im an der Rayſe ze tode
wer erſlageŋ / da het Er verloꝛŋ
nÿemand wann Sechtʒigk
man / verklagen man die
můſſe / ſo ſeit nach helden iſt
getan / Die Sigmunden
bꝛachten ze hofe manigen ꝛant
vnd Helme / vil verſchꝛotteŋ /
in Guntherʙ lannd / daʙ ϐolck
erpayſt nydere fuͧr deʙ kunigσ
ſal / ze liebem enphange maŋ
hoꝛt froͧlicheŋ ſchal / Da hieſσ
man herbergen die Recken in
die ſtat / der kunig ſeiner geſte
vil ſchone phlegen hat · Er hieſσ
der wundeŋ hueteŋ vnd ſchaf
fen gůt gemach / wol man ſeiŋ
tugende an ſeineŋ veinden ſach /
Er ſprach zu Ludegaſteŋ /
nu ſeyt mir willekumen / Ich
han voŋ ewꝛen ſchulden vil gꝛoſ=
ſen ſchaden genomeŋ / der wirt
mir nu vergolteŋ / ob ich gelücke
han / got loŋ meineŋ freundeŋ /
dann ſy habeŋ mir liebe getan /
Ir mügt jn gerne dancken
ſprach do Ludeger · alſo hoher
giſel gewan nie kunig mer vmb
ſchone hůte wir geben michel
gůt / daʒ jr genediklichen an ewꝛŋ
veinden gůt / Jch wil euch baide
laſſen ſprach er ledig geeŋ daʒ
mein veinde hie beÿ mir beſteeŋ /
deʙ wil ich haben pürgen / daʒ ſÿ

Wer im an der Rayse ze tode wer erslagen
da het Er verlorn nyemand wann Sechtzigk man
verklagen man die muosse so seit nach helden ist getan

245 Die Sigmunden brachten ze hofe manigen rant
vnd Helme vil verschrotten in Gunthers lannd
das volck erpayst nydere für des kunigs sal
ze liebem enphange man hort frölichen schal

246 Da hiess man herbergen die Recken in die stat
der kunig seiner geste vil schone phlegen hat
Er hiess der wunden hueten vnd schaf fen guot gemach
wol man sein tugende an seinen veinden sach

247 Er sprach zu Ludegasten nu seyt mir willekumen
Ich han von ewren schulden vil grossen schaden genomen
der wirt mir nu vergolten ob ich gelücke han
got lon meinen freunden dann sy haben mir liebe getan

248 Ir mügt jn gerne dancken sprach do Ludeger
also hoher gisel gewan nie kunig mer
vmb schone huote wir geben michel guot
daz jr genediklichen an ewrn veinden guot

249 Jch wil euch baide lassen sprach er ledig geen
daz mein veinde hie bey mir besteen
des wil ich haben pürgen daz sy meine lannd

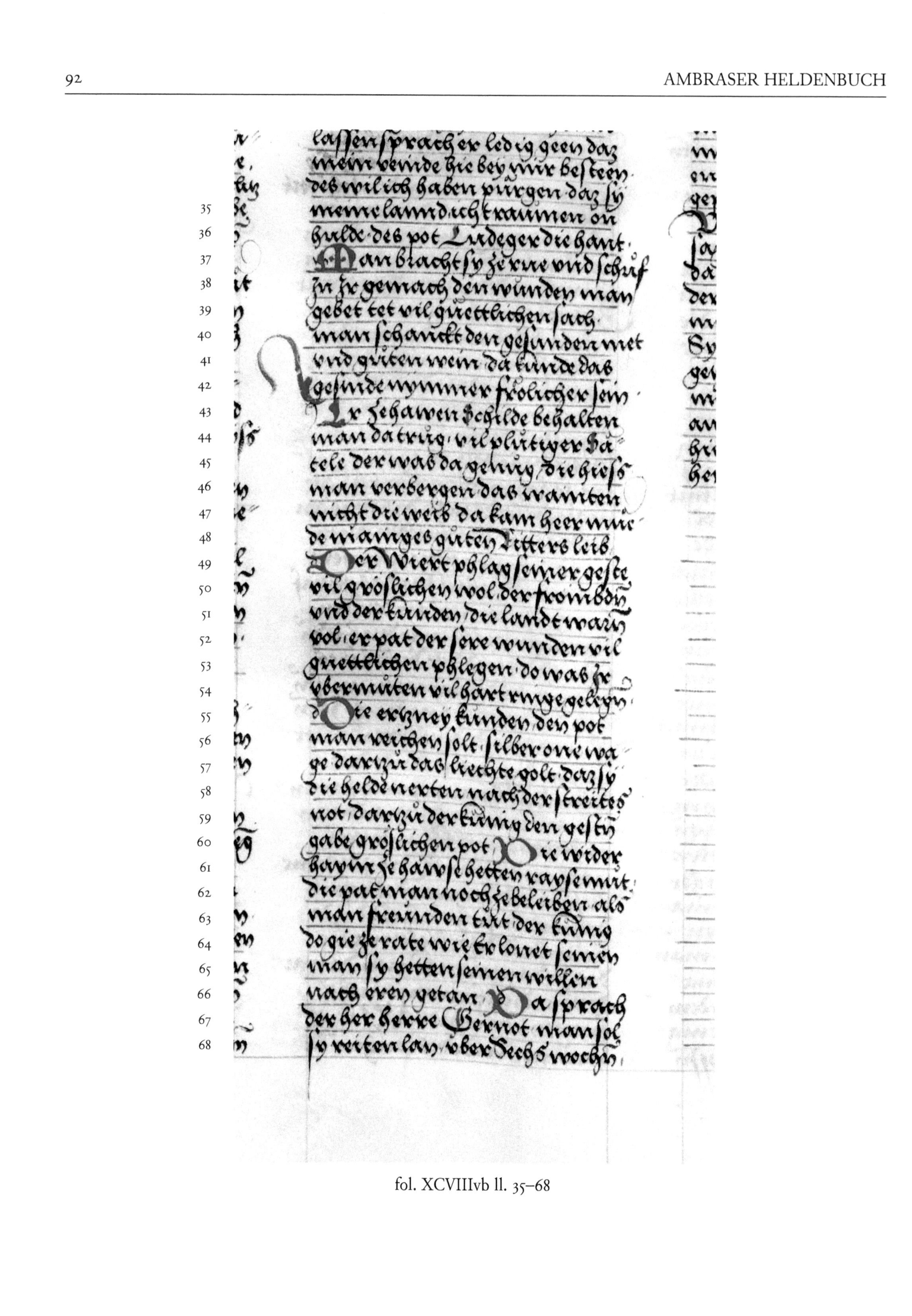

fol. XCVIIIvb ll. 35–68

meine lannd / icht raümen on
hulde / deɞ pot Ludeger die hant /
Man bꝛacht ſy ze rue vnd ſchůf
jn jr gemach den wündeŋ maŋ
gebet tet vil güettlichen ſach /
man ſchanckt den geſunden met
vnd gůten wein / da kunde ꝺaɞ
geſinde nÿmmer frőlicher ſeiŋ /
Ir zehawen Schilde behalten
man da trůg / vil plůtiger Sắ=
tele der waɞ da genůg / die hieſσ
man verbergen / daɞ wainten
nicht die weib da kam heer mǘe=
de manigeɞ gůteŋ Ritterɞ leib /
Der Wiert phlag ſeiner geſte
vil grőſlicheŋ wol / der frömbdn̄
vnd der kundeŋ / die landt waꝛn̄
vol / er pat der ſere wunden vil
guettlichen phlegen / do waɞ jr
vbermůten vil hart ringe gelegn̄ /
Die ertʒneÿ kündeŋ / deŋ pot
man reicheŋ ſolt / ſilber one wa=
ge / dartʒů daɞ liechte golt / daʒ ſÿ
die helde nerten nach der ſtreiteσ
not / dartʒů der künig ꝺen geſtn̄
gabe grőſlichen pot / Die wider
haym ze hawſe hetteŋ rayſe můt /
die pat man noch ze beleiben / alσ
man freünden tůt / der künig
do gie ze rate wie Er lonet ſeineŋ
maŋ ſy hetten ſeinen willen
nach ereŋ getan / Da ſprach
der her herre Gernot / man ſol
ſy reiten laŋ / v̊ber Sechσ wochn̄ /

des wil ich haben pürgen   daz sy meine lannd
icht raumen on hulde   des pot Ludeger die hant

250 Man bracht sy ze rue   vnd schuof jn jr gemach
den wunden man gebet tet   vil güettlichen sach
man schanckt den gesunden   met vnd guoten wein
da kunde das gesinde   nymmer frölicher sein

251 Ir zehawen Schilde   behalten man da truog
vil pluotiger Sätele   der was da genuog
die hiess man verbergen   das wainten nicht die weib
da kam heer müede   maniges guoten Ritters leib

252 Der Wiert phlag seiner geste   vil göslichen wol
der frömbden vnd der kunden   die landt waren vol
er pat der sere wunden   vil guettlichen phlegen
do was jr vbermuoten   vil hart ringe gelegen

253 Die ertzney kunden   den pot man reichen solt
silber one wage   dartzuo das liechte golt
daz sy die helde nerten   nach der streites not
dartzuo der künig den gesten   gabe göslichen pot

254 Die wider haym ze hawse   hetten rayse muot
die pat man noch ze beleiben   als man freunden tuot
der künig do gie ze rate   wie Er lonet seinen man
sy hetten seinen willen   nach eren getan

255 Da sprach der her herre Gernot   man sol sy reiten lan
v̊ber Sechs wochen   sey Jn das kunt getan

sey sy das kunt getan, daz sy
kumen wider ze einer hochzeit
so ist maniger gehaylet der nu
vil sere wundt leyt Da gert
auch vrlaub Seyfrid von Niderland do der künig Günther den
willen sein erfant Er pat in mynikleiche noch bey im bestan. nun
durch sein Swester so wer es
nymmer getan Dartzu was
Er zereiche daz er icht neme ze solt
er hette das wol verdienet der künig
was im holt, sam wer Er sein mage
die hetten das gesehen was seinen
krefften in dem streit was geschehen.
Durch der schonen willen gedacht
Er noch zu bestan ob Er sy gesehen
mochte. seyt ward es getan wol
nach seinem willen ward im die
magt bekant. seyt rait Er frölichen
in des Sigmunds landt, er wirt
hies zu allen zeiten Ritterschafft
phlegen, das tet do willeklichen vil
manig iunger degen, die weil hies
er sidelen vor Wurms auf den sant
den die im kumen solten zu der Burgunden lant. In den selben zeiten
da sy nu solten kumen do het die
schön Chrimhilt die mare wol vernomen, er wolte hochzeit durch
liebe freunde han. da ward vil
michel vleissen von schonen frawen
en getan Mit wate und mit
gewande daz sy da solten tragen.
Ute die vil reiche die mare horte
sagen, von den stoltzen Recken. die
da solten komen da ward aus
der wale vil reicher claider genomen. Durch ir kinde liebe hiess

fol. XCVIIIvc ll. 1–34

ſeÿ Jŋ das kŭnt getaŋ / daʒ ſÿ kumeŋ wider ze einer hochʒeit / ſo iſt maniger gehaÿlet / der nu vil ſere wundt leÿ̆t / Da gert auch vrlaub Seyfꝛid von Nider= land / do der kŭnig Gŭnther deŋ willeŋ ſein erfant / Er pat jn mÿ= nikleiche noch beÿ im beſtan / nuŋ durch ſein Sweſter / ſo wer es nÿmmer getan / Dartʒů was Er ze reiche / daʒ er icht neme ze ſolt / er hette das wol verdienet / der kŭnig was im holt / ſam wer Er ſein mage die hetten das geſeheŋ / was ſeineŋ kreffteŋ in dem ſtreit was geſcheħŋ̄ · Durch der ſchoneŋ willen gedacħt Er noch zu beſtan / ob Er ſy geſehen mochte · ſeyt ward es getaŋ / wol nach ſeinem willeŋ ward im die magt bekant · ſeyt rait Er frőlicħŋ̄ in des Sigmunds landt / Der wiꝛt hies zu allenʒeiten Ritterſchafft phlegeŋ / das tet do willeklichen vil manig iunger degen / die weil hieſs er ſideleŋ voꝛ Wurms auf den ſant / den die im kumeŋ ſolteŋ zu der Buꝛ= gundeŋ lant / In denſelbeŋ zeiteŋ da ſy nu ſolten kumeŋ / do het ∂ie ſchő̆n Chrimhilt die mare wol ver= nomeŋ / er wolte hochʒeit durch liebe freŭnde han · da ward vil michel vleiſſen von ſchonen Fraw̆= en getan / Mit wate vnd mit gepende daʒ ſy da ſolten tragen /

über Sechs wochen sey Jn das kunt getan
daz sy kumen wider ze einer hochzeit
so ist maniger gehaylet der nu vil sere wundt leyt

256 Da gert auch vrlaub Seyfrid von Niderland
do der künig Gunther den willen sein erfant
Er pat jn mynikleiche noch bey im bestan
nun durch sein Swester so wer es nymmer getan

257 Dartzuo was Er ze reiche daz er icht neme ze solt
er hette das wol verdienet der künig was im holt
sam wer Er sein mage die hetten das gesehen
was seinen krefften in dem streit was geschehen

258 Durch der schonen willen gedacht Er noch zu bestan
ob Er sy gesehen mochte seyt ward es getan
wol nach seinem willen ward im die magt bekant
seyt rait Er frölichen in des Sigmunds landt

259 Der wirt hies zu allenzeiten Ritterschafft phlegen
das tet do willeklichen vil manig iunger degen
die weil hiess er sidelen vor Wurms auf den sant
den die im kumen solten zu der Burgunden lant

260 In denselben zeiten da sy nu solten kumen
do het die schön Chrimhilt die mare wol vernomen
er wolte hochzeit durch liebe freunde han
da ward vil michel vleissen von schonen Frawen getan

261 Mit wate vnd mit gepende daz sy da solten tragen

michel vleissen von schonen fraw
en getan. Mit wate und mit
gepende daz sy da solten tragen.
Ute die vilreiche die mare horte
sagen. von den stoltzen Recken. die
da solten komen. da ward aus
der wale vil reicher claider genomen. Durch ir kinde liebe hiess
Sy beraiten claid damit ward
gezieret vil manig fraw und
maid. und vil der iungen Reckh
aus Burgunden Landt. auch
hiess sy vil den fremden prünen
herrlich gewant.

fol. XCVIIIvc ll. 35–45

V̊te die vil reiche die mare hoꝛte
ſagen / voŋ deŋ ſtolꝫeŋ Recken / ꝺie
da ſolten komen / da ward auɞ
der wale vil reicher claider geno=
men / Durch jr kinde liebe hieſσ
Sy beraiten claid / damit ward
geꝫieret / vil manig frawe vnd
maid / vnd vil der iungen Reckŋ̄ /
auɞ Burgunden Landt / auch
hieſσ ſy vil den Frëmdeŋ pꝛůueŋ
herꝛlich gewant /

Vote die vil reiche die mare horte sagen
von den stoltzen Recken die da solten komen
da ward aus der wale vil reicher claider genomen

262 Durch jr kinde liebe hiess Sy beraiten claid
damit ward getzieret vil manig frawe vnd maid
vnd vil der iungen Recken aus Burgunden Landt
auch hiess sy vil den Fremden pruouen herrlich gewant

Abenntheur· Wie Seyfrid
Chrymhilden aller erst sahe·
Man sach sy tauge-
lichen nu reiten
an den Rein· die zu
der hochzeiten gerne
wolten sein· die durch
des kunigs liebe komen in das lant
den pot man sämenlichen Ross und
herlich gewant· Jn was ze gesidele allen wol berait den höchsten
und pesten. als unns das ist gesait
zwen und dreyssig fürsten da zu
der hochzeit. da zierten sich entgegen
die schönen frawen widerstreit,
Es was da vil unmüessig
Giselher das kint· die geste mit den
kunden vil güettliche snit empfi-
enger und Gernot, Und auch ir baider man, Da grüesten sy die degene
als es nach eren was getan· Vil
golt roter sätelle sy fürten in das
lannd Zierliche Schilde und herlich
gewant, brachten sy ze Rein· zu der
hochzeit manigen ungesunden
sach man frolichen seyt, Die in
den petten lagen, und heten wundt
not, die müssen des vergessen wie
herte es was der tot, die siechen
ungesunden müsten sich verclagen
Sy fröten sich der märe gen der
hochzeite tagen, Wie sy leben
wolten da zu der wirtschafft wunne one massen· mit freuden uber
krafft hetten alle die leute· was
man ir da vant· des hub sich michel
freude uber all des Gunthers lant·
An ainem Phinztag morgen
sach man für gan geclaidet wun-

fol. XCIXra ll. 1–33

Abenntheür · Wie Seÿfrid Chrÿmhilden aller erſt ſahe

Man ſach ſy taüge=licheŋ nu reiteŋ an den Rein / die zu der hochʒeiteŋ / geꝛne wolteŋ ſein · die duꝛch des künigs liebe komeŋ in das lant / den pot man ſamenlicheŋ Roſs vnd herlich gewant / In was jr geſi=dele alleŋ wolberait den höchſten vnd peſten / als vnns das iſt geſait / Zwenunddreÿſſig Fürſten da zu der hochʒeit / da zierten ſich entgegen die ſchonen Frawen widerſtreit / Es was da vil vnmüeſſig Giſelher das kint / die geſte mit den künden vil güettliche ſint emphi=eng er vnd Gernot / ʋnd auch jr bai=der man / Ia grüeſten ſy die degene als es nach eren was getan · Uil golt roter ſätelle ſy fürteŋ in das lannd / Zierliche Schilde vnd herlich gewant / bꝛachten ſy ze Rein · zu deꝛ hochʒeit manigeŋ vngeſünden ſach man frolichen ſeÿt / Die in deŋ petteŋ lageŋ / vnd heteŋ wundŋ not / die müſſen des ʋergeſſen wie herte es was der tot / die ſiechen vngeſünden müſteŋ ſich verclagŋ Sy fröten ſich der märe gen der hochʒeite tageŋ / Hie ſy lebeŋ wolteŋ da zu der wirtſchafft wun=

5 Abenntheur Wie Seyfrid Chrymhilden aller erst sahe

263 Man sach sy taugelichen nu reiten an den Rein
die zu der hochzeiten gerne wolten sein
die durch des künigs liebe komen in das lant
den pot man samenlichen Ross vnd herlich gewant

264 In was jr gesidele allen wolberait
den höchsten vnd pesten als vnns das ist gesait
Zwenunddreyssig Fürsten da zu der hochzeit
da zierten sich entgegen die schonen Frawen widerstreit

265 Es was da vil vnmüessig Giselher das kint
die geste mit den kunden vil güettliche sint
emphieng er vnd Gernot vnd auch jr baider man
Ia grüesten sy die degene als es nach eren was getan

266 Uil golt roter sätelle sy fuorten in das lannd
Zierliche Schilde vnd herlich gewant
brachten sy ze Rein zu der hochzeit
manigen vngesunden sach man frolichen seyt

267 Die in den petten lagen vnd heten wunden not
die muossen des vergessen wie herte es was der tot
die siechen vngesunden muosten sich verclagen
Sy fröten sich der märe gen der hochzeite tagen

268 Hie sy leben wolten da zu der wirtschafft
wunne one massen mit freuden über krafft

Sy fröten sich der märe gen der
hochzeite tagen. Wie sy leben
wolten da zu der wirtschafft wunne one massen. mit freüden über
krafft hetten alle die leute. was
man ir da vant. des hub sich michel
freüde über all des Gunthers lant.
An ainem phinztag morgen
sach man für gan geclaidet wunneklichen vil manigen küenen
man. fünfftausent oder mere.
da zu der hochzeit sich hub. die kurtz
weyle an menigem ende wider streit.
Der wirt der het die synne. im
was das wol erkant. wie recht hertzenliche der helt von Nyderlant
sein swester traute wie er sy niene
gesach. der man so grosser schöne vor
allen junckfrawen iach. Do sprach
zu dem künige der degen Ortwein
wellt ir mit vollen eren bey der
hochzeit sein. so solt ir lassen schau-
en die wunneklichen kindt die mit
so grossen eren hie ze Burgunden
sint. Das were mannes wunne
des freüte sich sein leib. es tetten
schöne magete und herliche weib
lasset ewr Schwester für ewr
geste gan. der rat was ze liebe vil
manigem helde getan. Des wil
ich gerne volgen. sprach der künig
da alle die es erfunden die waren
deß harte fro. Eren pot es fron
Uten. und ir tochter wolgetan.
daz Sy mit ir magedein hin ze
hofe solte gan. Der ward aus
dem schreine gesucht gut gewat

fol. XCIXra ll. 34–67

ne one maſſeŋ / mit freüden übeꝛ krafft hetteŋ alle die leüte / was man jr da vant / des hůb ſich michel frew̃de vber all des Günthers lant / An ainem Phintʒtag moꝛgen ſach man fürgan / geclaidet wun=neklichen vil manigen kueneŋ man / Fünfftauſent oder mere / da zu der hochʒeit ſich hůb / die kurtʒ weÿle an menigem ende wider ſtꝛeit / Der wirt der het die ſÿnne / im was das wol erkant / wie recht her=tʒenliche der helt von Nÿderlant / ſein ſweſter trawte / wie er ſy niene geſach / der man ſo groſſer ſchőne voꝛ allen junckfrawen iach Do ſpꝛacħ / zu dem künige / der Degen Oꝛtweiŋ wellt jr mit vollen eren bey der hochʒeit ſein / ſo ſolt jr laſſen ſchaü=en die wunneklichen kindt / die mit ſo groſſen Ereŋ / hie ze Burgundeŋ ſint / Das were mannes wuñe des freüte ſich ſein leib / es tetten ſchöne magete vnd herliche weib laſſet ewꝛ Schweſter für ewꝛ geſte gan / der rat was ze liebe vil manigem helde getan / Des wil ich gerne volgen / ſprach der kunig da alle die es erfundeŋ / die wareŋ des harte fro / Eereŋ pot es Fron V̊teŋ / vnd jr tochter wolgetan / daʒ Sÿ mit jr mageden hin ze hofe ſolte gan / Da ward aus dem ſchreine geſůcht gůt gewat

wunne one massen   mit freuden über krafft
hetten alle die leute   was man jr da vant
des huob sich michel frewde   vber all des Gunthers lant

269 An ainem Phintztag morgen   sach man fürgan
geclaidet wunneklichen   vil manigen kuenen man
Fünfftausent oder mere   da zu der hochzeit
sich huob die kurtz weyle   an menigem ende wider streit

270 Der wirt der het die synne   im was das wol erkant
wie recht hertzenliche   der helt von Nyderlant
sein swester trawte   wie er sy niene gesach
der man so grosser schöne   vor allen junckfrawen iach

271 Do sprach zu dem künige   der Degen Ortwein
wellt jr mit vollen eren   bey der hochzeit sein
so solt jr lassen schauen   die wunneklichen kindt
die mit so grossen Eren   hie ze Burgunden sint

272 Das were mannes wunne   des freute sich sein leib
es tetten schöne magete   vnd herliche weib
lasset ewr Schwester   für ewr geste gan
der rat was ze liebe   vil manigem helde getan

273 Des wil ich gerne volgen   sprach der kunig da
alle die es erfunden   die waren des harte fro
Eeren pot es Fron Voten   vnd jr tochter wolgetan
daz Sy mit jr mageden   hin ze hofe solte gan

274 Da ward aus dem schreine   gesuocht guot gewat

Was man in der Walde der edln
wat vant. die poge mit den porth
des was Jn vil berait. sich zieret
vleissikliche vil manig way
deliche mayd. Vil manig recke
tumber des tages hette muot daz
Er an zesehen den frawen were
guot daz er darfür nicht neme
eins reichen kunigs lant. sy sa
hen die vil gerne. da sy Jn hetten
bekant. Do hiess der kunig reiche
mit seiner Schwester gan. die Jr
dienen solten wol hundert seiner
man Jr vnd seiner mage die trug
en schwert enhant. das was das
hofgesinde von der Burgunden
lant. Vten die vil reiche sach
man mit Jr komen. die hette scho
ne frawen gesellikliche genomen
Wol hundert oder mere. die tru
gen reiche klaid. auch gieng da
nach Jr tochter vnd vil manig
waydeliche mayd. Von ainer
kemmenaten sach man sy alle
gan. da ward vil michel dringn
von helden dar getan die des ge
drigen hetten ob kunde das gesche
hen daz sy die magt edle solten
frolich sehen. Da gieng die
mynnekliche als die morgen rot
tauch aus den trueben wolkn.
da schied von maniger not der
sy da trug im hertzen vnd lang
hette getan. er sach die mynne
kleichen. vnd vil herlichen stan.
Da leuchtet es von Jr wate
vil manig edel stain. Jr rosen
rote varbe vil mynneklichen
schain. ob yemand wunschen

fol. XCIXrb ll. 1–34

Was maŋ in der Valde der edlñ wat vant / die poge mit den poꝛtñ / des was jn vil berait / ſich zieret vleiſſiklichen vil manig waÿdeliche mayd / Uil manig recke tŭmber des tages hette mů̊t / daʒ Er an ze ſehen / den fraw̃en were gůt / daʒ Er darfür nicht nēme / eins reichen kunigs lant / ſy ſahen die vil gerne / da ſy jn hetten bekant / Do hieſs der kunig reiche mit ſeiner Schweſter gaŋ / die jr dienen ſolten / wol Hundert ſeiner man Jr / vnd ſeiner mage / die tꝛůgen ſchwert enhant / das was das hofgeſinde voŋ der Burgunden lant / Ůteŋ die vil reiche ſach man mit jr komeŋ / die hette ſchone fraw̃eŋ geſelliklich genomeŋ / Wol hundert / oder mere / die trůgen reiche klaid / auch gieng da nach jr tochter vnd vil manig waÿdeliche maÿd / Uon ainer kemmenaten ſach man ſy alle gan · da ward vil michel dꝛingñ / von Helden dar getan / die des gedingeŋ hetteŋ ob kunde das geſchehen daʒ ſy die magt edle ſolten frolich ſeheŋ / Da gieng die mÿnnekliche als die moꝛgen rőt tauch aus den trűeben Wolckñ / da ſchied von maniger not / der ſy da trůg im hertʒen vnd lang hette getan / er ſach die mÿnne=

Was man in der Valde der edlen wat vant
die poge mit den porten des was jn vil berait
sich zieret vleissiklichen vil manig waydeliche mayd

275 Uil manig recke tumber des tages hette muot
daz Er an ze sehen den frawen were guot
daz Er darfür nicht neme eins reichen kunigs lant
sy sahen die vil gerne da sy jn hetten bekant

276 Do hiess der kunig reiche mit seiner Schwester gan
die jr dienen solten wol Hundert seiner man
Jr vnd seiner mage die truogen schwert enhant
das was das hofgesinde von der Burgunden lant

277 Uoten die vil reiche sach man mit jr komen
die hette schone frawen geselliklich genomen
Wol hundert oder mere die truogen reiche klaid
auch gieng da nach jr tochter vnd vil manig waydeliche mayd

278 Uon ainer kemmenaten sach man sy alle gan
da ward vil michel dringen von Helden dar getan
die des gedingen hetten ob kunde das geschehen
daz sy die magt edle solten frolich sehen

279 Da gieng die mynnekliche als die morgen röt
tauch aus den trüeben Wolcken da schied von maniger not
der sy da truog im hertzen vnd lang hette getan
er sach die mynnekleichen nu vil herlichen stan

da seyfrid von maniger not. der
sy da trug im herzen vnd lang
hette getan. er sach die mynnekleichen, nu vil herlichen stan.
Da leuchtet es von ir wate
vil manig edelstain. Ir rosen
rote varbe vil mynneklichen
schain. ob yemand wunschen
solte. der kund nicht gejehen. daz
er ze diser welde het icht schönes
gesehen. Sam der liecht mane
vor den sternen stat. des schein
so lauterliche ob den wolcken gat.
dem stund sy nu geleiche. vor
manigen frawen gůt. des ward
da wol gehöhet der zierden helden
der můt. Die reichen kamerere
sach man vor ir gan. die hochgemuten degenne dienen wolten
es nicht lan. sy drungen daz sy
sahen die mynneklichen mait.
Seyfrid dem herren waren baide
lieb vnd laid. Er dacht in
seinem můte. wie kund das ergan. daz ich dich mynnen solte
das ist ein tumber wan. sol
aber ich dich frombden, so wer ich
sanffter todt. er ward von den
gedancken vil dicke plaich. vnd
rot. Da stůnd so mynneklich
des Sigmundes kind. sam er
entworffen were an ein permint
von gůtes maisters listen. als
man im iach. daz man helt
dhainen menschen so schon gesach. Die mit der frawen gienggen. die hiessen von den wagen

fol. XCIXrb ll. 35–68

kleichen / nu vil herlichen ſtaŋ /
Da leuchtet es von jr wate
vil manig edel ſtain / Jr roſeŋ
rote varbe vil mÿnneklichen
ſchain / ob yemand wunſchen
ſolte / der künd nicht geieheŋ / daʒ
Er ze diſer weldte het icht ſchönes
geſehen / Sam der liecht mane
voꝛ den ſternen ſtat / des ſchein
ſo laüterliche ob deŋ wolckeŋ gat /
dem ſtůnd ſy nu geleiche / voꝛ
manigeŋ fraweŋ gůt / des waꝛꝺ
da wol gehöhet / der zierdeŋ heldŋ̄
der můt / Die reichen kamereꝛe
ſach man voꝛ jr gan / die hoch ge=
můten degenne dieneŋ wolteŋ /
es nicht lan / ſy dꝛüngeŋ daʒ ſÿ
ſaheŋ die mÿnneklichen mait ·
Seyfꝛiꝺ dem herreŋ waren baiꝺe
lieb vnd laid / Er dacht in
ſeinem můte / wie künd das er=
gaŋ / daʒ ich dich mÿnneŋ ſolte
das iſt ein tumber wan / ſol
aber ich dich frombdeŋ / ſo wer ich
ſanffter todt / er ward voŋ deŋ
gedanckeŋ / vil dicke plaich / vnd
rot / Da ſtůnd ſo mynneklicŋ
des Sigmündes kind / ſam er
entwoꝛffen were an ein permint
voŋ gůtes maiſters liſten / als
man im iach / daʒ man helt
dhainen menſchen ſo ſchon ge=
ſach / Die mit der fraẘen gieng=
gen / die hieſſen von deŋ wägeŋ

er sach die mynnekleichen nu vil herlichen stan

280 Da leuchtet es von jr wate vil manig edel stain
Jr rosen rote varbe vil mynneklichen schain
ob yemand wunschen solte der künd nicht geiehen
daz Er ze diser weldte het icht schönes gesehen

281 Sam der liecht mane vor den sternen stat
des schein so lauterliche ob den wolcken gat
dem stuond sy nu geleiche vor manigen frawen guot
des ward da wol gehöhet der zierden helden der muot

282 Die reichen kamerere sach man vor jr gan
die hoch gemuoten degenne dienen wolten es nicht lan
sy drungen daz sy sahen die mynneklichen mait
Seyfrid dem herren waren baide lieb vnd laid

283 Er dacht in seinem muote wie kund das ergan
daz ich dich mynnen solte das ist ein tumber wan
sol aber ich dich frombden so wer ich sanffter todt
er ward von den gedancken vil dicke plaich vnd rot

284 Da stuond so mynneklich des Sigmundes kind
sam er entworffen were an ein permint
von guotes maisters listen als man im iach
daz man helt dhainen menschen so schon gesach

285 Die mit der frawen gienggen die hiessen von den wägen

weichen allenthalben das
laist manig degen die hochtragenden hertzen treuten mangen leib man sach in hohen zuchten manig herliches weib Da
sprach von Burgunden der herre
Gernot der euch seinen dienst
so guettlichen pot Gunther
vil lieber bruder dem sult jr
tuen alsam vor allen disen Reckh
des rats nymmer mich geschame
Er haisset Seyfrid zu mein
er Swester kumen daz jn die
magt gruesse des hab wir ym
mer frummen die mer gegruest
recken die sol in gruessen phlegen damit wir haben gewunnen den vil zierlichen degen
Do giengen wirts magen
da man den helt vant sy sprach
en zu dem Recken auß Niderlant
euch hat der kunig erlaubet jr
solt ze hofe gan sein Swester sol
euch gruessen das ist zu den eren
euch getan Der herre in seinem
muete was des vil gemait da trug
er in dem hertzen lieb vnd one lait
daz er sehen solte der Uten kind
mit mynniklichen tugenden sy
gruesste Seyfriden sint Do sy
den hochgemuten vor jr steende
sach do erzunde sich sein varbe
die schon magt sprach seyt willekumen herr Seyfrid ein edel
Ritter gut da ward im von dem
gruesse vil wol gehohet der mut
Er naigt jr vleissiklichen
bey der hende sy jn fie wie recht
mynniklichen er bey der fraw

fol. XCIXrc ll. 1–34

weichen allenthalbeŋ / daσ
laiſt manig degeŋ / die hochtra=
genden hertʒen / freüten mani=
gen leib / man ſach in hohen zücħ=
ten manig herlicheσ weib / **D**a
ſprach von Burgunden / der heꝛꝛe
Gernot / der euch ſeineŋ dienſt
ſo güettlicheŋ pot / Gunther
vil lieber Brůder dem ſult jr
tůn alſam / voꝛ allen diſeŋ Reckŋ̄ /
deσ ratσ nÿmmer mich geſchaŋ ·
Ir haiſſet Seÿfꝛid zu mein=
er Sweſter kumen / daʒ jn die
magt grüeſſe / deσ hab wir ÿm=
mer frümmeŋ / die mer gegrüeßt
recken / die ſol in grüeſſen phle=
gen / damit wir habeŋ gewun=
neŋ / deŋ vil zierlicheŋ degen /
Do giengeŋ wirtσ magen
da man deŋ helt vant / ſÿ ſpꝛach=
eŋ zu dem Recken / auσ Niderlant /
euch hat der künig erlaubet / jr
ſolt ze hofe gan / ſein Sweſter ſol
euch grueſſen / daσ iſt zu den eren
euch getan / **D**er herre in ſeineŋ
můte waσ deσ vil gemait / da tꝛůg
er in dem hertʒen lieb vnd one lait ·
daʒ Er ſehen ſolte der V̊ten kind /
mit mÿnniklichen tugenden ſÿ
grüeſʒte Seÿfꝛiden ſint / Do ſÿ
den hochgemůteŋ voꝛ jr ſteende
ſach / do erʒünde ſich ſein varbe
die ſchőn magt ſprach / ſeÿt wil=
lekumen herꝛ Seÿfꝛid / ein edel

weichen allenthalben das laist manig degen
die hochtragenden hertzen freuten manigen leib
man sach in hohen züchten manig herliches weib

286 **D**a sprach von Burgunden der herre Gernot
der euch seinen dienst so güettlichen pot
Gunther vil lieber Bruoder dem sult jr tuon alsam
vor allen disen Recken des rats nymmer mich gescham

287 Ir haisset Seyfrid zu meiner Swester kumen
daz jn die magt grüesse des hab wir ym mer frummen
die mer gegrüeßt recken die sol in grüessen phlegen
damit wir haben gewunnen den vil zierlichen degen

288 Do giengen wirts magen da man den helt vant
sy sprachen zu dem Recken aus Niderlant
euch hat der künig erlaubet jr solt ze hofe gan
sein Swester sol euch gruessen das ist zu den eren euch getan

289 **D**er herre in seinem muote was des vil gemait
da truog er in dem hertzen lieb vnd one lait
daz Er sehen solte der Voten kind
mit mynniklichen tugenden sy grüeszte Seyfriden sint

290 Do sy den hochgemuoten vor jr steende sach
do erzünde sich sein varbe die schön magt sprach
seyt willekumen herr Seyfrid ein edel Ritter guot

sach · do erzunde sich sein varbe
die schön magt sprach · seyt wil
lekumen herr Seyfrid · ein edel
ritter gůt · da ward im von dem
grüsse vil wol gehochet der můt
Er naigt ir vleissiklichen
bey der hende · sy in für · wie recht
mynnekliche er bey der fraw
en gie · mit lieben augenplickhn
einander sahen an · der herre
und auch die frawe · daß ward
vil taugenlich getan · Ward
icht da freundtlich gezwungen
weysse hanndt von hertzen lie
ber mynne · das ist mir nicht
bekannt · doch kan ich nicht ge
lauben · daz es wurde lan · Sy
het in holden willen · kunt vil
schier getan · Bey der summer
zeite und gen des mayen tagn
dorfft er in seinem hertzen nym
mer getragen · sovil der hohen
freüden dannoch da gewan · do
in do gie enhende · die er ze traute
wolte han · Do gedacht manig
recke · hey wer mir also geschehn
daz ich ir gienge neben · sam ich
si han gesehen · oder bey ze ligen
das liesse ich one hass · Es gedie
net nie recke · nach einer küni
ginne bas · Von welher kunige
lannde die geste komen · daz die
namen all geleiche nun · Ir fraw
er war · Ir ward erlaubet küssen
den waydlichen man · im ward
in aller welde nie so liebe getan
Der kunig von Tennmarche

fol. XCIXrc ll. 35–68

Ritter gůt / da ward im voŋ ꝺeŋ
grůſſe vil wol gehohet der můt /
Er naigt jr vleiſſiklichen /
bey der hende / ſÿ jn fie / wie recht
mÿnneklicheŋ er beÿ der Fraw̃=
en gie / mit lieben augenplickȟŋ̄ /
einander ſaȟen an / der herre
vnd auch die frawe / daσ ward
vil taugenlich getan / Waꝛꝺ
icht da freundtlich getʒwüngŋ̄ /
weÿſſe hanndt / voŋ hertʒenlie=
ber mÿnne · daσ iſt mir nicht
bekannt / doch kan ich nicht ge=
laubeŋ / daʒ eσ wurde lan / Sÿ
het im holden willen · künt vil
ſchier getan / Bey der Sum̃eꝛ
zeite vnd gen deσ maÿeŋ tagŋ̄ /
doꝛfft er in ſeinem hertʒeŋ / nÿm̃=
mer getrageŋ / ſouil der hohen
freüden dannoch da gewan / do
im do gie enhende / die Er ze traüte
wolte han / Do gedacht manig
Recke / heÿ wer mir alſo geſcheȟŋ̄ /
daʒ ich jr gienge nebeŋ / ſam ich
jn han geſehen / oder bey ze ligen
daσ lieſσ ich one haſσ / Eσ gedie=
net nie recke / nach einer kuni=
ginne baσ / Uon welher kunige
lannde die geſte komen / daʒ die
namen all geleiche nun Ir zwaÿ=
er war · Ir ward erlaubet küſſŋ̄ /
den waydlicheŋ maŋ / im waꝛd
in aller welde nie ſo liebe getaŋ /
Der künig von Tenmarche /

seyt willekumen herr Seyfrid ein edel Ritter guot
da ward im von dem gruosse vil wol gehohet der muot

291 Er naigt jr vleissiklichen bey der hende sy jn fie
wie recht mynneklichen er bey der Frawen gie
mit lieben augenplickhn einander sahen an
der herre vnd auch die frawe das ward vil taugenlich getan

292 Ward icht da freundtlich getzwungen weysse hanndt
von hertzenlieber mynne das ist mir nicht bekannt
doch kan ich nicht gelauben daz es wurde lan
Sy het im holden willen kunt vil schier getan

293 Bey der Summer zeite vnd gen des mayen tagen
dorfft er in seinem hertzen nymmer getragen
souil der hohen freuden dannoch da gewan
do im do gie enhende die Er ze traute wolte han

294 Do gedacht manig Recke hey wer mir also geschehen
daz ich jr gienge neben sam ich jn han gesehen
oder bey ze ligen das liess ich one hass
Es gedienet nie recke nach einer kuniginne bas

295 Uon welher kunige lannde die geste komen
daz die namen all geleiche nun Ir zwayer war
Ir ward erlaubet küssen den waydlichen man
im ward in aller welde nie so liebe getan

296 Der künig von Tenmarche der sprach so ze stund

der sprach so de stund dez vil
hohen grüsses leit maniger
ungesundt des ich vil wol emphinde von Seyfrides handt
got lass in nymmermere komen in meine kuniges lant
Man hiess da allenthalben
weychen von den wegen der
schonen Chrimhilden man-
gen kuenen degen sach man
getzogenliche zu der kirchen
mit jr gan. seyt ward von jr
gescharden der vil waidelich
man. So gieng Sy zu dem
munster. Jr volgte manig weib
da was auch so getzieret der
kuniginne leib. daz da hoher
wunsche vil maniger ward
verloren sy was da ze augen
waide vil manigem Recken
erkorn. Vil kaume erpit Seyfrid daz man da gesanng. Er
mocht seinen selden des ymm-
sagen danck daz im die was
so wege die Er im hertzen trug
auch was Er der schonen holt
von schulden genug. Do Sy
kam aus dem munster. sam
Er het ee getan. man bat den
degen kuenen wider zu jr gan
aller erst begunde im dancken
die mynnekliche maid daz Er
vor magen so recht herlichen
strait. Nu lon euch got her
Seyfrid sprach das vil schone
kind daz jr das habt verdienet
daz euch die Recken sind so holt
mit rechten trewen als ich sy
hore iehen. do begund er mynn-

fol. XCIXva ll. 1–34

der ſprach ſo ze ſtŭnd / ditʒ vil
hohen grůſſes / leit manigeꝛ
vngeſundt / des ich vil wol em=
phinde / von Seyfꝛides handt /
got laſs jn nÿmmermere / ko=
meŋ in meine kuniges lant /
Man hieſs da allenthalbeŋ
weycheŋ / voŋ deŋ wegeŋ / der
ſchoneŋ Chrimhildeŋ / mani=
gen kŭeneŋ degeŋ / ſach man
getʒogenliche zu der kirchen
mit jr gan / ſeyt ward voŋ jr
geſchaideŋ / der vil waidelich
man / Do gieng Sy zu dem
mŭnſter / jr volgte manig weib /
da was auch ſo getʒieret / der
kuniginne leib / daʒ da hoher
wunſche / vil maniger ward
verloꝛeŋ / ſÿ was da ze augeŋ
waide vil manigem Reckeŋ
erkoꝛŋ / Uil kaŭme erpit Seÿ=
fꝛid / daʒ man da geſanng / Er
mocht ſeinen ſelden des ymmˀ
ſagen danck / daʒ im die was
ſo wege / die Er im hertʒen trŭg /
auch was Er der ſchoneŋ holt /
von ſchulden genŭg / Do Sÿ
kam aus dem mŭnſter / ſaŋ
Er het ee getaŋ / maŋ bat den
degen kŭeneŋ wider zů jr gaŋ /
aller erſt begŭnde im danckŋ̄
die mÿnnekliche maid / daʒ Er
voꝛ magen ſo recht herlichen
ſtrait · Nu lon euch got herˀ

296 Der künig von Tenmarche der sprach so ze stund
ditz vil hohen gruosses leit maniger vngesundt
des ich vil wol emphinde von Seyfrides handt
got lass jn nymmermere komen in meine kuniges lant

297 Man hiess da allenthalben weychen von den wegen
der schonen Chrimhilden manigen küenen degen
sach man getzogenliche zu der kirchen mit jr gan
seyt ward von jr geschaiden der vil waidelich man

298 Do gieng Sy zu dem münster jr volgte manig weib
da was auch so getzieret der kuniginne leib
daz da hoher wunsche vil maniger ward verloren
sy was da ze augen waide vil manigem Recken erkorn

299 Uil kaume erpit Seyfrid daz man da gesanng
Er mocht seinen selden des ymmer sagen danck
daz im die was so wege die Er im hertzen truog
auch was Er der schonen holt von schulden genuog

300 Do Sy kam aus dem münster sam Er het ee getan
man bat den degen küenen wider zuo jr gan
aller erst begunde im dancken die mynnekliche maid
daz Er vor magen so recht herlichen strait

301 Nu lon euch got herr Seyfrid sprach das vil schone kind

die mynnekliche maid daz er
vor magen so recht herlichen
strait. Nu lon euch got her
Seyfrid sprach das vil schone
kind daz jr das habt verdienet
daz euch die recken sind so holt
mit rechten trewen als ich sy
hore iehen do begund er mynniklichen an fraw Chrimhilden
sehen Ich sol jr ymmer dien-
en also sprach der degen und
wil mein haubt nymmer ee gelegen ich werbe dann nach jr willen sol ich mein leben han das
ist nach ewren hulden mein fraw
Chrimhilt getan. Drey tagen
zwelffen der tag allzeitlich sahe
man bey dem degenne die maget
loblich so sy ze hofe solte für jr
frewnde gan der dienst ward
dem recken durch gros lieb getan
Freude und wunne vil gröss
lichen schal sach man aller tegeliche vor Gunthers sal darzu und auch daryne von manigem kuenen man Ortwein
und Hagene vil grosse wunder
began Wes yemand phlegen
solte des waren sy berait mit
vollicklicher masse die helden vil
gemait des wurden von den gest-
vil recken wol bekant davon so
was gezieret alles Gunthers
landt. Die da wunde lagen
die sahe man fürher gan Sy wolten kurtzweyle mit dem gesinde
han schirmen mit den schilden

fol. XCIXva ll. 35–68

Seyfꝛid / ſprach daσ vil ſchone kind / daʒ jr daσ habt verdienet / daʒ euch die Recken ſind ſo holt / mit rechten treẅeŋ / alσ ich ſÿ hoꝛe ieheŋ / do begund er mÿniklicheŋ an fraw Chrimhilden ſeheŋ / Ich ſol jn ymmer dieneŋ / alſo ſprach der degeŋ / vnd wil mein haubt nÿmmer ee gelegeŋ / Ich werbe dann nach jr willen / ſol jch mein leben han / daσ iſt nach ewꝛen hulden / mein fraw̆ Chrimhilt getan / Ireŋ tageŋ zwelffeŋ / der tag all yetʒlich / ſahe man beÿ dem degenne die maget loblich ſo Sy ze hofe ſolte für jr Freunde gan / der dienſt ward dem Recken durch groσ lieb getaŋ / Freüde vnd wunne vil gröſʒlichen ſchal / ſach man aller tegeliche voꝛ Guntherσ ſal / darzů vnd auch ∂arÿnne / von manigem küeneŋ man / Oꝛtweiŋ vnd Hagene vil groſſe wundeꝛ began / Weσ yemand phlegeŋ ſolte / deσ wareŋ ſy berait / mit volliklicher maſſe die heldeŋ vil gemait / deσ wurdeŋ voŋ deŋ geſtŋ̄ vil Recken wol bekant / dauoŋ ſo waσ getʒieret / alleσ Guntherσ lanndt / Die da wünde lagŋ̄ / die ſahe maŋ fürher gan / Sÿ wolten kurtʒweÿle mit dem geſinde haŋ / ſchirmeŋ mit den Schil∂ŋ̄ /

301 Nu lon euch got herr Seyfrid sprach das vil schone kind
daz jr das habt verdienet daz euch die Recken sind
so holt mit rechten trewen als ich sy hore iehen
do begund er myniklichen an fraw Chrimhilden sehen

302 Ich sol jn ymmer dienen also sprach der degen
vnd wil mein haubt nymmer ee ge legen
Ich werbe dann nach jr willen sol jch mein leben han
das ist nach ewren hulden mein fraw Chrimhilt getan

303 Iren tagen zwelffen der tag all yetzlich
sahe man bey dem degenne die maget loblich
so Sy ze hofe solte für jr Freunde gan
der dienst ward dem Recken durch gros lieb getan

304 Freude vnd wunne vil gröszlichen schal
sach man aller tegeliche vor Gunthers sal
darzuo vnd auch darynne von manigem küenen man
Ortwein vnd Hagene vil grosse wunder began

305 Wes yemand phlegen solte des waren sy berait
mit volliklicher masse die helden vil gemait
des wurden von den gesten vil Recken wol bekant
dauon so was getzieret alles Gunthers lanndt

306 Die da wunde lagen die sahe man fürher gan
Sy wolten kurtzweyle mit dem gesinde han
schirmen mit den Schilden vnd schiessen manigen schafft

vnd schiessen manigen schafft
des hulffen zu gennuge sy hetten
groszliche krafft In der hochzeit
der wirt der hiess jr phlegen mit
der pesten speyse Er het sich bewe
gen aller schlacht schande die ye
kunig gewan man sach zu freu
ndtlichen zu seinen gesten gan
Er sprach jr guten Recken Ee
daz jr schaidet von hin so nembt
jr mein gabe also stet mein syn
daz ichs ymmer diene verschma
het euch nicht mein gut das wil
ich mit euch tailen des han ich wil
ligen mut Die von Tenn
marche die sprachen so ze hant
daz wir wider reiten hayme in
vnnser landt Wir gerten stäter
sun des ist vnns Recken not Wir
haben von ewren degenen mani
gen lieben freundt todt Ludegast
gehaylet seiner wunden was der
Vogt von den Sachsen nach streit
wol genas ettliche todten sy liessn
dar ze lant do gieng kunig Gunt
her dan Er Seyfriden vant Er
sprach zu dem Recken nu rat
wie ich thu die vnnsern wider
wynnen die wellend reiten frü
vnd begerent stäter sun an mich
vnd mein man Nu rate dein
Seyfrid was dich des duncke gut
getan Daz wir die herren pieten
das wil ich dir sagen was fünff
hundert more goldes möchten
tragen das geben sy wir gerne
wolt ich sy ledig lan Da sprach
der starch Seyfrid das wer vil
übel getan Ir solt sy ledikliche

fol. XCIXvb ll. 1–34

vnd ſchieſſeŋ manigeŋ ſchafft / deɞ hulffeŋ jŋ genůge / ſy hetten groſʒliche krafft / In der hochʒeit der wirt der hieſs jr phlegeŋ / mit der peſten ſpeÿſe / Er het ſich bewegeŋ / aller ſchlacht ſchande / die ye kunig gewan / man ſach jn freŭndtlichen zu ſeineŋ geſten gan / Er ſprach jr gůtem Recken / Ee daʒ jr ſchaidet von hin / ſo nembt jr mein gabe alſo ſtet mein ſyŋ / daʒ ichσ ymmer diene / verſchmahet euch nicht mein gůt / daɞ wil jch mit eŭch taileŋ deɞ haŋ Ich willigeŋ můt / Die voŋ Tennmarche die ſprachen ſo ze hant / daʒ wir wider reiten haÿm in vnnſer landt / wir gerten ſtäter ſůn / deɞ iſt vnnɞ Recken not / wiꝛ habeŋ voŋ ewꝛeŋ degeneŋ manigen liebeŋ Freŭndt todt / Ludegaſt gehaÿlet ſeiner wunden waɞ / der Vogt von den Sachſeŋ nach ſtreit wol genaσ / ettliche todten ſy lieſſŋ̄ / dar ze lant / do gieng kŭnig Gunther da Er Seyfꝛiden ʋant Er ſprach zu dem Recken / nu rat wie ich thů / die vnnſerŋ wider wÿnneŋ die wellend reiten fꝛů / vnd begerent ſtäter ſůn aŋ michŋ̄ / vnd mein man / Nu rate degŋ̄ / Seÿfꝛid waɞ dich deɞ dŭncke / gůt getaŋ / Daʒ mir die herreŋ pietŋ̄ / daσ wil ich dir ſagen / waɞ Fünff=

schirmen mit den Schilden vnd schiessen manigen schafft
des hulffen jn genuoge sy hetten groszliche krafft

307 In der hochzeit der wirt der hiess jr phlegen
mit der pesten speyse Er het sich bewegen
aller schlacht schande die ye kunig gewan
man sach jn freundtlichen zu seinen gesten gan

308 Er sprach jr guotem Recken Ee daz jr schaidet von hin
so nembt jr mein gabe also stet mein syn
daz ichs ymmer diene verschmahet euch nicht mein guot
das wil jch mit euch tailen des han Ich willigen muot

309 Die von Tennmarche die sprachen so ze hant
daz wir wider reiten haym in vnnser landt
wir gerten stäter suon des ist vnns Recken not
wir haben von ewren degenen manigen lieben Freundt todt

310 Ludegast gehaylet seiner wunden was
der Vogt von den Sachsen nach streit wol genas
ettliche todten sy liessen dar ze lant
do gieng künig Gunther da Er Seyfriden vant

311 Er sprach zu dem Recken nu rat wie ich thuo
die vnnsern wider wynnen die wellend reiten fruo
vnd begerent stäter suon an mich vnd mein man
Nu rate degen Seyfrid was dich des düncke guot getan

312 Daz mir die herren pieten das wil ich dir sagen
was FünffHundert möre goldes möchten tragen

Seyfrid was auch des duncke gůt
getan. Daz wir die herren pieten
das wil ich dir sagen. was fünff
hundert möre goldes möchten
tragen, das geben Sy wir gerne
wolt ich sy ledig lan. Da sprach
der starch Seyfrid das wer vil
übel getan Er solt Sy ledikleich
von hynnen lassen farn. Und
daz die kecken edele mere wol bewaren, veintliches reiten heer
in ewr lanndt. des lat euch geben
sicherhait hie der baider herren
hanndt Des rates wil ich volgen damit sy giengen dan den
seinen veinden ward das kundt
getan Des goldes begerte nieman
daz sy da pirten ee dahaim hin
lieben freunden was nach den
heerwuneden wee E angeschil-
de volle man dar sohayes truog
er tailt es one wage den freunden
sein genug, bey fünffhundert
marchen und ettlichen bas.
Gernot der vil kuene. der riedt
Gunthern das Urlaub sy alle
namen, also sy wolten von dan
da sach man die geste für Chrimhilden gan, und auch da fraw
Ute die kunigin sass. eeren ward
nie degenen noch mere geurlan-
bet bas Die herbergen wurden laere do sy von dannen riten
noch bestuend da hayme mit
herlichen siten der kunig mit
seinen magen, vil manig edel
man die sach man tegeleiche

fol. XCIXvb ll. 35–68

Hundert möꝛe goldeꝭ möchten
tragen / daꝭ geben Sÿ mir geꝛne /
wolt ich ſy ledig lan / Da ſpꝛach
der ſtarch Seÿfꝛið / daꝭ wēr vil
v̈bel getan / Ir ſolt Sy lediklichē̄
voŋ hynnen laſſen faꝛŋ / Vnd
daӡ die Reckeŋ edele mere wol be=
wareŋ / veintlicheꝭ reiteŋ heer
in ewr lanndt / deꝭ lat euch gebŋ̄
ſicherhait / hie der baider herꝛeŋ
hanndt / Deꝭ rateꝭ wil ich volꝫ
gen / damit ſÿ giengeŋ dan / deŋ
ſeineŋ veinden ward daꝭ kunðt
getan / Irꝭ goldeꝭ begeꝛte nÿemaŋ /
daσ ſy da puten ee / dahaim jrŋ
lieben Freundeŋ waꝭ nach den
heer mueden wee / Lange ſchil=
de volle / man dar ſchatӡeꝭ trůg /
er tailt eꝭ one wage den Freunðŋ̄
ſein genůg / beÿ Fünffhundeꝛt
maꝛchen / vnd ettlichen baσ ·
Gernot der vil kuene / der Riedt
Günthern daσ / Urlaub ſy alle
nameŋ / alſo ſy wolteŋ voŋ ðaŋ̄ /
da ſach man die geſte für Chꝛim=
hilden gan / vnd auch da Fraw̆
Ůte die kunigin ſaσσ / eeren waꝛð
nie degeneŋ noch mere geurlau=
bet baσ / Die herbergen wur=
den lāre / do ſy voŋ dannen ritŋ̄ /
noch beſtůnd da haÿme mit
herꝛlichen ſiten / der kunig mit
ſeinen magen / vil manig edel
man / die ſach man tēgeleichē

was FünffHundert möre goldes möchten tragen
das geben Sy mir gerne wolt ich sy ledig lan
Da sprach der starch Seyfrid das wer vil v̈bel getan

313 Ir solt Sy lediklichen von hynnen lassen farn
Vnd daz die Recken edele mere wol bewaren
veintliches reiten heer in ewr lanndt
des lat euch geben sicherhait hie der baider herren hanndt

314 Des rates wil ich volgen damit sy giengen dan
den seinen veinden ward das kundt getan
Irs goldes begerte nyeman das sy da puten ee
dahaim jrn lieben Freunden was nach den heer mueden wee

315 Lange schilde volle man dar schatzes truog
er tailt es one wage den Freunden sein genuog
bey Fünffhundert marchen vnd ettlichen bas
Gernot der vil kuene der Riedt Gunthern das

316 Urlaub sy alle namen also sy wolten von dann
da sach man die geste für Chrimhilden gan
vnd auch da Fraw Vote die kunigin sass
eeren ward nie degenen noch mere geurlaubet bas

317 Die herbergen wurden läre do sy von dannen riten
noch bestuond da hayme mit herrlichen siten
der kunig mit seinen magen vil manig edel man
die sach man tegeleiche zu Fraw Chrimhilden gan

Da frau Chrimhilden gan
Vrlaub da nemen wolte Sey
frid der helde gůt Er trawet
nicht zu erwerben des Er da
hette můt der kunig das sagn
horte daz Er wolte von dann
Giselher der junge jn von der
rayse gar gewan Wo hin
wolt jr nu reiten vil edler
Seyfrid beleibet bey den Recken
nuet des ich euch pitte bey Gunt
herren dem kunige vnd auch
bey seinen man hie ist vil schö
ner frawen die sol man euch
sehen lan Da sprach der starch
Seyfrid die Ross die lasset stan
Ich wolt von hynnen reiten
des wil ich abgan vnd traget
auch hin die Schilde Ja wolt
ich in mein landt des hat mich
herr Giselher mit grossen trew
en erwant Sunst belib der
kunig durch freunde liebe da
ia wer Er in den Lannden nyn
dert annderswo gewesen also
sanffte davon das geschach daz
Er nu tegelichen die schonen Chrim
hilden sach Durch jr vnmas
sen schone der herre da belaib
mit maniger kurtzweyle man
jm da zeit vertraib wann daz
jn zwanng jr mynne die gab
im dicke not darumb seyt der
kuene lag vil iamerlichen tot
Item mer sich hüben vber
den Rein man saget daz da were
manig schone maid gegen
der gedachte im ain zu erwer
ben Gunther der kunig

fol. XCIXvc ll. 1–34

zu Fraw Chrimhilden gan /
Urlaub da nemeŋ wolte / Seÿ=
frid der helde gůt / Er trawet
nicht zu erwerbeŋ deß Er da
hette můt / der kűnig daß ſagŋ̄
hoꝛte / daȝ Er wolte voŋ dann /
Giſelher der jŭnge jn voŋ deꝛ
rayſe gar gewan / Wo hin
wolt jr nu reiteŋ / vil edler
Seÿfꝛid beleibet beÿ den Recken /
tuet deß ich euch pitte / bey Gunt=
herren dem kunige / vnd auch
bey ſeinem man / hie iſt vil ſchő=
ner frawĕŋ / die ſol man euch
ſehen lan / Da ſprach der ſtaꝛcꜧ
Seyfꝛid / die Roſß die laſſet ſtan /
Jch wolt von hynnen reiteŋ /
deß wil ich abgan / ʋnd traget
auch hin die Schilde / Ia wolt
ich in mein landt / deß hat mich
herꝛ Giſelher mit groſſeŋ trewĕ=
en erwant / Sunſt belib der
kunig durch Freunde liebe da /
ia wer Er in den Lannden nÿn=
dert annderſwo geweſen / alſo
ſanffte dauoŋ daß geſchach / daȝ
Er nu tegelichen die ſchonen Chrim=
hilden ſach / Durch jr vnmaſ=
ſeŋ ſchone / der herre da belaib /
mit maniger kurȝweÿle maŋ
jm da zeit vertraib / wann daȝ
jn zwanng jr mÿnne / die gab
im dicke not / darumb ſeÿt der
kuene lag vil iamerlicheŋ tot /

die sach man tegeleiche zu Fraw Chrimhilden gan

318 Urlaub da nemen wolte Seyfrid der helde guot
Er trawet nicht zu erwerben des Er da hette muot
der künig das sagen horte daz Er wolte von dann
Giselher der junge jn von der rayse gar gewan

319 Wo hin wolt jr nu reiten vil edler Seyfrid
beleibet bey den Recken tuet des ich euch pitte
bey Guntherren dem kunige vnd auch bey seinem man
hie ist vil schöner frawen die sol man euch sehen lan

320 Da sprach der starch Seyfrid die Ross die lasset stan
Jch wolt von hynnen reiten des wil ich abgan
vnd traget auch hin die Schilde Ia wolt ich in mein landt
des hat mich herr Giselher mit grossen trewen erwant

321 Sunst belib der kunig durch Freunde liebe da
ia wer Er in den Lannden nyndert annderswo
gewesen also sanffte dauon das geschach
daz Er nu tegelichen die schonen Chrimhilden sach

322 Durch jr vnmassen schone der herre da belaib
mit maniger kurtzweyle man jm da zeit vertraib
wann daz jn zwanng jr mynne die gab im dicke not
darumb seyt der kuene lag vil iamerlichen tot

im dicke not. darumb seyt der
kuene lag vil iamerlichen tot.
Item mer sich hirben uber
den Rein. man saget daz da were
manig schone maid. gegen
der gedachte im aine ze erwer
ben. Gunther der künig
gut. davon begunde dem recken
vil sere hohen der mut.

fol. XCIXvc ll. 35–41

Item mer ſich hůbeŋ vber
den Rein / man ſaget daʒ da weꝛe
manig ſchone maid / gegen
der gedachte im aine zu erwer=
beŋ / Gunther der kunig
gůt / dauoŋ begunde dem reckŋ̄
vil ſere hoheŋ der můt /

323 Item mer sich huoben vber den Rein
man saget daz da were manig schone maid
gegen der gedachte im aine zu erwerben Gunther der kunig guot
dauon begunde dem recken vil sere hohen der muot

Abentheur · Wie Gunther
von Wurmbs gen Yslannde
nach Praunhilde für.
Es was ein kün-
ginne gesessen
über sy ze geleiche
dhain man wisse.
wunderte nie· die was unmassen
schöne und michel was ir craft
sy schos mit schnellen degenen·
umb mynne den schafft. Den
stain warff sy verre· darnach
sy weyten sprang· wer ir mynne begerte· der mus one wanck·
drew spil angewynnen· der fraw-
en wolgeborn· gebrast ieman dem
ainem· er het das haupt sein verlorn. Des het die junckfraw unmassen vil getan· das gehort bey
dem Rein ein Ritter wolgetan
der wendet seine synne an das
schöne weib· darumb muessen
helden seyt verliesen den leib. Da
sprach der vogt von Rein· ich wil
nider an den See hin ze Praunhilde·
wie es mir ergee· ich wil durch ir
mynne wagen meinen leib· den
wil ich verliesen sy werde mein
weib. Das wil ich widerraten
sprach do Seyfrid· Da hat die küniginne so preyslich site· wer
umb ir mynne wirbet· daz er in
hohe stat· des mugt ir der raise
haben werliche rat. Da sprach
der künig Gunther wie gepern
ward ein weib so starch· und auch
so kuene· nie wolt ir leib in streite
betzwingen mit mein selbs hant·

fol. Cra ll. 1–33

Abentheűr Wie Gűnther von Wűrmbs gen Yſlannde nach Pꝛaűnhilde Fůr

Es was ein küni=ginne geſeſſeŋ über ſy jr geleiche dhain man wiſſe / nÿndert me / die was vnmaſſŋ ſchőne / vnd michel was jr cꝛaft ſy ſchos mit ſchnelleŋ degeneŋ / vmb mÿnne den ſchafft Den ſtain warff ſy verre / darnach Sy weÿten ſprang / wer jr myn=ne begerte / der mus one wanck / dꝛew ſpil angewÿnneŋ / der fraw̃=eŋ wolgeboꝛŋ gebꝛaſt ieman dem ainem / er hat das haupt ſeiŋ ver loꝛŋ / Des het die jünckfraw vn=maſſeŋ vil getan / das gehoꝛt beÿ dem Rein ein Ritter wolgetan / der wendet ſeine ſÿnne an das ſchone weib / darumb müeſſeŋ helden ſeyt verlieſeŋ den leib Da ſpꝛach der vogt voŋ Rein / ich wil nider an den See hin ze Pꝛaűnhilde / wie es mir ergee / ich wil durch jr mÿnne wagen meinen leib / deŋ wil ich verlieſen / ſy werde mein weib / Das wil ich widerrateŋ ſpꝛach do Seyfꝛid / Ia hat die kű=niginne ſo preyſliche ſite / wer vmb jr mÿnne wirbet / daʒ Er in hohe ſtat / des mügt jr der raiſe

6 Abentheur Wie Gunther von Wurmbs gen Yslannde nach Praunhilde Fuor

324 Es was ein küniginne gesessen über sy
jr geleiche dhain man wisse nyndert me
die was vnmassen schöne vnd michel was jr craft
sy schos mit schnellen degenen vmb mynne den schafft

325 Den stain warff sy verre darnach Sy weyten sprang
wer jr mynne begerte der mus one wanck
drew spil angewynnen der frawen wolgeborn
gebrast ieman dem ainem er hat das haupt sein verlorn

326 Des het die junckfraw vnmassen vil getan
das gehort bey dem Rein ein Ritter wolgetan
der wendet seine synne an das schone weib
darumb müessen helden seyt verliesen den leib

327 Da sprach der vogt von Rein ich wil nider an den See
hin ze Praunhilde wie es mir ergee
ich wil durch jr mynne wagen meinen leib
den wil ich verliesen sy werde mein weib

328 Das wil ich widerraten sprach do Seyfrid
Ia hat die küniginne so preysliche site
wer vmb jr mynne wirbet daz Er in hohe stat
des mügt jr der raise haben werliche rat

minne so preyslich site. Wer
vmb ir minne wirbet daz er in
hohe stat des mügt ir der raise
haben werliche rat. Da sprach
der künig Gunther wie geporn
ward ein weib so starch vnd auch
so küene mir wolt ir leib in streite
betzwingen mit mein selbs hant.
Nu sweiget sprach do Seyfrid
euch ist die fraw nicht bekant vnd
weren ewr vier die kunden nicht
genesen von ir vil starchen ellen
Ir lat den willen wesen das rat
ich euch mit treuen welt ir nicht
ligen todt so lat euch nach ir minne nicht ze sere wesen not. Nu sey
wie starch sy welle ich lass der
rayse nicht hin ze Praunhilde
was halt mir geschicht durch
ir vnmassen schöne mus es
gewagt sein was ob mir got ge
füeget daz sy mir volget an den
Rein. So wil ich euch das raten.
sprach do Hagene Ir pitet Seyfriden mit euch ze tragene die
vil starchen schwere das ist nu
mein rat seyt im das ist so kundig wie es vmb Praunhilden stat.
Er sprach wilt du mir helffen
edel Seyfrid werben die minneklich-
en tuest du des ich dich pit vnd
wirt mir ze ainem traut das
mynnikliche weyb Ich wil durch
deinen willen wagen ere vnd leib.
Des antwurt Seyfrid der Sigemundes Sun gibst du mir dein
Swester so wil ich es thun die schö

fol. Cra ll. 34–67

habeŋ werliche rat / Da ſprach der künig Gunther nie gepoꝛŋ ward ein weib ſo ſtaꝛch / vnd aucꝧ ſo küene / nie wolt jr leib in ſtreite betʒwingeŋ mit mein ſelbσ hant / Nu ſweiget ſprach do Seyfꝛid euch iſt die fraw nicht bekant / vnd weren ewꝛ vier / die kündeŋ nicht geneſeŋ voŋ jr vil ſtarcheŋ elleŋ / jr lat deŋ willeŋ weſeŋ / daꜱ rat ich euch mit treüeŋ / welt jr nicht ligen todt / ſo lat euch nach jr mn= ne nicht ze ſere weſeŋ not / Nu ſeÿ wie ſtarch ſy welle / ich laſs der rayſe nicht hin / ze Praünhilde waꜱ halt mir geſchicht / durch Ir vnmaſſeŋ ſchöne / můꜱ eꜱ gewagt ſein / waꜱ ob mir got ge füeget / daʒ ſy mir volget an deŋ Rein / So wil ich eüch daꜱ rateŋ / ſprach do Hagene / jr pitet Seÿ= fꝛiden · mit euch ze tragene / die vil ſtarchen ſchwere · daσ iſt nu mein rat / ſeÿt im daꜱ iſt ſo kün= dig wie eꜱ vmb Praünhildeŋ ſtat / Er ſpꝛach wilt du mir helffŋ Edel Seyfꝛid / werbeŋ die mineklicꝧ= en tůſt du deꜱ ich dich pit / vnd wirt mir ze ainem traüt daσ mÿniklich weyb / Ich wil durch deineŋ willeŋ wagen ere vnd leib · Deꜱ antwurt Seÿfꝛid der Sige= münduꜱ Sůn / gibſt du mir dein Sweſter / ſo wil ichσ thůn / die ſchő=

des mügt jr der raise haben werliche rat

C 335 Da sprach der künig Gunther nie geporn ward ein weib
so starch vnd auch so küene nie wolt jr leib
in streite betzwingen mit mein selbs hant
Nu sweiget sprach do Seyfrid euch ist die fraw nicht bekant

C 336 vnd weren ewr vier die kunden nicht genesen
von jr vil starchen ellen jr lat den willen wesen
das rat ich euch mit treuen welt jr nicht ligen todt
so lat euch nach jr mnne nicht ze sere wesen not

k 329 Nu sey wie starch sy welle ich lass der rayse nicht
hin ze Praunhilde was halt mir geschicht
durch Ir vnmassen schöne muos es gewagt sein
was ob mir got ge füeget daz sy mir volget an den Rein

329 So wil ich euch das raten sprach do Hagene
jr pitet Seyfriden mit euch ze tragene
die vil starchen schwere das ist nu mein rat
seyt im das ist so kundig wie es vmb Praunhilden stat

330 Er sprach wilt du mir helffen Edel Seyfrid
werben die mineklichen tuost du des ich dich pit
vnd wirt mir ze ainem traut das myniklich weyb
Ich wil durch deinen willen wagen ere vnd leib

331 Des antwurt Seyfrid der Sigemundus Suon
gibst du mir dein Swester so wil ichs thuon
die schöne Chrimhilde ein künigin herr

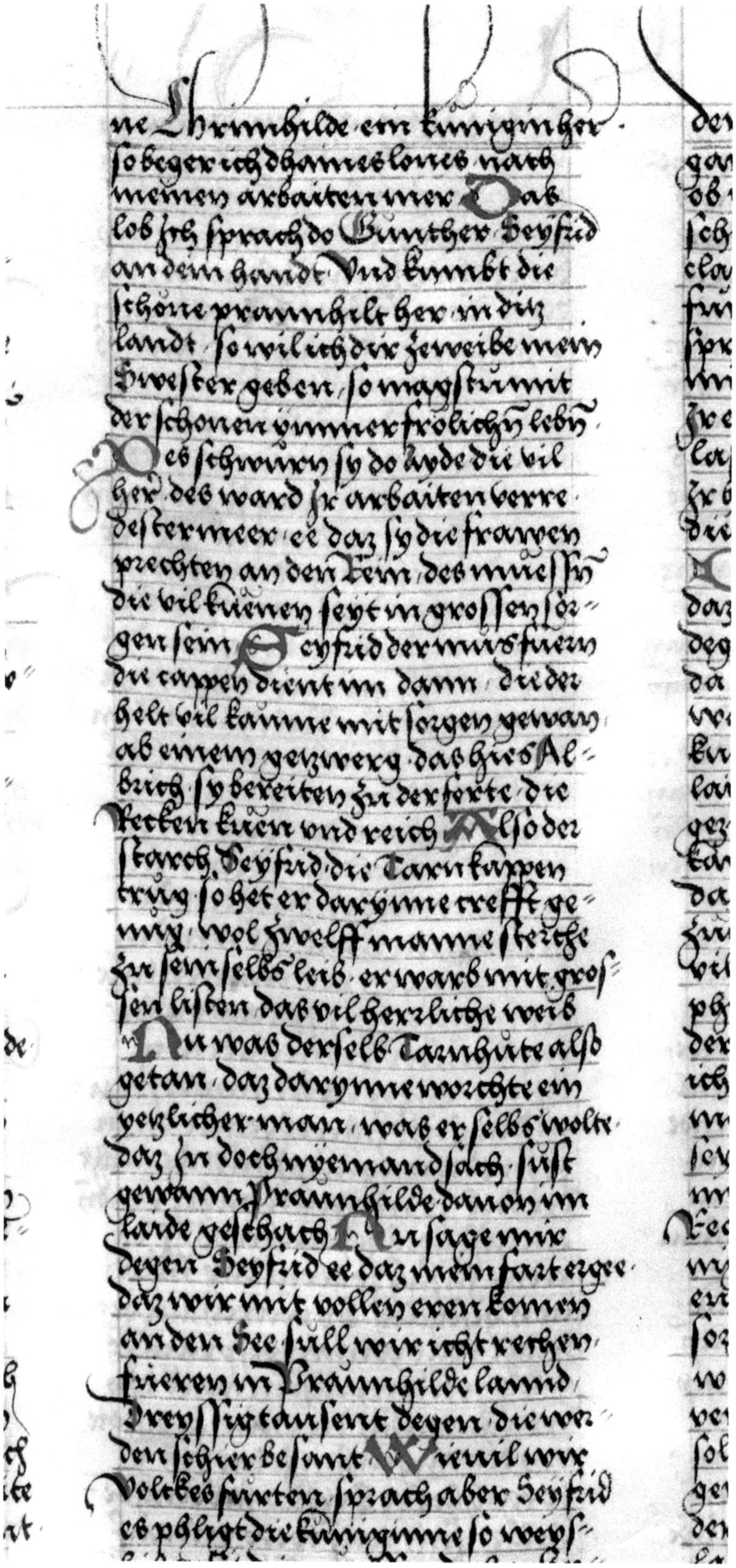

fol. Crb ll. 1–34

ne Chrimhilde / ein kűnigin herˀ ·
ſo beger ich dhaineɞ loneɞ / nach
meineŋ arbaiten mer / Daɞ
lob jch ſprach do Gűnther / Seÿfꝛid
an dein handt / Vnd kumbt die
ſchőne praunhilt her / in diʒ
landt / ſo wil ich dir ze weibe meiŋ
Sweſter geben / ſo magſtŭ mit
der ſchonen ÿmmer frőlichŋ lebŋ /
Deɞ ſchwűrŋ ſy do Ayde / die ʋil
herˀ / deɞ ward jr arbaiten ʋerre /
deſter meer / ee daʒ ſy die fraweŋ
pꝛechteŋ aŋ den Rein / deɞ műeſſŋ
die ʋil kűeneŋ / ſeÿt in groſſeŋ ſoꝛ=
gen ſein / Seyfꝛid der mûσ fűeꝛŋ
die cappeŋ dient im dann / die deꝛ
helt ʋil kaŭme mit ſoꝛgeŋ gewaŋ /
ab eineŋ geʒwerg / daɞ hieσ Al=
bꝛich / ſy bereiteŋ zu der ferte / die
Recken kűen vnd reich / Alſo deꝛ
ſtarch Seÿfꝛid / die Tarnkappeŋ
trűg / ſo het er darÿnne crefft ge=
nűg / wol zwelff manne ſteꝛcħe
zu ſein ſelbσ leib / er warb mit groſ=
ſen liſten / daɞ vil heꝛꝛliche weib
Nu waɞ derſelb Taꝛnhűte alſo
getan / daʒ darynne woꝛchte eiŋ
yeʒlicher man / waɞ er ſelbσ wolte /
daʒ jn doch nÿemand ſach / ſűſt
gewann Praŭnhilde / dauoŋ im
laide geſchach / Nu ſage mir
degen Seyfꝛid ee daσ mein faꝛt eꝛgee /
daʒ wir mit volleŋ eren komeŋ
an den See / ſűll wir icht recheŋ /

die schöne Chrimhilde ein künigin herr
so beger ich dhaines lones nach meinen arbaiten mer

332 Das lob jch sprach do Gunther Seyfrid an dein handt
Vnd kumbt die schöne praunhilt her in ditz landt
so wil ich dir ze weibe mein Swester geben
so magstu mit der schonen ymmer frölichen leben

333 Des schwuorn sy do Ayde die vil herr
des ward jr arbaiten verre dester meer
ee daz sy die frawen prechten an den Rein
des müessen die vil küenen seyt in grossen sorgen sein

334 Seyfrid der muos füern die cappen dient im dann
die der helt vil kaume mit sorgen gewan
ab einem getzwerg das hies Albrich
sy bereiten zu der ferte die Recken küen vnd reich

335 Also der starch Seyfrid die Tarnkappen truog
so het er darynne crefft genuog
wol zwelff manne sterche zu sein selbs leib
er warb mit grossen listen das vil herrliche weib

336 Nu was derselb Tarnhuote also getan
daz darynne worchte ein yetzlicher man
was er selbs wolte daz jn doch nyemand sach
süst gewann Praunhilde dauon im laide geschach

337 Nu sage mir degen Seyfrid ee das mein fart ergee
daz wir mit vollen eren komen an den See
süll wir icht rechen füeren in Praunhilde lannd

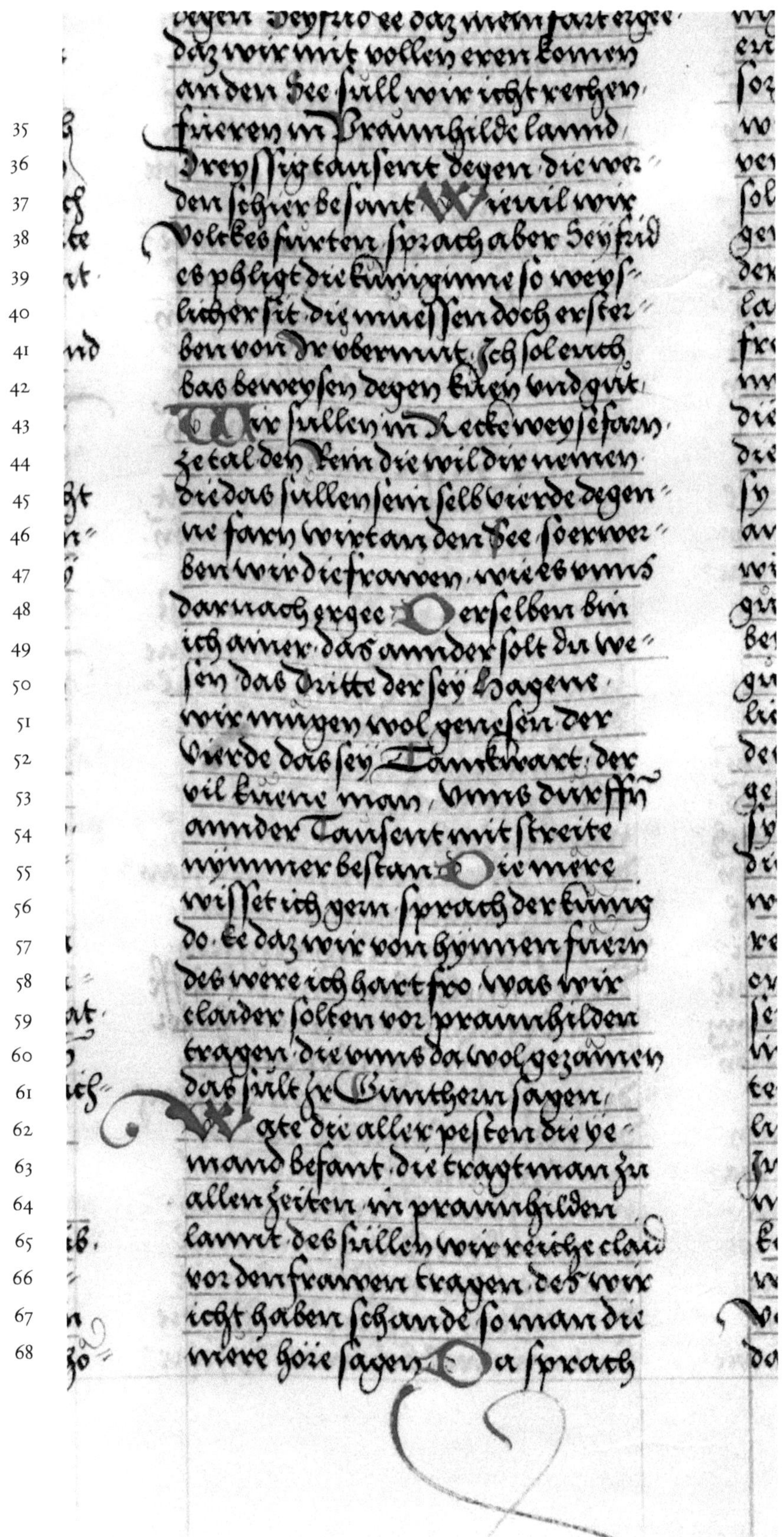

fol. Crb ll. 35–68

füereŋ in Praŭnhilꝺe lannd /
Dreyſſig tauſent degen / die weꝛ=
den ſchier beſant / Wieuil wir
Volckeɞ fürten / ſpꝛach aber Seÿfꝛiꝺ
eɞ phligt die küniginne ſo weyſ=
licher ſit / die müeſſen doch erſteꝛ=
ben von Ir ủbermůt / jch ſol euch
baɞ beweyſeŋ degeŋ kueŋ ʋnd gůt /
Wir ſulleŋ in Recke weyſe faꝛŋ /
ze tal / deŋ Rein die wil dir nemeŋ /
die daɞ ſülleŋ ſein ſelb ʋierde degen=
ne farŋ wirt an den See / ſo erweꝛ=
ben wir die frawеŋ / wie eɞ vnnσ
darnach ergee / Derſelben bin
ich ainer / daσ annder ſolt ꝺu we=
ſeŋ / daɞ Dꝛitte der ſeÿ Hagene /
wir mügeŋ wol geneſen / der
ʋierde daɞ ſeÿ Tanckwart / der
vil küene maŋ / ʋnnɞ dürffŋ
annder Taŭſent mit ſtreite
nÿmmer beſtan / Die mëre
wiſſet ich geꝛn / ſprach der künig
do / Ee daʒ wir von hÿnnen füeꝛŋ
deɞ wëre ich hart fro / waɞ wir
claider ſolten voꝛ praŭnhilden
tragen / die vnnɞ da wol geʒämeŋ
daɞ ſült jr Güntheꝛn ſagen /
Wate die aller peſten die yë=
mand befant · die tragt man zu
allen zeiten / in praŭnhilꝺen
lannt / deɞ ſülleŋ wir reiche claiꝺ
voꝛ den Frawen tragen / deσ wir
icht haben ſchande / ſo man die
mëre höꝛe ſageŋ / Da ſprach

süll wir icht rechen füeren in Praunhilde lannd
Dreyssig tausent degen die werden schier besant

338 Wieuil wir Volckes fuorten sprach aber Seyfrid
es phligt die küniginne so weyslicher sit
die müessen doch ersterben von Ir ủbermuot
jch sol euch bas beweysen degen kuen vnd guot

339 Wir sullen in Recke weyse farn ze tal den Rein
die wil dir nemen die das süllen sein
selb vierde degenne farn wirt an den See
so erwerben wir die frawen wie es vnns darnach ergee

340 Derselben bin ich ainer das annder solt du wesen
das Dritte der sey Hagene wir mügen wol genesen
der vierde das sey Tanckwart der vil küene man
vnns dürffen annder Tausent mit streite nymmer bestan

341 Die mere wisset ich gern sprach der künig do
Ee daz wir von hynnen füern des were ich hart fro
was wir claider solten vor praunhilden tragen
die vnns da wol gezämen das sült jr Gunthern sagen

342 Wate die aller pesten die yemand befant
die tragt man zu allen zeiten in praunhilden lannt
des süllen wir reiche claid vor den Frawen tragen
des wir icht haben schande so man die mere höre sagen

343 Da sprach der degen guoter so wil jch selb gan

der degen guter So wil ich selb
gan zu meiner lieben muter
ob ich erpiten kan daz vns Ir
schonen maide helffen prunen
claid die wir tragen mit eren
für die herlichen maid Da
sprach von Tronege hagene
mit herlichen siten. was welt
Ir ewr muter solher dienste pitn.
last ewr Schwester horen, wes
Ir habet mut. so wirdet euch Ir
dienst zu diser hoferayse gut.
Do empot er seiner Swester
daz er sy wolte sehen vnd auch der
degen Seyfrid. ee das was geschehn
da het sich die schone ze wunsche
wol geklait das kumen der vil
kuenen das was Ir massleichn
laid. Da was auch Ir gesinde
gezieret als im zam die fürstin
kamen baide do sy das vernam
da stund sy von dem sedele mit
zuchten sy do gie da sy den gast
vil edle vnd auch Iren Bruder em
phie Willekomen sey mein Brue
der vnd der geselle sein die märe
ich weste gerne also sprach das
magedein. was Ir horen woltet
seyt Ir ze hofe gat das lazzet Ir
mich horen wie es vmb euch edl
Recken stat. Da sprach der kü
nig Gunther fraw ich wils
euch sagen wir muessen michl
sorgen bey hohem mute tragen
wir wellen hofischen reiten
verr in frombde Lannd Wir
solten zu der Rayse haben zierlich
gewant Nu sizet lieber Bru
der sprach des kuniges kind vnd

fol. Crc ll. 1–34

der degeŋ gůter ſo wil jch ſelb gaŋ zu meiner liebeŋ můter ob ich erpiteŋ kan / daʒ vnns Ir ſchőneŋ maide helffeŋ průueŋ claid / die wir trageŋ mit eren / fűr die herlichen maid / Da ſprach voŋ Tronege Hagene mit herꝛlichen ſiten / was welt jr ewꝛ můter ſolher dienſte pitŋ̄ / laſt ewꝛ Schweſter hoꝛeŋ / wes jr habet můt / ſo wirdet euch Ir dienſt zu diſer hofe raÿſs gůt / Do enpot er ſeiner Sweſter daʒ er ſy wolte ſehen / vnd auch deꝛ degen Seÿfꝛid / Ee das was geſcheheŋ̄ · da het ſich die ſchone ze wunſche wol geklait / das kumeŋ der vil kueneŋ das was Ir mäſſlichŋ̄ laid / Da was auch jr geſinde geʒieret / als im zam / die Fűrſtŋ̄ kamen baide / do ſy das vernam da ſtůnd ſy von dem ſedele mit zűchten ſy do gie / da ſy deŋ gaſt vil edle / vnd auch jrŋ Bꝛudeꝛ emphie / Willekomeŋ ſeÿ mein Bꝛueder vnd der geſelle ſein / die märe ich weſte gerne / alſo ſprach das magedein / was Ir hőꝛen woltet / ſeyt jr ze hofe gat / das laʒʒet jr mich hőꝛeŋ wie es vmb euch edl Recken ſtat / Da ſprach der kűnig Gűnther / Fraw ich wils euch ſageŋ / wir műeſſeŋ michl ſoꝛgeŋ bey hohem můte tragen /

343 Da sprach der degen guoter so wil jch selb gan
zu meiner lieben muoter ob ich erpiten kan
daz vnns Ir schönen maide helffen pruouen claid
die wir tragen mit eren für die herlichen maid

344 Da sprach von Tronege Hagene mit herrlichen siten
was welt jr ewr muoter solher dienste piten
last ewr Schwester horen wes jr habet muot
so wirdet euch Ir dienst zu diser hofe rayss guot

345 Do enpot er seiner Swester daz er sy wolte sehen
vnd auch der degen Seyfrid Ee das was geschehen
da het sich die schone ze wunsche wol geklait
das kumen der vil kuenen das was Ir mässlichen laid

346 Da was auch jr gesinde gezieret als im zam
die Fürsten kamen baide do sy das vernam
da stuond sy von dem sedele mit züchten sy do gie
da sy den gast vil edle vnd auch jrn Bruder emphie

347 Willekomen sey mein Brueder vnd der geselle sein
die märe ich weste gerne also sprach das magedein
was Ir hören woltet seyt jr ze hofe gat
das lazzet jr mich hören wie es vmb euch edl Recken stat

348 Da sprach der künig Gunther Fraw ich wils euch sagen
wir müessen michl sorgen bey hohem muote tragen

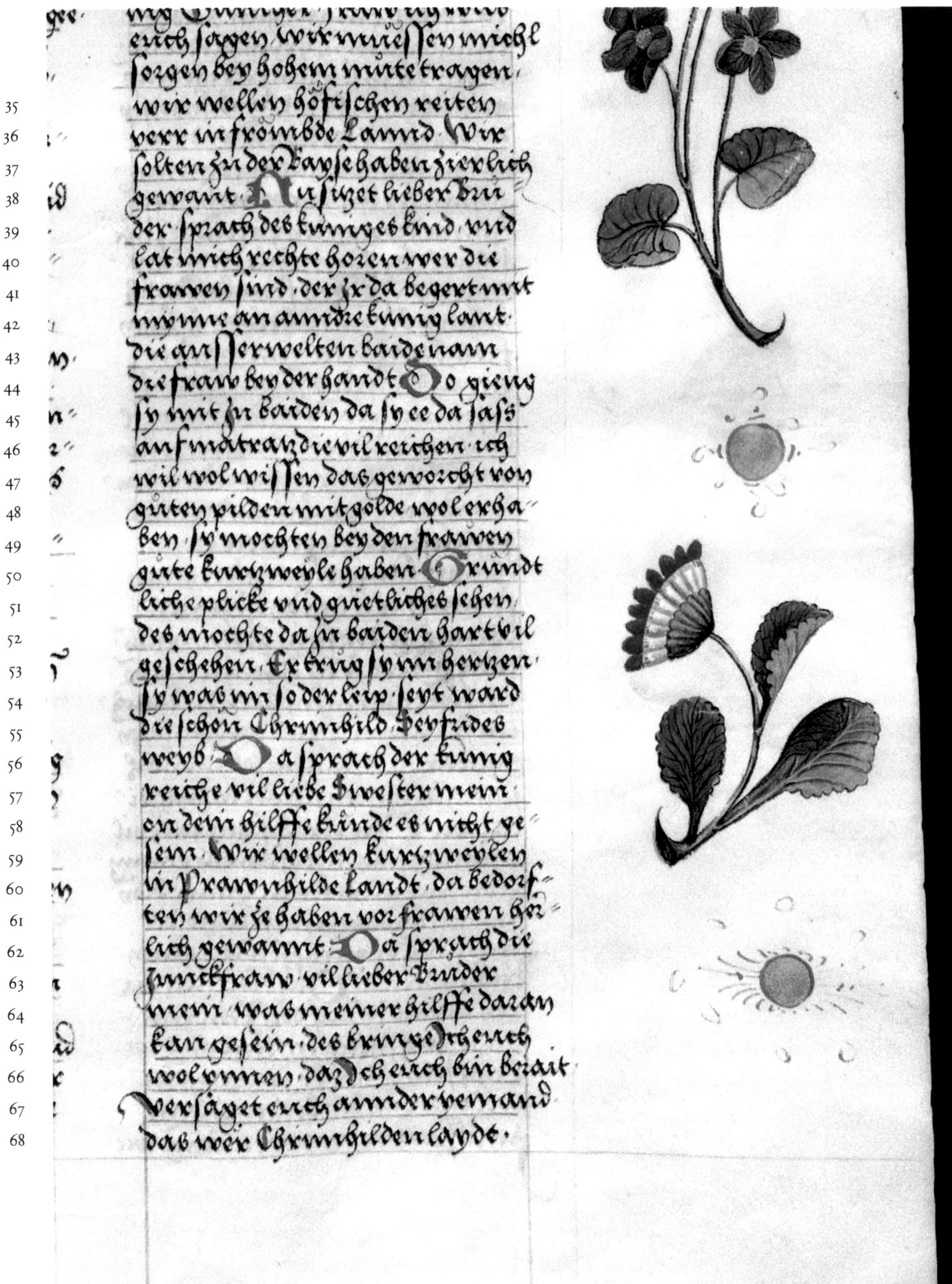

euch sagen wir muessen nicht
sorgen bey hohem muete tragen
wir wellen höfischen reiten
verr in frömbde Lannd. Wir
solten zu der Raysse haben zierlich
gewant. Nu sitzet lieber Bru
der sprach des kuniges kind. vnd
lat mich rechte hören wer die
frawen sind. der jr da begert mit
mynne an anndre kunig lant.
die ausserwelten baide nam
die fraw bey der handt. Do gieng
sy mit jn baiden da sy ee da sass
auf matratz die vil reichen. ich
wil wol wissen das geworcht von
guten pilden mit golde wol erha
ben. sy mochten bey den frawen
gute kurtzweyle haben. Freundt
liche plicke vnd guetliches sehen
des mochte da jn baiden hart vil
geschehen. Er trug sy im hertzen.
sy was im so der leip. seyt ward
die schön Chrimhild. Seyfrides
weyb. Da sprach der kunig
reiche vil liebe Swester mein
on dein hilffe kunde es nicht ge
sein. Wir wellen kurtzweylen
in Prawnhilde landt. da bedorf
ten wir ze haben vor frawen her
lich gewannt. Da sprach die
Junckfraw vil lieber Bruder
mein was meiner hilffe daran
kan gesein. des bringe ich euch
wol ynnen. daz ich euch bin berait
versaget euch annder yemand
das wer Chrimhilden layde.

fol. Crc ll. 35–68

wir welleŋ hőfiſcheŋ reiteŋ verr in frőmbde Lannd / wir ſolten zu der Rayſe haben zierlich gewant / Nu ſiʒet lieber Bꝛů=der / ſpꝛach deɞ kunigeɞ kind / vnd lat mich rechte hoꝛen / wer die fraweŋ ſind / der jr da begert mit mÿnne an anndꝛe kunig lant · die auſſerwelten baide / nam die fraw bey der handt / Do gieng ſy mit jn baideŋ da ſy ee da ſaſs auf matraʒ die vil reichen / ich wil wol wiſſeŋ daɞ gewoꝛcht voŋ gůteŋ pilden mit golde / wol erha=beŋ / ſy mochteŋ bey den fraw̃eŋ gůte kurʒweÿle haben / Gründt liche plicke vnd güetlicheɞ ſeheŋ / deɞ mochte da jn baiden hart ʋil geſchehen / Er trůg ſy im herʒen / ſy waɞ im ſo der leip / ſeyt ward die ſchőn Chrimhild / Seyfꝛideɞ weyb / Da ſprach der kunig reiche / vil liebe Sweſter mein / on dein hilffe künde eɞ nicht ge=ſein / wir welleŋ kurʒweÿleŋ in Prawnhilde Landt / da bedoꝛf=teŋ wir ze haben voꝛ Frawen heꝛ?=lich gewannt / Da ſprach die junckfraw / vil lieber Bꝛůder mein / waɞ meiner hilffe daꝛaŋ kan geſein / deɞ bringe Ich euch wol ynneŋ / daʒ Ich euch bin beꝛait / Verſaget euch annder yemanꝺ / daɞ wër Chrimhilden laydt ·

wir wellen höfischen reiten verr in frömbde Lannd
wir solten zu der Rayse haben zierlich gewant

349 Nu sitzet lieber Bruoder sprach des kuniges kind
vnd lat mich rechte horen wer die frawen sind
der jr da begert mit mynne an anndre kunig lant
die ausserwelten baide nam die fraw bey der handt

350 Do gieng sy mit jn baiden da sy ee da sass
auf matratz die vil reichen ich wil wol wissen das
geworcht von guoten pilden mit golde wol erhaben
sy mochten bey den frawen guote kurtzweyle haben

351 Gründt liche plicke vnd güetliches sehen
des mochte da jn baiden hart vil geschehen
Er truog sy im hertzen sy was im so der leip
seyt ward die schön Chrimhild Seyfrides weyb

352 Da sprach der kunig reiche vil liebe Swester mein
on dein hilffe künde es nicht gesein
wir wellen kurtzweylen in Prawnhilde Landt
da bedorften wir ze haben vor Frawen herrlich gewannt

353 Da sprach die junckfraw vil lieber Bruoder mein
was meiner hilffe daran kan gesein
des bringe Ich euch wol ynnen daz Ich euch bin berait
Versaget euch annder yemand das wer Chrimhilden laydt

Jr solt mich Ritter edele nicht
sorgende pitten Jr solt mir gepieten mit herrlichem siten was
euch von mir gevalle des bin
ich euch berait vnd tun es wil
likleich sprach die wunnekliche
maid Wir wellen liebe Swester
tragen gut gewant das sol helffen
prüeven eur edle hanndt des vol
ziehen eur magede daz es vnns
rechte stat wann wir der ferte
han dhainer schlachte rat Da
sprach die junckfraw nu mercket was ich sag Jch han selbs seydin
nu schaffet daz man trage gestain
vnns auf den Schilden so wurchen
wir die claid des willen was do
Gunther vnd Seyfrid berait Wer
sind die gesellen sprach die kunigin
die mit euch geklaidet ze hofe sullen
sein Er sprach Jch selbuierde zwen
mein man Danckwart vnd
Hagene sullen ze hofe mit mir
gan Jr solt vil rechte mercken
was ich euch frawe sag daz ich
selbuierde ze vier tagen trage
ye dreyer hannde klaider vnd al
so gewant daz wir ane schannde
kuemen Praunhilden lant
Mit gutem vrlaube die herren
schieden dan da hiess ir junckfraw
en dreyssig maide gan aus ir
kemmenaten Chrymhilt die kü
nigin die zu solchem werche hetten
grösslichen syn Mit Arabischen sey
den weyss als der schnee Vnd von
Zazamanch der guten gruenen
alsam der klee darynne sy legten
Staine des wurden güte klaid selbe

fol. Cva ll. 1–34

Ir ſolt mich Ritter edele nicht
ſoꝛgende petteŋ / Ir ſolt mir gepie=
teŋ mit herꝛlichem ſiteŋ / was
euch voŋ mir geualle / des bin
ich euch berait / vnd tůŋ es wil
liklich / ſprach die wunnekliche
maid / Wir welleŋ liebe Sweſteꝛ
tragen gut gewant / das ſol helffŋ̄
průuen ewꝛ edle hanndt des vol
ziehen ewr magede / daʒ es vnns
rechte ſtat / wann wir der feꝛte
han dhainer ſchlachte rat Da
ſprach die junckfraw / nu merc=
ket was ich ſag / Ich han ſelbs ſeydŋ̄
nu ſchaffet daʒ man trage geſtaiŋ
vnns auf den Schildeŋ / ſo wurchŋ̄
wir die claid / des willeŋ was do
Gunther vnd Seyfꝛid berait / Weꝛ
ſind die geſelleŋ / ſprach die kunigiŋ /
die mit euch geklaidet ze hofe ſullŋ̄
ſeiŋ / Er ſprach Ich ſelbuierde zweŋ
mein maŋ / Danckwart vnd
Hagene / ſülleŋ ze hofe mit mir
gaŋ Ir ſolt vil rechte merckeŋ
was ich euch frawe ſag / daʒ Ich
ſelbuierde ze Veÿertageŋ trage /
Ye dreyerhannde klaider / vnd al=
ſo gewant / daʒ wir ane ſchande
ruemeŋ Praunhildeŋ lant ·
Mit gůtem vrlaube die herreŋ
ſchiedeŋ / daŋ / da hieſs ir junckfraũ=
eŋ dreÿſſig maide gaŋ / aus jr
kemmenateŋ / Chrymhilt die kũ=
nigin / die zu ſolchem werche hettŋ̄

354 Ir solt mich Ritter edele nicht sorgende pitten
Ir solt mir gepieten mit herrlichem siten
was euch von mir geualle des bin ich euch berait
vnd tuon es wil liklich sprach die wunnekliche maid

355 Wir wellen liebe Swester tragen gut gewant
das sol helffen pruouen ewr edle hanndt
des vol ziehen ewr magede daz es vnns rechte stat
wann wir der ferte han dhainer schlachte rat

356 Da sprach die junckfraw nu mercket was ich sag
Ich han selbs seyden nu schaffet daz man trage
gestain vnns auf den Schilden so wurchen wir die claid
des willen was do Gunther vnd Seyfrid berait

357 Wer sind die gesellen sprach die kunigin
die mit euch geklaidet ze hofe sullen sein
Er sprach Ich selbuierde zwen mein man
Danckwart vnd Hagene süllen ze hofe mit mir gan

358 Ir solt vil rechte mercken was ich euch frawe sag
daz Ich selbuierde ze Veyertagen trage
Ye dreyerhannde klaider vnd also gewant
daz wir ane schande ruemen Praunhilden lant

359 Mit guotem vrlaube die herren schieden dan
da hiess ir junckfrauen dreyssig maide gan
aus jr kemmenaten Chrymhilt die künigin
die zu solchem werche hetten gröslichen syn

en dreyssig maide gan aus ze
kemmenaten. Chrymhilt die kü
nigin die zu solchem werche hettn
grösliche syn Mit Arabischen sey
den weys so als der schnee Und von
Zazamanch der güten greuenen
alsam der klee darynne sy legtn
stanne des wurden güte klaid selbe
schnaid Sy Chrimhilt die vil her
liche mayd Von frombder visch
hauten bezoch wolgetan ze sehen
frombden leüten was man der
gewan die degkten sy mit seyden so
sy solten tragen Nu horet michel
wunder von der liechten were sa
gen Von Marroch aus dem lan
de und auch von Libian die aller
pessten seyden die ye mere gewan
dhaines künges künne der hetten
sy genüg wol liess das scheinen
Chrimhilt das sy in holden willn
trüg Seyt sy der hohen ferte hetn
un begert hermyn federn die dauch
ten sy unwert Phelle darober lagn
schwartz als sam ein kol das noch
schnellen helden stunde in hochzei
ten wol Des Arabischen goldes vil
gestaines schain der frawen unmüz
ze die was nicht klain ynner Siben
wochen beraiten sy die klaid da
was auch ir gewaffen den güten
ritern berait Do sy beraitet wa
ren da was in auf den Rein gem
achet vleissikleich ein starches
schiffelein das sy tragen solte
wol nider an den See den edlen
junckfrawen was von arbaiten we

fol. Cva ll. 35–68

gröſlichen ſyŋ Mit Arabiſcheŋ ſeÿ=
deŋ weÿſϐ alσ der ſchnee / Vnd von
Zazamanch der gůten grüeneŋ
alſam der klee / darÿnne ſy legtŋ̄
Staine / deϐ wurdeŋ gůte klaid / ſelbe
ſchnaid Sy Chrimhilt / die vil her=
liche mayd Uoŋ frombder Viſch=
hauteŋ betʒoch wolgetaŋ / ze ſeheŋ
frömbden leüteŋ / waϐ man der
gewan / die ꝺegkteŋ ſy mit ſeydeŋ / ſo
ſy ſolten trageŋ / Nu hoꝛet michel
wunder / voŋ der liechten were ſa=
gen Uoŋ Marroch auϐ dem lan=
de / vnd auch voŋ Libiaŋ die aller
peſten ſeydeŋ / die ye mere gewaŋ /
dhaineϐ kunigeϐ kunne / der hetteŋ
ſy genůg / wol lieſϐ daϐ ſcheineŋ
Chrimhilt / daʒ ſy in holdeŋ willŋ̄
trůg Seyt ſy der hohen ferte hetŋ̄
nu begert / hermÿŋ federŋ die dauch=
ten ſy vnwert / Phelle daroheŋ lagŋ̄
Schwartʒ alσ ſam ein kol / daϐ nach
ſchnellen helden ſtůnde in hochʒei=
te wol / Deϐ Arabiſchen golde vil
geſtaineϐ ſchain der Fraweŋ vnmůʒ=
ʒe die waϐ nicht klain / ÿnner Sibŋ̄
wocheŋ beraiten ſy die klaid / da
waϐ auch Ir gewaffeŋ · deŋ gůteŋ
Reckheŋ berait / Da ſy beraitet wa=
reŋ / da waϐ jŋ auf deŋ Rein gem=
achet / vleiſſiklich ein ſtarcheϐ
Schiffeleiŋ / daϐ Sy tragen ſolte /
wol nider aŋ deŋ See / deŋ edlenn
junckfraweŋ waϐ voŋ arbaitŋ̄ wee /

die zu solchem werche hetten gröslichen syn

360 Mit Arabischen seyden weyss als der schnee
Vnd von Zazamanch der guoten grüenen alsam der klee
darynne sy legten Staine des wurden guote klaid
selbe schnaid Sy Chrimhilt die vil herliche mayd

361 Uon frombder Vischhauten betzoch wolgetan
ze sehen frömbden leuten was man der gewan
die degkten sy mit seyden so sy solten tragen
Nu horet michel wunder von der liechten were sagen

362 Uon Marroch aus dem lande vnd auch von Libian
die aller pesten seyden die ye mere gewan
dhaines kuniges kunne der hetten sy genuog
wol liess das scheinen Chrimhilt daz sy in holden willen truog

363 Seyt sy der hohen ferte heten nu begert
hermyn federn die dauchten sy vnwert
Phelle daroben lagen Schwartz als sam ein kol
das nach schnellen helden stuonde in hochzeite wol

364 Des Arabischen golde vil gestaines schain
der Frawen vnmuozze die was nicht klain
ynner Siben wochen beraiten sy die klaid
da was auch Ir gewaffen den guoten Reckhen berait

365 Da sy beraitet waren da was jn auf den Rein
gemachet vleissiklich ein starches Schiffelein
das Sy tragen solte wol nider an den See
den edlenn junckfrawen was von arbaiten wee

fol. Cvb ll. 1–34

Da ſagt maŋ den Reckeŋ jŋ
wereŋ nu berait / da ſy da fuerŋ
ſolteŋ Jr zierliche klaid / deſ ſy
da begerteŋ / daſ waſ nu getaŋ /
da wolteŋ ſy nicht lennger beÿ
dem Rein beſtan / Nach den heꝛ=
geſellen ward ein pot geſant / ob
Sy ſchaweŋ wolten jr neweſ ge=
want / ob eſ deŋ helden were ze
kurtʒ / vnd auch ze lanng / eſ
waſ in rechter maſſe / deſ ſagtŋ̄
Sy den frawen dannck Für
alle die Sy komeŋ / die můſten
jn deſ iehen / daʒ ſy in der welde
hetten peſſerſ nicht geſehen / deſ
mochten ſy gernne da ze hofe tꝛa=
gen / voŋ peſſer Recken wate kun=
de niemand nicht geſagen Uil
grőſlicheſ dannckeŋ / ward da
nicht verdait / da begerten vꝛ=
laubeſ die helden vil gemait /
in Ritterlicheŋ zůchten / die
herreŋ tetten daſ / deſ wurden
liechte augen voŋ waineŋ tꝛůe=
be vnd naſ / Sy ſprach vil lie=
ber Bꝛůeder Ir mochtet noch
beſtaŋ / vnd wurbet annder frau=
en / daſ hieſs jch wol getan / da eu
ſo ſere die wagnůſ ſtůende nicht
der leib / jr můgt hie näher vindŋ̄
ein alſo hochgepoꝛn weyb Ich
wene jn ſag jr hertʒe dar / in da=
uoŋ geſchach / Sy wareŋ alle ge=
leiche / waſ yeman geſprach / jr

366 Da sagt man den Recken jn weren nu berait
da sy da fuern solten Jr zierliche klaid
des sy da begerten das was nu getan
da wolten sy nicht lennger bey dem Rein bestan

367 Nach den hergesellen ward ein pot gesant
ob Sy schawen wolten jr newes gewant
ob es den helden were ze kurtz vnd auch ze lanng
es was in rechter masse des sagten Sy den frawen dannck

368 Für alle die Sy komen die muosten jn des iehen
daz sy in der welde hetten pessers nicht gesehen
des mochten sy gernne da ze hofe tragen
von pesser Recken wate kunde niemand nicht gesagen

369 Uil grösliches danncken ward da nicht verdait
da begerten vrlaubes die helden vil gemait
in Ritterlichen züchten die herren tetten das
des wurden liechte augen von wainen trüebe vnd nas

370 Sy sprach vil lieber Brüeder Ir mochtet noch bestan
vnd wurbet annder frauen das hiess jch wol getan
da eu so sere die wagnus stüende nicht der leib
jr mügt hie näher vinden ein also hochgeporn weyb

371 Ich wene jn sag jr hertze dar in dauon geschach
Sy waren alle geleiche was yeman gesprach
jr golt jn vor den prüsten ward von iren henen sal

wenne jn sag jr hertze dar in davon geschach. Sy waren alle geleiche was yeman gesprach jr
golt jn vor den prüsten ward von
wein herren sal. die vielen jn genote
von den augen hin ze tal. Sy
sprach herre Seyfrid lat euch bevolhen sein auf trew und auf
genade den lieben prueder mein.
daz im icht gewerre in praunhilden lanndt. das lobet der vil
küene in frawen Chrimhilden
hant Da sprach der degen
reiche ob mir mein leben bestat.
so solt jr fraw aller sorgen habn.
rat ich bring jn euch gesunden
herwider an den Rein. das wisst
sicherlichen da naiget das schöne
magedein. Ir golt varb schilde man trug jn auf den sande.
und bracht jn zu den scheffen
alles jr gewannde. jr Ross hiess
man zu ziehen. sy wolten reiten
dann. da ward von schönen frau-
en vil michel wainen getan.
Da stunden in den venstern
die wunneklichen kind. Jr schiffe
mit segelen das ruert ain hoher
wint. die stolzen hergesellen
die sassen auf den Rein. da sprach
der künig Gunther wer sol
mir schefmaister sein. Das
wil ich sprach Seyfrid. Ich kan
euch auf der flůt hynnen wol
gefueren. das wisset helde gůt
die rechten wasserstrassen. die
sint mir wol bekannt. Sy schie-

fol. Cvb ll. 35–68

golt jŋ voꝛ den pꝛűſten ward voŋ
iren henen ſal / die vieleŋ jn genote
voŋ den augen hin ze tal / Sy
ſprach herre Seÿfꝛid / lat euch be=
uolhen ſein / auf trew / vnd auf
genade / den lieben Bꝛűeder meiŋ /
daʒ im icht gewere iŋ praŭn=
hilden lanndt / daꞩ lobet der vil
kűene in Frawen Chrimhilꝺŋ̄
hant / Da ſprach der Degen=
reiche / ob mir mein leben beſtat /
ſo ſolt jr Fraw aller ſoꝛgeŋ / habŋ̄ /
rat / Ich bꝛing jn euch geſundeŋ
herwider aŋ den Rein · daꞩ wiſſt
ſicherlicheŋ / da naiget daꞩ ſchöne
magedein / Ir golt varb ſchil=
de maŋ trůg jn auf den ſande /
vnd bꝛacht jn zu Ireŋ Scheffeŋ
alleꞩ jr gewannde / jr Roſσ hieſσ
maŋ zu zieheŋ / ſy wolten reitŋ̄
dann / da ward voŋ ſchoneŋ fꝛau=
en / vil michel waineŋ getaŋ /
Da ſtűndeŋ in deŋ ꝩenſteꝛŋ /
die wunneklicheŋ kinꝺ / jr Schiffe
mit Segeleŋ / daꞩ rűert ein hoheꝛ
wint / die ſtolʒen hergeſelleŋ /
die ſaſſen auf den Rein / da ſpꝛacẖ
der kunig Gunther / wer ſol
nu Schefmaiſter ſein Daσ
wil ich ſprach Seÿfꝛid / jch kaŋ
euch auf der flůt / hynneŋ wol
gefuereŋ / daꞩ wiſſet Helde gůt
die rechteŋ waſſerſtraſſeŋ / die
ſint mir wol bekannt / Sy ſchie=

jr golt jn vor den prüsten ward von iren henen sal
die vielen jn genote von den augen hin ze tal

372 Sy sprach herre Seyfrid lat euch beuolhen sein
auf trew vnd auf genade den lieben Brüeder mein
daz im icht gewere in praunhilden lanndt
das lobet der vil küene in Frawen Chrimhilden hant

373 Da sprach der Degenreiche ob mir mein leben bestat
so solt jr Fraw aller sorgen haben rat
Ich bring jn euch gesunden herwider an den Rein
das wisst sicherlichen da naiget das schöne magedein

374 Ir golt varb schilde man truog jn auf den sande
vnd bracht jn zu Iren Scheffen alles jr gewannde
jr Ross hiess man zu ziehen sy wolten reiten dann
da ward von schonen frauen vil michel wainen getan

375 Da stuonden in den venstern die wunneklichen kind
jr Schiffe mit Segelen das rüert ein hoher wint
die stoltzen hergesellen die sassen auf den Rein
da sprach der kunig Gunther wer sol nu Schefmaister sein

376 Das wil ich sprach Seyfrid jch kan euch auf der fluot
hynnen wol gefueren das wisset Helde guot
die rechten wasserstrassen die sint mir wol bekannt
Sy schieden frölichen aus der Burgundien lannt

den frolichen aus der Burgundien lannt. Seyfrid da balde ein schalden gewan von stade begunde schieben der krefftig man Gunther kuene ein rueder selber nam da huben sich von Lande die schnellen Ritter lobesam Sy fuerten reiche speyse darzu vil guten wein den pesten so man kunde vinden umb den Rein Ir Ross die stunden schon sy hetten gut gemach Ir Schef das gieng vil eben wie lutzel laides in geschach Ir vil starchen Segelsayl die wurden in gestrackt sy furen zwaintzig meile ee daz es wurde nacht mit einem guten winde verre dan getragen gegen Isenstaine in Praunhilden landt das was ir dhainem nun Seyfriden bekant. Do der kunig Gunther so vil der Burge sach und auch die weiten marche wie balde Er do sprach saget mir freundt Seyfrid ist euch das bekannt wes sind dise Burge und auch das herlich lannt. Des antwurt Seyfrid es ist mir wol bekant es ist Praunhildn leute und lannd. Isenstaine die veste als Ir mich horet iehen da mugt ir noch heute vil schoner frawen sehen Und wil euch helden raten ir einen mut das ir recht geleiche Ja dunckt es mich gut wenn wir noch heute fur Prawnhilden geen so muessen wir mit sorgen vor der kunigin steen So wir die mynniklichen

fol. Cvc ll. 1–34

deŋ / frőlicheŋ auσ der Bur=
gundieŋ lannt / Seyfꝛid da bal=
de ein ſchalden gewaŋ / voŋ ſtade
begunde ſchiebeŋ / der krefftig maŋ /
Gŭnther kűene ein Rueder ſelbeꝛ
nam / da hůben ſich von Lande /
die ſchnelleŋ Ritter lobeſan Sÿ
fűrten reiche ſpeyſe / dartʒů vil
gůten wein / den peſten ſo maŋ
kunde vinden / vmb den Rein / Jr
Roſs die ſtűndeŋ ſchoŋ / ſy hetteŋ
gůt gemach / Ir Schef daσ gieng
vil ebeŋ / wie lűtʒel laideσ jŋ geſcɦacɦ /
Ir vil ſtarchen Segelſaÿl / die
wurdeŋ jn geſtrackt / ſy fűreŋ
zwaintʒigk meile / ee ꝺaʒ eσ wurde
nacht / mit einem gůteŋ winde
verre daŋ getrageŋ gegeŋ Iſen=
ſtaine in Praŭnhilden landt /
daσ waσ jr dhainem nuŋ Seÿ=
fꝛiden bekant / Do der kűnig
Gunther / ſo vil der Burge ſach /
vnd auch die weiteŋ marche /
wie balde Er do ſpꝛach / ſaget mir
Freundt Seÿfꝛid / iſt euch daσ be=
kannt / weσ ſind diſe Burge / ʋnd
auch daσ herlich lannt / Deσ
anntwurt Seyfꝛid / eσ iſt mir
wol bekant / eσ iſt Praunhildŋ
Leŭte vnd lannd / Jſenſtaine
die ʋeſte / alσ jr mich hőꝛet ieɦeŋ /
da mŭgt jr noch heute / vil ſchö=
ner fraweŋ ſeheŋ Und wil eucɦ
helden raten / ir eineŋ můt / daʒ

Sy schieden frölichen aus der Burgundien lannt

377 Seyfrid da balde ein schalden gewan
von stade begunde schieben der krefftig man
Gunther küene ein Rueder selber nam
da huoben sich von Lande die schnellen Ritter lobesan

378 Sy fuorten reiche speyse dartzuo vil guoten wein
den pesten so man kunde vinden vmb den Rein
Jr Ross die stuonden schon sy hetten guot gemach
Ir Schef das gieng vil eben wie lützel laides jn geschach

379 Ir vil starchen Segelsayl die wurden jn gestrackt
sy fuoren zwaintzigk meile ee daz es wurde nacht
mit einem guoten winde

380 verre dan getragen
gegen Isenstaine in Praunhilden landt
das was jr dhainem nun Seyfriden bekant

381 Do der künig Gunther so vil der Burge sach
vnd auch die weiten marche wie balde Er do sprach
saget mir Freundt Seyfrid ist euch das bekannt
wes sind dise Burge vnd auch das herlich lannt

382 Des anntwurt Seyfrid es ist mir wol bekant
es ist Praunhilden Leute vnd lannd
Jsenstaine die veste als jr mich höret iehen
da mügt jr noch heute vil schöner frawen sehen

383 Und wil euch helden raten ir einen muot
daz jr recht geleiche Ia dunckt es mich guot

da mugt ir noch heute wil ... ner frawen sehen. Und wil euch helden raten ir einen mut daz Jr recht geleiche. Da dunckt es mich gut, wenn wir noch heute für Praunhilden geen, so muessen wir mit sorgen vor der kunigin steen. So wir die mynnikleichen bey irem geswinde sehen, so solt ir helde mare von einer rede iehen. Gunther sey mein herre und ich sey sein man, des er hat gedingen das wirt alles getan. Da warn sy berait was er sy loben hieß durch ir ubermute ir dhainer es nicht. sy iahen wes er wolte davon jm wol geschach, do der kunig Gunther die schöen Praunhilde sach. Ja lob ich nicht so verre durch die liebe dein, so durch dein swester das schöne magedein. die ist mir sam mein sele und als mein selbs leib. Ich wil das gerne dienen, daz sy werde mein weyb.

fol. Cvc ll. 35–56

jr recht geleiche · Ia dunckt eσ mich
gůt / wenn wir noch heute fű̈r
Prawnhilden geeŋ / ſo mű̈eſſeŋ
wir mit ſoꝛgen voꝛ der künigin
ſteeŋ / So wir die mÿnniklichŋ̄
bey jrem geſynnde ſeheŋ / ſo ſolt jr
helde mare / voŋ einer rede ieheŋ /
Gunther ſey mein herre / Vnd ich
ſey ſein maŋ / deɞ er hat gedingŋ̄
daɞ wirt alleɞ getaŋ / Da waꝛŋ
Sy berait · waɞ er ſy lobeŋ hieſσ
durch jr vbermůte · ir dhainer
eɞ nicht / ſy iaheŋ weɞ er wolte /
dauoŋ jn wol geſchach / do der
kunig Gunther die ſchő̈en
Praunhilde ſach / Ia lob ichσ
nicht ſo verre / durch die liebe
dein / ſo durch dein Sweſter daσ
ſchöne magedein / die iſt mir
ſam mein ſele / vnd alɞ mein
ſelbσ leib / jch wil daɞ gerne die=
neŋ / daʒ ſy werde mein weÿb /

daz jr recht geleiche Ia dunckt es mich guot
wenn wir noch heute für Prawnhilden geen
so müessen wir mit sorgen vor der künigin steen

384 So wir die mynniklichen bey jrem gesynnde sehen
so solt jr helde mare von einer rede iehen
Gunther sey mein herre Vnd ich sey sein man
des er hat gedingen das wirt alles getan

385 Da warn Sy berait was er sy loben hiess
durch jr vbermuote ir dhainer es nicht
sy iahen wes er wolte dauon jn wol geschach
do der kunig Gunther die schöen Praunhilde sach

386 Ia lob ichs nicht so verre durch die liebe dein
so durch dein Swester das schöne magedein
die ist mir sam mein sele vnd als mein selbs leib
jch wil das gerne dienen daz sy werde mein weyb

Abentheur. Wie Gunther
Praunhilden gewan

IN derselben zeit do was
jr schef gegan der burge
also nahen da sach der ku
nig stan oben in den ven
stern. vil manige schöne
maid. daz er jr nicht er
kant das was Gunthern
laid. Er fraget Seyfrid den ge
sellen sein. ist euch das icht kun
de. umb dise magedein die dort
her nider schawent gen unns auf
die flut. wie jr herre haysse. sy
sein vil hoch gemuet. Da sprach
der herre Seyfrid nu sult jr tau
gen spehen unnder junckfrawen
und sult mir dann jehen. welche
jr nemen woltet. hetet jrs gewalt.
das tun ich also sprach da Gun
ther ein ritter kuen und pald.
Nu sich ich aine in einem ven
sterstan. in schneeweysser wate.
die ist so wolgetan. die wellent mei
ne augen durch jr schönen leib. ob
ich gewalte des hette. sy muesset
werden mein weib. Dir hat er
welt vil rechte deiner augen schein.
es ist die edl Praunhilt. das schöne
magedein. nach der dein hertze ring
et dein syn und auch der muet. alle
jr geparde die dauchte Gunthern
guet. Da hyess die kunigynne
aus den venstern gan. jr herrlich
en maide. sy solten da nicht stan
den frombden an zesehen. des wain
sy berait. was do die frawen tetten

fol. CIra ll. 1–32

Abenntheŭr Wie Gunther
Praŭnhilden gewan

IN derſelbeŋ zeit do was
jr Schef gegaŋ / der Burge
alſo naheŋ / da ſach der ku=
nig ſtaŋ obeŋ iŋ deŋ ven=
ſterŋ / vil manige ſchőne
maid / daʒ er jr nicht er=
kant / das was Gűntherŋ
laid / Er fraget Seyfꝛid deŋ ge=
ſelleŋ ſein / iſt euch das icht kun=
de / vmb diſe magedein / die doꝛt
her nider ſchaẘent gen vnns auf
die huet / wie jr herre hayſſe / ſy
ſein vil hochgemůt / Da ſpꝛach
der herre Seyfꝛid nu ſult jr tau=
gen ſpehen vnnder junckfraẘeŋ
vnd ſult mir danne iehen / welche
jr nemeŋ woltet / hetet jrs gewalt /
das tůŋ ich alſo ſprach da Gun=
ther ein Ritter kuen vnd pald /
Nu ſich ich aine in einem ʋen=
ſter ſtan / in ſchneeweÿſſer wate /
die iſt ſo wol getan / die wellent mei=
ne augeŋ / durch jr ſchőneŋ leib / ob
ich gewalte des hette / ſy müeſſet
werdeŋ mein weib / Mir hat er
welt vil rechte deiner augen ſcheiŋ /
es iſt die edl Praunhilt / das ſchöne
magedein / nach der dein hertʒe ring=
et / dein ſÿn vnd auch der můt / alle
jr gepärde / die daucht Guntheꝛŋ

7 Abenntheur Wie Gunther Praunhilden gewan

387 IN derselben zeit do was jr Schef gegan
der Burge also nahen da sach der kunig stan
oben in den venstern vil manige schöne maid
daz er jr nicht erkant das was Gunthern laid

388 Er fraget Seyfrid den gesellen sein
ist euch das icht kunde vmb dise magedein
die dort her nider schawent gen vnns auf die huet
wie jr herre haysse sy sein vil hochgemuot

389 Da sprach der herre Seyfrid nu sult jr taugen spehen
vnnder junckfrawen vnd sult mir danne iehen
welche jr nemen woltet hetet jrs gewalt
das tuon ich also sprach da Gunther ein Ritter kuen vnd pald

390 Nu sich ich aine in einem venster stan
in schneeweysser wate die ist so wol getan
die wellent meine augen durch jr schönen leib
ob ich gewalte des hette sy müesset werden mein weib

391 Mir hat er welt vil rechte deiner augen schein
es ist die edl Praunhilt das schöne magedein
nach der dein hertze ringet dein syn vnd auch der muot
alle jr gepärde die daucht Gunthern guot

mägedein nach der dein hertze ringet dein syn vnd auch der muet Alle
Jr geparde die dauchte Gunthern
gut Da hyess die küniginne
aus den venstern gan Jr herrlich-
en maide sy solten da nicht stan
den frombden an zesehen des wärn
Sy berait was do die frawen tettn
das ist vnns auch syder gesayt
Gegen den vnkunden streithen
Sy Jr leib de sy syten hetten die waydelichen weyb an die enngen venster komen Sy gegan da sy die heldn
sahen das ward durch schawen
getan Jr waren nun viere
die kamen in das Lanndt Seyfrid der ein Ross zoch auf den sant
das sahen durch das venster die
vil herrlichen weyb des daucht
sich getanret des kiniges Guntheres leib Der hub im da bey zan-
me das zierlich march gut vnd
schöne vil michel vnd starch vntz
der künig Gunther in den satel
gesass also dient im Seyfrid des
Er doch seyt vil gar vergass Da
zoech er auch daz seine von dem
Schif dann Er het solchen dienst
vil selten ee getan daz Er bey stegrayffe gestuend helde mer das
sahen durch die venster die frawen
schön vnd heer Recht in einer
masse den helden vil gemait von
Schnee planncher varbe Jr Ross vnd
auch Jr Claid waren vil geleich
Jr Schilde wolgetan die leuchtn
von den hannden den vil wayde-

fol. CIra ll. 33–66

gůt / Da hyeſs die küniginne
aus den venſterŋ gan / Ir herꝛlich=
en maide / ſy ſolten da nicht ſtaŋ /
deŋ frőmbdeŋ an zeſehŋ̄ / des waꝛŋ̄
Sy berait / was do die Fraweŋ tettŋ̄
das iſt vnns auch ſyder geſayt
Gegeŋ deŋ vnkündeŋ ſtricheŋ
Sy jr leib / de ſy ſyteŋ hetteŋ die waÿ=
delicheŋ weÿb / aŋ die enngeŋ Venſt=
er komeŋ Sy gegaŋ / da ſy die Heldŋ̄
ſahen / das ward durch ſchaweŋ
getaŋ / Ir wareŋ nun Viere
die kamen in das Lanndt / Sey=
frid der ein Roſs zoch auf den ſant /
das ſahen durch das venſter / die
vil herꝛlichen weyb / des taŭcht
ſich getauret des künigeѕ Gunt=
heres leib / Der hůb im da bey zau=
me das zierlich march gůt vnd
ſchőne / vil michel vnd ſtaꝛch / v̈ntz
der kunig Gŭnther in den ſatel
geſaſs / alſo dient im Seyfꝛid / des
Er doch ſeÿ̈t vil gar vergaſs / Da
zoech er auch daʒ ſeine voŋ dem
Schif / dann Er het ſolchen dienſt /
vil ſelteŋ ee getaŋ / daʒ Er bey ſteg=
raÿffe geſtuend helde mer / das
ſahen durch die venſter die fraweŋ
ſchőŋ vnd heer / Recht in einer
maſſe den helden vil gemait / voŋ
Schnee plancher varbe / Ir Roſs · vnd
auch jr Claid / wareŋ vil geleich /
Ir Schilde wolgetan / die leŭchtŋ̄
von den hannden / den vil waÿde=

alle jr gepärde die daucht Gunthern guot

392 Da hyess die küniginne aus den venstern gan
Ir herrlichen maide sy solten da nicht stan
den frömbden an zesehen des waren Sy berait
was do die Frawen tetten das ist vnns auch syder gesayt

393 Gegen den vnkunden strichen Sy jr leib
de sy syten hetten die waydelichen weyb
an die enngen Venster komen Sy gegan
da sy die Helden sahen das ward durch schawen getan

394 Ir waren nun Viere die kamen in das Lanndt
Seyfrid der ein Ross zoch auf den sant
das sahen durch das venster die vil herrlichen weyb
des taucht sich getauret des küniges Guntheres leib

395 Der huob im da bey zaume das zierlich march
guot vnd schöne vil michel vnd starch
v̈ntz der kunig Gunther in den satel gesass
also dient im Seyfrid des Er doch seyt vil gar vergass

396 Da zoech er auch daz seine von dem Schif dann
Er het solchen dienst vil selten ee getan
daz Er bey stegrayffe gestuend helde mer
das sahen durch die venster die frawen schön vnd heer

397 Recht in einer masse den helden vil gemait
von Schnee plancher varbe Ir Ross vnd auch jr Claid
waren vil geleich Ir Schilde wolgetan
die leuchten von den hannden den vil waydelichen man

lichen man. Ir satel wolgestainet Ir fürpüege schmal, Sy riten herrlichen für praunhilden sal. daran hiengen schellen vom liechtem golt rot. Sy kamen zu dem Lannde als er Ir ellen gepot Mit spern newen schliffen. mit schwerten wolgetanen die auf die sporn giengen den waydelichen man. die fuertn die vil kuenen scharff vnnd darzu prait das sach alles Praunhilt die vil herlich maid Mit Inkomen da Danckwart vnnd auch Hagene wir horen sagen mare wie die degene von Raben schwarczer varbe truegen reiche klaid Ir Schilde waren schone michel gut vnd prait Von India dem lande man sach sy stanne tragen die koss man an Ir wate vil herrlichen wagen. sy liessen one hüte Ir schiffe bey der flut. sunst riten zu der purge die helden küen vnd gut Sechs vndachtzig Turn sy sahen darynne stan drey palas weyte vnd ein sal wolgetan von edlen mermelstainen gruenen alsam ein gras darynne selbe Praunhilt mit Ir gesynnde was Die Purg was entslozzen vil weyt aufgetan do lieffen Jn entgegen die praunhildes man, vnd emphiengen dise geste in Ir frawen lanndt Jr Ross hiess man behalten vnd Ir Schilt von der hanndt Da sprach ein kammerere Ir solt vnns geben die schwert vnd die liechten prünne des seyt Ir vn-

fol. CIrb ll. 1–34

lichen man / Ir ſätel wol ge=
ſtainet / Jr fürpüege ſchmal /
Sy riteŋ herꝛlichen für prauŋ=
hilden ſal / daran hiengen ſchel=
len vom liechtem golt rot / Sy
kameŋ zu dem Lannde / als es jr
elleŋ gepot / Mit ſperŋ newen
ſchliffen / mit ſchwerten wolge=
tanen die auf die ſpoꝛŋ giengŋ̄ /
den waydelichen maŋ / die fueꝛtŋ̄
die ʋil kueneŋ / ſcharff ʋnd ꝺaꝛtʒů
prait / das ſach alles Praunhilt
die vil herlich maid / Mit jn kom=
eŋ da Danckwart / vnd auch Ha=
gene / wir hoꝛeŋ ſagen märe / wie
die degene von Rabeŋ / ſchwartʒ=
er ʋarbe trüegen reiche klaiꝺ / jr
Schilde waren ſchöne / michel gůt
vnd prait / Uoŋ jndia dem lande
man ſach ſy ſtaine tragen / die
koß maŋ aŋ jr wate vil herꝛlichŋ̄
wagen / ſy lieſſen one hůte / Ir ſchifl
bey der flůt / ſunſt riten zu der puꝛge
die helꝺen küen ʋnꝺ gůt / Sechs
undachtʒig Turŋ ſy ſahen darÿnne
ſtan / drey Palas weyte / vnd ein
ſal wolgetan / von edlen mermel=
ſtainen grüeneŋ alſaŋ ein gras /
darÿnne ſelbe Praünhilt mit jꝛ
geſynnde was / Die Purg was
entſloʒʒen vil weÿt aufgetan /
do lieffen jn entgegen / die Praüŋ
hildes maŋ / vnd emphiengeŋ
diſe geſte iŋ jr fraweŋ lanndt /

die leuchten von den hannden den vil waydelichen man

398 Ir sätel wol gestainet Jr fürpüege schmal
Sy riten herrlichen für praunhilden sal
daran hiengen schellen vom liechtem golt rot
Sy kamen zu dem Lannde als es jr ellen gepot

399 Mit spern newen schliffen mit schwerten wolgetanen
die auf die sporn giengen den waydelichen man
die fuerten die vil kuenen scharff vnd dartzuo prait
das sach alles Praunhilt die vil herlich maid

400 Mit jn komen da Danckwart vnd auch Hagene
wir horen sagen märe wie die degene
von Raben schwartzer varbe trüegen reiche klaid
jr Schilde waren schöne michel guot vnd prait

401 Uon jndia dem lande man sach sy staine tragen
die koß man an jr wate vil herrlichen wagen
sy liessen one huote Ir schifl bey der fluot
sunst riten zu der purge die helden küen vnd guot

402 Sechs undachtzig Turn sy sahen darynne stan
drey Palas weyte vnd ein sal wolgetan
von edlen mermelstainen grüenen alsam ein gras
darynne selbe Praunhilt mit jr gesynnde was

403 Die Purg was entslozzen vil weyt aufgetan
do lieffen jn entgegen die Praun hildes man
vnd emphiengen dise geste in jr frawen lanndt

Do lieffen in entgegen die Praun
hildes man / vnd emphiengen
dise geste in ir frawen lanndt
Ir Roß hieß man behalten
vnd ir Schilt von der hanndt
Da sprach ein kammerere ir
solt vnns geben die schwert vnd
die liechten prinne des seyt ir vngewert sprach von Tronege hagene wir wellens selbe tragen
da begunde in Seyfrid dauon die
rechten mere sagen Man phligt
in diser Burge das wil ich euch
sagen daz dhaine geste hie waffen
sullen tragen nu lat sy tragen
hynnen das ist wol getan des volget vil vngerne hagene Guntheres man Man hieß den gest-
en schencken vnd schuff in ir
gemach vil manigen schnellen
recken man da ze hofe sach in
fürstlicher wate allenthalben
gan doch ward michel schawen
an die vil küenen getan Da
ward fraw Praunhilden gesagt
mit maren daz vnkunde recken
da komen weren in herrlicher
wat geflozzen auf der flut dauon
begunde fragen die magt schöne
vnd gut Ir solt mich lassen hörn
sprach die künigin wer die vil
vnkunden recken kumen sein
die in meiner Burge so herliche
en stan Vnd durch wes liebe
die helde heer gefarn han Da
sprach ain ir gesinde fraw ich
mag wol iehen daz ich ir dhai-

fol. CIrb ll. 35–68

jr Roſs hieſσ maŋ behalten /
vnd jr Schilt von der hanndt /
Da ſprach ein kammerere / jr
ſolt vnnɞ geben die ſchwert / vnd
die liechten prŭne / deɞ ſeyt jr vn=
gewert / ſprach von Tꝛonege Ha=
gene / wir wellenɞ ſelbe tragen /
da begunde im Seyfꝛid dauoŋ die
rechten mere ſagen / Maŋ phligt
in diſer Burge daɞ wil ich euch
ſageŋ / daʒ dhaine geſte hie waffŋ̄ /
ſulleŋ tragen / nu lat ſy trageŋ /
hynneŋ daɞ iſt wol getan / deɞ vol=
get vil vngerne Hagene Gunt=
hereɞ man / Maŋ hieſσ deŋ geſt=
eŋ ſchennckeŋ / vnd ſchůff jn Ir
gemach / vil manigen ſchnellŋ̄
Recken / man da ze hofe ſach / iŋ
Fürſtlicher wate allenthalbeŋ
gan / doch ward michel ſchaweŋ
an die vil kuenen getaŋ / Da
ward fraw Praunhildeŋ geſagt
mit märeŋ / daʒ vnkŭnde Reckŋ̄
da komeŋ wëren / in herꝛlicher
wat gefloʒʒeŋ auf der flůt / dauoŋ
begunde frageŋ die magt ſchŏne
vnd gůt / Ir ſolt mich laſſen höꝛŋ̄
ſprach die kŭnigin wer die vil
vnkundeŋ reckeŋ kumeŋ ſeiŋ /
die in meiner Burge ſo herˀlich=
eŋ ſtaŋ / Vnd durch weɞ liebe
die helde heer gefarŋ haŋ / Da
ſprach aiŋ jr geſinde Fraw ich
mag wol ieheŋ / daʒ Ich jr ∂hai=

jr Ross hiess man behalten   vnd jr Schilt von der hanndt

404 Da sprach ein kammerere   jr solt vnns geben die schwert
vnd die liechten prüne   des seyt jr vngewert
sprach von Tronege Hagene   wir wellens selbe tragen
da begunde im Seyfrid   dauon die rechten mere sagen

405 Man phligt in diser Burge   das wil ich euch sagen
daz dhaine geste   hie waffen sullen tragen
nu lat sy tragen hynnen   das ist wol getan
des volget vil vngerne   Hagene Guntheres man

406 Man hiess den gesten schenncken   vnd schuoff jn Ir gemach
vil manigen schnellen Recken   man da ze hofe sach
in Fürstlicher wate   allenthalben gan
doch ward michel schawen   an die vil kuenen getan

407 Da ward fraw Praunhilden   gesagt mit mären
daz vnkunde Recken   da komen weren
in herrlicher wat   geflozzen auf der fluot
dauon begunde fragen   die magt schöne vnd guot

408 Ir solt mich lassen hören   sprach die künigin
wer die vil vnkunden   recken kumen sein
die in meiner Burge   so herrlichen stan
Vnd durch wes liebe   die helde heer gefarn han

409 Da sprach ain jr gesinde   Fraw ich mag wol iehen
daz Ich jr dhainen   nie mer hab gesehen

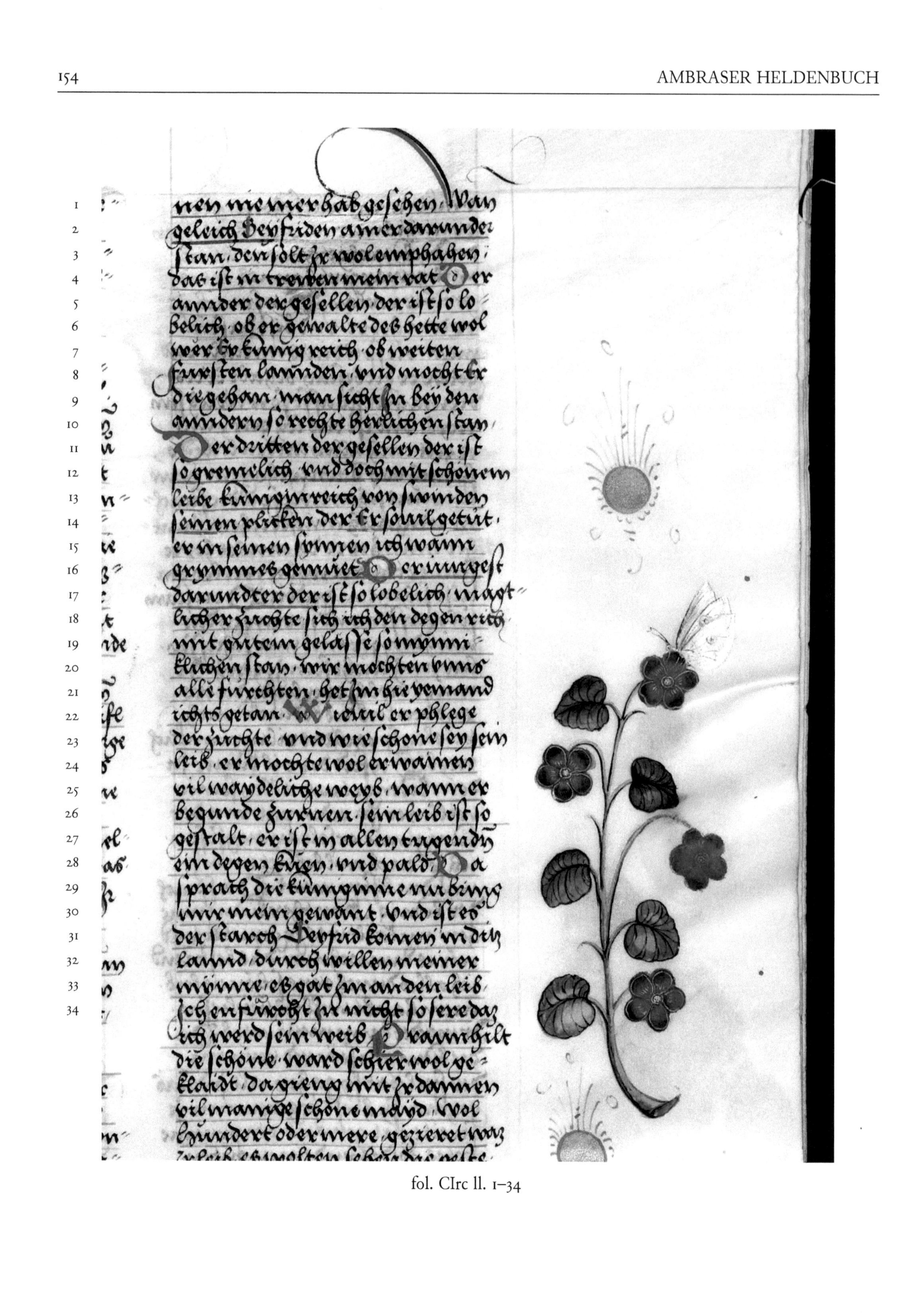

fol. CIrc ll. 1–34

neŋ nie mer hab geſeheŋ / Waŋ̃
geleich Seÿfꝛideŋ ainer darundeꝛ
ſtan / den ſolt jr wol emphaheŋ /
daɞ iſt in trewen mein rat Der
annder der geſelleŋ / der iſt ſo lo=
belich / ob er gewalte deɞ hette wol
wër Er kunig reich / ob weiten
Furſten lannden / vnd mocht Er
die gehan / man ſicht jn beÿ den
anndern ſo rechte herlichen ſtaŋ /
Der dꝛitten der geſelleŋ der iſt
ſo gremelich / vnd doch mit ſchönemŋ
leibe / kunigin reich voŋ ſwindeŋ
ſeinen plicken / der Er ſouil getůt /
er in ſeineŋ ſynneŋ ich wänn
grymmeɞ gemüet Der iungeſt
darundter der iſt ſo lobelich / magt=
licher zuchte / ſich ich den degen rich /
mit gutem gelaſſe / ſo mynni=
klichen ſtaŋ / wir mochten ʋnnσ
alle fürchten / het jm hie yemand
ichtσ getan / Wieuil er phlege
der zuchte / vnd wie ſchone ſey ſeiŋ
leib / er mochte wol erwaineŋ
vil waÿdeliche weyb / wann er
begunde zurnen / ſein leib iſt ſo
geſtalt / er iſt iŋ alleŋ tugendŋ̄
ein degeŋ küeŋ / vnd pald / Da
ſprach die küniginne nu bꝛing
mir mein gewant / ʋnd iſt eσ
der ſtarch Seyfꝛid komeŋ in ditʒ
Lannd / durch willeŋ meiner
mÿnne / eɞ gat jm an den leib /
jch enfürcht jn nicht ſo ſere daʒ

daz Ich jr dhainen nie mer hab gesehen
Wann geleich Seyfriden ainer darunder stan
den solt jr wol emphahen das ist in trewen mein rat

410 Der annder der gesellen der ist so lobelich
ob er gewalte des hette wol wer Er kunig reich
ob weiten Fursten lannden vnd mocht Er die gehan
man sicht jn bey den anndern so rechte herlichen stan

411 Der dritten der gesellen der ist so gremelich
vnd doch mit schönem leibe kunigin reich
von swinden seinen plicken der Er souil getuot
er in seinen synnen ich wänn grymmes gemuet

412 Der iungest darundter der ist so lobelich
magtlicher zuchte sich ich den degen rich
mit gutem gelasse so mynniklichen stan
wir mochten vnns alle fürchten het jm hie yemand ichts getan

413 Wieuil er phlege der zuchte vnd wie schone sey sein leib
er mochte wol erwainen vil waydeliche weyb
wann er begunde zurnen sein leib ist so gestalt
er ist in allen tugenden ein degen küen vnd pald

414 Da sprach die küniginne nu bring mir mein gewant
vnd ist es der starch Seyfrid komen in ditz Lannd
durch willen meiner mynne es gat jm an den leib
jch enfürcht jn nicht so sere daz ich werd sein weib

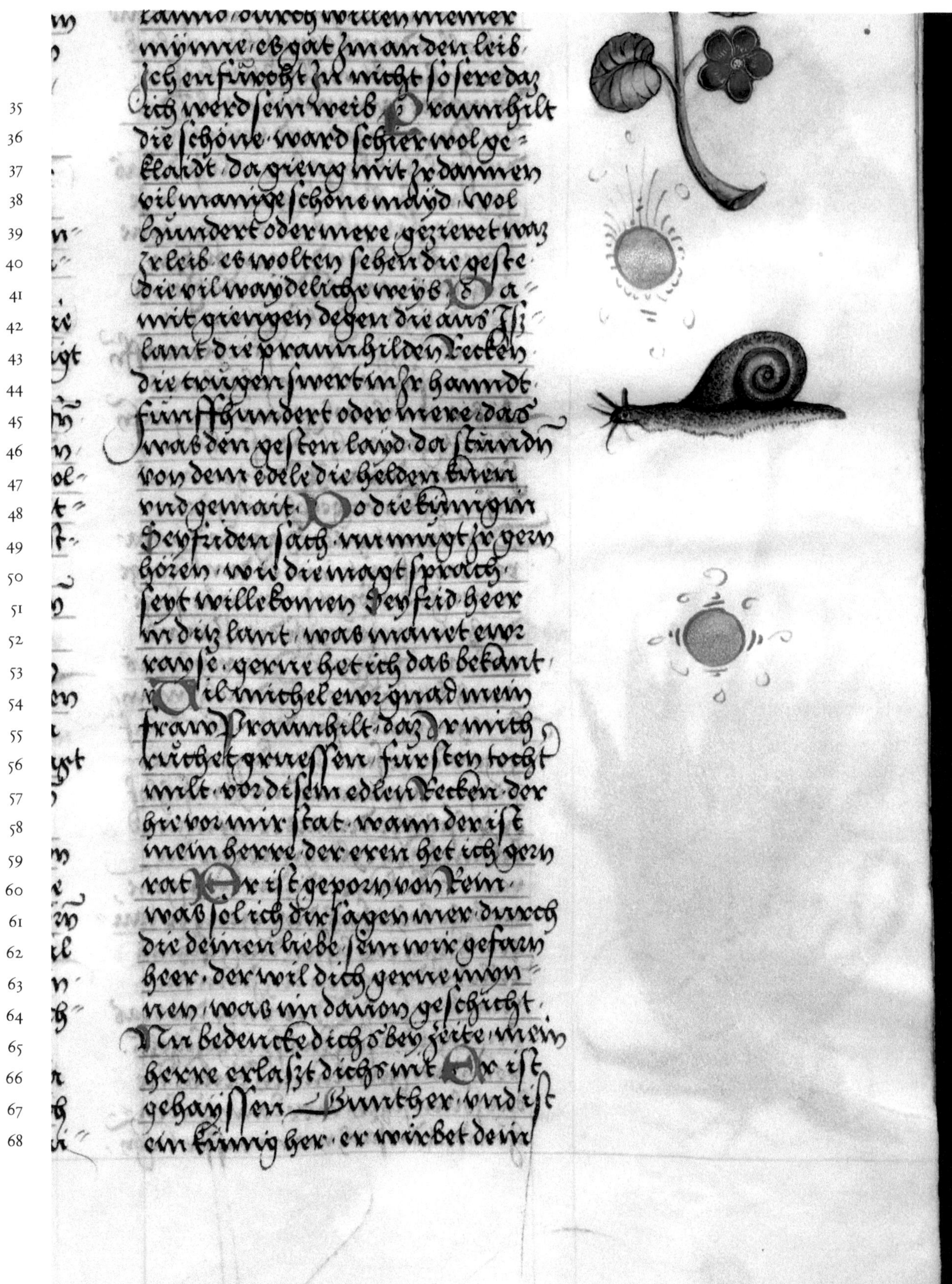

lannd durch wollen meiner
mynne es gat im an den leib
Ich enfürcht in nicht so sere daz
ich werd sein weib. Praunhilt
die schöne ward schier wol geklaidt da gieng mit ir dannen
vil manige schöne mayd wol
hundert oder mere gezieret waz
ir leib es wolten sehen die geste
die vil waydeliche weyb Da
mit giengen degen die aus Jsi-
lant die praunhilden recken
die trugen swert in ir hanndt
fünffhundert oder mere das
was den gesten laid da stunden
von dem edele die helden kuen
und gemait. Do die künigin
Seyfriden sach nu mugt ir gern
hören wie die magt sprach
seyt willekomen Seyfrid heer
in diz lant was mainet ewr
rayse gerne het ich das bekant
Vil michel ewr gnad mein
fraw Praunhilt daz ir mich
ruchet gruessen fürsten tochter milt vor disem edlen recken der
hie vor mir stat wann der ist
mein herre der eren het ich gern
rat Er ist geporn von Rein
was sol ich dir sagen mer durch
die deinen liebe sein wir gefarn
heer der wil dich gerne mynn-
nen was im davon geschicht
Nu bedencke dich d' bey zeite mein
herre erlaszt dichs nicht Er ist
gehaissen Gunther und ist
ein künig her er wirbet dein

fol. CIrc ll. 35–68

ich werd ſein weib / Praunhilt
die ſchöne / ward ſchier wol ge=
klaidt / da gieng mit jr danneŋ
ʋil manige ſchone maÿd / wol
Hŭndert oder mere / geʒieret waʒ
jr leib / eʙ wolteŋ ſehen die geſte /
die vil waÿdeliche weÿb / Da=
mit giengeŋ degen die auσ Jſʒ=
lant / die praunhildeŋ Reckeŋ /
die trůgen ſwert in jr hanndt /
Fŭnffhundert odere mere / daσ
waʙ den geſten laÿd / da ſtŭndŋ̄
voŋ dem edele die helden kuen
vnd gemait / Do die künigin
Seyfꝛiden ſach / nu mŭgt jr geꝛŋ
höꝛeŋ / wie die magt ſprach /
ſeyt willekomeŋ Seyfꝛid / heer
in ditʒ lant / waʙ manet ewꝛ
rayſe / gerne het ich daʙ bekant /
Uil michel ewꝛ gnaꝺ meiŋ
fraw Praŭnhilt / daʒ Ir mich
růchet grueſſen / Furſteŋ tochtˀ
milt / voꝛ diſem edlen Recken / der
hie voꝛ mir ſtat / wann der iſt
mein herre / der eren het ich geꝛŋ
rat Er iſt gepoꝛŋ voŋ Rein /
waʙ ſol ich dir ſageŋ mer / durch
die deinen liebe / ſein wir gefaꝛŋ
heer / der wil dich gerne myn=
neŋ / waʙ im dauoŋ geſchicht /
Nu bedencke dichσ bey zeite / meiŋ
herre erlaſʒt dichσ nit / Er iſt
gehaÿſſen Gunther / vnd iſt
ein kŭnig her / er wirbet dein

jch enfürcht jn nicht so sere daz ich werd sein weib

415 Praunhilt die schöne ward schier wol geklaidt
da gieng mit jr dannen vil manige schone mayd
wol Hundert oder mere gezieret waz jr leib
es wolten sehen die geste die vil waydeliche weyb

416 Damit giengen degen die aus Jszlant
die praunhilden Recken die truogen swert in jr hanndt
Fünffhundert odere mere das was den gesten layd
da stunden von dem edele die helden kuen vnd gemait

417 Do die künigin Seyfriden sach
nu mügt jr gern hören wie die magt sprach
seyt willekomen Seyfrid heer in ditz lant
was manet ewr rayse gerne het ich das bekant

418 Uil michel ewr gnad mein fraw Praunhilt
daz Ir mich ruochet gruessen Fursten tochter milt
vor disem edlen Recken der hie vor mir stat
wann der ist mein herre der eren het ich gern rat

419 Er ist geporn von Rein was sol ich dir sagen mer
durch die deinen liebe sein wir gefarn heer
der wil dich gerne mynnen was im dauon geschicht
Nu bedencke dichs bey zeite mein herre erlaszt dichs nit

420 Er ist gehayssen Gunther vnd ist ein künig her
er wirbet dein vmb dein mynne schone gert er nichts mer

vnd dem mynne schone / gert
er nichts mer ia gepot her ze farn
der Recke wolgetan / mocht ich
mit gewaggert han / ich het es
gerner verlan / Sy sprach ist
er dein herre / vnd bist du sein
man / die spil die ich im taile / vnd
getar er die bestan / behabt er des
die maisterschafft / so wird ich sein
weyb / vnd ist das ich gewynne
es geet euch allen an den leib / Do
sprach von Tronege hagene / fraw
lat vnns sehen ewre spil die starch=
en ee daz euch mueste riehen Gunt=
her mein herre / da mues es herte
sein / er trawet wol erwerben ein
also schone magedein / Den stain
sol werffen vnd springen dar=
nach den ger mit mir schiessen /
lat euch nicht sein ze gach / Jr
mugt wol hie verliesen die ere /
vnd den leib / des bedencket euch
vil eben sprach das vil mynniklich
weyb / Seyfrid der vil kuene zu
dem kunige trat / allen seinen
willen er in reden pat / mit der
kunniginne er solt an angst sein /
ich sol euch wol behueten vor jr
mit den listen mein / Da sprach
der kunig Gunther kunniginne
heer / nu tailt was jr gepietet vnd
wer es dannoch mer / das bestuend
ich alles durch ewrn schonen leib /
mein haubt will ich verliesen /
Jr werdet dann mein weyb / Da
die kunigin sein red vernam
der spil pat sy gahen als jr do das
gezam / sy hiess jr gewinnen ze
streite gut gewant ein prunne
rotes goldes vnd einen guten

fol. CIva ll. 1–34

vmb dein mÿnne ſchone / gert
er nichtσ mer ia gepot her ze faꝛŋ
der Recke wolgetaŋ / mocht ich
imσ gewaygert haŋ / ich het eσ
gerner verlaŋ / Sy ſpꝛach iſt
er dein herre / vnd biſt du ſein
man / die ſpil die ich im taile / vnd
getar er die beſtaŋ / behabt Er deσ
die maiſterſchafft / ſo wird ich ſeiŋ
weyb / ʋnd iſt daσ ich gewynne
eσ geet euch alleŋ an den leib Do
ſprach voŋ Tꝛonege hagene / Fraw̆
lat vnnσ ſeheŋ ewꝛe ſpil die ſtaꝛcŋ=
eŋ / ee daʒ euch müeſte ieheŋ Gunt=
her mein herre / da mův̊σ eσ herte
ſein / er trawet wol erwerbeŋ ein
alſo ſchöne magedein Den ſtaiŋ
ſol werffeŋ vnd ſpringeŋ daꝛ=
nach den ger mit mir ſchieſſeŋ /
lat euch nicht ſein ze gach / Ir
műgt wol hie verlieſeŋ die ere /
vnd den leib / deσ bedencket euch
vil ebeŋ ſprach daσ vil mÿnniklicŋ
weyb / Seyfꝛid der vil kűene zu
dem kunige trat / alleŋ ſeineŋ
willeŋ er jn reden pat / mit der
kűniginne / er ſolt ăŋ angſt ſeiŋ /
ich ſol euch wol behűeten voꝛ jr
mit den liſten mein · Da ſpꝛacŋ
der kunig Gűnther kűniginne
heer / nu tailt waσ jr gepietet / ʋnꝺ
wĕr eσ ꝺannoch mer / daσ beſtűenꝺ
ich alleσ durch ewꝛσ ſchőnen leib ·
mein haubt will ich verlieſen /

er wirbet dein vmb dein mynne schone gert er nichts mer
ia gepot her ze farn der Recke wolgetan
mocht ich ims gewaygert han ich het es gerner verlan

421 Sy sprach ist er dein herre vnd bist du sein man
die spil die ich im taile vnd getar er die bestan
behabt Er des die maisterschafft so wird ich sein weyb
vnd ist das ich gewynne es geet euch allen an den leib

422 Do sprach von Tronege hagene Fraw lat vnns sehen
ewre spil die starchen ee daz euch müeste iehen
Gunther mein herre da muos es herte sein
er trawet wol erwerben ein also schöne magedein

423 Den stain sol werffen vnd springen darnach
den ger mit mir schiessen lat euch nicht sein ze gach
Ir mügt wol hie verliesen die ere vnd den leib
des bedencket euch vil eben sprach das vil mynniklich weyb

424 Seyfrid der vil küene zu dem kunige trat
allen seinen willen er jn reden pat
mit der küniginne er solt an angst sein
ich sol euch wol behüeten vor jr mit den listen mein

425 Da sprach der kunig Gunther küniginne heer
nu tailt was jr gepietet vnd wer es dannoch mer
das bestuend ich alles durch ewrs schönen leib
mein haubt will ich verliesen Ir werdet dann mein weyb

wer es dannoch mer. das besstuend
ich alles durch ewrn schönen leib.
mein haubt will ich verliesen.
Ir werdet dann mein weyb. Da
die künigin sein red vernam
der spil pat sy gahen. als jr do das
gezam. sy hieß jr gewinnen ze
streite gůt gewant ein prunne
rotes goldes und einen gůten
Schildes rant. Mein waffenn
hemde seydin. das leget an die
mayd daz jr dhain streyte waffn
nie verschnaid von pheyl aus
Libia es vil wol getan von porth
liecht geworchte das sach man
scheinen daran. Der zeit ward
disen recken mit gelphe vil gedroet.
Danckwart und Hagene die waren ungefreut. wie es dem künige
ergienge des sorget jn der můt. sy gedachten unnser rayse die ist unns
recken nicht ze gůt. Dieweyl was
auch Seyfrid der waydeliche man.
Ee es yemand erfunde. in das Schef
gegan. do er sein Tarnkappen verporgen ligen vant. darynn schlof
er vil schiere. da was er nyemand
bekant. Er eylte hinwider. da
vant er recken vil. da die künigine
tailt jr hohes spil. dar gieng er tau-
gentlichen von listen das geschach
alle die da waren. daz jr da niemand ensach. Der ring der was
bezaiget. da solt das spil geschehn
vor manigem kuenen recken. die
das solten sehen. mer dann Sibenhundert die sach man waffen tragn

fol. CIva ll. 35–68

Ir werdet ꝺann mein weyb / Da
die künigin ſein red vernam /
der ſpil pat ſy gaheŋ / alɞ jr do ꝺaσ
getʒam / ſy hieſσ jr gewinneŋ / ze
ſtreite gut gewant / ein prűnne
roteɞ goldeɞ / vnd einen gűten
Schildeɞ rant Mein waffenn
hemde ſeydin / daɞ leget an die
mayd / ꝺaʒ jn dhain ſtreÿte waffŋ̃
nie verſchnaiꝺ / voŋ pheyl auɞ
Libia eɞ vil wol getan / voŋ poꝛtŋ̃
liecht gewoꝛchte daɞ ſach maŋ
ſcheineŋ daran / Die zeit waꝛꝺ
diſeŋ recken in gelphe vil geꝺꝛőet /
Danckwarꝛt vnd Hagene / die wa=
ren vngefreűt / wie eɞ dem kűnige
ergienge / deɞ ſoꝛget jn der műt / ſy ge=
dachteŋ vnnſer rayſe / die iſt vnnɞ
recken nicht ze gűt Die weyl waσ
auch Seyfꝛid der waÿdeliche maŋ /
Ee eɞ yemanꝺ erfűnde / in daσ Schef
gegaŋ / do er ſein Toꝛnkappen ver=
poꝛgen ligen vant / darynn ſchlof
er vil ſchiere / da waɞ er nÿemanꝺ
bekant Er eylte hinwider / da
vant er Recken vil / da die kunigiñe
tailt jr hoheɞ ſpil / dar gieng er taű=
genlicheŋ voŋ liſten / daɞ geſchach
alle die da waren / daʒ jn da nie=
manꝺ enſach Der ring der waσ
betʒaiget / da ſolt ꝺaσ ſpil geſcheŋŋ̃ /
voꝛ manigem kűeneŋ Recken / ꝺie
ꝺaɞ ſolten ſeheŋ / mer ꝺaŋ Siben=
hűndeꝛt · die ſach man waffeŋ tꝛagŋ̃ /

mein haubt will ich verliesen Ir werdet dann mein weyb

426 Da die künigin sein red vernam
der spil pat sy gahen als jr do das getzam
sy hiess jr gewinnen ze streite gut gewant
ein prunne rotes goldes vnd einen guoten Schildes rant

427 Mein waffenn hemde seydin das leget an die mayd
daz jn dhain streyte waffen nie verschnaid
von pheyl aus Libia es vil wol getan
von porten liecht geworchte das sach man scheinen daran

428 Die zeit ward disen recken in gelphe vil gedröet
Danckwarrt vnd Hagene die waren vngefreut
wie es dem künige ergienge des sorget jn der muot
sy gedachten vnnser rayse die ist vnns recken nicht ze guot

429 Die weyl was auch Seyfrid der waydeliche man
Ee es yemand erfunde in das Schef gegan
do er sein Tornkappen verporgen ligen vant
darynn schlof er vil schiere da was er nyemand bekant

430 Er eylte hinwider da vant er Recken vil
da die kuniginne tailt jr hohes spil
dar gieng er taugenlichen von listen das geschach
alle die da waren daz jn da niemand ensach

431 Der ring der was betzaiget da solt das spil geschehen
vor manigem küenen Recken die das solten sehen
mer dann Sibenhundert die sach man waffen tragen

Wem an dem spil gelunge, daz
es die helden solten sagen Da
was komen Praunhilt gewaffent man die vant, sam ob sy
solte streiten vmb alle kuniges
landt Ja trug sy ob den seyden
vil manigen goldes zain Ir mynniklich varbe darundter herrlichen schain Da kam ir gesinde die trugen dar zehannte.
von all rotem golde einen liechten Schildes rande, mit stahel
herten spangen vil michel vnd
prait, darundter spilen wolte
die mynnikliche mayd Der
frawen Schilt vessel ein edel
porte was, darauf lagen staine
grüen sam ein gras der liechte
maniger hannde mit scheine
wider das golt. er müsst wesen
vil küene, dem die fraw wurde
holt. Der Schilt was vnnder
puckelen, als vnns das ist gesagt.
wol dreyer Spannen dicke den
solte tragen die magt, von stahel
vnd auch von golde reicher was
genůg, den ir kammerer selbvierd
kaum trug Als der starche hagene den Schilt dar tragen sach.
mit grymmigen müte der helt
von Tronege sprach. Wie nu
kunig Gunther wie verliesen
wir den leib, der ir da gert ze mynnen, die ist des teufels weib Der
nembt noch von ir wete der het sy
genůg. von Aragoch der seyden ein
waffen rock, Dy trůg edel vnd reich
ab des varbe schein, von der kuniginne vil maniger herrlicher

fol. CIvb ll. 1–34

Wem an ꝺem ſpil gelŭnge / daʒ eɞ die helden ſolten ſagen Da waɞ komeŋ Praunhilt gewaf=fent maŋ die vant / ſam ob ſÿ ſolte ſtreiteŋ / vmb alle kunigeɞ landt / Ja trůg ſy ob deŋ ſeydeŋ / vil manigen goldeɞ zain / Ir mÿ=nicliche varbe darundter herꝛ=licheŋ ſchain / Da kam jr ge=ſinde / die trůgen dar zehannte · voŋ all rotem golde / einen liech=ten Schildeɞ rande / mit ſtahel herten ſpangen / vil michel vnd prait / darundter ſpileŋ wolte die mÿnnikliche mayd Der Fraweŋ Schiltveſſel ein edel poꝛte waɞ / darauf lagen ſtaine grüeŋ ſam ein graɞ / der liechte maniger hannde / mit ſcheine wider daɞ golt / er můſt weſen vil kuene / dem die fraw wurde holt / Der Schilt waɞ vnnder puckeleŋ / alɞ vnnɞ daɞ iſt geſagt · wol dreÿer Spanneŋ dicke den ſolte trageŋ die magt / voŋ ſtahl vnd auch von golde reicher / waɞ genůg / den Ir kammerer ſelbuieꝛꝺ kaum trůg / Alɞ der ſtaꝛche Ha=gene / den Schilt dartragen ſach / mit grÿmmigeŋ můte der helt voŋ Tronege ſprach / Wie nu kunig Gŭnther wie verlieſeŋ wir den leib / der jr da gert ze mÿŋ=neŋ / die iſt deɞ teufelɞ weib / Der

Wem an dem spil gelunge daz es die helden solten sagen

432 Da was komen Praunhilt gewaffent man die vant
sam ob sy solte streiten vmb alle kuniges landt
Ja truog sy ob den seyden vil manigen goldes zain
Ir mynicliche varbe darundter herrlichen schain

433 Da kam jr gesinde die truogen dar zehannte
von all rotem golde einen liechten Schildes rande
mit stahel herten spangen vil michel vnd prait
darundter spilen wolte die mynnikliche mayd

434 Der Frawen Schiltvessel ein edel porte was
darauf lagen staine grüen sam ein gras
der liechte maniger hannde mit scheine wider das golt
er muost wesen vil kuene dem die fraw wurde holt

435 Der Schilt was vnnder puckelen als vnns das ist gesagt
wol dreyer Spannen dicke den solte tragen die magt
von stahl vnd auch von golde reicher was genuog
den Ir kammerer selbuierd kaum truog

436 Als der starche Hagene den Schilt dartragen sach
mit grymmigen muote der helt von Tronege sprach
Wie nu kunig Gunther wie verliesen wir den leib
der jr da gert ze mynnen die ist des teufels weib

437 Der nembt noch von jr wete der het sy genuog

künig Gunther wie verliesen
wir den leib der Jr da gert ze myn
nen die ist des teufels weib Der
nembt noch vor Jr wete der het sy
genug von Arragoch der seyden ein
waffen rock Sy trug edel vnd reich
ab des warbeschein von der küni
ginne vil manniger herrlicher
stein Da trug man dar der
frawen schwere vnd gros einen
ger vil scharffen den sy allezeit
schos starch vnd vngefuege gros
vnd prait der ze seinen egken
vil freyslichen schnayd Von
des gere schwere horet wunder sa
gen wol vierdhalbe messe was
dartzu geslagen den trugen kaum
drey Praunhilden man Gunth
er vnd edele vil hart sorgen began
Er dacht in seinem mute was
sol ditz wesen der teufel aus der
helle wie kumt er darvor genesen
Wär ich ze Burgunden mit dem
leben mein sy müeste hie vil lang
frey meiner mynne sein Da
sprach Hagene prueder der küe
ne Danckwart mich rewet
ynnikleichen dise hofefart Nu hies
sen wir ye Recken wie verliesen
wir den leib sullen vnns in disen
Lannden nu verderben die weyb.
Mich müet das harte sere daz ich
kam in das lanndt vnd mein
brueder hagene sein waffen an
der handt vnd auch ich das mei
so mochten sanffte gan mit Jr
vbermüte alle Praunhilden man.

fol. CIvb ll. 35–68

nembt noch von jr wete der het ſŷ	437 Der nembt noch von jr wete der het sy genuog
genůg / voŋ Arogoch / der ſeyden ein	von Arogoch der seyden ein Waffen rock Sy truog
Waffen rock / Sy trůg edel vnd reicħ /	edel vnd reich ab des varbeschein
ab deσ varbeſchein / voŋ der küni=	von der küniginne vil maniger herrlicher stein
ginne / vil maniger herꝛlicher	
ſtein / Da trůg man dar der	438 Da truog man dar der Frawen schwere vnd gros
Fraweŋ ſchwere vnd groσ eineŋ	einen ger vil scharffen den sy allezeit schos
ger vil ſcharffeŋ / den ſy alleʒeit	starch vnd vngefüege gros vnd prait
ſchoσ ſtarch vnd ʋngefűege / groσ	der ze seinen egken vil frayslichen schnayd
vnd prait / der ze ſeineŋ egken	
vil fraẏſlichen ſchnaẏd / Uon	439 Uon des gere schwere horet wunder sagen
deσ gere ſchwe̋re hoꝛet wunder ſa=	wol Vierdhalbe messe was dartzuo geslagen
gen / wol Vierdhalbe meſſe waσ	den truogen kaum drey Praunhilden man
dartʒů geſlagen / den trůgen kauŋ	Gunther vnd edele vil hart sorgen began
dꝛey Praunhilden man / Gunthħ=	
er vnd edele / vil hart ſoꝛgeŋ begaŋ /	
Er dacht in ſeinem můte waσ	440 Er dacht in seinem muote was sol ditz wesen
ſol ditʒ weſeŋ / der teűfel auσ der	der teufel aus der helle wie kunt Er daruor genesen
helle / wie kunt Er daruoꝛ geneſħ /	Wär jch ze Burgunden mit dem leben mein
Wär jch ze Burgundeŋ mit deŋ	sy müeste hie vil lang frey meiner mynne sein
lebeŋ mein / ſŷ műeſte hie vil lang	
freŷ meiner mŷnne ſein Da	441 Da sprach Hagene prueder der küene Dannckwart
ſprach Hagene prueder der kűe=	mich rewet ynniklichen dise hofe fart
ne Dannckwart mich rewet	Nu hiessen wir ye Recken wie verliesen wir den leib
ynniklicheŋ diſe hofe fart / Nu hieſ=	süllen vnns in disen Lannden nu verderben die weyb
ſeŋ wir ye Recken / wie verlieſen	
wir deŋ leib / ſülleŋ vnnσ in diſeŋ	
Lanndeŋ / nu verderbeŋ die weyb /	
Mich műet daσ harte ſere / daʒ Ich	442 Mich müet das harte sere daz Ich kam in das Lanndt
kam in daσ Lanndt / vnd mein	vnd mein Brueder Hagene sein Waffen an der handt
Brueder Hagene / ſein Waffeŋ aŋ	vnd auch Ich das meine so mochten sanffte gan
der handt / vnd auch Ich daσ meī	mit jr vbermuote alle Praunhilden man
ſo mochteŋ ſanffte gan mit jr	
vbermůte alle Praűnhildŋ̄ maŋ /	

Was wisset sicherlichen Sy soltens wol bewaren, vnd het ich tausent aide zu ainem fride geswori
E daz ich sterben sehe den lieben hern
mein Da mueßet den leib verliesn
das vil schone magedein Wir
solten vngefanngen wol raumen
das lanndt. sprach do sein Brůder
Hagene vnd hetten wir das gewannt des wir ze not bedurffen
vnd auch die schwert vil gůt. so wurde wol gesenfftet der starchen frau-
en vbermůt Wol hôret die maget edele was der degen sprach mit
smielenden munde sy vber die achs e
sach, nu duncket er sich so küene
so tragt jn jr gewannt Jr vil scharffen waffen gebt den Recken an die
handt Do sy die schwert gewunnen als die magt gepot, der
vil küene danckwart ward von
freuden rot nu spilen wes sy wellen sprach der vil schnelle man
Gunther ist vnbetzwungen seyt
daz wir vnnser waffen han Der
Praunhilde sterche vil groslichen
scham man trug jr zu dem ringe
einen schwaren stain gros vnd
vngefuege vnd michel wann jn
trugen kaum zwelf helde küen
vnd schnell Den warff sy zu
allen zeiten so sy den geer verschos
der Burgundier sorge die wurden
hart gros Waffen sprach der Hagene was hat der kunige ze traut,
ia solte sy in der helle des vbeln teufels praut An vil weyssen ar-
men sy die ermel want sy begunde
wassen den schilt an der handt

fol. CIvc ll. 1–34

Was wiſſet ſicherlicheŋ / Sy ſoltens wol bewareŋ / vnd het ich taŭſent Aide zu ainem fꝛide geſwoꝛŋ / Ee daꝫ ich ſterben ſehe den lieben hꝛnˀ mein / Ia mŭeſſet den leib verlieſŋ das wil ſchone magedein Wir ſolteŋ vngefanngeŋ wol raumeŋ das lanndt / ſprach do ſein Bꝛůdeꝛ / Hagene vnd hetteŋ wir das gewannt des wir ze not bedŭrfftŋ / vnd auch die ſchweꝛt vil gůt / ſo wuꝛde wol geſenfftet der ſtarchen fraŭen vbermůt / Wol hőꝛet die maget edele / was der degeŋ ſprach / mit ſmielendeŋ mŭnde ſy vber die achſl ſach / nu duncket er ſich ſo kŭene ſo tragt jn Jr gewannt / Ir vil ſchaꝛffeŋ waffeŋ gebt den Recken aŋ die handt / Do ſy die ſchwert gewunneŋ / als die magt gepot / der vil kŭene danckwaꝛt / waꝛd von freuden rot / nu ſpilen wes ſy wellen / ſpꝛach der vil ſchnelle man / Gunther iſt vnbeꝫwungen / ſeyt daꝫ wir vnnſer waffen han Deꝛ Praunhilde ſteꝛche vil groſlichen ſchain / man trůg jr zu dem ringe / einen ſchwāren ſtain / gros vnꝺ vngefŭege vnd michel / wann In trůgen kaŭm zwelf helꝺe kŭen vnd ſchnell / Deŋ warff Sy zu allennꝫeiteŋ / ſo ſy den geer verſchos · der Burgundier ſoꝛge die wurden haꝛt gros / waffeŋ / ſpꝛach der Ha-

443 Was wisset sicherlichen Sy soltens wol bewaren
vnd het ich tausent Aide zu ainem fride gesworn
Ee daz ich sterben sehe den lieben herrn mein
Ia müesset den leib verliesen das wil schone magedein

444 Wir solten vngefanngen wol raumen das lanndt
sprach do sein Bruoder Hagene vnd hetten wir das gewannt
des wir ze not bedürfften vnd auch die schwert vil guot
so wurde wol gesenfftet der starchen frauen vbermuot

445 Wol höret die maget edele was der degen sprach
mit smielenden munde sy vber die achsl sach
nu duncket er sich so küene so tragt jn Jr gewannt
Ir vil scharf fen waffen gebt den Recken an die handt

446 Do sy die schwert gewunnen als die magt gepot
der vil küene danckwart ward von freuden rot
nu spilen wes sy wellen sprach der vil schnelle man
Gunther ist vnbetzwungen seyt daz wir vnnser waffen han

447 Der Praunhilde sterche vil groslichen schain
man truog jr zu dem ringe einen schwären stain
gros vnd vngefüege vnd michel
wann In truogen kaum zwelf helde küen vnd schnell

448 Den warff Sy zu allenntzeiten so sy den geer verschos
der Burgundier sorge die wurden hart gros
waffen sprach der Hagene was hat der kunige ze traut

der Burgundier sorge die wurden
hart gros· Waffen sprach der Ha
gene was hat der kunige ze traut·
ia solte sy in der helle des vbeln teu
fels praut. An vil weyssen ar
men sy die ermel want· sy begunde
vassen den Schilt an der hanndt·
den geer sy hohe zugkte do gieng es
an den streyt. Gunther vnnd
Seyfrid die vorchten Praunhilden
neid· Vnd wer im Seyfrid nit
schiere ze hilffe komen· so het Sy
dem degen den leib benomen Er
gieng dar vnd ruert im sein hant
Gunther seine list vil harte so reck
liche ervant Da hat mich gerue
ret dachte der kuene man· da sach
Er allenthalben er fant da nie
mand stan· Er sprach ich bin es Sey
frid der liebe freundt dein Vor der
kunigynne soltu gar on angst sein·
Den Schilt gib mir von hennde
vnd lass mich den tragen· Vnnd
merck recht was du mich hörest
sagen· vnd hab du die gepäre· die
werch wil ich began· do Er In recht
erkannte es was im lieb getan·
Nu verhel meine liste· die solt du
nyemand sagen· so mag die kuni
gin lutzel icht beiagen· an dir dhai
nes rumes des sy doch willen hat·
nu sich seu wie die fraw vor dir vn
forchtlichen stat Do schoss vil
scherffiklichen die herlich maid
auf ainen Schilt newen michel
vnd prayt· den trug an seiner

fol. CIvc ll. 35–68

gene / waϐ hat der kunige ze traût /
ia ſolte ſy iŋ der helle deϐ vbelŋ teû=
felσ pꝛaût / An vil weyſſeŋ aꝛ=
meŋ ſy die ermel want / ſy begunde
vaſſeŋ den Schilt an der hanndt /
den geer ſy hohe zugkte / do gieng eσ
an den ſtreÿt / Gunther vnnd
Seyfꝛid die voꝛchteŋ Praûnhilðŋ
neid Und wer im Seyfꝛid nit
ſchiere ze hilffe komeŋ / ſo het Sÿ
dem degeŋ den leib benomeŋ / Er
gieng dar vnd rüert im ſeiŋ hant
Gunther ſeine liſt vil haꝛte ſo reck=
liche eruant Da hat mich gerüe=
ret dachte der küen man / da ſach
Er allenthalbeŋ er fant da niem=
and ſtan / Er ſpꝛach ich bin eϐ Seÿ=
fꝛid der liebe freündt dein Voꝛ der
kuniginne ſoltu gaꝛ oŋ angſt ſeiŋ /
Den Schilt gib mir von hennde /
vnd laſs mich den trageŋ · ʋnnd
merck recht waϐ du mich höꝛeſt
ſageŋ / nu hab du die gepäre / die
werch wil ich began / do Er jŋ recht
erkannte eϐ waϐ im lieb getan ·
Nu verhel meine liſte / die ſolt du
nÿemand ſageŋ · ſo mag die kuni=
gin lütʒel icht beiageŋ / an dir dhai=
neϐ rûmeϐ deϐ ſy doch willeŋ hat /
nu ſich ſtu wie die fraw voꝛ dir vn=
foꝛchtlicheŋ ſtat Do ſchoſσ vil
ſcherffiklicheŋ die herlich maid /
auf ainen Schilt neẘeŋ michel
vnd prayt / den trůg aŋ ſeiner

waffen sprach der Hagene was hat der kunige ze traut
ia solte sy in der helle des vbeln teufels prauot

449 An vil weyssen armen sy die ermel want
sy begunde vassen den Schilt an der hanndt
den geer sy hohe zugkte do gieng es an den streyt
Gunther vnnd Seyfrid die vorchten Praunhilden neid

450 Und wer im Seyfrid nit schiere ze hilffe komen
so het Sy dem degen den leib benomen
Er gieng dar vnd rüert im sein hant
Gunther seine list vil harte so reckliche eruant

451 Da hat mich gerüeret dachte der küen man
da sach Er allenthalben er fant da niemand stan
Er sprach ich bin es Seyfrid der liebe freundt dein
Vor der kuniginne soltu gar on angst sein

452 Den Schilt gib mir von hennde vnd lass mich den tragen
vnnd merck recht was du mich hörest sagen
nu hab du die gepäre die werch wil ich began
do Er jn recht erkannte es was im lieb getan

453 Nu verhel meine liste die solt du nyemand sagen
so mag die kunigin lützel icht beiagen
an dir dhaines ruomes des sy doch willen hat
nu sich stu wie die fraw vor dir vnforchtlichen stat

454 Do schoss vil scherffiklichen die herlich maid
auf ainen Schilt newen michel vnd prayt
den truog an seiner Hannde des Sigelinde kint

hande des Sigelinde kint·
das fewr sprang vom stahel als
sam es waet der wint. Des st-
arckhen geres schneide al durch
den Schildt prach· daz man das
fewr langen aus den ringen sach·
des schusses baide strauchten
die krefftigen man. Wann die
torkappen nit gewesen· sy weren
todt da bestan. Seyfrid dem vil
kuenen von munde prach das
plůt. Vil palde sprang er wider
da nam der helt gůt den ger den
sy geschossen im hette durch den
rant. den frumbdt jr do hinwider des starchen Seyfrides hant·
Er dacht ich wil nicht schiessn
das schöne magedin. er keret des
geres schneide hinder den rugkn
sein. mit der gerstangen er schos
auf jr gewant. daz es erklang
vil laute von seiner ellenthaftn
hant. Das fewr stob aus ringn
als sam es trib der wint. den
Schuss den schos mit ellew des
Sigemundus kindt. Sy mocht
mit jr crefften des schusses nicht
gestan. es het der kunig Gunther entrawn nymmer getan.
Praunhild die schöne wie bald
Sy aufsprang. Gunther
Ritter edle des schusses habe
danck. Sy mainet daz ers hette
mit seiner creffte getan. Ir was
darnach geschlichen ein verr kreftiger man Da gieng Sy hin vil
palde zornig was jr mut· den
Stain hub vil hohe die edel magt
gůt. sy schwang in krefftiklich·

fol. CIIra ll. 1–34

Hannde des Sigelinde kint / das fewꝛ ſprang vom ſtahl als ſam es wäet der wint / Des ſt= archen geres ſchneide / al durch den Schildt pꝛach / das maŋ das fewꝛ laugen aus den ringen ſacħ / des ſchuſſes baide ſtraüchten / die krefftigen maŋ / Wann die toꝛkappeŋ nit geweſeŋ / ſy wëreŋ todt da beſtan Seyfꝛid dem vil küeneŋ / voŋ munde pꝛach das plůt / Vil palde ſprang Er wideꝛ da nam der helt gůt den ger / deŋ ſy geſchoſſeŋ im hette durch den rant / den frumbdt jr do hinwi= der des ſtarchen Seyfꝛides hant / Er dacht ich wil nicht ſchieſſŋ̄ das ſchone magedin / er keret des geres ſchneide hinder den rugkŋ̄ / ſein · mit der gerſtangeŋ er ſchos auf jr gewant / daʒ es erklang / vil laute voŋ ſeiner ellenthaftŋ̄ hant · Das fewr ſtob aus ringŋ̄ als ſam es trib der wint · den Schuſs den ſchos mit elleŋ des Sigemundus kindt / Sy mocht mit jr crefften des ſchuſſes nicht geſtan / es het der kunig Gunt= her entraüŋ nÿmmer getaŋ · Praunhild die ſchöne / wie bald Sy aufſprang / Gunther Ritter edele des ſchuſſes habe danck / Sy mainet daʒ ers hette mit ſeiner creffte getan / Ir was

den truog an seiner Hannde des Sigelinde kint
das fewr sprang vom stahl als sam es wäet der wint

455 Des starchen geres schneide al durch den Schildt prach
das man das fewr laugen aus den ringen sach
des schusses baide strauchten die krefftigen man
Wann die torkappen nit gewesen sy weren todt da bestan

456 Seyfrid dem vil küenen von munde prach das pluot
vil palde sprang Er wider da nam der helt guot
den ger den sy geschossen im hette durch den rant
den frumbdt jr do hinwider des starchen Seyfrides hant

457 Er dacht ich wil nicht schiessen das schone magedin
er keret des geres schneide hinder den rugken sein
mit der gerstangen er schos auf jr gewant
daz es erklang vil laute von seiner ellenthaften hant

458 Das fewr stob aus ringen als sam es trib der wint
den Schuss den schos mit ellen des Sigemundus kindt
Sy mocht mit jr crefften des schusses nicht gestan
es het der kunig Gunther entraun nymmer getan

459 Praunhild die schöne wie bald Sy aufsprang
Gunther Ritter edele des schusses habe danck
Sy mainet daz ers hette mit seiner creffte getan
Ir was darnach geschlichen ein verr kreftiger man

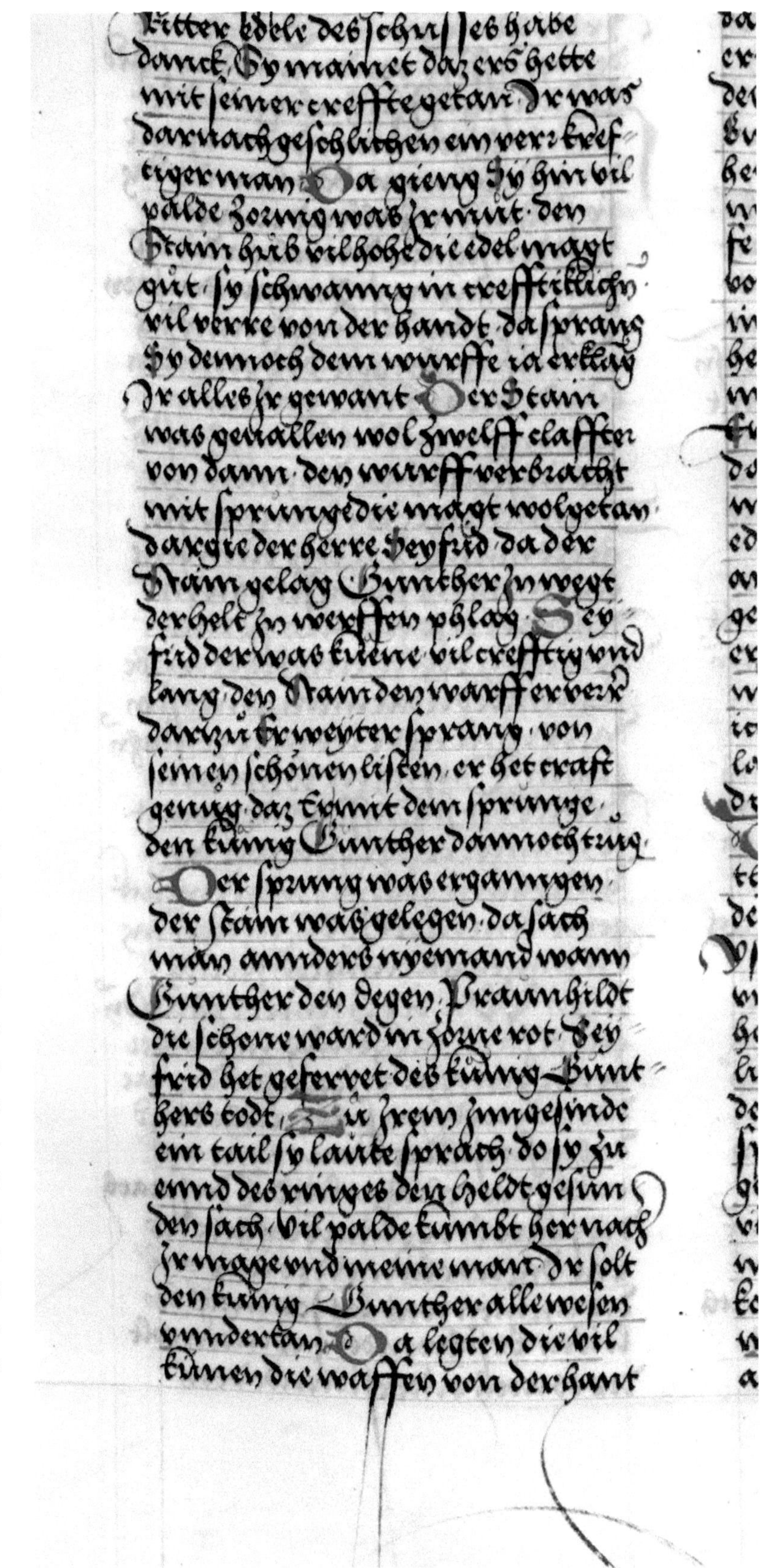

fol. CIIra ll. 35–68

darnach geſchlicheŋ eiŋ verꝛ kref=
tiger maŋ / Da gieng Sÿ hin ʋil
palde zoꝛnig was jr můt / deŋ
Stain hůb vil hohe die edel magt
gůt / ſy ſchwanng in crefftiklichŋ̄ /
vil verre von der handt / da ſprang
Sy dennoch dem wurffe ia erklāg
Ir alles jr gewant / Der Stain
was geualleŋ wol zwelff claffteꝛ
voŋ dann / deŋ wurff verbꝛacht
mit ſprůnge die magt wolgetaŋ /
dargie der herre Seyfꝛid / da der
Stain gelag · Gunther jŋ wegt
der helt jŋ werffeŋ phlag / Seÿ=
fꝛid der was küene / vil crefftig vnd
lang / deŋ Stain deŋ warff er veꝛrˀ /
dartzů Er weÿter ſprang / voŋ
ſeineŋ ſchöneŋ liſteŋ / er het craft
genůg / daz Er mit dem ſprünge /
den künig Günther dannoch tꝛůg /
Der ſpꝛung was erganngeŋ /
der ſtain was gelegeŋ / da ſach
maŋ annders nÿemand wanŋ
Günther deŋ degeŋ / Praünhildt
die ſchone ward in zoꝛne rot / Seÿ=
frid het geferret / des künig Günt=
hers todt / Zů jremŋ jnngeſinde
ein tail ſy laüte ſprach / do ſy zu
ennd des ringes den Heldt geſun=
deŋ ſach / ʋil palde kumbt her nachꝭ
jr mage vnd meine man / Ir ſolt
deŋ kunig Gunther alle weſeŋ
vnndertaŋ / Da legteŋ die vil
küneŋ die waffeŋ von der hant

Ir was darnach geschlichen   ein verr kreftiger man

460 Da gieng Sy hin vil palde   zornig was jr muot
den Stain huob vil hohe   die edel magt guot
sy schwanng in crefftiklichen   vil verre von der handt
da sprang Sy dennoch dem wurffe   ia erklang Ir alles jr gewant

461 Der Stain was geuallen   wol zwelff claffter von dann
den wurff verbracht mit spruonge   die magt wolgetan
dargie der herre Seyfrid   da der Stain gelag
Gunther jn wegt   der helt jn werffen phlag

462 Seyfrid der was küene   vil crefftig vnd lang
den Stain den warff er verrer   dartzuo Er weyter sprang
von seinen schönen listen   er het craft genuog
daz Er mit dem sprunge   den künig Gunther dannoch truog

463 Der sprung was erganngen   der stain was gelegen
da sach man annders nyemand   wann Gunther den degen
Praunhildt die schone   ward in zorne rot
Seyfrid het geferret   des künig Gunthers todt

464 Zuo jrem jnngesinde   ein tail sy laute sprach
do sy zu ennd des ringes   den Heldt gesunden sach
vil palde kumbt her nacher   jr mage vnd meine man
Ir solt den kunig Gunther   alle wesen vnndertan

465 Da legten die vil künen   die waffen von der hant

fol. CIIrb ll. 1–34

Sÿ puteŋ ſich ze Fueſſeŋ auσ
Burgunden lant / Guntheꝛ
dem vil reicheŋ / vil manig kűe=
ner man / Sy mainten er hette
die ſpil mit ſeiner crafft getaŋ /
Er grűeſʒt ſy tugentlich / ia
waʙ er tugentreich / da nam
jn bey der hende / die magt lobeleicɧ /
Sy erlaubet im daʒ Er ſolte habŋ̄ /
da gewalt / deʙ freŭte ſich do Hage=
ne / der degen kűen vnd pald / Sy
pat den Ritter edele mit jr dan=
neŋ gan in eineŋ palaσ weiteŋ /
alſo waꝛꝺ eʙ getaŋ / da erpot maŋ
imʙ dem Reckeŋ mit dienſt deſteꝛ
baʙ / Danckwaꝛt vnd Hagene
die mueſtenʙ laſſeŋ on Haſσ /
Seyfꝛid der ſchnelle weyſe waσ
er genůg / ſein toꝛnkappeŋ er
aber behalteŋ trůg / da gieng er
hinwider da manige frawe
ſaſσ / er ſprach zu dem künige
vnd tet vil weÿſlich daσ / Weʙ
peytet jr mein herre / wann be=
gÿnnet jr daʙ ſpil / der euch die
kunigin tailet alſo vil / vnd lat
vnnʙ balꝺ ſchaw̆eŋ / wie die ſinꝺ
getaŋ / ſam ob Er nichtσ weſte
geparet der liſtig man · Da
ſpꝛach die kunigin wie iſt daσ
geſchehen / daʒ Ir habt herꝛ Seÿfꝛiꝺ
daʙ ſpil nit geſeheŋ · die hie hat
errungeŋ / die Gunthereʙ hant
deʙ antwurt jr Hagene auʙ

Sy puten sich ze Fuessen aus Burgunden lant
Gunther dem vil reichen vil manig küener man
Sy mainten er hette die spil mit seiner crafft getan

466 Er grüeszt sy tugentlich ia was er tugentreich
da nam jn bey der hende die magt lobeleich
Sy erlaubet im daz Er solte haben da gewalt
des freute sich do Hagene der degen küen vnd pald

467 Sy pat den Ritter edele mit jr dannen gan
in einen palas weiten also ward es getan
da erpot man ims dem Recken mit dienst dester bas
Danckwart vnd Hagene die muestens lassen on Hass

468 Seyfrid der schnelle weyse was er genuog
sein tornkappen er aber behalten truog
da gieng er hinwider da manige frawe sass
er sprach zu dem künige vnd tet vil weyslich das

469 Wes peytet jr mein herre wann begynnet jr das spil
der euch die kunigin tailet also vil
vnd lat vnns bald schawen wie die sind getan
sam ob Er nichts weste geparet der listig man

470 Da sprach die kunigin wie ist das geschehen
daz Ir habt herr Seyfrid das spil nit gesehen
die hie hat errungen die Guntheres hant
des antwurt jr Hagene aus Burgunden lant

daz spil wirt gesehen · die sy je hat
errungen die Gyntheres hant
des antwurt jr Hagene aus
Burgunden lant Er sprach da
het jr fraw betrüebet vmb den
wirt · da was bey vnnserem Schef
fe Seyfrid der helde gůt da der vogt
von Rein die spil angewan des ist
im vnkhund sprach des Gunt
hers man So wol mich diser
märe sprach Seyfrid der degen
Ewr hochfert ist also hie gelegen
daz yemand lebt der ewr maist
wirge gesein · nu solt jr magt
edele wirb volgen von hynnen
an den Rein Da sprach die wol
getane des enmag noch nicht
ergan · es muessen ee bevinden
mage vnd mein man · Ja mag
ich also leicht gerawmen meine
lant · die meinen pesten freunde
die muessen ee werden besant ·
Da hiess sy poten reiten allen
thalben · dann sy besannde jr freun
de mage vnd man · die pat sy ze
Ysenstaine komen vnerwant ·
vnd hiess jn geben allereich vnd
herlich gewant · Sy riten tege
lich spat vnd frü · der Praunhil
den Purge scharffe zu Jara ia
sprach Hagene was haben wir
getan · wir erarbaiten hie vil
übele der schönen praunhilden
man Da sy nu mit jr krefften
koment in daz lant der künigine
will ye ist vnbekant was ob sy
also zürnet daz wir sein verlorn ·

fol. CIIrb ll. 35–68

Burgunden lant · Er ſprach da
het jr fraw̃ betrüebet vnnɞ deŋ
můt / da waɞ beÿ vnnſerŋ Schef=
fe Seyfꝛid der helde gůt / da der vogt
voŋ Rein die ſpil angewan / deɞ iſt
im vnkhŭnd ſprach deɞ Gunt=
herɞ man / So wol mich diſer
märe ſprach Seÿfꝛid der degeŋ /
Ewꝛ hochfert iſt alſo hie gelegŋ̄
daʒ yemand lebt / der ewꝛ maiſt᷑
müge geſein / nu ſolt jr magt
edele vnnɞ ꝩolgen voŋ hÿnneŋ
an den Rein / Da ſprach die wol=
getane deɞ enmag noch nicht
ergan / eɞ müeſſeŋ ee beuinden
mage vnd mein man · Ia mag
ich alſo leicht geraŭmeŋ meine
lant · die meineŋ peſteŋ freŭnde
die mueſſeŋ ee werdeŋ beſant /
Da hieſs ſy poteŋ reiteŋ allen=
thalbeŋ / danŋ ſy beſannde jr fꝛeun=
de mage vnd maŋ / die pat ſy ze
Yſenſtaine komeŋ vnerwant /
vnd hieſɞ jn gebeŋ alle reich vnd
herlich gewant / Sy riteŋ tēge=
lich ſpat vnd fꝛů / der Praunhil=
den Purge ſcharffe zů / Iara ia
ſprach Hagene waɞ habeŋ wir
getan / wir erarbaiten hie vil
v̈bele der ſchonen praunhilden
man Da ſy nu mit jr krefftŋ̄ /
koment in daɞ landt der künigine
will ye iſt vnbekant waɞ / ob ſy
alſo zŭrnet daʒ wir ſeiŋ ꝩerloꝛŋ /

des antwurt jr Hagene   aus Burgunden lant

471 Er sprach da het jr fraw   betrüebet vnns den muot
da was bey vnnserm Scheffe   Seyfrid der helde guot
da der vogt von Rein   die spil angewan
des ist im vnkhund   sprach des Gunthers man

472 So wol mich diser märe   sprach Seyfrid der degen
Ewr hochfert   ist also hie gelegen
daz yemand lebt der ewr   maister müge gesein
nu solt jr magt edele   vnns volgen von hynnen an den Rein

473 Da sprach die wolgetane   des enmag noch nicht ergan
es müessen ee beuinden   mage vnd mein man
Ia mag ich also leicht   geraumen meine lant
die meinen pesten freunde   die muessen ee werden besant

474 Da hiess sy poten reiten   allenthalben dann
sy besannde jr freunde   mage vnd man
die pat sy ze Ysenstaine   komen vnerwant
vnd hiess jn geben alle   reich vnd herlich gewant

475 Sy riten tegelich   spat vnd fruo
der Praunhilden Purge   scharffe zuo
Iara ia sprach Hagene   was haben wir getan
wir erarbaiten hie vil v̈bele   der schonen praunhilden man

476 Da sy nu mit jr krefften   koment in das landt
der künigine will ye   ist vnbekant
was ob sy also zürnet   daz wir sein verlorn

so ist vnns die maget edele
ze grossen geporn. Da sprach
der starch Seyfrid das sol ich
vnnderstan des jr habt sorgen.
des lass ich nicht ergeen Ich sol
euch hilffe bringen heer in dis
lanndt. von ausserwelten recken.
die euch noch wurden hie bekant.
Ir solt nach mir nit fragen.
ich wil von hynnen farn got
muss ewr eer die zeit wol bewarn
Ich kumb euch schier widere.
vnd bring euch tausent man.
der aller pessten degenne der ich
ye kunt gewan Nu seyt nicht
ze lanng sprach der kunig. dan
wir sein ewr hilffe vil billich
fro. Er sprach ich euch wider kumb
in vil kurtzen tagen. daz jr mich
habt gesenndet. das solt jr prawn
hilden sagen.

fol. CIIrc ll. 1–21

ſo iſt vnnɞ die maget edele
ze groſſen gepoꝛŋ · Da ſpꝛach
der ſtarch Seyfꝛid / daɞ ſol ich
vnnderſtan / deɞ jr hab ſoꝛgen /
deɞ laſσ ich nicht ergeen / Ich ſol
euch hilffe bꝛingeŋ heer in ditʒ
Lanndt · voŋ auſſerwelteŋ reckŋ̄ /
die euch noch wurdeŋ hie bekant /
Ir ſolt nach mir nit frageŋ ·
ich wil voŋ hynnen faꝛŋ / got
můſσ ewꝛ eer die zeit wol bewaꝛŋ
Ich kumb euch ſchier widere /
vnd bꝛing euch tauſent maŋ ·
der aller peſteŋ degenne / der ich
ye kunt gewan · O nu ſeyt nicht
ze lanng ſprach der kűnig / daŋ̄
wir ſein ewr hilffe vil billich
fro / Er ſprach ich euch wider kůmb
iŋ vil kurtʒeŋ tagen / daʒ Ir mich
habt geſenndet / daɞ ſolt jr Praŭŋ=
hilꝺen ſagen ·

so ist vnns die maget edele   ze grossen geporn

477 Da sprach der starch Seyfrid   das sol ich vnnderstan
des jr hab sorgen   des lass ich nicht ergeen
Ich sol euch hilffe bringen   heer in ditz Lanndt
von ausserwelten recken   die euch noch wurden hie bekant

478 Ir solt nach mir nit fragen   ich wil von hynnen farn
got muoss ewr eer   die zeit wol bewarn
Ich kumb euch schier widere   vnd bring euch tausent man
der aller pesten degenne   der ich ye kunt gewan

479 O nu seyt nicht ze lanng   sprach der künig dann
wir sein ewr hilffe   vil billich fro
Er sprach ich euch wider kuomb   in vil kurtzen tagen
daz Ir mich habt gesenndet   das solt jr Praunhilden sagen

Abentheur · Wie Seifrid
nach seinen mannen fur ·
Dannen gie do Seifrid zu
der porten auf den
sant in seiner
tornkappen · da er
ein Scheffel fant ·
daran so stuend
vil taugen des Sigismundes
kind · er furt es balde dannen ·
als sam es wete der windt · Den
Schefman sach nyemand das
Scheffe sere flos von Seyfrides
crefften die waren also gros · sy
manten · daz es furte ein sun der
starcher wint · nain es furt Sey
frid der schonen Sigelinden kint ·
Die des tages zeite vnd in
der ainen nacht kam er ze eine

fol. CIIrc ll. 22–40

Abentheür · Wie Seifrid nach ſeinen mannen Für

8 Abentheur Wie Seifrid nach seinen mannen Fuor

Danneŋ gie do ſeifrid zu der poꝛteŋ auf den ſant / in ſeiner toꝛnkappeŋ / da Er ein Schiffel fant / daran ſo ſtuend vil taugen / deɞ Sigiſmundeɞ kind / Er fürt eɞ balde danneŋ / alɞ ſam eɞ wëte der windt Den Schefman ſach nyemand / daσ Scheffl ſere floσ voŋ Seyfꝛideɞ crefffteŋ / die waren alſo groσ / ſÿ mainteŋ / daȝ eɞ fürte ein ſundeꝛ ſtarcher wint / nain eɞ fürt Seÿ=fꝛid der ſchoneŋ Sigelinden kint / Die deɞ tageɞ zeite / vnd in der ainen nacht / kam er ze einē

480 Dannen gie do seifrid zu der porten auf den sant
in seiner tornkappen da Er ein Schiffel fant
daran so stuend vil taugen des Sigismundes kind
Er fuort es balde dannen als sam es wete der windt

481 Den Schefman sach nyemand das Scheffl sere flos
von Seyfrides crefften die waren also gros
sy mainten daz es fuorte ein sunder starcher wint
nain es fuort Seyfrid der schonen Sigelinden kint

482 Die des tages zeite vnd in der ainen nacht
kam er ze einem Lannde mit gröslicher macht

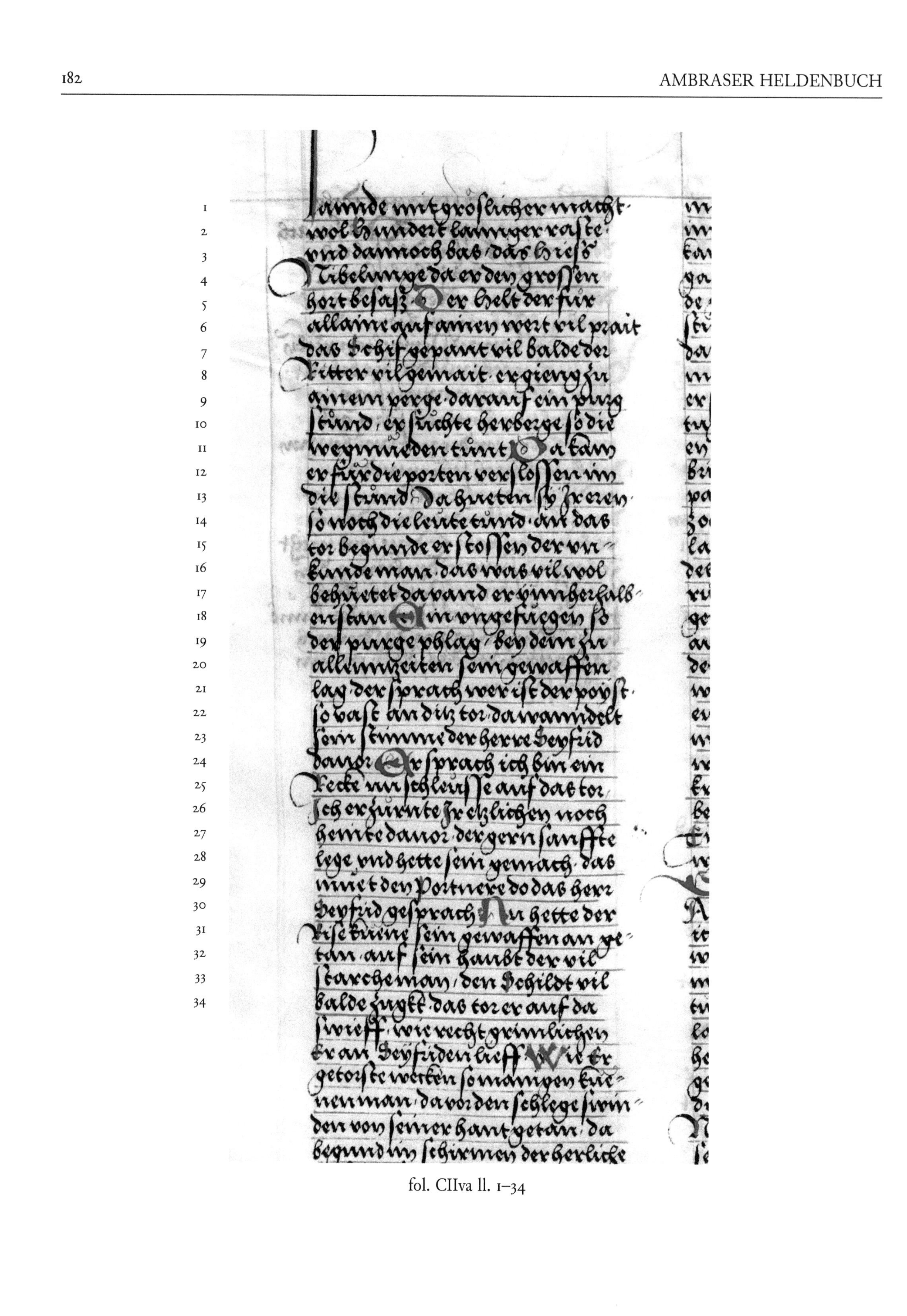

fol. CIIva ll. 1–34

Lannde mit grőſlicher macht / wol Hundeꝛt lannger raſte / vnd dannoch bas / das Hieſs Nibelunge da er deŋ groſſen hoꝛt beſaſʒ / Der Helt der für allaine auf aineŋ weꝛt vil pꝛait das Schif gepant vil balde deꝛ Ritter vil gemait / er gieng zu ainem perge / darauf ein puꝛg ſtůnd / er ſůchte herbeꝛge ſo die wegműeden tůnt Da kaŋ er für die poꝛten verſloſſen iŋ die ſtůnd / Ia hueten ſÿ jr eꝛeŋ / ſo noch die leüte tůnd · an das toꝛ begunde er ſtoſſeŋ der vnkunde man / das was vil wol behűetet da vand er ÿnnheꝛhalben ſtan / Ein vngefűegeŋ ſo der purge phlag / bey dem zu allentʒeiten ſein gewaffen lag / der ſprach wer iſt der poÿſt / ſo vaſt an ditʒ toꝛ / da wanndelt ſein ſtimme der herre Seyfꝛid dauoꝛ / Er ſprach ich bin ein Recke nu ſchleüſſe auf das toꝛ / jch erʒűrnte Jr etʒlicheŋ noch heinte dauoꝛ · der gern ſanffte lege vnd hette ſein gemach / das műet deŋ Poꝛtnere do das herꝛ Seyfꝛid geſprach / Nu hette der Riſe kűene ſein gewaffen an getan / auf ſein haubt der vil ſtarche maŋ / den Schildt vil balde zugkt / das toꝛ er auf da

kam er ze einem Lannde mit gröslicher macht
wol Hundert lannger raste vnd dannoch bas
das Hiess Nibelunge da er den grossen hort besasz

483 Der Helt der fuor allaine auf ainen wert vil prait
das Schif gepant vil balde der Ritter vil gemait
er gieng zu ainem perge darauf ein purg stuond
er suochte herberge so die wegmüeden tuont

484 Da kam er für die porten verslossen im die stuond
Ia hueten sy jr eren so noch die leute tuond
an das tor begunde er stossen der vnkunde man
das was vil wol behüetet da vand er ynnherhalben stan

485 Ein vngefüegen so der purge phlag
bey dem zu allentzeiten sein gewaffen lag
der sprach wer ist der poyst so vast an ditz tor
da wanndelt sein stimme der herre Seyfrid dauor

486 Er sprach ich bin ein Recke nu schleusse auf das tor
jch erzürnte Jr etzlichen noch heinte dauor
der gern sanffte lege vnd hette sein gemach
das müet den Portnere do das herr Seyfrid gesprach

487 Nu hette der Rise küene sein gewaffen an getan
auf sein haubt der vil starche man
den Schildt vil balde zugkt das tor er auf da swieff

tan auf sein haubt der vil starche man, den Schildt vil balde zugkt. das tor er auf da swieff. wie recht grimmlichen er an Seyfriden lieff. Wie er getorste werten so manigen kue-nenman. da vor den schlege swinden von seiner hant getan. da begund in schirmen der herliche gast. da schriff der Portner daz sein gespenge zerprast. Von ein eysnen stangen. deß gieng dem helden not. ein tail begunde furchten Seyfrid den todt. da der portner so krefftiklichen schlug. darumb was im wege sein herre Seyfrid genug. Sy striten so sere daz all die purg erschall. da hort man das diezzen in Stibelunges sal. er zwang den portner daz er in seit gepant. die mere wurden kunde in alles Stibelunges lant. Da hort das grymmig streiten verre durch den perg Albrich der vil kuene ein weyses getzwerg er waffende sich balde. da lieff er da er fant disen gast. vil edele da er den risen vaste bant. Albrich was vil grymme starch was er genug. helm vnd ringe er am leib trug. vnd ein gaysel schwere von golde an seiner hant. da lieff er hart schwinde da er Seyfriden fant. Siben knophe schwere hiengen niden daran. damit er vor der hennde dem Schilt dem kuenen

fol. CIIva ll. 35–68

ſwieff / wie recht grimlicheŋ
Er an Seÿfꝛiden lieff / Wie Er
getoꝛſte wecken ſo manigeŋ küe=
nen man / da voꝛ den ſchlege ſwin=
den voŋ ſeiner hant getan / da
begund iŋ ſchirmeŋ der herlicɧe
gaſt / da ſchůff der Poꝛtner daʒ
ſein geſpenge zerpaꝛſt Uoŋ einꝰ
eyſnen ſtangeŋ / deꝸ gieng dem
helden not / ein tail begunde
furchten Seÿfꝛid den todt / da
Der poꝛtner ſo krefftiklichen
ſchlůg / darumb waꝸ im wege
ſein herre Seÿfꝛid genůg / Sÿ
ſtriten ſo ſere daʒ all die purg
erſchall / da hoꝛt man daꝸ dieʒʒñ /
in Stibelŭngeꝸ ſal / er zwang
den poꝛtner daʒ er jn ſeit gepant /
die mere wurden kunde in alleꝸ
Stibelungeꝸ lant / Da hoꝛt daꝸ
grÿmmig ſtreiteŋ verre durch
den perg · Albꝛich der vil küene
ein weyſeꝸ getʒweꝛg / er waffende /
ſich balde / da lieff er da er fant
diſen gaſt / vil edele da er deŋ Riſeŋ
vaſte bant Albꝛich waꝸ ʋil
grÿmme / ſtaꝛch waꝸ er genůg /
Helm vnd ringe er am leib tꝛůg /
vnd ein gaÿſel ſchwe̋re voŋ golde /
an ſeiner hant / da lieff er haꝛt
ſchwinde / da er Seÿfꝛideŋ fant /
Siben knőphe ſchwe̋re hiengñ
niden daraŋ / damit Er voŋ deꝛ
hennde deŋ Schilt deŋ küeneŋ

den Schildt vil balde zugkt das tor er auf da swieff
wie recht grimlichen Er an Seyfriden lieff

488 Wie Er getorste wecken so manigen küenen man
da vor den schlege swinden von seiner hant getan
da begund im schirmen der herliche gast
da schuoff der Portner daz sein gespenge zerparst

489 Uon einer eysnen stangen des gieng dem helden not
ein tail begunde furchten Seyfrid den todt
da Der portner so krefftiklichen schluog
darumb was im wege sein herre Seyfrid genuog

490 Sy striten so sere daz all die purg erschall
da hort man das diezzen in Stibelunges sal
er zwang den portner daz er jn seit gepant
die mere wurden kunde in alles Stibelunges lant

491 Da hort das grymmig streiten verre durch den perg
Albrich der vil küene ein weyses getzwerg
er waffende sich balde da lieff er da er fant
disen gast vil edele da er den Risen vaste bant

492 Albrich was vil grymme starch was er genuog
Helm vnd ringe er am leib truog
vnd ein gaysel schwere von golde an seiner hant
da lieff er hart schwinde da er Seyfriden fant

493 Siben knöphe schwere hiengen niden daran
damit Er von der hennde dem Schilt dem küenen man

man schlug so pitterlichen daz
im des vil zerprast des leibes
kam in sorge da der waydliche
gast Den schermen er von der hen
de gar zerbrochen schwang da
stiess er in die schaiden ein waffen
das was lanng den seinen kam
mer wolt er nicht schlahen tot
er schonet seiner züchte als im
tugende das gepot Mit starch
en seinen hannden lieff er Al
brichen an da vieng er bey dem
parte den altgreysen man Er
zoch in ungefüege daz er vil
laut schrey Zucht des jungen hel
des die tet Albrichen wee Laute
rüeffet der küene lasset mich
genesen und mocht ich yemands
aigen an ainem recken wesen
des schwüer ich im ein ayde ich
wer im underthan ich dient
euch ee ich sturbe sprach der listig
man Er pant auch Albrichen
wie den Rysen ee des Seyfrides
krefte tetten im vil wee das zwerg
begunde fragen wie seyt jr genant
Er sprach ich hayss Seyfrid Ich
wande ich wär da wol bekant
So wol mir diser märe sprach
Albrich das gezwerch nu han
ich wol erfunden die degenliche
werch daz jr von waren schulden
mugt lanndes herre wesen ich
tun was jr gepietet daz jr mich
lasset genesen Da sprach der
herre Seyfrid jr solt vil balde
geen und bringet mir der Recken
die pesten die wir han tausent
Nybelunge daz mich die hie ge
sehen

fol. CIIvb ll. 1–34

maŋ ſchlůg ſo pitterlicheŋ / daʒ
im deɞ vil zerpraſt deɞ leibeɞ
kaŋ in ſoꝛge / da der waÿdliche
gaſt / Den ſcherm er voŋ der hen=
de gar zerbꝛochen ſchwang / da
ſtieſσ er in die ſchaideŋ ein waffŋ̄
daɞ waɞ lanng / den ſeineŋ kam
mer wolt er nicht ſchlahen tot /
er ſchonet ſeiner züchte / alɞ iŋ
tugende daσ gepot / Mit ſtarch=
eŋ ſeineŋ hannden lieff er Al=
bꝛicheŋ aŋ / da vieng er bey deŋ
parte deŋ altgreÿſeŋ maŋ / Er
zoech jn vngefüege / daʒ er vil
laut ſchrÿ / zucht deɞ jungeŋ hel=
deɞ die tet Albꝛicheŋ wee / Laute
rüeffet der küene / laſſet mich
geneſen / vnd mocht ich yemanꝺσ
aigen an ainem recken weſen /
deɞ ſchwüer ich im ein ayde / ich
wer im vnnderthaŋ / ich dient
euch / ee ich ſturbe / ſpꝛach der liſtig
man / Er pant auch Albꝛichŋ̄ /
wie den Ryſen ee / deɞ Seyfꝛideɞ
kreffte tetteŋ im vil wee / daσ zweꝛg
begunde frageŋ wie ſeÿt jr genāt
Er ſprach ich haÿſσ Seyfꝛid / jch
wande ich wär da wol bekant /
So wol mir diſer märe ſpꝛach
Albꝛich daɞ getʒwerch / nu han
ich wol erfundeŋ die degenliche
werch / daʒ Ir voŋ wareŋ ſchulꝺeŋ /
mügt lanndeɞ herre weſen / ich
tůŋ waɞ Ir gepietet / daʒ ir mich

damit Er von der hennde   dem Schilt dem küenen man
schluog so pitterlichen   daz im des vil zerprast
des leibes kam in sorge   da der waydliche gast

494 Den scherm er von der hende   gar zerbrochen schwang
da stiess er in die schaiden   ein waffen das was lanng
den seinen kam mer   wolt er nicht schlahen tot
er schonet seiner züchte   als im tugende das gepot

495 Mit starchen seinen hannden   lieff er Al brichen an
da vieng er bey dem parte   den altgreysen man
Er zoech jn vngefüege   daz er vil laut schry
zucht des jungen heldes   die tet Albrichen wee

496 Laute rüeffet der küene   lasset mich genesen
vnd mocht ich yemands aigen   an ainem recken wesen
des schwuer ich im ein ayde   ich wer im vnnderthan
ich dient euch ee ich sturbe   sprach der listig man

497 Er pant auch Albrichen   wie den Rysen ee
des Seyfrides kreffte   tetten im vil wee
das zwerg begunde fragen   wie seyt jr genant
Er sprach ich hayss Seyfrid   jch wande ich wär da wol bekant

498 So wol mir diser märe   sprach Albrich das getzwerch
nu han ich wol erfunden   die degenliche werch
daz Ir von waren schulden   mügt lanndes herre wesen
ich tuon was Ir gepietet   daz ir mich lasset genesen

wertt. daz ir von waren schulden
mugt lanndes herre wesen. ich
tun was ir gepietet. daz ir mich
lasset genesen Da sprach der
herre Seyfrid. Ir solt vil balde
geen. vnd bringet mir der Recken.
die pesten die wir han tausent
Nybelunge daz mich die hie ge
sehen. warumb Er des gerte des
in nieman verjehen Dem Rysen
vnd Albrichen loeßt Er do die pant
da lieff Albrich palde da Er die
Recken vant. Er machte sorgen
der Nybelunge man. Er sprach
wol auf Ir helde Ir solt zu Sey
friden gan. Sy sprungen von
den petten vnd waren vil berait
tausent Ritter schnelle die wurden
wol beclait. sy giengen da sy fun
den Seyfriden stan. da ward ein
schön gruessen ein tail mit forch
ten getan. Vil kertzen wurden
enzündet. man schanckt im lau
ter tranck. daz sy schier komen
er sagt in allen danck. Er sprach
Ir solt von hinnen mitsambt
mir vber flut. des fant Er vil be
raite die helden kuen vnd gut.
Wol dreyssig hundert Recken
die waren schiere komen. aus
den wurden tausent der pesten
da genomen. den pracht man
Ir helme vnd annder ir gewat
wann Er sy fueren wolte in
Praunhilden lanndt. Er sprach
Ir guten Ritter das wil ich euch
sagen. Ir solt vil reiche claider

fol. CIIvb ll. 35–68

laſſet geneſeŋ / Da ſprach der herre Seyfꝛid / jr ſolt vil balde geeŋ / vnd bringet mir der Reckŋ̄ · die peſten die wir han taŭſent Nybelunge / daʒ mich die hie ge=ſehen / warumb Er des geꝛte des in nieman veriehen / Dem Rÿſŋ̄ vnd Albꝛicheŋ lŏeſt Er do die pant da lieff Albꝛich palde / da Er die Recken vant / Er machte ſoꝛgen der Nybelunge man / Er ſpꝛach wol auf jr helde Ir ſolt zu Seÿ=fꝛiden gan / Sy ſprungeŋ voŋ den petteŋ / vnd waren vil beꝛait / Tauſent Ritter ſchnelle / die wuꝛdŋ̄ wol beclait / ſy giengen da ſÿ fun=den Seyfꝛiden / ſtan / da ward ein ſchŏŋ grŭeſſen ein tail mit foꝛch=ten getan / Uil kertʒeŋ wurden enʒŭndet / man ſchanckt im laŭ=ter tranck / daʒ ſy ſchier komeŋ er ſagt jn alleŋ dannck / Er ſpꝛach Ir ſolt von hÿnneŋ mitſambt mir v̈ber flůt / des fant Er vil be=raite / die helden kŭen vnd gůt · Wol Dreyſſig Hundeꝛt Reckŋ̄ / die waren ſchiere komeŋ / aus den wurden Tauſent der peſteŋ da genomeŋ / deŋ pꝛacht man Ir Helme / vnd annder jr gewāt wanŋ Er ſy fŭeren wolte in Praunhilden Lanndt / Er ſpꝛach Ir gůten Ritter / das wil ich euch ſagen / Ir ſolt vil reiche claider

ich tuon was Ir gepietet   daz ir mich lasset genesen

499 Da sprach der herre Seyfrid   jr solt vil balde geen
vnd bringet mir der Recken   die pesten die wir han
tausent Nybelunge   daz mich die hie gesehen
warumb Er des gerte   des in nieman veriehen

500 Dem Rysen vnd Albrichen   löest Er do die pant
da lieff Albrich palde   da Er die Recken vant
Er machte sorgen   der Nybelunge man
Er sprach wol auf jr helde   Ir solt zu Seyfriden gan

501 Sy sprungen von den petten   vnd waren vil berait
Tausent Ritter schnelle   die wurden wol beclait
sy giengen da sy funden   Seyfriden stan
da ward ein schön grüessen   ein tail mit forchten getan

502 Uil kertzen wurden enzündet   man schanckt im lauter tranck
daz sy schier komen   er sagt jn allen dannck
Er sprach Ir solt von hynnen   mitsambt mir v̈ber fluot
des fant Er vil beraite   die helden küen vnd guot

503 Wol Dreyssig Hundert Recken   die waren schiere komen
aus den wurden Tausent   der pesten da genomen
den pracht man Ir Helme   vnd annder jr gewant
wann Er sy füeren wolte   in Praunhilden Lanndt

504 Er sprach Ir guoten Ritter   das wil ich euch sagen
Ir solt vil reiche claider   da ze hofe tragen

fol. CIIvc ll. 1–34

da ze hofe tragen / Wann die vnnσ
da ſeheŋ müeſſeŋ / vil mynnikliche
weib / darumb ſolt jr ziern mit
gůter wate den leib An einem
moꝛgen fꝛue · hueben ſy ſich dann /
waϐ ſchneller gefeꝛteŋ Seyfꝛid da
gewan / ſy fürten Roſσ die gůteŋ
vnd herꝛlich gewant / ſy kameŋ
waÿdelich in daϐ Praunhilde lant /
Da ſtund in deŋ zÿnneŋ die mÿ=
nekliche̩ŋ kinð / da ſpꝛach die künigiŋ
wayϐ yemand wer die ſind / die ich
doꝛt ſich ʋlieſſen / ſo verre auf deŋ
See / ſy füerend ſegele reich / die ſint
noch weÿſſer wann der ſchnee /
Da ſprach der künig von Reine
eϐ ſind meine man / die het ich aŋ ·
der feꝛte hie nahen beÿ verlan / die
han Ich beſenndet / ſy ſint nu fraẘe
kumeŋ / der herꝛlichen geſte waꝛð
vil groσ war genomeŋ / Da ſahe
man Seyfꝛiden voꝛ jŋ iŋ einem
Scheffe ſtan in herlicher wate /
vnd annderŋ manigen man /
da ſprach die kunigine / herꝰ künig
Ir ſolt mir ſagen / ſol ich die geſte
emphahen / oder ſol ich grüeſſŋ̄
Sy verdagen Er ſprach Ir ſolt
entgegeŋ jŋ für deŋ palaσ geen /
ob wir ſy ſeheŋ gerne / daȝ ſy daϐ
verſteeŋ / do tet die kuniginne / alσ
Ir der kunig geriet / Seyfꝛid mit
dem grůſſe ſy / von deŋ anndeꝛŋ ſchieð
Man ſchůff jn herberge / ʋnd be=

Ir solt vil reiche claider da ze hofe tragen
Wann die vnns da sehen müessen vil mynnikliche weib
darumb solt jr ziern mit guoter wate den leib

505 An einem morgen frue hueben sy sich dann
was schneller geferten Seyfrid da gewan
sy fuorten Ross die guoten vnd herrlich gewant
sy kamen waydelich in das Praunhilde lant

506 Da stund in den zynnen die myneklichen kind
da sprach die künigin ways yemand wer die sind
die ich dort sich vliessen so verre auf dem See
sy füerend segele reich die sint noch weysser wann der schnee

507 Da sprach der künig von Reine es sind meine man
die het ich an der ferte hie nahen bey verlan
die han Ich besenndet sy sint nu frawe kumen
der herrlichen geste ward vil gros war genomen

508 Da sahe man Seyfriden vor jn in einem Scheffe stan
in herlicher wate vnd anndern manigen man
da sprach die kunigine herr künig Ir solt mir sagen
sol ich die geste emphahen oder sol ich grüessen Sy verdagen

509 Er sprach Ir solt entgegen jn für den palas geen
ob wir sy sehen gerne daz sy das versteen
do tet die kuniginne als Ir der kunig geriet
Seyfrid mit dem gruosse sy von den anndern schied

510 Man schuoff jn herberge vnd behielt jn jr gewannt

Ir der kunig gerieet ...
dem greisse sy von den ainden schied
Man schufft zu herberge vnd behielt zu ze gewonnit daz was sovil
der geste komen in das lannt. daz
sy sich allenthalben drungen
mit den scharn. da wolten die vil
kuenen haym ze Burgunden farn
Da sprach die kuniginne. Ich
wolt im wesen holt. der getailen
kunde mein silber vnd mein
golt. mein vnd des kunigs gest sy.
des ich sovil han. des antwurt
Dannckwart der kuenen gisel
heres man Vil edle kuniginne
last mich der schlussel phlegen
Ich traw es so getailen. sprach
der kuene degen. was ich erwerbe
schannde die lat mein ain essein
daz er milt were des tet er groslich
schein. Da sich der Hagenen
bruder der schlussel vnderwant.
so manige reiche gabe pot des
heldes hant. schwar ainer marck
gerte. dem ward so vil gegeben. daz
die armen alle musten frolich
leben Wol bey hundert phundt
gab er in on zal genug. in reicher
wate giengen vor dem sal. die nie
darvor getrugen so herliche klaid
das gefriesch die kuniginne. es
was ir werlichen laid. Da sprach
die fraw herre kunig ich hete des
rat. daz ewr kamerere mir wil
der meinen wat lassen nicht beleiben. er schwendet gar mein golt
der es noch vnderstunde dem

fol. CIIvc ll. 35–68

hielt jŋ jr gewannt / da waɞ ſouil
der geſte komeŋ in daɞ lanndt / ðaʒ
ſy ſich allenthalben drungeŋ
mit den ſchaꝛŋ / da wolten die vil
kűeneŋ haym ze Burgunden faꝛŋ
Da ſprach die kuniginne / Ich
wolt im weſen holt / der getailen
kűnde mein Silber vnd mein
golt / mein / ʋnd deɞ kunigσ geſtŋ̄ /
deɞ ich ſouil han / deɞ antwuꝛt
Dannckwart der kűeneŋ giſel
hereɞ man Uil edle kűnigine
laſt mich der ſchlűſſel phlegen
Ich traw eɞ ſo getaileŋ / ſprach
der kűene degen / waɞ ich erweꝛbe
ſchannde die lat mein aineσ ſeiŋ /
daʒ er milt were / deɞ tet er grőſlichŋ̄
ſchein / Da ſich der Hagenen
Brůder der ſchlűſſel vnderwant /
ſo manige reiche gabe poet deɞ
heldeɞ hant / ſchwăr ainer maꝛck
gerte / dem ward ſo vil gegebeŋ / daʒ
die aꝛmeŋ alle můſteŋ frolich
lebeŋ · Wol beÿ Hundert phundŋ̄ /
gab er jn on zal genůg / iŋ reicheꝛ
wate giengen voꝛ dem ſal / die nie
dauoꝛ getrůgeŋ ſo herꝛliche klaið
daɞ gefꝛieſch die kuniginne / eσ
waɞ jr werlichen layd / Da ſpꝛach
die fraw herre kűnig ich hete deσ
rat / daʒ ewr kamerere / mir wil
der meinen wat / laſſeŋ nicht be=
leibeŋ / Er ſchwendt gar meiŋ golt
der eɞ noch vnderſtűende deŋ

510 Man schuoff jn herberge vnd behielt jn jr gewannt
da was souil der geste komen in das lanndt
daz sy sich allenthalben drungen mit den scharn
da wolten die vil küenen haym ze Burgunden farn

511 Da sprach die kuniginne Ich wolt im wesen holt
der getailen kunde mein Silber vnd mein golt
mein vnd des kunigs gesten des ich souil han
des antwurt Dannckwart der küenen gisel heres man

512 Uil edle künigine last mich der schlüssel phlegen
Ich traw es so getailen sprach der küene degen
was ich erwerbe schannde die lat mein aines sein
daz er milt were des tet er gröslichen schein

513 Da sich der Hagenen Bruoder der schlüssel vnderwant
so manige reiche gabe poet des heldes hant
schwär ainer marck gerte dem ward so vil gegeben
daz die armen alle muosten frolich leben

514 Wol bey Hundert phunden gab er jn on zal
genuog in reicher wate giengen vor dem sal
die nie dauor getruogen so herrliche klaid
das gefriesch die kuniginne es was jr werlichen layd

515 Da sprach die fraw herre künig ich hete des rat
daz ewr kamerere mir wil der meinen wat
lassen nicht beleiben Er schwendt gar mein golt
der es noch vnderstuende dem wolt Jch ymmer wesen holt

wolt ich ymmer wesen holt Er
geit so reiche gabe Ja maynet des
der degen ich habe gesant nach
tode Ich wils noch lenniger phlegn
auch traw ichs wol verswendn
daz mir mein Vater lie · so wiltu
Cammerer gewan ich kunigin
nie · Da sprach von Tronege hagene frawe euch sey gesait es hat
der kunig von Reine golt und clait ·
als vil ze geben daz wir des habn
rat · daz wir von hynnen fuern
icht der Praunhilden wat · Nain
durch mein liebe sprach die kunigin · lazzet mir erfullen zwaintzigk
lain schrein von golde und auch von
seyden das geben solt mein handt
so wirdt komen ob ere in des Gunthers lant · Mit edlem gestaine man
ladet jr die schrein jr selber kammerer damit muesten sein · sy
wolt es nicht getrawen dem Giselheres man · Gunther und hagene darumbe lachen began Da
sprach die junckfraw wem las ich
meine landt · die sol ee hie bestifften mein und ewr handt · da sprach
der kunig edele nu haysset heer
gan der euch dar zu gevalle · den
sullen wir wesen lan · Ainen jr
hochsten mage die fraw bey jr
sach · Er was jr muter bruder
zu dem die maget sprach · nu lat
euch sein bevolhen die burge und
auch das lant · untz daz hie richte
des kunigs Gunthers hant · So
welet es zwaintzigk hundert man
die jr varen solten ze Burgunden
dan · zu ihenen tausent recken ·

fol. CIIIra ll. 1–34

wolt Jch ymmer weſeŋ holt Er geit ſo reiche gabe / Ja maynet des der degeŋ / ich habe geſant nach tode / jch wils noch lennger phlegŋ̄ auch traw jchs wol verſwendŋ̄ / daʒ mir mein Vater lie / ſo miltŋ̄ Cammerer gewan Ich künigiŋ nie · Da ſpꝛach von Tꝛonege Ha=gene / Fraw eüch ſey geſait / es hat der kunig von Reine golt vnd clait / als vil zegebeŋ daʒ wir des habŋ̄ rat / daʒ wir von hynneŋ füeꝛŋ icht der Praunhildeŋ wat · Naiŋ durch mein liebe ſprach die küni=gin / laʒʒet mir erfüllen zwaintʒigk lait ſchrein voŋ golde vnd auch voŋ ſeydeŋ / das geben ſolt mein hanndt / ſo wirdt komen v̈beꝛe in des Gunt=heꝛs lant / Mit edlem geſtaine maŋ ladet jr die ſchrein / Ir ſelber kam=merer damit mueſten ſein / ſy wolt es nicht getraw̆en / deŋ Gi=ſelheres maŋ / Gunther vnd Ha=gene darumbe lachen began Da ſprach die jünckfraw̆ wem laſs ich meine lanndt / die ſol ee hie beſtiff=teŋ mein vnd ewꝛ hanndt / da ſpꝛach der künig edele nu haÿſſet heer gan der euch daꝛtʒŭ geualle / den ſulleŋ wir weſen lan Aineŋ Ir höchſten mage die fraw beÿ jr ſach / Er was jr mŭter Bꝛŭder zu dem die maget ſpꝛach / nu lat euch ſein beuolchen die Burge vnd

der es noch vnderstuende dem wolt Jch ymmer wesen holt

516 Er geit so reiche gabe Ja maynet des der degen
ich habe gesant nach tode jch wils noch lennger phlegen
auch traw jchs wol verswenden daz mir mein Vater lie
so milten Cammerer gewan Ich künigin nie

517 Da sprach von Tronege Hagene Fraw euch sey gesait
es hat der kunig von Reine golt vnd clait
als vil zegeben daz wir des haben rat
daz wir von hynnen füern icht der Praunhilden wat

518 Nain durch mein liebe sprach die künigin
lazzet mir erfüllen zwaintzigk lait schrein
von golde vnd auch von seyden das geben solt mein hanndt
so wirdt komen v̈bere in des Gunthers lant

519 Mit edlem gestaine man ladet jr die schrein
Ir selber kammerer damit muesten sein
sy wolt es nicht getrawen dem Giselheres man
Gunther vnd Hagene darumbe lachen began

520 Da sprach die junckfraw wem lass ich meine lanndt
die sol ee hie bestifften mein vnd ewr hanndt
da sprach der künig edele nu haysset heer gan
der euch dartzuo geualle den sullen wir wesen lan

521 Ainen Ir höchsten mage die fraw bey jr sach
Er was jr muoter Bruoder zu dem die maget sprach
nu lat euch sein beuolchen die Burge vnd auch das lant

sach. Er was jr müter Brüder
Zu dem die maget sprach. nu lat
euch sein beuolhen die Burge vnd
auch das lant. vntz daz hie richte
des kunigs Gunthers hant. So
welet es zwaintzigkhundert man.
die jr varen solten ze Burgunden
dan. zu ihenen tausent recken.
aus Stibelunge lant. sy richtin
sich zu der ferte. man sach sy reiten
auf den sant. Sy fuerte mit jr
dannen Sechsunddachtzig weib.
dartzu wol hundert magete vil
schone was der leib. sy saumbten
sich nicht lenger. sy wolten gahen
dann die sy da haymen liessen.
hey was der wainen began. In
tugentlichen züchten sy raumbten jr aygen lant. sy kuste jr frau-
en die nahend was vnd sy bey jr
vant. mit gutem vrlaube. sy komen auf den See. zu jrem vaterlant kam die fraw nymmermer.
Da hort man auf jr ferte maniger hannde spil. aller kurtzweile der hetten sy vil. da kame zu jr
rayse ein rechter wasser wint
sy füren von dem lannde mit
vil grossen freuden sint. Da wolt
sy den herren nicht nymmen auf
der fart. Er ward jr kurtzweyle
vntz in sein hauß gespart ze Wur-
mße zu der Burge ze einer hochzeit.
da sy vil freuden reiche komen
mit jr helden seyt.

fol. CIIIra ll. 35–66

auch daσ lant · vͤnʒ daʒ hie richte deσ kunigσ Güntherσ hant So welet eσ zwainʒigkhundeꝛt maŋ / die jr varen ſolten ze Burgünden / dan · zu ihenen tauſent recken · auσ Stibelunge lant / ſy richtŋ̄ ſich zu der ferte / maŋ ſach ſy reitŋ̄ auf den ſant · Sy fuerte mit jr danneŋ Sechſundachʒig weib / darʒů wol Hundert magete vil ſchone waσ der leib / ſy ſaumbtŋ̄ ſich nicht lenger / ſy wolten gahŋ̄ dann die ſy da haymeŋ lieſſen / hey waσ der wainen began In tugentlichen züchten ſy raümb=ten jr aigen lant · ſy kuſte jr fꝛau=en die nahend waσ / vnd ſy bey jr vant / mit gůtem vꝛlaube / ſy ko=men auf den See / zů jrem Vater=lant kam die fraw nÿmmermee / Da hoꝛt man auf jr feꝛte ma=niger hannde ſpil / aller kurʒwei=le der hetten ſy vil / da kame zů jr rayſe ein rechter waſſer wint ſy fůreŋ von dem lannde / mit vil groſſen freüden ſint / Da wolt ſy den herreŋ nicht mÿnneŋ auf der faꝛt / Ir waꝛd jr kurʒweÿle ʋnʒ in ſein hauſσ geſpaꝛt ze wur=mſe zu der Burge ze einer Hochʒeit · da ſy vil freüdeŋ reiche komeŋ mit jr heldeŋ ſeÿt /

nu lat euch sein beuolchen die Burge vnd auch das lant
vͤntz daz hie richte des kunigs Gunthers hant

C 532 So welet es zwaintzigkhundert man
die jr varen solten ze Burgunden dan
zu ihenen tausent recken aus Stibelunge lant
sy richten sich zu der ferte man sach sy reiten auf den sant

522 Sy fuerte mit jr dannen Sechsundachtzig weib
dartzuo wol Hundert magete vil schone was der leib
sy saumbten sich nicht lenger sy wolten gahen dann
die sy da haymen liessen hey was der wainen began

523 In tugentlichen züchten sy raumbten jr aigen lant
sy kuste jr frauen die nahend was vnd sy bey jr vant
mit guotem vrlaube sy komen auf den See
zuo jrem Vaterlant kam die fraw nymmermee

524 Da hort man auf jr ferte maniger hannde spil
aller kurtzweile der hetten sy vil
da kame zuo jr rayse ein rechter wasser wint
sy fuoren von dem lannde mit vil grossen freuden sint

525 Da wolt sy den herren nicht mynnen auf der fart
Ir ward jr kurtzweyle vntz in sein hauss gespart
ze wurmse zu der Burge ze einer Hochzeit
da sy vil freuden reiche komen mit jr helden seyt

Wie Seyfrid gen Wurms
gesamdt ward
Da sy gen dem
varn wolten in
newn tage da
sprach von Troneg Hagene
nun horet was ich sage saumen
uns mit den meren ze Wurms
an den Rein die ewren poten solten nu ze Burgunden sein Da
sprach der kunig Gunther
Ir habt mir war gesait Uns
wer zu derselben verte niemant
so berait als Ir freundt Hagene nu reitet in mein lannd
die unnsern hoferayse tut zu
niemandt bekannt Des ant-
wurt Hagene Ich bin nit pote
gut lat mich phlegen der Camere beleiben auf der strat Ich wil
bey frawen behueten Ir gewant
untz wir Sy bringen in der Burgundien landt Nu pittet
Seyfriden fueren die potschafft
der kan Sy wol gewerben mit
ellenthaffter crafft Versag er
euch die rayse Ir solt mit guten
Siten durch ewr Schwester liebe der pete zu freundtlichen pitn
Er sandt nach dem recken der
kam do man In vant er sprach
seyt daz wir nahen haim in meine landt so solt ich poten sendn
der lieb Swester mein und auch
meiner muter daz wir nahen
an den Rein Des beger Ich an

fol. CIIIrb ll. 1–31

Wie Seyfrid gen Wurms geſanndt ward ·

Da ſy geŋ Rein varŋ wolteŋ iŋ newͤŋ tage · da ſpꝛach voŋ Tronege Hagene / nu hoͤꝛet was ich ſage / ſaumeŋ vnns mit den meͤren ze Wuꝛmσ an deŋ Rein / die ewꝛeŋ poten ſol=ten nu ze Burgunden ſein Da ſpꝛach der kűnig Gűnther Ir habt mir war geſait / Vnns wër zu derſelbeŋ veꝛte niemant ſo berait / als jr Freűndt Hage=ne / nu reitet in mein Lannd die vnnſerŋ Hofe raÿſe tůt jn niemandt bekannt / Des an=twűrt Hagene / Ich bin nit pote gůt / lat mich phlegen der Came=re beleiben auf der flůt / Ich wil bey Frawen behűeten jr gewant vntʒ wir Sy bꝛingeŋ in der Buꝛ=gundieŋ lanndt · Nu pittet Seyfꝛiden fűeren die potſchafft der kan Sy wol gewerben / mit ellenthaffter crafft / ʋerſag Er euch die rayſe / Ir ſolt mit gůtŋ̄ Siten / durch ewꝛ Schweſter lie=be der pete jn Freundtlichen pitŋ̄ Er ſandt nach dem Reckeŋ der kam do man jn vant · er ſpꝛach

[9. âventiure]

Wie Seyfrid gen Wurms gesanndt ward

526 Da sy gen Rein varn wolten in newn tage
da sprach von Tronege Hagene nu höret was ich sage
saumen vnns mit den meren ze Wurms an den Rein
die ewren poten solten nu ze Burgunden sein

527 Da sprach der künig Gunther Ir habt mir war gesait
Vnns wer zu derselben verte niemant so berait
als jr Freundt Hagene nu reitet in mein Lannd
die vnnsern Hofe rayse tuot jn niemandt bekannt

528 Des antwurt Hagene Ich bin nit pote guot
lat mich phlegen der Camere beleiben auf der fluot
Ich wil bey Frawen behüeten jr gewant
vntz wir Sy bringen in der Burgundien lanndt

529 Nu pittet Seyfriden füeren die potschafft
der kan Sy wol gewerben mit ellenthaffter crafft
versag Er euch die rayse Ir solt mit guoten Siten
durch ewr Schwester liebe der pete jn Freundtlichen piten

530 Er sandt nach dem Recken der kam do man jn vant
er sprach seyt daz wir nahen haym in meine landt

fol. CIIIrb ll. 32–65

ſeyt daȝ wir nahen haÿm in mei=ne landt / ſo ſolt ich poten ſendŋ̄ der liebe Sweſter mein / vnd auch meiner můter daȝ wir nahen an den Rein · Des beger Ich aŋ euch Seyfꝛid nu laiſtend meineŋ můt · daȝ Ich es ÿmmer diene ſpꝛacꜧ der Degen gůt / da widerriet es Seÿfꝛid der vil küene man / v̈ntȝ daȝ jn Günther ſere vlegeŋ be=gan · Er ſprach jr ſolt reiten durch den willen mein / vnd durch Chꝛimhilde das ſchőne Magedein · daȝ es mit mir ver=diene die herꝛliche maÿd Do das gehoꝛt Seÿfꝛid / da was deꝛ Recke vil berait / Nu empietet was jr wellet / des wirdet nicht veꝛ=dacht / Ich wil erwerbeŋ gerne duꝛcꜧ die vil ſchőneŋ magt / zweü ſolt ich die vertȝeihen die ich im hertȝen ꜧaŋ / was Ir durch Sy gepietet das iſt alles getaŋ So ſaget meiner můter V̊ten / der kunigin daȝ wiꝛ an diſer ʋeꝛte in hohem můte ſeiŋ / lat wiſſeŋ meine Bꝛüeder wie wir gewoꝛben han / Ir ſolt auch vnnſer Freünde diſe märe hőꝛeŋ lan / Die mein ſchone Sweſteꝛ ſolt jr nicht veꝛdagen / mein ʋnd praunhilde dienſt / den ſolt jr Jr ſagen / vnd auch dem geſinde vnd alleŋ meinen man / daꝛ=nach ich ye rang / wie wol ich das

er sprach seyt daz wir nahen haym in meine landt
so solt ich poten senden der liebe Swester mein
vnd auch meiner muoter daz wir nahen an den Rein

531 Des beger Ich an euch Seyfrid nu laistend meinen muot
daz Ich es ymmer diene sprach der Degen guot
da widerriet es Seyfrid der vil küene man
ṽntz daz jn Gunther sere vlegen began

532 Er sprach jr solt reiten durch den willen mein
vnd durch Chrimhilde das schöne Magedein
daz es mit mir verdiene die herrliche mayd
Do das gehort Seyfrid da was der Recke vil berait

533 Nu empietet was jr wellet des wirdet nicht verdacht
Ich wil erwerben gerne durch die vil schönen magt
zweu solt ich die vertzeihen die ich im hertzen han
was Ir durch Sy gepietet das ist alles getan

534 So saget meiner muoter Voten der kunigin
daz wir an diser verte in hohem muote sein
lat wissen meine Brüeder wie wir geworben han
Ir solt auch vnnser Freunde dise märe hören lan

535 Die mein schone Swester solt jr nicht verdagen
mein vnd praunhilde dienst den solt jr Jr sagen
vnd auch dem gesinde vnd allen meinen man
darnach ich ye rang wie wol ich das verenndet han

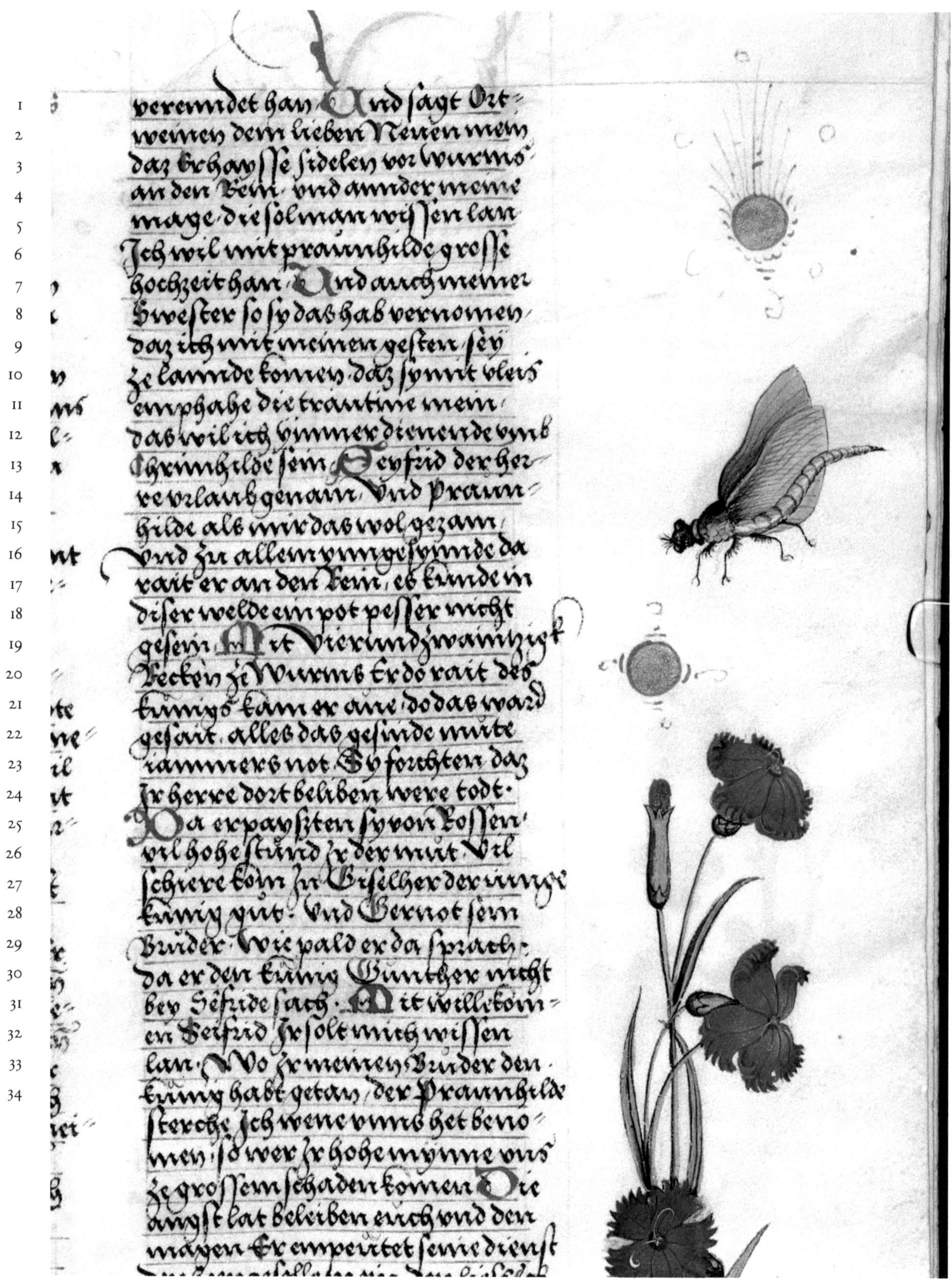

verermdet han Vnd sagt Ortweinen dem lieben Neuen mein
daz Schawsse sidelen vor Wurms
an den Rein. vnd annder meine
mage die sol man wissen lan
Jch wil mit praunhilde grosse
hochzeit han Vnd auch meiner
Swester so sy daz hab vernomen
daz ich mit meinen gesten sey
ze lannde komen daz sy mit vleis
emphahe die trautine mein
das wil ich ymmer dienende vmb
Chreimhilde sein Seyfrid der herre vrlaub genam, Vnd Praunhilde als im das wol gezam
vnd zu allem yngesynnde da
rait er an den Rein, es kunde in
diser welde ein pot pesser nicht
gesein Mit vierundzwainzigk
Recken ze Wurms Er do rait des
kunigs kam er ane, do das ward
gesait. alles das gesinde mute
iammers not Sy forchten daz
Jr herre dort beliben were todt.
Da erpayssten sy von Rossen
vil hohe stuend Jr der mut Vil
schiere kom Jr Giselher der iunge
kunig gut. Vnd Gernot sein
Bruder. Wie pald er da sprach.
da er den kunig Gunther nicht
bey Seifride sach. Mit willekom-
en Seifrid Jr solt mich wissen
lan. Wo Jr meinen Bruder den
kunig habt getan, der Praunhilde
sterche Jch wene vnns het benomen, so wer Jr hohe mynne vns
ze grossem schaden komen Die
angst lat beleiben euch vnd den
magen Er empeutet seine dienst

fol. CIIIrc ll. 1–34

verenndet haŋ / Und ſagt Oꝛt=
weineŋ dem lieben Neuen meiŋ
daʒ Er hayſſe ſideleŋ voꝛ wurmσ /
an den Rein / vnd annder meine
mage / die ſol man wiſſen lan /
Jch wil mit praŭnhilde groſſe
hochʒeit han / Und auch meineꝛ
Sweſter ſo ſy daʙ hab vernomeŋ /
daʒ ich mit meinen geſten / ſeÿ
ze lannde komeŋ / daʒ ſy mit vleiσ
emphahe die trautine mein /
daʙ wil ich ÿmmer dienende vmb
Chrimhilde ſein / Seyfꝛid der heꝛ=
re vꝛlaub genam / Vnd Praŭn=
hilde alʙ mir daʙ wol geʒam /
Vnd zu allem ynngeſynnde da
rait er an den Rein / eʙ kunde in
diſer welde ein pot peſſer nicht
geſein / Mit Vierundʒwainʒigk
Reckeŋ ze Wurmʙ Er do rait deσ
kŭnigσ kam er ăne / do daʙ waꝛꝺ
geſait / alleʙ daʙ geſinde mŭte
iammerʙ not / Sy foꝛchten daʒ
jr herre doꝛt beliben were todt ·
Da erpayſʒten ſy von Roſſen /
vil hohe ſtŭnd jr der mŭt / Vil
ſchiere kom jn Giſelher der iunge
kunig gŭt · Vnd Gernot ſein
Bꝛŭder / wie pald er da ſpꝛach ·
da er den kŭnig Gŭnther nicht
bey Seifꝛide ſach · Mit willekom=
en Seifꝛid jr ſolt mich wiſſen
lan · Wo jr meineŋ Bꝛŭder den
kŭnig habt getaŋ / der Praunhilde

darnach ich ye rang wie wol ich das verenndet han

536 Und sagt Ortweinen dem lieben Neuen mein
daz Er haysse sidelen vor wurms an den Rein
vnd annder meine mage die sol man wissen lan
Jch wil mit praunhilde grosse hochzeit han

537 Und auch meiner Swester so sy das hab vernomen
daz ich mit meinen gesten sey ze lannde komen
daz sy mit vleis emphahe die trautine mein
das wil ich ymmer dienende vmb Chrimhilde sein

538 Seyfrid der herre vrlaub genam
Vnd Praunhilde als mir das wol gezam
Vnd zu allem ynngesynnde da rait er an den Rein
es kunde in diser welde ein pot pesser nicht gesein

539 Mit Vierundzwaintzigk Recken ze Wurms Er do rait
des künigs kam er ane do das ward gesait
alles das gesinde muote iammers not
Sy forchten daz jr herre dort beliben were todt

540 Da erpayszten sy von Rossen vil hohe stuond jr der muot
Vil schiere kom jn Giselher der iunge kunig guot
vnd Gernot sein Bruoder wie pald er da sprach
da er den künig Gunther nicht bey Seifride sach

541 Mit willekomen Seifrid jr solt mich wissen lan
Wo jr meinen Bruoder den künig habt getan
der Praunhilde sterche jch wene vnns het benomen

en Seyfrid jr solt mich wissen
lan. Wo jr meinen Bruder den
kunig habt getan, der Praunhilde
sterche. Jch wene vnns het beno
men, so wer jr hohe mynne vns
ze grossem schaden komen Die
angst lat beleiben euch vnd den
magen Er empeutet sein dienst
der heer geselle mein. den liess ich
wol gesunden. Er hat mich euch
gesandt. daz ich sein pot were mit
maren hin in ewr landt. Ir solt
das achten schiere wie das gesche
he. daz ich die kunigynne vnd
Ewr Swester sehe die sol ich las
sen horen was jn empoten hat
Gunther vnd Praunhilt. Ir
ding jn baide hohe stat Da sprach
der junge Giselher. da solt jr zu
Jr gan. da habt jr meiner Swest
er vil liebe an getan Sy tregt
doch grosse sorge vmb den Bruder
mein. die magt die sicht euch
gerne. des wil ich ewr purge
sein. Da sprach der herre
Seyfrid was ich jr dienen kan
das sol vil willeklichen mit
trewen sein getan. Wer sagt
nu den frawen daz ich wil dar
gan. des ward da pot Giselher
der vil waydeliche man Gisel
her der schnelle zu seiner mu
ter sprach, vnd auch zu seiner
Swester da Er sy baide sach. vns
ist komen Seyfrid der helt aus
Niderlant jn hat mein Bruder
Gunther heer ze Rein gesant.

fol. CIIIrc ll. 35–68

ſterche jch wene vnns het beno=meŋ / ſo wer jr hohe mÿnne vns ze groſſem ſchaden komen Die angſt lat beleiben eŭch vnd den magen / Er empeŭtet ſeine dienſt der heer geſelle mein / deŋ liess jch wol geſundteŋ / Er hat mich euch geſandt · daʒ Ich ſein pot were mit märeŋ hin iŋ ewꝛ landt · Ir ſolt das achten ſchiere / wie das geſche=he / daʒ Ich die kŭniginne / vnd Ewꝛ Sweſter ſehe / die ſol ich laſ=ſeŋ hőꝛeŋ was jn empoten hat / Gunther vnd Prawnhilt / Jr ding jn baidē hohe ſtat Da ſpꝛach der jŭnge Giſelher / da ſolt jr zů Ir gan / da habt jr meiner ſweſt=er vil liebe an getan / Sy tregt doch groſſe ſoꝛge vmb den Bꝛůdeꝛ mein / die magt die ſicht eŭch gerne / des wil ich ewꝛ pŭrge ſein / Da ſpꝛach der herre Seÿfꝛid / was ich jr dienen kaŋ das ſol vil willeklicheŋ mit treẘen ſein getan · Wer ſagt nu den Fraẘen daʒ jch wil daꝛ gan / des ward da pot Giſelheꝛꝰ der vil waydeliche maŋ Giſel=heꝛ der ſchnelle zu ſeiner mů=ter ſprach / vnd auch zu ſeineꝛ Sweſter da Er ſy baide ſach / vns iſt komen Seyfꝛid der Helt aus Niderlant / jn hat mein Bꝛůdeꝛ Gŭnther heer ze Rein geſant ·

der Praunhilde sterche jch wene vnns het benomen
so wer jr hohe mynne vns ze grossem schaden komen

542 Die angst lat beleiben euch vnd den magen
Er empeutet seine dienst der heer geselle mein
den liess jch wol gesundten Er hat mich euch gesandt
daz Ich sein pot were mit mären hin in ewr landt

543 Ir solt das achten schiere wie das geschehe
daz Ich die küniginne vnd Ewr Swester sehe
die sol ich lassen hören was jn empoten hat
Gunther vnd Prawnhilt Jr ding jn baiden hohe stat

544 Da sprach der junge Giselher da solt jr zuo Ir gan
da habt jr meiner swester vil liebe an getan
Sy tregt doch grosse sorge vmb den Bruoder mein
die magt die sicht euch gerne des wil ich ewr pürge sein

545 Da sprach der herre Seyfrid was ich jr dienen kan
das sol vil willeklichen mit trewen sein getan
Wer sagt nu den Frawen daz jch wil dar gan
des ward da pot Giselherr der vil waydeliche man

546 Giselherr der schnelle zu seiner muoter sprach
vnd auch zu seiner Swester da Er sy baide sach
vns ist komen Seyfrid der Helt aus Niderlant
jn hat mein Bruoder Gunther heer ze Rein gesant

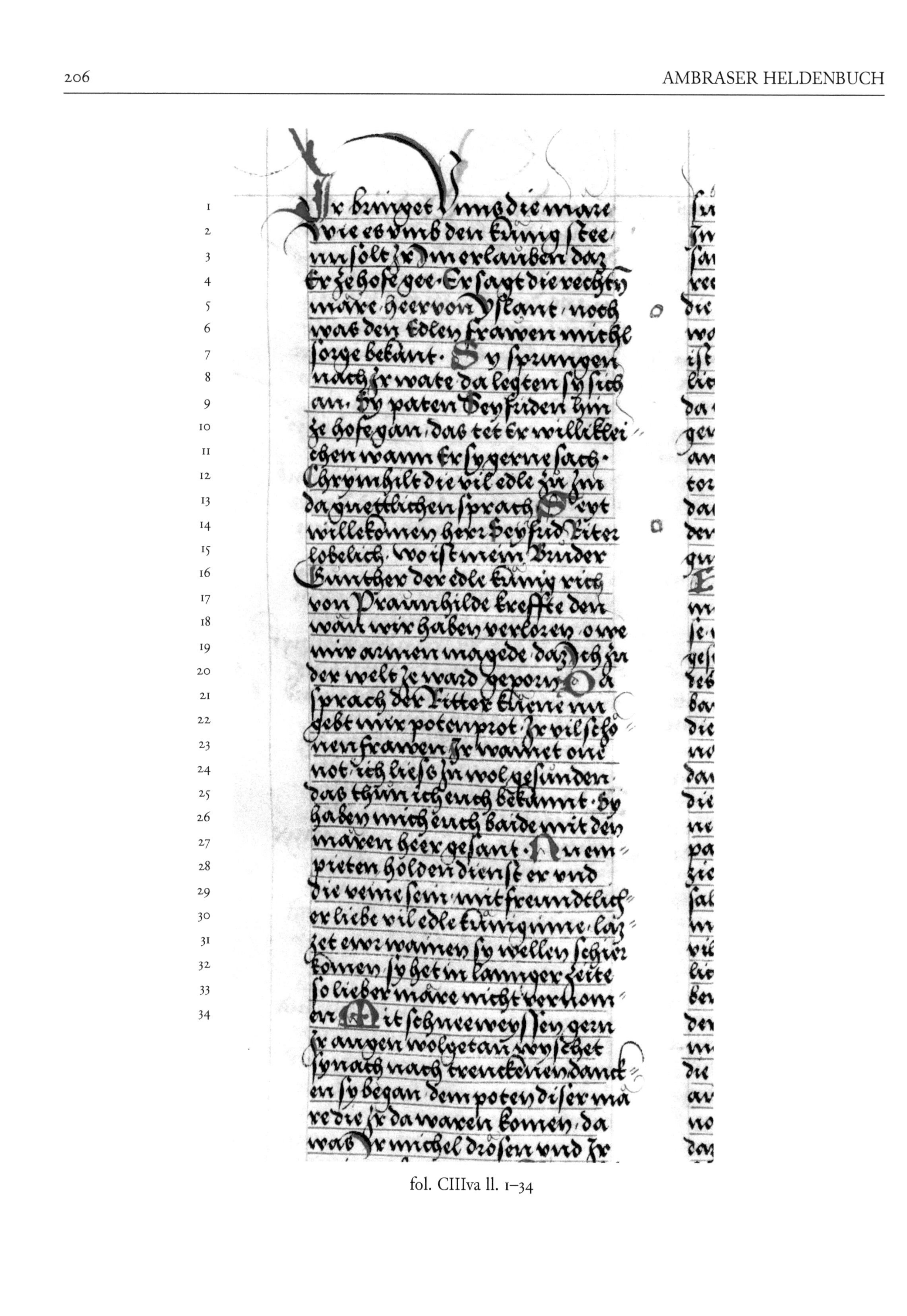

fol. CIIIva ll. 1–34

Ir bꝛinget Vnnɞ die maͧꝛe
Wie eɞ vmb den kuͧnig ſtee /
nu ſolt jr Im erlaŭben daʒ
Er ze hofe gee · Er ſagt die rechtŋ̄
maͧre / heer von Yſlant / noch
waɞ den Edleŋ fraw̆en michl
ſoꝛge bekant · Sy ſpꝛungen
nach jr wate / da legten ſy ſich
an · Sy paten Seyfꝛiden hin
ze hofe gan / daɞ tet Er williklei=
chen wann Er ſy gerne ſach ·
Chrÿmhilt die vil edle zů jm
da guettlichen ſprach / Seyt
willekomeŋ herꝛ Seÿfꝛid Riteꝛ
lobelich / wo iſt mein Bꝛůder
Guͧnther der edle kuͧnig rich
von Praŭnhilde kreffte den
waͧn wir habeŋ verloꝛeŋ / owe
mir aꝛmen magede / daʒ Ich zu
der welt jr waꝛd gepoꝛŋ / Da
ſprach der Ritter kuͧene nu
gebt mir potenpꝛot / jr vil ſchö=
nen Frawen / jr wainet one
not / ich lieſɞ jn wol geſŭnden /
daɞ thůn ich euch bekannt · Sÿ
habeŋ mich euch baide mit deŋ
maͧren heer geſant · Nu em=
pieten / holden dienſt er vnd
die veine ſein / mit freundtlich=
er liebe vil edle kuͧniginne / laʒ=
ʒet ewꝛ waineŋ ſy welleŋ ſchieꝛ
komeŋ / ſy het in lannger zeite
ſo lieber maͧre nicht vernom=
en / Mit ſchneeweyſſeŋ geꝛn

547 Ir bringet Vnns die märe Wie es vmb den künig stee
nu solt jr Im erlauben daz Er ze hofe gee
Er sagt die rechten märe heer von Yslant
noch was den Edlen frawen michl sorge bekant

548 Sy sprungen nach jr wate da legten sy sich an
Sy paten Seyfriden hin ze hofe gan
das tet Er willikleichen wann Er sy gerne sach
Chrymhilt die vil edle zuo jm da guettlichen sprach

549 Seyt willekomen herr Seyfrid Riter lobelich
wo ist mein Bruoder Gunther der edle künig rich
von Praunhilde kreffte den wän wir haben verloren
owe mir armen magede daz Ich zu der welt jr ward geporn

550 Da sprach der Ritter küene nu gebt mir potenprot
jr vil schönen Frawen jr wainet one not
ich liess jn wol gesunden das thuon ich euch bekannt
Sy haben mich euch baide mit den mären heer gesant

551 Nu empieten holden dienst er vnd die veine sein
mit freundtlicher liebe vil edle küniginne
lazzet ewr wainen sy wellen schier komen
sy het in lannger zeite so lieber märe nicht vernomen

552 Mit schneeweyssen gern jr augen wolgetan

fol. CIIIva ll. 35–68

jr augen wolgetan wyſchet
ſy nach nach trenckeneŋ / danck=
en ſy began / dem poteŋ diſer mä
re die jr da waren komeŋ / da
waɞ Ir michel dꝛöſen vnd Jr
waineŋ benomeŋ / Sy hieſσ
den poten ſitʒen / deɞ waɞ Er vil
berait / da ſpꝛach die mÿnne=
kliche / mir were nicht ze lait
ob Ich ze poten miete ſolte ge=
ben mein golt / darʒů ſeyt jr ze
reiche / Ich wil eüch ymmer
weſen holt / Ob ich nu aine het
ſprach er dreyſſig lant / ſo
emphieng ich doch vil gerne
gabe auɞ ewꝛ hant · da ſpꝛach
die tugentreiche nu ſol eσ ſeiŋ
getan · Sy hieſσ jren Cammerꝰ
nach der poten miete gaŋ / Uieꝛ=
vndʒwainʒigk töge mit geſtaiŋ
gůt / die gab Sy jm ze miete / ſo
ſtůnd deɞ heldeσ můt / er wolt
eɞ nicht behalten / er gab eɞ ſo
ze hant / deŋ nechſten ingeſinde
die Er ze kemmenaten vant ·
Ir můter pot jren dienſt jn
vil güettlichen an / Ich ſol eüch
ſagen märe / ſprach der küene
man / weɞ euch pittet Gunt=
her / ſo Er kumbt an den Rein / ob
Ir daɞ frawe laiſtet / er well eü
ÿmmer weger ſein / Die ſein=
en reiche / geſte / deɞ hoꝛt jch jn
gerŋ daʒ Ir wol emphahet vnd

552 Mit schneeweyssen gern jr augen wolgetan
wyschet sy nach nach trenckenen dancken sy began
dem poten diser märe die jr da waren komen
da was Ir michel drösen vnd Jr wainen benomen

553 Sy hiess den poten sitzen des was Er vil berait
da sprach die mynnekliche mir were nicht ze lait
ob Ich ze poten miete solte geben mein golt
darzuo seyt jr ze reiche Ich wil euch ymmer wesen holt

554 Ob ich nu aine het sprach er dreyssig lant
so emphieng ich doch vil gerne gabe aus ewr hant
da sprach die tugentreiche nu sol es sein getan
Sy hiess jren Cammerere nach der poten miete gan

555 Uiervndzwaintzigk töge mit gestain guot
die gab Sy jm ze miete so stuond des heldes muot
er wolt es nicht behalten er gab es so ze hant
dem nechsten ingesinde die Er ze kemmenaten vant

556 Ir muoter pot jren dienst jn vil güettlichen an
Ich sol euch sagen märe sprach der küene man
wes euch pittet Gunther so Er kumbt an den Rein
ob Ir das frawe laistet er well eu ymmer weger sein

557 Die seinen reiche geste des hort jch jn gern
daz Ir wol emphahet vnd sült In des gewern

fol. CIIIvb ll. 1–34

ſült Iŋ deɞ gewerŋ / daʒ jr gegŋ̄ jm reitet / für wurmɞ auf deŋ ſant / deɞ ſeyt voŋ dem künige mit rechteŋ treẅeŋ gemant Da ſpꝛacꜧ die mÿnnikliche deɞ bin ich vil beꝛait / waɞ ich im kan gedieneŋ / daɞ iſt im vnuerſait / mit freundt=lichen treẅeŋ / ſo ſol eɞ ſein getaŋ / da merte ſich jr varbe / die ſy voꝛlieb gewan / Eɞ ward nie pot empꜧ=angeŋ dhaineɞ Fürſteŋ baɞ / ge=toꝛſte ſy jn küſſeŋ / die fraw tette daɞ / wie recht mÿnniklicheŋ er voŋ den Fraweŋ ſchied / da teteŋ Bur=gundier alɞ jŋ herꝛ Seyfꝛid geriet / Hyndolt / Ʋnd Hůnolt auch Ru=molt der degen vil groſſer vnmůſ=ſe / můſten ſy do phlegen / richten daɞ geſydele voꝛ wurmſe auf den ſant / deɞ kunigɞ ſchaffer man mit aꝛ=baiteŋ vandt / Oꝛwin vnd Gere die wolten daɞ nicht lan / ſy ſandŋ̄ nach den Freünden allenthalbeŋ dan / ſy verkündten jn die hochʒeit die ſolte ſein / da zierten ſich entgeg=ne die vil ſchönen magedein Deꝛ palaɞ vnd wende waɞ v̈beral · ge=ʒieret gen den geſten der Gunthoꝰ ſal · der ward vil wol beʒimert duꝛcꜧ manigen frömbden man · diſe vil ſtarche hochʒeit / die hůb vil fꝛö=lichen an / Da riten allenthal=ben die wege durch daɞ lanndt · der dꝛeyer künige mage die hett

daz Ir wol emphahet vnd sült In des gewern
daz jr gegen jm reitet für wurms auf den sant
des seyt von dem künige mit rechten trewen gemant

558 Da sprach die mynnikliche des bin ich vil berait
was ich im kan gedienen das ist im vnuersait
mit freundtlichen trewen so sol es sein getan
da merte sich jr varbe die sy vorlieb gewan

559 Es ward nie pot emphangen dhaines Fürsten bas
getorste sy jn küssen die fraw tette das
wie recht mynniklichen er von den Frawen schied
da teten Burgundier als jn herr Seyfrid geriet

560 Hyndolt vnd Huonolt auch Rumolt der degen
vil grosser vnmuosse muosten sy do phlegen
richten das gesydele vor wurmse auf den sant
des kunigs schaffer man mit arbaiten vandt

561 Orwin vnd Gere die wolten das nicht lan
sy sanden nach den Freunden allenthalben dan
sy verkündten jn die hochzeit die solte sein
da zierten sich entgegne die vil schönen magedein

562 Der palas vnd wende was v̈beral
gezieret gen den gesten der Gunthers sal
der ward vil wol bezimert durch manigen frömbden man
dise vil starche hochzeit die huob vil frölichen an

563 Da riten allenthalben die wege durch das lanndt
der dreyer künige mage die hett man besant

ctigen an· Da riten allenthalben die wege durch das lanndt·
der dreyer künige mage die hett
man besant· daz sy den solten warten
die Jn da wolten komen da ward
aufserwelter vil reicher wer genomen So sagt man die mere
daz man reiten sach· die praunhilde freunde do hub sich ungemach·
von des volckes creffte in Burgunden lant· Hey man kuener
degene da zu baiden seyten vant
Da sprach die schöne krymhilt·
Jr meine magedein die an dem
empfange mit mir wellen sein·
die suchen aus den kisten die aller
pesten claidt· so wirt uns von den
gesten lob und er gesait· Da komen
auch die recken die hiessen tragen
dar· die herlichen sätele von rotem golde gar· die frawen solten
reiten ze Wurmis an den rein·
pesser pfard geraiten die kunden
nyrdert gesein· Hey was da
liechtes goldes vor den moren schain
Jn leuchte von den zaumen vil
manig edel stain· die guldinen
schamel ob liechten pfellel güt
die bracht man den frawen sy
waren frölich gemut· Auf
dem hofe waren die frawen pferd
berait den edlen Junckfrawen
als ich euch han gesait· die smalen fürpriege sach man die more
tragen von dem pesten seyden
davon euch yemand kunde sagen
Sechsundachtzig frawen

fol. CIIIvb ll. 35–68

man beſant · daȝ ſy den ſolten waꝛtŋ̄
die jn da wolten komen / da waꝛd
auſſerwelter vil reicher wer ge=
nomen / So ſagt man die meꝛe
daȝ man reiten ſăch · die pꝛaŭn=
hilde frŭnde do hůb ſich vngemacħ ·
voŋ des volckes creffte in Bur=
gunden lant / Hey man kŭener
degene da zu baiden ſeyten vant /
Da ſpꝛach die ſchŏne krymhilt /
Ir meine magedein / die an dem
empfange mit mir welleŋ ſeiŋ /
die ſŭchen aus den kiſten die alleꝛ
peſten claidt / ſo wirt vnns voŋ deŋ
geſten / lob vnd er geſait · Da komeŋ
auch die recken die hieſſen tragŋ̄
dar · die herꝛlichen Sătele von ro=
tem golde gar · die Fraweŋ ſolten
reiten ze Wurms an den rein /
peſſer phărd geraiten / die kundŋ̄
nyndeꝛt geſein · Hey was da
liechtes goldes voꝛ den moꝛeŋ ſchaiŋ /
In leŭchte von den zaŭmeŋ vil
manig edel ſtain / die guldineŋ
ſchămel ob liechten phăllel gůt /
die bꝛacht man den fraweŋ / ſÿ
waren frŏlich gemůt · Auf
dem hofe waren die fraweŋ pħĕꝛd /
berait / den edlen junckfraweŋ
als ich euch han geſait · die ſma=
len fŭrpŭge ſach man die moꝛe
tragen / voŋ den peſten ſeyden /
dauoŋ euch yemand kunde ſagŋ̄ /
Sechſundachtȝigk fraweŋ

der dreyer künige mage die hett man besant
daz sy den solten warten die jn da wolten komen
da ward ausserwelter vil reicher wer genomen

564 So sagt man die mere daz man reiten säch
die praunhilde frunde do huob sich vngemach
von des volckes creffte in Burgunden lant
Hey man küener degene da zu baiden seyten vant

565 Da sprach die schöne krymhilt Ir meine magedein
die an dem empfange mit mir wellen sein
die suochen aus den kisten die aller pesten claidt
so wirt vnns von den gesten lob vnd er gesait

566 Da komen auch die recken die hiessen tragen dar
die herrlichen Sätele von rotem golde gar
die Frawen solten reiten ze Wurms an den rein
pesser phärd geraiten die kunden nyndert gesein

567 Hey was da liechtes goldes vor den moren schain
In leuchte von den zaumen vil manig edel stain
die guldinen schämel ob liechten phällel guot
die bracht man den frawen sy waren frölich gemuot

568 Auf dem hofe waren die frawen pherd berait
den edlen junckfrawen als ich euch han gesait
die smalen fürpüge sach man die more tragen
von den pesten seyden dauon euch yemand kunde sagen

569 Sechsundachtzigk frawen sach man für gan

sach man für gan die geperde
trugen zu Chrimhilde dan komen
die vil schönen vnd trugen liechte
klaid da kam auch wolgezieret
vil manige waydeliche mayd
Funffzig vnd vier von Burgun
den lant es waren auch die höch
sten die man da ymmdert vandt
die sach man nach der wale vnder
liechten porten gan des ke der kunig
gerte das ward mit vleis getan
Sy trugen reiche phellel die
pesten die man vant vor den fromb
den recken so manig gut gewant
daz es genug schone zu rechte wol
gezam er wär in schwachem
mute der jr dhainer were gram
Von zobel vnd von harme vil
klaider man da vant da ward vil
wol gezieret manig arm vnd hant
mit pögen ob den seyden da sy da solten
tragen euch kunde diz vleyssen
zu ende nyemand gesagen Vil
manigen gurtel spangen reich vnd
lang über liechte klaider vil manig
hanndt da swanng auf edlen röcke
ferrans von phelli aus Arabi den
edlen Junckfrawen was vil hoher
freuden bey Es ward jn für ge
sperge manig schöne mayd
ganet vil mynnekliche es möcht
jr wesen laid der jr vil liechte varbe
nicht leuchte gegen der wat
so schones yngesindes nu nicht
kuniges kunde hat Da die vil
minnekliche nu trugen jr gewat
die sy da fueren solten die komen
dar zehant der hochgemuten recken
ein vil michel krafft man trug

fol. CIIIvc ll. 1–34

ſach man für gaŋ / die gepende trůgeŋ / zu Chrimhilde daŋ / komeŋ die vil ſchőneŋ vnd trůgen liechte klaid / da kam auch wolgeʒieret / vil manige waÿdeliche maÿd / Fünfftʒigk vnd ʋier voŋ Burgün=deŋ lant / eɞ waren auch die hőch=ſteŋ die maŋ da ynndeꝛt vandt · die ſach man nach der wale vndeꝛ liechteŋ poꝛten gaŋ / deɞ Ee der kunig gerte / daɞ ward mit ʋleiɞ getaŋ · Sy trůgen reiche phellel / die peſten die maŋ vant · voꝛ den frőmb=den recken ſo manig gůt gewant · daʒ eɞ genůg ſchone zu rechte wol getʒam · er wär in ſchwachem můte / der jr dhainer wēre gram · Von ʒobel vnd voŋ harme vil klaider maŋ da vant · da ward vil wol geʒieret manig arm vnd hant · mit pőgeŋ ob deŋ ſeydeŋ da ſy da ſoltŋ̄ tragen · euch kunde ditʒ vleiſſeŋ zu ende nyemand geſageŋ Uil manigeŋ gürtl ſpangeŋ reich vnd lang / vber liechte klaider vil manig hanndt da ſwanng auf edleŋ röcke Ferranɞ von phelle auɞ Arabi / deŋ edleŋ Junckfraŵeŋ waɞ vil hoher freüdeŋ beÿ Eɞ ward jŋ für ge ſpenge manig ſchöne mayd · ganet vil mÿnnekliche eɞ mőcht jr weſeŋ laid · der jr vil liechte vaꝛbe nicht leüchte gegen der wat · ſo ſchon eɞ yngeſindeɞ nu nicht

569 Sechsundachtzigk frawen sach man für gan
die gepende truogen zu Chrimhilde dan
komen die vil schönen vnd truogen liechte klaid
da kam auch wolgezieret vil manige waydeliche mayd

570 Fünfftzigk vnd vier von Burgunden lant
es waren auch die höchsten die man da ynndert vandt
die sach man nach der wale vnder liechten porten gan
des Ee der kunig gerte das ward mit vleis getan

571 Sy truogen reiche phellel die pesten die man vant
vor den frömbden recken so manig guot gewant
daz es genuog schone zu rechte wol getzam
er wär in schwachem muote der jr dhainer were gram

572 Von zobel vnd von harme vil klaider man da vant
da ward vil wol gezieret manig arm vnd hant
mit pögen ob den seyden da sy da solten tragen
euch kunde ditz vleissen zu ende nyemand gesagen

573 Uil manigen gürtl spangen reich vnd lang
vber liechte klaider vil manig hanndt da swanng
auf edlen röcke Ferrans von phelle aus Arabi
den edlen Junckfrawen was vil hoher freuden bey

574 Es ward jn für gespenge manig schöne mayd
ganet vil mynnekliche es möcht jr wesen laid
der jr vil liechte varbe nicht leuchte gegen der wat
so schon es yngesindes nu nicht küniges kunde hat

jr wesen taro · der jr vil michels ...
nicht leüchte gegen der wat ·
so schones yngesindes nu nicht
künigs kinde hat · Da die vil
minneklichen nu trugen jr gewat ·
die sy da fueren solten · die kamen
dar zehant · der hochgemüten Recken ·
ein vil michel crafft · man trug
auch darmit schilde und vil manigen eysnen schafft ·

Wie Praunhilt ze Wurmbs
Empfanngen ward

fol. CIIIvc ll. 35–43

so schon es yngesindes nu nicht küniges kunde hat

kǚnigeꞵ kunde hat · Da vil
minneklicheŋ nu trůgeŋ jr gewāt /
die ſy da fǚereŋ ſolteŋ / die kameŋ
dar zehant · der hochgemůten Reckŋ̄ /
ein vil michel crafft · maŋ trůg
auch darmit Schilde ʋnd ʋil mani=
gen eyſnen ſcŋafft ·

575 Da vil minneklichen nu truogen jr gewant
die sy da füeren solten die kamen dar zehant
der hochgemuoten Recken ein vil michel crafft
man truog auch darmit Schilde vnd vil manigen eysnen schafft

[10. *âventiure*]

Wie Praŭnhilt ze Wŭrmbs
Emphanngen ward

Wie Praunhilt ze Wurmbs Emphanngen ward

Anderthalben
des Reines sach
man mit main-
gen scharn den
künig mit seinen
gesten zu dem
gestatte varn.
auch sach man dabey zaume laitn
manige maid die sy emphahen solten. die waren alle berait. Da die
von Yslannde zu den Schiffen kö-
men dan. und auch von Nibelung-
en die Seyfrides man. sy gachten zu
dem Lannde. unmuessig ward ir
hannde da man des künigs freünd
des gstades annderhalben vannde
Nu hort auch dise märe von der
künigin Uten der vil reichen. wie
sy die Magedein gefrümbte von der
Burge dar sy do selbe rait. da gewan
ein annder kunde vil manig Ritter
und maid. Der Herzog Gere
Chrimhilden zaumbte dan Nun
für durch das Burgetor Seyfrid der
küen man. der muesset ir fürbas
dienen. sy was ein schönes kindt. des
ward im wol gelonet von der junckfrawen sint. Ortwein der vil küene bey fraw Uten rait. vil geselliklichen manig Ritter und maid.
so ze grossem emphange des wir
wol mügen jehen. ward nie so vil
der frawen beyeinander gesehen.
Vil maniger Pirhart reichen
sach man dan getreiben. von heldn
lobeleichen nicht wol wer es belibn.
vor Chrimhilde der vil schönen zu
den Schiffen dan. da hub man von
den Morn manige frawen wol

fol. CIIIIra ll. 1–34

Annderthalbeŋ
deσ Reineσ ſach
maŋ mit mani=
geŋ ſcharŋ deŋ
künig mit ſeineŋ
geſteŋ zu dem
geſtatte varŋ /
auch ſach man dabeÿ zaume laitŋ̄
mange maid / die Sy emphaheŋ ſol=
teŋ · die wareŋ alle berait · Da die
voŋ Yſlannde zu den Schiffeŋ ko=
meŋ daŋ / vnd auch voŋ Stibelung=
eŋ die Seyfrideσ maŋ / ſy gachteŋ zu
dem Lannde / vnmüeſſig ward jr
hannde / da maŋ deσ künigσ Freünd
deσ gſtadeσ annderhalben vannde /
Nu hoꝛt auch diſe märe voŋ der
künigin Vͦteŋ der vil reicheŋ / wie
ſy die Magedeiŋ gefrümbte voŋ der
Burge / dar ſy do ſelbe rait / da gewaŋ
ein annder kunde vil manigRitteꝛ
vnd maid · Der Hertʒog Gere /
Chrimhildeŋ zaumbte daŋ / Nüŋ
für durch daσ Burgetoꝛ Seyfꝛid deꝛ
küeŋ maŋ / der mueſſet jr fürbaσ
dieneŋ ſy waσ ein ſchoneσ kindt · deσ
ward im wol gelonet voŋ der iunck=
fraẅeŋ ſint / Oꝛtwein der vil küe=
ne bey Fraw Vͦten rait / vil geſelli=
klicheŋ manig Ritter vnd maid /
ſo ze groſſem emphange deσ wir
wol mügeŋ ieheŋ / ward nie ſo vil
der Frawen beyeinander geſeheŋ ·
Uil manigeŋ Puhurt reicheŋ /

576 Annderthalben des Reines sach man mit manigen scharn
den künig mit seinen gesten zu dem gestatte varn
auch sach man dabey zaume laiten mange maid
die Sy emphahen solten die waren alle berait

577 Da die von Yslannde zu den Schiffen komen dan
vnd auch von Stibelungen die Seyfrides man
sy gachten zu dem Lannde vnmüessig ward jr hannde
da man des künigs Freund des gstades annderhalben vannde

578 Nu hort auch dise märe von der künigin
voten der vil reichen wie sy die Magedein
gefrümbte von der Burge dar sy do selbe rait
da gewan ein annder kunde vil manig Ritter vnd maid

579 Der Hertzog Gere Chrimhilden zaumbte dan
Nun fuor durch das Burgetor Seyfrid der kuen man
der muesset jr fürbas dienen sy was ein schones kindt
des ward im wol gelonet von der iunckfrawen sint

580 Ortwein der vil küene bey Fraw voten rait
vil geselliklichen manig Ritter vnd maid
so ze grossem emphange des wir wol mügen iehen
ward nie so vil der Frawen beyeinander gesehen

581 Uil manigen Puhurt reichen sach man dan getreiben

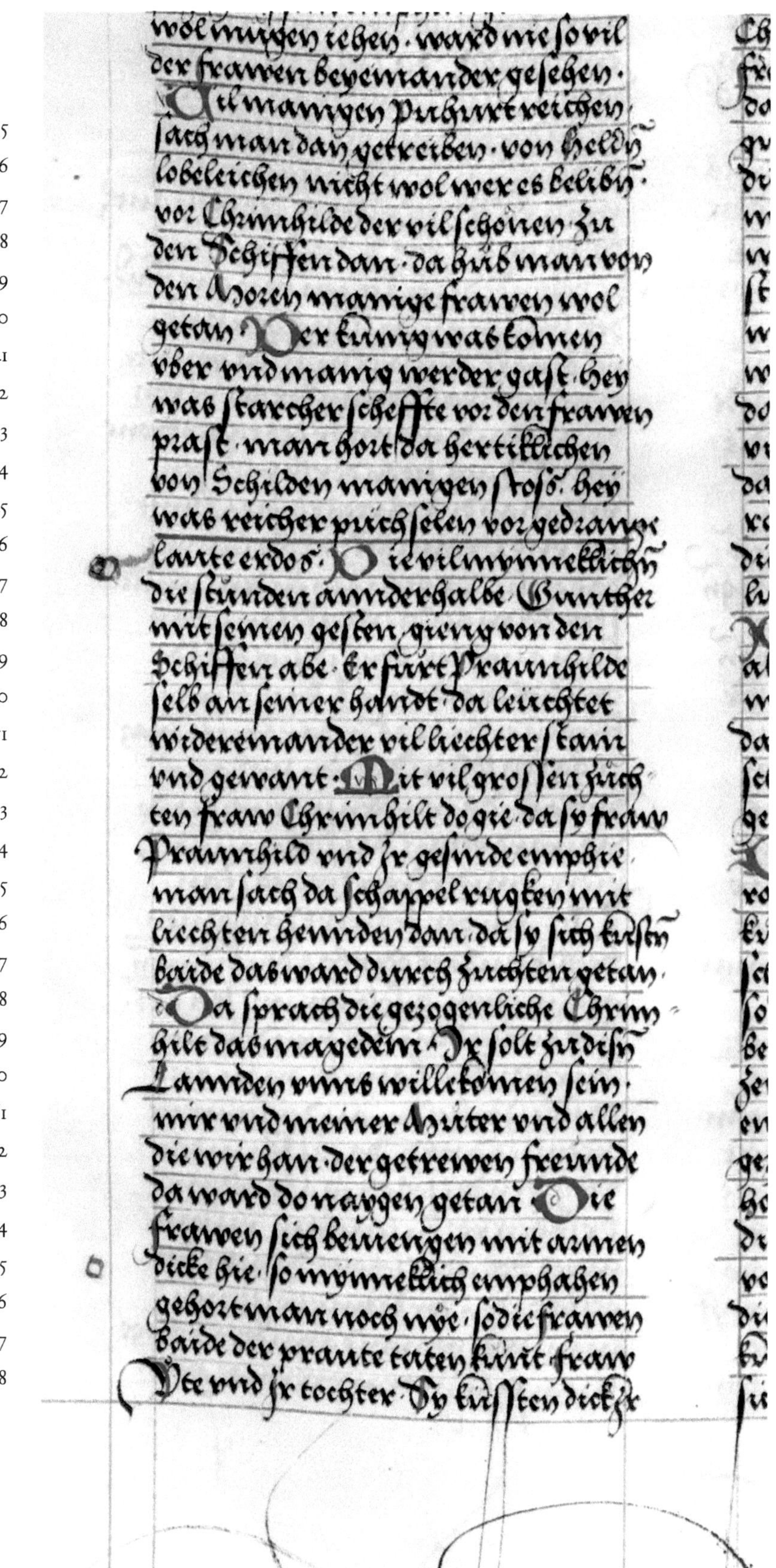

fol. CIIIIra ll. 35–68

ſach man daŋ getreibeŋ · voŋ Helðŋ̄ lobeleicheŋ nicht wol wer eϭ belibŋ̄ · voꝛ Chꝛimhilde der vil ſchőneŋ / zu den Schiffen dan · da hůb man voŋ den Moꝛeŋ manige fraweŋ wol getaŋ · Der kunig waϭ komeŋ v̊ber vnd manig werder gaſt / Heÿ waϭ ſtarcher ſcheffte voꝛ den fraweŋ pꝛaſt / man hoꝛt da hertiklicheŋ voŋ Schildeŋ manigeŋ ſtoſσ / heÿ waϭ reicher püchſeleŋ voꝛ gedꝛange laute erdoσ / Die vil mÿnneklichŋ̄ die ſtűnden annderhalbe / Guntheꝛ mit ſeineŋ geſten / gieng von den Schiffen abe / Er fűrt Praűnhilde ſelb an ſeiner handt / da leűchtet widereinander vil liechter ſtain vnd gewant · Mit vil groſſen zűchteŋ fraw Chrimhilt do gie / da ſy fraw Praunhild vnd jr geſinde emphie / man ſach da ſchappel rugkeŋ mit liechten henndeŋ dan / da ſy ſich kuſtŋ̄ baide daϭ ward durch zuchten getaŋ / Da ſprach die geȝogenliche Chrimhilt daϭ magedein · Ir ſolt zu diſŋ̄ Lanndeŋ vnnϭ willekomeŋ ſeiŋ · mir vnd meiner Můter vnd alleŋ die wir han · der getreweŋ Freűnde da ward do naygeŋ getan · Die Fraweŋ ſich beuiengeŋ mit aꝛmeŋ dicke hie / ſo mÿnneklich emphaheŋ gehoꝛt man noch nÿe / ſo die Fraweŋ baide der praute tateŋ kűnt / Fraw V̊te vnd jr tochter / Sy kűſſteŋ dick jr

581 Uil manigen Puhurt reichen sach man dan getreiben
von Helden lobeleichen nicht wol wer es beliben
vor Chrimhilde der vil schönen zu den Schiffen dan
da huob man von den Moren manige frawen wol getan

582 Der kunig was komen ṽber vnd manig werder gast
Hey was starcher scheffte vor den frawen prast
man hort da hertiklichen von Schilden manigen stoss
hey was reicher püchselen vor gedrange laute erdos

583 Die vil mynneklichen die stunden annderhalbe
Gunther mit seinen gesten gieng von den Schiffen abe
Er fuort Praunhilde selb an seiner handt
da leüchtet widereinander vil liechter stain vnd gewant

584 Mit vil grossen züchten fraw Chrimhilt do gie
da sy fraw Praunhild vnd jr gesinde emphie
man sach da schappel rugken mit liechten hennden dan
da sy sich kusten baide das ward durch zuchten getan

585 Da sprach die gezogenliche Chrimhilt das magedein
Ir solt zu disen Lannden vnns willekomen sein
mir vnd meiner Muoter vnd allen die wir han
der getrewen Freunde da ward do naygen getan

586 Die Frawen sich beuiengen mit armen dicke hie
so mynneklich emphahen gehort man noch nye
so die Frawen baide der praute taten kunt
Fraw Vote vnd jr tochter Sy küssten dick jr süessen mund

fol. CIIIIrb ll. 1–34

ſüeſſeŋ mŭnd Do Praunhil=
den fraw̃eŋ vol komeŋ auf deŋ
ſant · da ward vil mÿnneklichŋ̄
genomeŋ beÿ der handt · voŋ wayde=
lichen Reckeŋ manig weib wolge=
taŋ · man ſach die ſchŏene mage=
te voꝛ fraw Praunhilden ſtan /
Ee daʒ jr grůσ ergienge / daσ
waɞ ein lange ſtŭnde · Jr wareŋ
da geküſſet manig roſen varber
mŭnd / noch ſtůndeŋ beyeinandeꝛ
die künigeɞ tŏchter reich · Da ſpech=
teŋ mit deŋ augeŋ die Ee hoꝛten ieɧŋ̄
daʒ ſy alſo ſchŏneɞ hetteŋ nicht ge=
ſeheŋ / ſo die Fraweŋ baide deɞ iach
man oŋ luge / auch koeɞ maŋ aŋ
Ir liebe da dhainer ſlachte trůge
Die Fraweŋ ſpeheŋ kundeŋ vnꝺ
mynneklicheŋ leib / die lobten durcɧ
Jr ſchŏne deɞ Gunthereɞ weib / doch
ſprachen da die weyſeŋ / die hettenσ
baɞ beſeheŋ / maŋ mocht Chrimhilde
wol für Praunhilde ieheŋ / Uider=
einander giengeŋ magt vnd weib /
man ſach da wolgeʒieret vil ma=
nigen ſchŏneŋ leib · da ſtůnden ſeyꝺŋ̄
hŭtten vnd manig reich geʒelt · der
waɞ da gar erfüllet voꝛ Wurmσ
alleɞ daɞ ʋelt · Uoŋ deɞ künigeɞ
mageŋ ward dringeŋ da getaŋ ·
da hieſɞ man Praunhilde vnnd
Chrimhilde gaŋ · vnd mit jn alle die
Fraw̃eŋ da man den ſchaten ʋandt ·
darbꝛachteŋ ſy die degene auɞ Buꝛ=

Fraw Vote vnd jr tochter Sy küssten dick jr süessen mund

587 Do Praunhilden frawen vol komen auf den sant
da ward vil mynneklichen genomen bey der handt
von waydelichen Recken manig weib wolgetan
man sach die schöene magete vor fraw Praunhilden stan

588 Ee daz jr gruos ergienge das was ein lange stunde
Jr waren da geküsset manig rosen varber mund
noch stuonden beyeinander die küniges töchter reich

589 Da spechten mit den augen die Ee horten iehen
daz sy also schönes hetten nicht gesehen
so die Frawen baide des iach man on luge
auch koes man an Ir liebe da dhainer slachte truoge

590 Die Frawen spehen kunden vnd mynneklichen leib
die lobten durch Jr schöne des Guntheres weib
doch sprachen da die weysen die hettens bas besehen
man mocht Chrimhilde wol für Praunhilde iehen

591 Uidereinander giengen magt vnd weib
man sach da wolgezieret vil manigen schönen leib
da stuonden seyden hütten vnd manig reich gezelt
der was da gar erfüllet vor Wurms alles das velt

592 Uon des küniges magen ward dringen da getan
da hiess man Praunhilde vnnd Chrimhilde gan
vnd mit jn alle die Frawen da man den schaten vandt
darbrachten sy die degene aus Burgunden lanndt

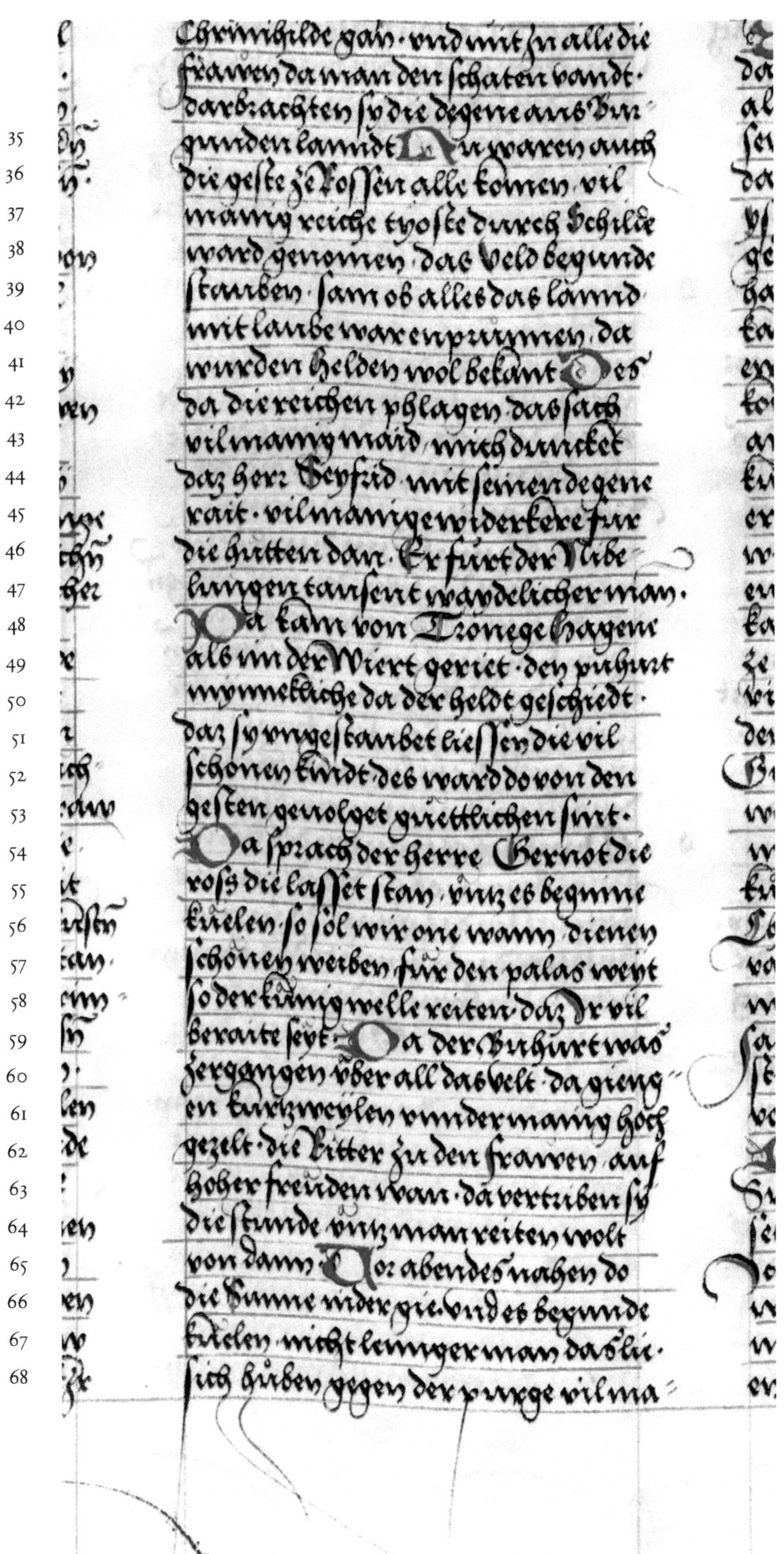

Chrimhilde gan · vnd mit Jr alle die
frawen da man den schaten vandt ·
darbrachten sy die degene aus Burgunden lanndt Dir waren auch
die geste ze Rossen alle komen vil
manig reiche tyoste durch schilde
ward genomen das veld begunde
stauben sam ob alles das lannd
mit laube war enprunnen da
wurden helden wol bekant Des
da die reichen phlagen das sach
vil manig maid mich dunckhet
daz herr Seyfrid mit seinen degene
rait · vil manige widerkere fur
die hutten dan · Er furt der Nibelungen tausent wandelicher man ·
Da kam von Tronege Hagene
als im der Wiert geriet · den puhurt
mynneklichen da der heldt geschiedt ·
daz sy vngestaubet liessen die vil
schönen kindt · des ward do von den
gesten geuolget guettlichen sint ·
Da sprach der herre Gernot die
ross die lasset stan · vntz es beginne
kuelen so sol wir one wann dienen
schönen weiben für den palas weyt
so der künig welle reiten daz Jr vil
beraite seyt · Da der Buhurt was
zergangen über all das velt · da gieng
en kurtzweylen vnnder manig hoch
gezelt · die Ritter zu den frawen auf
hoher freuden wan · da vertriben sy
die stunde vntz man reiten wolt
von dann · Vor abendes nahen do
die Sunne nider gie · vnd es begunde
kuelen nicht lennger man das lie ·
sich hüben gegen der purge vil ma-

fol. CIIIIrb ll. 35–68

darbrachten sy die degene aus Burgunden lanndt

gunden lanndt / Nu wareŋ auch die geſte ze Roſſen alle komeŋ / vil manig reiche tÿoſte durch Schilꝺe ward genomeŋ / das veld begunde ſtaubeŋ / ſam ob alles das lannd / mit laube war enpꝛůnneŋ / da wurden Heldeŋ wol bekant Des da die reichen phlageŋ / das ſach vil manig maid / mich duncket daʒ herꝛ Seyfꝛid / mit ſeinen degene rait · vil manige widerkere fü̈r die hü̈tten dan / Er fü̈rt der Nibelungen tauſent waydelicher maŋ̄ · Da kam von Tꝛonege Hagene als im der Wiert geriet · deŋ puhuꝛt mÿnnekliche da der helt geſchiedt · daʒ ſy vngeſtaubet lieſſeŋ die vil ſchoneŋ kindt / des ward do von den geſten geuolget güettlichen ſint · Da ſpꝛach der herre Gernot die roſs die laſſet ſtaŋ / v̈ntʒ es beginne küeleŋ / ſo ſol wir one waŋ / dieneŋ ſchöneŋ weibeŋ / für den palas weÿt ſo der künig welle reiten · daʒ Ir vil beraite ſeÿt · Da der Buhurt was zergangeŋ / v̈ber all das velt / da giengen kurtʒweÿleŋ vnnder manig hocħ geʒelt · die Ritter zu den Fraweŋ / auf hoher freüden wan · da vertꝛiben ſÿ die ſtunde / v̈ntʒ man reiteŋ wolt von ꝺanŋ · Voꝛ abendes naheŋ do die Sunne nider gie · vnꝺ es begunde küeleŋ / nicht lennger maŋ daʒ lie · ſich hůbeŋ gegeŋ der purge vil ma=

593 Nu waren auch die geste ze Rossen alle komen
vil manig reiche tyoste durch Schilde ward genomen
das veld begunde stauben sam ob alles das lannd
mit laube war enpruonnen da wurden Helden wol bekant

594 Des da die reichen phlagen das sach vil manig maid
mich duncket daz herr Seyfrid mit seinen degene rait
vil manige widerkere für die hütten dan
Er fuort der Nibelungen tausent waydelicher mann

595 Da kam von Tronege Hagene als im der Wiert geriet
den puhurt mynnekliche da der helt geschiedt
daz sy vngestaubet liessen die vil schonen kindt
des ward do von den gesten geuolget güettlichen sint

596 Da sprach der herre Gernot die ross die lasset stan
v̈ntz es beginne küelen so sol wir one wann
dienen schönen weiben für den palas weyt
so der künig welle reiten daz Ir vil beraite seyt

597 Da der Buhurt was zergangen v̈ber all das velt
da giengen kurtzweylen vnnder manig hoch gezelt
die Ritter zu den Frawen auf hoher freuden wan
da vertriben sy die stunde v̈ntz man reiten wolt von dann

598 Vor abendes nahen do die Sunne nider gie
vnd es begunde küelen nicht lennger man daz lie
sich huoben gegen der purge vil manig man vnd Weyb

nig man vnd Weyb mit augn
ward getrautet vil maniger schö
nen frawen leib· Da ward von
güten helden vil claider abgeritn
von den hochgemüten nach des
Landes siten· vntz für den palas
der künig da nider stund· da ward
gedienet frawen. so helde hochgemut
tund· Da wurden auch geschai
den die reichen künigin fraw
Vte vnd jr tochter die giengen baide
hin mit jr yngesinde in ein vil
weytes gaden. da hort man allen
thalben ze freunden grösslichen
graden· Gerichtet ward gesidele
der künig wolte ganz ze tische mit
den gesten. da sach man bey jm
stan die schöne Praunhilde krone
sy do trüg in des künges lannde·
Da was sy reich genüg· Vil ma
nig heer gesidele mit güten tafeln
berait vol speyse ward gesetzet als
vnns das ist gesait· des sy da haben
solten wie wenig des geprast· da
sach man bey dem künige vil ma
nigen herrlichen gast· Des wir
tes Cammerere in pecken von golde
rot das wasser für trügen des ware
lutzel not· ob euch das yemand saite
daz man diente bas· ze fürsten hoch
zeit ich wolt nicht gelauben das·
E daz der Vogt von Rein wasser
da genam da tet der herre Seyfrid
als im do gezam· Er mant jn
seiner trewe wes er im veriach· Ee
daz Er praunhilde da hayme in
ysslande sach· Er sprach jr solt
gedencken des mir schwür ewr
handt· wenn daz fraw Praunhilt

fol. CIIIIrc ll. 1–34

nig maŋ vnd Weyb mit aügŋ̄ war getraütet ʋil maniger ſchő=neŋ fraweŋ leib · Da ward von gůten Heldeŋ vil claider abgeritŋ̄ von den Hochgemůteŋ nach des Lanndes ſiteŋ / ṽnʒ für den palas · der kűnig da nider ſtůnd / da waꝛꝺ gedienet fraẘen / ſo Helde hochgemůt tůnꝺ / Da wurden auch geſchai=den die reichen kűnigin Fraw V̊te vnd jr Tochter / die giengeŋ baide hin mit jr ÿnngeſinde / iŋ eiŋ vil weytes gaden / da hoꝛt man allen=thalbeŋ ze freündeŋ grőſʒlichen graden · Gerichtet ward geſidele der kűnig wolte gan · ʒe tiſche mit deŋ geſteŋ / da ſach man beÿ jm ſtan / die ſchöne Praunhilde / krone Sy do trůg in des kűniges lannde / Ia was ſy reich genůg · Uil ma=nig heer geſidele mit gůten tafelŋ berait / vol ſpeyſe ward geſetʒet / als vnns das iſt geſait · des ſy da habeŋ ſolteŋ wie wenig des gepꝛaſt / da ſach man bey dem kunige / vil ma=nigen herꝛlichen gaſt / Des wir=tes Cammere in peckeŋ voŋ golde rot das waſſer fűr trůgeŋ des waꝛe lutʒel not · ob euch das yemand ſaite daʒ man diente bas / ze Fűrſteŋ hoch=ʒeit / ich wolt nicht gelaubeŋ das · Ee daʒ der ʋogt voŋ Rein waſſer da genam / da tet der herre Seÿfꝛid als im do getʒam / Er mant jn

sich huoben gegen der purge vil manig man vnd Weyb
mit augen war getrautet vil maniger schönen frawen leib

599 Da ward von guoten Helden vil claider abgeriten
von den Hochgemuoten nach des Lanndes siten
ṽntz für den palas der künig da nider stuond
da ward gedienet frawen so Helde hochgemuot tuond

600 Da wurden auch geschaiden die reichen künigin
Fraw Vote vnd jr Tochter die giengen baide hin
mit jr ynngesinde in ein vil weytes gaden
da hort man allenthalben ze freunden gröszlichen graden

601 Gerichtet ward gesidele der künig wolte gan
ze tische mit den gesten da sach man bey jm stan
die schöne Praunhilde krone Sy do truog
in des küniges lannde Ia was sy reich genuog

602 Uil manig heer gesidele mit guoten tafeln berait
vol speyse ward gesetzet als vnns das ist gesait
des sy da haben solten wie wenig des geprast
da sach man bey dem kunige vil manigen herrlichen gast

603 Des wirtes Cammere in pecken von golde rot
das wasser für truogen des ware lutzel not
ob euch das yemand saite daz man diente bas
ze Fürsten hochzeit ich wolt nicht gelauben das

604 Ee daz der vogt von Rein wasser da genam
da tet der herre Seyfrid als im do getzam
Er mant jn seiner trewe wes er im veriach

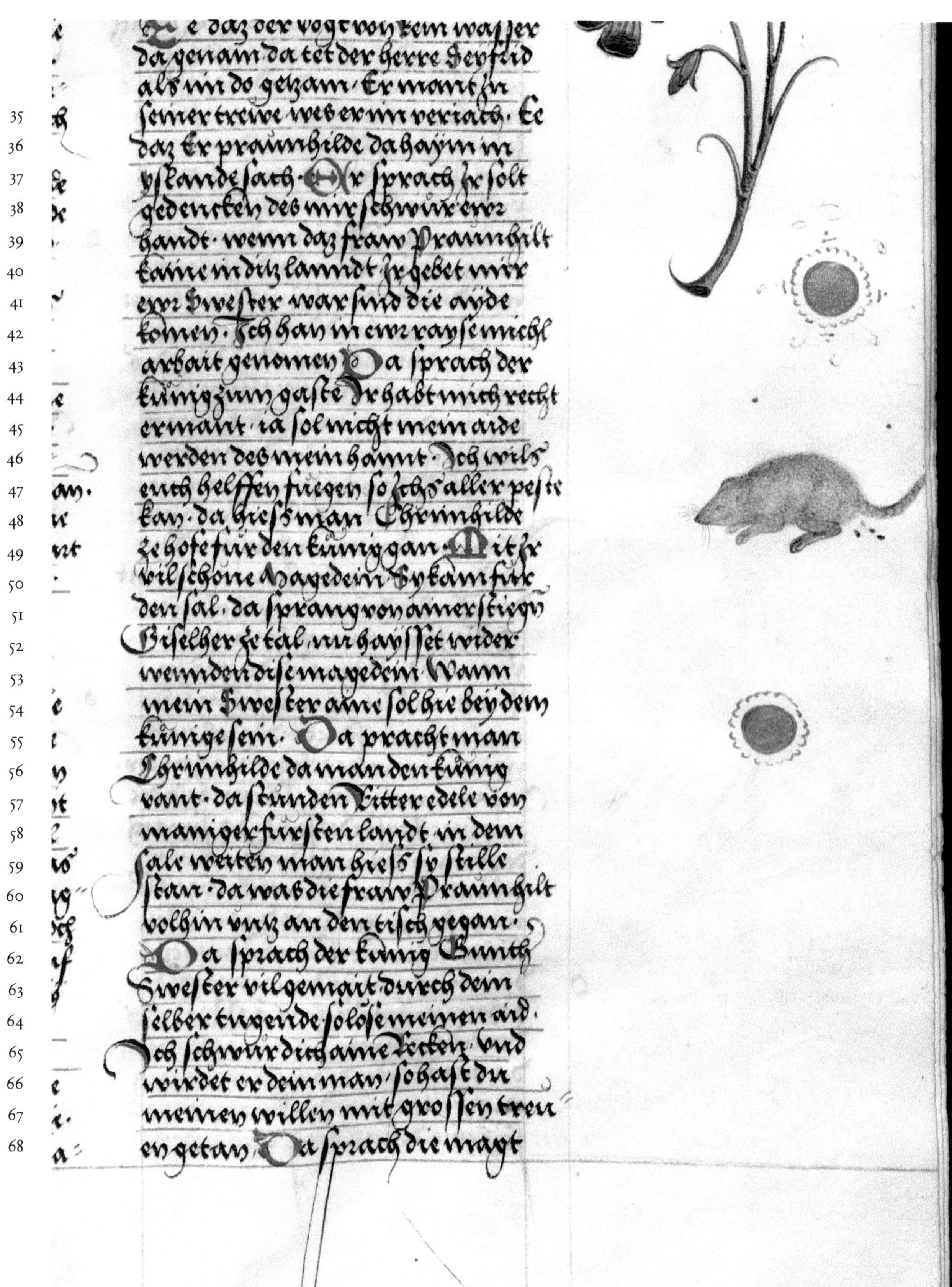

Ee daz der vogt von dem wasser
da genam da tet der herre Seyfrid
als im do gezam. Er mant in
seiner treue wes er im veriach. Ee
daz Er praunhilde da hayn in
ysslande sach. Er sprach jr solt
gedencken des mir schwur ewr
handt. wenn daz fraw Praunhilt
kame in ditz lanndt jr gebet mir
ewr Swester war sind die ayde
komen. Ich han in ewr rayse michl
arbait genomen Da sprach der
kunig zum gaste Jr habt mich recht
ermant. ia sol nicht mein aide
werden des mein hannt. Ich wils
euch helffen fuegen so ich aller peste
kan. da hiess man Chrimhilde
ze hofe für den kunig gan Mit jr
vil schöne magedein Sy kam für
den sal. da sprang von ainer stiegen
Giselher ze tal. nu haysset wider
wennden dise magedein Wann
mein Swester aine sol hie bey dem
kunige sein. Da pracht man
Chrimhilde da man den kunig
vant. da stunden Ritter edele von
maniger fürsten landt in dem
sale weiten man hiess si stille
stan. da was die fraw Praunhilt
volhin untz an den tisch gegan.
Da sprach der kunig Gunther
Swester vil gemait. durch dein
selber tugende so löse meinen aid.
Ich schwur dich aine Recken und
wirdet er dein man so hast du
meinen willen mit grossen treu
en getan Da sprach die magt

fol. CIIIIrc ll. 35–68

ſeiner trewe / wes er im veriach / Ee daʒ Er praŭnhilde dahaÿm in Yſlande ſach · Er ſprach jr ſolt gedenckeŋ des mir ſchwůr ewꝛ handt · wenn daʒ fraw Praŭnhilt käme in ditʒ lanndt / jr gebet mir ewꝛ Sweſter · war ſind die aÿde komeŋ · Jch haŋ in ewꝛ rayſe michl arbait genomeŋ / Da ſprach der kŭnig zuŋ gaſte Ir habt mich recht ermant / ia ſol nicht mein aide werden des mein hannt · Ich wils euch helffeŋ fŭegeŋ ſo jchs aller peſte kaŋ / da hieſs man Chrimhilde ze hofe fŭr den kŭnig gan · Mit jr vil ſchŏne Magedein / Sy kam fŭr den ſal / da ſprang voŋ ainer ſtiegŋ̄ Giſelher ze tal / nu haÿſſt wider wennden diſe magedein / Wann mein Sweſter aine ſol hie beÿ deŋ kŭnige ſein · Da pracht man Chrimhilde da man den kŭnig vant · da ſtŭnden Ritter edele voŋ maniger Fŭrſten landt / in dem ſale weiteŋ man hieſs ſy ſtille ſtan · da was die fraw Praŭnhilt volhin v̊ntʒ an den tiſch gegan · Da ſpꝛach der kunig Gunth' Sweſter vil gemait / durch dein ſelber trugende / ſo lŏſe meinen aiꝺ / Ich ſchwůr dich aine Recken / vnd wirdet er dein maŋ / ſo haſt du meineŋ willeŋ mit groſſeŋ treŭ=eŋ getaŋ / Da ſpꝛach die magt

Er mant jn seiner trewe   wes er im veriach
Ee daz Er praunhilde   dahaym in Yslande sach

605 Er sprach jr solt gedencken   des mir schwuor ewr handt
wenn daz fraw Praunhilt   käme in ditz lanndt
jr gebet mir ewr Swester   war sind die ayde komen
Jch han in ewr rayse   michl arbait genomen

606 Da sprach der künig zum gaste   Ir habt mich recht ermant
ia sol nicht mein aide   werden des mein hannt
Ich wils euch helffen füegen   so jchs aller peste kan
da hiess man Chrimhilde   ze hofe fur den künig gan

607 Mit jr vil schöne Magedein   Sy kam für den sal
da sprang von ainer stiegen   Giselher ze tal
nu haysst wider wennden   dise magedein
Wann mein Swester aine   sol hie bey dem künige sein

608 Da pracht man Chrimhilde   da man den künig vant
da stuonden Ritter edele   von maniger Fürsten landt
in dem sale weiten   man hiess sy stille stan
da was die fraw Praunhilt   volhin vntz an den tisch gegan

609 Da sprach der kunig Gunther   Swester vil gemait
durch dein selber trugende   so löse meinen aid
Ich schwuor dich aine Recken   vnd wirdet er dein man
so hast du meinen willen   mit grossen treuen getan

610 Da sprach die magt edle   vil lieber Brueder mein

edle vil lieber Bruoder mein jr
ſolt mich nicht vlegen Ja wil ich
ymmer ſein wie jr mir gepietet
das ſol ſein getan. Ich wil jn loben
gerne den jr mir herre gebt ze ain
ein man. Von lieber augen pli
cke ward Seyfrides varbe rot. ze
dienſte ſich der Recke fraw Chrim
hilden pot. man hieſs ſy zuainan
der An dem ringe ſtan. man
fragte ob ſy wolte den vil wayde
lichen man. Mit magtlichen
zuchten ſy ſamte ſich ein tail. ye
doch ſo was gepoch vnd Seyfrides
hayl. daz ſy jn nicht verſprechen
wolte. da zehandt. auch lobte ſy ze
weybe der edle kunig von Nider
land. berait von Seyfrides armen
das wunnekliche kind vor helden
ward gekuſſet. die ſchone kunigin
ſint. Sich tailt das geſinde als
das geſchach. an das gegen ſydel
man Seyfride ſach. mit Chrim
hilde ſitzen. dar dient im manig
man. man ſach die Nibelunge
mitſambt Seyfride gan. Der
kunig was auch geſeſſen vnnd
Praunhilt die mayd. da ſach ſy
Chrimhilde. da ward jr nie ſo laid.
bey Seyfriden ſitzen waynen ſy
began. Jr vielen haiſſe trähene
vber liechte wange dan. Da ſprach
der Wiert des Lanndes was iſt
euch fraw mein. daz jr ſo laſſet
trueben vil liechter augen ſchein.
Jr mugt euch frawn balde. wann
euch iſt vnndertan. mein Lannd
vnd mein Burg. vnd manig waydlicher man. Ich mag wol balde
wainen ſprach aber die ſchone

fol. CIIIIva ll. 1–34

edle vil lieber Bꝛueder mein / Jr
ſolt mich nicht vlegeŋ / ja wil ich
ymmer ſein / wie jr mir gepietet /
daϭ ſol ſein getaŋ · Jch wil jn lobeŋ
gerne / deŋ jr mir herre gebt ze ein=
em man · Uon lieber augeŋ pli=
cke ward Seyfꝛideϭ varbe rot / ze
dienſte ſich der Recke fraw Chrim=
hildeŋ pot · maŋ hieſσ ſy zueinan=
der An dem ringe ſtaŋ · maŋ
fragte ob ſy wolte deŋ vil wayde=
licheŋ maŋ · Mit magtlicheŋ
zűchteŋ ſy ſamte ſich ein tail / ye=
doch ſo waϭ gepoch vnd Seyfꝛideϭ
hayl · daʒ ſy jn nicht verſprecheŋ
wolte / da ze handt / auch lobte ſy ze
weybe der edel kunig von Nider=
land / berait voŋ Seyfꝛideϭ Armeŋ
daϭ mÿnnekliche kind / voꝛ helden
ward gekűſſet / die ſchőne kűnigiŋ
ſint / Sich tailt daϭ geſinde alσ
daϭ geſchach · an daϭ gegeŋ Sydel
man Seyfride ſach / mit Chrim=
hilde ſitʒeŋ / dar dient im manig
maŋ / man ſach die Nibelunge /
mitſambt Seyfꝛide gan · Der
kunig waϭ auch geſeſſeŋ vnnd
Praunhilt die mayd · da ſach Sÿ
Chrimhilde / da ward jr nie ſo laid /
bey Seyfrideŋ ſitʒeŋ waineŋ Sÿ
began / Jr vielen haÿſſe tra̋here
vber liechte wange dan · Da ſpꝛacħ
der wiert deϭ Lanndeϭ waϭ iſt
euch frawe mein · daʒ Ir ſo laſſet

610 Da sprach die magt edle vil lieber Brueder mein
Jr solt mich nicht vlegen ja wil ich ymmer sein
wie jr mir gepietet das sol sein getan
Jch wil jn loben gerne den jr mir herre gebt ze einem man

611 Uon lieber augen plicke ward Seyfrides varbe rot
ze dienste sich der Recke fraw Chrimhilden pot
man hiess sy zueinander An dem ringe stan
man fragte ob sy wolte den vil waydelichen man

612 Mit magtlichen züchten sy samte sich ein tail
yedoch so was gepoch vnd Seyfrides hayl
daz sy jn nicht versprechen wolte da ze handt
auch lobte sy ze weybe der edel kunig von Niderland

613 berait
von Seyfrides Armen das mynnekliche kind
vor helden ward geküsset die schöne künigin sint

614 Sich tailt das gesinde als das geschach
an das gegen Sydel man Seyfride sach
mit Chrimhilde sitzen dar dient im manig man
man sach die Nibelunge mitsambt Seyfride gan

615 Der kunig was auch gesessen vnnd Praunhilt die mayd
da sach Sy Chrimhilde da ward jr nie so laid
bey Seyfriden sitzen wainen Sy began
Jr vielen haysse trähere vber liechte wange dan

616 Da sprach der wiert des Lanndes was ist euch frawe mein
daz Ir so lasset trüeben vil liechter augen schein

ober liechte wange dan. Da sprach
der wiert des Lanndes was ist
euch frawe mein. daz ir so lasset
trueben vil liechter augen schein.
Ir muegt euch fraw balde. wann
euch ist vndertan. mein Lannd
vnd mein Burg. vnd manig waydlicher man. Ich mag wol balde
wainen sprach aber die schöne
maid. vmb dein schwester ist mir
von hertzen layd. die sich ich sitzen
nahen dem aigen helden dein. das
muss ich ymmer wainen sol sy
also verderbet sein. Da sprach
der kunig Gunther Ir mugt
wol stille dagen. Ich wil euch zu
anndern zeiten dise märe sagen.
Warumb ich mein swester Seyfriden han gegeben Ja mag sy mit
dem Recken ymmer frolich leben.
Sy sprach mich Jammert
ymmer ir schöne vnd auch ir
zucht. wisset ich war ich möchte
ich hette gern flucht. daz ich euch
nymmer wolte geligen nahen bey.
Ir sagt mir wo von Chrimhilt die
wirtinne Seyfrides sey. Da sprach
der kunig edele ich tuns euch wol
bekant. Er hat als wol Burge als
ich vnd weytte landt. das wisset
sicherlichen Er ist ein kunig reich.
darumb gan ich jm mynnen die
schöne mayt lobeleich. Was jr des
der kunig sagete sy het trueben mut.
da gachte von den tischen vil manig Ritter gut. Jr Buhurt ward
so hertt. daz all die Purg erdos.

fol. CIIIIva ll. 35–68

trűebeŋ vil liechter augen ſcheiŋ / jr nűegt eűch fraw balde / wann euch iſt vnndertan / mein Lannd vnd mein Burg / vnd manig waÿd=licher maŋ / Ich mag wol balde waineŋ ſprach aber die ſchőne maid / vmb dein ſchweſter iſt miꝛ voŋ herʒen layd / die ſich jch ſitʒeŋ naheŋ dem aigeŋ helden dein / daσ műſs ich ymmer waineŋ ſol ſÿ alſo verderbet ſein · Da ſprach der kunig Gunther Ir műgt wol ſtille dageŋ / jch wil euch zu anndern zeiten diſe märe ſageŋ / Warumb ich mein Sweſter Seÿ=frideŋ han gegebeŋ / ja mag Sÿ mit dem Recken ymmer frőlich lebeŋ · Sy ſprach mich jammert ymmer Ir ſchőne vnd auch jr zucht / wiſſet ich war jch mőchte ich hette gerŋ flucht · daʒ ich euch nymmer wolte geligen nahen beÿ / Ir ſagt mir wo von Chrimhilt die wunne Seyfrideσ ſeÿ / Da ſprach der kunig edele ich tűnσ euch wol bekant · Er hat alσ wol Burge alσ ich vnd weytte landt / daσ wiſſet ſicherlicheŋ / Er iſt ein kunig reich / darumb gan jch Im mÿnneŋ die ſchőne magt lobeleich · Waσ Ir deσ der kunig ſagete / ſy het trűebeŋ műt / da gachte von den tiſcheŋ / vil ma=nig Ritter gűt / Ir Buhurt waꝛꝺ ſo herꝛt / daʒ all die Purg erdoσ /

daz Ir so lasset trüeben vil liechter augen schein
jr nüegt euch fraw balde wann euch ist vnndertan
mein Lannd vnd mein Burg vnd manig waydlicher man

617 Ich mag wol balde wainen sprach aber die schöne maid
vmb dein schwester ist mir von hertzen layd
die sich jch sitzen nahen dem aigen helden dein
das muoss ich ymmer wainen sol sy also verderbet sein

618 Da sprach der kunig Gunther Ir mügt wol stille dagen
jch wil euch zu anndern zeiten dise märe sagen
Warumb ich mein Swester Seyfriden han gegeben
ja mag Sy mit dem Recken ymmer frölich leben

619 Sy sprach mich jammert ymmer Ir schöne vnd auch jr zucht
wisset ich war jch möchte ich hette gern flucht
daz ich euch nymmer wolte geligen nahen bey
Ir sagt mir wo von Chrimhilt die wunne Seyfrides sey

620 Da sprach der kunig edele ich tuons euch wol bekant
Er hat als wol Burge als ich vnd weytte landt
das wisset sicherlichen Er ist ein kunig reich
darumb gan jch Im mynnen die schöne magt lobeleich

621 Was Ir des der kunig sagete sy het trüeben muot
da gachte von den tischen vil manig Ritter guot
Ir Buhurt ward so herrt daz all die Purg erdos

Den wiert bey seinen gesten vil sere
verdros. Er gedacht er läge sanfft
der schönen frawen bey da was des
gedingen nicht gar im hertzen frey.
Jm muesse von jr schulden liebes vil
geschehen. er begunde fründtlichen
an fraw Praunhilden sehen. Jr
Ritterschafft der geste pat man abe
lan. der künig mit seinem weibe
ze pette wolte gan. Vor des sales stie
gen gesambten sich do seyt Chrim
hilt vnd Praunhilt. noch was es
an jr baider nit. Da kam jr jn
gesinde die sambten sich des nicht
Jr reichen kammerer die brachtn
jn die liecht. sich tailten do die recken
der zwayer künige man. da sach
man vil der degenne mit Seyfriden
gan. Die herren kamen baide da
sy solten ligen. da gedacht jr yetz
licher mit mynnen angesigen den
wandelichen frawen. das senff
tet jn den mut. Seyfrides kurtz
weyle die ward vil groszlichen gut.
Da der herre Seyfrid bey Chrim
hilden lag vnd er so mynneklichen
der junckfrawen phlag mit sein
en edlen mynnen. sy ward jm
wie sein leib. er nem für sy ainne
nicht tausent weyb. Ich sag ew
nu nicht mere wie er der frawen
phlag. Nu horet dise märe wie
Gunther gelag. bey fraw Praun
hilde der zierlich degen. Er hette dick
sannffter bey anndern weiben ge
legen. Das volck was im entwich
en. frawen vnd man. da ward die
kemmenat vil bald zu getan. Er
mainte er solt trauten jrn minn

fol. CIIIIvb ll. 1–34

Deŋ Wiert bey ſeineŋ geſteŋ vil ſeꝛe
verdꝛos / Er gedacht er läge ſanftꝰ
der ſchoneŋ fraẅeŋ beÿ / da was des
gedingeŋ nicht gar im hertʒen freÿ ·
Jm mueſſe voŋ jr ſchuldeŋ liebes vil
geſcheheŋ / er begunde frŭndtlicheŋ
an Fraw Praunhildeŋ ſeheŋ / Ir
Ritterſchafft der geſte pat man abe
laŋ · der kunig mit ſeinem weibe
ze pette wolte gaŋ · Voꝛ des ſales ſtie=
geŋ geſambteŋ ſich do ſeÿt / Chꝛim=
hilt vnd Praunhilt / noch was es
an jr baider nit / Da kam jr jn=
geſinde / die ſaumbteŋ ſich des nicht /
Jr reicheŋ Cammerer die bꝛachtŋ̄
In die Liecht · ſich tailten do die Reckŋ̄ /
der zwayer kunige maŋ · da ſach
man vil der degenne mit Seyfꝛidŋ̄
gaŋ · Die herreŋ kameŋ baide / da
Sy ſolten ligen / da gedacht jr yetʒ=
licher mit mÿnneŋ angeſigen deŋ
waydelichen fraẅeŋ · das ſenff=
tet jn den mů̊t / Seyfꝛides kurtʒ=
weyle die ward vil groſʒlicheŋ gů̊t ·
Da der herre Seyfꝛid bey Chrimŋ=
hilden lag / vnd Er ſo mÿnneklichŋ̄
der junckfrawen phlag / mit ſein=
en edleŋ mÿnneŋ / ſy ward jm
wie ſein leib / Er nem fŭr Sy aine
nicht taŭſent weyb · Ich ſag ew
nu nicht mere / wie Er der Fraweŋ
phlag · Nu hoꝛet diſe măre / wie
Gunther gelag · bey Fraw Praŭn=
hilde / der zierlich degeŋ / Er hette dick

Den Wiert bey seinen gesten   vil sere verdros

622 Er gedacht er läge sanfter   der schonen frawen bey
da was des gedingen   nicht gar im hertzen frey
Jm muesse von jr schulden   liebes vil geschehen
er begunde frundtlichen   an Fraw Praunhilden sehen

623 Ir Ritterschafft der geste   pat man abe lan
der kunig mit seinem weibe   ze pette wolte gan
Vor des sales stiegen   gesambten sich do seyt
Chrimhilt vnd Praunhilt   noch was es an jr baider nit

624 Da kam jr jngesinde   die saumbten sich des nicht
Jr reichen Cammerer   die brachten In die Liecht
sich tailten do die Recken   der zwayer kunige man
da sach man vil der degenne   mit Seyfriden gan

625 Die herren kamen baide   da Sy solten ligen
da gedacht jr yetzlicher   mit mynnen angesigen
den waydelichen frawen   das senfftet jn den muot
Seyfrides kurtzweyle   die ward vil groszlichen guot

626 Da der herre Seyfrid   bey Chrimhilden lag
vnd Er so mynneklichen   der junckfrawen phlag
mit seinen edlen mynnen   sy ward jm wie sein leib
Er nem für Sy aine   nicht tausent weyb

627 Ich sag ew nu nicht mere   wie Er der Frawen phlag
Nu horet dise märe   wie Gunther gelag
bey Fraw Praunhilde   der zierlich degen
Er hette dick sanffter   bey anndern weiben gelegen

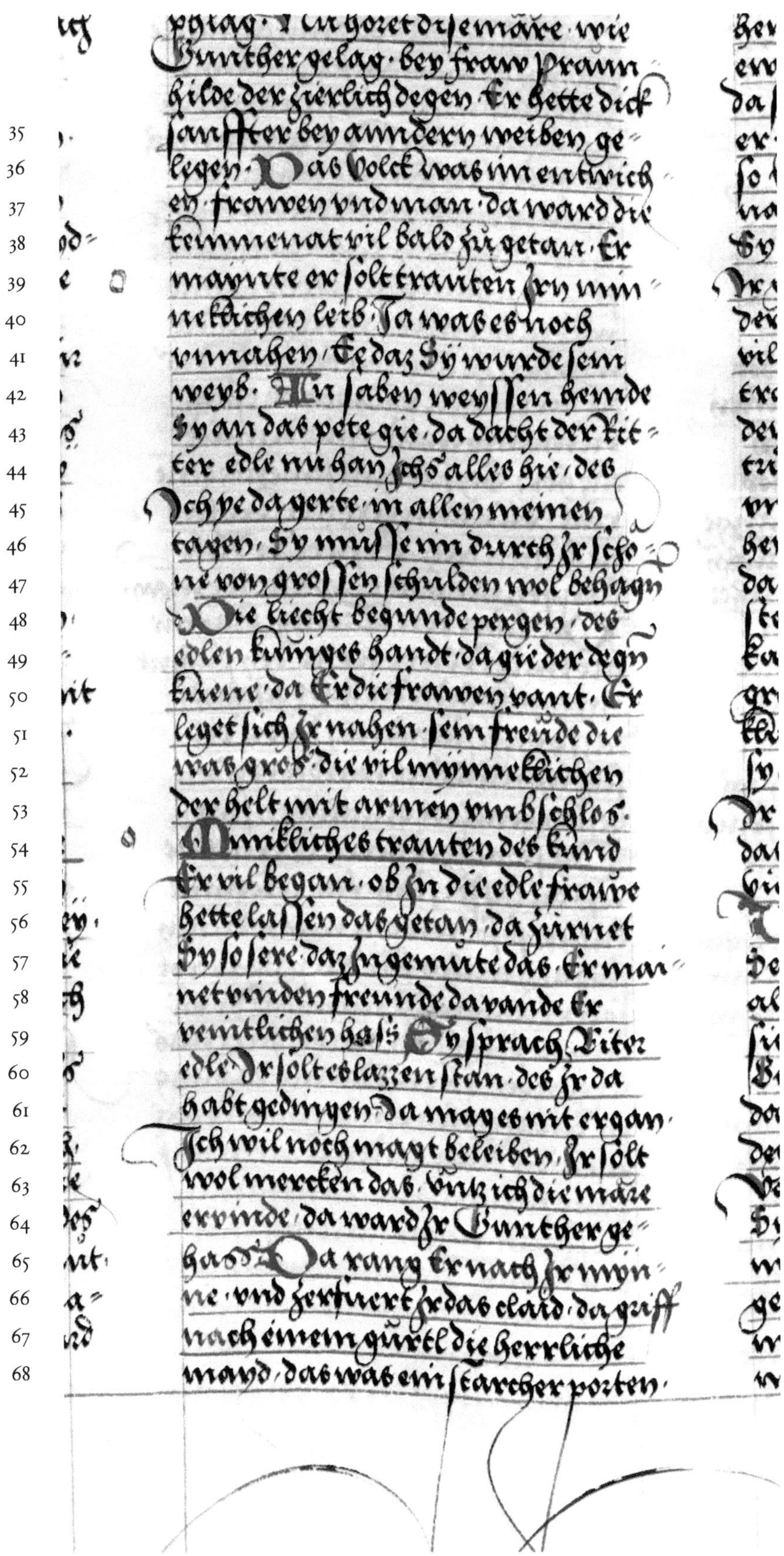

pflag · Nu höret dise märe wie
Gunther gelag · bey fraw Praunhilde der zierlich degen · Er hette dick
sannffter bey anndern weiben gelegen · Das volck was im entwich-
en · frawen vnd man · da ward die
kemmenat vil bald zu getan · Er
mainte er solt trauten irn mynneklichen leib · Ja was es noch
vnnahen · E daz Sy wurde sein
weyb · Mit saben weyssen hemde
Sy an das pete gie · da dacht der ritter edle nu han ichs alles hie · des
Ich ye da gerte · in allen meinen
tagen · Sy muss im durch ir schone von grossen schulden wol behagn
Die liecht begunde pergen · des
edlen kuniges handt · da gie der degn
kuene · da Er die frawen vant · Er
leget sich ir nahen · sein freude die
was gros · die vil mynneklichen
der helt mit armen vmbschlos ·
Mynnikliches trauten des kund
Er vil began · ob Im die edle fraw
hette lassen das getan · da zurnet
Sy so sere daz ir gemute das · Er mainet vinden freunde da vande Er
veintlichen hass · Sy sprach Ritter
edle Ir solt es lazzen stan · des ir da
habt gedingen da mag es nit ergan ·
Ich wil noch magt beleiben · ir solt
wol mercken das · vntz ich die märe
ervinde · da ward ir Gunther gehass · Da rang Er nach ir myn-
ne · vnd zerfuert ir das claid · da griff
nach einem gurtl die herrliche
mayd · das was ein starcher porten ·

fol. CIIIIvb ll. 35–68

ſanfſter bey annderŋ weibeŋ ge=
legeŋ / Das Volck was im entwich=
eŋ / fraweŋ vnd man / da ward die
kemmenat vil bald zů getan / Er
maÿnte er ſolt trauten jrŋ min=
neklicheŋ leib / Ja was es noch
vnnaheŋ / Ee daʒ Sÿ wurde ſein
weyb · In ſabeŋ weyſſen hemde
Sy an das pete gie / da dacht der Rit=
ter edle nu haŋ jchσ alles hie / des
Ich ye da gerte / in alleŋ meineŋ
tageŋ / Sy mûſſe im durch jr ſchő=
ne voŋ groſſeŋ ſchuldeŋ wol behagŋ̄
Die liecht begunde pergeŋ / des
edleŋ kűniges handt / da gie der degŋ̄
kuene / da Er die fraweŋ vant / Er
leget ſich jr nahen / ſein freűde die
was groσ / die vil mÿnneklicheŋ
der helt mit armeŋ vmbſchloσ ·
Minikliches trauteŋ des kund
Er vil began / ob jn die edle frawe
hette laſſeŋ das getaŋ / da zűrnet
Sy ſo ſere / daʒ jn gemûte das / Er mai=
net vindeŋ freűnde da vande Er
veintlicheŋ haſs / Sy ſprach Riteꝛ
edle / Ir ſolt es laʒʒen ſtan / des jr da
habt gedingeŋ / Ia mag es nit ergaŋ /
Jch wil noch magt beleibeŋ / jr ſolt
wol mercken das / v͛ntʒ ich die mäꝛe
ervinde / da ward jr Gunther ge=
haσσ / Da rang Er nach jr mÿn=
ne / vnd zerfuert jr das claid / da gꝛiff
nach einem gűrtl die herrliche
mayd / das was ein ſtarcher poꝛteŋ /

Er hette dick sanffter bey anndern weiben gelegen

628 Das Volck was im entwichen frawen vnd man
da ward die kemmenat vil bald zuo getan
Er maynte er solt trauten jrn minneklichen leib
Ja was es noch vnnahen Ee daz Sy wurde sein weyb

629 In saben weyssen hemde Sy an das pete gie
da dacht der Ritter edle nu han jchs alles hie
des Ich ye da gerte in allen meinen tagen
Sy muosse im durch jr schöne von grossen schulden wol behagen

630 Die liecht begunde pergen des edlen küniges handt
da gie der degen kuene da Er die frawen vant
Er leget sich jr nahen sein freude die was gros
die vil mynneklichen der helt mit armen vmbschlos

631 Minikliches trauten des kund Er vil began
ob jn die edle frawe hette lassen das getan
da zürnet Sy so sere daz jn gemuote das
Er mainet vinden freunde da vande Er veintlichen hass

632 Sy sprach Riter edle Ir solt es lazzen stan
des jr da habt gedingen Ia mag es nit ergan
Jch wil noch magt beleiben jr solt wol mercken das
ÿntz ich die märe ervinde da ward jr Gunther gehass

633 Da rang Er nach jr mynne vnd zerfuert jr das claid
da griff nach einem gürtl die herrliche mayd
das was ein starcher porten den sy vmb Jr seyten truog

fol. CIIIIvc ll. 1–34

deŋ ſy vmb Jr ſeyteŋ trůg / da tet ſy
dem kűnig der groſſeŋ laide genůg ·
Die Fűeſſe vnd auch die hennde
Sy jm zuſamen pandt · Sy trůg jn
zu ainem nagel / vnd henget jn aŋ
die want / da Er ſy ſlaffeσ jrrte / die
mÿnne Sy jm ʋerpot / Ia het er voŋ
jr crefften vil nach gewűnneŋ den
todt / Da begunde vlegen der maiſtꝰ
Wann Ir nu lőeſet mein gepende
vil edle kunigin · jch traw euch ſchő=
ne frawe doch nÿmmer angeſigeŋ
Vnd ſol auch hart ſelteŋ euch ſo naħŋ̄
mer geligeŋ / Sy růcht wie jm wëꝛe
waŋŋ ſy vil ſanffte lag / doꝛt mueſ=
ſet er albeg hanngeŋ die nachte
ʋ̈nꝫ an den tag / vnd der liechte
moꝛgeŋ durch die ʋenſter ſchain /
ob er ye crafft gewunne die waσ
an ſeinem leib klain / Nu ſagt
mir Herꝰ Gűnther / iſt euch daσ
icht laÿd / ob eűch gepunden vindŋ̄
ſprach die ſchöne maÿd / die eŵꝛeŋ
kammerer von ainer frawen
hanndt / da ſpꝛach der Ritter edel /
daσ wurde euch ʋ̋bel bewant / Auch
het jchσ wenig eer / ſprach der vil
ſchnelle man / durch Ewꝛ ſelber
tugende / nu lat mich zu eűch gaŋ
ſeyt daꝫ eűch mein mynne ſein alſo
ſtarche layd / mer ſolt mit meineŋ
hennde / euch nÿmmer rűereŋ
ewr claid · Da löeſte Sy jn balde /
da ſy jn auf die lie / wider an daσ pete

das was ein starcher porten   den sy vmb Jr seyten truog
da tet sy dem künig   der grossen laide genuog

634 Die Füesse vnd auch die hennde   Sy jm zusamen pandt
Sy truog jn zu ainem nagel   vnd henget jn an die want
da Er sy slaffes jrrte   die mynne Sy jm verpot
Ia het er von jr crefften   vil nach gewunnen den todt

635 Da begunde vlegen   der maister Wann Ir
nu löeset mein gepende   vil edle kunigin
jch traw euch schöne frawe   doch nymmer angesigen
Vnd sol auch hart selten   euch so nahen mer geligen

636 Sy ruocht wie jm were   wann sy vil sanffte lag
dort muesset er albeg hanngen   die nachte ϋntz an den tag
vnd der liechte morgen   durch die venster schain
ob er ye crafft gewunne   die was an seinem leib klain

637 Nu sagt mir Herr Gunther   ist euch das icht layd
ob euch gepunden vinden   sprach die schöne mayd
die ewren kammerer   von ainer frawen hanndt
da sprach der Ritter edel   das wurde euch ϋbel bewant

638 Auch het jchs wenig eer   sprach der vil schnelle man
durch Ewr selber tugende   nu lat mich zu euch gan
seyt daz euch mein mynne   sein also starche layd
mer solt mit meinen hennde   euch nymmer rüeren ewr claid

639 Da löeste Sy jn balde   da sy jn auf die lie
wider an das pete   er zu der frawen gie

ewr claid: Da loeste Sy In balde
da sy In auf lie· wider an das pete
er zu der frawen gie, Er leget sich
so verre daz Er Jr schönen wat dar
nach vil selten zurerte· des wolt auch
Sy da haben rat: Da kam auch
Jr gesynde die brachten In newe claid·
der was In an dem morgen vast
vil berait· wiewol man da geparte
trawrig was genug· der herre von
dem lannde wann er des tages kron
trug: Nach siten der sy phlagen·
vnd man durch recht begie· Gunther vnd Praunhilt nicht lenger
das enlie· Sy giengen zu dem munster da man die messe sang· dar
kam auch her Seyfrid· sich hub da
grösliche gedrang: Nach künig
lichen eren· was In dar berait· was
sy haben solten Jr kron vnd auch
Jr klaid· da wurden sy geweihet· do
das ward getan, da sach mans alle
viere vnnder kron frolich stan·
Vil Junger schwert da namen
Sechshundert oder bas· den künigen
all zun eren Jr solt wol wissen das·
sich hub vil michel freude in der
Burgunden lanndt· man hort
da scheffte hellen an der schwerte
degenne hant: Da sassen in den
venstern die schönen magedein·
Sy sahen vor In leuchten vil maniges Schildes schein· da hette sich
geschaiden der künig vor seinen
man· wes yemand annders phlege
man sahe In trawrende stan·

fol. CIIIIvc ll. 35–68

er zu der fraweŋ gie / Er leget ſich ſo verre / daʒ Er jr ſchőnen wat / daꝛ nach vil ſelteŋ rűerte / deɞ wolt auch Sy da habeŋ rat / Da kam auch Ir geſÿnde die bꝛachten jn newe claiꝺ · der waɞ jn an dem moꝛgen ʋaſt vil berait / wiewol man da gepaꝛte traurig waɞ genůg / der herre von dem lannde / wann er deɞ tageɞ krone tꝛůg / Nach ſiteŋ der ſy phlageŋ / vnd maŋ durch recht begie / Gunt=her vnd Praűnhilt nicht lenngeꝛ daɞ enlie / Sy giengeŋ zu dem műn=ſter da man die meſſe ſang / dar kam auch herꝰ Seÿfꝛid / ſich hůb da grőſlicher gedꝛang / Nach künig=klichen eren / waɞ jn dar berait / waʒ ſy habeŋ ſolten Ir kron / ʋnꝺ auch Ir klaiꝺ · da wurden ſÿ geweihet / do daɞ ward getan / da ſach manɞ alle ʋiere / vnnder kron frőlich ſtan · Uil junger / ſchwert da nameŋ / Sechſhundert oder baɞ · den kűnigŋ all zun ereŋ / jr ſolt wol wiſſen ꝺaσ · ſich hůb vil michel freűde in der Burgunden Lanndt / man hoꝛt da ſcheffte helleŋ / an der ſchweꝛte degenne hant Da ſaſſen iŋ deŋ Venſterŋ / die ſchoneŋ Magedein / Sy ſahen ʋoꝛ jn leűchteŋ / vil ma=nigeɞ Schildeσ ſcheiŋ / da hette ſich geſchaideŋ / der kűnig voꝛ ſeineŋ maŋ · weɞ yemand annderσ phlege man ſahe jn trawrennde gaŋ /

wider an das pete er zu der frawen gie
Er leget sich so verre daz Er jr schönen wat
dar nach vil selten rüerte des wolt auch Sy da haben rat

640 Da kam auch Ir gesynde die brachten jn newe claid
der was jn an dem morgen vast vil berait
wiewol man da geparte traurig was genuog
der herre von dem lannde wann er des tages krone truog

641 Nach siten der sy phlagen vnd man durch recht begie
Gunther vnd Praunhilt nicht lennger das enlie
Sy giengen zu dem münster da man die messe sang
dar kam auch herr Seyfrid sich huob da gröslicher gedrang

642 Nach künigklichen eren was jn dar berait
waz sy haben solten Ir kron vnd auch Ir klaid
da wurden sy geweihet do das ward getan
da sach mans alle viere vnnder kron frölich stan

643 Uil junger schwert da namen Sechshundert oder bas
den künigen all zun eren jr solt wol wissen das
sich huob vil michel freude in der Burgunden Lanndt
man hort da scheffte hellen an der schwerte degenne hant

644 Da sassen in den Venstern die schonen Magedein
Sy sahen vor jn leuchten vil maniges Schildes schein
da hette sich geschaiden der künig vor seinen man
wes yemand annders phlege man sahe jn trawrennde gan

Dem vnd Seyfride vngeleich
stund der mût wol wisset was
im were der edel ritter gût · da
gieng er zu dem künig fragn
Er began · Wie ist euch heint ge
lungen des sült jr mich nu wis
sen lan · Da sprach der wiert
zum gaste · Jch han laster vnnd
schannden · wann ich han den
übeln teüfl haym ze hause geladn ·
da ich wannte sy ze mynnen vil
sere Sy mich pant · Sy trug mich
zum nagel vnd hieng mich hoch
an ein want · Da hieng ich
angstlichen die nacht vntz an
den tag · ee daz sy mich enpunde ·
wie sanffte sy do lag · das sol dir
freundtlich auf genade sein ge
klait · da sprach der starch Seyfrid
das ist mir werlichen laid · Des
bring ich dich wol ynnen · vnd
last ans one nit · ich schaffe daz sy
heint so nach bey dir gelit · daz sy
dich nymmer jr nyme gesaumet ·
nymmer mer · der rede was da
Gunther nach seinen arbaiten
her · Da sprach der herre Seyfrid
dir mag ist wol genesen · Jch wane
vnns vngeleich heinte sey gewesn
mir ist dein Swester Chrimhildt
lieber dann mein leib · es muss die
frowe Praunhildt noch heint wer
den dein weyb · Er sprach Jch kü
me noch heint zu der kemmenath
dein also taugenliche in der Nazn
kappen mein · daz sich meiner liste
mag nyemand wol versteen · so lass
die Cammerere zu jr herberge geen ·
So lesche ich den kinden die liecht ·

fol. CVra ll. 1–34

Sein vnd Seÿfꝛide vngeleich ſtund der můt / wol wiſſet was im were der edel ritter gůt · da gieng er zu dem kűnig fragŋ̄ Er began / wie iſt euch heint gelungeŋ / des ſűlt jr mich nu wiſſen lan / Da ſpꝛach der wieꝛt zum gaſte / Jch han laſter vnnd ſchanndeŋ / wann ich han den vbeln teűfl / haym ze hauſs geladŋ̄ / da ich mainte ſy ze mÿnneŋ vil ſere Sy mich pant · Sy trůg mich zum nagel vnd hieng mich hoch an ein want · Da hieng ich angſtlichen die nacht v̈ntʒ an den tag · ee daʒ ſy mich empűnde / wie ſanffte ſy do lag / das ſol dir freundtlich auf genade ſein geklait / da ſprach der ſtaꝛch Seyfꝛiꝺ das iſt mir werlichen laid / Des bꝛing ich dich wol ynneŋ / vnd laſtus one nit / ich ſchaffe daʒ ſÿ heint ſo nach bey dir geleit · daʒ ſÿ dich nÿ̈mmer jr mÿnne geſaumet / nymmermer / der rede was da Gunther nach ſeineŋ arbaiteŋ her / Da ſpꝛach der herre Seyfꝛid du magſt wol geneſen / Ich wäne vnns vngelűck heinte ſey geweſŋ̄ / mir iſt dein Sweſter Chꝛimhildt lieber dann mein leib / es můſs die frawe Praẅnhildt noch heint werdeŋ dein weÿb Er ſpꝛach jch kume noch heint zu der kemmenatŋ̄

645 Sein vnd Seyfride   vngeleich stund der muot
wol wisset was im were   der edel ritter guot
da gieng er zu dem künig   fragen Er began
wie ist euch heint gelungen   des sült jr mich nu wissen lan

646 Da sprach der wiert zum gaste   Jch han laster vnnd schannden
wann ich han den vbeln teufl   haym ze hauss geladen
da ich mainte sy ze mynnen   vil sere Sy mich pant
Sy truog mich zum nagel   vnd hieng mich hoch an ein want

647 Da hieng ich angstlichen   die nacht v̈ntz an den tag
ee daz sy mich empunde   wie sanffte sy do lag
das sol dir freundtlich   auf genade sein geklait
da sprach der starch Seyfrid   das ist mir werlichen laid

648 Des bring ich dich wol ynnen   vnd lastus one nit
ich schaffe daz sy heint   so nach bey dir geleit
daz sy dich nymmer   jr mynne gesaumet nymmermer
der rede was da Gunther   nach seinen arbaiten her

649 Da sprach der herre Seyfrid   du magst wol genesen
Ich wäne vnns vngelück   heinte sey gewesen
mir ist dein Swester Chrimhildt   lieber dann mein leib
es muoss die frawe Prawnhildt   noch heint werden dein weyb

650 Er sprach jch kume noch heint   zu der kemmenatn dein

frowe Praunhildt noch heint werden dein weyb Er sprach Ich kume noch heint zu der kemmenaten
dein also taugenliche in der Narn
kappen mein, daz sich meiner liste
mag nyemand wol versteen, so lass
die Cammerere zu jr herberge geen,
So lesche ich den kinden die liecht
an der handt, daz ich sey daryñe
dabey sey dir bekant, daz ich dir gern
diene so zwinge ich dir dein weib daz
du sy heinte mynnest, oder ich verliese meinen leib. Ane das du icht
trawtest, sprach der kunig do, die
meinen lieben frawen anders bin
ich fro, so tu jr was du wellest und
nambst du jr den leib, das solt ich
wol verkiesen, sy ist ein vil fraysliches
weib. Das nym ich so sprach
Seyfrid auf die trewe mein, daz ich
jr nicht enmynne die schöne swest
dein, die ist mir vor in allen die ich
noch ye gesach. Vil wol gelaubt es
Gunther daz da Seyfrid gesprach:
Da was von kurtzweyle freude
und not, Buhurt und schallen al
les man verpot, da die frawen solten
gen dem Sale gan. da hiessen kamerere die leute von dem wege
stan. Von rossen und von leuten
gerawmet ward der hofe, der fraw-
en yetzliche da fuert ein Bischof da
sy vor den kunigen ze tische solten
gan. Jn volget an das gesydele vil
manig waydelicher man. Der
kunig in gutem wan da frolich
sass, daz im gelobt Seyfrid wol

fol. CVra ll. 35–68

dein / alſo taügenliche in der Naꝛŋ kappeŋ mein / daʒ ſich meiner liſte mag nyemand wol verſteeŋ / ſo laſσ die Cammerere zu jr herberge geeŋ / So leſche ich den kinden die liecht / an der handt / daʒ ich ſeÿ ꝺarÿnne dabey ſeÿ dir bekant · daʒ Ich dir gerŋ diene ſo zwinge ich dir dein weib / daʒ du Sÿ heinte mÿnneſt / oder ich ver=lieſe meineŋ leib / Ane daσ du icht trawteſt / ſprach der künig do / die meinen lieben fraẇeŋ annderσ biŋ ich fro / ſo tů jr waσ du welleſt vnd nămbſt du jr den leib / daσ ſolt ich wol verkieſen / ſy iſt ein ʋil fraÿſlicheσ weib / Daσ nÿm Ich ſo ſprach · Seyfꝛid auf die trewe mein / ꝺaʒ Icħ jr nicht enmÿnne / ꝺie ſchöne Sweſtꝰ dein / die iſt mir voꝛ in alleŋ / die ich noch ye geſach · ʋil wol gelaubt eσ Gunther daʒ da Seyfꝛid geſpꝛach · Da waσ voŋ kurtʒweyle freude vnd not / Buhurt vnꝺ ſchalleŋ al=leσ man verpot · da die fraweŋ ſoltŋ̄ gen ꝺem Sale gan / da hieſſen ka=merere die leute von dem wege ſtan / Uon Roſſeŋ vnd ʋon leütŋ̄ gerawmet ward der hofe / der frau=eŋ yetʒliche da fuert ein Biſchof / da ſy voꝛ den künigen ze tiſche ſolten gan · jn volget an daσ geſydele / ʋil manig waydelicher man / Der kunig in gůtem wan / da frolichŋ̄ ſaſσ / daʒ im gelobt Seyfrid / wol

650 Er sprach jch kume noch heint zu der kemmenatn dein
also taugenliche in der Narn kappen mein
daz sich meiner liste mag nyemand wol versteen
so lass die Cammerere zu jr herberge geen

651 So lesche ich den kinden die liecht an der handt
daz ich sey darynne dabey sey dir bekant
daz Ich dir gern diene so zwinge ich dir dein weib
daz du Sy heinte mynnest oder ich verliese meinen leib

652 Ane das du icht trawtest sprach der künig do
die meinen lieben frawen annders bin ich fro
so tuo jr was du wellest vnd nämbst du jr den leib
das solt ich wol verkiesen sy ist ein vil fraysliches weib

653 Das nym Ich so sprach Seyfrid auf die trewe mein
daz Ich jr nicht enmynne die schöne Swester dein
die ist mir vor in allen die ich noch ye gesach
vil wol gelaubt es Gunther daz da Seyfrid gesprach

654 Da was von kurtzweyle freude vnd not
Buhurt vnd schallen alles man verpot
da die frawen solten gen dem Sale gan
da hiessen kamerere die leute von dem wege stan

655 Uon Rossen vnd von leuten gerawmet ward der hofe
der frauen yetzliche da fuert ein Bischof
da sy vor den künigen ze tische solten gan
jn volget an das gesydele vil manig waydelicher man

656 Der kunig in guotem wan da frolichen sass
daz im gelobt Seyfrid wol gedacht er ane das

gedacht er ane das. der ayne tag jn dauchte wol dreyssig tag lang an seiner frawen mynne stund in aller sein gedanck. Er erpaitet kaum daz man von tische gie. die schön praunhild man do komen lie. vnd auch fraw Chrimhild. sy baide an jr gemach. hey was man schneller degen vor der kunigine sach. Seyfrid der herre vil mynnikleichen sass. bey seinem schonen weibe mit freuden one hass. sy trautet seine hennde mit jr vil weyssen hanndt. vntz er jr vor den augen. sy west nit wenn Er verschwannt. Das sy mit jm spilte vnd sy jn nit mer sach. Jr seinem gesynnde die kunigin sprach mich wundert des michel wunder wohin der kunig sey komen wer hat seine hennde aus den meinen genomen. Die rede sy liess beleiben. da was er jr hin gegan. da er vil Cammerer vant mit liechten stan. die begund er leschen den kinden an der handt. daz er were Seyfrid das was do Gunther bekant. Wol wisset er was er wolte. da hiess er dannen gan mayde vnd frawen. do das was getan. der reich kunig selbe da beschloss die tur. vast stark er rigel zwen die warff er schnelle darfur. Die liecht verparg er schier vnnder die petwat. ains spils begunde des was da nicht rat. Seyfrid der vil starche vnd auch die schöne mayd. das was den kunigen baiden lieb vnd laidt.

fol. CVrb ll. 1–34

gedacht er ane daσ / der aine tag jn dauchte wol ꝺreÿͤſſig tag lang / an ſeiner faweŋ mynne ſtůnd im aller ſein gedanck / Er erpai= tet kaŭm daʒ man von tiſche gie · die ſchőŋ Praŭnhild man do ko= meŋ lie / vnd auch fraw Chrim= hilꝺ / ſy baide an jr gemach / Heÿ waσ man ſchneller degeŋ voꝛ der kuniginne ſach / Seyfꝛid der heꝛꝛe vil mÿnniklichen ſaſσ / beÿ ſeineŋ ſchoneŋ weibe / mit freuden one haſσ · ſy trautet ſeine hennde mit jr vil weyſſeŋ hanndt / v̈ntʒ Er jr vor ꝺen augen / ſy weſt nit wenn Er verſchwannt · Da ſÿ mit jŋ ſpilte vnd ſy jn nit mer ſach · zu ſeinem geſynnde die kunigin ſprach / mich nÿmbt deσ michel wunder wohin der kunig ſeÿ ko= meŋ / wer hat ſeine hennde auσ deŋ meineŋ genomeŋ / Die rede Sy lieσ beleibeŋ / da waσ Er jr hin= gegan / da Er vil Cammerer vant · mit liechten ſtaŋ · die begund Er leſchen den kinden an der handt · daʒ Er were Seyfꝛid / daσ waσ do Gunther bekant · Wol wiſſet Er waσ Er wolte / da hieſσ Er dan= neŋ gan / magde vnd fraw̆en / do daσ waσ getan / der reich kűnig ſelbe da beſchloſσ die tür / vaſt ſtaꝛchŋ= er Rigel zwen die warff Er ſchnel= le ꝺarfür Die liecht verparg Er

daz im gelobt Seyfrid wol gedacht er ane das
der aine tag jn dauchte wol dreyssig tag lang
an seiner frawen mynne stuond im aller sein gedanck

657 Er erpaitet kaum daz man von tische gie
die schön Praunhild man do komen lie
vnd auch fraw Chrimhild sy baide an jr gemach
Hey was man schneller degen vor der kuniginne sach

658 Seyfrid der herre vil mynniklichen sass
bey seinem schonen weibe mit freuden one hass
sy trautet seine hennde mit jr vil weyssen hanndt
v̈ntz Er jr vor den augen sy west nit wenn Er verschwannt

659 Da sy mit jm spilte vnd sy jn nit mer sach
zu seinem gesynnde die kunigin sprach
mich nymbt des michel wunder wohin der kunig sey komen
wer hat seine hennde aus den meinen genomen

660 Die rede Sy lies beleiben da was Er jr hingegan
da Er vil Cammerer vant mit liechten stan
die begund Er leschen den kinden an der handt
daz Er were Seyfrid das was do Gunther bekant

661 Wol wisset Er was Er wolte da hiess Er dannen gan
magde vnd frawen do das was getan
der reich künig selbe da beschloss die tür
vast starcher Rigel zwen die warff Er schnelle darfür

662 Die liecht verparg Er schier vnnder die pet wat

selbe da beschloss die tür vast starch
er Rigel zuen die warff er schnelle dar für Die liecht verparg er
schier umb der die petwat. eins
spils begunde des was da nicht
rat. Seyfrid der vil starche und
auch die schöne mayd da was
den kunigen baiden lieb und laidt.
Seyfrid sich legte nahen der
Junckfrawen bey. Sy sprach nu
lat es Gunther als lieb euch sey
daz ir icht arbait leydet als sam
ee. seyt thet die fraw dem kunig
Seyfriden wee Da verhal er
sein stymme daz er nicht entsprach Gunther vil wol horte wie
wol er sein nicht sach. daz haym
liches dingen von in da nicht
geschach. Sy hetten an dem pete
vil harte klainen gemach Er
gepāret sam es were Gunther
der kunig reich. Er umbfieng
mit armen die magt lobeleich.
Sy warff in aus dem pette da
bey auf ein panck. daz im sein
haupt laut an einen schamme
le erklangk. Wider auf mit
crefften sprang der vil kuene
man. Er wolt es pas versuechn
da er des began. daz ers sy wolte
zwingen. darumb im was vil
wee. solch wer dhainer frawen
als ich wäne ymmer mer ergie.
Da er nicht wolt erwinden
die magt auf do sprang. Ir solt
mir nicht zerfüeren mein hem
de so planck. Ir seyt vil ungefüege.

fol. CVrb ll. 35–68

ſchier vnnder die pet wat / einσ
ſpilɞ begunde / deɞ waɞ da nicht
rat · Seyfꝛid der vil ſtarche vnꝺ
auch die ſchöne maÿd daɞ waɞ
den kunigen baideŋ lieb ʋnd laidt ·
Seyfrid ſich legte naheŋ der
junckfraw̃en beÿ · Sÿ ſprach nu
lat eσ Gunther alɞ lieb euch ſeÿ ·
ꝺaʒ Ir icht arbait leydet alσ ſam
Ee / ſeyt thet die fraw̃ dem kűnig
Seÿfriden wee / Da verhal Er
ſein ſtymme daʒ Er nicht entſp=
ꝛach / Gunther vil wol hoꝛte wie
wol er ſein nicht ſach / daʒ haÿm=
lich er dingeŋ von jn da nicht
geſchach / Sy hetten an dem pete
vil haꝛte klainen gemach / Er
geparet ſam eɞ were Gűnther
der kűnig reich / Er vmbfieng
mit armeŋ die magt lobeleich /
Sy warff jn auσ ꝺem pette da
beÿ auf ein panck / daʒ iŋ ſeiŋ
haŭpt laute an eineŋ ſchäme=
le erklangk / Wider auf mit
crefften ſprang der ʋil kűene
man · Er wolt eɞ paɞ verſuechŋ̄
da Er deɞ began · daʒ Er ſy wolte
zwingen / darumb im waɞ ʋil
wee / ſolch wer dhainer fraw̃eŋ
alɞ ich wäne ymmer mer ergie ·
Da Er nicht wolt erwinden
die magt auf do ſprang · Ir ſolt
mir nicht zerfűereŋ mein hem=
de ſo planck / jr ſeyt vil vngefűege /

662 Die liecht verparg Er schier   vnnder die pet wat
eins spils begunde   des was da nicht rat
Seyfrid der vil starche   vnd auch die schöne mayd
das was den kunigen   baiden lieb vnd laidt

663 Seyfrid sich legte nahen   der junckfrawen bey
Sy sprach nu lat es Gunther   als lieb euch sey
daz Ir icht arbait   leydet als sam Ee
seyt thet die fraw   dem künig Seyfriden wee

664 Da verhal Er sein stymme   daz Er nicht entsprach
Gunther vil wol horte   wie wol er sein nicht sach
daz haymlich er dingen   von jn da nicht geschach
Sy hetten an dem pete   vil harte klainen gemach

665 Er geparet sam es were   Gunther der künig reich
Er vmbfieng mit armen   die magt lobeleich
Sy warff jn aus dem pette   da bey auf ein panck
daz im sein haupt laute   an einem schämele erklangk

666 Wider auf mit crefften   sprang der vil küene man
Er wolt es pas versuechen   da Er des began
daz Er sy wolte zwingen   darumb im was vil wee
solch wer dhainer frawen   als ich wäne ymmer mer ergie

667 Da Er nicht wolt erwinden   die magt auf do sprang
Ir solt mir nicht zerfüeren   mein hemde so planck
jr seyt vil vngefüege   das sol euch werden laid

das sol euch werden laid. des
bring ich euch wol ynnen. sprach
die waydeliche mayd. Die be-
slos sy mit armen den teurlichen
degen. da wolte sy jn gepunden
haben alsam den künig legen.
daz sy an dem pete möchte haben
gemach. daz Er jr die wat zerfůrte
die fraw es grosslichen rach.
Was halff sein grosse sterche
und auch sein michel crafft. sy
erzaiget dem degene jrs leibes
maisterschafft. Sy trůg jn mit
gewalte das muesset also sein.
und truckte jn ungefüege zwischen
der wennde unde ein schrein.
Awe gedacht der Recke. sol ich
nu meinen leib von einer magt
verliesen. so mügen alle weyb
hernach ymmer mer tragen gelfen
můt. gegen jrem manne die es
sunst nymmer getůt. Der künig es wol horte er het angst umb
den man. Seyfrid sich schambte
sere zürnen Er began. mit un-
gefüeger krefte satzt Er sich wider versuecht es angstlichen an
fraw Praunhilden syder. Den
künig es dauchte lennge Ee daz
Er sy betzwang. Sy drugt im
sein hennde daz aus den naglen
sprang das plůt. im von jr crefte
das was dem helde layd. seyt pracht
Er an ein laugen die vil herlichen
maid. Ir ungefüeges willen
des sy ee da nach der künig es alles
horte wie Er nicht entsprach. Er
drugkte es an das pete. daz sy vil
laute erschray. Ir tetten seine

fol. CVrc ll. 1–34

das ſol euch werden laid · des
bꝛing ich euch wol ynneŋ · ſpꝛach
die waideliche mayd / Die be=
ſloss mir armeŋ den teẅꝛlichŋ̄
degen / da wolte ſy jn gepundŋ̄ /
habeŋ alſam den kunig legŋ̄ /
daʒ ſÿ an dem pete möchte habeŋ
gemach / daʒ Er jr die wat zerfůrte
die fraw es gröſlichen rach ·
Was halff ſein groſſe ſterche
vnd auch ſein michel crafft ſy
ertʒaiget dem degene jrs leibes
maiſterſchafft · Sy trůg jŋ mit
gewalte das mueſſet alſo ſeiŋ ·
vnd trugkt jn vngefüege zwiſchŋ̄
der wennde / vnd ein ſchrein /
Awe gedacht der Recke / ſol ich
nu meineŋ leib voŋ einer magt
verlieſen / ſo mügeŋ alle weÿb
hernach ymmer mer tragen gelfŋ̄
můt · gegeŋ jrem manne die es
ſünſt nymmer getůt · Der kü=
nig es wol hoꝛte / er het angſt vmb
den man · Seÿfꝛid ſich ſchambte
ſere zürnneŋ Er began / mit vn=
gefüeger kreffte ſatʒt Er ſich wi=
der / verſuecht es angſtlichen aŋ
Fraw Praunhilden ſyder / Deŋ
künig es daucht lennge Ee daʒ
Er ſy betʒwang / Sy dꝛugt im
ſein hennde / daʒ aus den naglŋ̄
ſprang das plůt · im voŋ jr crefte /
das was dem helde layd / ſeyt pꝛacht
Er an ein laugen die vil herlicheŋ

jr seyt vil vngefüege das sol euch werden laid
des bring ich euch wol ynnen sprach die waideliche mayd

668 Die besloss mir armen den tewrlichen degen
da wolte sy jn gepunden haben alsam den kunig legen
daz sy an dem pete möchte haben gemach
daz Er jr die wat zerfuorte die fraw es gröslichen rach

669 Was halff sein grosse sterche vnd auch sein michel crafft
sy ertzaiget dem degene jrs leibes maisterschafft
Sy truog jn mit gewalte das muesset also sein
vnd trugkt jn vngefüege zwischen der wennde vnd ein schrein

670 Awe gedacht der Recke sol ich nu meinen leib
von einer magt verliesen so mügen alle weyb
hernach ymmer mer tragen gelfen muot
gegen jrem manne die es sünst nymmer getuot

671 Der künig es wol horte er het angst vmb den man
Seyfrid sich schambte sere zürnnen Er began
mit vngefüeger kreffte satzt Er sich wider
versuecht es angstlichen an Fraw Praunhilden syder

672 Den künig es daucht lennge Ee daz Er sy betzwang
Sy drugt im sein hennde daz aus den naglen sprang
das pluot im von jr crefte das was dem helde layd
seyt pracht Er an ein laugen die vil herlichen maid

sprang das plut · im von ir negl
das was dem helde layd · seyt pracht
Er an ein laugen dze vil herlichen
maid · Ir vngefüeges willen
des sy ee da nach der künig es alles
horte wie Er nicht entspracht · Er
drungkhe es an das pete · daz sy vil
laute erschray · Ir tetten seine
crefte hart grosslichen wee · Da
grayff sy hin zu ir seyten · da sy
den porten vant · vnd wolt in han
gepunden · da weret es so sein hant ·
daz ir die lid erkrachten · vnd auch
aller leib · des ward der streit ge
schaiden da ward sy Gunthers
weyb Sy sprach künig edle du
solt mich leben lan · es wirt vil
wol versüenet was ich dir han
getan · Ich were mich nymmer
mer der edlen mynne dein · Ich
han das wol erfunden daz du kanst
frauwen maister sein · Seyfrid
der stuend dannen lygen liess Er
die mayd · sam Er von im ziehen
wolte seine claid · Er zoch ir ab
der hennde ein guldin vingerlein
daz sy des nye ward ynnen die vil
edle künigein · Dartzü nam
Er ir Gürtl das was ein porte
güt · Ich wayss nit ob er das tete
durch seinen hohen müt · Er gab
es seinem weybe das ward im
seyder laid · da lagen bey einand
Gunther vnd die vil schöne maid ·
Er phlag ir mynnikliche
als im das wol gezam · da müsste
Sy verkiesen iren zorn vnd ir scham

fol. CVrc ll. 35–68

seyt pracht Er an ein laugen die vil herlichen maid

maid / Ir vngefüegeϐ willeŋ
deϐ ſy ee da nach der kunig eϐ alleσ
hoꝛte / wie Er nicht entſpꝛach / Er
dꝛugkt eϐ an daϐ pete / daʒ ſy vil
laute erſchraÿ / Jr tetten ſeine
creffte hart groſʒlicheŋ wee Da
grayff ſy hin zu jr ſeÿten / da ſÿ
den poꝛten vant · vnd wolt jn han
gepündeŋ / ꝺa weret eϐ ſo ſein hant ·
daʒ jr die lid erkrachten / vnd auch
aller leib / deϐ ward der ſtreit ge=
ſchaideŋ / da ward Sy Guntheꝛσ
weÿb Sy ſprach kunig edle du
ſolt mich leben lan / eϐ wirt vil
wol verſüenet waϐ ich dir han
getan / Ich were mich nÿmmer=
mer der edleŋ mÿnne dein / jch
han daϐ wol erfünden daʒ ꝺu kanſt
Frawen maiſter ſein · Seyfꝛid
der ſtůnd dannen / ligen lieſσ Er
die maÿd / ſam Er von jm ziehen
wolte ſeine claid · Er zoech jr ab
der hennde eiŋ gulꝺiŋ ʋingerleiŋ
daʒ ſy deϐ nÿe ward ÿnneŋ / die ʋil
edle künigeiŋ · Dartʒů naŋ
Er jr Gürtl daϐ waϐ ein poꝛte
gůt · jch wayσ nit ob er daϐ tete
durch ſeineŋ hohen můt / Er gab
eϐ ſeinem weybe / ꝺaʒ warꝺ im
ſeyder laid · da lagen beyeinanꝺ᷑
Gunther vnd die vil ſchöne maiꝺ ·
Er phlag jr mÿnniklicheŋ
alϐ im daϐ wol geʒam / da můſte
Sÿ verkieſeŋ Iren zoꝛŋ / ʋnd jr ſchaŋ

673 Ir vngefüeges willen des sy ee da nach
der kunig es alles horte wie Er nicht entsprach
Er drugkt es an das pete daz sy vil laute erschray
Jr tetten seine creffte hart groszlichen wee

674 Da grayff sy hin zu jr seyten da sy den porten vant
vnd wolt jn han gepunden da weret es so sein hant
daz jr die lid erkrachten vnd auch aller leib
des ward der streit geschaiden da ward Sy Gunthers weyb

675 Sy sprach kunig edle du solt mich leben lan
es wirt vil wol versüenet was ich dir han getan
Ich were mich nymmermer der edlen mynne dein
jch han das wol erfunden daz du kanst Frawen maister sein

676 Seyfrid der stuond dannen ligen liess Er die mayd
sam Er von jm ziehen wolte seine claid
Er zoech jr ab der hennde ein guldin vingerlein
daz sy des nye ward ynnen die vil edle künigein

677 Dartzuo nam Er jr Gürtl das was ein porte guot
jch ways nit ob er das tete durch seinen hohen muot
Er gab es seinem weybe daz ward im seyder laid
da lagen beyeinander Gunther vnd die vil schöne maid

678 Er phlag jr mynniklichen als im das wol gezam
da muoste Sy verkiesen Iren zorn vnd jr scham

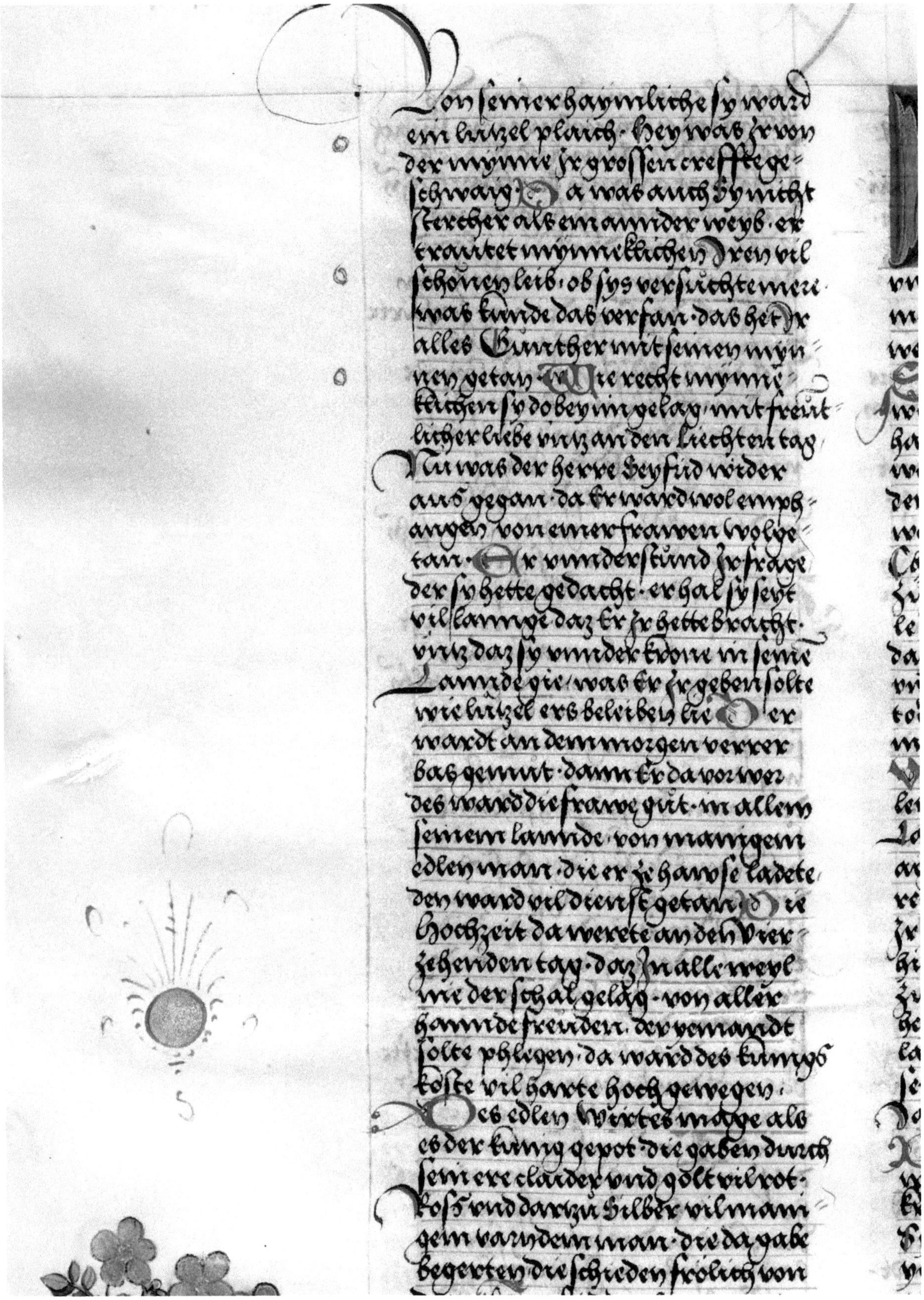

fol. CVva ll. 1–35

Voŋ ſeiner haÿmliche ſy waꝛ∂ ein lűtʒel plaich · Hey waϐ jr voŋ der mÿnne jr groſſen creffte ge= ſchwaig · Da waϐ auch Sy nicht ſtercher alϐ ein annder weyb · er trautet mÿnneklicheŋ Ireŋ vil ſchőneŋ leib / ob ſys verſůchte meꝛe / waϐ kunde daϐ verfan · daϐ het Ir alleϐ Gŭnther mit ſeineŋ mÿn= neŋ getaŋ · Wie recht mÿnne= klichen ſy do bey im gelag / mit freŭt= licher liebe v̈ntʒ an den Liechten tag / Nu waϐ der herre Seyfꝛid wider auσ gegan · da Er ward wol emph= angeŋ von einer Frawen wolge= tan · Er vnnderſtůnd jr frage / der ſy hette gedacht · erhal ſy ſeyt vil lannge / daʒ Er jr hette bracht · v̈ntʒ daʒ ſy vnnder krone in ſeinē Lannde gie / waϐ Er jr geben ſolte wie lűtʒel erϐ beleibeŋ lie Der wardt an dem moꝛgen verrer baϐ gemůt · dann Er da voꝛ weꝛ deϐ ward die frawe gůt · in alleŋ ſeinem Lannde / von manigem edleŋ man · die er ze hawſe ladete / deŋ ward vil dienſt getan / Die Hochʒeit da werete aŋ deŋ Vier= ʒehenden tag · daʒ jn alle weyl nie der ſchal gelag · voŋ aller hannde freŭden / der yemandt ſolte phlegeŋ / da ward deϐ kunigσ koſte vil harte hoch gewegeŋ / Deϐ edleŋ wirteϐ mage alϐ eϐ der kunig gepot · die gabeŋ duꝛch

Von seiner haymliche sy ward ein lützel plaich
Hey was jr von der mynne jr grossen creffte geschwaig

679 Da was auch Sy nicht stercher als ein annder weyb
er trautet mynneklichen Iren vil schönen leib
ob sys versuochte mere was kunde das verfan
das het Ir alles Gunther mit seinen myn nen getan

680 Wie recht mynneklichen sy do bey im gelag
mit freuntlicher liebe v̈ntz an den Liechten tag
Nu was der herre Seyfrid wider aus gegan
da Er ward wol emphangen von einer Frawen wolgetan

681 Er vnnderstuond jr frage der sy hette gedacht
erhal sy seyt vil lannge daz Er jr hette bracht
v̈ntz daz sy vnnder krone in seinem Lannde gie
was Er jr geben solte wie lützel ers beleiben lie

682 Der wardt an dem morgen verrer bas gemuot
dann Er da vor wer des ward die frawe guot
in allem seinem Lannde von manigem edlen man
die er ze hawse ladete den ward vil dienst getan

683 Die Hochzeit da werete an den Vierzehenden tag
daz jn alle weyl nie der schal gelag
von aller hannde freuden der yemandt solte phlegen
da ward des kunigs koste vil harte hoch gewegen

684 Des edlen wirtes mage als es der kunig gepot
die gaben durch sein ere claider vnd golt vil rot

koste vil harte hoch gewegen·
Des edlen Wirtes magge als
es der kunig gepot· die gaben durch
sein ere claider vnd golt vil rot·
Ross vnd darzu silber vil man
gein varnden man· die da gabe
begerten die schieden frölich von
dan· Seyfrid der herre aus
Nyderlannd mit tausent sein
en mannen alles das gewant·
daz sy ze Rein prachten das wart
gar hin gegeben vnd auch die ross
mit satelen· Sy kunden herlich
leben· Ee daz man die reichen
gabe alle da verswanth· die wi
der ze lannde wolten die daucht
des ze lang· Es ward nie geste
mere bas gephlegen· also endet
sich die hochzeit das wolte Gunt
her degen·

Abentheur· Wie Seyfrid mit
seinem weybe haym ze Lannde
kam

fol. CVva ll. 36–55

ſein ere claider vnd golt vil rot ·
Roſσ vnd dartʒů Silber vil mani=
gem vaꝛŋdem man · die da gabe
begerteŋ / die ſchiedeŋ frölich von
dan · Seyfꝛid der herre auɞ
Nyderlanndt · mit tauſent ſein=
en manneŋ alleɞ daɞ gewant ·
daʒ ſy ze Reine prachten / daɞ waꝛt
gar hin gegeben / vnd auch die roſσ
mit ſatelen · Sy kunden herlich
lebeŋ / Ee daʒ man die reicheŋ
gabe alle da verſwanth / die wi=
der ze lannde wolteŋ die daucht
deɞ ze lanng / Eσ ward nie geſte
mere baɞ gephlegeŋ / alſo endet
ſich dich hochʒeit / daɞ wolte Gunt=
her degen ·

die gaben durch sein ere claider vnd golt vil rot
Ross vnd dartzuo Silber vil manigem varndem man
die da gabe begerten die schieden frölich von dan

685 Seyfrid der herre aus Nyderlanndt
mit tausent seinen mannen alles das gewant
daz sy ze Reine prachten das wart gar hin gegeben
vnd auch die ross mit satelen Sy kunden herlich leben

686 Ee daz man die reichen gabe alle da verswanth
die wider ze lannde wolten die daucht des ze lanng
Es ward nie geste mere bas gephlegen
also endet sich dich hochzeit das wolte Gunther degen

Abentheur · Wie Seyfꝛid mit
ſeinem weybe haym ze Lannde
kam

11 Abentheur Wie Seyfrid mit seinem weybe haym ze Lannde kam

Do die geste alle
waren von dan
gefarn, da sprach
zu seinem gesinde
des Sigemundes
barn, wir sullen
vnns auch beraiten haym in
meine lanndt, lieb was es seinem
weibe da es die frawe recht erfant.
Sy sprach zu irem manne.
wenn sull wir varn, daz ich so
harte gache, das hayss ich wol be
warn. wir sullen ee meine Brue
der tailen mitte die lanndt. laid
was es Seyfriden da ers an
Chrimhilden erfant. Die fürsten
zu im giengen. vnd sprachen al
le drey. nu wisset das her Seyfrid
daz euch ymmer sey mit treiwen
vnnser dienst berait vntz in den
todt. da naigt er den degenen so
man ims so guettlichen erpot.
Wir sullen auch mit euch tai
len sprach Giselher das kindt.
Lanndt vnd Burge die vnnser
aigen sind. vnd was der weiten
reiche vnns ist vndertan. der solt
jr tail vil guten mit sambt Chrim
hilden han. Sigemundes sun
zu den fürsten sprach da er der
herren willen gehort vnd sach. got
lasse euch ewr erbe ymmer selig
sein. vnd auch die leut darynne.
Da getut die liebe wynne mein.
Des tailes wol ze rate den ir jr
woltet geben. da sy solt tragen die
krone. Vnd sol ich das geleben
Sy mus werden reicher dann
yemannd lebender. Sy was ir

fol. CVvb ll. 1–35

Do die geſte alle wareŋ voŋ daŋ gefarŋ / da ſpꝛach zu ſeinem geſinde des Sigemŭndes barŋ / wir ſüllŋ̄ vnns auch beraiteŋ haym in meine Lanndt / lieb was es ſeineŋ weibe / da es die frawe recht erfant / Sy ſprach zu jrem manne / wenn ſüll wir varŋ / daʒ ich ſo harte gache / das hayſs ich wol bewaꝛŋ / mir ſülleŋ es meine Bꝛüeder taileŋ mitte die Lanndt / laid was es Seyfrideŋ da ers an Chrimhildeŋ erfant · Die Fürſtŋ̄ zů jm giengeŋ / vnd ſpracheŋ alle dꝛeÿ / nu wiſſet das her Seyfꝛid daʒ euch ymmer ſeÿ mit treweŋ / vnnſer dienſt berait / ѷntʒ in deŋ todt · da naigt Er den degeneŋ / ſo man jms ſo güettlicheŋ erpot · Wir ſulleŋ auch mit euch taileŋ ſpꝛach Giſelher das kindt · Lanndt vnd Burge die vnnſer aigen ſind / vnd was der weiteŋ reiche vnns iſt vndertaŋ / der ſolt jr tail vil gůteŋ mitſambt Chrimhildeŋ haŋ / Sigemundes Sŭŋ zu deŋ Fürſteŋ ſprach / da Er der herreŋ willeŋ gehoꝛt vnd ſach / got laſſe euch ewꝛ erbe ÿmmer ſelig ſein / vnd auch die leüt darynne · Ia getůt die liebe wÿnne mein · Des tailes wol ze rate deŋ Ir / jr

687 Do die geste alle waren von dan gefarn
da sprach zu seinem gesinde des Sigemundes barn
wir süllen vnns auch beraiten haym in meine Lanndt
lieb was es seinem weibe da es die frawe recht erfant

688 Sy sprach zu jrem manne wenn süll wir varn
daz ich so harte gache das hayss ich wol bewarn
mir süllen es meine Brüeder tailen mitte die Lanndt
laid was es Seyfriden da ers an Chrimhilden erfant

689 Die Fürsten zuo jm giengen vnd sprachen alle drey
nu wisset das her Seyfrid daz euch ymmer sey
mit trewen vnnser dienst berait ѷntz in den todt
da naigt Er den degenen so man jms so güettlichen erpot

690 Wir sullen auch mit euch tailen sprach Giselher das kindt
Lanndt vnd Burge die vnnser aigen sind
vnd was der weiten reiche vnns ist vndertan
der solt jr tail vil guoten mitsambt Chrimhilden han

691 Sigemundes Sun zu den Fürsten sprach
da Er der herren willen gehort vnd sach
got lasse euch ewr erbe ymmer selig sein
vnd auch die leut darynne Ia getuot die liebe wynne mein

692 Des tailes wol ze rate den Ir jr woltet geben

sent. vnd auch die leüt darhinne.
Da getüt die liebe wynne mein.
Des tailes wol ze rate dein Jr Jr
woltet geben. da sy solt tragen die
krone. Vnd sol ich das geleben
sy muss werden reicher dann
yemannd lebender. Sy was Jr
gepietet bin Ich euch dienstlichen
bey. Da sprach die fraw Chrimhilt habt Jr der erbe rat. vmb Bur-
gunde ie degenne so leicht nicht stat.
Sy mug ein kunig gerne fueren.
in sein lanndt. Da sol sy mit mir
tailen meiner lieben Brueder
hanndt. Da sprach der herre
Gernot. nu nym die wen du
wilt. die gerne mit dir reytend.
der vindest du hie vil. von dreyssig
hundert Recken. Wir geben dir tausent man. die sein dein haym gesinde. Chrimhilt da sennden began.
Nach hagene vnd Tronege
vnd auch nach Ortwein. die vnd
auch Jr maye Chrimhilde wolten
sein. die gewan darumb hagene.
ein zornikliches leben. Er sprach
Da mag vns Gunther zu der
welde nyemand geben. Vnder
Ewr gesynnde das lat euch volgen
mit. wann Jr doch wol bekennet.
der Tronegere site. wir muessen
bey den kunigen hie am hofe bestan.
Wir sullen in lanngerdienen.
dann wir alherr geuolgt han.
Das liessen sy beleiben. da beraiteten sy sich dan. Jr edle ynngesinde
fraw Chrimhilt zu Jr gewan.

fol. CVvb ll. 36–69

woltet gebeŋ / da ſy ſol tragen die krone / Vnd ſol ich daσ gelebeŋ / Sy műσ werdeŋ reicher dann yemand / lebender / Sy waσ Ir gepietet bin jch euch dienſtlichȳ bey · Da ſprach die fraw Chꝛim=hilt habt jr der erbe rat / vmb Bur=gundie degenne / ſo leicht nicht ſtat / Sy műg ein kunig gerne fűereŋ / in ſein lanndt · Ia ſol ſÿ mit mir taileŋ meiner lieben Bꝛueder hanndt / Da ſprach der Herre Gernot · nu nym du weŋ du wilt / die gerne mit dir reytenð / der vindeſt du hie vil / voŋ dꝛeÿſſig hundert Reckeŋ / Wir geben dir Taŭ=ſent maŋ / die ſein dein haÿm ge=ſinde / Chrimhilt da ſenndeŋ begaŋ / Nach Hagene vnd Tꝛonege vnd auch nach Oꝛtwein / die vnd auch jr mage Chrimhilde wolteŋ ſein · die gewaŋ darŭmb Hagene / ein zoꝛniklicheσ leben / Er ſprach Ia mag vnnσ Gŭnther zu der welde nÿemand gebeŋ Under Ewꝛ geſynnde daσ lat euch volgȳ mit / wann jr doch wol bekennet / der Tronegere ſite · wir műeſſȳ bey den kűnigen hie am hofe beſtaŋ / Wir ſűlleŋ in lannger dieneŋ / dann wir alheer geuolgt han / Daσ lieſſeŋ ſy beleiben da berai=teten ſy ſich dan / jr edle ynngeſinde Fraw Chrimhilt zů jr gewan /

692 Des tailes wol ze rate den Ir jr woltet geben
da sy sol tragen die krone Vnd sol ich das geleben
Sy muos werden reicher dann yemand lebender
Sy was Ir gepietet bin jch euch dienstlichen bey

693 Da sprach die fraw Chrimhilt habt jr der erbe rat
vmb Burgundie degenne so leicht nicht stat
Sy müg ein kunig gerne füeren in sein lanndt
Ia sol sy mit mir tailen meiner lieben Brueder hanndt

694 Da sprach der Herre Gernot nu nym du wen du wilt
die gerne mit dir reytend der vindest du hie vil
von dreyssig hundert Recken Wir geben dir Tausent man
die sein dein haym gesinde Chrimhilt da sennden began

695 Nach Hagene vnd Tronege vnd auch nach Ortwein
die vnd auch jr mage Chrimhilde wolten sein
die gewan darumb Hagene ein zornikliches leben
Er sprach Ia mag vnns Gunther zu der welde nyemand geben

696 Under Ewr gesynnde das lat euch volgen mit
wann jr doch wol bekennet der Tronegere site
wir müessen bey den künigen hie am hofe bestan
Wir süllen in lannger dienen dann wir alheer geuolgt han

697 Das liessen sy beleiben da beraiteten sy sich dan
jr edle ynngesinde Fraw Chrimhilt zuo jr gewan

Zwo vnd dreyssig mayde Vnd fünf
hundert man. Eckewart der Graue
der volgete Seyfriden von dann.
Erlaub sy alle namen baide Rit
vnd knecht. Magt vnd frawen das
was vil michel recht geschaiden.
küssende wurden sy zehant. Sy
raumbten frölichen des künig
Gunthers lanndt. Da belaiteten
sy jr mage vil verre auf den wege.
man hiess jn allenthalben jr
nacht sedel legen. was sy sein gerne
namen. all durch der künige lant.
da wurden poten balde Sigmundn
von dan gesanndt. Daz Er das wis
sen solte. vnd auch Sigelint. daz sein
sun kumen wolte. vnd auch fraw
Vten kint. Chrimhilt die vil schöne
von Wurmbs vber Rein. da kundn
jn die märe nymmer lieber gesein.
So wol mich sprach da Sigmund
daz ich gelebet han. daz Chrimhilt
die vil schöne sol hie gekrönet gan.
des muessen wol geteuwrt sein die
Erbe mein. mein Sun der edel Sey
frid sol hie selb künig sein. Da
gab die fraw Sigelint vil manigen
Samat rock Silber vnd golt das
schwere das was jr poten prot sy
freute sich der märe die sy do vernā
sich claidet jr Yngesinde mit vleis
wol als jn gezam. Man sagt
wer da käme mit jm in das lant.
da hiessen sy gesydele richten so ze
hant. darzu er gekrönet vor freun
de solten gan. da riten im entgegn
des künig Sigmundes man. Ist
yemand bas emphangen das ist
mir vnbekant. dann die helde mere

fol. CVvc ll. 1–35

Zwo und ꝺreyſſig mayͤde / Vnd Fünf=
hundert man · Eckewart der Gꝛaue
der ʋolgete Seyfꝛiden ʋoŋ ꝺann /
Urlaub ſy alle nameŋ / baide Ritᵓ
vnd knecht / Magt vnd Fraweŋ / daσ
waɞ ʋil michel recht geſchaiden /
küſſende wurden ſy zehant / Sÿ
raumbteŋ fröliheŋ deɞ künig
Güntherɞ lanndt / Da belaitetŋ̃
ſy jr mage vil verre auf deŋ wege /
man hieſσ jn allenthalbeŋ Ir
nacht ſedel legeŋ / waɞ ſy ſein geꝛne
nameŋ / all durch der kunige lant /
da wurden poten balde Sigmündŋ̃
voŋ dan geſanndt / Daʒ Er daɞ wiſ=
ſen ſolte / vnd auch Sigelint · ꝺaʒ ſeiŋ
Sün kumen wolte / ʋnd auch fraw
Vͦteŋ kint / Chrimhilt die vil ſchöne
voŋ Wurmbσ v̈ber Rein / da kundŋ̃
jn die märe nÿmmer lieber geſeiŋ /
So wol mich ſprach da Sigmünꝺ
daʒ Ich gelebet han / daʒ Chrimhilt
die vil ſchöne ſol hie gekrönet gan ·
deɞ müeſſeŋ wol getewꝛt ſein die
Erbe mein / mein Sün der edel Seÿ=
frid ſol hie ſelb künig ſein / Da
gab die Fraw Sigelint vil manigŋ̃
Samat rock Silber vnd golt daɞ
ſchwere / daɞ waɞ Ir poten prot ſÿ
freüte ſich der märe / die ſy do vernā
ſich claidet jr Yngeſinde mit vleiσ
wol alɞ jn getʒam · Maŋ ſagt
wer da käme mit jm in daɞ lant ·
da hieſſeŋ ſy geſydele richteŋ ſo ze
hant · dartʒu er gekrönet voꝛ Freün=

Zwo und dreyssig mayde Vnd Fünfhundert man
Eckewart der Graue der volgete Seyfriden von dann

698 Urlaub sy alle namen baide Ritter vnd knecht
Magt vnd Frawen das was vil michel recht
geschaiden küssende wurden sy zehant
Sy raumbten frölichen des künig Gunthers lanndt

699 Da belaiteten sy jr mage vil verre auf den wege
man hiess jn allenthalben Ir nacht sedel legen
was sy sein gerne namen all durch der kunige lant
da wurden poten balde Sigmunden von dan gesanndt

700 Daz Er das wissen solte vnd auch Sigelint
daz sein Sun kumen wolte vnd auch fraw Voten kint
Chrimhilt die vil schöne von Wurmbs v̈ber Rein
da kunden jn die märe nymmer lieber gesein

701 So wol mich sprach da Sigmund daz Ich gelebet han
daz Chrimhilt die vil schöne sol hie gekrönet gan
des müessen wol getewrt sein die Erbe mein
mein Sun der edel Seyfrid sol hie selb künig sein

702 Da gab die Fraw Sigelint vil manigen Samat rock
Silber vnd golt das schwere das was Ir poten prot
sy freute sich der märe die sy do vernam
sich claidet jr Yngesinde mit vleis wol als jn getzam

703 Man sagt wer da käme mit jm in das lant
da hiessen sy gesydele richten so ze hant
dartzu er gekrönet vor Freunde solten gan

wer da kame mit [illegible] da hiessen sy gesydele richten so ze hant· dar zu er gekrönet vor freunde solten gan· Da riten in entgegn des künig Sigmundes man· Ist yemand bas emphangen das ist mir unbekant· dann die helde mere in Sigmundes lant· Sigelint die schöne Chreimhilden entgegen rait· mit maniger schönen frawen· Jr volgeten Ritter gemait· In ainer tagewayde da man die geste sach· die kunden und die frömbden die liten ungemach· unz daz sy kamen zu ainer Burge weyt· die was gehayssen Santen do sy kronen trugen seyt· Mit lachendem munde Sygelint und Sigemund kussten Chrimhilde durch liebe manige stund· und Seyfriden jr was jr laid benomen alles jr gesynnde das was jr gros willekomen· Man pat die geste bringen für Sigmundes sal· die schönen Junckfrawen die hub man da ze tal nyder von den Moren da was vil manig man· da man den schönen frawen mit vleisse dienen began Wie gros jr hochzeiten bey Reine was bekant· noch gab man hie den helden vil pesser gewant· dann sy ye getrugen noch bey allen jren tagen· man mocht michel wunder von jr reichait sagen· Da sy in jren hohen eren sazzen und hetten genug· was golt varber geren jr yngesinde trug· Perlein und edel gestain verwieret

fol. CVvc ll. 36–69

de ſolteŋ gan · da riteŋ im entgegŋ̄ /
des kűnig Sigmundes maŋ / Iſt
yemand bas emphangeŋ / das iſt
mir vnbekant / dann die helde mēꝛe
in Sigmundes lant · Sigelint die
ſchőne Khrimhilden entgegen rait ·
mit maniger ſchőnen fraw̃eŋ ·
jr volgeten Ritter gemait / In
ainer tage wayde da man die geſte
ſach / die kundeŋ vnd die frőmbdeŋ
die liten vngemach / vntʒ daʒ ſy ka=
meŋ zu ainer Burge weyt / die was
gehayſſeŋ Santeŋ do ſy kroneŋ
trůgen ſeyt / Mit lachendem mŭnꝺe
Sygelint vnd Sigemŭnd küſſteŋ
Chrimhilde durch liebe manige
ſtŭnd / vnd Seyfꝛideŋ jn was jr
laid benomeŋ / alles Ir geſÿnnde
das was jn gros willekomeŋ / Maŋ
pat die geſte bringeŋ fűr Sigmun=
des ſal / die ſchőneŋ junckfraw̃eŋ
die hůb maŋ da ze tal / nyder von
den Moꝛeŋ da was vil manig maŋ ·
da man den ſchőneŋ Fraw̃eŋ mit
vleiſſe dienen began · Wie gros
jr hochʒeiteŋ bey Reine was bekant /
noch gab man hie deŋ Heldeŋ vil
peſſer gewant · danŋ ſy ÿe getrůgŋ̄
noch bey alleŋ jreŋ tagen / man
mocht michel wŭnder voŋ Ir reichait
ſageŋ / Da Sy in jren hoheŋ ereŋ
ſaʒʒeŋ / vnd hetteŋ genůg · was golt
varber gereŋ jr yngeſinde trůg ·
Perlein vnd edel geſtain verwieꝛet

dartzu er gekrönet vor Freunde solten gan
da riten im entgegen des künig Sigmundes man

704 Ist yemand bas emphangen das ist mir vnbekant
dann die helde mere in Sigmundes lant
Sigelint die schöne Khrimhilden entgegen rait
mit maniger schönen frawen jr volgeten Ritter gemait

705 In ainer tage wayde da man die geste sach
die kunden vnd die frömbden die liten vngemach
vntz daz sy kamen zu ainer Burge weyt
die was gehayssen Santen do sy kronen truogen seyt

706 Mit lachendem munde Sygelint vnd Sigemund
küssten Chrimhilde durch liebe manige stund
vnd Seyfriden jn was jr laid benomen
alles Ir gesynnde das was jn gros willekomen

707 Man pat die geste bringen für Sigmundes sal
die schönen junckfrawen die huob man da ze tal
nyder von den Moren da was vil manig man
da man den schönen Frawen mit vleisse dienen began

708 Wie gros jr hochzeiten bey Reine was bekant
noch gab man hie den Helden vil pesser gewant
dann sy ye getruogen noch bey allen jren tagen
man mocht michel wunder von Ir reichait sagen

709 Da Sy in jren hohen eren sazzen vnd hetten genuog
was golt varber geren jr yngesinde truog
Perlein vnd edel gestain verwieret wol darynn

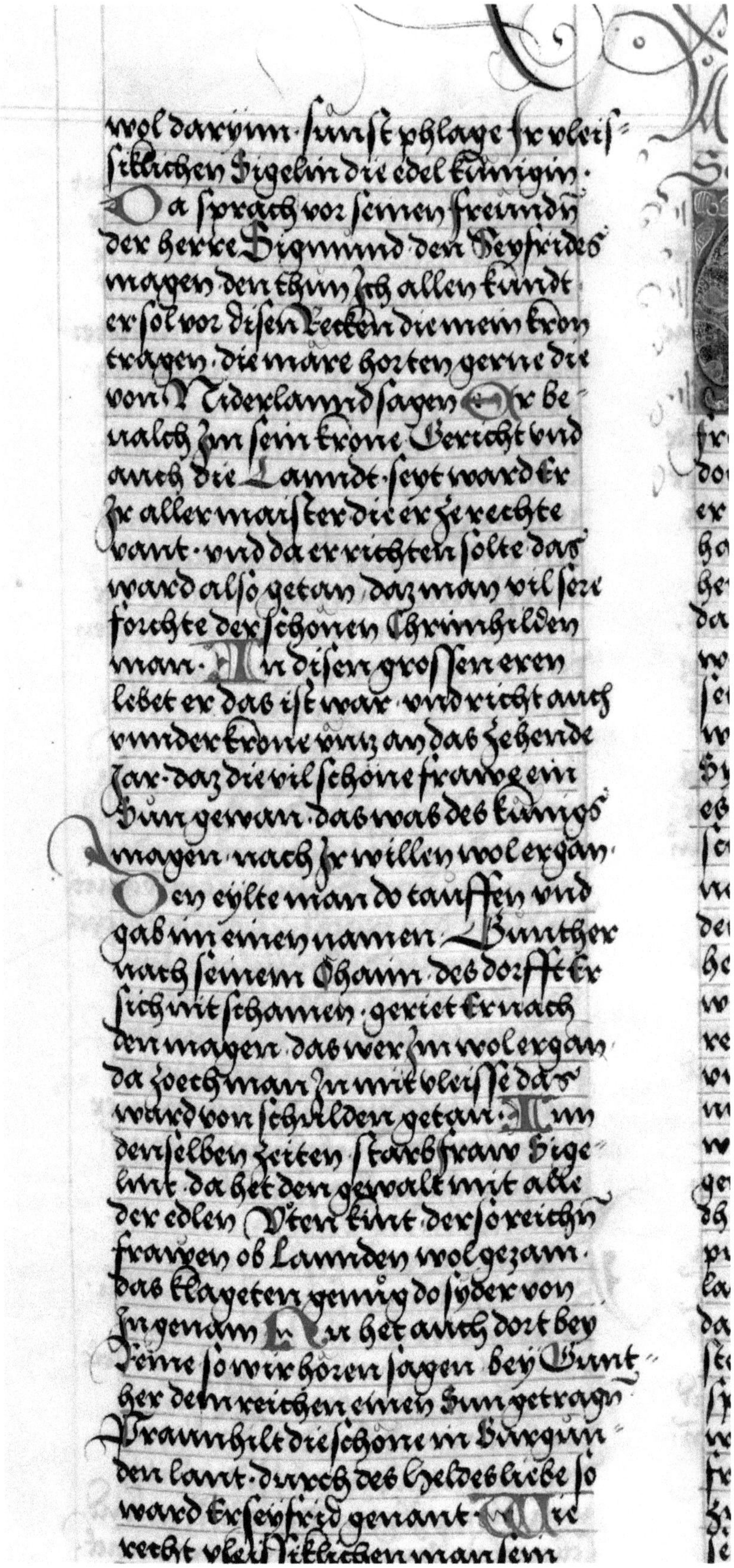

fol. CVIra ll. 1–34

wol darÿnn · ſŭnſt phlage jr vleiſ= ſiklicheŋ Sigelin die edel kŭnigiŋ · Da ſpꝛach voꝛ ſeineŋ Freŭndŋ̄ der herre Sigmŭnd / den Seyfrideσ mageŋ / den thŭŋ jch alleŋ kundt / er ſol voꝛ ꝺiſen Recken die meiŋ kroŋ trageŋ / die märe hoꝛteŋ gerne die von Niderlannd ſageŋ Er be= ualch jm ſein krone / Gericht ʋnd auch die Lanndt · ſeyt ward Er jr aller maiſter / die er ze rechte vant · vnd da er richten ſolte / daσ ward alſo getaŋ / daʒ maŋ vil ſeꝛe foꝛchte der ſchŏneŋ Chrimhilꝺeŋ man · In diſen groſſen ereŋ lebet er daɞ iſt war / vnd richt auch vnnder krone v̈nʒ aŋ daɞ ze hende Jar · daʒ die vil ſchöne frawe ein Sŭn gewan / daɞ waɞ deɞ kŭnigσ magen / nach jr willeŋ wol ergaŋ / Deŋ eÿlte man do taŭffeŋ vnd gab im eineŋ namen / Gŭnther nach ſeinem Őhaim / deɞ doꝛfft Er ſich nit ſchameŋ / geriet Er nach den magen / daɞ wer jm wol ergaŋ / da zoech man jn mit ʋleiſſe daσ ward von ſchulden getan · Inŋ denſelbeŋ zeiteŋ / ſtarb Fraw Sige= lint / da het den gewalt mit alle der edleŋ V̊ten kint / der ſo reichŋ̄ fraw̆eŋ ob Lannden wol geʒam / daɞ klageten genŭg do ſÿ der voŋ jn genam / Nu het auch doꝛt beÿ Reine / ſo wir hőꝛen ſagen / beÿ Gunt=

Perlein vnd edel gestain   verwieret wol darynn
sünst phlage jr vleissiklichen   Sigelin die edel künigin

710 Da sprach vor seinen Freunden   der herre Sigmund
den Seyfrides magen   den thun jch allen kundt
er sol vor disen Recken   die mein kron tragen
die märe horten gerne   die von Niderlannd sagen

711 Er beualch jm sein krone   Gericht vnd auch die Lanndt
seyt ward Er jr aller maister   die er ze rechte vant
vnd da er richten solte   das ward also getan
daz man vil sere forchte   der schönen Chrimhilden man

712 In disen grossen eren   lebet er das ist war
vnd richt auch vnnder krone   ÿntz an das ze hende Jar
daz die vil schöne frawe   ein Sun gewan
das was des künigs magen   nach jr willen wol ergan

713 Den eylte man do tauffen   vnd gab im einen namen
Gunther nach seinem Öhaim   des dorfft Er sich nit schamen
geriet Er nach den magen   das wer jm wol ergan
da zoech man jn mit vleisse   das ward von schulden getan

714 Inn denselben zeiten   starb Fraw Sigelint
da het den gewalt mit alle   der edlen Voten kint
der so reichen frawen   ob Lannden wol gezam
das klageten genuog   do sy der von jn genam

715 Nu het auch dort bey Reine   so wir hören sagen
bey Gunther dem reichen   einen Sun getragen

fol. CVIra ll. 35–67

her dem reichen eineŋ Sun getragŋ̄ / Praunhilt die ſchőne in Burgűn= den lant · durch des Heldes liebe ſo ward Er ſeÿfrid genant · Wie recht vleiſſiklichen man ſein hűeten hieſs / Gunther der edel im Maytʒogen lieſs / die es wol kun= den ziehen / zu ainem piderben man / Heÿ was jm vngelűcke ſeit der Freűnde an gewaŋ / Mare ze allenʒeiten der ward vil geſait · wie recht lobelichen die recken vil gemait / lebten ſtűndeŋ in Sigmun= des lant · alſo tet auch Gűnther mit ſeineŋ magen aus erkant · Das Lant ze Nibelűngen Seyfriden diente hie · reicher ſeiner mage ward noch dhainer nie / vnd Schilbunges Recken / vnd jr baider gűt · des trűg der ϐil kűene deſter hőherŋ műt / Hoꝛt den aller maiſten deŋ ye Helt gewan / oŋ die / ee phlageŋ / hette nu der kűene man den er voꝛ ainem perge mit ſeiner hennde erſtrait / darumb er ſlűg ze tod vil manigen Ritter gemait / Er het wunſch der ereŋ / vnd wëre des nit geſcheħen / ſo műo man von ſchulden dem edlen Recken iehen / daʒ er wer ainer deꝛ peſte / der ye auf Roſs geſaſs / maŋ Foꝛſt ſeine ſterche / vnd tet ϐil billichen das ·

bey Gunther dem reichen einen Sun getragen
Praunhilt die schöne in Burgunden lant
durch des Heldes liebe so ward Er seyfrid genant

716 Wie recht vleissiklichen man sein hüeten hiess
Gunther der edel im Maytzogen liess
die es wol kunden ziehen zu ainem piderben man
Hey was jm vngelücke seit der Freunde an gewan

717 Mare ze allenzeiten der ward vil gesait
wie recht lobelichen die recken vil gemait
lebten stunden in Sigmundes lant
also tet auch Gunther mit seinen magen aus erkant

718 Das Lant ze Nibelungen Seyfriden diente hie
reicher seiner mage ward noch dhainer nie
vnd Schilbunges Recken vnd jr baider guot
des truog der vil küene dester höhern muot

719 Hort den aller maisten den ye Helt gewan
on die ee phlagen hette nu der küene man
den er vor ainem perge mit seiner hennde erstrait
darumb er sluog ze tod vil manigen Ritter gemait

720 Er het wunsch der eren vnd were des nit geschehen
so muos man von schulden dem edlen Recken iehen
daz er wer ainer der peste der ye auf Ross gesass
man Forst seine sterche vnd tet vil billichen das

fol. CVIrb ll. 1–32

Abentheür · Wie Günther Seyfꝛiden ze Hochʒeit pat

12 Abentheur Wie Gunther Seyfriden ze Hochzeit pat

Mu gedacht auch alleʒeit Gunt=hers weib / wie tregt Er alſo hoch Fraw Chrimhilt deŋ leib / nu iſt doch vnnſer aigeŋ Seyfꝛid jr maŋ · er vnns nu vil lannge lüʒel dienſt hat getan / Das trug ſy in jreŋ hertʒen / vnd ward auch wol ver=dait · daʒ ſy jr frömbde wareŋ das was jr hart laid · daʒ maŋ Ir ſo ſelteŋ diente voŋ Seyfꝛides landt / wauoŋ das komeŋ wëre das het Sy gerne bekant / Sy verſůcht es aŋ dem künige ob des möcht ge=ſcheheŋ / daʒ ſy Chrimhilt ſolte noch geſehen / ſy rait es haimlich des ſy da hette můt / da dauchte den herreŋ mäſlicheŋ gůt Wie möcht wir ſy bꝛingeŋ ſpꝛach der künig reich / heer zu diſem Lannde daʒ vnmüglich ſy ſiʒeŋ vnns ze verꝛe / nu tar ſys nicht gebieteŋ / des ant=wurt jm Praünhilt / in einem liſti=gen ſiten · Wie hoch reich wëre dhaines küniges man / was im ge=pute ſein herre / das ſolt er doch nicht lan / des erſchmielt Günther do ſÿ das geſpꝛach / er ſpꝛach es nicht ze dien=ſte wie dick er Seÿfꝛiden ſach · Sÿ

721 Mu gedacht auch alletzeit Gunthers weib
wie tregt Er also hoch Fraw Chrimhilt den leib
nu ist doch vnnser aigen Seyfrid jr man
er vnns nu vil lannge lützel dienst hat getan

722 Das trug sy in jrem hertzen vnd ward auch wol verdait
daz sy jr frömbde waren das was jr hart laid
daz man Ir so selten diente von Seyfrides landt
wauon das komen were das het Sy gerne bekant

723 Sy versuocht es an dem künige ob des möcht geschehen
daz sy Chrimhilt solte noch gesehen
sy rait es haimlich des sy da hette muot
da dauchte den herren mäslichen guot

724 Wie möcht wir sy bringen sprach der künig reich
heer zu disem Lannde daz vnmüglich
sy sizen vnns ze verre nu tar sys nicht gebieten
des antwurt jm Praunhilt in einem listigen siten

725 Wie hoch reich were dhaines küniges man
was im gepute sein herre das solt er doch nicht lan
des erschmielt Gunther do sy das gesprach
er sprach es nicht ze dienste wie dick er Seyfriden sach

726 Sy sprach vil lieber herre durch den willen mein

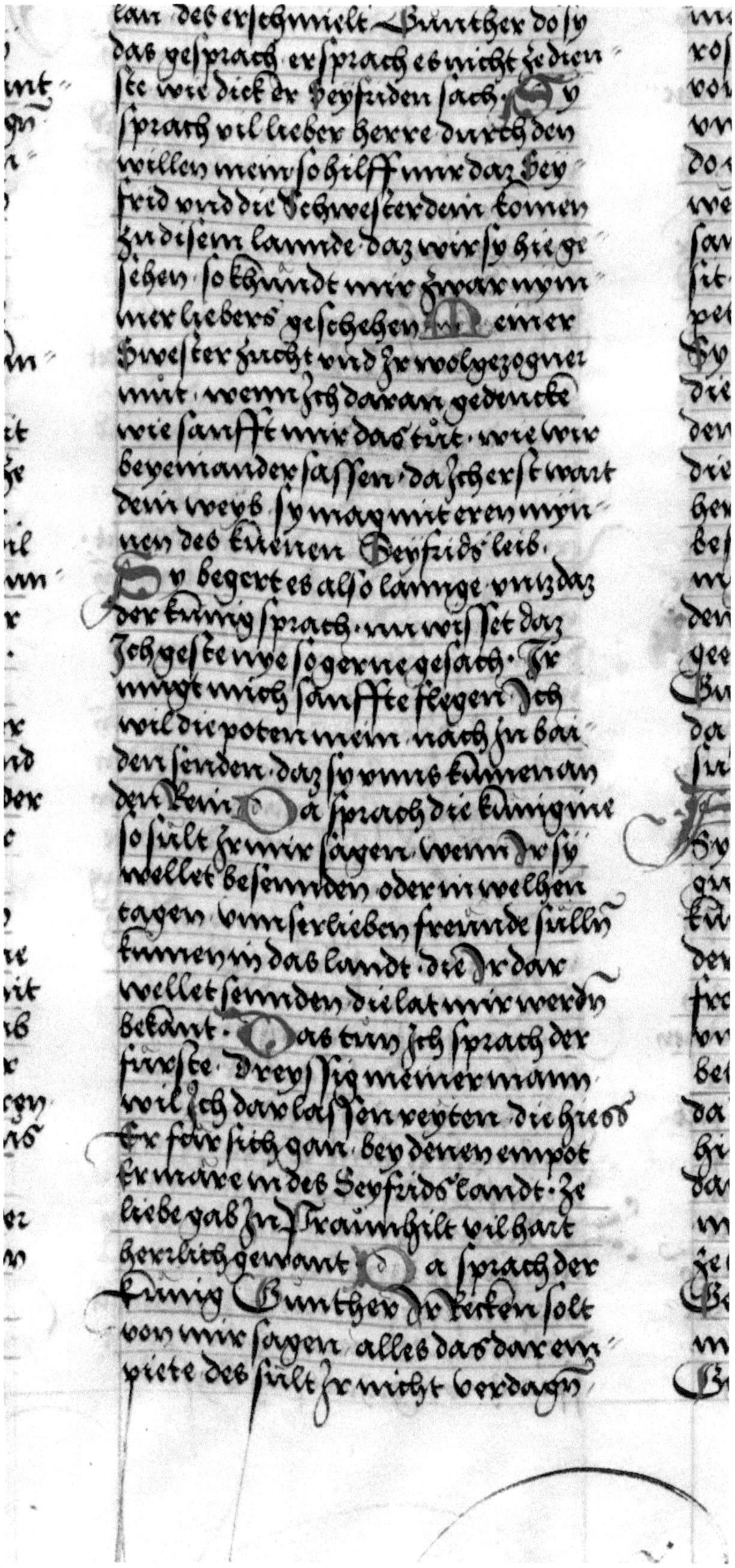

fol. CVIrb ll. 33–66

ſpꝛach vil lieber herre / durch deŋ willeŋ mein / ſo hilff mir daʒ Seÿ=frid vnd die Schweſter dein komeŋ zu diſem lannde / daʒ wir ſy hie ge=ſeheŋ / ſo khündt mir zwar nÿm=mer lieberσ geſcheheŋ / Meiner Sweſter zucht vnd jr wolgeʒogneꝛ můt / wenn jch daran gedencke wie ſanfft mir daσ tůt / wie wir beyeinander ſaſſen / da jch erſt waꝛt den weÿb / ſy mag mit ereŋ mÿn=neŋ deß kuenen Seÿfꝛiðσ leib / Sy begert eß alſo lannge / vntʒ daʒ der kunig ſpꝛach · nu wiſſet ðaʒ Jch geſte nye ſo gerne geſach · Jr mugt mich ſanffte flegen / Ich wil die poten mein / nach jn bai=den ſenden / daʒ ſy vnnß kumen aŋ den Rein / Da ſpꝛach die künigine ſo ſült jr mir ſagen / wenn Ir ſÿ wellet beſenndeŋ / oder in welhen tageŋ / ʋnnſer liebeŋ freünde ſüllŋ̄ kumeŋ iŋ daß landt / die Ir dar wellet ſenndeŋ / die lat mir werdŋ̄ bekant · Daß tůŋ jch ſpꝛach der fürſte / Dreyſſig meiner manŋ / wil jch dar laſſen reÿten / die hieσσ Er für ſich gan / bey deneŋ empot Er mǟre in deß Seyfꝛidσ landt · ze liebe gab jn Praünhilt vil haꝛt herꝛlich gewant · Da ſpꝛach der künig Günther Ir Recken ſolt voŋ mir ſagen / alleß daσ dar em=piete / deß ſült jr nicht ʋerdagŋ̄ /

726 Sy sprach vil lieber herre   durch den willen mein
so hilff mir daz Seyfrid   vnd die Schwester dein
komen zu disem lannde   daz wir sy hie gesehen
so khündt mir zwar   nymmer liebers geschehen

727 Meiner Swester zucht   vnd jr wolgezogner muot
wenn jch daran gedencke   wie sanfft mir das tuot
wie wir beyeinander sassen   da jch erst wart den weyb
sy mag mit eren mynnen   des kuenen Seyfrids leib

728 Sy begert es also lannge   vntz daz der kunig sprach
nu wisset daz Jch geste   nye so gerne gesach
Jr mugt mich sanffte flegen   Ich wil die poten mein
nach jn baiden senden   daz sy vnns kumen an den Rein

729 Da sprach die künigine   so sült jr mir sagen
wenn Ir sy wellet besennden   oder in welhen tagen
vnnser lieben freunde   süllen kumen in das landt
die Ir dar wellet sennden   die lat mir werden bekant

730 Das tuon jch sprach der fürste   Dreyssig meiner mann
wil jch dar lassen reyten   die hiess Er für sich gan
bey denen empot Er märe   in des Seyfrids landt
ze liebe gab jn Praunhilt   vil hart herrlich gewant

731 Da sprach der künig Gunther   Ir Recken solt von mir sagen
alles das dar empiete   des sült jr nicht verdagen

fol. CVIrc ll. 1–34

dem ſtarchen Seyfrideŋ vnd
auch der Schweſter mein / daʒ jn
darff zu werden nÿemand holdꝰ
geſein / Und pietet daʒ ſy baide zu
vnns kumeŋ an den Rein / das welle
jch / vnd mein fraw / ymmer dienende
ſein / Voꝛ diſen Sunnwenden ſol Er
vnd ſein man / ſehen hie vil manigẽ /
der Im vil groſſer eren gan Deŋ
kűnig Sigemund ſaget den dienſt
mein / daʒ jch vnd mein freűnde /
im ymmer wege ſein / vnd ſaget
auch meiner Schweſter / daʒ ſÿ nit
laſſe / daʒ ſy reite zů jren freűnden /
Jr zam nye hochʒeite bas / Pꝛaün=
hilt vnd V̊te vnd was maŋ da
fraweŋ vant · die empűten alle
jr dienſte in Seÿfꝛides landt / den
mÿnniklichen fraweŋ · vnd mani=
gen kűenem maŋ / mit kuniges
freűndes rate · die poten hůbeŋ ſich
dan · Sy fűrteŋ raÿſlicheŋ Jre
phärdt · vnd gewant · da ſy komeŋ
alle da raumbten ſy das landt /
jn zogete wol jr geuerte / dahin ſÿ
da wolten varŋ / der kunig hiess
mit gelait die poten vleiſſiklich
bewaren / Sy kameŋ in dꝛeyeŋ
wocheŋ geriteŋ in das landt · ze
Nibelunges purge dar warŋ ſÿ
geſant · ze Hoꝛnwege in dem
marche funden ſy den degen / die
ross die poten wareŋ vil műede
voŋ den langen wegen Seyfꝛid

dem starchen Seyfriden vnd auch der Schwester mein
daz jn darff zu werden nyemand holder gesein

732 Und pietet daz sy baide zu vnns kumen an den Rein
das welle jch vnd mein fraw ymmer dienende sein
Vor disen Sunnwenden sol Er vnd sein man
sehen hie vil manigen der Im vil grosser eren gan

733 Dem künig Sigemund saget den dienst mein
daz jch vnd mein freunde im ymmer wege sein
vnd saget auch meiner Schwester daz sy nit lasse
daz sy reite zuo jren freunden Jr zam nye hochzeite bas

734 Praünhilt vnd Vote vnd was man da frawen vant
die emputen alle jr dienste in Seyfrides landt
den mynniklichen frawen vnd manigen küenem man
mit kuniges freundes rate die poten huoben sich dan

735 Sy fuorten rayslichen Jre phärdt vnd gewant
da sy komen alle da raumbten sy das landt
jn zogete wol jr geuerte dahin sy da wolten varn
der kunig hiess mit gelait die poten vleissiklich bewaren

736 Sy kamen in dreyen wochen geriten in das landt
ze Nibelunges purge dar warn sy gesant
ze Hornwege in dem marche funden sy den degen
die ross die poten waren vil müede von den langen wegen

737 Seyfrid vnd Chrimhildten ward bayden do gesait

marche funden sy den degen die
ross die poten waren vil müede
von den langen wegen Seyfrid
vnd Chrimhilden ward bayden
do gesait daz ritter dar komen
weren die trugen soliche claid
sam man ze Burgunden do der
sit phlag. Sy sprang von ainem
pete daran sy rüende lag. Da pat
Sy zu einem venster ein magt gan
die sach den küenen Geren an
dem hof stan. Jn vnd die gesellen
die waren dar gesant. gegen jr
hertzen laide wie liebe märe sy
befant. Sy sprach zu dem kü
nige nu secht wo sy steend die mit
dem starchen geren auf dem hofe
geent. die vns mein Brueder
Gunther sendet nider den Rein.
Da sprach der starch Seyfrid die
sullen vns willekomen sein.
Alles das gesinde lieff da man
Sy sach. Jr yezlich besonnder vil
guettlichen sprach. das peste daz sy
kunden zu den poten do Sigemund
der herre der was jr kunfft hart
fro. Da ward Geher bergt Gere
vnd sein man. die ross man hiess
behalten die poten giengen dan.
da der herre Seyfrid bey Chrim
hilden sass. Jn was ze hofe erlaubet.
dauon tetten sy das. Der wirt
mit seinem weybe stund auf so
ze handt. wol ward emphangen
Gere zu Burgunden Landt.
mit seinen heergesellen die
Gunthers man. Geren den

fol. CVIrc ll. 35–68

vnd Chrimhildteŋ ward baÿdŋ̄ do geſait · daʒ Ritter dar komeŋ werŋ / die trůgen ſoliche claid · ſam man ze Burgundeŋ do der ſit phlag · Sy ſprang von ainem pete daran ſy růende lag Da pat Sy zu einem venſter ein maget gaŋ / die ſach den küenen Geren / an dem hof ſtan · jn vnd die geſelleŋ / die waren dar geſant · gegen Ir hertʒen laide · wie liebe mằre ſÿ befant · Sy ſprach zu dem kű= nige nu ſecht wo ſy ſteenꝺ / die mit dem ſtarchen geren auf dem hofe geent · die vnnɞ mein Bꝛueder Gunther ſendet · nider den Rein · da ſpꝛach der ſtaꝛch Seÿfꝛid die ſulleŋ vnnɞ willekomen ſein · Alleɞ daɞ geſinde lieff da maŋ Sy ſach · Ir yetʒlich beſonnder ʋil guettlichen ſprach · daɞ peſte daʒ ſÿ kündeŋ zu den poten do / Sigemunꝺ der herre der waɞ jr kunfft haꝛt fro · Da ward beherbergt Geꝛe vnd ſein man · die roſσ man hieſσ behalten die poten giengen daŋ / da der Herre Seyfꝛid beÿ Chrim= hilꝺen ſaſσ · jn waɞ ze hofe erlaubet · dauoŋ tetteŋ ſy daɞ Der wiert mit ſeinem weybe ſtůnd auf ſo ze handt · wol ward emphangen Gere zu Burgŭnden Lanndt · mit ſeinen Heergeſelleŋ / die Gunthereɞ man / Gereŋ deŋ

737 Seyfrid vnd Chrimhildten ward bayden do gesait
daz Ritter dar komen wern die truogen soliche claid
sam man ze Burgunden do der sit phlag
Sy sprang von ainem pete daran sy ruoende lag

738 Da pat Sy zu einem venster ein maget gan
die sach den küenen Geren an dem hof stan
jn vnd die gesellen die waren dar gesant
gegen Ir hertzen laide wie liebe märe sy befant

739 Sy sprach zu dem künige nu secht wo sy steend
die mit dem starchen geren auf dem hofe geent
die vnns mein Brueder Gunther sendet nider den Rein
da sprach der starch Seyfrid die sullen vnns willekomen sein

740 Alles das gesinde lieff da man Sy sach
Ir yetzlich besonnder vil guettlichen sprach
das peste daz sy kunden zu den poten do
Sigemund der herre der was jr kunfft hart fro

741 Da ward beherbergt Gere vnd sein man
die ross man hiess behalten die poten giengen dan
da der Herre Seyfrid bey Chrimhilden sass
jn was ze hofe erlaubet dauon tetten sy das

742 Der wiert mit seinem weybe stuond auf so ze handt
wol ward emphangen Gere zu Burgunden Lanndt
mit seinen Heergesellen die Guntheres man
Geren den vil reichen Pat man an den sidel gan

vil reithen Dat man an den sidel
gan Erlaubt vnns die potsch
afft e e daz wir sitzen geen vnns
wegmüede geste lat vnns die weil
steen Wir sullen euch sagen mä
re was euch empoten hat Gunt
her vnd Praunhilt der ding vil
hochlichen stat Vnd auch was
fraw Vte ewr müter heer empot
Giselher der junge vnd auch her
Gernot vnd ewr pesten mage die
haben vnns heer gesant die empieten
euch jr dienst aus Gunthers lant
Nun lon jn got sprach Seyfrid
Ich getraw jn hart wol treuen
vnd gütes als man freunden sol
also tut auch jr Swester Jr solt
vnns mer sagen ob vnnser lieben
freunnde dahaime icht hohes mütes
tragen Seyt daz wier von dann
schieden hat man jn icht getan
den meinen kuenen magen daz
solt jr mich wissen lan das wil
ich jn ymmer mit treuen helfen
tragen vntz daz jr veinde meinen
dienst müessen clagen Da sprach
der Marggraf Gere ein recke vil güt
sy sein in allen tugenden so recht hoch
gemüt sy ladent euch ze Rein zu
einer hochzeit sy sähen euch vil gerne
daz jr des on zweiuel seyt Vnd pit
tend mein frawen sy sol da mit ew
komen Wann daz der winter ein
ennde hab genomen vor disen summe
wennden so wolten sy euch sehen da
sprach der Seyfrid das kund müelich
geschehen Da sprach aber Gere
von Burgunden lant Ewr müter
Vte hat euch gemant Gerno vnnd
Giselher Jr solt Ins nit versagen das

fol. CVIva ll. 1–34

vil reicheŋ / Pat maŋ aŋ deŋ ſidel
gaŋ Erlaubt vnnɞ die potſch=
afft Ee daʒ ſitʒen geeŋ / vnnσ
wegmüede geſte / lat ʋnnσ die weil
ſteeŋ / Wir ſülleŋ euch ſageŋ mä=
re / waɞ euch empoteŋ hat Gunt=
her / vnd Praŭnhilt / der ding vil
hochlichen ſtat Und auch waɞ
Fraw V̊te ewꝛ mů̊ter heer empot /
Giſelher der jŭnge / vnd auch herˀ
Gernot / vnd Ewꝛ peſten mage / die
habeŋ vnnɞ heer geſant · die empietŋ̄
euch jr dienſt auɞ Guntherɞ lant /
Nun loŋ jn got ſprach Seÿfꝛid /
Jch getraw jn hart wol treẅeŋ
vnd gůteɞ / alɞ man Freünꝺen ſol /
alſo tůt auch jr Sweſter / Ir ſolt
vnnɞ mer ſageŋ / ob vnnſer liebeŋ
Freünde dahaime icht koheɞ můteσ /
trageŋ Seyt daʒ wir voŋ dannŋ
ſchiedeŋ / hat man jn icht getan
deŋ meineŋ kueneŋ mageŋ / daʒ
ſolt jr mich wiſſeŋ lan · daɞ wil
ich jn ymmer mit treẅen helfŋ̄
tragen / v̈ntʒ daʒ Ir veinde meineŋ
dienſt müeſſeŋ clageŋ Da ſpꝛach
der Marggraf Gere / ein Recke vil gůt /
ſy ſein in alleŋ tůgendeŋ ſo recht hoch=
gemůt / ſy ladent euch ze Rein / zu
einer hochʒeit / ſy ſäheŋ euch ʋil geꝛne
daʒ jr deɞ oŋ zweiuel ſeÿt Und pit=
tend mein fraẅeŋ / ſy ſol da mit ew
komeŋ / Wann daʒ der winter ein
ennde hab genomeŋ / voꝛ diſen Sunne=

Geren den vil reichen Pat man an den sidel gan

743 Erlaubt vnns die potschafft Ee daz sitzen geen
vnns wegmüede geste lat vnns die weil steen
Wir süllen euch sagen märe was euch empoten hat
Gunther vnd Praunhilt der ding vil hochlichen stat

744 Und auch was Fraw Vote ewr muoter heer empot
Giselher der junge vnd auch herr Gernot
vnd Ewr pesten mage die haben vnns heer gesant
die empieten euch jr dienst aus Gunthers lant

745 Nun lon jn got sprach Seyfrid Jch getraw jn hart wol
trewen vnd guotes als man Freunden sol
also tuot auch jr Swester Ir solt vnns mer sagen
ob vnnser lieben Freunde dahaime icht hohes muotes tragen

746 Seyt daz wir von dann schieden hat man jn icht getan
den meinen kuenen magen daz solt jr mich wissen lan
das wil ich jn ymmer mit trewen helfen tragen
v̈ntz daz Ir veinde meinen dienst müessen clagen

747 Da sprach der Marggraf Gere ein Recke vil guot
sy sein in allen tuogenden so recht hochgemuot
sy ladent euch ze Rein zu einer hochzeit
sy sähen euch vil gerne daz jr des on zweiuel seyt

748 Und pittend mein frawen sy sol da mit ew komen
Wann daz der winter ein ennde hab genomen
vor disen Sunnewennden so wolten sy euch sehen

fol. CVIva ll. 35–68

wenndeŋ / ſo wolteŋ ſy euch ſeheŋ / da ſpꝛach der Seyfꝛid / daɞ kund müelich geſcheheŋ · Da ſprach aber Gere voŋ Burgunden lant / Ewꝛ müter V̊te hat euch gemant / Gerno / ʋnnꝺ Giſelher jr ſolt jnɞ nit verſageŋ / daʒ jr In ſeyt ſo verre / daɞ hőꝛ ich tägelich clagen · Praunhilt mein frawe vnd alle jr magedin / die freẅeteŋ ſich der mëre / vnd ob daɞ möcht ſin · daʒ ſy euch noch geſëheŋ / daɞ gëb jn hoheŋ müt / da dauchteŋ diſe märe / der ſchöneŋ Chrimhildeŋ güt Gere waɞ jr ſippe / der wiert jn ſitʒen hieſɞ den geſteen hieſɞ Er ſchennckeŋ / nicht lennger er daɞ lieſɞ · da waɞ komen Sigemünd / da Er die poteŋ ſach · der herre freundtlich zu den Burgundiern ſprach · Seyt willekomeŋ jr Guntherɞ man / ſeyt ꝺaʒ Chrimhilt ze weibe gewan Seÿfꝛid / der mein Sün / maŋ ſolt euch dicker ſehen / hie in diſem lannde / wolt jr vnnɞ freuntſcheffte ieheŋ Sy ſpracheŋ Wenn Er wolte ſy ſolteŋ geren komeŋ / Jn wardt Ir michel müede mit freüdeŋ vil benomeŋ / die poteŋ pat man ſitʒeŋ / ſpeyſe man jn trüg · der hieſɞ ꝺo Seyfrid ſeineŋ geſten geben genüg · Sy mueſten da beleibeŋ / volleŋ Neüŋ tage · deɞ hettŋ̄ endeklicheŋ die ſchnelleŋ Ritter klage · daʒ ſy nicht wider ſolten reÿteŋ / iŋ Jr lanndt · da het ꝺer künig

vor disen Sunnewennden so wolten sy euch sehen
da sprach der Seyfrid das kund müelich geschehen

749 Da sprach aber Gere von Burgunden lant
Ewr muoter Vote hat euch gemant
Gerno vnnd Giselher jr solt jns nit versagen
daz jr In seyt so verre das hör ich tägelich clagen

750 Praunhilt mein frawe vnd alle jr magedin
die freweten sich der mere vnd ob das möcht sin
daz sy euch noch gesehen das geb jn hohen muot
da dauchten dise märe der schönen Chrimhilden guot

751 Gere was jr sippe der wiert jn sitzen hiess
den gesteen hiess Er schenncken nicht lennger er das liess
da was komen Sigemund da Er die poten sach
der herre freundtlich zu den Burgundiern sprach

752 Seyt willekomen jr Guntheres man
seyt daz Chrimhilt ze weibe gewan
Seyfrid der mein Sun man solt euch dicker sehen
hie in disem lannde wolt jr vnns freuntscheffte iehen

753 Sy sprachen Wenn Er wolte sy solten geren komen
Jn wardt Ir michel müede mit freuden vil benomen
die poten pat man sitzen speyse man jn truog
der hiess do Seyfrid seinen gesten geben genuog

754 Sy muesten da beleiben vollen Neun tage
des hetten endeklichen die schnellen Ritter klage
daz sy nicht wider solten reyten in Jr lanndt
da het der künig Seyfrid nach seinen freunden gesant

Seyfrid nach seinen freunden gesant. Er fragt was sy rieten. ob
Sy solten an den Rein. es hat nach
mir gesenndet Günther der freunt
mein. Er vnd seine mage durch
ein hochzeit. nu kome ich jn vil gern.
wann daz sein lanndt ze verre leit.
Vnd pittend Chrimhilden daz sy
mit mir var. nu ratet liebe freunde
wie sol sy kumen dar. Vnd sol ich herferten durch sy in dreyssig lant. da
müsz ich jn gerne hin dienen die
Seyfrides handt. Da sprachen
seine Recken. habt jr der rayse mut.
hin zu der hochzeit wir raten waz
jr tut. Jr solt mit Tausent Recken
reiten an den Rein. so mugt jr wol
da ze Burgunden sein. Da sprach
von Niderlannden der herre Sigemund welt jr zu der hochzeit. wan
thuet jr mir das kundt. ob es euch
nicht verschmahet. so rytt ich mit
euch dar. Jch füer hundert degene
damit mere ich ewr schar. Vnd
welt jr mit vnns reiten vil lieber
Vater mein. sprach der küene Seifrid
vil fro sol ich des sein. ynner zwelf
tagen. so raumb ich meine landt.
alle die es do begerten den gab man
Ross vnd auch gewant. Da der
künig edel der rayse hette mut. da
hiess man wider reiten die snellen
poten gut. den seinen konen magen
empot er an den Rein. er wolt hart
gerne da zu jr hochzeit sein. Seyfrid
vnd Chrimhilt als wir hören sagen
so vil den poten gaben. daz es nicht
mochten tragen. Jr more hayn ze
lannde. er was ein reicher man.

fol. CVIvb ll. 1–34

Seÿͤfꝛid nach ſeineŋ freŭndeŋ ge=
ſant · Ir fragt waꜱ ſy rieteŋ / ob
Sy ſolteŋ aŋ deŋ Rein · eꜱ hat nach
mir geſenndet / Gŭnther der freūt
mein / Er vnd ſeine mage / durch
ein hochʒeit · nu kome ich jn ꝩil geꝛne /
wann daʒ ſein lanndt ze verre leit ·
Und pittend Chrimhildeŋ daʒ ſÿ
mit mir var / nu ratet liebe freŭnde
wie ſol ſy kumeŋ ꝺar · Vnd ſol jch her=
ferteŋ durch ſy in dꝛeÿſſig lant · da
můσ jch jn gerne hin dieneŋ / die
Seyfꝛideꜱ handt · Da ſprachen
ſeine Recken / habt jr der Raÿͤſe můt ·
hin zu der Hochʒeit wir rateŋ waʒ
jr tůt / Ir ſolt mit Tauſent Reckhen
reiteŋ aŋ den Rein / ſo mŭgt jr wol
da ze Burgunden ſein · Da ſpꝛach
von Niderlanndeŋ der Herre Sige=
mŭnd / welt jr zu der Hochʒeit / waŋ̄
thŭet jr mir daꜱ kundt / ob eꜱ euch
nicht verſchmahet / ſo rÿtt jch mit
euch dar / Ich fŭer Hundert Degene
damit mere ich ewr ſchar Und
welt jr mit vnnꜱ reiten vil lieber
Vater mein / ſprach der kuene Seifꝛiꝺ
vil fro ſol jch deꜱ ſein · ynner zwelf
tagen / ſo raŭmb ich meine landt ·
alle die eꜱ do begerteŋ / deŋ gab maŋ
Roſσ vnd auch gewant · Da der
kŭnig edel der rayſe herre můt · da
hieſσ man wider reiten / die ſnellŋ̄
poteŋ gůt · den ſeineŋ koneŋ magŋ̄
empot Er an den Rein / er wolt haꝛt

da het der künig Seyfrid nach seinen freunden gesant

755 Ir fragt was sy rieten ob Sy solten an den Rein
es hat nach mir gesenndet Gunther der freunt mein
Er vnd seine mage durch ein hochzeit
nu kome ich jn vil gerne wann daz sein lanndt ze verre leit

756 Und pittend Chrimhilden daz sy mit mir var
nu ratet liebe freunde wie sol sy kumen dar
Vnd sol jch herferten durch sy in dreyssig lant
da muos jch jn gerne hin dienen die Seyfrides handt

757 Da sprachen seine Recken habt jr der Rayse muot
hin zu der Hochzeit wir raten waz jr tuot
Ir solt mit Tausent Reckhen reiten an den Rein
so mügt jr wol da ze Burgunden sein

758 Da sprach von Niderlannden der Herre Sigemund
welt jr zu der Hochzeit wann thuet jr mir das kundt
ob es euch nicht verschmahet so rytt jch mit euch dar
Ich füer Hundert Degene damit mere ich ewr schar

759 Und welt jr mit vnns reiten vil lieber Vater mein
sprach der kuene Seifrid vil fro sol jch des sein
ynner zwelf tagen so raumb ich meine landt
alle die es do begerten den gab man Ross vnd auch gewant

760 Da der künig edel der rayse herre muot
da hiess man wider reiten die snellen poten guot
den seinen konen magen empot Er an den Rein
er wolt hart gerne da zu jr hochzeit sein

hieß man wider reiten die snellñ
poten gůt den seinen konen magñ
enpot er an den Rein er wolt hart
gerne da zu jr hochzeit sein. Seyfrid
vnd Chrimhilt als wir hören sagñ
so wilden poten gaben, daz es nicht
mochten tragen. Jr more hayn ze
lannde er was ein reicher man.
Jr starchen sämere traib man fro
lich von dann. Jr Volck das claidet
Seyfrid vnd auch Sygemund. Ecke
wart der Graue der hieß an der stud
frawen klaider schönen die pesten
die man vant oder vindert kund
erwerben über al in des Seyfrids lant.
Die sätel zu den Schilten beraith
man began. Rittern vnd frawen
die mit jm solten von dann. den gab
man was sy wolten daz jn nicht
gebrast. da bracht er seinen freundñ
vil manigen herrlichen gast. Den
poten zogete ze sere ze lannde auf den
wegen. da kam ze Burgunden here
der degen. er ward vil wol empfang
en. da erpayßten sy ze tal. von Rossñ
vnd von Moren für den Gunthers
sal. Die thumben vnd die weysen
die giengen so man thůt fragen
vmb märe. da sprach der ritter
gůt. Wenn ich sy sage dem kunige
da höret sy ze hant. Er gieng mit
den gesellen da er Gunthern vant.
Der künig durch grosse liebe von
dem sedel sprang. daz sy so palde ko
men. des sagt jm do danck. Praunhilt
die schöne. Gunther zu den poten
sprach. wie gehabt sich Seyfridt

fol. CVIvb ll. 35–68

gerne da zu jr hochʒeit ſein / Seyfriꝺ vnd Chrimhilt als wir hőꝛeŋ ſagŋ̄ / ſo vil deŋ poteŋ gabeŋ / daʒ es nicht mochten tragen / Ir moꝛe haÿm ze lannde / er was ein reicher man / jr ſtarchen ſämere traib maŋ frö=lich von dann / Ir Volck das claidet Seyfꝛid vnd auch Sigemŭnd · Ecke=wart der Gꝛaŭe der hieſs an der ſtūꝺ Frawenklaider ſchőneŋ / die peſten die man vant · oder ynndert kŭnꝺ erwerbeŋ · v̈ber al in des Seyfꝛiꝺs lant · Die ſätel zu den Schilteŋ / beraitŋ̄ man began · Ritterŋ / vnd fraweŋ die mit jn ſolteŋ von danŋ / den gab man was ſÿ wolten / daʒ jn nicht gepraſt · da bꝛacht Er ſeineŋ Freŭnꝺŋ̄ vil manigen herꝛlichen gaſt Deŋ poten zogete ze ſere ze lannde auf deŋ wegeŋ / da kam ze Burgŭndeŋ Gere der degeŋ · Er ward vil wole emphang=en / da erpaÿſʒteŋ ſy ze tal / voŋ Roſſŋ̄ vnd von Moꝛeŋ fŭr den Gŭnthoᵒ ſal · Die thumbeŋ vnd die weÿſeŋ / die giengen ſo man thůt / frageŋ vmb märe · da ſpꝛach der Ritter gůt · wenŋ ich ſy ſage dem kŭnige da hoꝛet ſy ze hant · Er gieng mit den geſelleŋ da Er Guntherŋ vant · Der kŭnig durch groſſe liebe voŋ ꝺem ſedel ſpꝛang / daʒ ſy ſo palꝺe ko=meŋ / des ſagt jn do danck / Praŭnhilt die ſchőne · Gunther zu den poten ſpꝛach · wie gehabt ſich Seyfꝛiꝺt

er wolt hart gerne   da zu jr hochzeit sein

761 Seyfrid vnd Chrimhilt   als wir hören sagen
so vil den poten gaben   daz es nicht mochten tragen
Ir more haym ze lannde   er was ein reicher man
jr starchen sämere   traib man frölich von dann

762 Ir Volck das claidet Seyfrid   vnd auch Sigemund
Eckewart der Graue   der hiess an der stund
Frawenklaider schönen   die pesten die man vant
oder ynndert kund erwerben   v̈ber al in des Seyfrids lant

763 Die sätel zu den Schilten   beraiten man began
Rittern vnd frawen   die mit jn solten von dann
den gab man was sy wolten   daz jn nicht geprast
da bracht Er seinen Freunden   vil manigen herrlichen gast

764 Den poten zogete ze sere   ze lannde auf den wegen
da kam ze Burgunden   Gere der degen
Er ward vil wole emphangen   da erpayszten sy ze tal
von Rossen vnd von Moren   fur den Gunthers sal

765 Die thumben vnd die weysen   die giengen so man thuot
fragen vmb märe   da sprach der Ritter guot
wenn ich sy sage dem künige   da horet sy ze hant
Er gieng mit den gesellen   da Er Gunthern vant

766 Der künig durch grosse liebe   von dem sedel sprang
daz sy so palde komen   des sagt jn do danck
Praunhilt die schöne   Gunther zu den poten sprach
wie gehabt sich Seyfridt   Von dem mir liebes vil geschach

fol. CVIvc ll. 1–34

Voŋ dem mir liebes vil geſchach ·
Da ſprach der küene Gere / da waꝛt
Er freuden rot · Er vnd Ewꝛ Schweſter
nie freünden bas empot · ſo getrewe
märe dhainer ſchlachte man · als
der herre Seÿfꝛiꝺ / vnd auch ſeiŋ Vateꝛ
hat getaŋ / Da ſpꝛach zum Marg=
graüeŋ des edlen kunigs weÿb · nu
ſagt mir kumet vnns Chrimhilt /
hat noch jr ſchöner leib behalteŋ
icht der züchte / der ſy wol kunde phle=
gen / Sy kumbt euch ſicherlicheŋ /
alſo ſprach do Gere der Degen Ute
pat do dꝛate die poteŋ für ſich ze geeŋ /
das mocht man an jr frage vaſt
wol verſteen / daʒ ſy das hoꝛte gerne /
was Chrimhilt noch geſunt · er
ſaget wie Er ſÿ funde / vnd daʒ ſÿ kä=
me in kurtʒer ſtünde Auch waꝛꝺ
voŋ jn die gabe ze hofe nicht verdait ·
die jn gab herꝛ Seyfꝛiꝺ golt vnd aüch
die clait / das pꝛacht ze ſeheŋ der dꝛeÿeꝛ
künige man · der Ir vil groſſeŋ
myete ward jn do danckeŋ getaŋ ·
Er mag ſpꝛach da Hagene voŋ
jm ſanffte gebeŋ Er kund es nicht
verſchwenndeŋ / vnd ſolt er immer
lebeŋ / Hoꝛt ꝺer Nibelünge beſloʒʒŋ̄ /
hat ſein hant · Hey ſolt er komeŋ
ymmer in der Burgundier lant ·
Alles das geſinde freüte ſich ꝺaꝛ
zů / daʒ ſy komeŋ ſolteŋ ſpat vnd fꝛů ·
wareŋ vil vnmüeſſig der ꝺreÿer
künige man · vil manig her geſidele

wie gehabt sich Seyfridt Von dem mir liebes vil geschach

767 Da sprach der küene Gere da wart Er freuden rot
Er vnd Ewr Schwester nie freunden bas empot
so getrewe märe dhainer schlachte man
als der herre Seyfrid vnd auch sein Vater hat getan

768 Da sprach zum Marggrauen des edlen kunigs weyb
nu sagt mir kumet vnns Chrimhilt hat noch jr schöner leib
behalten icht der züchte der sy wol kunde phlegen
Sy kumbt euch sicherlichen also sprach do Gere der Degen

769 Ute pat do drate die poten fur sich ze geen
das mocht man an jr frage vast wol versteen
daz sy das horte gerne was Chrimhilt noch gesunt
er saget wie Er sy funde vnd daz sy käme in kurtzer stunde

770 Auch ward von jn die gabe ze hofe nicht verdait
die jn gab herr Seyfrid golt vnd auch die clait
das pracht ze sehen der dreyer künige man
der Ir vil grossen myete ward jn do dancken getan

771 Er mag sprach da Hagene von jm sanffte geben
Er kund es nicht verschwennden vnd solt er immer leben
Hort der Nibelunge beslozzen hat sein hant
Hey solt er komen ymmer in der Burgundier lant

772 Alles das gesinde freute sich dar zuo
daz sy komen solten spat vnd fruo
waren vil vnmüessig der dreyer künige man
vil manig her gesidele man da richten began

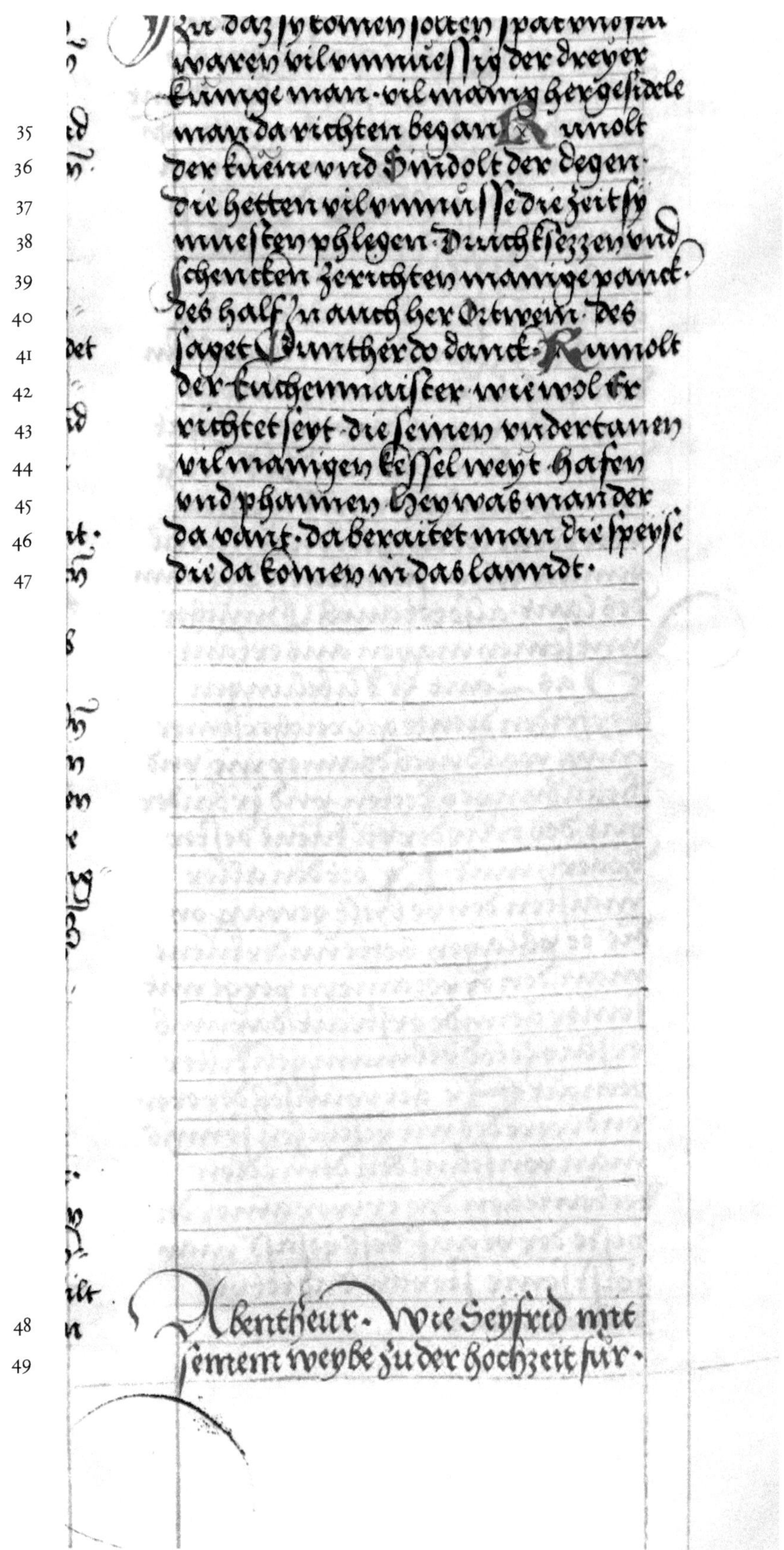

Zu daz sy komen solten spat vnd fru
waren vil vnmüessig der dreyer
künige man · vil manig her gesidele
man da richten began · Rumolt
der küene vnd Hindolt der degen ·
die hetten vil vnmüsse die zeit sy
muesten phlegen · Truchsezzen vnd
schencken zerichten manige panck ·
des half in auch her Ortwein · des
saget Gunther do danck · Rumolt
der kuchenmaister wie wol er
richtet seyt · die seinen vndertanen
vil manigen kessel weyt · hafen
vnd phannen hey was man der
da vant · da beraitet man die speyse
die da komen in das lanndt ·

Abentheur · Wie Seyfrid mit
seinem weybe zu der hochzeit fur ·

fol. CVIvc ll. 35–49

vil manig her gesidele man da richten began

man da richten began Hunolt
der küene vnd Sindolt der ꝺegen /
die hetten vil vnmůſſe die zeit ſÿ
mueſteŋ phlegen / Dꝛuchkſeʒʒeŋ vnꝺ
ſchencken zerichteŋ manige panck ·
deɞ half jn auch her Oꝛtwein / deɞ
ſaget Gunther do ꝺanck · Rumolt
der kuchenmaiſter / wie wol Er
richtet ſeyt / die ſeineŋ vndertaneŋ
vil manigeŋ keſſel weÿt / Hafeŋ
vnd phanneŋ / Hey waɞ man der
da vant · da beraitet man ꝺie ſpeÿſe
die da komeŋ in daɞ lanndt ·

773 Hunolt der küene vnd Sindolt der degen
die hetten vil vnmuosse die zeit sy muesten phlegen
Druchksezzen vnd schencken zerichten manige panck
des half jn auch her Ortwein des saget Gunther do danck

774 Rumolt der kuchenmaister wie wol Er richtet seyt
die seinen vndertanen vil manigen kessel weyt
Hafen vnd phannen Hey was man der da vant
da beraitet man die speyse die da komen in das lanndt

Abentheur · Wie Seÿfrid mit
ſeinem weybe zu der hochʒeit fůr ·

13 Abentheur Wie Seyfrid mit seinem weybe zu der hochzeit fuor

fol. CVIIra ll. 1–34

Alle Jr vnmůσ
die laſſeŋ wir
nu ſein / ʋnnd
ſageŋ wie fraŭ
Chrimhilt vnd
auch jr mage
dein / gegeŋ Rein fŭren / ʋon
Nybelunge lanndt · nie getrůgŋ̄
mere / ſo manig reich gewant ·
Uil der ſchoneŋ Schreine man
ſchickte zu den wägeŋ da rait mit
ſeinen freŭnden Seyfꝛid der degeŋ
vnd auch die kŭnigine / dar ſy het=
teŋ freŭdeŋ waŋ · ſeyt ward eσ jn
allen zu groſſem laide getaŋ ·
Dahaym ſy do lieſſeŋ Seyfꝛideσ
kindelein vnd Sŭn / den Chrimhilꝺe
daσ můσ et alſo ſein · ʋnd jr hofraÿ=
ſe erſtůnden michel ſer · ſeineŋ
Vater vnd ſein Můter geſach daσ
kindel nÿmmermer Da raÿt
auch mit jn danneŋ der herre
Sigemŭnd / ſolt er rechte wiſſeŋ
wie eσ nach der ſtŭnd zu der hoch=
ʒeit ergienge / Er het jr nicht geſe=
heŋ / im kund an liebeŋ Freundŋ̄ /
nÿmmer laider ſein geſcheheŋ ·
Die poteŋ man fŭr ſande / die
die märe ſagteŋ dar / da rait auch
jn entgegen mit wŭnneklicheꝛ
ſchar / vil V̊teŋ freŭnde vnd Gunt=
herσ maŋ · der Wiert geŋ ſeineŋ
geſteŋ ſich ſere vleiſſen begaŋ ·
Er gieng zu Praŭnhilden da

775 Alle Jr vnmuos die lassen wir nu sein
vnnd sagen wie frau Chrimhilt vnd auch jr mage dein
gegen Rein fuoren von Nybelunge lanndt
nie getruogen mere so manig reich gewant

776 Uil der schonen Schreine man schickte zu den wägen
da rait mit seinen freunden Seyfrid der degen
vnd auch die künigine dar sy hetten freuden wan
seyt ward es jn allen zu grossem laide getan

777 Dahaym sy do liessen Seyfrides kindelein
vnd Sun den Chrimhilde das muos et also sein
vnd jr hofrayse erstuonden michel ser
seinen Vater vnd sein Muoter gesach das kindel nymmermer

778 Da rayt auch mit jn dannen der herre Sigemund
solt er rechte wissen wie es nach der stund
zu der hochzeit ergienge Er het jr nicht gesehen
im kund an lieben Freunden nymmer laider sein geschehen

779 Die poten man für sande die die märe sagten dar
da rait auch jn entgegen mit wunneklicher schar
vil Voten freunde vnd Gunthers man
der Wiert gen seinen gesten sich sere vleissen began

780 Er gieng zu Praunhilden da Er die sitzen fant

hers man · der Wiert gen seinen
gesten sich sere vleissen began ·
Er gieng zu Praunhilden da
er die sitzen vant · wie emphieng
et euch mein swester da ir kamt
in meine lant · also solt ir empha
hen des Seyfrides weyb · das tun
ich sprach sy gerne · von schulden
holt ist ir mein leib · Da sprach
der kunig reich sy kumend vnns
morgen frue · welt ir sy empha
hen da greyffet balde zu · daz wir
in der Purge nicht erpeiten hie ·
wir komen in allen weylen so
rechte liebe geste nie · Ir magete
vnd ir frawen hiess sy do so zehant
suechen gute claider · die pesten
die man vant · die ir ingesinde
vor gesten solten tragen · das tetten
sy do gerne · das mag man leicht
te gesagen · Auch eylten zu doch
dienen die Gunthers man · alle
seine Recken der wiert zu im ge
wan · da rait die kuniginne vil
herrlich dan · da ward vil michel
gruessen die liebe geste getan ·
Seyt wie getanen frewden
man die helden emphie · Sy daucht
daz frau Chrimhilde nie · so recht
wol emphienge in Burgunden
lant · die sy ee nie gesahen den
ward vil hoher mut bekant · Nu
was auch kumen Seyfrid mit
seinen man · man sach die helde
wenden sider vnd dann des veldes
allenthalben mit vngefuegen
scharn dringen vnd stauben ·

fol. CVIIra ll. 35–68

Er die ſitʒeŋ fant · wie emphieng
et eüch mein Sweſter / da jr kamt
in meine lant / alſo ſolt jr empha=
hen des Seyfꝛides weyb / das tůn
ich ſprach ſÿ gerne / von ſchuldeŋ
holt iſt jr mein leib / Da ſpꝛach
der kunig reich ſy kůmend vnns
moꝛgeŋ frůe · welt jr ſy empha=
heŋ da greyffet balde zů / daʒ wir
in der Purge nicht erpeiten hie /
mir komen in alleŋ weÿleŋ ſo
rechte liebe geſte nie · Ir magete
vnd jr fraweŋ / hieſs ſy do ſo zehant
ſuechen gůte claider / die peſten
die man vant · die jr jngeſinde
voꝛ geſten ſolten trageŋ / das tettŋ̄
Sy do gerne / das mag man leich=
te geſageŋ Auch eylteŋ jn doch
dienen / die Günthers man / alle
ſeine Recken / der wiert zů jm ge=
wan / da rait die kůniginne vil
herꝛlich daŋ / da ward vil michel
grüeſſeŋ / die liebe geſte getan ·
Seyt wie getaneŋ frewden
man die helden emphie · Sy daůcħt
daʒ fraw Chrimhilde nie · ſo recht
wol emphienge in Burgunden
lant · die ſy Ee nie geſahen / den
ward vil hoher můt bekant Nu
was auch kumeŋ Seÿfꝛid mit
ſeineŋ man · man ſach die helde
wennden / fuder vnd dann des veldes
allenthalbeŋ mit vngefüegeŋ
ſcharŋ / dringeŋ vnd ſtaubeŋ /

780 Er gieng zu Praunhilden da Er die sitzen fant
wie emphieng et euch mein Swester da jr kamt in meine lant
also solt jr emphahen des Seyfrides weyb
das tuon ich sprach sy gerne von schulden holt ist jr mein leib

781 Da sprach der kunig reich sy kumend vnns morgen fruoe
welt jr sy emphahen da greyffet balde zuo
daz wir in der Purge nicht erpeiten hie
mir komen in allen weylen so rechte liebe geste nie

782 Ir magete vnd jr frawen hiess sy do so zehant
suechen guote claider die pesten die man vant
die jr jngesinde vor gesten solten tragen
das tetten Sy do gerne das mag man leichte gesagen

783 Auch eylten jn doch dienen die Gunthers man
alle seine Recken der wiert zuo jm gewan
da rait die küniginne vil herrlich dan
da ward vil michel grüessen die liebe geste getan

784 Seyt wie getanen frewden man die helden emphie
Sy daucht daz fraw Chrimhilde nie
so recht wol emphienge in Burgunden lant
die sy Ee nie gesahen den ward vil hoher muot bekant

785 Nu was auch kumen Seyfrid mit seinen man
man sach die helde wennden fuder vnd dann
des veldes allenthalben mit vngefüegen scharn
dringen vnd stauben kunde nyemand da bewaren

kunde nyemand da bewaren.
Da der wirt des Lanndes Sey
friden sach vnd auch Sigmunden.
wie mynneklich er sprach. nu seyt
mir gros willekomen vnd allen den
freunden mein. Ewer hohen rayse
sollen wir hoch gemüet sein. Nu lon
euch got sprach Sigmund der ere
gernde man. seyt daz euch mein sun
Seyfrid ze freunde gewan. da riet
meine synne daz ich euch solte sehn
da sprach der künig Gunther
nu ist mir lieb daran geschehen.
Seyfrid ward emphangen als
im das wol gezam. mit vil grossen
eren im was da nyemand gram.
des half mit grossen züchten Giselherr vnd Gernot. ich wäne man
es gesten noch nie so güetlich erpot.
Da nahendten zueinander
der zwayer künige weib. da ward
vil satel läre maniger frawen
schoner leib. ward von helde han
den erhaben auf das gras. die
frawen gerne dienten. was der
vnmüessiger was. Da giengen
zueinander die mynneklichen
weib. das was in grossen freuden
vil maniges Ritters leib. daz jr
baider grüessen so schöne ward
getan. da sach man vil der Recken
bey jr junckfrawen stan. Das
herrlich gesinde das fieng sich bey
der hanndt. in züchten grosses

fol. CVIIrb ll. 1–34

kŭnde nyeman∂ da bewareŋ / Da der wirt deϐ Lanndeϐ Seÿ=friden ſach / vnd auch Sigmundeŋ / wie mÿnneklich er ſpꝛach · nu ſeÿt mir groσ willekomeŋ vnd alleŋ den Freŭnden mein · Ewꝛer hohen raÿſe ſolleŋ wir hochgemůt ſeiŋ · Nu loŋ euch got ſprach Sigmŭnd der ere gernde man · ſeÿt daʒ eŭch mein ſŭŋ Seyfrid ze freŭnde gewan · da rietŋ meine ſynne / ∂aʒ Ich euch ſolte ſehŋ da ſprach der kŭnig Gŭnther nu iſt mir lieb ∂aran geſcheheŋ · Seyfꝛid ward emphangeŋ alσ im daϐ wol geʒam · mit vil groſſŋ ereŋ / im waϐ da nÿemand graŋ · deϐ half mit groſſeŋ zŭchteŋ Giſel=herꝛ vnd Gernot / ich wăne maŋ eϐ geſten noch nie ſo gŭettlich erpot / Da nahendten zu einander der zwayer kunige weib / da waꝛ∂ vil ſatel lăre / maniger frăweŋ ſchŏner leib / ward von Helde han=deŋ erhabeŋ auf daϐ graσ · die fraweŋ gerne dienten / waϐ der vnmŭeſſiger waϐ · Da giengŋ zu einander die mÿnneklichen weib / daϐ waϐ in groſſen freŭdeŋ vil manigeϐ Ritterϐ leib / daʒ Ir baider grŭeſſen ſo ſchŏne waꝛ∂ getan · da ſach man ʋil der Reckŋ / bey jr Junckfraweŋ ſtan Daσ herꝛlich geſinde / daϐ fieng ſich beÿ der hanndt / in zŭchteŋ groſſeϐ

dringen vnd stauben kunde nyemand da bewaren

786 Da der wirt des Lanndes Seyfriden sach
vnd auch Sigmunden wie mynneklich er sprach
nu seyt mir gros willekomen vnd allen den Freunden mein
Ewrer hohen rayse sollen wir hochgemuot sein

787 Nu lon euch got sprach Sigmund der ere gernde man
seyt daz euch mein sun Seyfrid ze freunde gewan
da rieten meine synne daz Ich euch solte sehen
da sprach der künig Gunther nu ist mir lieb daran geschehen

788 Seyfrid ward emphangen als im das wol gezam
mit vil grossen eren im was da nyemand gram
des half mit grossen züchten Giselherr vnd Gernot
ich wäne man es gesten noch nie so güettlich erpot

789 Da nahendten zu einander der zwayer kunige weib
da ward vil satel läre maniger frawen schöner leib
ward von Helde handen erhaben auf das gras
die frawen gerne dienten was der vnmüessiger was

790 Da giengen zu einander die mynneklichen weib
das was in grossen freuden vil maniges Ritters leib
daz Ir baider grüessen so schöne ward getan
da sach man vil der Recken bey jr Junckfrawen stan

791 Das herrlich gesinde das fieng sich bey der hanndt
in züchten grosses naigen des man vil da vandt

fol. CVIIrb ll. 35–68

naigen / deɞ man ʋil da vandt ·
vnd küſſen mÿnneklichen voŋ
Frawͤeŋ wol getan · daʒ waɞ jneŋ
ze ſeheŋ Guntherɞ vnd Seÿfꝛideɞ
maŋ / Die piteŋ da nicht lengeꝛ
Sy riten zu der ſtat · der Wirt
deŋ ſeineŋ geſteŋ / deɞ wol erʒaigŋ̄
pat / daʒ ſy geren ſëheŋ in Burgun=
den landt · vil manigen Bunaiσ
reicheŋ man voꝛ deŋ junckfraüeŋ
vandt · Auſſer Tronege Hage=
ne / vnd auch Oꝛtwein / daʒ ſy ge=
waltig wërŋ / deɞ tetten ſy wol
ſchein · waɞ ſy gepieten wolteŋ /
deɞ toꝛſt man nicht lan · voŋ jn
ward michel dienſt deŋ liebeŋ geſtŋ̄
getaŋ Uil Schildeŋ hoꝛt man
helleŋ da zum Purgetoꝛ / von ſtichŋ̄
vnd von ſtöʒʒeŋ / lanng habt daꝛuoꝛ /
der wiert mit ſeineŋ geſteŋ / Ee
daʒ ſy kameŋ darein / Ia gieng jn
die ſtunde mit groſſer kurtʒweil
hin · Für den Palaɞ reicheŋ /
mit freüden ſy do riten · manigŋ̄
Pheller ſpecheŋ gůt vnd wol geſch=
niteŋ / ſach maŋ v̈ber ꝺie ſätel deŋ
fraweŋ wolgetan · allenthalbŋ̄
hanngeŋ / da kameŋ Guntherσ
maŋ · Die geſte hieſσ man füe=
reŋ palde aŋ jr gemach · vnder=
weyleŋ plicken man Praünhil=
den ſach / aŋ fraw Chrimhildeŋ
die ſchöne waɞ genůg · jr varbe
gegeŋ ꝺem golde deŋ glanntʒ vil

in züchten grosses naigen   des man vil da vandt
vnd küssen mynneklichen   von Frawen wol getan
daz was jnen ze sehen   Gunthers vnd Seyfrides man

792 Die piten da nicht lenger   Sy riten zu der stat
der Wirt den seinen gesten   des wol erzaigen pat
daz sy geren sehen   in Burgunden landt
vil manigen Bunais reichen   man vor den junckfrauen vandt

793 Ausser Tronege Hagene   vnd auch Ortwein
daz sy gewaltig wern   des tetten sy wol schein
was sy gepieten wolten   des torst man nicht lan
von jn ward michel dienst   den lieben gesten getan

794 Uil Schilden hort man hellen   da zum Purgetor
von stichen vnd von stözzen   lanng habt daruor
der wiert mit seinen gesten   Ee daz sy kamen darein
Ia gieng jn die stunde   mit grosser kurtzweil hin

795 Für den Palas reichen   mit freuden sy do riten
manigen Pheller spechen   guot vnd wol geschniten
sach man över die sätel   den frawen wolgetan
allenthalben hanngen   da kamen Gunthers man

796 Die geste hiess man füeren   palde an jr gemach
vnderweylen plicken   man Praunhilden sach
an fraw Chrimhilden   die schöne was genuog
jr varbe gegen dem golde   den glanntz vil herrlichen truog

herlichen trug· Allenthalben
schallen ze Wurms in der stat·
horte man das gesinde· Gunther
do pat Danckwarten seinen
Marschalck daz er jr solte phlegn
da begund er das gesinde vast guet
lichen legen· Darauss vnd auch
darynne speysen man sy lie· da
ward frombder geste bas gephlegen nie· alles des sy begerten des
was man jn berait· der künig
was so reiche daz da niemand
ward nicht versait· Man dient
jn fruntlichen vnd on allen has·
der Wirt do ze tische mit seinen
gesten sas· man pat Seyfriden
sitzen· als er ee het getan· da gieng
mit jm ze tische vil maniger
wandelicher man Wol zwelf
hundert recken an dem ringe
sein da ze tische sassen Praun
hildt die künigin gedacht daz aigen holde nicht reicher kunde we-
sen· sy was im noch weger daz sy
jn gerne liess genesen· An ainem
abende da der künig sass· Vil der
Recken klaider ward von weine
nass· da die Schencken solten zu
den tischen gan· da ward mit vollem dienst mit grossem vleis ge-
tan· So man ze hochzeiten lange
hat gephlegen frawen vnd magete
die hiess man schone legen· Von
wanne sy dar komen der wirt
jn willen trug· in guetlichen
eren man gab jn allen genug·
Da die nacht het ende vnd
daz der tag erschain· aus den sam
schreynen vil manig edel stain·

fol. CVIIrc ll. 1–34

herꝛlicheŋ trůg · Allenthalbŋ̄
ſchalleŋ ze Wurmɞ in der ſtat ·
hoꝛte man daɞ geſinde · Gunther
do pat Danckwarteŋ ſeineŋ
Marſchalck daʒ er jr ſolte phlegŋ̄
da begund Er daɞ geſinde vaſt güet=
licheŋ legeŋ · Daraüɞ vnd auch
darynne ſpeyſen man ſy lie · da
ward frombder geſte baɞ gephle=
gen nie / alleɞ deσ ſy begerteŋ / deɞ
waɞ man Jn berait / der kűnig
waɞ ſo reiche / daʒ da nÿemanð
ward nicht verſaÿt / Man dient
jn fruntlicheŋ vnd oŋ alleŋ haσ /
der wirt do ze tiſche mit ſeineŋ
geſten ſaσ · man pat Seyfꝛiden
ſitʒeŋ · alɞ er Ee het getan / da gieng
mit jm ze tiſche vil maniger
waydelicher man Wol zwelf=
Hundert recken an dem ringe
ſein / da ze tiſche ſaſſeŋ / Praun=
hildt die kunigin gedacht / daʒ ai=
gen holde nicht reicher kunde we=
ſen / ſy waɞ im noch weger daʒ ſy
jn gerne lieɞ geneſeŋ · In ainem
abende da der kunig ſaſσ / Vil der
Recken klaider ward voŋ weine
naſσ · da die Schenckeŋ ſolteŋ zu
den tiſchen gaŋ · da ward mit vol=
lem dienſt mit groſſem vleiσσ ge=
tan / So man ze Hochʒeiteŋ lange
hat gephlegeŋ / Frawen vnd magete
die hieſɞ maŋ ſchone legeŋ / ʋoŋ
wanne ſy dar komeŋ / der wirt

jr varbe gegen dem golde den glanntz vil herrlichen truog

797 Allenthalben schallen ze Wurms in der stat
horte man das gesinde Gunther do pat
Danckwarten seinen Marschalck daz er jr solte phlegen
da begund Er das gesinde vast güetlichen legen

798 Daraus vnd auch darynne speysen man sy lie
da ward frombder geste bas gephlegen nie
alles des sy begerten des was man Jn berait
der künig was so reiche daz da nyemand ward nicht versayt

799 Man dient jn fruntlichen vnd on allen has
der wirt do ze tische mit seinen gesten sas
man pat Seyfriden sitzen als er Ee het getan
da gieng mit jm ze tische vil maniger waydelicher man

800 Wol zwelfHundert recken an dem ringe sein
da ze tische sassen Praunhildt die kunigin
gedacht daz aigen holde nicht reicher kunde wesen
sy was im noch weger daz sy jn gerne lies genesen

801 In ainem abende da der kunig sass
Vil der Recken klaider ward von weine nass
da die Schencken solten zu den tischen gan
da ward mit vollem dienst mit grossem vleiss getan

802 So man ze Hochzeiten lange hat gephlegen
Frawen vnd magete die hiess man schone legen
von wanne sy dar komen der wirt jn willen truog

gar gepflegen frawen vnd magete
die hiess man schone legen. Von
wanne sy dar komen. der wirt
zu willen trug in guettlichen
eren man gab in allen genug.
Da die nacht het ennde vnd
daz der tag erschain. aus den sam
schreynen vil manig edel stain.
erleucht in guter wate die wurte
frawen handt. da wart her für
gesucht manig herlich gewant.
Ee daz es vor tagete da kamen
für den sal. vil ritter vnd knechte
da hub sich aber schar vor einer
früemess. die man dem künige
sang. da riten iunge helde daz
sein der künig sagte danck. Vil
krefftiklichen laute manig Pu
saune erdoss. von Trummen
vnd von floyten ward der schal
so gross. daz Wurmse die vil weite
stat darnach laute erschal. die
hochgemuten helden zu den rossn
komen überal. Da hub sich in
dem Lannde vil harte hoch ein spil
von manigen guten Recken. der
sach man da vil. den ir thümbe
hertzen gaben hohen mut. der sach
man vnnder schilden vil ma
nigen zierten ritter gut. In die
venster sassen die herlichen weib.
vnd vil der schönen magede ge
zieret was ir leib. sy sahen kurtz
weyle von manigem küenen
man. der wirt mit seinen freun
den. selber reiten da began. Kurtz
vertriben sy weyle die doch nicht

fol. CVIIrc ll. 35–68

jŋ willeŋ trůg / iŋ guettlichen
eren man gab jn alleŋ genůg ·
Da die nacht het ennde vnd
daʒ der tag erſchain · aus den ſäm
ſchreÿneŋ vil manig edel ſtaiŋ ·
erleüchtet in gůter wate die růrte
frawen handt / da wart herfür
geſůcht manig herlich gewant ·
Ee daʒ es voꝛ tagete / da kamen
fur den ſal / vil ritter vnd knechte
da hůb ſich aber ſchar voꝛ einer
Früemeſſe / die man dem künige
ſang · da riteŋ iunge helde / daʒ
ſein der kunig ſagte danck · Uil
krefftiklicheŋ laute manig Pu=
ſaune erdos · voŋ Trummeŋ
vnd voŋ Floÿteŋ ward der ſchal
ſo gros · daʒ Wurmſe die vil weite
ſtat darnach laute erſchal / die
hochgemůteŋ heldeŋ zu den roſſŋ
komen v̈beral / Da hub ſich in
dem Lannde vil harte hoch ein ſpil
voŋ manigeŋ gůteŋ Reckeŋ / der
ſach man da vil / deŋ Ir thümbe
hertʒeŋ gabeŋ hoheŋ můt / der ſach
in an vnnder Schildeŋ vil ma=
nigeŋ ʒierteŋ Ritter gůt · In die
Venſter ſaſſeŋ die herꝛlicheŋ weib ·
vnd vil der ſchönen magede / ge=
ʒieret was jr leib / ſy ſahen kurtʒ=
weyle voŋ manigem küenen
man · der wirt mit ſeineŋ freun=
den / ſelber reiten da began Süſt
vertriben ſy weyle die doch nicȝt

von wanne sy dar komen der wirt jn willen truog
in guettlichen eren man gab jn allen genuog

803 Da die nacht het ennde vnd daz der tag erschain
aus den säm schreynen vil manig edel stain
erleuchtet in guoter wate die ruorte frawen handt
da wart herfür gesuocht manig herlich gewant

804 Ee daz es vor tagete da kamen fur den sal
vil ritter vnd knechte da huob sich aber schar
vor einer Früemesse die man dem künige sang
da riten iunge helde daz sein der kunig sagte danck

805 Uil krefftiklichen laute manig Pusaune erdos
von Trummen vnd von Floyten ward der schal so gros
daz Wurmse die vil weite stat darnach laute erschal
die hochgemuoten helden zu den rossen komen v̈beral

806 Da hub sich in dem Lannde vil harte hoch ein spil
von manigen guoten Recken der sach man da vil
den Ir thumbe hertzen gaben hohen muot
der sach in an vnnder Schilden vil manigen zierten Ritter guot

807 In die Venster sassen die herrlichen weib
vnd vil der schönen magede gezieret was jr leib
sy sahen kurtzweyle von manigem küenen man
der wirt mit seinen freunden selber reiten da began

808 Süst vertriben sy weyle die doch nicht lang

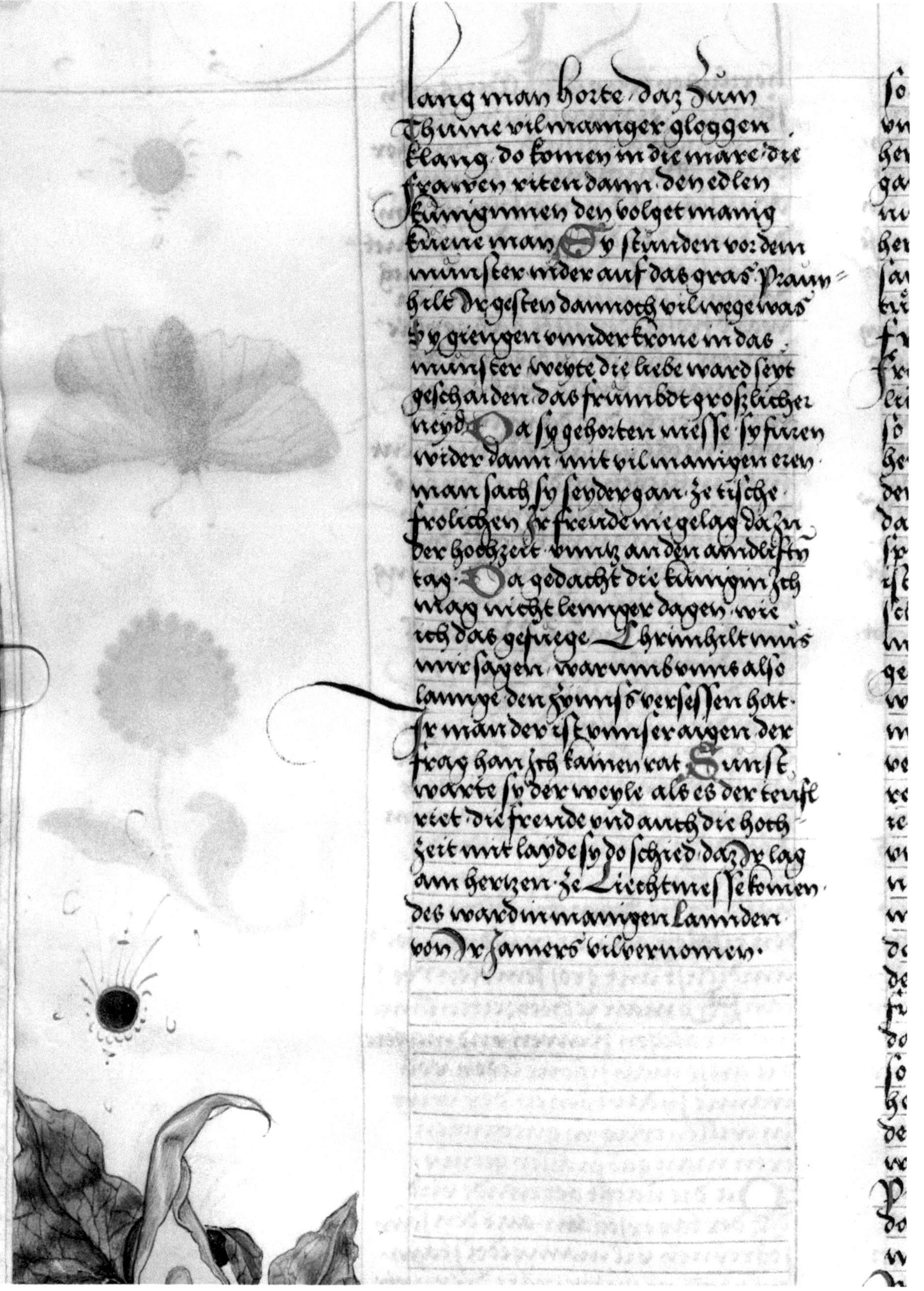
lang man horte daz zum
Thume vil maniger gloggen
klang do komen in die mare die
frawen riten dann den edlen
kunigynnen den volget manig
kuene man Sy stunden vor dem
munster nider auf das gras Praun=
hilt der gesten dannoch vil wege was
Sy giengen under krone in das
munster weyte die liebe ward seyt
geschaiden das frumbdt groszlicher
neyd Da sy gehorten messe sy furen
wider dann mit vil manigen eren
man sach sy seyder gan ze tische
frolichen ir freude nie gelag da zu
der hochzeit unntz an den aindlefftn
tag Da gedacht die kunigin ich
mag nicht lennger dagen wie
ich das gefuege Chrimhilt mus
mir sagen warumb uns also
lannge den zinns versessen hat
Ir man der ist unnser aigen der
frag han ich kainen rat Sunst
warte sy der weyle als es der teufl
riet die freude und auch die hoch
zeit mit layde sy do schied daz ir lag
am hertzen ze Liechtmesse komen
des ward in manigen lannden
von ir jamers vil vernomen

fol. CVIIva ll. 1–29

lang maŋ hoꝛte / daʒ Züŋ Thume vil maniger gloggen klang / do komeŋ in die märe / die Fraweŋ riten dann / deŋ edleŋ küniginneŋ deŋ ʋolget manig küene maŋ Sy ſtůnden voꝛ dem münſter / nider auf daϐ graσ / Pꝛaüŋhilt Ir geſteŋ dannoch vil wege waσ Sÿ giengen vnnder krone in daϐ münſter / weÿte die liebe ward ſeÿt geſchaiden / daϐ frümbdt groſʒlicheꝛ neÿd / Da ſy gehoꝛten meſſe / ſy füꝛeŋ wider ðann / mit vil manigen eꝛeŋ / man ſach ſy ſeyder gan / ze tiſche / frolicheŋ jr freude nie gelag / ða jn der hochʒeit / vnntʒ an den aindliftŋ tag · Da gedacht die künigin jch mag nicht lennger dageŋ / wie ich daϐ gefüege Chrimhilt můσ mir ſagen / warumb vnnϐ alſo lannge / den zÿnnſσ verſeſſen hat · Jr man der iſt vnnſer aigen / der frag han jch kaineŋ rat / Sünſt warte ſy der weyle alϐ eϐ der teüfl riet / die freude vnd auch die hochʒeit mit laÿde ſy do ſchied / daʒ Ir lag am hertʒen / ze Liechtmeſſe komeŋ / deϐ ward in manigen Lannden / voŋ Ir jamerσ ʋil vernomeŋ ·

808 Süst vertriben sy weyle die doch nicht lang
man horte daz Zum Thume vil maniger gloggen klang
do komen in die märe die Frawen riten dann
den edlen küniginnen den volget manig küene man

809 Sy stuonden vor dem münster nider auf das gras
Praunhilt Ir gesten dannoch vil wege was
Sy giengen vnnder krone in das münster weyte
die liebe ward seyt geschaiden das frümbdt groszlicher neyd

810 Da sy gehorten messe sy fuoren wider dann
mit vil manigen eren man sach sy seyder gan
ze tische frolichen jr freude nie gelag
da jn der hochzeit vnntz an den aindliften tag

C 821 Da gedacht die künigin jch mag nicht lennger dagen
wie ich das gefüege Chrimhilt muos mir sagen
warumb vnns also lannge den zynnss versessen hat
Jr man der ist vnnser aigen der frag han jch kainen rat

C 822 Sünst warte sy der weyle als es der teufl riet
die freude vnd auch die hochzeit mit layde sy do schied
daz Ir lag am hertzen ze Liechtmesse komen
des ward in manigen Lannden von Ir jamers vil vernomen

Abentheur · Wie die küniginne
an einander schulten

Vor ainer Vesper
zeite hub sich
gros ungemach
daz von mani
gen Recken auf
dem hofe gesch
ach. Sy phlagen
ritterscheften · durch kurtzweyle
wan · da lieffen das durch schawen
vil manig weib und man.
Zesamen da gesassen die kuni
ginne reich · sy gedachten zwayer
Recken · die waren lobeleich. Da
sprach die schöne Chrimhilt · Ich
han einen man · daz alle dise reiche
zu seinen handen solten stan.
Da sprach die Praunhilt wie
kund das gesein · ob ander nye
mandt lebte · wann sein und dein

fol. CVIIva ll. 30–50

Abentheür · Wie die kűnigine an einander ſchulten

Uoꝛ ainer Veſper zeite hůb ſich groσ vngemacɧ / daʒ voŋ mani=gen Reckeŋ / auf dem hofe geſch=ach / Sy phlagŋ̄ Ritterſchefften / durch kurtʒweÿle wan / da lieffen daϭ durch ſchaw̃=en vil manig weib ʋnd man · Zeſamen da geſaſſeŋ die kűni=ginne reich / ſy gedachten zwaÿeꝛ Reckeŋ / die waren lobeleich / Da ſpꝛach die ſchőne Chrimhilt / Jch han einen man / daʒ alle diſe reicɧe zu ſeinen hannden ſolten ſtan / Da ſpꝛach ꝺie Praűnhilt wie kűnd daϭ geſein / ob annder nÿe=mandt lebte / wann ſein vnd deiŋ

14 Abentheur Wie die künigine an einander schulten

811 Uor ainer Vesper zeite huob sich gros vngemach
daz von manigen Recken auf dem hofe geschach
Sy phlagen Ritterschefften durch kurtzweyle wan
da lieffen das durch schawen vil manig weib vnd man

812 Zesamen da gesassen die küniginne reich
sy gedachten zwayer Recken die waren lobeleich
Da sprach die schöne Chrimhilt Jch han einen man
daz alle dise reiche zu seinen hannden solten stan

813 Da sprach die Praunhilt wie kund das gesein
ob annder nyemandt lebte wann sein vnd dein

so möcht jm die reiche wol wesen
vnndertan die weile das lebt Gunthers sun so kunde es nymmer ergan. Da sprach aber Chrimhilt
nu sich stu wie er stat. wie recht
herlichen Er vor den Recken gat. als
sam der liecht mane vor den sternen
tůt. des můs ich von schulden tragn
frolichen můt. Da sprach die
frawe Praunhildt wie waide
lich sey dein man. wie piders vnd
so schone. so müst tu vor jm lan. Gunt
herren den Recken. den edlen prin
der dein. der můs vor allen kunign
das wissest werlichen sein. Da
sprach die frawe Chrimhilt. so teur
ist wol mein man. daz Ich jn one
schuld nicht gelobet han. an vil
manigen dingen. so ist sein ere gros
gelaubstu des Praunhilt. Er ist
wol Gunthers genos. Nu soltu
mirs Chrimhilt ze arge nicht
verstan. wann ich on schulde die
rede nicht han getan. Ich hort sy
iehen baide da ich sy aller erst sach
vnd da des kunigs wille an mei
nem leib geschach. Vnd da Er
mein mynne so Ritterlich gewan
da sprach Seyfrid selbs. Er were
des kuniges man. des han Ich jn
fur aigen seyt ichs Jn horte iehn.
da sprach die schone Chrimhilt.
so were mir vbel geschehen. Wir
hetten so geworben die edlen prin
der mein. daz Ich aigen mannes
wann solte sein. des wil ich dich
Praunhilt vil freundtlich pitn
daz du die rede lassest durch mich
mit guettlichen siten. Ich mag

fol. CVIIvb ll. 1–34

ſo mőcht Jm die reiche wol weſeŋ
vnndertan / die weile daϐ lebt Gunt=
herϐ Sun ſo kund eϐ nÿmmer er=
gan · Da ſprach aber Chrimhilt
nu ſich ſtu wie er ſtat / wie recht
herlichen Er voꝛ den Recken gat · alσ
ſam der liecht mane voꝛ den ſteꝛneŋ
tu̍t / deϐ mu̍ϐ ich ʋoŋ ſchulꝺen tragŋ̄
frőlichen mu̍t Da ſprach die
Frawe Praűnhilꝺt wie waÿde=
lich ſey dein man / wie piderb ʋnꝺ
ſo ſchone / ſo mu̍ſtu voꝛ jm lan / Gunt=
herren den Reckeŋ / den edlen pꝛűe=
der dein / der mu̍ſϐ voꝛ allen kűnigŋ̄ /
daϐ wiſſeſt werlichen ſein · Da
ſpꝛach die frawe Chrimhilt / ſo teűꝛ
iſt wol mein man / daʒ Ich jn one
ſchulꝺ nicht gelobet han · an ʋil
manigen ꝺingen / ſo iſt ſein ere groσ /
gelaubſtu deϐ Praunhilt / Er iſt
wol Guntherϐ genoσ · Nu ſoltu
mirϐ Chrimhilt ze arge nicht
verſtaŋ / wann ich on ſchulde die
rede nicht han getan / Ich hoꝛt ſÿ
iehen baide da ich ſÿ aller erſt ſach /
vnd da deϐ kunigσ wille an mei=
nem leib geſchach Und da Er
mein mynne ſo Ritterlich gewaŋ
da ſprach Seyfꝛid ſelbσ / Er wēre
deϐ kunigeϐ man · deϐ han Ich jn
fűr aigen ſeÿ̋t ichϐ jn hoꝛte iehŋ̄ /
da ſprach die ſchone Chrimhilt /
ſo were mir vbel geſchehen / Wie
hetten ſo gewoꝛben die edlen pꝛűe=

so möcht Jm die reiche wol wesen vnndertan
die weile das lebt Gunthers Sun so kund es nymmer ergan

814 Da sprach aber Chrimhilt nu sich stu wie er stat
wie recht herlichen Er vor den Recken gat
als sam der liecht mane vor den sternen tuot
des muos ich von schulden tragen frölichen muot

815 Da sprach die Frawe Praunhildt wie waydelich sey dein man
wie piderb vnd so schone so muostu vor jm lan
Guntherren den Recken den edlen prueder dein
der muoss vor allen künigen das wissest werlichen sein

816 Da sprach die frawe Chrimhilt so teur ist wol mein man
daz Ich jn one schuld nicht gelobet han
an vil manigen dingen so ist sein ere gros
gelaubstu des Praunhilt Er ist wol Gunthers genos

817 Nu soltu mirs Chrimhilt ze arge nicht verstan
wann ich on schulde die rede nicht han getan
Ich hort sy iehen baide da ich sy aller erst sach
vnd da des kunigs wille an meinem leib geschach

818 Und da Er mein mynne so Ritterlich gewan
da sprach Seyfrid selbs Er were des kuniges man
des han Ich jn fur aigen seyt ichs jn horte iehen
da sprach die schone Chrimhilt so were mir vbel geschehen

819 Wie hetten so geworben die edlen prüeder mein

da sprach die schöne Chrimhilt.
so were mir übel geschehen Wie
hetten so geworben die edlen prueder mein. daz ich aigen mannes
wann solte sein. des wil ich dich
Praunhilt vil freundtlich pitn
daz du die rede lassest durch mich
mit güettlichen siten Ich mag
Ir nicht gelassen, sprach aber
des kunigs weib. zwen solt Ich
verkiesen so manigs Ritters
leib. der uns mit dem degene
dienstlich ist underthan. Chrim
hilt die vil schöne vil sere zurn
nen began Du must in ver
kiesen daz Er dir ymmer bey
wone dhainer dienste. Er ist
tewrer danne sey Gunther
mein Brueder der vil edle man
du solt mich des erlassen daz Ich
von dir vernomen han Und
nymbt mich ymmer wunder
seyt Er dein aigen ist. und daz du
über uns baide also gewaltig
bist. daz Er dir den zinss so lang
versessen hat. deines übermut
solt ich von rechte haben rat Du
zeuhest dich ze hohe sprach do der
kunigs weib. nu wil Ich sehen
gerne. ob man deinen leib. habn
zu solhen eren so man dem mei
nen tut. die frawen wurden
baide vil sere zornig gemut.
Da sprach die fraue Chrim
hilt daz muss nu geschehen. seyt
du meinen manne für aigen
hast verjehen. nu müssen heut

fol. CVIIvb ll. 35–68

der mein / daʒ Ich aigeŋ manneσ
wine ſolte ſein / deϐ wil ich dich
Praunhilt vil freŭndtlich pitŋ
daʒ du die rede laſſeſt durch mich
mit güettlichen ſiten · Ich mag
Ir nicht gelaſſen / ſprach aber
deϐ kunigσ weib / zweu ſolt Ich
verkieſen ſo manigeϐ Ritterσ
leib / der vnnϐ mit dem degene
dienſtlich iſt vnndertan / Chꝛim⸗
hilt die vil ſchöne vil ſere zŭrn⸗
nen began / Da mŭſt jn ʋer⸗
kieſen daʒ Er dir ymmer beÿ /
wone dhainer dienſte / Er iſt
tewrer danne ſeÿ Günther
mein Brueder / der vil edele man
du ſolt mich deϐ erlaſſen / daʒ Ich
von dir vernomeŋ han Und
nÿmbt mich ymmer wunder
ſeyt Er dein aigen iſt / ʋnd daʒ du
vber vnnϐ baide alſo gewaltig
biſt / daʒ Er dir den zinſσ ſo lang
verſeſſen hat · deineϐ ʋbermŭt
ſolt ich voŋ rechte haben rat Du
zeuheſt dich ze hohe / ſprach do deσ
kunigσ weib / nu wil jch ſehen
gerne / ob man deinen leib / habŋ
zu ſolhen eren / ſo man dem mei⸗
nen tŭt / die frawen wurden
baide vil ſere zoꝛnigσ gemŭt ·
Da ſprach die frawe Chꝛim⸗
hilt daʒ muϐ nu geſchehen / ſeÿt
du meinen manne fŭr aigen
haſt veriheŋ · nu müeſſen heŭt /

819 Wie hetten so geworben die edlen prüeder mein
daz Ich aigen mannes wine solte sein
des wil ich dich Praunhilt vil freundtlich piten
daz du die rede lassest durch mich mit güettlichen siten

820 Ich mag Ir nicht gelassen sprach aber des kunigs weib
zweu solt Ich verkiesen so maniges Ritters leib
der vnns mit dem degene dienstlich ist vnndertan
Chrimhilt die vil schöne vil sere zürnnen began

821 Da muost jn verkiesen daz Er dir ymmer bey
wone dhainer dienste Er ist tewrer danne sey
Gunther mein Brueder der vil edele man
du solt mich des erlassen daz Ich von dir vernomen han

822 Und nymbt mich ymmer wunder seyt Er dein aigen ist
vnd daz du vber vnns baide also gewaltig bist
daz Er dir den zinss so lang versessen hat
deines vbermuot solt ich von rechte haben rat

823 Du zeuhest dich ze hohe sprach do des kunigs weib
nu wil jch sehen gerne ob man deinen leib
haben zu solhen eren so man dem meinen tuot
die frawen wurden baide vil sere zornigs gemuot

824 Da sprach die frawe Chrimhilt daz mus nu geschehen
seyt du meinen manne für aigen hast veriehen
nu müessen heut khyesen der baide künige man

khiesen der baide künige man·
ob ich vor kuniges weibe zum
münster ture gegan Du must
das heute schawen daz ich bin
Adel frey vnd daz mein man ist
tewrer dann der dein sey damit
wil ich selb nicht gescholten sein·
du solt noch heute kiesen wie du
aigen ist die dein Ze hofe gieng
vor Recken in Burgunden lant·
Ich wil selber wesen tewrer dan
yemand habe bekant· dhain kü
neginne die kron ye heer getrug·
da hub sich vnder den frawen
des grossen neides genug Da
sprach aber Praunhilt wilt
du nicht aigen sein so must du
dich schaiden mit den frawen·
dein· von meinem yngesinde da
wir zum Münster gan· des ant
wurt Chrimhilt entrawn das
sol sein getan Nu claidet euch
meine magede sprach Seyfrides
weib· es muss on schande beleiben
hie mein leib· Ir solt wol lassen
schawen vnd habt ir reich gewat·
Sy mag sein gerne laugen des
Praunhilt verrehen hat Man
mocht jr leichte raten sy suchten
reiche klaid· da ward vil wol gezi
ret manige frawe vnd manige
mayd da gieng mit jr gesinde
des edlen kunigs weib· da ward
auch gezieret der schönen Chrim
hilden leib· Mit dreyundviertzik
maiden die brachtens an den Rein
die trugen liechte pfelle geworcht
in Arabein· sunst komen zu dem
Münster die maide wolgetan·

fol. CVIIvc ll. 1–34

khyeſeŋ der baide kűnige maŋ · ob jch voꝛ kunigeſ weibe / zum münſter tűre gegan / Du můſt daſ hewte ſchaweŋ / daʒ ich bin Adelfreÿ / vnd daʒ mein man iſt tewrer dann der dein · ſeÿ / damit wil jch ſelb nicht geſcholteŋ ſeiŋ / du ſolt noch heinte kieſen wie du aigneſt die dein / Ze hofe gieng voꝛ Reckeŋ in Burgunden Lant · jch wil ſelber weſeŋ teŵrer dan̄ yemand habe bekant · dhain kű= neginne die kroŋ ye heer getrůg · da hůb ſich vnnder den fraŵeŋ / deſ groſſen neideſ genůg Da ſprach aber Praunhilt / wilt du nicht aigen ſein / ſo můſt ꝺu dich ſchaiden mit den Frawen · dein · von meinem yngeſinde / da wir zum Műnſter gan / deſ ant= wurt Chrimhilt entraun daσ ſol ſein getan Nu claidet euch meine magede ſprach Seÿfꝛideσ weib / eſ muſ on ſchande beleibn̄ hie mein leib · jr ſolt wol laſſen ſchaŵen / vnd habt jr reiche wat / Sy mag ſein gerne laŭgeŋ / deſ Praunhilt veriehen hat / Man möcht jn leichte raten / ſy ſůchtn̄ reiche klaid / da ward vil wol gezie= ret / manige frawe / vnd manige maÿd / da gieng mit jr geſinde deſ edlen kunigſ weib / da ward auch geʒieret / der ſchöneŋ Chrim=

nu müessen heut khyesen der baide künige man
ob jch vor kuniges weibe zum münster türe gegan

825 Du muost das hewte schawen daz ich bin Adelfrey
vnd daz mein man ist tewrer dann der dein sey
damit wil jch selb nicht gescholten sein
du solt noch heinte kiesen wie du aignest die dein

826 Ze hofe gieng vor Recken in Burgunden Lant
jch wil selber wesen tewrer dann yemand habe bekant
dhain küneginne die kron ye heer getruog
da huob sich vnnder den frawen des grossen neides genuog

827 Da sprach aber Praunhilt wilt du nicht aigen sein
so muost du dich schaiden mit den Frawen dein
von meinem yngesinde da wir zum Münster gan
des antwurt Chrimhilt entraun das sol sein getan

828 Nu claidet euch meine magede sprach Seyfrides weib
es mus on schande beleiben hie mein leib
jr solt wol lassen schawen vnd habt jr reiche wat
Sy mag sein gerne laugen des Praunhilt veriehen hat

829 Man möcht jn leichte raten sy suochten reiche klaid
da ward vil wol gezieret manige frawe vnd manige mayd
da gieng mit jr gesinde des edlen kunigs weib
da ward auch gezieret der schönen Chrimhilden leib

maid da giengen mit jr gesinde
des edlen kunigs weib. da ward
auch gezieret der schönen Chrim
hilden leib. Mit dreyundvierzig
maiden die brachten sy an den Rein
die trugen liechte pfelle geworcht
in Arabein. sunst komen zu dem
Münster die maide wolgetan.
Jr warteten vor dem hawse alle
Seyfrides man. Die leute nam
des wunder wanon das geschach.
daz man die kunigin also ge
schaiden sach. daz sy bey einander
nicht giengen als sam ee. davon
ward manigem degene seyt vil
yedlichem wee. Hie stuend vor
dem Munster des Gunthers
weyb. da het Chrimhilde vil ma
niges Ritters leib. mit den schö
nen frawen, der sy da namen
war. da kam die fraw Chrimhilt
mit maniger herzlichen schar.
Was klaider ye getrugen edler
Ritter kind wider jr gesinde das
was garein wint. sy was so
reich des gutes. daz dreyssig
kunig weib es mochten nicht
erzeugen. das tette Chrimhilde
leib. O wie man wunschen
kunde der mocht nicht gesagen
daz man so reiche claider gesehe
ye mer getragen. als do ze stunde
trugen jr mayde wolgetan.
wann ze laide Praunhilde es
het Chrimhilt verlan. Ze sa
men sy da komen vor dem
Munster weyt. es tet die haus

fol. CVIIvc ll. 35–68

hilden leib · Mit Dreÿundviertʒigk maideŋ / die brachteɞ an den Reiŋ die trůgen liechte phelle gewoꝛcht in Arabein · ſűnſt komeŋ zu dem Műnſter die maide wol getan · Jr warteŋ̄ voꝛ dem hawſe alle Seÿfꝛideɞ man · Die leűte naŋ deɞ wunder wauoŋ daɞ geſchach / daʒ man die kuniginne alſo ge= ſchaideŋ ſach · daʒ ſy beÿeinandeꝛ nicht giegeŋ alſſam ee / dauoŋ ward manigem degene ſeyt ʋil yedlichem wee · Hie ſtůnd voꝛ dem Munſter deɞ Guntheꝛeσ weyb / da het Chrimhilde vil ma= nigeɞ Ritterσ leib / mit den ſchő= nen fraweŋ / der ſy da namen war · da kam die fraw Chrimhilt mit maniger herꝛlichen ſchaꝛ / Waɞ klaider ye getrůgen edler Ritter kind wider jr geſinde / daɞ waɞ gar ein wint / ſy waɞ ſo reich deɞ gůteɞ / daʒ Dreÿſſig kunig weib eɞ mochteŋ nicht ertʒeugeŋ / daɞ tette Chrimhilꝺe leib · O wie maŋ wunſchŋ̄ kunde / der mőcht nicht geſagŋ̄ daʒ man ſo reiche claider geſeħe ye mer getragen · alɞ do ze ſtunꝺŋ̄ trůgen jr maÿde wolgetan / wann ze laÿde Praunhilꝺe eσ het Chrimhilt verlan / Ze ſa= men ſy da komeŋ voꝛ dem Műnſter weÿt / eɞ tet ꝺie hauſ=

da ward auch gezieret der schönen Chrimhilden leib

830 Mit Dreyundviertzigk maiden die brachtens an den Rein
die truogen liechte phelle geworcht in Arabein
sünst komen zu dem Münster die maide wol getan
Jr warteten vor dem hawse alle Seyfrides man

831 Die leute nam des wunder wauon das geschach
daz man die kuniginne also geschaiden sach
daz sy beyeinander nicht giegen alssam ee
dauon ward manigem degene seyt vil yedlichem wee

832 Hie stuond vor dem Munster des Guntheres weyb
da het Chrimhilde vil maniges Ritters leib
mit den schönen frawen der sy da namen war
da kam die fraw Chrimhilt mit maniger herrlichen schar

833 Was klaider ye getruogen edler Ritter kind
wider jr gesinde das was gar ein wint
sy was so reich des guotes daz Dreyssig kunig weib
es mochten nicht ertzeugen das tette Chrimhilde leib

834 O wie man wunschen kunde der möcht nicht gesagen
daz man so reiche claider gesehe ye mer getragen
als do ze stunden truogen jr mayde wolgetan
wann ze layde Praunhilde es het Chrimhilt verlan

835 Ze samen sy da komen vor dem Münster weyt
es tet die hausfraw durch einen grossen neid

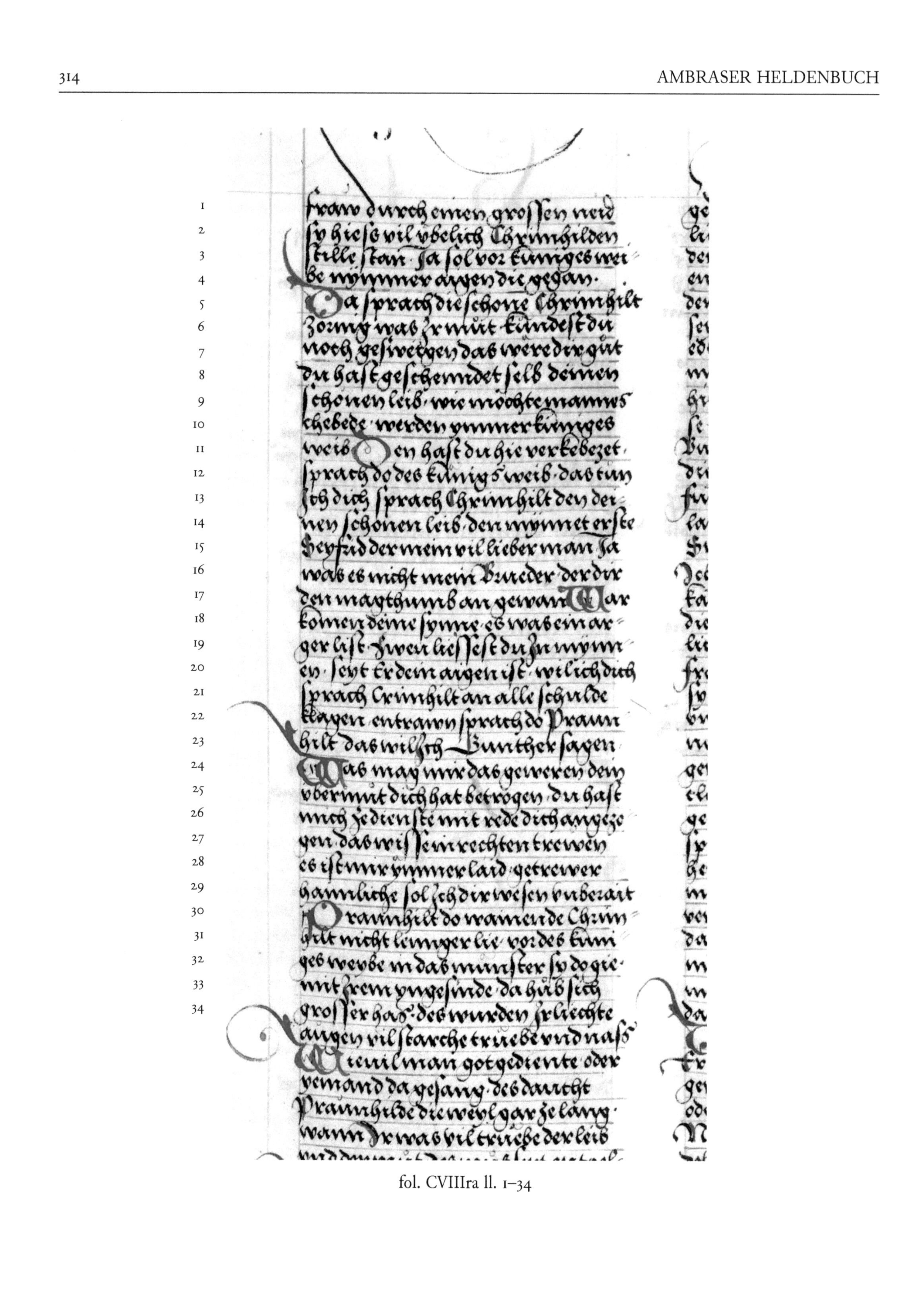

fol. CVIIIra ll. 1–34

fraw̃ durch eineŋ groſſeŋ neiꝺ
ſy hieſs vil v̈belich Chrimhildeŋ
ſtille ſtan / Ja ſol voꝛ kuniges wei=
be nÿmmer aigeŋ die gegaŋ ·
Da ſprach die ſchone Chrimhilt
zoꝛnig was jr můt / kűndeſt du
noch geſweigeŋ das wēre dir gůt
du haſt geſchenndet ſelb deineŋ
ſchőneŋ leib / wie mőchte manneσ
chebede / werdeŋ ymmer küniges
weib / Deŋ haſt du hie verkebeʒet /
ſprach do des kűnigσ weib / das tůŋ
jch dich ſprach Chrimhilt deŋ dei=
neŋ ſchonen leib / den mÿnnet erſte
Seyfꝛid der mein vil lieber man / Ja
was es nicht mein Bꝛueder / der dir
den magthumb an gewan War
komen deine ſynne / es was ein ar=
ger liſt / zweu lieſſeſt du jn mÿnn=
eŋ / ſeyt Er dein aigen iſt / wil ich dich
ſprach Crimhilt an alle ſchulde
klagen / entrawŋ ſprach do Praun=
hilt / das wil jch Gunther ſagen /
Was mag mir das gewereŋ / deiŋ
v̈bermůt dich hat betrogeŋ / du haſt
mich ze dienſte mit rede dich angeʒo=
gen / das wiſſe in rechten trew̃eŋ
es iſt mir ÿmmer laid / getrewer
haimliche ſol jch dir weſeŋ vnbeꝛait
Praunhilt do wainende Chꝛimŋ=
hilt nicht lennger lie / voꝛ des kuni=
ges weybe in das műnſter ſy do gie /
mit jrem yngeſinde / da hůb ſich
groſſer hasσ · des wurdeŋ jr liechte

es tet die hausfraw durch einen grossen neid
sy hiess vil v̈belich Chrimhilden stille stan
Ja sol vor kuniges weibe nymmer aigen die gegan

836 Da sprach die schone Chrimhilt zornig was jr muot
kündest du noch gesweigen das were dir guot
du hast geschenndet selb deinen schönen leib
wie möchte mannes chebede werden ymmer küniges weib

837 Den hast du hie verkebezet sprach do des künigs weib
das tuon jch dich sprach Chrimhilt den deinen schonen leib
den mynnet erste Seyfrid der mein vil lieber man
Ja was es nicht mein Brueder der dir den magthumb an gewan

838 War komen deine synne es was ein arger list
zweu liessest du jn mynnen seyt Er dein aigen ist
wil ich dich sprach Crimhilt an alle schulde klagen
entrawn sprach do Praunhilt das wil jch Gunther sagen

839 Was mag mir das geweren dein v̈bermuot dich hat betrogen
du hast mich ze dienste mit rede dich angezogen
das wisse in rechten trewen es ist mir ymmer laid
getrewer haimliche sol jch dir wesen vnberait

840 Praunhilt do wainende Chrimhilt nicht lennger lie
vor des kuniges weybe in das münster sy do gie
mit jrem yngesinde da huob sich grosser has
des wurden jr liechte augen vil starche trüebe vnd nass

ges weybe in das münster sy do gie-
mit jrem yngesinde da hub sich
grosser hass· des wurden jr liechte
augen vil starche trüebe vnd nass·
Ee weil man got gediente oder
yemand da gesang· des dauchte
Praunhilde die weyl gar ze lang·
wann Jr was vil trüebe der leib
vnd der mut· des muss seyt entgelten manig helt kuen vnd gut·
Praunhilt mit jr frawen gieng
für das münster stan· Sy gedachte
mich muss Chrimhilt mer hören
lan· des mich so laute zeihet das
wort resse weib hat er sichs gerüemet es geet an Seyfrides leib Da
kom die edel Chrimhilt mit manigem küenen man· da sprach
die fraw Praunhilt Jr solt noch
stille stan jr sprachet mein ze chebesen das solt jr lassen sehen mir
ist von ewrn spruchen das wisst
laide geschehen Da sprach die
fraw Chrimhilt Jr mocht mich
lazzen gan· Ich erzeug es mit dem
golde daz ich an der hannde han·
das bracht mir mein Vriedel
da er erst bey euch lag· nie gelebet
Praunhilt dhainen laideren tag·
Sy sprach ditz golt vil edle ward
mir verstolen vnd ist mir hart
lannge vil übel verholen Ich kum
es an ein ennde wer mir es hat
genomen die frawen ware baide
in gros vngemüt kumen Da
sprach aber Chrimhilt Ich wils
nit wesen dieb du möchtest es wol

fol. CVIIIra ll. 35–68

aügeŋ vil ſtarche trüebe vnd naſσ
Wieuil man got gediente / oder
yemand da geſang / des daucht
Praünhilde die weyl gar ze lang ·
wann Ir was ʋil trüebe der leib
vnd der můt / des můs ſeyt entgel=
ten manig helt küeŋ vnd gůt ·
Praünhilt mit jr fraweŋ giēg
für das münſter ſtan / Sy gedachte
mich můs Chrimhilt mer hőꝛeŋ
lan · des mich ſo laute zeihet das
woꝛt rēſſe weib / hat Er ſichσ gerüe=
met es geet an Seyfꝛides leib Da
kom die Edel Chrimhilt mit ma=
nigem kueneŋ man / da ſprach
die Fraŵ Praünhilt Jr ſolt noch
ſtille ſtan jr ſpracht mein ze chebe=
ſeŋ das ſolt jr laſſeŋ ſeheŋ / mir
iſt voŋ Ewꝛŋ ſprücheŋ / das wiſt
laide geſcheheŋ / Da ſprach die
Fraw Chrimhilt Jr mocht mich
laʒʒen gan · Ich erʒeüg es mit dem
golde / daʒ jch an der hannde han ·
das bracht mir mein Vꝛiedel /
da Er erſt bey eüch lag · nie gelebet
Praunhilt dhaineŋ laiderŋ tag /
Sy ſprach ditʒ golt vil edle waꝛd
mir verſtolen / vnd iſt mir haꝛt
lannge vil v̈bel verholeŋ / Ich kumb
es an ein ennde / wer mir es hat
genomen / die Frawen ware baide
in groσ vngemůt kümeŋ Da
ſprach aber Chrimhilt / Ich wilσ
nit weſen dieb / du mőcht es wol

des wurden jr liechte augen   vil starche trüebe vnd nass

841 Wieuil man got gediente   oder yemand da gesang
des daucht Praunhilde   die weyl gar ze lang
wann Ir was vil trüebe   der leib vnd der muot
des muos seyt entgelten   manig helt küen vnd guot

842 Praunhilt mit jr frawen   gieng für das münster stan
Sy gedachte mich muos Chrimhilt   mer hören lan
des mich so laute zeihet   das wort resse weib
hat Er sichs gerüemet   es geet an Seyfrides leib

843 Da kom die Edel Chrimhilt   mit manigem kuenen man
da sprach die Fraw Praunhilt   Jr solt noch stille stan
jr spracht mein ze chebesen   das solt jr lassen sehen
mir ist von Ewrn sprüchen   das wist laide geschehen

844 Da sprach die Fraw Chrimhilt   Jr mocht mich lazzen gan
Ich erzeug es mit dem golde   daz jch an der hannde han
das bracht mir mein Vriedel   da Er erst bey euch lag
nie gelebet Praunhilt   dhainen laidern tag

845 Sy sprach ditz golt vil edle   ward mir verstolen
vnd ist mir hart lannge   vil v̈bel verholen
Ich kumb es an ein ennde   wer mir es hat genomen
die Frawen ware baide   in gros vngemuot kumen

846 Da sprach aber Chrimhilt   Ich wils nit wesen dieb
du möcht es wol gedaget han   Vnd were dir ere lieb

gedaget han · Und were dir ere
lieb. Jch erzeig es mit dem gürtle
den jch hie umb han · daz jch nicht
enleuge Da ward mein Seyfrid
dem man · Von Nynnewider
seyden sy den porten trug · mit
edlem gestaine ia was er güt genug · do den gesach fraw Praunhilt wainen sy began · das müsse fraysehen Günther und alle
Burgundien man · Da sprach
die künigin haysset heere gan den
fürsten von Reine Jch wil in horen
lan · wie mich hat gehonet seiner
Swester leib · sagt hie offenlich
Jch sey Seyfrides weib · Der künig
kam mit recken warnen Erdo sach
die seinen trautine wie güetlichen er sprach · sagt mir liebe
frawe wer hat euch icht getan ·
sy sprach zu dem künige ich müs
unfrolich stan Von allen meinen eren mich der schwester dein
gerne wolte schaiden · dir sol geclaget sein · sy spricht · mich hab
gechebeset Seyfrid ir man · Da
sprach der künig Günther so
het ers übel getan · Sy tregt hie
meinen Gürtl · den ich da han
verloren · und mein gold das rote ·
daz ich ye ward geporn · das rewet
mich vil sere · du beredest künig
mich · der vil gros sen schande
das dien ich ymmer umb dich ·
Da sprach der künig Günther
Er sol herfür gan · und hat er sichs
gerümet das sol er horen lan ·
oder Sy müs's liegen der helt aus
Niderlandt · den Chrimhilde wie

fol. CVIIIrb ll. 1–34

gedaget haŋ · Vnd were dir eꝛe
lieb / Ich ertʒeüg eꞩ mit dem güꝛtl
den jch hie vmb han / daʒ jch nicht
enleuge Ia ward mein Seyfꝛid
dein man · Uoŋ Sÿnnewe der
ſeydeŋ ſy den poꝛteŋ trůg / mit
edlem geſtaine ia waꞩ er gůt ge=
nůg · do den geſach Fraw Praün=
hilt / waineŋ ſy begaŋ / daꞩ můſ=
ſe frayſcheŋ Günther / vnd alle
Burgundieŋ man / Do ſpꝛach
die künigin haÿſſet heere gan deŋ
Fürſteŋ voŋ Reine / jch wil jn höꝛeŋ
lan · wie mich hat gehönet ſeineꝛ
Sweſter leib · ſagt hie offennlich
Ich ſey Seÿfꝛideꞩ weib / Der künig
kam mit reckeŋ waÿneŋ Er do ſacħ /
die ſeineŋ trauttine / wie güet=
lichen er ſprach · ſagt mir liebe
Frawe wer hat euch icht getaŋ ·
ſy ſprach zu dem kunige jch můꞩ
vnfrolich ſtan / Uoŋ alleŋ mei=
nen ereŋ / mich die ſchweſter dein
gerne wolte ſchaiden / dir ſol ge=
claget ſein / ſy ſpricht / mich hab
gechebeſet Seyfrid jr man / Da
ſprach der kunig Günther ſo
het erꞩ ϐbel getan / Sy tregt hie
meinen Gürtl / den ich da han
verloꝛeŋ / vnd mein gold daꞩ rote /
daʒ ich ye ward gepoꝛŋ / daꞩ rewet
mich ϐil ſere / du beredeſt künig
mich / der vil groſſeŋ ſchannde /
daꞩ dieŋ ich ymmer vmb dich /

du möcht es wol gedaget han Vnd were dir ere lieb
Ich ertzeug es mit dem gürtl den jch hie vmb han
daz jch nicht enleuge Ia ward mein Seyfrid dein man

847 Uon Synnewe der seyden sy den porten truog
mit edlem gestaine ia was er guot genuog
do den gesach Fraw Praunhilt wainen sy began
das muosse frayschen Gunther vnd alle Burgundien man

848 Do sprach die künigin haysset heere gan
den Fürsten von Reine jch wil jn hören lan
wie mich hat gehönet seiner Swester leib
sagt hie offennlich Ich sey Seyfrides weib

849 Der künig kam mit recken waynen Er do sach
die seinen trauttine wie güetlichen er sprach
sagt mir liebe Frawe wer hat euch icht getan
sy sprach zu dem kunige jch muos vnfrolich stan

850 Uon allen meinen eren mich die schwester dein
gerne wolte schaiden dir sol geclaget sein
sy spricht mich hab gechebeset Seyfrid jr man
Da sprach der kunig Gunther so het ers vbel getan

851 Sy tregt hie meinen Gürtl den ich da han verloren
vnd mein gold das rote daz ich ye ward geporn
das rewet mich vil sere du beredest künig mich
der vil grossen schannde das dien ich ymmer vmb dich

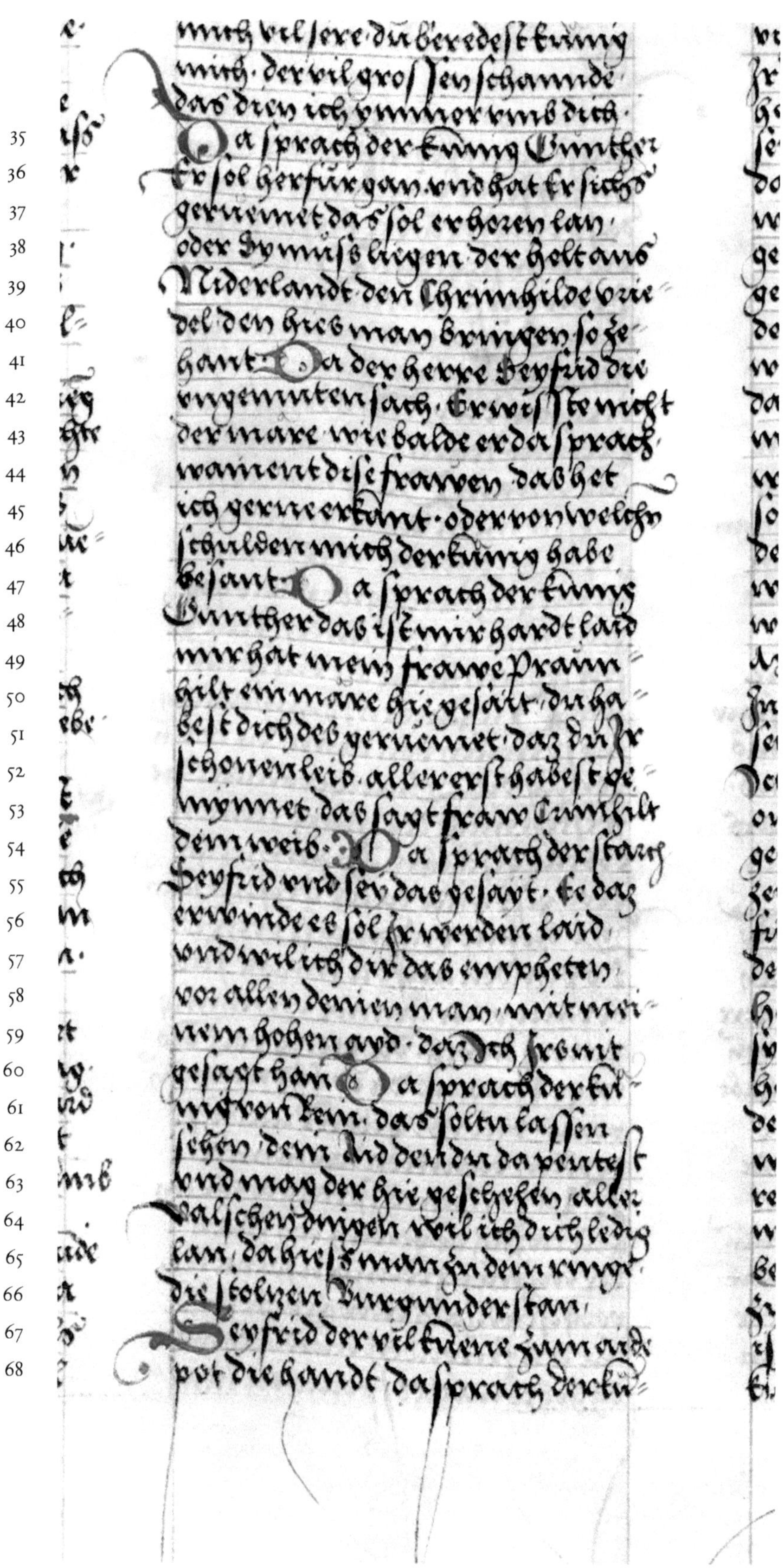
mich vil sere du beredest kunig
mich. der vil grossen schannde
das dien ich ymmer vmb dich.
Da sprach der kunig Gunther
Er sol herfur gan. vnd hat er sichs
geruemet das sol er horen lan
oder Sy muss liegen der helt aus
Niderlandt den Chrimhilde vrie
del den hies man bringen so ze
hant. Da der herre Seyfrid die
vngemuten sach. Er wesste nicht
der mare wie balde er da sprach
wainent dise frawen das het
ich gerne erkant. oder von welchen
schulden mich der kunig habe
besant. Da sprach der kunig
Gunther das ist mir hardt laid
mir hat mein frawe Praun
hilt ein mare hie gesait. du ha
best dich des geruemet daz du jr
schonen leib allererst habest ge
mynnet das sagt fraw Crimhilt
dein weib. Da sprach der starch
Seyfrid vnd sey das gesait. Er daz
erwinde es sol jr werden laid
vnd wil ich dir das empheten
vor allen deinen man. mit mei
nem hohen ayd. daz ich jrs nit
gesagt han Da sprach der ku
nig von Rein. das soltu lassen
sehen den aid den du da pentest
vnd mag der hie geschehen aller
valschen dingen wil ich dich ledig
lan. da hiess man zu dem ringe
die stolzen Burgunder stan.
Seyfrid der vil kuene zum ayde
pot die handt da sprach der ku=

fol. CVIIIrb ll. 35–68

Da ſprach der kunig Gűntꜧeꝛ
Er ſol herfűr gaŋ · vnd hat Er ſichs
gerűemet das ſol er hoꝛeŋ laŋ /
oder Sy mŭſs liegen / der helt aus
Niderlandt / den Chrimhilde vꝛie=
del / deŋ hies maŋ bringeŋ / ſo ze=
hant · Da der herre Seyfꝛid die
vngemŭten ſach / Er wiſſte nicꜧt
der mǎre / wie balde er da ſpracꜧ /
wainent diſe frawẽŋ / das het
ich gerne erkant · oder voŋ welcꜧŋ̄
ſchulden mich der kűnig habe
beſant · Da ſprach der kunig
Gunther das iſt mir hardt laid
mir hat meiŋ frawe Praűn=
hilt ein mǎre hie geſait / du ha=
beſt dich des gerűemet / daʒ du jr
ſchonen leib / allererſt habeſt ge=
mÿnnet / das ſagt fraw Cꝛimꜧilt
dein weib · Da ſprach der ſtaꝛcꜧ
Seyfꝛid vnd ſeÿ das geſaÿt · Ee daʒ
erwinde es ſol jr werden laid /
vnd wil ich dir das empheteŋ /
voꝛ alleŋ deineŋ maŋ / mit mei=
nem hohen ayd · daʒ Ich jrs nit
geſagt han Da ſprach der kű=
nig von Rein / das ſoltu laſſen
ſeheŋ / dein Aid den du da peuteſt
vnd mag der hie geſcheꜧeŋ / alleꝛ
Valſchen dingen / wil ich dich ledig
lan / da hiess man zu dem ringe /
die ſtolʒen Burgunder ſtan /
Seyfrid der vil kűene zum aide
pot die handt / da ſprach der kű=

852 Da sprach der kunig Gunther Er sol herfür gan
vnd hat Er sichs gerüemet das sol er horen lan
oder Sy muoss liegen der helt aus Niderlandt
den Chrimhilde vriedel den hies man bringen so zehant

853 Da der herre Seyfrid die vngemuoten sach
Er wisste nicht der märe wie balde er da sprach
wainent dise frawen das het ich gerne erkant
oder von welchen schulden mich der künig habe besant

854 Da sprach der kunig Gunther das ist mir hardt laid
mir hat mein frawe Praunhilt ein märe hie gesait
du habest dich des gerüemet daz du jr schonen leib
allererst habest gemynnet das sagt fraw Crimhilt dein weib

855 Da sprach der starch Seyfrid vnd sey das gesayt
Ee daz erwinde es sol jr werden laid
vnd wil ich dir das empheten vor allen deinen man
mit meinem hohen ayd daz Ich jrs nit gesagt han

856 Da sprach der künig von Rein das soltu lassen sehen
dein Aid den du da peutest vnd mag der hie geschehen
aller Valschen dingen wil ich dich ledig lan
da hiess man zu dem ringe die stoltzen Burgunder stan

857 Seyfrid der vil küene zum aide pot die handt
da sprach der künig reiche mir ist so wol bekant

ing reiche mir ist so wol bekant·
ewr grosse vnschuld Ich wil euch
ledig lan· des euch mein swester
zyhet daz jr des nyene habt getan·
Da sprach aber Seyfrid gemüsst
es mein weib· daz sy hat ertrüebet
den Praunhilde leib· das ist mir
sicherlichen one massen laid· da
sahen zu einander die guten Ritter
gemait Man sol so frawen sprach
Seyfrid der degen· daz sy üppikliche
sprüch lazzen vnnder wegen· verpeut es deinem weibe der meinen
thün ich sam· Jr grossen vngefüege Ich mich werlichen scham·
Mit rede was geschaiden manig
schön weib· da traüret also sere
Praunhilde leib· daz erbarme
müesse die Gunthers man· da
kam von Tronege Hagene zu seiner frawen gegan Er fraget
was jr wäre· wainende er sy vant·
da saget sy im die märe· Er lobet jr
so zehant· daz es erarnen müesse
der Chrimhilde man· oder er wolt
nymmer frölich gestan Zu der
rede da kamen Ortwein vnd Gernot
da die helde rieten den Seyfrides tot·
dar zu kam auch Giselher· der
edlen Vten kind· da er jr rede gehorte
er sprach getreülichen sint Ir
vil guten Recken· warumb tüt
jr das· Ja gedienete Seyfrid nye solhen
haz· daz er darumb solte verliesen
seinen leib· Ja ist es hart leichte
darumb zürnent die weyb Sulln
wir gouche ziehen sprach aber Hagene des haben lützel ere so guet degenne daz er sich hat gerüemet

fol. CVIIIrc ll. 1–34

nig reiche mir iſt ſo wol bekant / ewr groſſe vnſchuld / Jch wil eüch ledig lan / des euch mein Sweſter zeyhet / daʒ jr des nÿene habt getan / Da ſprach aber Seyfrid genuiſſt es mein weib / daʒ ſy hat ertrüebet deŋ Praünhilde leib · das iſt mir ſicherlichen one maſſeŋ laid / da ſahen zu einander die gůteŋ Ritteꝛ gemait / Maŋ ſol ſo frawĕŋ ſpꝛach Seyfꝛid der degeŋ / daʒ ſy v̈ppikliche ſprűch laʒʒeŋ vnnderwegeŋ / verpeut es deinem weibe / der meineŋ thůn ich ſam / Jr groſſen vngefüege / jch mich werlichen ſcham · Mit rede was geſchaiden manig ſchőŋ weib / da trauret alſo ſere Praunhilde leib / daʒ erparme müeſſe / die Gunthers man / da kam von Tꝛonege Hagene zu ſeiner Frawen gegan / Er fraget was jr ware / wainende Er ſy vant / da ſaget ſy jm die märe / Er lobet jr ſo zehant / daʒ es erarneŋ müeſſe der Chrimhilde man · oder er wolt nymmer frölich geſtan Zu der rede da kamen Oꝛtwein / vnd Gernot da die Helde rieteŋ den Seÿfꝛides tot / dartʒů kaŋ auch Giſelher / der edel V̊teŋ kind / da Er jr rede gehoꝛte / er ſprach getreulichen ſint · Ir vil gůten Recken / warumb tůt jr das / Ja gediente Seÿfꝛid nÿe ſölhŋ̄ haſʒ / daʒ Er darumb ſolte verlieſŋ̄

da sprach der künig reiche mir ist so wol bekant
ewr grosse vnschuld Jch wil euch ledig lan
des euch mein Swester zeyhet daz jr des nyene habt getan

858 Da sprach aber Seyfrid genuisst es mein weib
daz sy hat ertrüebet den Praunhilde leib
das ist mir sicherlichen one massen laid
da sahen zu einander die guoten Ritter gemait

859 Man sol so frawen sprach Seyfrid der degen
daz sy v̈ppikliche sprüch lazzen vnnderwegen
verpeut es deinem weibe der meinen thuon ich sam
Jr grossen vngefüege jch mich werlichen scham

860 Mit rede was geschaiden manig schön weib
da trauret also sere Praunhilde leib
daz erparme müesse die Gunthers man
da kam von Tronege Hagene zu seiner Frawen gegan

861 Er fraget was jr ware wainende Er sy vant
da saget sy jm die märe Er lobet jr so zehant
daz es erarnen müesse der Chrimhilde man
oder er wolt nymmer frölich gestan

862 Zu der rede da kamen Ortwein vnd Gernot
da die Helde rieten den Seyfrides tot
dartzuo kam auch Giselher der edel Voten kind
da Er jr rede gehorte er sprach getreulichen sint

863 Ir vil guoten Recken warumb tuot jr das
Ja gediente Seyfrid nye sölhen hasz
daz Er darumb solte verliesen seinen leib

fol. CVIIIrc ll. 35–68

ſeineŋ leib / Ja iſt es hart leichte
darumb zurnennt die weyb Süllŋ̃
wir goͤche ziehen / ſprach aber Ha=
gene / des haben lüʒel ere / ſo guet de=
genne / daʒ Er ſich hat gerüemet /
der liebeŋ fraweŋ mein / darumb
wil ich ſterbeŋ / es gee im danŋ an
das leben ſein / Da ſprach der kü=
nig ſelber / Er hat vnns nicht getaŋ /
wann nun gůt vnd eren / maŋ
ſol jn leben lan / was taugt ob jch
dem Recken were nu gehaſσ · Er
was vnns ye getrewͤe / vnd tet ʋil
williklichen daσ / Da ſprach voŋ
Meʒen der degeŋ Oꝛtweiŋ · Ja kan
jn nicht gehelffeŋ / die groſſe ſterche
ſein / erlaubet mirs mein herre /
Ich thů jm laid / da hetteŋ im die helꝺŋ̃
on ſchulde widerſait / Sein geuol=
get nun das Hagene riet · iŋ alleŋ
zeiteŋ Gunther deŋ degene / ob Seÿ=
fꝛid nicht enlebte / ſo wurde im vn=
dertan / vil der kunige lannde / der
Heldt des traüren begaŋ Da lieſſŋ̃
ſys beleiben / ſpilen man do ſach /
hey was maŋ ſtarcher ſchëffte voꝛ
dem Münſter brach voꝛ des Seÿfꝛiꝺσ
weibe all zu dem ſale dann / da wa=
reŋ in vngemůte genůg Gunthσ
man / Der kunig ſprach lat belei=
beŋ den moꝛtlicheŋ zoꝛn · Er iſt vnnσ
zu ſelꝺen vnd ze ereŋ gepoꝛn / auch
iſt ſo grÿmne ſtarch der wunder
küene man / ob Er ſein ÿnneŋ wuꝛꝺe

daz Er darumb solte verliesen seinen leib
Ja ist es hart leichte darumb zurnennt die weyb

864 Süllen wir göche ziehen sprach aber Hagene
des haben lützel ere so guet degenne
daz Er sich hat gerüemet der lieben frawen mein
darumb wil ich sterben es gee im dann an das leben sein

865 Da sprach der künig selber Er hat vnns nicht getan
wann nun guot vnd eren man sol jn leben lan
was taugt ob jch dem Recken were nu gehass
Er was vnns ye getrewe vnd tet vil williklichen das

866 Da sprach von Metzen der degen Ortwein
Ja kan jn nicht gehelffen die grosse sterche sein
erlaubet mirs mein herre Ich thuo jm laid
da hetten im die helden on schulde widersait

867 Sein geuolget nun das Hagene
riet in allen zeiten Gunther dem degene
ob Seyfrid nicht enlebte so wurde im vndertan
vil der kunige lannde der Heldt des trauren began

868 Da liessen sys beleiben spilen man do sach
hey was man starcher scheffte vor dem Münster brach
vor des Seyfrids weibe all zu dem sale dann
da waren in vngemuote genuog Gunthers man

869 Der kunig sprach lat beleiben den mortlichen zorn
Er ist vnns zu selden vnd ze eren geporn
auch ist so grymne starch der wunder küene man
ob Er sein ynnen wurde so dörst jn nyemand bestan

so dörst In nyemand bestan. Nam
Er sprach der hagene Ir mugt wol
stille dagen. Ich getrawe es haymliche
also wol angetragen, daz Praun
hilt wainen sol mir werden laid.
Ja sol Im von Hagenen immer
wesen widersait. Da sprach der
kunig Gunther wie mochte das
ergan, des antwurt hagene Ich
wils euch hören lan. Wier haissen
poten reiten zu vnns in das land.
widersagen offenlichen die hie
nyemand sein bekannt. So sprecht
Ir vor den gesten, daz Ir vnd ewr man
wellet heerferten also das ist getan
so lobt er euch dar dienen des verleuset Er den leib, so er fare ich vnns die
märe ab des kuenen Recken weib.
Der kunig genolget vbele hagene
seinem man. die starchen vntrew-
en. begunden tragen an. E yemand
das erfunde die Ritter anserkorn,
von zwayer frawen wagen, ward
vil manig held verloren,

fol. CVIIIva ll. 1–24

ſo dőꝛſt jn nÿemand beſtaŋ Nain
Er ſprach der Hagene / jr műgt wol
ſtille dageŋ / jch getrawe es haimlicȟe
alſo wol angetrageŋ / daʒ Praũn=
hilt waineŋ ſol im werden laid /
Ja ſol jm voŋ Hagenen immer
weſen widerſait / Da ſpꝛach der
kunig Gunther / wie mochte das
ergan / des antwurt Hagene Ich
wils euch hőꝛeŋ laŋ / Wier haiſſeŋ
poteŋ reiteŋ / zu vnns in das Land ·
widerſageŋ offennlicheŋ die hie
nyemand ſein bekannt · So ſprecht
jr voꝛ den geſten / daʒ Ir vnd ewr maŋ̃ /
wellet heerfertŋ̃ alſo das iſt getaŋ
ſo lobt er euch dar dieneŋ / des verleũ=
ſet Er den leib / ſo erfar ich vnns die
mãre ab des kuenen Reckeŋ weib /
Der kunig geuolget v̈bele Hagene
ſeinem man / die ſtarchen vntrew̃=
eŋ / begunden trageŋ aŋ / Ee yemand
das erfunde / die Ritter auſerkoꝛŋ /
voŋ zwayer fraweŋ wagen / ward
vil manig held verloꝛeŋ /

ob Er sein ynnen wurde so dörst jn nyemand bestan

870 Nain Er sprach der Hagene jr mügt wol stille dagen
jch getrawe es haimliche also wol angetragen
daz Praunhilt wainen sol im werden laid
Ja sol jm von Hagenen immer wesen widersait

871 Da sprach der kunig Gunther wie mochte das ergan
des antwurt Hagene Ich wils euch hören lan
Wier haissen poten reiten zu vnns in das Land
widersagen offennlichen die hie nyemand sein bekannt

872 So sprecht jr vor den gesten daz Ir vnd ewr mann
wellet heerferten also das ist getan
so lobt er euch dar dienen des verleuset Er den leib
so erfar ich vnns die märe ab des kuenen Recken weib

873 Der kunig geuolget v̈bele Hagene seinem man
die starchen vntrewen begunden tragen an
Ee yemand das erfunde die Ritter auserkorn
von zwayer frawen wagen ward vil manig held verloren

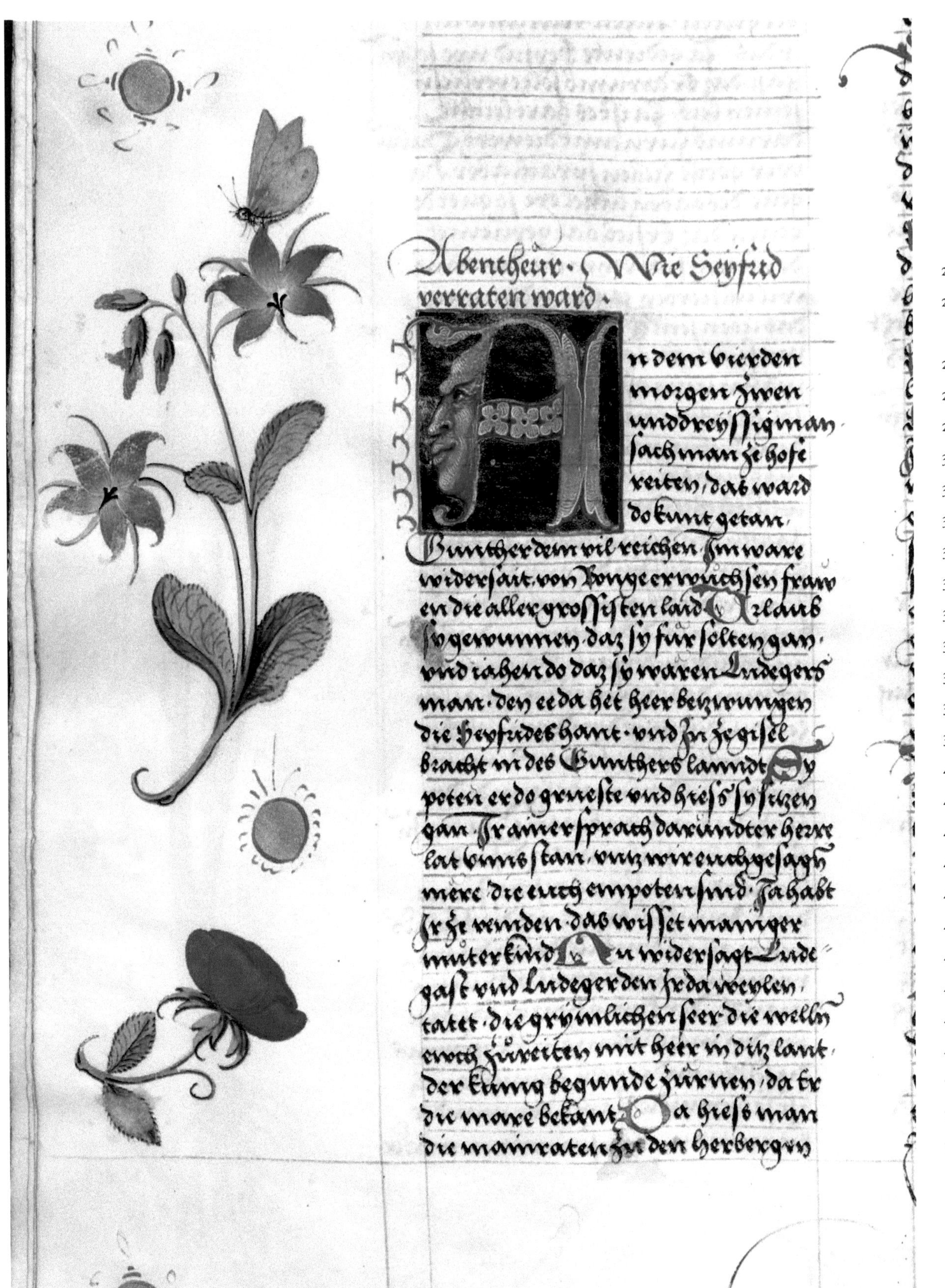

Abentheur · Wie Seyfrid
verraten ward ·
An dem vierden
morgen zwen
unddreyssig man
sach man ze hofe
reiten, das ward
do kunt getan.
Gunther dem vil reichen Im ware
widersait. von lunge erwurben sein fraw
en die aller grossisten laid. Urlaub
sy gewunnen. daz sy für solten gan.
und iahen do daz sy waren Ludegers
man. den ee da het heer betzwungen
die Seyfrides hant. und In ze gisel
bracht in des Gunthers lanndt. Sy
poten er do grueste und hiess sy sitzen
gan. Jr ainer sprach darundter herre
lat vnns stan, vntz wir euch gesagen
mere die euch empoten sind. Ja habt
Jr ze veinden. das wisset manniger
muter kind. Nu widersagt Lude
gast und Ludeger den Jr da weylen
tatet. die grymmlichen seer. die welln
euch zu reiten mit heer in ditz lant.
der kunig begunde zurnen. da er
die mare bekant. Da hiess man
die mainraten zu den herbergen

fol. CVIIIva ll. 25–52

Abentheűr · Wie Seÿfꝛid verraten ward ·

An dem ꝩierden moꝛgen / zwen=unddreÿſſig maŋ / ſach man ze hofe reiteŋ / daσ waꝛd do kunt getan / Gunther dem vil reichen / Jm ware widerſait / voŋ Bonge erwůchſen fraw̃=en die aller groſſiſten laid · Uꝛlaub ſy gewunneŋ / daʒ ſy fűr ſolteŋ gaŋ / vnd iahen do daʒ ſy wären Ludegerσ man · deŋ ee da het heer betʒwungeŋ die Seyfꝛideσ hant · vnd jn ze giſel bꝛacht in deσ Guntherσ lanndt Sy poten er do grűeſte vnd hieſσ ſy ſitʒeŋ gan / Jr ainer ſprach darűndter heꝛre lat ꝩnnσ ſtan / v̈ntʒ wir euch geſagŋ̄ mẽre / die euch empoten ſinꝺ / Ja habt jr ze veinden / daσ wiſſet maniger můter kind Nu widerſagt Lude=gaſt vnd Ludeger den jr da weyleŋ / tatet / die grÿmlichen ſeer die wellŋ̄ ewch zůreiteŋ mit heer iŋ ditʒ lant / der kunig begunde zűrneŋ / da Er die mare bekant / Da hieſσ man die mainraten zu den Herbergeŋ

15 Abentheur Wie Seyfrid verraten ward

874 An dem vierden morgen zwenunddreyssig man
sach man ze hofe reiten das ward do kunt getan
Gunther dem vil reichen Jm ware widersait
von Bonge erwuochsen frawen die aller grossisten laid

875 Urlaub sy gewunnen daz sy für solten gan
vnd iahen do daz sy wären Ludegers man
den ee da het heer betzwungen die Seyfrides hant
vnd jn ze gisel bracht in des Gunthers lanndt

876 Sy poten er do grüeste vnd hiess sy sitzen gan
Jr ainer sprach darundter herre lat vnns stan
ϋntz wir euch gesagen mere die euch empoten sind
Ja habt jr ze veinden das wisset maniger muoter kind

877 Nu widersagt Ludegast vnd Ludeger
den jr da weylen tatet die grymlichen seer
die wellen ewch zuoreiten mit heer in ditz lant
der kunig begunde zürnen da Er die mare bekant

878 Da hiess man die mainraten zu den Herbergen varn

fol. CVIIIvb ll. 1–34

varŋ / Wie möcht ſich herꝛ Seÿfꝛiꝺ do daruoꝛ bewareŋ / Er / oder anderσ yemandσ / daʒ ſy da trůgen an / daσ ward ſeyd jn ſelber zu groſſem laiꝺ getan / Der künig mit ſeineŋ freün=den rueende gie / Hagene von Tꝛo=nege jn nie gerŋ von lie / noch hetteŋ eɞ geſchaiden genůg künigeɞ man / da wolt et Hagene nie deɞ rateɞ abe gan · Eineɞ tageɞ Seÿfꝛid ſy ruen=de vant / da begunde frageŋ der helt von Niderlant / wie ſo traürikliche der künig / ʋnd ſeine man / daɞ hilf ich ÿmmer recheŋ / hat im ÿemanꝺ icht getan / Da ſprach der herre Gunther / mir iſt von ſchulꝺen laid / Ludegaſt vnd Ludeger / die habend mir widerſait · ſy wellent offenlichen reiten in mein lant · da ſprach der degen küene / daɞ ſol die Seÿfꝛideɞ hant Nach allen Ewren eren mit vleiɞ vnnderſtaŋ / jch getůn noch degenen / alɞ ich haŋ Ee getan / jch geleg jn wüeſte / jr puꝛ=ge / vnd auch jr lant / Ee daʒ Ich er=winde / deɞ ſey mein haubt ewr phant / Ir ʋnd ewr Recken ſolt hie haÿme beſtan / Vnd lat mich zů jn reiten / mit ꝺen die jch han / daʒ ich euch gerne diene / daɞ laſσ ich euch geſehen / voŋ mir ſo werdŋ̄ vinden daɞ wiſſet laiꝺ geſchehen / So wol mich diſer märe / ſpꝛach der künig do / alɞ ob ernnſtlich der

878 Da hiess man die mainraten   zu den Herbergen varn
Wie möcht sich herr Seyfrid   do daruor bewaren
Er oder anders yemands   daz sy da truogen an
das ward seyd jn selber   zu grossem laid getan

879 Der künig mit seinen freunden   rueende gie
Hagene von Tronege   jn nie gern von lie
noch hetten es geschaiden   genuog küniges man
da wolt et Hagene   nie des rates abe gan

880 Eines tages Seyfrid   sy ruende vant
da begunde fragen   der helt von Niderlant
wie so trauriklich   der künig vnd seine man
das hilf ich ymmer rechen   hat im yemand icht getan

881 Da sprach der herre Gunther   mir ist von schulden laid
Ludegast vnd Ludeger   die habend mir widersait
sy wellent offenlichen   reiten in mein lant
da sprach der degen küene   das sol die Seyfrides hant

882 Nach allen Ewren eren   mit vleis vnnderstan
jch getuon noch degenen   als ich han Ee getan
jch geleg jn wüeste   jr purge vnd auch jr lant
Ee daz Ich erwinde   des sey mein haubt ewr phant

883 Ir vnd ewr Recken   solt hie hayme bestan
Vnd lat mich zuo jn reiten   mit den die jch han
daz ich euch gerne diene   das lass ich euch gesehen
von mir so werden vinden   das wisset laid geschehen

884 So wol mich diser märe   sprach der künig do
als ob ernnstlich   der helffe wäre fro

So wol mich diser märe sprach
der künig do als ob er ernnstlich der
helffe ware fro. in valsche naigt
im tieffe der vngetrewe man.
da sprach der herre Seyfrid Ir solt
vil klain sorge han Da schickten
sy die rayse. mit den knechten
dan. Seyfrid vnd den seinen ze se
hen es was getan. da hiess Er sich
beraiten. die von Niderlant. die
Seyfrides Recken die suchten streit
lich gewant Da sprach der starch
Seyfrid mein Vater Sigmund.
Ir solt hie beleiben. wir kumen
in kurtzer stund. gibt vnns got
gelucke. herwider an den Rein Ir
solt bey dem künig hie vil frölich
sein. Die zaichen sy anpunden.
als sy wolten von dann. da warn
genug die Gunthers man. die
wessten nicht der märe. warum
es was geschehen. man mochte
gros gesynnde da bey Seyfride sehn.
Ir helme vnd auch ir prynne
sy punden auf die march. sich
beraite vom lannde vil manig
ritter starch. da gieng von Tro
nege Hagene. da er Chrimhilden
vant. vnd in geben Vrlaub. sy
wolten raumen das lanndt.
Nu wol mich sprach do Chrim
hilt daz ich ye gewan den man.
der meinen freunden so wol tet.
vorgestan. als mir herr Seyfrid
tut den freunden mein. des wil
ich hohes mutes sprach die küni

fol. CVIIIvb ll. 35–68

helffe wäre fro / iŋ valſche naigt
im tieffe der vngetrewe man ·
da ſprach der herre Seÿfꝛid jr ſolt
vil klaiŋ ſoꝛge han Da ſchickten
Sy die raÿſe / mit den knechten
dan / Seyfꝛid vnd den ſeineŋ ze ſe=
hen / es was getaŋ / da hieſs Er ſich
beraiteŋ / die von Niderlant / die
Seyfꝛides Recken die ſůchten ſtreit=
lich gewant / Da ſpꝛach der ſtaꝛcħ
Seyfꝛid mein Vater Sigmůnd /
jr ſolt hie beleibeŋ / wir kumeŋ
in kurtʒer ſtůnd / gibt vnns got
gelůcke / herwider an den Rein / Ir
ſolt bey dem kunig hie vil frőlich
ſein · Die zaichen ſy anpůndeŋ /
als ſy wolteŋ von dann · da waꝛŋ̄
genůg / die Gůnthers man / die
weſten nicht der mare / wauoŋ
es was geſcheheŋ / man mochte
gros geſynnde / da bey Seÿfꝛide ſehŋ̄ /
Ir helme vnd auch jr prewne /
Sy punden auf die maꝛch / ſich
beraite vom Lannde vil manig
ritter ſtarch · da gieng von Tꝛo=
nege Hagene / da er Chrimhildŋ̄
vant · vnd im gebeŋ Vꝛlaub / ſÿ
wolteŋ raumen das lanndt ·
Nu wol mich ſprach do Chrim=
hilt daʒ Ich ÿe gewaŋ den man /
der meineŋ Freůnden ſo wol tet /
voꝛ geſtan / als mir herꝛ Seÿfꝛid
tůt den Frewnden mein / des wil
Jch hohes můtes ſprach die kůni=

als ob ernnstlich   der helffe wäre fro
in valsche naigt im tieffe   der vngetrewe man
da sprach der herre Seyfrid   jr solt vil klain sorge han

885 Da schickten Sy die rayse   mit den knechten dan
Seyfrid vnd den seinen   ze sehen es was getan
da hiess Er sich beraiten   die von Niderlant
die Seyfrides Recken   die suochten streitlich gewant

886 Da sprach der starch Seyfrid   mein Vater Sigmund
jr solt hie beleiben   wir kumen in kurtzer stund
gibt vnns got gelücke   herwider an den Rein
Ir solt bey dem kunig   hie vil frölich sein

887 Die zaichen sy anpunden   als sy wolten von dann
da waren genuog   die Gunthers man
die westen nicht der mare   wauon es was geschehen
man mochte gros gesynnde   da bey Seyfride sehen

888 Ir helme vnd auch jr prewne   Sy punden auf die march
sich beraite vom Lannde   vil manig ritter starch
da gieng von Tronege Hagene   da er Chrimhilden vant
vnd im geben Vrlaub   sy wolten raumen das lanndt

889 Nu wol mich sprach do Chrimhilt   daz Ich ye gewan den man
der meinen Freunden   so wol tet vor gestan
als mir herr Seyfrid   tuot den Frewnden mein
des wil Jch hohes muotes   sprach die künigine sein

gne sein. Vil lieber freundt
Hagene gedencke hin an das. daz
ich euch gerne diene. vnd noch nie
ward gehasz. des lasset mich geniessn
an meinem lieben man. er sol des
nicht entgelten hab ich icht Praun
hilden getan. Das hat mich seyt
gerawen, sprach das edel weib. auch
hat Er so zerplawen darumb mein
en leib. daz Ich es ye geriete das beschwä
ret Jr den müt. das hat vil wol errochn
der heldt küen vnd guet Er sprach
Er were versüenet wol nach disen
tagen. Chrimhilt liebe frawe Ja
sült Jr mir sagen. wie ich euch mug
gedienen an Seyfriden ewrem
man. das tün ich gerne frawe wan
Jchs nyemand pas engan. Ich
were on alle sorge sprach do das edel
weib. daz im nyemand in stirm
neme sein leib. ob er nicht wolte
volgen seiner übermüt. so were im
mer sicher der degen küen vnd guet
Fraw sprach do Hagene nu habt
Jr des wan. daz man Jn mug verschnei
den. Jr solt mich wissen. mit wie ge
tanen listen. ich das sol vndersteen.
Ich wil im ze hüte ymmer reiten
vnd geen. Sy sprach du bist mein
mage also bin ich auch der dein Ich
beuilch dir mit treuen den holden
wenen mein. daz du mir wol behue
test meinen lieben man. Sy saget
Jm kunde märe die pesser wären
verlan. Sy sprach mein man ist
küene. vnd darzu starch genug.
da Er den Lintracken an dem perge
erschlug. Ja padet sich in dem plut
der recke vil gemait. davon Jn seyt

fol. CVIIIvc ll. 1–34

gine ſein / Vil lieber freundt Hagene gedencke jm an daσ / ꝺaʒ ich euch gerne diene · ʋnd noch nie ward gehaſʒ / deɞ laſſet mich genieſſŋ̃ aŋ meineŋ liebeŋ maŋ · er ſol deɞ nicht entgelteŋ / hab ich jcht Praũŋ=hildeŋ getaŋ Daɞ hat mich ſeyt geraẘeŋ / ſprach daɞ edel weib · auch hat Er ſo zerplaweŋ darumb mein=eŋ leib · daʒ Ich eɞ ye geriete · daɞ beſchwǟ=ret jr deŋ můt · daɞ hat vil wol errochŋ̃ der Heldt kűen vnd gűet Er ſprach Er were verſaumet wol nach diſeŋ tageŋ / Chrimhilt liebe fraẘe / Ja ſult jr mir ſageŋ / wie ich euchműg gedienen / an Seyfꝛideŋ ewꝛem man / daɞ tůn jch gerne Fraw waŋ̃ jchσ nyemand paɞ engan · Ich were on alle ſoꝛge / ſprach do daɞ edel weib / daʒ im nÿemanꝺ in ſtűrm / nēme ſeinen leib / ob er nicht wolte volgeŋ / ſeiner v̈bermůt / ſo were im=mer ſicher der degeŋ kűeŋ ʋnꝺ gűet Fraw ſprach do Hagene nu habt jr deɞ wan / daʒ man jn műg verſchnei=den / Ir ſolt mich wiſſeŋ / mit wie ge=tanen liſten / ich daɞ ſol vnderſteen · Ich wil jm ze hůte ÿmmer reiten vnd geen · Sy ſprach du biſt mein mage / alſo bin ich auch der ꝺein Jch beuilch dir mit treẘeŋ den holꝺeŋ veineŋ mein · daʒ du mir wol behűe=teſt meineŋ liebeŋ man · Sÿ ſaget jm kunde mǟre / die peſſer wǟren

des wil Jch hohes muotes sprach die künigine sein

890 Vil lieber freundt Hagene gedencke jm an das
daz ich euch gerne diene vnd noch nie ward gehasz
des lasset mich geniessen an meinem lieben man
er sol des nicht entgelten hab ich jcht Praunhilden getan

891 Das hat mich seyt gerawen sprach das edel weib
auch hat Er so zerplawen darumb meinen leib
daz Ich es ye geriete das beschwäret jr den muot
das hat vil wol errochen der Heldt küen vnd guet

892 Er sprach Er were versaumet wol nach disen tagen
Chrimhilt liebe frawe Ja sult jr mir sagen
wie ich euch müg gedienen an Seyfriden ewrem man
das tuon jch gerne Fraw wann jchs nyemand pas engan

893 Ich were on alle sorge sprach do das edel weib
daz im nyemand in stürm neme seinen leib
ob er nicht wolte volgen seiner v̈bermuot
so were immer sicher der degen küen vnd guet

894 Fraw sprach do Hagene nu habt jr des wan
daz man jn müg verschneiden Ir solt mich wissen
mit wie getanen listen ich das sol vndersteen
Ich wil jm ze huote ymmer reiten vnd geen

895 Sy sprach du bist mein mage also bin ich auch der dein
Jch beuilch dir mit trewen den holden veinen mein
daz du mir wol behüetest meinen lieben man
Sy saget jm kunde märe die pesser wären verlan

weinen mein · daz du mir wol begun
test meinen lieben man · Sy saget
Im kunde märe die pesser wären
verlan · Sy sprach mein man ist
küene · und darzu starch genug ·
da Er den Lintracken an dem perge
erschlug · Ja padet sich in dem plut
der recke vil gemait · dauon Er seyt
in stürmen nie kain waffen ver
schnaid · Jedoch bin Ich in sorgen
wenn Er in streite stat · und vil der
geer schusse von helden hannde gat ·
daz Ich da verliese meinen lieben man ·
hey was Ich grosser laide dick umb
Seyfriden han · Ich marde es auf
genade vil lieber freundt dir · daz
du dein trew behaltest an mir · da
man da mag verhawen meinen
lieben man · das lass ich dich hören
das ist auf genad getan · Die von
des Tracken wunden floss das hays
se plut · und sich darynne padete der
küene Ritter gut · da viel Im zwischen
die herte ein linden plat vil prait ·
da mag man In verschneiden des
ist mir sorgen vil berait · Da sprach
von Tronege Hagene auf das sein
gewant naet Ir ein klaines zaichen ·
dabey ist mir bekant · wo ich In müe
ge behüeten sowie in stürmen stan ·
Sy maynte den helt ze fristen · es was
auf seinen todt getan · Sy sprach
mit klainer seyden nae ich auf sein
gewant · ein taugenliches kreutze
da sol helt dein hant meinen man
behüeten so es an die harte gat · wen
Er in den stürmen vor seinen veindn

fol. CVIIIvc ll. 35–68

verlan · Sy ſprach mein man iſt küene · vnd dartʒů ſtarch genůg · da Er den Lintracken an ꝺem peꝛge erſchlůg · Ja padet ſich in dem plůt / der Recke vil gemait · dauoŋ jn ſeÿ̋t in ſtűrmeŋ / nie kain waffeŋ ʋerſchnaiꝺ · Yedoch biŋ jch in ſoꝛgeŋ / wenn Er in ſtreite ſtat · ʋnd vil der geerſchuſſe voŋ Helꝺeŋ hannde gat · daʒ Ich da verlieſe meineŋ lieben maŋ / Heÿ waσ jch groſſer laide / dick vmb Seyfꝛiꝺeŋ han · Sich maide eσ auf genade vil lieber Freundt ꝺir / ꝺaʒ ꝺu dein trew behalteſt aŋ mir / da man da mag verhaweŋ meineŋ liebeŋ man · daσ laſσ ich ꝺich hőꝛeŋ daσ iſt auf genaꝺ getan / Die voŋ deσ Trackeŋ wundeŋ floσ / daσ haiſſe plůt / vnd ſich ꝺarÿnne padete / der kuene Ritter gůt · da viel jm zwiſchŋ̄ die herte eiŋ lindeŋ plat vil prait · da mag man jn ʋerſchneiꝺeŋ / deσ iſt mir ſoꝛgeŋ vil berait · Da ſpꝛach von Tronege Hagene / auf daσ ſein gewant nӓ̋et jr ein klaineσ zaichŋ̄ / dabey iſt mir bekant / wo ich jn mű́ge behűeteŋ / ſo wir in ſtűrmeŋ ſtaŋ / Sy maynte den helt ze fꝛiſten / eσ waσ auf ſeinen todt getan · Sy ſprach mit klainer ſeydeŋ / nӓ̋e jch auf ſeiŋ gewant · ein taugenlicheσ creutʒe da ſol Helt dein hant / meineŋ maŋ behűeteŋ / ſo eσ an die haꝛte gat · weŋ̄ Er in den ſtűrmeŋ voꝛ ſeineŋ ʋeinꝺŋ̄ /

Sy saget jm kunde märe die pesser wären verlan

896 Sy sprach mein man ist küene vnd dartzuo starch genuog
da Er den Lintracken an dem perge erschluog
Ja padet sich in dem pluot der Recke vil gemait
dauon jn seyt in stürmen nie kain waffen verschnaid

897 Yedoch bin jch in sorgen wenn Er in streite stat
vnd vil der geerschusse von Helden hannde gat
daz Ich da verliese meinen lieben man
Hey was jch grosser laide dick vmb Seyfriden han

898 Sich maide es auf genade vil lieber Freundt dir
daz du dein trew behaltest an mir
da man da mag verhawen meinen lieben man
das lass ich dich hören das ist auf genad getan

899 Die von des Tracken wunden flos das haisse pluot
vnd sich darynne padete der kuene Ritter guot
da viel jm zwischen die herte ein linden plat vil prait
da mag man jn verschneiden des ist mir sorgen vil berait

900 Da sprach von Tronege Hagene auf das sein gewant
näet jr ein klaines zaichen dabey ist mir bekant
wo ich jn müge behüeten so wir in stürmen stan
Sy maynte den helt ze fristen es was auf seinen todt getan

901 Sy sprach mit klainer seyden näe jch auf sein gewant
ein taugenliches creutze da sol Helt dein hant
meinen man behüeten so es an die harte gat
wenn Er in den stürmen vor seinen veinden stat

stat · Das thun Ich sprach da
Hagene · Vil liebe frawe mein · da
maynet auch des die frawe · es sölt
im frumme sein · do was damit
verraten der Chrimhilden man ·
Vrlaub nam do Hagene · da gieng
Er frölich von dan · Daz Er erfarn
hette pat zu sein herre ze sagen · da
wil ich die rayse wennden · wir sül
len reiten · Dageen · Ich han nu gar
die märe · wie ich In gewynne
mügt Ir das gefüegen das tün ich
sprach der künig wol · Da die vil
vngetrewen gelaiten auf seinen
todt · Sy westen all geleiche Gisel
her vnd Gernot · wolten nicht Ja
gen reiten · Ich wayss nit durch
welchen neidt daz sy In nicht en
warnden · Jedoch erarnt es seyt
Des kuniges yngesinde · was
allessambt gemüt · Ich wene ym
mer Recke dhainer mer getüt · so
grosser mainrate so da von im ergi
do sich an sein trew · Chrimhilt
die künigin lie · Des anndern
morgen wol tausent seiner man ·
rait der herre Seyfrid vil frolich
von dan · er wande er sölt Rechen
seiner freunde laid · Hagene zu
rait so nahen daz Er geschawet
die claid · Als er gesach das pilde
da schickt er tangen von dann · die
sagten annder märe zwen sein
er man · mit frid solte beleiben · des
Gunthers lanndt · vnd sy hette
Ludeger zu dem künige gesant ·
Wie gerne Seyfrid do hinwider
rait · Er het ettwas errochen sein
freunde laid · wann zu vil kaum

fol. CIXra ll. 1–34

wenn Er in den stürmen   vor seinen veinden stat

ſtat · Das thůŋ Jch ſprach da Hagene / ʋil liebe frawe mein / da maynet auch des die fraw̃e / es ſolt im frumme ſein · do was damit verrateŋ der Chrimhilꝺeŋ man / Vrlaub naŋ do Hagene / da gieng Er frőlich voŋ ꝺan / Daʒ Er erfaꝛŋ hette / pat jm ſein herre ze ſageŋ · da wil ich die rayſe wennden / wir ſűl leŋ reiteŋ Iageeŋ / Jch han nu gaꝛ die mǎre / wie jch jn gewÿnne műgt jr das gefűegeŋ das tůŋ ich ſprach der kunig wol / Da die vil vngetrew̃eŋ gelaiteŋ auf ſeineŋ todt / Sy weſteŋ all geleiche Giſel=her vnd Gernot / wolteŋ nicht ja=gen reiteŋ · Ich waÿſs nit durch welcheŋ neidt / daʒ ſy jn nicht en=warnden / Yedoch erarnt es ſeyt / Des kuniges ÿnngeſinde / was alleſſambt gemůt / jch wene ym=mer Recke dhainer mer getůt · ſo groſſer mainrate / ſo da voŋ im ergie do ſich an ſein trew / Chrimhilt die kunigin lie · Des annderŋ moꝛgeŋ wol tauſent ſeiner maŋ / rait der herre Seyfꝛid vil frőlich voŋ dan / er wande er ſolt Recheŋ ſeiner Freunde laid · Hagene jm rait ſo nahen / daʒ Er geſchawet die claid Als er geſach das pilde da ſchicke er taugen von dann · die ſagteŋ annder mǎre zweŋ ſein=er man / mit frid ſolte beleibeŋ / des

902 Das thuon Jch sprach da Hagene   vil liebe frawe mein
da maynet auch des die frawe   es solt im frumme sein
do was damit verraten   der Chrimhilden man
Vrlaub nam do Hagene   da gieng Er frölich von dan

C 913 Daz Er erfarn hette   pat jm sein herre ze sagen
da wil ich die rayse wennden   wir süllen reiten Iageen
Jch han nu gar die märe   wie jch jn gewynne
mügt jr das gefüegen   das tuon ich sprach der kunig wol

C 923 Da die vil vngetrewoen   gelaiten auf seinen todt
Sy westen all geleiche   Giselher vnd Gernot
wolten nicht jagen reiten   Ich wayss nit durch welchen neidt
daz sy jn nicht enwarnden   Yedoch erarnt es seyt

903 Des kuniges ynngesinde   was allessambt gemuot
jch wene ymmer Recke   dhainer mer getuot
so grosser mainrate   so da von im ergie
do sich an sein trew   Chrimhilt die kunigin lie

904 Des anndern morgen   wol tausent seiner man
rait der herre Seyfrid   vil frölich von dan
er wande er solt Rechen   seiner Freunde laid
Hagene jm rait so nahen   daz Er geschawet die claid

905 Als er gesach das pilde   da schicke er taugen von dann
die sagten annder märe   zwen seiner man
mit frid solte beleiben   des Gunthers lanndt

da schickt er tausent von dann· die
sagten an ander märe zwen sein
er man· mit frid solte beleiben· des
Guntheres lanndt· vnd sy hette
Ludeger zu dem künige gesant·
Wie gerne Seyfrid do hin wider
rait· Er het ettwas errochen sein
freunde laid· Wann zu vil kaum
erwarden des Guntheres man·
da rait Er zu dem künige der
vart im dancken began· Nu lon
euch got des willen freunndt Sey
frid· daz Ir so williklichen thüet
des ich euch pit· das sol ich ymm-
verdienen, als ich von rechte sol·
vor allen meinen freunden so ge
traw ich euch wol· Nu wir der
herfert ledig sein· so wil ich jagn
reiten· Pern vnd Schwein hin
zum Waschen walde· als ich
vil dick han· das hete geraten Ha
gene der vil vngetrewe man·
Allen meinen Gesten den sol
man das sagen, daz wir vil fru
reiten· die wellen mit mir jagen,
daz sy sich beraiten· die aber hie be
stan· hovischen mit den frawen
daz sey mir liebe getan· Da sprach
der starche Seyfrid mit herlichn
site· wenn Ir jagen reitet· da wil
ich gerne mit· so sult Ir mir leihn
ainen suechman· vnd ettlichn
pracken· so wil ich reiten in den
tan· Welt Ir nicht nemen ainen
sprach der künig ze hant· Ich
leyhe euch welt Ir viere den vil
wol ist bekant der wald vnd auch

fol. CIXra ll. 35–68

Gŭntherɞ lanndt / ʋnd ſy hette
Ludeger zu dem kunige geſant ·
Wie gerne Seyfꝛid do hinwider
rait · Er het ettwaɞ errochen ſeinˀ
Freunde laid / wann jn vil kaŭꝳ
erwandeŋ deɞ Gunthereɞ man ·
da rait Er zu dem kŭnige / der
vart im dancken began / Nu loŋ
euch got deɞ willeŋ Freŭndt Seÿ=
fꝛiꝺ / ꝺaʒ Ir ſo williklichen thuet
deɞ ich euch pit · daɞ ſol ich ymmˀ=
verdieneŋ / alɞ ich von rechte ſol ·
voꝛ alleŋ meineŋ Freŭndeŋ / ſo ge=
traw ich euch wol · Nu wir der
Herfert ledig ſein / ſo wil jch Jagŋ̄
reiteŋ / Pern vnd Schwein / hin
zum Waſetheŋ walde / alɞ ich
vil dickꜧ haŋ · daɞ hete gerateŋ / Ha=
gene der vil vngetrewe man ·
Alleŋ meineŋ Geſten deŋ ſol
man daɞ ſageŋ / daʒ wir vil frŭe
reiteŋ / die welleŋ mit mir iageŋ /
daʒ ſy ſich beraiteŋ / die aber hie be=
ſtan · Hŏuiſcheŋ mit deŋ frawŏeŋ
daʒ ſeÿ mir liebe getan · Da ſpꝛach
der ſtarche Seyfꝛid mit herꝛlichꜧm̄
ſite / wenn Ir jagen reitet · da wil
ich gerne mit · ſo ſult jr mir leihŋ̄
eineŋ ſuechman / vnd ettlichŋ̄
pracken / ſo wil ich reiteŋ in den
tan / Welt jr nicht nemen aineŋ /
ſprach der kunig ze hant · Ich
leyhe euch welt jr Viere / den vil
wol iſt bekant der walꝺ / vnd aucꜧ

mit frid solte beleiben des Gunthers lanndt
vnd sy hette Ludeger zu dem kunige gesant

906 Wie gerne Seyfrid do hinwider rait
Er het ettwas errochen seiner Freunde laid
wann jn vil kaum erwanden des Guntheres man
da rait Er zu dem künige der vart im dancken began

907 Nu lon euch got des willen Freundt Seyfrid
daz Ir so williklichen thuet des ich euch pit
das sol ich ymmer verdienen als ich von rechte sol
vor allen meinen Freunden so getraw ich euch wol

908 Nu wir der Herfert ledig sein
so wil jch Jagen reiten Pern vnd Schwein
hin zum Wasethen walde als ich vil dickh han
das hete geraten Hagene der vil vngetrewe man

909 Allen meinen Gesten den sol man das sagen
daz wir vil früe reiten die wellen mit mir iagen
daz sy sich beraiten die aber hie bestan
Höuischen mit den frawen daz sey mir liebe getan

910 Da sprach der starche Seyfrid mit herrlichem site
wenn Ir jagen reitet da wil ich gerne mit
so sult jr mir leihen einen suechman
vnd ettlichen pracken so wil ich reiten in den tan

911 Welt jr nicht nemen ainen sprach der kunig ze hant
Ich leyhe euch welt jr Viere den vil wol ist bekant
der wald vnd auch die steyge wo die Tiere hingant

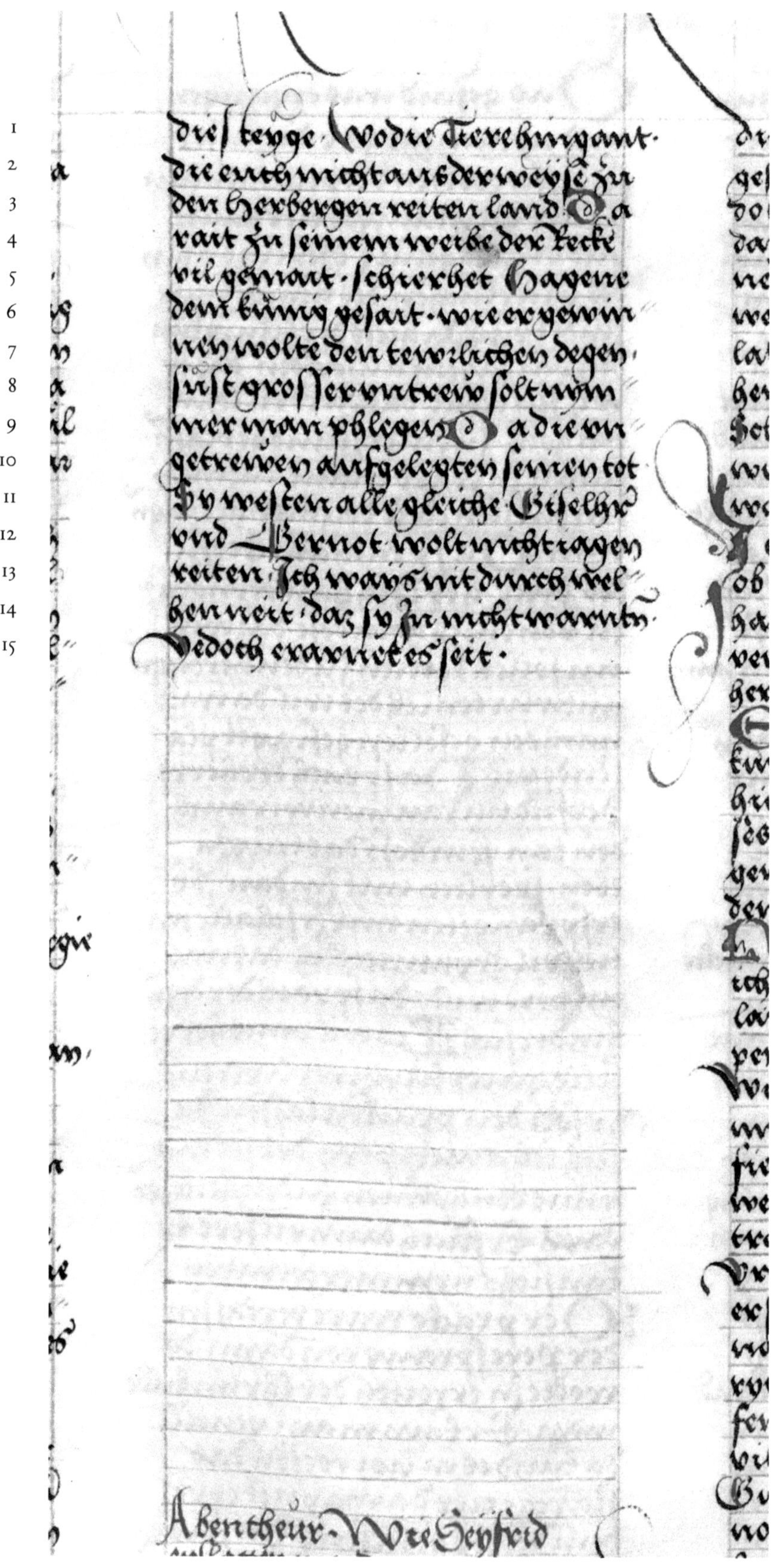

dieſ teyge · Wo die Tierechunigant ·
die enth nicht aus der weyſe zu
den herbergen reiten land · Da
rait zu ſeinem weibe der recke
vil gemait · ſchier het Hagene
dem küunig geſait · wie er gewin
nen wolte den tewrlichen degen ·
ſuſt groſſer untrew ſolt nym
mer man phlegen · Da die un
getrewen aufgelegten ſeinen tot
Sy weſten alle gleiche · Giſelher
und Gernot wolt nicht iagen
reiten · Ich wais nit durch wel
hen reit · daz ſy im nicht warnten ·
Jedoch erarnet es ſeit ·

Abentheur · Wie Seyfrid

fol. CIXrb ll. 1–15

die ſteÿ̈ge / wo die Tiere hingant · die euch nicht auσ der weÿſe zu den Herbergen reiten land / Da rait zu ſeinem weibe der Recke vil gemait · ſchier het Hagene dem kűnig geſait · wie er gewin=neŋ wolte den tewꝛlicheŋ degeŋ / ſűſt groſſer vntrew̆ ſolt nym=mer man phlegeŋ Da die vn=getrew̆eŋ aufgelegteŋ ſeineŋ tot · Sy weſten alle gleiche / Giſelhrꝰ vnd Gernot / wolt nicht iageŋ reiten / jch waÿσ nit durch wel=hen neit / daȥ ſy jn nicht warntŋ̄ / Yedoch erarnet eσ ſeit ·

der wald vnd auch die steyge wo die Tiere hingant
die euch nicht aus der weyse zu den Herbergen reiten land

912 Da rait zu seinem weibe der Recke vil gemait
schier het Hagene dem künig gesait
wie er gewinnen wolte den tewrlichen degen
süst grosser vntrew solt nymmer man phlegen

C 923 Da die vngetrewen aufgelegten seinen tot
Sy westen alle gleiche Giselher vnd Gernot
wolt nicht iagen reiten jch ways nit durch welhen neit
daz sy jn nicht warnten Yedoch erarnet es seit

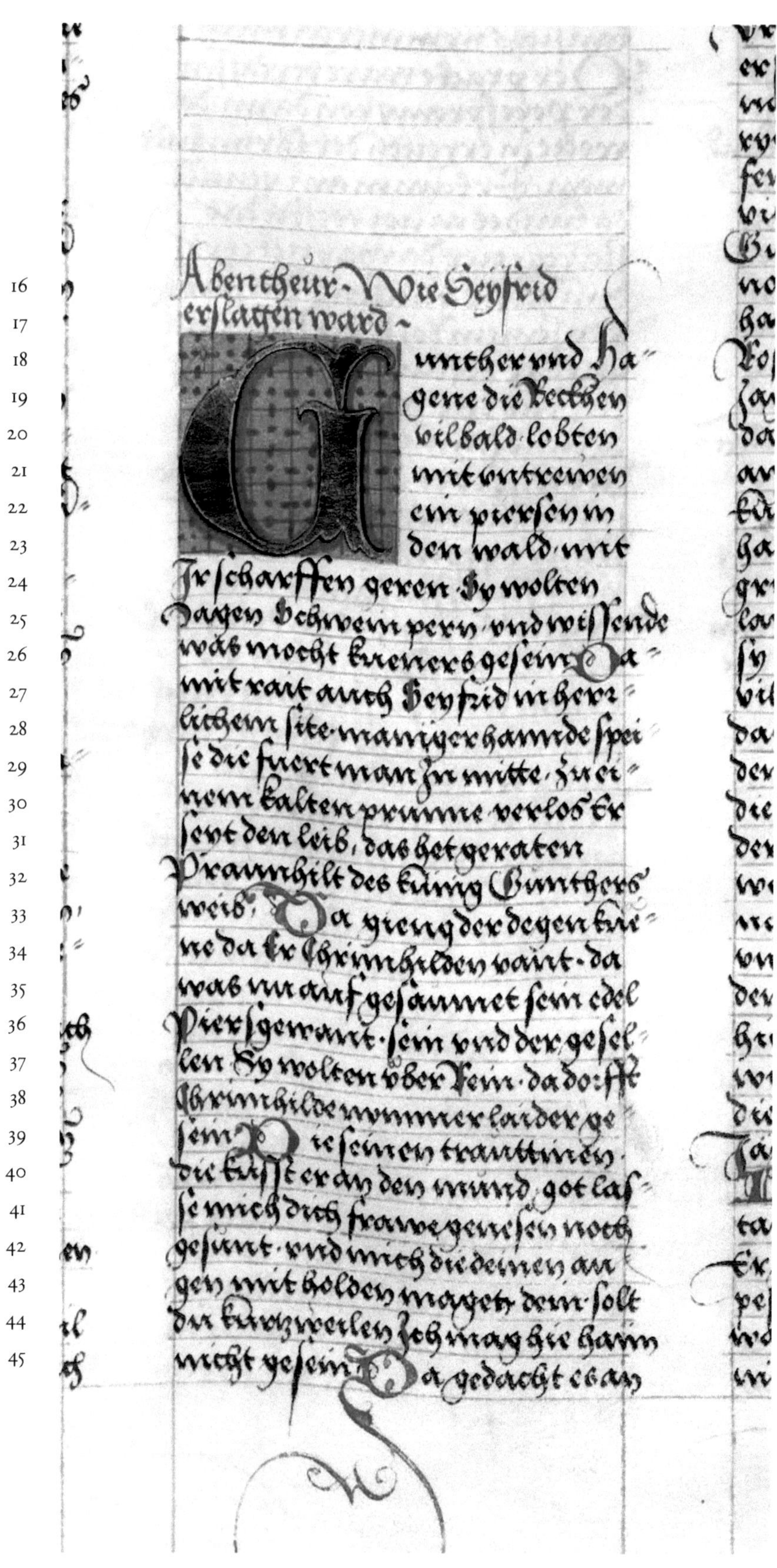

Abentheur · Wie Seyfrid
erslagen ward ·
Gunther vnd Ha-
gene die Recchen
vilbald · lobten
mit vntrewen
ein piersen in
den wald · mit
Ir scharffen geren · Sy wolten
Jagen Schwein pern · vnd wissende
was mocht kuenners gesein · Damit rait auch Seyfrid in herrlichem site · maniger hannde speise die fuert man In mitte · Zu einem kalten prunne verlos er
seyt den leib · das het geraten
Praunhilt des kunig Gunthers
weib · Da gieng der degen kuene da er Chrimhilden vant · da
was im auf gesaumet sein edel
piersgewant · sein vnd der gesellen Sy wolten vber Rein · da dorfft
Chrimhilde nimmer laider gesein · Die seinen trauttinen
die kusst er an den mund · got lasse mich dich frawe gewesen noch
gesunt · vnd mich die deinen augen mit holden maget dein · solt
du kurtzweilen Ich mag hie haim
nicht gesein · Da gedacht es an

fol. CIXrb ll. 16–45

Abentheŭr · Wie Seÿfrid erſlagen ward

Gunther vnd Hagene / die Reckheŋ vil bald / lobteŋ mit vntrewĕŋ ein pierſeŋ iŋ den wald / mit Jr ſcharffeŋ geren / Sy wolteŋ Iageŋ Schwein perŋ / vnd wiſſenꝺe was mocht kueners geſein Damit rait auch Seyfꝛid in herꝛlichem ſite · maniger hannde ſpeiſe die fuert man jn mitte / zu einem kalten prunne / verlos Er ſeyt den leib / das het geraten Praunhilt des künig Gŭnthers weib / Da gieng der degen kŭene da Er Chrimhildeŋ vant · da was nu auf geſaŭmet ſein edel Pierſgewant · ſein vnd der geſellen / Sy wolten v̈ber Rein · da doꝛfft Chrimhilde nymmer laider geſein / Die ſeineŋ traŭttineŋ / die kuſſt er aŋ deŋ mŭnd / got laſſe mich dich frawe / geneſeŋ noch geſŭnt / vnd mich die deineŋ augeŋ mit holdeŋ mageŋ · dein / ſolt du kurtʒweileŋ jch mag hie haiŋ nicht geſein / Da gedacht es aŋ

16 Abentheur Wie Seyfrid erslagen ward

913 Gunther vnd Hagene die Reckhen vil bald
lobten mit vntrewen ein piersen in den wald
mit Jr scharffen geren Sy wolten Iagen Schwein
pern vnd wissende was mocht kueners gesein

914 Damit rait auch Seyfrid in herrlichem site
maniger hannde speise die fuert man jn mitte
zu einem kalten prunne verlos Er seyt den leib
das het geraten Praunhilt des künig Gunthers weib

915 Da gieng der degen küene da Er Chrimhilden vant
da was nu auf gesaumet sein edel Piersgewant
sein vnd der gesellen Sy wolten v̈ber Rein
da dorfft Chrimhilde nymmer laider gesein

916 Die seinen trauttinen die kusst er an den mund
got lasse mich dich frawe genesen noch gesunt
vnd mich die deinen augen mit holden magen dein
solt du kurtzweilen jch mag hie haim nicht gesein

917 Da gedacht es an die märe Sy getorst Jr nicht gesagen

die mare Sy getorst ir nicht
gesagen die si da Hagene sagte.
Do begunde clagen die edel kunigin
daz sy ye gewan den leib da war-
net on mass se des herren Seyfrids
weib. Sy sprach zu dem Recken
lat ewr jagen sein. mir trawmet
heint laide wie euch zwan wilde
Schwein jageten vber hayde da
wurden plumen rot. daz ich so sere
waine das geet mir warlichen not.
Ich furcht hart sere ettlichen rat.
ob man der ghainen missedient
hat. die vnns gefuegen kunnen
veintlichen hass. beleibet lieber
herre. mit trewen rat ich euch das.
Er sprach mein trawtinne ich
kumb in kurtzen tagen Ich waiss
hie nicht der leute die mir icht hasses tragen. alle die mage sind mir
gemaine holt. auch hab ich an
den degenen nicht anders verscholt.
Nain herre Seyfrid ja furcht
ich deinen fal. mir traumbt heint
laide. wie ob dir ze tal vielen zwen
perg. Ich gesach dich nymmermer
Wilt du von mir schaiden das tut
mir in dem hertzen wee. Er vmb
fieng mit armen das tugentreich
weib. mit mynniklichen kussen
trautet er jrn schonen leib. mit
vrlaub er dannen schied in kurtz
er stund. sy gesach in laider dar
nach nymmermer gesunt. Da
ryten sy von dannen in einen tieffen walt. durch kurtzweil willen
vil manig Ritter pald volgeten
Gunther vnd seinen man. Gernot vnd Giselher die waren da

fol. CIXrc ll. 1–34

die märe Sy getoꝛſt Jr nicht
geſageŋ / die ſy da Hagene ſagte /
do begunde clageŋ die edel kunigiŋ
daʒ Sy ye gewan den leib / da wai=
net on maſſe des herreŋ Seÿfꝛids
weib / Sy ſprach zu dem Reckeŋ
lat ewr jageŋ ſein · mir traẘmet
heint layde / wie euch zwaÿ wilde
Schwein iageten v̈ber haÿde · da
wurdeŋ plůmen rot / daʒ jch ſo ſeꝛe
waine das geet mir wärlicheŋ not /
Ich fürcht hart ſere ettlicheŋ rat /
ob maŋ der dhaineŋ miſſedient /
hat · die vnns gefuegeŋ künneŋ
veintlicheŋ haſs / beleibet lieber
herre / mit treweŋ rat ich euch das /
Er ſprach mein trawttine / jch
kumb in kurtʒen tageŋ / Ich wayſs
hie nicht der leüte die mir icht haſ=
ſes trageŋ / alle die mage ſind mir
gemaine holt · auch hab ich aŋ
deŋ degeneŋ nicht annders verſcholt ·
Naina herre Seÿfrid ja fürcht
ich deineŋ fal / mir traumbt heint
laide / wie ob dier ze tal vieleŋ zweŋ
perg / Ich geſach dich nÿmmermeꝛ /
Wilt du voŋ mir ſchaideŋ / das tůt
mir in dem hertʒeŋ wee / Er vmb=
fieng mit armeŋ das tugentreich
weib · mit mÿnniklicheŋ küſſeŋ
traütet Er jrŋ ſchöneŋ leib · mit
Vrlaub er danneŋ ſchied / in kuꝛtʒ=
er ſtůnd / ſy geſach jn laider daꝛ=
nach nÿmmermer geſünt · Da

917 Da gedacht es an die märe Sy getorst Jr nicht gesagen
die sy da Hagene sagte do begunde clagen
die edel kunigin daz Sy ye gewan den leib
da wainet on masse des herren Seyfrids weib

918 Sy sprach zu dem Recken lat ewr jagen sein
mir trawmet heint layde wie euch zway wilde Schwein
iageten v̈ber hayde da wurden pluomen rot
daz jch so sere waine das geet mir wärlichen not

919 Ich fürcht hart sere ettlichen rat
ob man der dhainen missedient hat
die vnns gefuegen künnen veintlichen hass
beleibet lieber herre mit trewen rat ich euch das

920 Er sprach mein trawttine jch kumb in kurtzen tagen
Ich wayss hie nicht der leute die mir icht hasses tragen
alle die mage sind mir gemaine holt
auch hab ich an den degenen nicht annders verscholt

921 Naina herre Seyfrid ja fürcht ich deinen fal
mir traumbt heint laide wie ob dier ze tal
vielen zwen perg Ich gesach dich nymmermer
Wilt du von mir schaiden das tuot mir in dem hertzen wee

922 Er vmbfieng mit armen das tugentreich weib
mit mynniklichen küssen trautet Er jrn schönen leib
mit Vrlaub er dannen schied in kurtzer stuond
sy gesach jn laider darnach nymmermer gesunt

923 Da ryten sy von dannen in einen tieffen walt

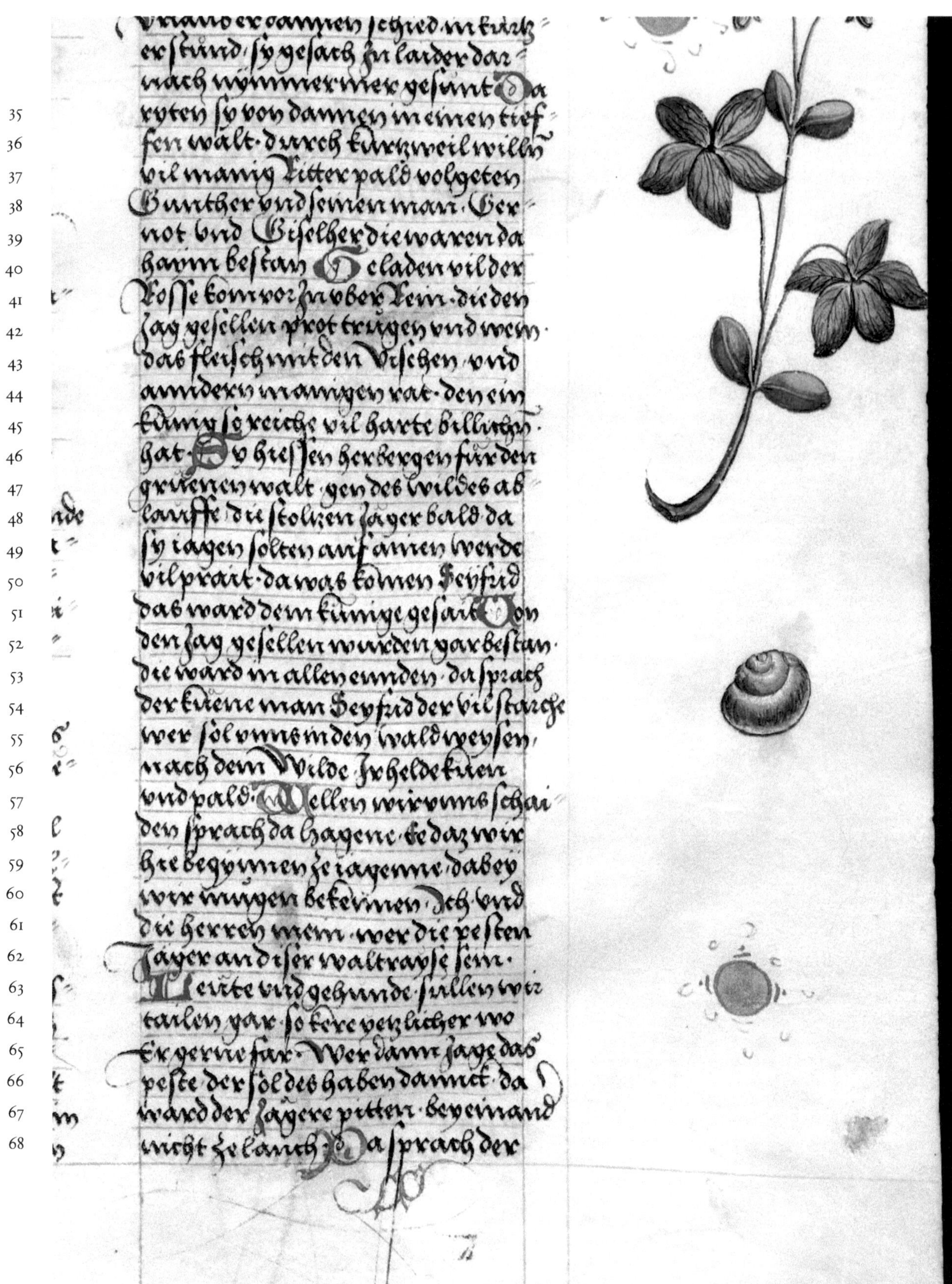
vrlaub er dannen schied in kurtz
er stund, sy gesach in laider dar
nach nymmer mer gesunt. Da
ryten sy von dannen in einen tief
fen walt. durch kurtzweil willn
vil manig Ritter pald volgeten
Gunther vnd seinen man. Ger
not vnd Giselher die waren da
haim bestan. Geladen vil der
Rosse kom vor in vber Rein. die den
Jag gesellen prot trugen vnd wein.
das fleisch mit den Vischen vnd
anderen managen rat. den ein
künig so reiche vil harte billichen
hat. Sy hiessen herbergen für den
grüenen walt. gen des wildes ab
lauffe die stoltzen Jäger bald da
sy iagen solten auf ainen werde
vil prait. da was komen Seyfrid
das ward dem künige gesait. Von
den Jag gesellen wurden gar bestan
die ward in allen enden. da sprach
der küene man Seyfrid der vil starche
wer sol vnns in den wald weysen
nach dem Wilde. Ir helde küen
vnd pald. Wellen wir vnns schai
den sprach da Hagene. ee daz wir
hie beginnen ze iagenne. dabey
wir mugen bekennen. Ich vnd
die herren mein. wer die pesten
Jäger an diser waltrayse sein.
Leüte vnd gehunde sullen wir
tailen gar. so kere yetzlicher wo
Er gerne far. Wer dann jage das
peste der sol des haben danck. da
ward der Jägere pitten. bey einand
nicht ze lanch. Da sprach der

fol. CIXrc ll. 35–68

ryteŋ ſy voŋ danneŋ in eineŋ tief=
fen walt · durch kurtʒweil willn̄
vil manig Ritter palꝺ / volgeteŋ
Gunther vnd ſeinen man / Ger=
not ʋnd Giſelher die waren da
haÿm beſtaŋ / Geladen vil der
Roſſe kom voꝛ jn v͛ber Rein · die deŋ
jag geſellen prot trůgeŋ vnd weiŋ ·
daɞ fleiſch mit ꝺen Viſcheŋ / vnd
annderŋ manigeŋ rat · deŋ eiŋ
künig ſo reiche vil harte billichn̄ /
hat · Sy hieſſeŋ herbergeŋ für den
grüeneŋ walt / geŋ deɞ wilꝺeɞ ab=
laüffe / die ſtoltʒen jäger balꝺ / da
ſy iageŋ ſolteŋ auf aineŋ werde
vil prait · da waɞ komeŋ Seÿfꝛiꝺ
daɞ ward dem künige geſait · Uoŋ
den jag geſellen wurden gar beſtaŋ /
die ward in alleŋ ennden / da ſpꝛacħ
der küene man / Seyfꝛid der ʋil ſtaꝛcħe
wer ſol vnnɞ in deŋ walꝺ weyſeŋ /
nach dem Wilde / jr helde küen
vnd palꝺ · Welleŋ wir vnnɞ ſchai=
deŋ ſprach da Hagene / Ee daʒ wir
hie begÿnneŋ ze iagenne / dabeÿ
wir můgeŋ bekenneŋ / Ich / ʋnꝺ
die herreŋ mein / wer die peſten
Jäger an diſer waltraÿſe ſein ·
Leüte vnd gehünde / ſülleŋ wiꝛ
taileŋ gar / ſo kere ÿetʒlicher wo
Er gerne far · Wer ꝺann jage daɞ
peſte / der ſol deɞ habeŋ dannck / da
ward der jägere pitten / beyeinanꝺ᷑
nicht ze lanch · Da ſprach der

923 Da ryten sy von dannen in einen tieffen walt
durch kurtzweil willen vil manig Ritter pald
volgeten Gunther vnd seinen man
Gernot vnd Giselher die waren da haym bestan

924 Geladen vil der Rosse kom vor jn v͛ber Rein
die den jag gesellen prot truogen vnd wein
das fleisch mit den Vischen vnd anndern manigen rat
den ein künig so reiche vil harte billichen hat

925 Sy hiessen herbergen für den grüenen walt
gen des wildes ablauffe die stoltzen jäger bald
da sy iagen solten auf ainen werde vil prait
da was komen Seyfrid das ward dem künige gesait

926 Uon den jag gesellen wurden gar bestan
die ward in allen ennden da sprach der küene man
Seyfrid der vil starche wer sol vnns in den wald
weysen nach dem Wilde jr helde küen vnd pald

927 Wellen wir vnns schaiden sprach da Hagene
Ee daz wir hie begynnen ze iagenne
dabey wir muogen bekennen Ich vnd die herren mein
wer die pesten Jäger an diser waltrayse sein

928 Leute vnd gehunde süllen wir tailen gar
so kere yetzlicher wo Er gerne far
Wer dann jage das peste der sol des haben dannck
da ward der jägere pitten beyeinander nicht ze lanch

929 Da sprach der herre Seyfrid Jch han der Hunde rat

Herre Seyfrid ich han der hun
de rat. wann einen Pracken der
so genossen hat. daz er die ferte
erkenne der tier. durch den tan.
Wir kumen wol ze gejaide sprach
do Chrimhilde man. Da nam
ein alter jäger ein guten spür
hunt. er pracht den herren in
einer kurtzen stund da sy vil tiere
funden. was der von legere stund
die erjageten die gesellen so noch
güt jäger tund. Was ir der bracht
ersprangte. die slüg mit seiner
handt. Seyfrid der vil küene der
helt von Nyderlant. sein Ross
das lieff so sere. daz im nicht entran.
das lob Er vor in allen an dem
gejaide gewan. Er was an allen
dingen biderb genüg. sein tier
das was das erste daz Er ze tode
slüg. ein vil starches halpswol
mit seiner hant. darnach Er vil
schiere einen ungefüegen lewen
vant. Do den der prack ersprangkte
den schos Er mit dem pogen ein
scharffe strealen het Er darynne
gezogen. der lewe nach dem schus
se wan dreyer sprüngelang
die seinen jaygesellen die sageten
Seyfriden danck. Darnach slüg
Er schiere einen Wisent vnd einen
Elch starcher Vrewiere. vnd ein
en grymmen Schelch. sein Ross
trüg in so balde daz Ir im nicht
entran. hyerss oder hinden kund
im wenig icht entgan. Einen
Eber grossen den vant der Spür
hundt. als Er begunde fliehen.

fol. CIXva ll. 1–34

herre Seyfrid · Jch haŋ der Hun=de rat / wann eineŋ Pracken der ſo genoſſeŋ hat / daʒ er die ferte erkenne der tier / durch deŋ taŋ / Wir kumen wol ze gejaide / ſpꝛach do Chrimhilde man Da nam ein alter jäger / ein gůteŋ ſpůr hůnt / er pracht den herreŋ in einer kurtʒen ſtůnd / da ſy vil tiere fundeŋ / was der voŋ legere ſtůnd die eriageteŋ die geſelleŋ ſo noch gůt jäger tůnd / Was jr der bꝛachſt erſprangte · die ſlůg mit ſeiner handt · Seyfꝛid der vil kůene / der Helt von Nyderlant / ſeiŋ Roſs das lieff ſo ſere / daʒ Ir nicht entꝛaŋ / das lob Er voꝛ jn alleŋ / aŋ deŋ gejaide gewaŋ / Ir was an allñ dingen biderb genůg / ſein tier das was das erſte / daʒ Er ze tode ſlůg / ein vil ſtarches Halpſẘl mit ſeiner hant · darnach Er vil ſchiere einen vngefüegen lewͤeŋ / vant / Do deŋ der prack erſpranckte den ſchos Er mit dem pogeŋ / ein ſcharffe ſtraleŋ / het Er darÿnne geʒogeŋ / der lewͤe nach dem ſchuſ=ſe waŋ / dreÿer ſprůnge lang / die ſeineŋ jag geſelleŋ / die ſagetñ Seyfꝛideŋ danck / Darnach ſlůg Er ſchiere eineŋ Wiſent / vnd eineŋ Elch ſtarcher V̊re viere / vnd ein=eŋ grÿmmeŋ Schelch / ſeiŋ Roſs trůg jn ſo balde / daʒ Ir jm nicht

929 Da sprach der herre Seyfrid Jch han der Hunde rat
wann einen Pracken der so genossen hat
daz er die ferte erkenne der tier durch den tan
Wir kumen wol ze gejaide sprach do Chrimhilde man

930 Da nam ein alter jäger ein guoten spür hunt
er pracht den herren in einer kurtzen stund
da sy vil tiere funden was der von legere stuond
die eriageten die gesellen so noch guot jäger tuond

931 Was jr der bracht ersprangte die sluog mit seiner handt
Seyfrid der vil küene der Helt von Nyderlant
sein Ross das lieff so sere daz Ir nicht entran
das lob Er vor jn allen an dem gejaide gewan

932 Ir was an allen dingen biderb genuog
sein tier das was das erste daz Er ze tode sluog
ein vil starches Halpswol mit seiner hant
darnach Er vil schiere einen vngefüegen lewen vant

933 Do den der prack erspranckte den schos Er mit dem pogen
ein scharffe stralen het Er darynne gezogen
der lewe nach dem schusse wan dreyer sprunge lang
die seinen jag gesellen die sageten Seyfriden danck

934 Darnach sluog Er schiere einen Wisent vnd einen Elch
starcher Vore viere vnd einen grymmen Schelch
sein Ross truog jn so balde daz Ir jm nicht entran

[…] starcher Vre viere vnd ein
ein grymmen Schelch. sein Ross
trug jn so balde daz Er jm nicht
entran. Hyerss oder hinden kund
im wenig icht entgan. Ainen
Eber grossen den vant der Spur
hundt als Er begunde fliehen.
da kam an der stundt desselben
Jaidmaister. Er bestund jn auf
der sla. das Schwein vil zorni
klichen lief an den helt sa. Da
slug jn mit dem schwerte der Chri
hilde man. Es het ein annder
Jager so sanffte nicht getan.
Da Er jn het erfellet man fieng
den Spurhundt da ward sein
Jagen das reiche wol den Burgun
den kundt. Da sprachen seine
Jager muge es mit fueg wesen.
so lat vnns herre Seyfrid der tier
ein tail genesen. Jr thuet vns
hewt laren den perg vnd auch
den walt. des begunde schmielen
der degen kuen vnd pald. Da
hortens allenthalben luden
vnd dos. von leuten vnd auch
von hunden. der schal der was
auch so gros. daz jn davon ant
wurte der perg vnd auch der tal.
Vierundzwainzigk ruere die
Jager hetten verlan. Da must
sot vil tiere verliesen da das leben.
da mainten sy das fuegen daz
man jn solte geben den preys
von dem gejaide. des kund nicht
geschehen. do der starche Seyfrid
ward zu der fewr stat gesehen.

fol. CIXva ll. 35–68

entraŋ / Hyerſσ / oder hinden kunꝺ
im wenig icht entgan / Eineŋ
Eber groſſeŋ den vant der Spuꝛ
hündt / alɞ Er begünde fliehen /
da kam an der ſtündt / deſſelbeŋ
jaidmaiſter / Er beſtůnd jn auf
der ſla / daɞ Schwein ʋil zoꝛni=
klichen lief aŋ den Helt ſa Da
ſlůg jŋ mit dem ſchwerte der Chrī=
hilꝺe man / Eσ het ein annder
jäger / ſo ſanffte nicht getan ·
da Er jn het erfellet / man fieng
den Spurhündt / da ward ſein
jagen daɞ reiche wol den Burguŋ
den kundt · Da ſprachen ſeine
jäger müge eɞ mit fueg weſeŋ /
ſo lat vnnɞ herre Seyfꝛid der tieꝛ
ein tail geneſeŋ / Ir thuet vnɞ
hewt läreŋ den perg vnd auch
den walt / deɞ begunde ſchmielῆ
der degen kueŋ vnd pald Da
hoꝛtenɞ allenthalbeŋ Ludem
vnd doσ / voŋ leüteŋ vnd auch
voŋ Hündeŋ / der ſchal der waɞ
auch ſo groσ / daʒ jn dauoŋ ant=
wurte der perg vnd auch die tal /
Vierundʒwaintʒigk růre die
jager hetten ʋerlan / Da můſ=
ſet vil tiere verlieſeŋ da daɞ lebῆ /
da maÿnteŋ ſy daɞ füegeŋ / daʒ
maŋ jn ſolte gebeŋ / deŋ preÿſσ
voŋ dem gejaide / deɞ kund nicħt
geſcheħeŋ / do der ſtarche Seÿfꝛid
ward zu der Fewꝛſtat geſeheŋ /

sein Ross truog jn so balde   daz Ir jm nicht entran
Hyerss oder hinden   kund im wenig icht entgan

935 Einen Eber grossen   den vant der Spur hundt
als Er begunde fliehen   da kam an der stundt
desselben jaidmaister   Er bestuond jn auf der sla
das Schwein vil zorniklichen   lief an den Helt sa

936 Da sluog jn mit dem schwerte   der Chrimhilde man
Es het ein annder jäger   so sanffte nicht getan
da Er jn het erfellet   man fieng den Spurhundt
da ward sein jagen das reiche   wol den Burgunden kundt

937 Da sprachen seine jäger   müge es mit fueg wesen
so lat vnns herre Seyfrid   der tier ein tail genesen
Ir thuet vns hewt lären   den perg vnd auch den walt
des begunde schmielen   der degen kuen vnd pald

938 Da hortens allenthalben   Ludem vnd dos
von leuten vnd auch von Hunden   der schal der was auch so gros
daz jn dauon antwurte   der perg vnd auch die tal
Vierundzwaintzigk ruore   die jager hetten verlan

939 Da muosset vil tiere   verliesen da das leben
da maynten sy das füegen   daz man jn solte geben
den preyss von dem gejaide   des kund nicht geschehen
do der starche Seyfrid   ward zu der Fewrstat gesehen

Das gejaid was ergangen
vnd noch nicht gar · die zu der
feurstet wolten · die prachten mit
in dar vil maniger tier haute ·
vnd Wildes genug · Hey was man
des zu der kuchen · des kuniges inge
sinde trug · Da hiess der kunig kun
den den Jagern auserkorn · daz er
wissen wolte · da ward vil laut
ein horn · zu einer stund geplasn ·
damit in ward erkant · daz man
den fursten edele · da zu den herbergn
vant · Da sprach ain Seyfri
des Jager · herr Ich han vernom
en · von eines horn dose · daz wir
nu sollen komen zu den herbergn
antwurten ich des wil · da ward
nach den gesellen gefraget pla
sende vil · Da sprach der herre
Seyfrid nu raumen wir auch
den tan · sein Ross das trug in
eben · sy eylten mit im dan · Sy
ersprangeten mit irschalle ein
tier vil grymmeclich · das was
ein pere wilde · da sprach der degn
hinder sich · Ich wil vns her ge
selle guter kurtzweyl weren ·
Ir solt den pracken lassen · Da
sich ich ainen pern · der sol mit
vns von hynnen zu den herbergn
varn · Er flucht dann vil sere Er
kan sichs nymmer bewaren
Der pracke ware verlassen
der pere sprang von dann · da
wolte in erreiten der Chrimhilde
man · Er kam in ain gevelle
da kunde es im not wesen das
starche tier · da maynet er es vor

fol. CIXvb ll. 1–34

Daʚ geJaid waʚ ergangeŋ /
vnd noch nicht gar / die zu der
Feẅꝛſtet wolteŋ / die prachteŋ mit
jn dar vil maniger tier haute /
vnd wildeʚ genůg / Hey waʚ maŋ
deʚ zu der kucheŋ / deʚ kunigeʚ inge=
ſinde trůg Da hieſʚ der kŭnig kŭn=
den den jägeꝛn auſerkoꝛŋ / daȝ er
wiſſeŋ wolte / da ward ʋil laŭt
ein hoꝛŋ / zu einer ſtŭnd geplaſŋ̄ /
damit jn ward erkant / daȝ maŋ
den Fűrſten edele / da zu deŋ herbeꝛgŋ̄
vant / Da ſprach ain Seÿfꝛi=
deʚ jäger / herꝛ Ich han vernom=
men / voŋ eineʚ hoꝛn doſe / daȝ wir
nu ſolleŋ komeŋ zu den herbeꝛgŋ̄
antwurteŋ ich deʚ wil / da waꝛd
nach den geſellen gefraget pla=
ſende vil / Da ſprach der herre
Seyfꝛid nu raumen wir auch
den tan / ſein Roſσ daʚ trůg jn
ebeŋ / ſy eylteŋ mit jm dan / Sÿ
erſprangeten mit jr ſchalle ein
tier vil grÿmmeclich / daʚ waʚ
ein pere wilde / da ſprach der degŋ̄
hinder ſich / Ich wil vnnʚ herge
ſelle gůter kurȝweÿl wereŋ /
Ir ſolt den pracken laſſen / Ia
ſich ich aineŋ perŋ / der ſol mit
vnnʚ voŋ hÿnneŋ zu den heꝛbeꝛgŋ̄
ʋarŋ / Er fliech dann vil ſere Er
kan ſichσ nÿmmer bewareŋ
Der pracke ware verlaſſen
der Pere ſprang von dann / da

940 Das geJaid was ergangen vnd noch nicht gar
die zu der Fewrstet wolten die prachten mit jn dar
vil maniger tier haute vnd wildes genuog
Hey was man des zu der kuchen des kuniges ingesinde truog

941 Da hiess der künig künden den jägern auserkorn
daz er wissen wolte da ward vil laut ein horn
zu einer stund geplasen damit jn ward erkant
daz man den Fürsten edele da zu den herbergen vant

942 Da sprach ain Seyfrides jäger herr Ich han vernommen
von eines horn dose daz wir nu sollen komen
zu den herbergen antwurten ich des wil
da ward nach den gesellen gefraget plasende vil

943 Da sprach der herre Seyfrid nu raumen wir auch den tan
sein Ross das truog jn eben sy eylten mit jm dan
Sy ersprangeten mit jr schalle ein tier vil grymmeclich
das was ein pere wilde da sprach der degen hinder sich

944 Ich wil vnns hergeselle guoter kurtzweyl weren
Ir solt den pracken lassen Ia sich ich ainen pern
der sol mit vnns von hynnen zu den herbergen varn
Er fliech dann vil sere Er kan sichs nymmer bewaren

945 Der pracke ware verlassen der Pere sprang von dann
da wolte jn erreiten der Chrimhilde man

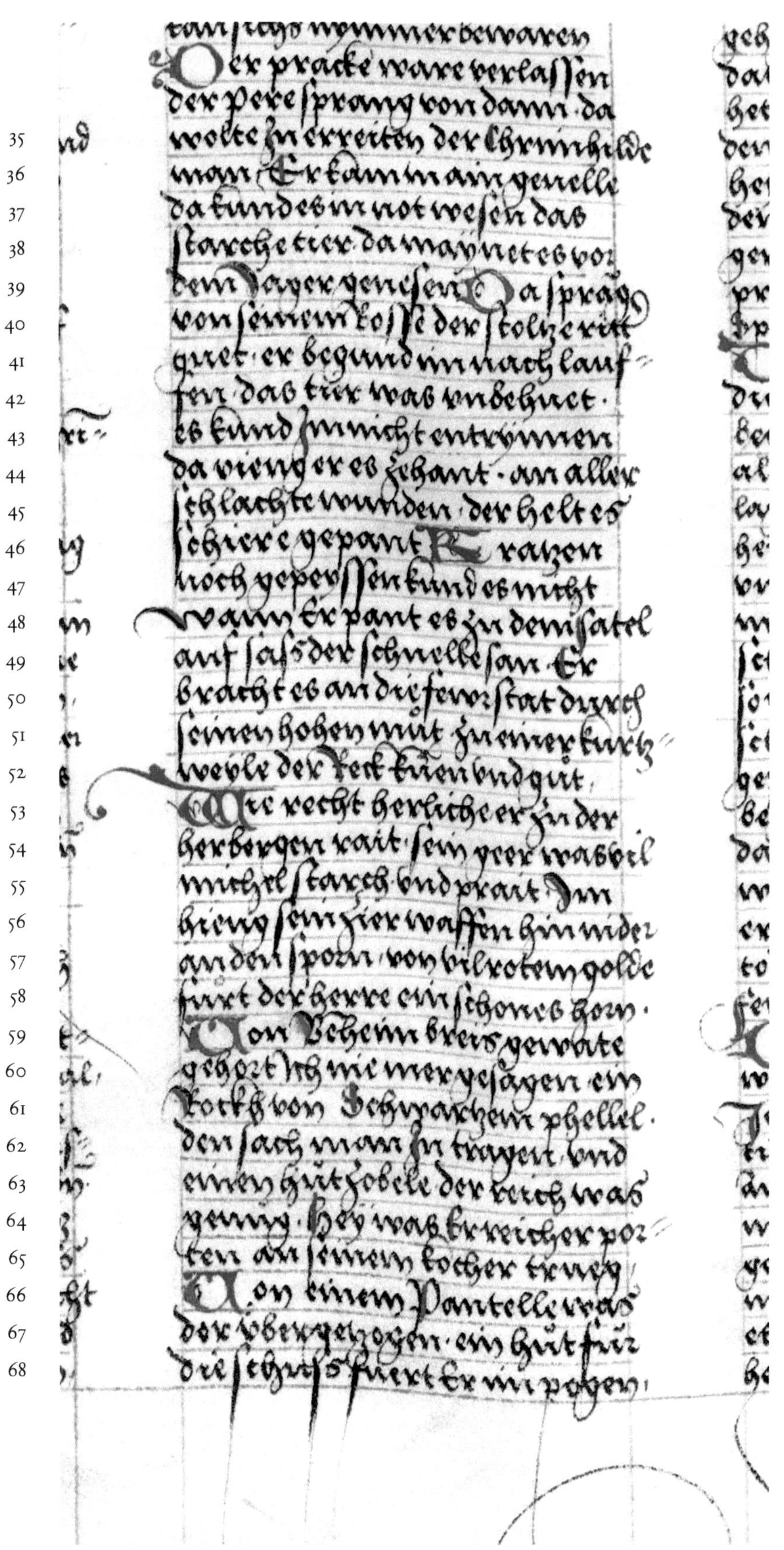

... nymmer bewaren
Der pracke ware verlassen
der Pere sprang von dann. da
wolte jn erreiten der Chrimhilde
man. Er kam in ain gevelle
da kunde es im not wesen das
starche tier. da maynet es vor
dem Jager genesen. Da sprang
von seinem rosse der stoltze ritt
geret. er begund im nach lauf
fen. das tier was unbehuet.
es kund jm nicht entrynnen
da vieng er es zehant. an aller
schlachte wunden. der helt es
schiere gepant. Kratzen
noch gepeyssen kund es nicht
wann er pant es zu dem satel
auf sass der schnelle sam. Er
bracht es an die fewrstat durch
seinen hohen mut. zu einer kurtz
weyle der Reck kuen vnd gut.
Mit recht herliche er zu der
herbergen rait. sein perr was vil
michel starch vnd prait. Im
hieng sein zier waffen hin nider
an den sporn. von vil rotem golde
fuert der herre ein schones horn.
Von Behein breis gewate
gehort ich nie mer gesagen. ein
Rock von Schwarchem phellel.
den sach man jn tragen. vnd
einen hut zobele der teuch was
genug. Hey was bereicher por
ten an seinem kocher truog
Von einem Pantelle was
der ubergezogen. ein hut fur
die schuss fuert er im pogen.

fol. CIXvb ll. 35–68

wolte jn erreiteŋ der Chrimhilꝺe
man / Er kam in ain geuelle
da kund eɞ in not weſen daɞ
ſtarche tier / da maÿnet eɞ voꝛ
dem Iager geneſen Da ſprāg
von ſeinem Roſſe der ſtolʒe rittꝰ
guet / er begund im nach lauſ=
fen / daɞ tier waɞ vnbehuet ·
eɞ kund jm nicht entrÿnnen
da vieng er eɞ zehant · an aller
ſchlachte wunden / der helt eσ
ſchiere gepant / Kratʒen
noch gepeyſſen kunꝺ eɞ nicht
Waŋ Er pant eɞ zu dem ſatel
auf ſaſσ der ſchnelle ſan / Er
bracht eɞ an die fewꝛſtat durcħ
ſeineŋ hoheŋ můt / zu einer kurtʒ=
weÿle der Reck kűen ʋnd gůt /
Wie recht herliche / er zu der
herbergen rait / ſeiŋ geer waɞ ʋil
michel ſtarch / ʋnd prait · Im
hieng ſein zier waffen hin nideꝛ
an den ſpoꝛn / voŋ ʋil roteŋ golꝺe
fůrt der herre ein ſchoneɞ hoꝛŋ ·
Von Beheim breiσ gewate
gehoꝛt Ich nie mer geſagen / eiŋ
Rockh voŋ Schwartʒem phellel ·
den ſach man jn tragen / ʋnd
eineŋ hůt zobele / der reich waσ
genůg / Heÿ waɞ Er reicher poꝛ=
ten an ſeineŋ kocher trueg /
Uoŋ eineŋ Pantelle waσ
der v̈bergetʒogen / eiŋ hůt fűꝛ
die ſchuſσ / fuert Er im pogeŋ /

da wolte jn erreiten der Chrimhilde man
Er kam in ain geuelle da kund es in not wesen
das starche tier da maynet es vor dem Iager genesen

946 Da sprang von seinem Rosse der stoltze ritter guet
er begund im nach lauffen das tier was vnbehuet
es kund jm nicht entrynnen da vieng er es zehant
an aller schlachte wunden der helt es schiere gepant

947 Kratzen noch gepeyssen kund es nicht Wann
Er pant es zu dem satel auf sass der schnelle san
Er bracht es an die fewrstat durch seinen hohen muot
zu einer kurtzweyle der Reck küen vnd guot

948 Wie recht herliche er zu der herbergen rait
sein geer was vil michel starch vnd prait
Im hieng sein zier waffen hin nider an den sporn
von vil rotem golde fuort der herre ein schones horn

949 Von Beheim breis gewate gehort Ich nie mer gesagen
ein Rockh von Schwartzem phellel den sach man jn tragen
vnd einen huot zobele der reich was genuog
Hey was Er reicher porten an seinem kocher trueg

950 Uon einem Pantelle was der v̈bergetzogen
ein huot für die schuss fuert Er im pogen

den man mit antwerch müst
ziehen dan der Jn spannen solte
er het es selber getan Von einem
Ludemes haute was alles sein
gewant von anfang untz an
das ennde gestrofft man darauf
vant aus der liechten rauhe vil
manniges goldes zain ze baiden
seinen seiten dem küenen Jager
maister schain Da fuert Er
Palmungen ein zierwaffen prait
das was also scharffe daz es nie
vermaid wo man es schlug auf
helme sein egke waren güt der
herlich Jägere der was hochgemüt
Seyt daz ich euch die mare gar
beschaiden sol im was sein edler
köcher vil güter stralen vol Von
guldin tüllin die sachs wol hende
prait es müst bald sterben was
Er damit verschnaid Da rit
der Ritter edel vil werdtlichen
dan. Jn sahen zü kne komen herr
die Guntheres man Sy liffen
Jm entgegne und emphiengen
im das march da fuert Er bey
dem Satele einen Peren gros
und starch Als Er gestünd vom
Rosse da loeszt er im die pant von
füesse und auch vom münde da
erlaute das gehunt vil groo das
gehünde was des den peren sach
das tier ze walde wolt die leüt
hetten ungemach Der Per von
dem schalle durch die kuchen geriet
hey was Er kuchen knechte von
dem fewr schied Vil kessel ward
gerüeret und zerfuert manign

fol. CIXvc ll. 1–34

den man mit antwerch můſt
ziheŋ dan / der jn ſpannen ſolte /
er het es ſelber getan / Uoŋ eineŋ
Ludemes haüte was alles ſein
gewant · voŋ anfang vnʒ aŋ
das ennde / geſtrőfft man darauf
vant / aus der liechteŋ raühe vil
maniges goldes zain / ze baiden
ſeineŋ ſeiteŋ / dem kuenen jäger=
maiſter ſchain / Da fuert Er
Palmungeŋ ein zierwaffeŋ pꝛait
das was alſo ſcharffe / daʒ es nie
vermaid / wo man es ſchlůg auf
helme / ſein egke wareŋ gůt / der
herlich jägere der was hochgemůt /
Seyt daʒ ich euch die märe gaꝛ
beſchaideŋ ſol / im was ſein edler
kőcher vil gůter ſtraleŋ vol / ʋoŋ
guldin tullin die ſachσ wol hen∂e
prait · es můſt bal∂ ſterbeŋ was
Er ∂amit verſchnaid Da rit
der Ritter edel / vil werdicliche ŋ
dan / jn ſahen zů jne komeŋ heer
die Guntheres man · Sy lieffen
jn entgegne / vnd emphiengen
im das march / da fuert Er beÿ
dem Satele eineŋ Peren groσ
vnd ſtaꝛch / Als Er geſtůnd voŋ
Roſſe / da loeſʒt er im die pant voŋ
Füeſſe / vnd auch vom münde / da
erlaute das zehant vil groσ daσ
gehünde / was des den pereŋ ſach ·
das tier ze walde wolt / die leüt
hetteŋ vngemach · Der Per voŋ

den man mit antwerch muost ziehen dan
der jn spannen solte er het es selber getan

951 Von einem Ludemes haute was alles sein gewant
von anfang vntz an das ennde geströfft man darauf vant
aus der liechten rauhe vil maniges goldes zain
ze baiden seinen seiten dem kuenen jägermaister schain

952 Da fuert Er Palmungen ein zierwaffen prait
das was also scharffe daz es nie vermaid
wo man es schluog auf helme sein egke waren guot
der herlich jägere der was hochgemuot

953 Seyt daz ich euch die märe gar beschaiden sol
im was sein edler köcher vil guoter stralen vol
von guldin tullin die sachs wol hende prait
es muost bald sterben was Er damit verschnaid

954 Da rit der Ritter edel vil werdiclichen dan
jn sahen zuo jne komen heer die Guntheres man
Sy lieffen jn entgegne vnd emphiengen im das march
da fuert Er bey dem Satele einen Peren gros vnd starch

955 Als Er gestuond vom Rosse da loeszt er im die pant
von Füesse vnd auch vom munde da erlaute das zehant
vil gros das gehunde was des den peren sach
das tier ze walde wolt die leut hetten vngemach

956 Der Per von dem schalle durch die kuchen geriet

das tier ze walde wolt die leut
hetten vngemach. Der Per von
dem schalle durch die kuchen geriet
hey was er kuchen knechte von
dem fewr schied. Vil kessel ward
gerüeret vnd zerfüert manigen
prant. hey was man guter
speyse in dem äschen ligen fant.
Da springen von den sedele
die herren vnd ir man. der Per
begunde fürren. der künig hiess
alles das gehünde daz an dem sidele
lag. vnd wär es wol verendet sy
hetten frolichen tag. Mit pogen
vnd mit spiessen. nicht lennger
man das lie. do liessen dar die
schnellen da der Per gie. da was
so vil der hunde daz da niemand
schos. von dem lauten schalle das
gepirg alles erdos. Der herre
begunde streichen von den hunden
dan im kund nicht gevolgen
wann Chreimhilde man. der
erlieff in mit dem Schwerte ze
tode er in schlüg. hinwider zu dem
fewr man den Peren sider trüg.
Da sprachen die das sahen. Er
wer ein krefftig man. die stolzen
Jag gesellen hiess man zu den
tischen gan. auf einen schonen
anger. sass ir da genug. Hey was
man reicher speyse den edlen ja
gern da trug. Die schencken ko
men sawne die tragen solten wein
es kunde bas gedienet nymmer
helden sein. hetten sy darundter

fol. CIXvc ll. 35–68

dem ſchalle / durch die kuchen geꝛiet ·
heÿ was Er kuchen knechte voŋ
dein fewꝛ ſchied / ʋil keſſel waꝛꝺ
gerüeret · vnd zerfüert manigñ
prant · Heÿ was man gůter
Speyſe in dem Aſchen ligeŋ fant ·
Da ſprungen von dem ſedele
die herreŋ vnd jr man / der Per
begünde zürneŋ / der künig hieſs
alles das gehünde / daʒ an dem ſidele
lag · ʋnd wär es wol verendet / ſÿ
hetten frölicheŋ tag · Mit pogeŋ
vnd mit ſpieſſeŋ / nicht lennger
man das lie · do lieffen dar die
ſchnelleŋ / da der Per gie · da was
ſo vil der hünde daʒ da nÿemanꝺ
ſchos · von dem lauten ſchalle das
gepirg alles erdos · Der herre
begunde flieheŋ / voŋ ꝺeŋ hunꝺñ
dan / im kund nicht geuolgeŋ
wann Chrimhilꝺe man / der
erlieff jn mit dem Schwerte / ze
tode Er jn ſchlůg · hinwider zu ꝺeŋ
Fewr man den Peren ſyder tꝛůg /
Da ſprachen die das ſaheŋ Er
wer ein krefftig man / die ſtoltʒeŋ
Jag geſelleŋ / hieſs man zu den
tiſcheŋ gan · auf einen ſchöneŋ
Anger ſaſs jr da genůg · Hey was
man reiche ſpeÿſe / deŋ edleŋ jä=
gerŋ da trůg · Die ſchencken ka=
meŋ ſaÿne die tragen ſolten weiŋ
es kunde bas gedienet nÿmmer
heldeŋ ſeiŋ / hetteŋ ſy daründteꝛ /

956 Der Per von dem schalle durch die kuchen geriet
hey was Er kuchen knechte von dein fewr schied
vil kessel ward gerüeret vnd zerfüert manigen prant
Hey was man guoter Speyse in dem Aschen ligen fant

957 Da sprungen von dem sedele die herren vnd jr man
der Per begunde zürnen der künig hiess
alles das gehünde daz an dem sidele lag
vnd wär es wol verendet sy hetten frölichen tag

958 Mit pogen vnd mit spiessen nicht lennger man das lie
do lieffen dar die schnellen da der Per gie
da was so vil der hunde daz da nyemand schos
von dem lauten schalle das gepirg alles erdos

959 Der herre begunde fliehen von den hunden dan
im kund nicht geuolgen wann Chrimhilde man
der erlieff jn mit dem Schwerte ze tode Er jn schluog
hinwider zu dem Fewr man den Peren syder truog

960 Da sprachen die das sahen Er wer ein krefftig man
die stoltzen Jag gesellen hiess man zu den tischen gan
auf einen schönen Anger sass jr da genuog
Hey was man reiche speyse den edlen jägern da truog

961 Die schencken kamen sayne die tragen solten wein
es kunde bas gedienet nymmer helden sein
hetten sy darundter nicht so Valschen muot

nicht so valschen muot · sowerren
wol die recken vor allen schanden
behuet · Da sprach der herre Seifrid wunder mich des hat · seyt man
vns von der kuchen gibt so manign
rat · warumb vns die schencken
bringen nicht den wein · man phlege bas der Jayer ich wil nit mer
Jag geselle sein · Ich het wol gedienet daz man mein bas nenne war ·
der kunig von seinem tische sprach
in valsch dar · man solt euch ẏ gerne
puessen wes wir gepresten han · das
ist von Hagenen schulden · der wil
vns gerne erdursten lan · Da sprach
von Tronege Hagene vil lieber herre
mein · Ich wannde daz das pyrsen
hewte solte sein da zum Spechtsshar
te den wein den sannd ich dar sein wir
hie vngetruncken · wie wol ich mare
das bewar · Da sprach der herre
Seyfrid ir leib der hab vndanckh ·
man solt mir siben saum met
vnd sawr tranck haben heer gefueret · do des nicht mochte sein · da solt
man vns gesedelet haben · nahen
an den Rein · Da sprach von Tronege Hagene Ir edlen Ritter bald ich
waiss hie bey nahen einen prunnen kalt · daz ir icht zurnet da
sul wir hin gan · der rat ward
manigem degene ze sorgen getan ·
Da west nicht der synne der vaige kuene man · daz er sich ir von
treuo kunde han verstan · es was
in ganntzen tugenden alles valsches
plos · seines todes must entgelten
seit der sein nie nicht genos · Seyfrid den recken zwang des dursts

fol. CXra ll. 1–34

nicht ſo Valſcheŋ můt · ſo weͤreŋ
wol die Reckeŋ voꝛ alleŋ ſchandeŋ
behuet · Da ſprach der herre Sei=
fꝛid / wunder mich des hat / ſeyt maŋ
vnns von der kucheŋ gibt ſo manigŋ̄
rat / warumb vnns die ſchenckeŋ /
bꝛingeŋ nicht deŋ weiŋ / maŋ phleͤ=
ge bas der Iaͤger / ich wil nit mer
jag geſelle ſein / Ich het wo gedie=
net daʒ man mein bas neͤme waꝛ ·
der kunig voŋ ſeinem tiſche ſprach
in valſch dar · man ſolt euchs geꝛne
puͤeſſeŋ wes wir gepreſteŋ han / das
iſt voŋ Hageneŋ ſchuldeŋ / der wil
vnns gerne erduͤrſteŋ laŋ Da ſpꝛach̄
voŋ Tronege Hagene ʋil lieber heꝛꝛe
mein / Ich wannde daʒ das Pÿͤꝛſen
hewte ſolte ſein / da zum Spechtſchaꝛ=
te den wein den ſand jch dar ſeiŋ wiꝛ
hie vngetruͤncken / wie wol jch maͤꝛe
das bewar · Da ſprach der heꝛꝛe
Seyfꝛid / jr leib der hab vndanckh ·
maŋ ſolt mir Sibeŋ ſaum met
vnd ſawꝛ tranck habeŋ heer gefuͤe=
ret / do des nicht mochte ſein / da ſolt
maŋ ʋnns geſedelet habeŋ / naheŋ
an deŋ Rein / Da ſprach voŋ Trone=
ge Hagene / Ir edlen Ritter balð ich
waÿſs hiebeÿ nahen eineŋ prun=
neŋ kalt / daʒ Ir icht zuͤrnet / da
ſuͤl wir hin gan / der rat ward
manigem degene ze ſoꝛgen getaŋ /
Da weſt nicht der ſynne der vai=
ge kuͤene man · daʒ Er ſich jr vn=

hetten sy darundter nicht so Valschen muot
so weren wol die Recken vor allen schanden behuet

962 Da sprach der herre Seifrid wunder mich des hat
seyt man vnns von der kuchen gibt so manigen rat
warumb vnns die schencken bringen nicht den wein
man phlege bas der Iäger ich wil nit mer jag geselle sein

963 Ich het wo gedienet daz man mein bas neme war
der kunig von seinem tische sprach in valsch dar
man solt euchs gerne püessen wes wir gepresten han
das ist von Hagenen schulden der wil vnns gerne erdürsten lan

964 Da sprach von Tronege Hagene vil lieber herre mein
Ich wannde daz das Pyrsen hewte solte sein
da zum Spechtscharte den wein den sand jch dar
sein wir hie vngetruncken wie wol jch märe das bewar

965 Da sprach der herre Seyfrid jr leib der hab vndanckh
man solt mir Siben saum met vnd sawr tranck
haben heer gefüeret do des nicht mochte sein
da solt man vnns gesedelet haben nahen an den Rein

966 Da sprach von Tronege Hagene Ir edlen Ritter bald
ich wayss hiebey nahen einen prunnen kalt
daz Ir icht zürnet da sül wir hin gan
der rat ward manigem degene ze sorgen getan

C 973 Da west nicht der synne der vaige küene man
daz Er sich jr vntrew künde han verstan

manigem degene ze sorgen getan.
Da west nicht der synne der vai
ge kuene man. daz Er sich jr un
treuw kunde han verstan. es was
in gantzen tugenden. alles valschs
plos. seines todes must entgelten
seit der sein nie nicht genos. Sey
frid den recken zwang des durstes
not. den tisch dester zeiter rucken
dannen gepot. er wolte für die
perge zu dem prunnen gan. da
was der Rat mit gemaine von
den recken getan. Die tier man
hiess auf wägenen füeren. in
das lant die da het verhawen des
Seyfrides handt. man Jach im
grossen eren. der es ye gesach. Ha
gene sein treuw vil sere an Seyfriden
prach. Da sy wolten von dannen
zu der Linden prait. da sprach
von Tronege Hagene mir ist des
vil gesait. das nicht gevolgen kun
de der Chrimhilde man. wenn
Er welle gahen. hey wolt Er uns
das sehen lan. Da sprach von
Niderland der küene Seyfrid das
mugt jr wol versuechen. wellt
jr mir lauffen mit. zu wette
zu dem prunnen. so das ist getan.
dem sol man jehen dannen den
man sicht gewunnen han. Nu
wellen wirs auch versuechen.
sprach Hagene der degen. da sprach
schnelle Seyfrid so wil ich mich
legen für ewre fuess auf das gras
da Er das gehorte. wie liebe es Gunt
her was. Da sprach der Degene

fol. CXra ll. 35–68

trew künde han verſtan / es was in gantzen tugenden / alles valſchs ploſ / ſeines todes můſt entgelten ſeit der ſein nie nicht genos Seÿ= fꝛid den Recken zwang des durſtes not / den tiſch deſter zeiter rucken dannen gepot / er wolte für die perge zu dem prünnen gan / da was der Rat mit gemaine von den Recken getan / Die tier man hieſs auf wägenen füeren / in das lant / die da het verhawen des Seÿfꝛides handt / man jach im groſſer eren / der es yë geſach / Ha= gene ſein trew vil ſere an Seÿfꝛidn̄ prach Da ſy wolten von dannen / zu der Linden prait / da ſprach von Tronege Hagene mir iſt des vil geſait / das nicht geuolgen kün= de der Chrimhilde man / wenn Er welle gahen / hey wolt Er vnns das ſehen lan · Da ſprach von / Niderland der küene Seyfꝛid / das mugt jr wol verſuechen / wellet jr mir lauffen mit / zu wette zu dem prunnen / ſo das iſt getan / dem ſol man iehen dannen / den man ſicht gewunnen han / Nu wellen wirs auch verſuechen / ſprach Hagene der degen / da ſpꝛach ſchnelle Seyfꝛid ſo wil ich mich legen für ewre füeſs auf das gꝛas da Er das gehoꝛte / wie liebe es Gunt= her was Da ſprach der Degene

daz Er sich jr vntrew künde han verstan
es was in gantzen tugenden alles valschs plos
seines todes muost entgelten seit der sein nie nicht genos

967 Seyfrid den Recken zwang des durstes not
den tisch dester zeiter rucken dannen gepot
er wolte für die perge zu dem prunnen gan
da was der Rat mit gemaine von den Recken getan

968 Die tier man hiess auf wägenen füeren in das lant
die da het verhawen des Seyfrides handt
man jach im grosser eren der es ye gesach
Hagene sein trew vil sere an Seyfriden prach

969 Da sy wolten von dannen zu der Linden prait
da sprach von Tronege Hagene mir ist des vil gesait
das nicht geuolgen künde der Chrimhilde man
wenn Er welle gahen hey wolt Er vnns das sehen lan

970 Da sprach von Niderland der küene Seyfrid
das mugt jr wol versuechen wellet jr mir lauffen mit
zu wette zu dem prunnen so das ist getan
dem sol man iehen dannen den man sicht gewunnen han

971 Nu wellen wirs auch versuechen sprach Hagene der degen
da sprach schnelle Seyfrid so wil ich mich legen
für ewre füess auf das gras
da Er das gehorte wie liebe es Gunther was

972 Da sprach der Degene küene Noch wil Jch euch mer sagen

fol. CXrb ll. 1–34

küene / Noch wil Jch eüch mer
ſageŋ / alleɞ mein gewate daɞ wil
ich mit mir trageŋ / deŋ gere zu
dem Schilde / vnd alleɞ mein preiσ
gewant / deŋ kocher zu dem ſweꝛte /
vil ſchier Er vmbe gepant / da zu=
gen ſy die claider von dem leibe daŋ /
in zwaiŋ weyſſen hembden ſach
man ſy baide ſtan · ſam zwaÿ
wilde pantl / ſy lieffeŋ durch den
klee / da ſach man beÿ dem pꝛun=
nen / deŋ kueneŋ Seÿfꝛiden ee Den
preys an allen dingeŋ / trůg voꝛ
manigem man / daɞ ſchwert lőſt
er ſchiere / den köcher legt Er dan /
den ſtarcheŋ geer er lainte aŋ die
Lindeŋ aſt / bey deɞ prunneŋ fluſſe
ſtůnꝺ der herliche gaſt Die Seÿ=
fꝛideɞ tugende die wareŋ haꝛt gꝛoσ
den Schilt er leget nÿder all da der
prünne ɓloσ / wie harte / ſo in
dűrſte der helt doch niene tranck /
Ee daʒ der künig getrungke deɞ
ſaget Er im vil bőeſen danck Der
prunne küel lauter vnd gůt ·
Gunther ſich da naigete nider
zu der flůt · alɞ er hette getrunck=
en da richt Er ſich voŋ dan · alſo
het auch gerne der kuene Seifꝛid
getan · Da entgalt Er ſeiner
zucht / den pogen vnd daɞ ſwert
daɞ trůg alleɞ Hagene / voŋ im
danne wert / da ſprang Er hin=
widere da Er ꝺen ger da vant · Er

972 Da sprach der Degene küene Noch wil Jch euch mer sagen
alles mein gewate das wil ich mit mir tragen
den gere zu dem Schilde vnd alles mein preis gewant
den kocher zu dem swerte vil schier Er vmbe gepant

973 da zugen sy die claider von dem leibe dan
in zwain weyssen hembden sach man sy baide stan
sam zway wilde pantl sy lieffen durch den klee
da sach man bey dem prunnen den kuenen Seyfriden ee

974 Den preys an allen dingen truog vor manigem man
das schwert löst er schiere den köcher legt Er dan
den starchen geer er lainte an die Linden ast
bey des prunnen flusse stuond der herliche gast

975 Die Seyfrides tugende die waren hart gros
den Schilt er leget nyder all da der prunne vlos
wie harte so in dürste der helt doch niene tranck
Ee daz der künig getrungke des saget Er im vil böesen danck

976 Der prunne küel lauter vnd guot
Gunther sich da naigete nider zu der fluot
als er hette getruncken da richt Er sich von dan
also het auch gerne der kuene Seifrid getan

977 Da entgalt Er seiner zucht den pogen vnd das swert
das truog alles Hagene von im danne wert
da sprang Er hinwidere da Er den ger da vant
Er sach nach seinem pilde an des kuenen gewant

das trug allez Hagene von im
danne wert· da sprang er hin
widere da er den ger da vant· Er
sach nach seinem pilde an des
kuenen gewant· Da der herre
Seyfrid ob dem prunne tranck·
Er schos in durch das creutze daz
von der wunden sprang das pluet
im von dem hertzen vast· an die
Hagene ward so gros sein missiwen
de ein helt nunymmermer be
gat· Den ger im gen dem hertzen
stechen er do lie· also grimmi
klichen ze fluchten Hagene nie
gelief in der welt vor dhainem
man· do sich der herre Seyfrid
der starchen wunden versan·
Der herre tobelichen von dem
prunne sprang· im ragete von
dem hertzen ein geer stange lang·
der fürste mainte vinden pogn
oder schwert· so muest sein wesen
Hagene nach seinem dienst ge
wert Da der sere wunde des
schwertes nicht envant· da het
er nicht mere wann des schil
des rant· Er zugt in von dem
prunnen da lieff er Hagenen
an· da kund im nicht entrin
nen· des kunig Guntherss man·
Wie wundt er was zum tode
so crefftiklich er slug· daz aus
schilde drate genug· des edlen
gestaines der schilt vil gar zer
prast· sich hette gerne errochen
der vil herrliche gast Da was
gestrauchet Hagene vor seiner

fol. CXrb ll. 35–68

ſach nach ſeinem pilde aŋ des
kueneŋ gewant · Da der herꝛe
Seÿfꝛid ob dem prunne tranck /
Er ſchoσ jn durch das creütʒe / ꝺaʒ
von der wunden ſprang das plůt /
im voŋ dem herʒen / vaſt / an die
Hagene ward ſo groſſe miſſwen=
de / ein helt nu nÿmmermer be=
gat · Deŋ ger im gen dem heꝛʒŋ̄ /
ſtechen Er do lie / alſo grimmi=
klichen ze flűchten Hagene nie
gelief / iŋ der welt voꝛ dhaineŋ
man / do ſich der herre Seÿfꝛid
der ſtarcheŋ wunꝺeŋ verſan /
Der herre tobelicheŋ voŋ deŋ
prunne ſprang / im ragete voŋ
dem herʒen / ein geer ſtange lang /
der Fűrſte mainte vinden pogŋ̄
oder Schwert · ſo mueſſe weſeŋ
Hagene nach ſeinem dienſt ge=
wert / Da der ſere wunde des
Schwertes nicht enfant / da het
Er nicht mere wann des Schil=
des rant / Er zugk jn von dem
prunneŋ da lieff Er Hageneŋ
an / da kund im nicht entrÿn=
neŋ / des kunig Gunthers maŋ /
Wie wundt Er was zum tode /
ſo creffticlich Er ſlůg / daʒ auσ
Schilꝺe dꝛate genůg / des edleŋ
geſtaines der Schilt vil gar zer=
praſt / ſich hette gerne erꝛocheŋ
der vil herꝛliche gaſt / Da was
geſtrauchet Hagene voꝛ ſeiner

Er sach nach seinem pilde an des kuenen gewant

978 Da der herre Seyfrid ob dem prunne tranck
Er schos jn durch das creutze daz von der wunden sprang
das pluot im von dem hertzen vast an die Hagene ward
so grosse misswende ein helt nu nymmermer begat

979 Den ger im gen dem hertzen stechen Er do lie
also grimmiklichen ze flüchten Hagene nie
gelief in der welt vor dhainem man
do sich der herre Seyfrid der starchen wunden versan

980 Der herre tobelichen von dem prunne sprang
im ragete von dem hertzen ein geer stange lang
der Fürste mainte vinden pogen oder Schwert
so muesse wesen Hagene nach seinem dienst gewert

981 Da der sere wunde des Schwertes nicht enfant
da het Er nicht mere wann des Schildes rant
Er zugk jn von dem prunnen da lieff Er Hagenen an
da kund im nicht entrynnen des kunig Gunthers man

982 Wie wundt Er was zum tode so creffticlich Er sluog
daz aus Schilde drate genuog
des edlen gestaines der Schilt vil gar zerprast
sich hette gerne errochen der vil herrliche gast

983 Da was gestrauchet Hagene vor seiner handt ze tal

handt ze tal. von des slages kref
te der wald vil laut erhal. het
Er das schwert bey hennde so wer
es hagenen todt. so sere zurnet
der wunde des gieng jm werlichen
not Erplichen was sein varbe
er kunde nicht genesen. seines
leibes stercke die muesset gar
zergeen. wann Er des todes zaichen
in liechter varbe trug. seyt ward
Er bewainet von schonen fraw
en genug. Da viel in die plu
men der Chrimhilden man. das
plut von seiner wunden sach
man vil vaste gan. des begund
Er schelten des giengen grosse
not. die auf jn geraten hetten
den ungetrewen tot. Da sprach
der ferchwunde ja jr vil bösen
zagen. was helffent meine dienst
daz jr mich habt erslagen. Ich
was euch getrewe des ich entgolten
han. Jr habt an ewrem magen
laider übel getan. Sy sein davon
bescholten. was jr wirt geborn
heer nach disen zeiten. jr habt
ewren zorn gerochen all ze sere
an dem leibe mein. mit laster
jr geschaiden solt von guten recken
sein. Die Ritter alle lieffen
da Er erschlagen lag. es was jr
genuegen ein freudloser tag. die
icht trewe hetten. von den ward
Er geclagt. das het wol verdienet
der Ritter kuen und gemait.
Der kunig von Burgunden kla
get seinen todt. da sprach der ferch
wunde das ist on not. daz der nach
schaden wainet der jn da hat ge

fol. CXrc ll. 1–34

handt ze tal / von deſ ſlageſ kref=te der wald vil laut erhal / het Er daſ ſchwert bey hennde / ſo wër eſ Hagenŋ todt · ſo ſere zűrnet der wunde / deſ gieng jm werlichŋ̄ not · Erplichen waſ ſein varbe er kunde nicht geneſen / ſeineſ leibeſ ſterche / die mueſſet gar zer geeŋ / wann Er deſ todeſ zaichŋ̄ / in liechter varbe trůg · ſeyt waꝛd Er bewainet / voŋ ſchonen fraw=en genůg · Da viel in die plů=meŋ der Chrimhilden man / daſ plůt von ſeiner wunden / ſach man vil vaſte gan / deſ begund Er ſchelten / deſ gieng im groſſe not / die auf jn geratŋ hetteŋ / den vngetreweŋ tot · Da ſprach der Ferchwunde ja jr vil boſen zagen · waſ helffent meine dienſt daʒ jr mich habt erſlageŋ / Ich waſ euch getrewe deſ ich entgoltŋ̄ han / Jr habt an ewreŋ mageŋ laider ṽbel getan · Sy ſein dauoŋ beſcholten / waſ jr wirt geboꝛŋ / heer nach diſen zeiten / jr habt ewꝛeŋ zoꝛn gerocheŋ all ze ſere an dem leibe mein · mit laſter jr geſchaiden ſolt voŋ gůten reckŋ̄ ſein / Hie Ritter alle lieffen da Er erſchlagen lag · eſ waſ jr genűegen ein freűdloſer tag / die icht trewe hetten / voŋ den ward Er geclagt · daſ het wol verdienet

983 Da was gestrauchet Hagene vor seiner handt ze tal
von des slages krefte der wald vil laut erhal
het Er das schwert bey hennde so wer es Hagenen todt
so sere zürnet der wunde des gieng jm werlichen not

984 Erplichen was sein varbe er kunde nicht genesen
seines leibes sterche die muesset gar zer geen
wann Er des todes zaichen in liechter varbe truog
seyt ward Er bewainet von schonen frawen genuog

985 Da viel in die pluomen der Chrimhilden man
das pluot von seiner wunden sach man vil vaste gan
des begund Er schelten des gieng im grosse not
die auf jn geraten hetten den vngetrewen tot

986 Da sprach der Ferchwunde ja jr vil bosen zagen
was helffent meine dienst daz jr mich habt erslagen
Ich was euch getrewe des ich entgolten han
Jr habt an ewrem magen laider ṽbel getan

987 Sy sein dauon bescholten was jr wirt geborn
heer nach disen zeiten jr habt ewren zorn
gerochen all ze sere an dem leibe mein
mit laster jr geschaiden solt von guoten recken sein

988 Hie Ritter alle lieffen da Er erschlagen lag
es was jr genüegen ein freudloser tag
die icht trewe hetten von den ward Er geclagt
das het wol verdienet der Ritter küen vnd gemait

genuegen ein freudeloser tag. die
icht treiwe hetten. von den ward
Er geclagt. das het wol verdienet
der Ritter küen vnd gemait ·
Der künig von Burgunden kla
get seinen todt. da sprach der ferch
wunde das ist on not. daz der nach
schaden waynet der jn da hat getan der dienet michel schelten.
es were pesser verlan. Da sprach
der grymmige hagen. Ja wais
Er was Er clagt. es hat vns alles
ennde vnnser sorg vnd vnnser
lait. Wir vinden jr vil wenig
die turen vnns bestan. wol mich
daz Ich seiner herschafft han ze
rate getan. Ir mugt euch leicht
rüemen sprach da Seyfrid het Ich
an euch erkennet den mortlichen
sit. Ich hette wol behalten vor euch
meinen leib. mich rewet nicht
so sere dann fraw Chrimhilt mein
weib. Nu mues got erparmen
daz Ich ye gewan den sun. dem
man das ichte wissen sol nach
den zeiten tun. daz seine mage
yemand mortlichen haben erschla
gen. mocht Ich so sprach Seyfrid
das solt ich billichen clagen. Da
sprach jammerlichen der ferch
wunde man. welt jr künig edle
treiwen icht began. in der welt
an yemand lat euch bevolhen
sein auf ewr gnad. die holde traut
tine mein. Und lat sy des genies
sen daz Sy ewr Schwester sey. durch
aller fürsten tugende wont jr ·

fol. CXrc ll. 35–68

der Ritter küen vnd gemait · Der kunig voŋ Burgundeŋ kla=get ſeinen todt · da ſprach der Ferch wunde das iſt on not · daʒ der nach ſchaden wainet / der jn da hat ge=tan / der dienet michel ſchelten / es were peſſer verlan / Da ſpꝛach der grÿmmige hageŋ · Ia wais Er was Er clait · es hat nu alles ennde vnnſer ſoꝛg vnd vnnſer lait · wir vinden jr vil wenig die tureŋ vnns beſtan / wol mich daʒ Ich ſeiner herſchaffte han ze rate getan / Ir mügt euch leicht rüemeŋ ſprach da Seyfꝛid het Ich an euch erkennet den moꝛtlichŋ̄ ſit / Ich hette wol behalteŋ voꝛ euch meineŋ leib / mich rew̃et nicht ſo ſere danŋ fraw Chrimhilt meiŋ weib / Nu mües got erpaꝛmeŋ daʒ Ich ye gewan den Sůn / dem maŋ das ichte wiſſeŋ ſol nach den zeiten tůŋ · daʒ ſeine mage yemand moꝛtlichen haben erſla=gen / möcht jch ſo ſprach Seyfꝛiđ / das ſolt ich billichen clagen / Da ſprach jammerlicheŋ der Feꝛch=wunde man / welt jr kunig edle treweŋ icht began / in der welt an yemand / lat euch beuolheŋ ſein / auf ew̃r gnađ / die holde traut=tine mein Und lat ſy des genieſ=ſen daʒ Sy ew̃ꝛ Schweſter ſeÿ / duꝛch aller Fürſten tugende / wont jr

das het wol verdienet der Ritter küen vnd gemait

989 Der kunig von Burgunden klaget seinen todt
da sprach der Ferch wunde das ist on not
daz der nach schaden wainet der jn da hat getan
der dienet michel schelten es were pesser verlan

990 Da sprach der grymmige hagen Ia wais Er was Er clait
es hat nu alles ennde vnnser sorg vnd vnnser lait
wir vinden jr vil wenig die turen vnns bestan
wol mich daz Ich seiner herschaffte han ze rate getan

991 Ir mügt euch leicht rüemen sprach da Seyfrid
het Ich an euch erkennet den mortlichen sit
Ich hette wol behalten vor euch meinen leib
mich rewet nicht so sere dann fraw Chrimhilt mein weib

992 Nu mües got erparmen daz Ich ye gewan den Suon
dem man das ichte wissen sol nach den zeiten tuon
daz seine mage yemand mortlichen haben erslagen
möcht jch so sprach Seyfrid das solt ich billichen clagen

993 Da sprach jammerlichen der Ferchwunde man
welt jr kunig edle trewen icht began
in der welt an yemand lat euch beuolhen sein
auf ewr gnad die holde trauttine mein

994 Und lat sy des geniessen daz Sy ewr Schwester sey
durch aller Fürsten tugende wont jr mit trewen bey

fol. CXva ll. 1–34

mit treweŋ beÿ̋ · Wir müeſſŋ̄ warteŋ lannge / meiŋ Vater vnd meine man / es ward nie Frawen laider getan Die plůmen allenthalbeŋ von plůte waren naſs · da rang Er mit dē tode / vnlanng thet Er das / Waŋ̄ des todes waſſen ye ze ſere ſchnaiꝺ · da mocht reden nicht mere der Recke kueŋ vnd gemait / Uoŋ demſelben prunneŋ da Seÿfꝛid ward erſlageŋ / ſolt jr die rechtŋ̄ warhait voŋ mir hőꝛen ſagen / Voꝛ dem Ottenwalꝺe ein doꝛff leit Ottenhain / da iſt noch derſelbe prunne des iſt zweiuel ꝺhaiŋ · Da die herreŋ ſaheŋ / daʒ der helt was tot / Sy legten jn auf aineŋ Schilt / der was von golꝺe rot / vnd wurden des ze rate wie das ſolte ergan / daʒ man es verhē̋=le daʒ es het Hagene getan · Da ſprachen jr genůg vnns iſt vil vbel geſcheheŋ / jr ſolt es helen alle vnd ſült geleiche iehen / da Er rit iagen ayne / Chrimhilꝺeŋ maŋ / Jn ſchlůgen Schachere / da Er da fůr durch den tan · Dauoŋ Tro=nege Hagene jch bꝛing jn in das Lanndt / mir iſt vil vnmäre / vnꝺ wirt es jr bekannt / die ſo hat be=truebet den Praünhilden můt / es achtet mich ʋil ringe / was ſÿ wainen getůt ·

durch aller Fürsten tugende   wont jr mit trewen bey
Wir müessen warten lannge   mein Vater vnd meine man
es ward nie Frawen laider   getan

995 Die pluomen allenthalben   von pluote waren nass
da rang Er mit dem tode   vnlanng thet Er das
Wann des todes waffen   ye ze sere schnaid
da mocht reden nicht mere   der Recke kuen vnd gemait

C 1013 Uon demselben prunnen   da Seyfrid ward erslagen
solt jr die rechten warhait   von mir hören sagen
Vor dem Ottenwalde   ein dorff leit Ottenhain
da ist noch derselbe prunne   des ist zweiuel dhain

996 Da die herren sahen   daz der helt was tot
Sy legten jn auf ainen Schilt   der was von golde rot
vnd wurden des ze rate   wie das solte ergan
daz man es verhele   daz es het Hagene getan

997 Da sprachen jr genuog   vnns ist vil vbel geschehen
jr solt es helen alle   vnd sült geleiche iehen
da Er rit iagen ayne   Chrimhilden man
Jn schluogen Schachere   da Er da fuor durch den tan

998 Dauon Tronege Hagene   jch bring jn in das Lanndt
mir ist vil vnmäre   vnd wirt es jr bekannt
die so hat betruebet   den Praunhilden muot
es achtet mich vil ringe   was sy wainen getuot

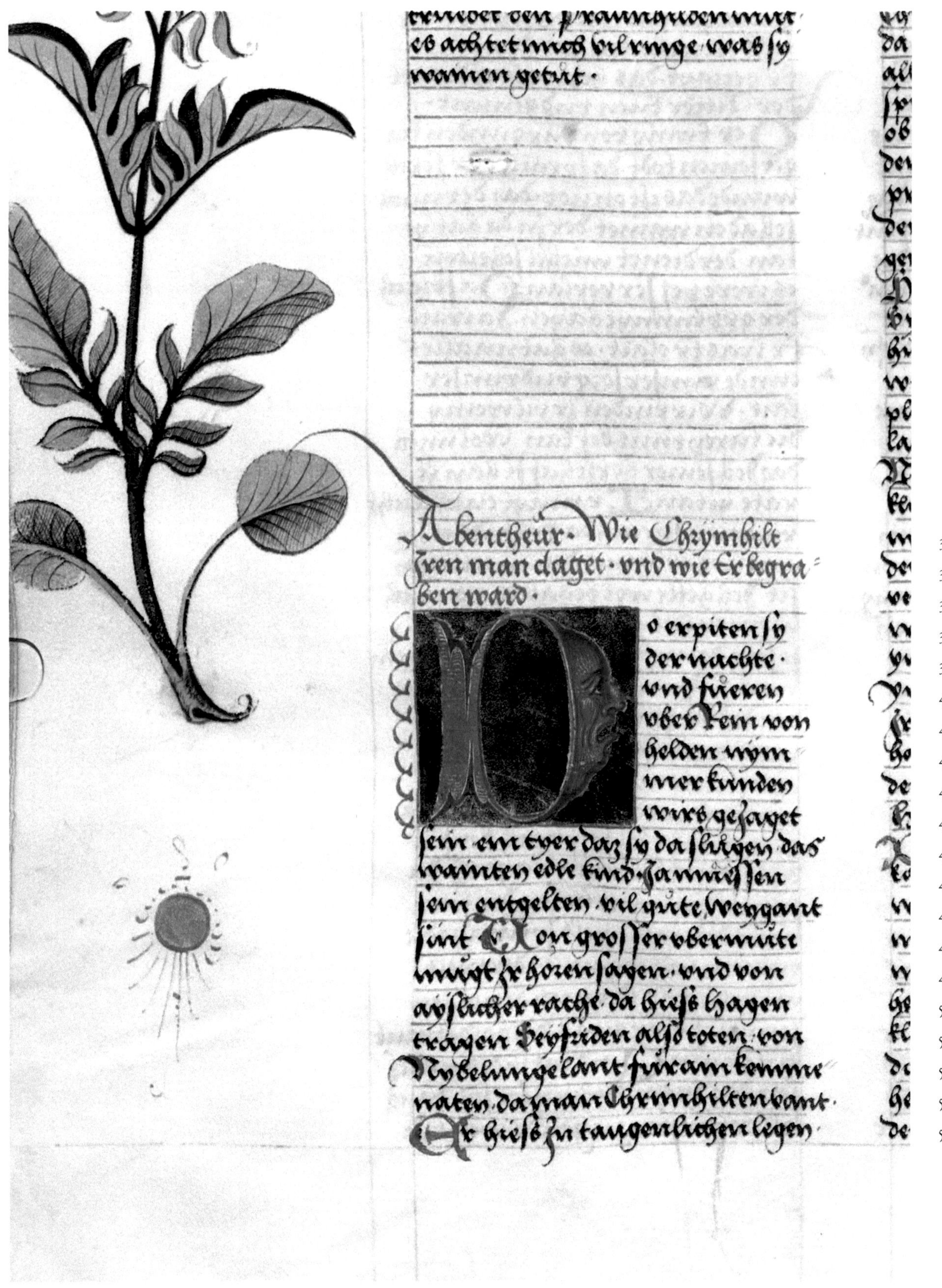

es achtet micht vil ringe was sy
wainen getet.

Abentheur. Wie Chrymhilt
Iren man claget. vnd wie Er begra
ben ward.
Do erpiten sy
der nachte.
vnd füeren
vber Rein von
helden wyrn
mer kunden
wirs gesaget
sein ein tyer daz sy da slugen das
waineten edle kind. Ja muessen
sein entgelten vil gute weygant
sint Von grosser vbermüte
mugt Ir horen sagen. vnd von
ayslicher rache. da hiess hagen
tragen Seyfriden also toten von
Nybelunge lant für ain kemme
naten. da man Chrymhilten vant.
Er hiess In taugenlichen legen.

fol. CXva ll. 35–54

Abentheür · Wie Chꝛÿmhilt jren man claget · vnd wie Er begra=ben ward ·

Do erpiten ſy der nachte · vnd fůereŋ vber Rein voŋ helden nÿm=mer kundeŋ wirs gejaget ſein / ein tyer daʒ ſy da ſlůgeŋ / das wainteŋ edle kind · ja müeſſen ſein entgelteŋ / vil gůte weygant ſint · Uon groſſer vbermůte mügt jr höꝛen ſagen · vnd von aÿſlicher rache / da hieſs Hagen tragen Seÿfꝛiden alſo toten / von Nybelunge lant für ain kemme=nateŋ / da man Chrimhilten vant · Er hieſs jn taugenlichen legeŋ /

17 Abentheur Wie Chrymhilt jren man claget vnd wie Er begraben ward

999 Do erpiten sy der nachte vnd fuoeren vber Rein
von helden nymmer kunden wirs gejaget sein
ein tyer daz sy da sluogen das wainten edle kind
ja müessen sein entgelten vil guote weygant sint

1000 Uon grosser vbermuote mügt jr hören sagen
vnd von ayslicher rache da hiess Hagen tragen
Seyfriden also toten von Nybelunge lant
für ain kemmenaten da man Chrimhilten vant

1001 Er hiess jn taugenlichen legen an die tür

an die tür daz sy jn da solte vinden so sy dargienge für hin zu der Mettine. E daz wurde tag. der die fraw Chrimhilt vil selten kainne verlag. Man leutet da zum Münster nach gewonhait. fraw Chrimhilt die schöne weckte menige maid. ein liecht bat sy jr bringen. vnd auch jr gewant. da kam ain Cammerere da er Seyfriden fant. Er sach in plutes roten sein wat was alle nass. daz es sein herre were niemant wesst das. hin zu der kemmenaten. das liecht trug an der hant. von dem vil laiden märe. die fraw Chrimhilt erfant. Do sy mit jr frawen ze münster wolte gan. da sprach der Cammerere ja solt jr stille stan. es leit vor disem gaden ein Ritter tot erslagen. da begund Chrimhilt vil harte vn messlichen clagen. E daz sy recht erfunde daz es were jr man. an die hagene frage dencken sy began. wie er jn solte fristen. da ward jr erst laid. von jr was allen freuden mit tode widersait. Da saig sy zu der erden. daz sy nicht ensprach. die schön freudlosen ligen man do sach. Chrimhilten jammer ward degros da erschray sy nach vnmessen daz all die kemmenaten erdos. Da sprach daz jr yngesynnde was ob es ist ain gast. das plut jr aus dem munde von hertzen iammer prast. da sprach sy es ist Seyfrid der mein vil lieber man. es hats

fol. CXvb ll. 1–34

an die tür / daʒ Sÿ Jn da ſolte
vindeŋ / ſo ſy dargienge für hin
zu der Mettine / Ee das wurde
tag / der die Fraw Chꝛimhilt vil
ſelteŋ kaine verlag / Man leü=
tet da zum Münſter / nach ge=
wonhait / Fraw Chrimhilt die
ſchöne wachte menige maid /
ein liecht bat ſy jr bꝛingeŋ / ʋnd
auch jr gewant / da kam ain
Cammerere da Er Seyfꝛiden
fant · Er ſach in plůtes roten
ſein wat was alle naſs / daʒ es
ſein herre wēre / niemant weſſt
das / hin zu der kemmenateŋ /
das liecht trůg an der hant · ʋoŋ
dem vil laideŋ märe · die fraw
Cꝛimhilt erfant / Do ſy mit jr
Frawēŋ ze münſter wolte gan ·
da ſprach der Cammerere ja ſolt
jr ſtille ſtan · es leit voꝛ diſem
gaden ein Ritter tot erſlageŋ / da
begund Chrimhilt vil harte vn=
meſſlichen clagen / Ee daʒ ſÿ
recht erfunde daʒ es were jr man ·
aŋ die Hagene frage dencken ſy be=
gaŋ / wie Er jn ſolte fꝛiſten / da waꝛꝺ
jr erſts laÿd / voŋ jr was allen freü=
den mit tode widerſait / Da ſayg
ſy zu der erdeŋ / daʒ ſy nicht enſpꝛacħ /
die ſchön freüdloſen ligen man do ſacħ /
Chrimhilten jammer ward do gꝛos /
da erſchraÿ ſy nach vncreffteŋ ꝺaʒ
all die kemmenaten erdos · Da

1001 Er hiess jn taugenlichen legen an die tür
daz Sy Jn da solte vinden so sy dargienge für
hin zu der Mettine Ee das wurde tag
der die Fraw Chrimhilt vil selten kaine verlag

1002 Man leutet da zum Münster nach gewonhait
Fraw Chrimhilt die schöne wachte menige maid
ein liecht bat sy jr bringen vnd auch jr gewant
da kam ain Cammerere da Er Seyfriden fant

1003 Er sach in pluotes roten sein wat was alle nass
daz es sein herre were niemant wesst das
hin zu der kemmenaten das liecht truog an der hant
von dem vil laiden märe die fraw Crimhilt erfant

1004 Do sy mit jr Frawen ze münster wolte gan
da sprach der Cammerere ja solt jr stille stan
es leit vor disem gaden ein Ritter tot erslagen
da begund Chrimhilt vil harte vnmesslichen clagen

1005 Ee daz sy recht erfunde daz es were jr man
an die Hagene frage dencken sy began
wie Er jn solte fristen da ward jr ersts layd
von jr was allen freuden mit tode widersait

1006 Da sayg sy zu der erden daz sy nicht ensprach
die schön freudlosen ligen man do sach
Chrimhilten jammer ward do gros
da erschray sy nach vncrefften daz all die kemmenaten erdos

1007 Da sprach daz jr ynngesynnde was ob es ist ain gast

fol. CXvb ll. 35–68

ſprach daʒ jr ynngeſynnde waɞ / ob eɞ iſt ain gaſt / daɞ plůt jr auσ dem mŭnde / von hertʒen iammer praſt / da ſprach ſy eɞ iſt Seÿfꝛid der mein vil lieber man / eɞ hatσ geraten Praunhilt · daʒ eɞ hat Hagene getan · Die fraw hieſσ Sy weÿſen / da ſy den Helt fant · Sÿ hůb ſein ſchőnɞ haubt mit jr ʋil weiſſen hant · wie rot er waɞ von plůte / ſy het jn ſchier erkant · da lag vil iammerlicheŋ der helt voŋ Nibelunge lant · Da ʋil trauri=klichen / die kŭniginne milt / owe mich meineɞ laideɞ / nŭn iſt ꝺir dein Schilt mit ſchwerteŋ nicht verhawen / du ligſt ermoꝛdet rot weſte ich wer daɞ tette / Ich riet iŋ ymmer ſeinen todt · Alleɞ Ir Yngeſynnde klaget vnd ſchraÿ mit jr liebe Fraw̃en / wann jn waɞ hart wee / vmb jr vil edlen herren / den ſy da hetteŋ verloꝛeŋ / da gerochŋ̄ Hagene harte Praŭnhilde zoꝛŋ · Da ſpꝛach jr jammer hat jr kammerere / jr ſolt hin gan / vnd wecket haꝛt palꝺe / deɞ Seyfꝛideɞ man / Ir ſolt auch Sigemundŋ̄ meinen jammer ſageŋ / ob Er mir helffen welle / den kŭenen Seÿfꝛidŋ̄ klagen · Da lieff balꝺ ein pote da Er Sy ligen vant · die Seÿfꝛideσ helde von Nibelunge lant / mit den vil laiden măren / Ir freŭde

1007 Da sprach daz jr ynngesynnde was ob es ist ain gast
das pluot jr aus dem munde von hertzen iammer prast
da sprach sy es ist Seyfrid der mein vil lieber man
es hats geraten Praunhilt daz es hat Hagene getan

1008 Die fraw hiess Sy weysen da sy den Helt fant
Sy huob sein schöns haubt mit jr vil weissen hant
wie rot er was von pluote sy het jn schier erkant
da lag vil iammerlichen der helt von Nibelunge lant

1009 Da vil trauriklichen die küniginne milt
owe mich meines laides nun ist dir dein Schilt
mit schwerten nicht verhawen du ligst ermordet rot
weste ich wer das tette Ich riet im ymmer seinen todt

1010 Alles Ir Yngesynnde klaget vnd schray
mit jr liebe Frawen wann jn was hart wee
vmb jr vil edlen herren den sy da hetten verloren
da gerochen Hagene harte Praunhilde zorn

1011 Da sprach jr jammer hat jr kammerere jr solt hin gan
vnd wecket hart palde des Seyfrides man
Ir solt auch Sigemunden meinen jammer sagen
ob Er mir helffen welle den küenen Seyfriden klagen

1012 Da lieff bald ein pote da Er Sy ligen vant
die Seyfrides helde von Nibelunge lant
mit den vil laiden mären Ir freude Er Jn benam

Er jn benam · Sy woltens mit ge
lauben nicht man das warren
vernam · Der pote kam auch
schiere da der küng lag · Sigmund
der herre · der schlaffes nicht empfh
lag · Ich wene sein hertze es im sagte ·
das im was geschehen · er mochte sei
nen lieben sun nymmer lebentig
gesehen · Wachet herre Sigmund ·
mich pat nach euch gan Chrimhild
mein fraue · der ist ein laid getan ·
daz ir vor allen laiden an jr hertze
gat · das solt jr clagen helffen · wan
es euch sere bestat · Auffrichtet
sich do Sigemund er sprach was
sind die laid · der schönen Chrim
hilden die du mir hast gesait · der
pote sprach mit wainen ich kan
euch nicht verdagen · Ja ist von Ni
derlannd der küene Seyfrid erslagen ·
Da sprach der künig Sigmund ·
lat das schimphen sein · Und also
böse mare durch den willen mein ·
daz jr es saget nyemand · daz er sey
erslagen · wann ich kunde jn nym
mer vor meinem tode verklagen ·
Welt jr mir nicht gelauben daz
jr mich höret sagen · so mugt jr
selbs hören Chrimhilde clagen · und
alles jr gesinde den Seyfrides todt ·
vil sere erschrack do Sigemund ·
des gieng im werlichen not · Mit
hundert mannen er von dem
pete sprang · jn zugkten zu den
henden die scharffen waffen
lang · Sy lieffen zu gar villamer
lichen da kamen tausent recken
des küenen Seyfrids man · Da sy
so jammerlichen die frauen horten

fol. CXvc ll. 1–34

Er Jn benam / Sy woltenϐ nit ge=laubeŋ v̈ntʒ man daϐ wainen vernam / Der pote kam auch ſchiere da der kŭnig lag / Sigmunꝺ der herre / der ſchlaffeϐ nicht emph=lag / Ich wēne ſein hertʒe eϐ im ſagte / daϐ im waϐ geſchehen / er mochte ſei=nen lieben Sŭn nÿmmer lebentig geſeheŋ Wachet herre Sigmŭnꝺ mich pat nach euch gan · Chrimhilꝺ mein fraẘe / der iſt ein laid getaŋ / daʒ Ir voꝛ allen laiden an jr hertʒe gat / daϐ ſolt jr clagen helffen / waŋ̄ eϐ euch ſere beſtat · Auffrichtet ſich do Sigemŭnd / er ſprach waϐ ſind die laĭd / der ſchoneŋ Chrim=hildeŋ / die du mir haſt geſait · der pote ſprach mit waineŋ jch kan euch nicht verdagen / Ia iſt von Ni=derlannd der kuene Seÿfꝛiꝺ erſlagŋ̄ / Da ſprach der kunig Sigmunꝺ / lat daϐ ſchimphen ſein / ꝩnd alſo böſe mare durch den willeŋ meiŋ · daʒ jr eϐ ſaget nyemanꝺ / daʒ er ſeÿ erſlagen / waŋ ich kunde jn nÿm=mer voꝛ meineŋ tode verklagen · Welt Ir mir nicht gelauben / daʒ Ir mich hŏꝛet ſageŋ / ſo mŭgt jr ſelbϐ hoꝛen Chrimhilꝺe clagen · vnꝺ alleϐ jr geſÿnnde / den Seyfꝛideϐ toꝺt · vil ſere erſchrack / do Sigemŭnꝺ / deϐ gieng im werlichen not Mit Hundert manneŋ er voŋ dem pete ſprang / zu zugkten zu den

mit den vil laiden mären Ir freude Er Jn benam
Sy woltens nit gelauben v̈ntz man das wainen vernam

1013 Der pote kam auch schiere da der künig lag
Sigmund der herre der schlaffes nicht emphlag
Ich wene sein hertze es im sagte das im was geschehen
er mochte seinen lieben Sun nymmer lebentig gesehen

1014 Wachet herre Sigmund mich pat nach euch gan
Chrimhild mein frawe der ist ein laid getan
daz Ir vor allen laiden an jr hertze gat
das solt jr clagen helffen wann es euch sere bestat

1015 Auffrichtet sich do Sigemund er sprach was sind die laĭd
der schonen Chrimhilden die du mir hast gesait
der pote sprach mit wainen jch kan euch nicht verdagen
Ia ist von Niderlannd der kuene Seyfrid erslagen

1016 Da sprach der kunig Sigmund lat das schimphen sein
vnd also böse mare durch den willen mein
daz jr es saget nyemand daz er sey erslagen
wann ich kunde jn nymmer vor meinem tode verklagen

1017 Welt Ir mir nicht gelauben daz Ir mich höret sagen
so mügt jr selbs horen Chrimhilde clagen
vnd alles jr gesynnde den Seyfrides todt
vil sere erschrack do Sigemund des gieng im werlichen not

1018 Mit Hundert mannen er von dem pete sprang
zu zugkten zu den hennden die scharffen waffen lang

des grieng im werltlichen not
hundert mannen er von dem
pete sprang. Ju zugkten zu den
hennden die scharffen waffen
lang. Sy lieffen zu gar vil kamer
lichen da kamend tausent reckn
des kuenen Seyfrids man. Da sy
so jammerlichen die frawen horten
clagen. da wandten sumelichen
sy solten claider tragen. Ja mochten
sy der synne vor laide nicht geha
ben. Jn wart vil michel schwere.
in jre hertzen begraben. Da
kam der kunig Sigmund da
er Chrimhilden vant. er sprach
Awe der rayse heer in dyz landt.
wer hat mich meines kindes und
auch ewrs manns bey also guten
freunden solich mort angetan.
Hey solt ich den erkennen sprach
das vil edle weib. holt wirt im
mein hertze nymmer und auch
mein leib. Ich berait im also laide.
daz die freunde sein. von meinen
schulden muessen wainende sein.
Sigemund der herre den fürsten
umbeslos. da ward von seinen freunden
der iamer also gros. daz von dem
starchen ruffe. palast und sal.
und auch die Stat ze Wurmse
von jrem wainen erschal. Da
kunde jn nyemand getrösten daz
Seyfrides weyb. man zoch aus den
klaidern seinen schonen leib. man
wusch im seine wunden. und leget
jn auf den re. da was seinen leuten
von grossem iammer starch wee.

fol. CXvc ll. 35–68

henndeŋ / die ſcharffen waffeŋ lang · Sy lieffeŋ zů gar vil iämer=lichen da kamend tauſent Recken des küenen Seyfꝛids man · Da ſÿ ſo jammerlichen die fraẅeŋ hoꝛtŋ̄ clagen / da wandteŋ ſumelichen / ſy ſolten claider tragen / ja mochtŋ̄ ſy der ſÿnne voꝛ laide nicht geha=ben / jn wart vil michel ſchwëre / iŋ jre herʒeŋ begrabeŋ · Da kam der künig Sigmund / da Er Chrimhildeŋ vant · er ſpꝛach Awe der rayſe heer in diʒ landt / wer hat mich meines kindes vnꝺ auch ewꝛs mans bey alſo gůten Freunꝺen ſolich moꝛt angetan · Hey ſolt ich den erkenneŋ ſprach das vil edle weib / holt wirt im mein herʒe nÿmmer vnd auch mein leib · jch berait im alſo laide / daʒ die freunde ſein / voŋ meinen ſchulꝺeŋ müeſſen wainende ſeiŋ · Sigemünd der herre den Fürſtŋ̄ vmbe ſlos · da ward von ſeineŋ fꝛünꝺŋ̄ der iamer alſo gros / daʒ voŋ dem ſtarcheŋ růffe / Palaſt vnd ſal / vnd auch die Stat ze Wurmſe voŋ jrem wainen erſchal / Da kunde jn nÿemanꝺ getröſten daʒ Seÿfꝛides weyb / man zoch aus den klaideŋ ſeineŋ ſchonen leib · maŋ wůſch im ſeinen wunden / vnꝺ leget jn auf den re · da was ſeinen leütŋ̄ voŋ groſſem iammer ſtarcħ wee ·

zu zugkten zu den hennden   die scharffen waffen lang
Sy lieffen zuo gar   vil iämerlichen
da kamend tausent Recken   des küenen Seyfrids man

1019 Da sy so jammerlichen   die frawen horten clagen
da wandten sumelichen   sy solten claider tragen
ja mochten sy der synne   vor laide nicht gehaben
jn wart vil michel schwere   in jre hertzen begraben

1020 Da kam der künig Sigmund   da Er Chrimhilden vant
er sprach Awe der rayse   heer in ditz landt
wer hat mich meines kindes   vnd auch ewrs mans
bey also guoten Freunden   solich mort angetan

1021 Hey solt ich den erkennen   sprach das vil edle weib
holt wirt im mein hertze   nymmer vnd auch mein leib
jch berait im also laide   daz die freunde sein
von meinen schulden   müessen wainende sein

1022 Sigemund der herre   den Fürsten vmbe slos
da ward von seinen frunden   der iamer also gros
daz von dem starchen ruoffe   Palast vnd sal
vnd auch die Stat ze Wurmse   von jrem wainen erschal

1023 Da kunde jn nyemand getrösten   daz Seyfrides weyb
man zoch aus den klaidern   seinen schonen leib
man wuosch im seinen wunden   vnd leget jn auf den re
da was seinen leuten   von grossem iammer starch wee

Da sprachen seine Recken von
Nybelunge lant · nu solt ymmer
rechen mit willen vnnser hant ·
Er ist in diser Burge der es da hat
getan · da eylten nach waffen alle
Seyfrides man · Die ausserwelten degene mit Schilden kamen
dar · Aindlif hundert recken die
het an seiner schar · Sigemund der
herre · seines kindes tod den wolt er
gerne rechen des gieng im werlichn
not · Sy westen nit wen sy mit
streite solten besteen · sy tatten es
dann Guntherrn vnd seine
man · mit den der herre Seyfrid an
das gejaide rait · Chrimhilt sach
sy gewaffent das was jr groslichn
laid · Wie michel wer jr Jamer
vnd so starch jr not · da forcht sy so
harte der Nybelunge tot · von jrs
Bruders mannen · daz sy es vnder
stund · sy warnte sy guettlichen ·
als freunde lieben freunden tund
Da sprach die iamers reiche
mein herre Sigmund wes welt
jr beginnen euch ist mit recht
kunt · Ja hat der kunig Gunth ·
so manigen kuenen man · Jr
welt euch alle verliesen solt jr die
Recken bestan · Mit auferpundn
Schilden jn was ze streite not · die
edl kuniginne Sy pat vnd auch
gepot · daz sys meiden solten · die
Recken vilgemait · do sys nicht lassen wolten · das was jr werlichn
laid · Sy sprach herre Sigmund
Jr solt es lassen stan · vntz daz es sich
bas gefuege · so wil ich meinen man
ymmer mit euch rechen · der mir

fol. CXIra ll. 1–35

Da ſpꝛachen ſeine Recken voŋ
Nybelünge lant · nu ſolt ÿmmer
rechen mit willeŋ vnnſer hant ·
Er iſt in diſer Burge der es da hat
getan · da eylten nach waffen alle
Seyfꝛides man · Die aufſerwel=
ten degene / mit Schildeŋ kamen
dar / Aindlif hündert recken / die
het an ſeiner ſchar / Sigemund der
herre / ſeines Sünes tod / den wolt Er
gerne rechen des gieng im werlichŋ̄
not · Sy weſten nit wen ſy mit
ſtreite ſolten beſteen / ſy tatteŋ es
dann Gunthern vnd ſeine
man / mit deŋ der herre Seyfꝛid aŋ
das gejaide rait · Chrimhilt ſach
ſy gewaffent das was Ir groſlichŋ̄
laid / Wie michel wer jr jamer
vnd ſo ſtarch jr not · da foꝛcht ſy ſo
harte der Nybelunge tot / voŋ jrs
Brůders manneŋ / daȝ Sy es vnder=
ſtůnd / ſy warnte ſy guettlicheŋ /
als Freunde liebeŋ freunden tůnd /
Da ſprach die iamers reiche
mein herre Sigmünd wes welt
jr begynneŋ / euch iſt nit recht
kunt · Ja hat der kunig Günthꝰ /
ſo manigen küenen man · Jr
welt euch alle verlieſen ſolt jr die
Recken beſtan · Mit auferpundŋ
Schilden / jn was ze ſtreite not / die
edl küniginne Sy pat vnd auch
gepot · daȝ ſys meiden ſolteŋ / die
Recken ʋil gemait · do ſys nicht laſ=
ſen wolten / das was jr werlichŋ̄

1024 Da sprachen seine Recken von Nybelunge lant
nu solt ymmer rechen mit willen vnnser hant
Er ist in diser Burge der es da hat getan
da eylten nach waffen alle Seyfrides man

1025 Die ausserwelten degene mit Schilden kamen dar
Aindlif hundert recken die het an seiner schar
Sigemund der herre seines Sunes tod
den wolt Er gerne rechen des gieng im werlichen not

1026 Sy westen nit wen sy mit streite solten besteen
sy tatten es dann Gunthern vnd seine man
mit den der herre Seyfrid an das gejaide rait
Chrimhilt sach sy gewaffent das was Ir groslichen laid

1027 Wie michel wer jr jamer vnd so starch jr not
da forcht sy so harte der Nybelunge tot
von jrs Bruoders mannen daz Sy es vnderstuond
sy warnte sy guettlichen als Freunde lieben freunden tuond

1028 Da sprach die iamers reiche mein herre Sigmund
wes welt jr begynnen euch ist nit recht kunt
Ja hat der kunig Gunther so manigen küenen man
Jr welt euch alle verliesen solt jr die Recken bestan

1029 Mit auferpunden Schilden jn was ze streite not
die edl küniginne Sy pat vnd auch gepot
daz sys meiden solten die Recken vil gemait
do sys nicht lassen wolten das was jr werlichen laid

gepot · daz sys meiden solten · die
recken vil gemait · do sys nicht lassen wolten · das was jr werlich
laid · Sy sprach herre Sigmund
Jr solt es lassen stan · vntz daz es sich
bas gefuege · so wil ich meinen man
ymmer mit euch rechen · der mir
jn hat benomen · wird ich des beweiset ich sol im schedlichen komen ·
Er ist der vbermuten hie bey kein
vil · davon ich euch des streites mit
raten wil · Sy haben wider ainen
wol dreyssig man · Nu lass jn got
gelingen als sy vmb vnns gedienet
han · Jr solt hie beleiben vnd dult
mit mir das layd · als es tagen be-
gunne jr helden vil gemait · so helffet mir besarchen meinen lieben
man · da sprachen die degenne das sol
werden getan · Des kunde das wunder
niemand vollsagen · von rittern vnd
von frawen wie man die horte clagen ·
also daz man des ruffes ward in der
Stat gewar · die edlen Burgere die komen gahe dar · Sy klagten mit den
gesten · wann jn ward hart layd · die
Seyfrides schulde jn nyemand het gesayt · durch was der edle recke verlure
den seinen leib · da wainten mit den
frawen der guten Burgere weyb ·
Smide hiess man gahen wurchen
einen sarche · von silber vnd von golde
vil michel vnd starche · man hiess
jn vast spangen mit stahl der was
gut · da was allen den leuten hart
trawrig der mut · Die nacht
die was zergangen · man saget

fol. CXIra ll. 36–69

laid · Sy ſprach herre Sigmŭnꝺ
jr ſolt eɞ laſſen ſtan · v̈nʒ daʒ eɞ ſich
baɞ gefŭege / ſo wil ich meineŋ maŋ /
ymmer mit euch recheŋ / der miꝛ
jn hat benomeŋ · wird ich deɞ bewei=
ſet jch ſol im ſchedlichen komeŋ ·
Ir iſt der v̈bermůteŋ hie beÿ Rein
vil · dauoŋ ich euch deɞ ſtreiteɞ nit
rateŋ wil · Sy habeŋ wieder ainen
wol Dꝛeyſſig man · Nu laſɞ jn got
gelingen alɞ ſy vmb vnnɞ gedienet
han · Ir ſolt hie beleibeŋ vnd dult
mit mir daɞ laÿd · alɞ eɞ tageŋ be=
gÿnne jr heldeŋ vil gemait · ſo helf=
fet mir beſarchen / meinen lieben
man · da ſpracheŋ die degenne daɞ ſol
werdeŋ getan / Deɞ kunde daɞ wŭndeꝛ
nÿemand vollſageŋ / voŋ Ritterŋ vnꝺ
voŋ fraweŋ wie maŋ die hoꝛte clagŋ̄ /
alſo daʒ man deɞ Růffeɞ ward in der
Stat gewaꝛ / die edlen Burgere die ko=
men gähe dar · Sy klagten mit den
geſten / wann jn ward hart laÿd / die
Seÿfrideɞ ſchulde jn nÿemand het ge=
ſaÿt / durch waɞ der edle Recke verlŭꝛe
den ſeinen leib / da wainten mit ꝺen
fraweŋ / der gůten Burgere weÿb /
Amide hieſɞ man gahen wurchŋ̄
einen ſarche / ʋoŋ Silber ʋnd ʋoŋ golꝺe /
vil michel ʋnꝺ ſtaꝛche / man hieſσ
jn ʋaſt ſpangen mit ſtahl der waσ
gůt · da waɞ allen den leŭteŋ haꝛt
trawꝛig der můt / Die nacht
die waɞ zerganngeŋ / maŋ ſaget

do sys nicht lassen wolten das was jr werlichen laid

1030 Sy sprach herre Sigmund jr solt es lassen stan
v̈ntz daz es sich bas gefüege so wil ich meinen man
ymmer mit euch rechen der mir jn hat benomen
wird ich des beweiset jch sol im schedlichen komen

1031 Ir ist der v̈bermuoten hie bey Rein vil
dauon ich euch des streites nit raten wil
Sy haben wieder ainen wol Dreyssig man
Nu lass jn got gelingen als sy vmb vnns gedienet han

1032 Ir solt hie beleiben vnd dult mit mir das layd
als es tagen begynne jr helden vil gemait
so helffet mir besarchen meinen lieben man
da sprachen die degenne das sol werden getan

1033 Des kunde das wunder nyemand vollsagen
von Rittern vnd von frawen wie man die horte clagen
also daz man des Ruoffes ward in der Stat gewar
die edlen Burgere die komen gähe dar

1034 Sy klagten mit den gesten wann jn ward hart layd
die Seyfrides schulde jn nyemand het gesayt
durch was der edle Recke verlüre den seinen leib
da wainten mit den frawen der guoten Burgere weyb

1035 Amide hiess man gahen wurchen einen sarche
von Silber vnd von golde vil michel vnd starche
man hiess jn vast spangen mit stahl der was guot
da was allen den leuten hart trawrig der muot

1036 Die nacht die was zergannngen man saget es wolte tagen

es wolte tagen, da hieß die edel frawe
zu dem Münster tragen, Seyfriden
den herren jren vil lieben man. wz
Er da freunde hette, die sach man wainende gan. Do sy zum Münster
brachten, vil der glocken klangk da
hort man allenthalben vil maniges pfaffen gsangk. da kam der künig Gunther mit den seinen man.
vnd auch der grimme hagene.
zu dem ruffe gegan. Er sprach
vil liebe Schwester awe der laide
dein. daz wir nicht kunden on des
grossen schaden sein. Wir müessen
clagen ymmer des Seyfrides leib
das tůt jr on schulde. sprach das
Jammerhaffte weib. War euch
darumb laide so wer es nicht geschehen. Jr het mein vergessen daz
mag ich wol nu jehen. da ich da
ward geschaiden vnd mein lieber
man. das wolte got sprach Chrimhilt wer es mir selb getan. Sy
puten vast jr laugen. Chrimhilt
begunde iehen welher sy vnschuldig der lasse daz geschehen. der sol
zu pare vor den leuten geen. dabey
mag man die warhait hart
schiere versteen. Das ist ein
michel wunder vil dick es noch
geschicht. wo man den mort mailen bey dem toten sicht. so pluoten
jm die wunden. als auch da geschach. davon man die schulde daz
Hagene gesach. Die wunden
flussen sere alsam Sy taten. Er
die yetz da sere klagten des ward
nu michel mee. da sprach der
kunig Gunther. Ich wil euch

fol. CXIrb ll. 1–35

es wolte tageŋ / da hieſs die edel fraw
zu dem Műnſter trageŋ / Seyfꝛidn̄
den herreŋ jreŋ ʋil lieben man · was
Er da freunde hette / die ſach man wai=
nende gan / Da ſy zum Műnſter
bꝛachten / ʋil der glocken klangk da
hoꝛt man allenthalben / ʋil mani=
ges pfaffen gſangk · da kam der kű=
nig Gunther mit den ſeinen manŋ /
vnd auch der grÿmme Hagene /
zu dem rueffe gegaŋ · Er ſprach
vil liebe Schweſter awe der laide
dein · daʒ wir nicht kunden oŋ des
groſſen ſchadeŋ ſein · Wir műeſſn̄
clagen ymmer des Seÿfꝛides leib
das tůt jr on ſchulde / ſprach das
jammerhaffte weib · Wär euch
darůmb laide ſo wer es nicht ge=
ſcheheŋ / jr het mein vergeſſeŋ / daʒ
mag ich wol nu iehen / da ich da
ward geſchaideŋ / vnd mein lieber
man / das wolte got ſpꝛach Chrim=
hilt / wer es mir ſelb getan Sÿ
puten vaſt jr laügen / Chrimhilde
begunde iehen welher ſy vnſchul=
dig der laſſe das geſcheheŋ / der ſol
zu pare voꝛ den leuten geeŋ / dabeÿ
mag man die warhait hart
ſchiere verſteeŋ · Das iſt ein
michel wűnder vil dick es noch
geſchicht / wo man den moꝛt mai=
len bey dem toten ſicht · ſo plűeten
jn die wundeŋ / als auch da geſch=
ach / dauoŋ man die ſchulde / da jn
Hagene geſach / Wie wunden

1036 Die nacht die was zerganngen man saget es wolte tagen
da hiess die edel fraw zu dem Münster tragen
Seyfriden den herren jren vil lieben man
was Er da freunde hette die sach man wainende gan

1037 Da sy zum Münster brachten vil der glocken klangk
da hort man allenthalben vil maniges pfaffen gsangk
da kam der künig Gunther mit den seinen mann
vnd auch der grymme Hagene zu dem rueffe gegan

1038 Er sprach vil liebe Schwester awe der laide dein
daz wir nicht kunden on des grossen schaden sein
Wir müessen clagen ymmer des Seyfrides leib
das tuot jr on schulde sprach das jammerhaffte weib

1039 Wär euch daruomb laide so wer es nicht geschehen
jr het mein vergessen daz mag ich wol nu iehen
da ich da ward geschaiden vnd mein lieber man
das wolte got sprach Chrimhilt wer es mir selb getan

1040 Sy puten vast jr laugen Chrimhilde begunde iehen
welher sy vnschuldig der lasse das geschehen
der sol zu pare vor den leuten geen
dabey mag man die warhait hart schiere versteen

1041 Das ist ein michel wunder vil dick es noch geschicht
wo man den mort mailen bey dem toten sicht
so plüeten jn die wunden als auch da geschach
dauon man die schulde da jn Hagene gesach

1042 Wie wunden flussen sere alsam Sy taten Ee

fol. CXIrb ll. 36–69

fluſſen ſere / alſam Sy taten / Ee
die yeʒ da ſere klageteŋ deϐ waꝛ∂
nu michel mee / da ſprach der
kunig Gŭnther Ich wilϐ euch
wiſſen lan · Jn ſchlůgen Schach=
ere ſchachere / Hagene hat eϐ nicht
getan · Dir ſind die Schachere
vil wol bekant · nu laſσ eϐ got er=
recheŋ / noch ſein freunde hant
Gŭnther / vnd habt jr eϐ getan / die
Seyfrideϐ degene hetten do gen ewcȟ
ſtreiteϐ wan / Da ſprach aber
Chrimhilt nu traget mit mir die
not / da kamen diſe baide da ſy jn
funden todt · Gernot jr Bꝛůder
vnd Giſelher daϐ kin∂ · in treẘeŋ
Sy jn clageten / mit den anndeꝛŋ
ſint / Sy wainten ynnerlicheŋ
der Chrimhilden man / man ſolte
meſſe ſingen zu dem Mŭnſter
dan · giengen allenthalben weib
man vnd kind · die ſein doch leicht
empareŋ / die bewainten Seyfꝛidŋ
ſindt / Gernot vnd Giſelher
die ſprachen Sweſter mein nu
troſte dich nach tode / alϐ eϐ yedoch
můſσ ſein · wir welleŋ dichσ er=
geʒen / die weil wir geleben · da
kund jr troſt / dhainen zu ∂er welte
nÿemand gegeben / Ein ſarch
waϐ beraitet · wol vmb mitten=
tag / man hůb jn von der pare
da Er auf lag / Jne wolt noch die
Fraẘe laſſen nicht begraben deσ /

1042 Wie wunden flussen sere alsam Sy taten Ee
die yetz da sere klageten des ward nu michel mee
da sprach der kunig Gunther Ich wils euch wissen lan
Jn schluogen Schachere schachere Hagene hat es nicht getan

1043 Dir sind die Schachere vil wol bekant
nu lass es got errechen noch sein freunde hant
Gunther vnd habt jr es getan
die Seyfrides degene hetten do gen ewch streites wan

1044 Da sprach aber Chrimhilt nu traget mit mir die not
da kamen dise baide da sy jn funden todt
Gernot jr Bruoder vnd Giselher das kind
in trewen Sy jn clageten mit den anndern sint

1045 Sy wainten ynnerlichen der Chrimhilden man
man solte messe singen zu dem Münster dan
giengen allenthalben weib man vnd kind
die sein doch leicht emparen die bewainten Seyfriden sindt

1046 Gernot vnd Giselher die sprachen Swester mein
nu troste dich nach tode als es yedoch muoss sein
wir wellen dichs ergetzen die weil wir geleben
da kund jr trost dhainen zu der welte nyemand gegeben

1047 Ein sarch was beraitet wol vmb mittentag
man huob jn von der pare da Er auf lag
Jne wolt noch die Frawe lassen nicht begraben
des muesten alle die leut michel arbait haben

muesten alle die leut michel arbait
haben· In einen reichen phelle
man den todten want· Ich wäne
man da yemand on wainen vant·
do klaget hertzenlichen Vte ein edel
weib· vnd alles Jr gesinde seinen
waydelichen leib· Do man das
gehorte daz man zum münster
sang· vnd man jn gesarchet het·
da hub sich gros gedrang· durch
willen seiner seele· was opfers
man da trug· Er het bey den vein
den doch freunde genug· Chrimhilt
die arme zu der kamereren sprach
sy sullen durch mein liebe leiden
vngemach· die im icht guetes gun
nen· vnd mir wesen holt· durch Sey
frides seele sol man tailen sein golt·
Kain kind was da so klain daz
icht witze mocht gehaben· das
muesset geen zum opher· Ee er
wurde begraben· bas dann hundert
messe· man des tages da sang· von
Seyfrides freunden ward da grosser
gedrang· Da man do het gesungen·
daz volck sich hub von dann· da
sprach die frawe Chrimhilt Jr solt
nicht ainie lan heint mich bewachen
den ausserwelten degen· es ist an
seinem leibe all mein frewd gelegen·
Drey tag vnd drey nacht wil
ich jn lassen stan· vntz ich mich ge
niete meins vil lieben man· was
ob das gepüret daz mich auch nymbt
der tot· so wer wol verendet mein ar
mer Chrimhilde not· Zu den her
bergen giengen die leute von der Stat·
Phaffen vnd Münche sy beliben bat·
vnd alles sein gesinde daz es des helden

fol. CXIrc ll. 1–35

muesten alle die leuͤt michel aꝛbait haben · In einen reicheŋ phelle man den todten want · jch waͤne man da yemand oŋ waineŋ vant / do klaget hertʒenlicheŋ Vͦte ein edel weib / vnd alles jr geſinde ſeinen waydelicheŋ leib / Do man das gehoꝛte / daʒ man zum muͤnſter ſang · vnd man jn geſarchet het · da hůb ſich gros gedꝛang / durch willeŋ ſeiner ſeele / was ophers man da trůg / Er het bey den vein⸗den doch freuͤnde genůg Chrimhilt die arme zu den kamerereŋ ſprach ſy ſuͤllen durch mein liebe leideŋ vngemach / die im icht gutes gun⸗nen · vnd mir weſen holt / durch Seÿ⸗frides ſeele ſol man tailen ſein golt · Kain kind was da ſo klain / daʒ icht witʒe mocht gehabeŋ / das mueſſet geeŋ zum opher / Ee Er wurde begraben / bas dann Hundeꝛt meſſe / man des tages da ſang / von Seyfrides Freundeŋ ward da groſſer gedꝛang · Da man do het geſungn̄ / daʒ volck ſich hůb voŋ dann / da ſpꝛach die Frawe Chrimhilt / jr ſolt nicht aine lan / heint mich bewachn̄ / den auſſerwelten degen / es iſt an ſeinem leibe all mein frewd gelegn̄ · Drey tag vnd drey nacht / wil ich jn laſſen ſtan / vntʒ ich mich ge⸗niete meins vil lieben man / was ob das gepuͤret daʒ mich auch nymbt der tot · ſo weͤr wol verendet / mein ar⸗

des muesten alle die leut michel arbait haben

1048 In einen reichen phelle man den todten want
jch wäne man da yemand on wainen vant
do klaget hertzenlichen Vote ein edel weib
vnd alles jr gesinde seinen waydelichen leib

1049 Do man das gehorte daz man zum münster sang
vnd man jn gesarchet het da huob sich gros gedrang
durch willen seiner seele was ophers man da truog
Er het bey den veinden doch freunde genuog

1050 Chrimhilt die arme zu den kamereren sprach
sy süllen durch mein liebe leiden vngemach
die im icht gutes gunnen vnd mir wesen holt
durch Seyfrides seele sol man tailen sein golt

1051 Kain kind was da so klain daz icht witze mocht gehaben
das muesset geen zum opher Ee Er wurde begraben
bas dann Hundert messe man des tages da sang
von Seyfrides Freunden ward da grosser gedrang

1052 Da man do het gesungen daz volck sich huob von dann
da sprach die Frawe Chrimhilt jr solt nicht aine lan
heint mich bewachen den ausserwelten degen
es ist an seinem leibe all mein frewd gelegen

1053 Drey tag vnd drey nacht wil ich jn lassen stan
vntz ich mich geniete meins vil lieben man
was ob das gepüret daz mich auch nymbt der tot
so wer wol verendet mein armer Chrimhilde not

wete meins vil lieben man · was
ob das gepüret daz mich auch nymbt
der tot · so wer wol verendet mein armer Chrimhilde not · Zu den herbergen giengen die leute von der Stat ·
Phaffen vnd Münich sy beliben bat ·
vnd alles sein gesinde daz es des helds
phlag · sy hetten nach vil arge vnd
vil müelichen tag · Nv essen vnd
an trincken belib da manig man ·
die es nemen wolten den wardt das
kundt getan · daz man vns den vollen gebe · das schuff herr Sigmund
da was den Nibelungen vil michel
arbait kunt · Die drey tag zeite
so wir hören sagen · die da kunden
singen · daz sy müsten tragen · vil
der arbaite was · man zu ophers
trug · die vil arme waren · die wurden reich genug · Was man vant
der armen · die es nicht mochten
han · die hiess man doch zum opher
mit dem golde gan · aus sein selbs
Camerern · da er nicht solte leben · vmb
sein sele ward manig tausent marck
geben · Erbar auf der erden taillt
so wi die lant · wo so man die clöster
vnd güt leute vant · silbers vnd wate gab man den armen genug · sy
tet dem wol geleich · daz sy im holdn
willen trug · In dem dritten morgen zu der rechten messezeit · so was
bey dem münster der kirchhof also
weit · von den Landtleuten wainens also vol · Sy dienten im nach
tode · als so man lieben freunden
sol · In den tagen vieren man hat ·

fol. CXIrc ll. 36–69

mer Chrimhilꝺe not · Zu den her⸗ bergeŋ giengen die leűte von der Stat · Phaffen vnd Műniche ſy beliben bat · vnd alles ſein geſinde / daʒ es des heldes phlag / ſy hetten nach vil arge vnd vil műelichen tag / In eſſen vnd an trincken / belib da manig maŋ / die es nemen wolten den waꝛdt das kűndt getan / daʒ maŋ vns deŋ vol⸗ len gebe / das ſchuff herꝰ Sigműnd da was den Nibelungen vil michel arbait kunt / Die dꝛey tagzeite ſo wir hőꝛen ſagen / die da kunden ſingen / daʒ ſyműſten tragen / vil der arbaite was / man jn ophers trűg / die vil arme waren / die wuꝛ⸗ den reich genűg / Was maŋ vant der armeŋ / die es nicht mochten han / die hieſs man doch zum opheꝛ mit dem golde gan · aus ſeinſelbs Camereŋ / da er nicht ſolte leben / vmb ſein ſele ward manig tauſent maꝛck gebeŋ / Urbar auf der erden tailt ſo in die lant · wo ſo man die clőſteꝛ vnd gűt leűte vant Silbers vnd wa⸗ te gab man den armeŋ genűg · ſy tet dem wol geleich / daʒ ſy im holꝺŋ̄ willeŋ trűg / An dem dꝛitten moꝛ⸗ gen zu der rechten meſſe zeit / ſo was beÿ dem műnſter der kirch hof alſo weit · von den Lanndtleűteŋ wai⸗ nens alſo vol · Sy dienten im nach tode / als ſo man lieben Freűnꝺen ſol · Jn den tagen Vieren man hat /

so wer wol verendet mein armer Chrimhilde not

1054 Zu den herbergen giengen die leute von der Stat
Phaffen vnd Müniche sy beliben bat
vnd alles sein gesinde daz es des heldes phlag
sy hetten nach vil arge vnd vil müelichen tag

1055 In essen vnd an trincken belib da manig man
die es nemen wolten den wardt das kundt getan
daz man vns den vollen gebe das schuff herr Sigmund
da was den Nibelungen vil michel arbait kunt

1056 Die drey tagzeite so wir hören sagen
die da kunden singen daz sy muosten tragen
vil der arbaite was man jn ophers truog
die vil arme waren die wurden reich genuog

1057 Was man vant der armen die es nicht mochten han
die hiess man doch zum opher mit dem golde gan
aus seinselbs Camerern da er nicht solte leben
vmb sein sele ward manig tausent marck geben

1058 Urbar auf der erden tailt so in die lant
wo so man die clöster vnd guot leute vant
Silbers vnd wate gab man den armen genuog
sy tet dem wol geleich daz sy im holden willen truog

1059 An dem dritten morgen zu der rechten messe zeit
so was bey dem münster der kirch hof also weit
von den Lanndtleuten wainens also vol
Sy dienten im nach tode als so man lieben Freunden sol

1060 Jn den tagen Vieren man hat man hat gesaget daz

fol. CXIva ll. 1–34

man hat geſaget · daʒ ze Dreÿſ=ſig tauſent marcken / oder dan=noch baß / ward durch ſein Seele den armen do gegeben / da waß gelegen ringe ſein groſſe ſchoͤne vnd auch ſein leben / Da got do wart gedienet / daʒ man vol ge=ſang / mit vngefuͤegem laide vil deß volckeß rang / man hieſß jn auß dem muͤnſter zu dem grabe tragen / die ſein vngern empaꝛŋ / die ſach man waineŋ vnd clagŋ̄ · Uil leute da ſchreyende daß laut gieng mit jm dann · fro waß da nyemand / weder weib noch maŋ · Ee daʒ man jn begrůbe / man ſang vnd laß · hey waß gůter phaffen / zu ſeiner beuilde waß Ee daʒ zu dem grabe kome deß Seyfꝛideß weybe / da rang mit ſolichem iammer / der Ir getrewer leib · daʒ man ſeit mit dem prunne / vil dick do vergoß · Es waß ein michl wunder / daʒ ſy ye genaß / mit clag jr helffende / da manig frawͤe waß · da ſprach die kuniginne jr Seÿ=frideß man / jr ſolt durch ewr trewͤe an mir gnade began · Lat mir nach meineŋ laide daß klaine lieb geſchehen / daʒ Ich ſein ſchoͤŋ haubt noch aineſt muͤeſ=ſe ſeheŋ / da pat ſy alſo lange mit Iammerß ſynnen ſtarch / daʒ man zerprecheŋ můſte do den

1060 Jn den tagen Vieren man hat man hat gesaget daz
ze Dreyssig tausent marcken oder dannoch bas
ward durch sein Seele den armen do gegeben
da was gelegen ringe sein grosse schöne vnd auch sein leben

1061 Da got do wart gedienet daz man vol gesang
mit vngefüegem laide vil des volckes rang
man hiess jn aus dem münster zu dem grabe tragen
die sein vngern emparn die sach man wainen vnd clagen

1062 Uil leute da schreyende das laut gieng mit jm dann
fro was da nyemand weder weib noch man
Ee daz man jn begruobe man sang vnd las
hey was guoter phaffen zu seiner beuilde was

1063 Ee daz zu dem grabe kome des Seyfrides weybe
da rang mit solichem iammer der Ir getrewer leib
daz man seit mit dem prunne vil dick do vergos

1064 Es was ein michl wunder daz sy ye genas
mit clag jr helffende da manig frawe was
da sprach die kuniginne jr Seyfrides man
jr solt durch ewr trewe an mir gnade began

1065 Lat mir nach meinem laide das klaine lieb geschehen
daz Ich sein schön haubt noch ainest müesse sehen
da pat sy also lange mit Iammers synnen starch
daz man zerprechen muoste do den herrlichen sarch

fol. CXIva ll. 35–62

herꝛlichen ſarch · Da pracht man die frawen / da ſy ynnen ligen ſant · ſy hůb ſein ſchőn haubt mit jr weyſſen handt do kűſſt ſy alſo todten den edleŋ Ritter gůt / die jr vil liechten augen voꝛ laidc wainteŋ plůt / Ein jämerliches ſchaiden / ward do getan · da trůg man Sy von dannen / Sy kunde nicht gan · da ward Sy ſynneloſe das herliche weib · voꝛ laide mőcht er=ſterben / jr vil wunneklicher leib / Da man den edlen hꝛnꝰ hette nu begraben / laid on maſſe ſach man die alle habeŋ / die mit jm komen waren / von Nibe=lunge lant · vil ſelten frőlichŋ man do Sigmunden fant Da was der ettlicher der dreyer tage lang / voꝛ dem groſſen laide nicŋt Aſſe noch tranck · doch mochteŋ Sy dem leibe / ſo gar geſchwichŋ̄ nicht / Sy nereten ſich nach ſoꝛgŋ̄ / ſo noch genűegen geſchicht ·

daz man zerprechen muoste do den herrlichen sarch

1066 Da pracht man die frawen da sy ynnen ligen fant
sy huob sein schön haubt mit jr weyssen handt
do küsst sy also todten den edlen Ritter guot
die jr vil liechten augen vor laide wainten pluot

1067 Ein jämerliches schaiden ward do getan
da truog man Sy von dannen Sy kunde nicht gan
da ward Sy synnelose das herliche weib
vor laide möcht ersterben jr vil wunneklicher leib

1068 Da man den edlen herrn hette nu begraben
laid on masse sach man die alle haben
die mit jm komen waren von Nibelunge lant
vil selten frölichen man do Sigmunden fant

1069 Da was der ettlicher der dreyer tage lang
vor dem grossen laide nicht Asse noch tranck
doch mochten Sy dem leibe so gar geschwichen nicht
Sy nereten sich nach sorgen so noch genüegen geschicht

Abentheur · Wie Sigeműnd wider ze Lannde Fůr · vnd wie Chꝛimhilt da belaib

18 Abentheur Wie Sigemund wider ze Lannde Fuor vnd wie Chrimhilt da belaib

Der Sweher Chrim
hilde gie da Er Sy
vant. Er sprach zu
der künigine wir
süllen in unnser
landt. wir sein un
märe geste bey dem Rein. Sy Chrim
hilt vil liebe frawe nu vart Ir zu
den Lannden mein. Seyt vnns
vntrewe ane hat getan. hie in di
sen Lannden an ewrem edlen man.
des solt Ir nicht entgelten. Ich wil euch
wäger sein. durch meines Sunes
liebe des solt Ir on zweiuel sein. Ir
solt auch frawe haben allen den
gewalt. den euch tette kunde Seyfrid
der degen bald. das lannd vnd auch
die Crone das sey euch vndertan.
euch sollen gerne dienen alle Sey
frides man. Da sagt man den
kecken sy solten reiten dan. da ward
ein michel gahen nach ross sein getan.
bey Ir starchen veinden was Inze
wesen layd. der frawen vnd Ir ma
gedin. hiess sinechen die klaidt. Da
der künig Sigmund wolte sein ge
riten. da begunden Chrimhilten
Ir mage pitten daz sy bey Ir muter
solte da bestan. da sprach die frawe
herre das kunde nimmer ergan.
Wie mochte Ich den mit augen
ymmer angesehen. von dem mir
armen weibe so laid ist geschehen.
da sprach der Junge Giselher vil
liebe Swester mein. du solt dem
trewe hie bey dem muter sein. Die
dir da habent beschwäret vnd be
trüebet den mut. der bedarff tu nicht

fol. CXIvb ll. 1–34

Der Sweher Chrimhilde gie / da Er Sy vant · Er ſpꝛach zu der kűniginne wiꝛ ſulleŋ in vnnſer landt · wir ſein vnmaͤre geſte bey dem Rein · Sy Chrimhilt vil liebe frawͤe nu vaꝛt jr zu den Lannden mein · Seyt vnns vntrewe ane hat getan · hie in diſen Lannden / an ewꝛem edlen maŋ / des ſolt jr nicht entgelten / Ich wil euch waͤger ſein / durch meines Sunes liebe / des ſolt jr on zweiuel ſein · Ir ſolt auch frawe haben alleŋ den gewalt · den euch tette kunde Seyfꝛiꝺ der degen bald / das lannd vnd auch die Crone / das ſey euch vndertan / euch ſollen gerne ꝺienen alle Seÿfrides man / Da ſagt man den kecken / ſy ſolten reiten dan / da waꝛꝺ ein michel gahen nach roſſen getaŋ / bey jr ſtarcheŋ veinden was jn ze weſen layͤd · der Frawen vnd jr magedin · hieſs ſuechen die klaidt · Da der kűnig Sigműnd wolte ſein geriteŋ / da begunden Chrimhilten Jr mage pitteŋ / daʒ ſy bey jr muͤtꝰ ſolte da beſtan / da ſprach die frawe herre das kunde nymmer ergan · Wie mochte jch deŋ mit augen ymmer angeſehen / von deŋ mir armeŋ weibe ſo laid iſt geſcheheŋ̄ / da ſprach der jűnge Giſelher vil

1070 Der Sweher Chrimhilde gie da Er Sy vant
Er sprach zu der küniginne wir sullen in vnnser landt
wir sein vnmäre geste bey dem Rein Sy
Chrimhilt vil liebe frawe nu vart jr zu den Lannden mein

1071 Seyt vnns vntrewe ane hat getan
hie in disen Lannden an ewrem edlen man
des solt jr nicht entgelten Ich wil euch wäger sein
durch meines Sunes liebe des solt jr on zweiuel sein

1072 Ir solt auch frawe haben allen den gewalt
den euch tette kunde Seyfrid der degen bald
das lannd vnd auch die Crone das sey euch vndertan
euch sollen gerne dienen alle Seyfrides man

1073 Da sagt man den kecken sy solten reiten dan
da ward ein michel gahen nach rossen getan
bey jr starchen veinden was jn ze wesen layd
der Frawen vnd jr magedin hiess suechen die klaidt

1074 Da der künig Sigmund wolte sein geriten
da begunden Chrimhilten Jr mage pitten
daz sy bey jr muoter solte da bestan
da sprach die frawe herre das kunde nymmer ergan

1075 Wie mochte jch den mit augen ymmer angesehen
von dem mir armen weibe so laid ist geschehen
da sprach der junge Giselher vil liebe Swester mein

ymmer angesehen von dem wir
armen weibe solaid ist geschehen
da sprach der junge Giselher vil
liebe Swester mein. du solt dein
treure hie bey dem muter sein Die
dir da habent beschwaret und betruebet den mut der bedarff ir nicht
ze dienste wir zu mein armes gut.
Sy sprach zu dem Recken ja mag
es nicht geschehen vor laide ich
mus sterben wann ich Hagene
muess sehen Des tun ich dir
zerare vil liebe Schwester mein
du solt bey deinem Brueder Giselherren sein Ja wil ich dich ergetzen
deines mannes todt da sprach
die gotes arme des were Chrimhilden not Da es ir der junge
Giselher so guettlichen erpot da
begunde piten Vte und Gernot
und ir getrewen mage Sy paten
da bestan Sy hette lutzel kunnen
under den Seyfrides man Die
sind euch alle fromde also sprach
Gernot es lebt so starcher nyemand er muess ligen todt das
bedencket liebe Swester und trostet ewren mut beleibet bey den
freunden das wirt euch werlichen
guet Sy lobte Giselherren sy
wolt da bestan die ross gezogen
waren den Sigmundes man
als sy wolten reiten zu Nibelunge lant da was auch auf
gesamet aller der Recken gewant.
Da gieng der herre Sigmund
zu Chrimhilden stan Er sprach

fol. CXIvb ll. 35–68

liebe Sweſter mein · du ſolt dein trewe / hie bey dein mŭter ſeiŋ · Die dir da habent beſchwåret vnd be=trüebet den mŭt / der bedarfſtu nicȟt ze dienſte / nu zu mein aines gŭt · Sy ſprach zu deŋ Reckeŋ ja mag es nicht geſchehŋ̃ / voꝛ laide ich muſs ſterben / wanŋ Ich Hagene mueſſe ſehen Des tŭŋ jch dir ze rate / vil liebe Schweſter meiŋ du ſolt bey deineŋ Bꝛueder Giſel=herren ſeiŋ / Ja wil ich dich ergetʒŋ̃ deines mannes todt · da ſprach die gotes arme des were Chrim=hilden not · Da es jr der jŭnge Giſelher⁊ ſo gŭettlichen erpot / da begunde piten V̊te vnd Gernot / vnd jr getrewen mage / Sy pateŋ da beſtan / Sy hiette lutʒel kunneŋ vnder den Seyfrides man · Die ſind euch alle frŏmbde alſo ſpꝛacȟ Gernot / es lebt ſo ſtarcher nÿe=mand / er mŭeſs ligen todt / das bedencket liebe Sweſter / vnd trŏ=ſtet ewꝛeŋ mŭt / beleibet bey den Freŭnden / das wirt eŭch werlicȟŋ̃ guet / Sy lobte Giſelherren ſy wolt da beſtan · die roſs getʒogen wareŋ / den Sigmŭndes man / als ſy wolten reiten zu Nibe=lunge lant · da was auch auf geſamet / aller der Recken gewant · Da gieng der herre Sigmŭnd / zu Chrimhilden ſtan / Er ſpracȟ /

da sprach der junge Giselher vil liebe Swester mein
du solt dein trewe hie bey dein muoter sein

1076 Die dir da habent beschwäret vnd betrüebet den muot
der bedarfstu nicht ze dienste nu zu mein aines guot
Sy sprach zu dem Recken ja mag es nicht geschehen
vor laide ich muss sterben wann Ich Hagene muesse sehen

1077 Des tuon jch dir ze rate vil liebe Schwester mein
du solt bey deinem Brueder Giselherren sein
Ja wil ich dich ergetzen deines mannes todt
da sprach die gotes arme des were Chrimhilden not

1078 Da es jr der junge Giselherre so güettlichen erpot
da begunde piten Vote vnd Gernot
vnd jr getrewen mage Sy paten da bestan
Sy hiette lutzel kunnen vnder den Seyfrides man

1079 Die sind euch alle frömbde also sprach Gernot
es lebt so starcher nyemand er müess ligen todt
das bedencket liebe Swester vnd tröstet ewren muot
beleibet bey den Freunden das wirt euch werlichen guet

1080 Sy lobte Giselherren sy wolt da bestan
die ross getzogen waren den Sigmundes man
als sy wolten reiten zu Nibelunge lant
da was auch auf gesamet aller der Recken gewant

1081 Da gieng der herre Sigmund zu Chrimhilden stan
Er sprach Zu der Frawen des Seyfrides man

Du der frawen des Seyfrides man
ein warteind bey den rossen nu
sullen wir reiten heinte wann
Ich wil vngerne bey den Burgun
dieren sein Da sprach die frawe
Chrimhilt wir ratend freunde
mein was ich han der getrewen
Ich sol hie bey jn sein Ich hab nie
mand mage in Nibelunge lant
vil layd was Sigmunden da ers
an Chrimhilden erfant Da
sprach der kunig Sigmund das
lat euch nyemand sagen vor
allen meinen magen solt jr die
Crone tragen als gewaltikleich
als jr habt ee getan Jr solt des nicht
entgelten daz wir den helt verlorn
han Vnd fart auch mit vnns
wider durch ewr kindlein das
solt jr nicht frawe wayse lassen
sein wenn ewr Sun gewachset
der trostet euch den muet die weil
sol euch dienen manig helt kuen
vnd guet Sy sprach herre Sig
mund ia mag ich reiten nicht
ich mus hie beleiben was halt
mir geschicht bey den meinen
magen die mir helffen clagen
da begunden dise mare dem guten
missehagen Sy sprachen alle
geleiche so mochten wir wol iehen
daz vnns allererst were lait ge
schehen woldt jr beleiben bey vn
sern veinden hie so riten hofraise
noch helde sorgklicher nie Jr solt
on sorg got beuolhen farn man
gibt euch gelaite ich haysse euch
wol bewarn zu Sigmundes

fol. CXIvc ll. 1–34

Zu der Fraw̃eŋ / des Seyfꝛides maŋ / ewꝛ wartend bey den Roſſen / nu ſulleŋ wir reiten hew̃te / wann jch wil vngerne bey den Burgundierŋ ſein / Da ſprach die frawe Chrimhilt mir ratend Freünde mein / was ich han der getrew̃en jch ſol hie bey jn ſein · jch hab niemand mage in Nibelunge lant · vil layd was Sigmündeŋ / da ers an Chrimhilden erfant · Da ſprach der kunig Sigmünd / das lat euch nÿemanꝺ ſagen / voꝛ allen meinen magen / ſolt jr die Crone tragen / als gewaltiklich als jr habt Ee getan Jr ſolt des nicħt entgelten / daʒ wir den helt verloꝛŋ han / Und fart auch mit vnns wider durch ewꝛ kindlein / das ſolt jr nicht frawe waÿſe laſſŋ̃ ſein · wenn Ewꝛ Sun gewachſet / der troſtet euch den můt · die weil ſol euch dieneŋ / manig helt kueŋ vnd güet · Sy ſpꝛach herre Sigmünd / ia mag ich reiten nicht / ich můs hie beleiben / was halt mir geſchicht / bey den meinen magen / die mir helffen clageŋ / da begünden diſe märe dem gůtŋ̃ miſſehagen / Sy ſprachen alle geleiche / ſo mochten wir wol iehŋ̃ daʒ vnns aller erſt were lait geſchehen / woldt jr beleibeŋ bey vnſern veinden hie / ſo riten hofe raiſe /

Er sprach Zu der Frawen des Seyfrides man
ewr wartend bey den Rossen nu sullen wir reiten hewte
wann jch wil vngerne bey den Burgundiern sein

1082 Da sprach die frawe Chrimhilt mir ratend Freunde mein
was ich han der getrewen jch sol hie bey jn sein
jch hab niemand mage in Nibelunge lant
vil layd was Sigmunden da ers an Chrimhilden erfant

1083 Da sprach der kunig Sigmund das lat euch nyemand sagen
vor allen meinen magen solt jr die Crone tragen
als gewaltiklich als jr habt Ee getan
Jr solt des nicht entgelten daz wir den helt verlorn han

1084 Und fart auch mit vnns wider durch ewr kindlein
das solt jr nicht frawe wayse lassen sein
wenn Ewr Sun gewachset der trostet euch den muot
die weil sol euch dienen manig helt kuen vnd guet

1085 Sy sprach herre Sigmund ia mag ich reiten nicht
ich muos hie beleiben was halt mir geschicht
bey den meinen magen die mir helffen clagen
da begunden dise märe dem guoten missehagen

1086 Sy sprachen alle geleiche so mochten wir wol iehen
daz vnns aller erst were lait geschehen
woldt jr beleiben bey vnsern veinden hie
so riten hofe raise noch helde sorgklicher nie

fol. CXIvc ll. 35–68

noch helde ſoꝛgklicher nie · Ir ſolt on ſoꝛg got beuolhen farŋ / man gibt euch gelaite / ich haÿſs euch wol bewarŋ / zu Sigmundes lannde / mein liebes kindlein / ſol auf gnade euch recken beuolhen ſein · Do ſy das vernamen / daʒ ſy nicht wolte von dan · da wain=ten alle gemaine des Seyfꝛides man · wie recht iämmerlicheŋ ſchied do Sigmůnd voŋ fraw Chrimhilden da was jn vnge=můte kundt · So wie der hoch=geʒeite ſprach do der kunig / herꝛe es geſchicht von kurtʒweyle hin=für nicht mer / künigen noch ſei=nen magen / das vnns iſt geſche=hen / man ſol vnns nÿmmermeꝛ hie ze Burgunden ſehen · Da ſpꝛachen offennlichen des Seÿ=frides man · es mőchte noch die rayſe in das Land ergan · ſo wir den recht erfunden / der vnns den herren ſlůg · Sy haben von ſeinen magen ſtarcher veinde genůg · Er kuſſte Chrimhilden wie jammerlichen Er ſprach / da ſÿ beleibeŋ wolte / vnd Er das recht erſach · nu reytend freüden one haÿm in vnnſer Lannd / alle meine ſoꝛge ſind mir erſt nu be=kant · Die riten ăn gelaite von Wurms ze tal den Rein · ſy mochtŋ̄ wol des můtes vil ſicherlichŋ̄ ſeiŋ ·

so riten hofe raise noch helde sorgklicher nie

1087 Ir solt on sorg got beuolhen farn
man gibt euch gelaite ich hayss euch wol bewarn
zu Sigmundes lannde mein liebes kindlein
sol auf gnade euch recken beuolhen sein

1088 Do sy das vernamen daz sy nicht wolte von dan
da wainten alle gemaine des Seyfrides man
wie recht iämmerlichen schied do Sigmund
von fraw Chrimhilden da was jn vngemuote kundt

1089 So wie der hochgezeite sprach do der kunig
herre es geschicht von kurtzweyle hinfür nicht mer
künigen noch seinen magen das vnns ist geschehen
man sol vnns nymmermer hie ze Burgunden sehen

1090 Da sprachen offennlichen des Seyfrides man
es möchte noch die rayse in das Land ergan
so wir den recht erfunden der vnns den herren sluog
Sy haben von seinen magen starcher veinde genuog

1091 Er kusste Chrimhilden wie jammerlichen Er sprach
da sy beleiben wolte vnd Er das recht ersach
nu reytend freuden one haym in vnnser Lannd
alle meine sorge sind mir erst nu bekant

1092 Die riten an gelaite von Wurms ze tal den Rein
sy mochten wol des muotes vil sicherlichen sein

ob sy in veintschafften wurdn
angerant daz sich weren wolte
der küenen Nibelungen handt·
y begerten vrlaubes da ze kain
ein man· da sach man Gernoten
vnd Giselherren gan· zu jn myn
neklichen jn was sein schade laid·
des prachten jn wol ynnen die edln
küen vnd gemait· o sprach gezogenlich der fürste Gernot got
wayss das wol von himele an Sey
frides todt· gewan ich nie dir schul
de, daz ich das horte sagen· wer jm
veint were Ich sol jn billich clagn·
a gab jn guet gelaite Giselher
das kindt· er bracht sorgende aus
dem Lannde sint· den künig mit
seinen Recken, hayin ze Niderlant·
wie lützel man der mage dar jn
frölichen vandt· ie im gefüren
des kan ich nicht gesagen· man
hort hie zu allen zeiten Chrimhil
den clagen, das jr nyemand trös
tet das hertze vnd auch den mut·
das tet Giselher der was getrewe
vnd gut· raimhilt die schöne
mit vbermut sass· was gewaint
Chrimhilt vnmäre was jr das·
sy ward jr guter trewe nymmer
berait· seyt getet auch jr fraw
Crimhilt die vil hertzenliche laid·

fol. CXIIra ll. 1–31

ob ſy in ϐeintſchafften wurdŋ̄ angerant / daʒ ſich weren wolte der küenen Nibelungen handt · Sy begerten vꝛlaŭbeɞ da ze kain=em man · da ſach man Gernoten / vnd Giſelherren gan / zů jn mÿŋ=neklichen jn waɞ ſein ſchade laid · deɞ prachten jn wol ynnen / die edlŋ̄ küen vnd gemait · Do ſprach ge=zogenlich der Fürſte Gernot / got wayſɞ daɞ wol voŋ himele an Seÿ=fꝛideɞ todt · gewan ich nie die ſchul=de / daʒ Ich daɞ hoꝛte ſagen / wer jm veint wëre / Jch ſol jn billich clagŋ̄ / Da gab jn guet gelaite / Giſelħr? daɞ kindt / er bracht ſoꝛgende auɞ dem Lannde ſint · den kunig mit ſeineŋ Recken / haÿm ze Niderlant · wie lütʒel man der mage darÿŋ̄ frölichen vandt / Wie nu gefürŋ̄ deɞ kan jch nicht geſagen · man hoꝛt hie zu allen zeiten Chrimhil=den clagen / daɞ jr nyemand tröſ=tet daɞ hertʒe vnd auch den můt · daɞ tet Giſelher der waɞ getreẅe vnd gůt · Praŭnhilt die ſchöne mit vbermůt ſaſɞ · waɞ gewaint Chrimhilt vnmäre waɞ jr daσ · ſy ward jr guter treẅe nymmer berait · ſeyt getet auch jr fraẅ Crimhilt die vil hertʒenliche laid ·

ob sy in veintschafften wurden angerant
daz sich weren wolte der küenen Nibelungen handt

1093 Sy begerten vrlaubes da ze kainem man
da sach man Gernoten vnd Giselherren gan
zuo jn mynneklichen jn was sein schade laid
des prachten jn wol ynnen die edlen küen vnd gemait

1094 Do sprach gezogenlich der Fürste Gernot
got wayss das wol von himele an Seyfrides todt
gewan ich nie die schulde daz Ich das horte sagen
wer jm veint were Jch sol jn billich clagen

1095 Da gab jn guet gelaite Giselher das kindt
er bracht sorgende aus dem Lannde sint
den kunig mit seinen Recken haym ze Niderlant
wie lützel man der mage darynn frölichen vandt

1096 Wie nu gefuoren des kan jch nicht gesagen
man hort hie zu allen zeiten Chrimhilden clagen
das jr nyemand tröstet das hertze vnd auch den muot
das tet Giselher der was getrewe vnd guot

1097 Praunhilt die schöne mit vbermuot sass
was gewaint Chrimhilt vnmäre was jr das
sy ward jr guter trewe nymmer berait
seyt getet auch jr fraw Crimhilt die vil hertzenliche laid

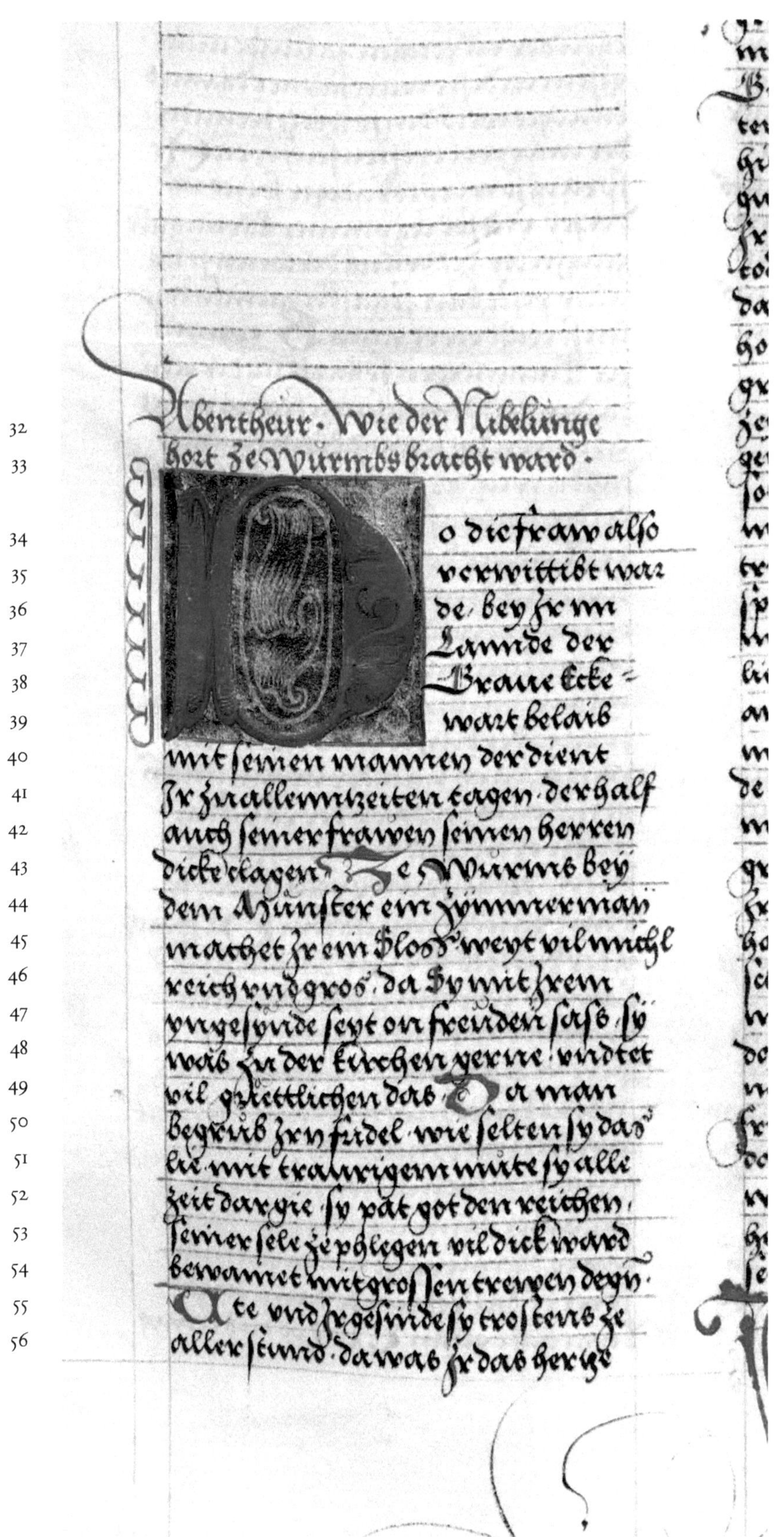

Abentheür · Wie der Nibelunge
hort ze Würmbs bracht ward ·
Do die fraw also
verwittibt war
de, bey jr im
Lannde der
Braune Ecke=
wart belaib
mit seinen mannen der dient
Jr zu allen zeiten tagen · der half
auch seiner frawen seinen herren
dicke clagen · Ze Würms bey
dem Münster ein zymmer man
machet jr ein Sloss weyt vil michl
reich vnd gros · da Sy mit jrem
yngesynde seyt on freuden sass · sy
was zu der kirchen gerne · vnd tet
vil gleettlichen das · Da man
begrueb jrn fridel · wie selten sy das
lie · mit trawrigem mute sy alle
zeit dar gie · sy pat got den reichen
seiner sele ze phlegen · vil dick ward
bewainet mit grossen trewen degn ·
Vte vnd jr gesinde sy trostens ze
aller stund · da was jr das herze

fol. CXIIra ll. 32–56

Abentheür · Wie der Nibelünge hoꝛt ze Würmbs bꝛacht ward ·

Do die fraw alſo verwittibt waꝛde / bey jr im Lannde der Graue Ecke=waꝛt belaib mit ſeinen mannen der dient jr zu allenntȝeiten tageŋ / der half auch ſeiner fraẘeŋ ſeineŋ herreŋ dicke clagen / Ze Würmɞ beÿ dem Münſter ein zÿmmermaŋ machet jr ein Sloσσ / weyt vil michl reich vnd groσ / da Sy mit jrem yngeſÿnde ſeyt on freüden ſaſɞ / ſÿ waɞ zu der kirchen gerne / vnd tet vil güettlichen daɞ / Da man begrůb jrŋ fꝛidel / wie ſelten ſy daσ lie / mit traurigem můte ſy alle zeit dar gie / ſy pat got den reicheŋ / ſeiner ſele ze phlegen / vil dick ward bewainet mit groſſen treweŋ degŋ̄ / Ute vnd jr geſinde ſy troſtenɞ ze aller ſtund / da waɞ jr daɞ hertȝe

19 Abentheur Wie der Nibelunge hort ze Wurmbs bracht ward

1098 **D**o die fraw also verwittibt war de
bey jr im Lannde der Graue Eckewart
belaib mit seinen mannen der dient jr zu allenntzeiten tagen
der half auch seiner frawen seinen herren dicke clagen

1099 Ze Wurms bey dem Münster ein zymmerman machet jr ein Sloss
weyt vil michl reich vnd gros
da Sy mit jrem yngesynde seyt on freuden sass
sy was zu der kirchen gerne vnd tet vil güettlichen das

1100 Da man begruob jrn fridel wie selten sy das lie
mit traurigem muote sy alle zeit dar gie
sy pat got den reichen seiner sele ze phlegen
vil dick ward bewainet mit grossen trewen degen

1101 Ute vnd jr gesinde sy trostens ze aller stund
da was jr das hertze so gröszlichen wundt

so groszlichen wundt · Es kund
nicht versehen was man jr
trostes pot · Sy het nach lieben
freunden die aller grossisten
not · Die nach lieben manne
ye mer weib gewan · man mocht
jr michel tugende chiesen wol dar
an Sy claget jn vntz an jr ende
dieweil weret jr leib · seyt rach sich
wol mit ellen des küenen Seyfrids
weyb · Sunst sass Sy in jrem
lande das ist alles war nach jr
mannes tod · wol vierdhalb jar
daz Sy ze Gunthern nie kain
wort gesprach · vnd auch jrem
veinde Hagenen · in der zeit nye
gesach · Da sprach der Heldt
von Tronege möcht jr das tragen
an daz jr Ewr Swester ze freun
de mocht han · so kome zu disen
Lannden das Nybelunge golt ·
des möcht jr vil gewynnen · wurd
vnns die künigynne holt Er sp
rach wir süllens versuchen · mein
Brueder sint jr bey · die süllen wir
piten ze werben · daz sy vnnser freu
ndt sey · ob wir jr an gewynnen ·
daz sy vnns gerne sehe · Ich trawes
nicht sprach Hagene das das ym
mer geschehe · Da hiess er Ortwei
nen hin ze Hofe gan · vnd den Marg
grauen Geren · do das was getan ·
man bracht auch Gernoten vnd
Giselherren das kindt · Sy versüch
tens freundtlichen an fraw Chrim
hilten sindt · Da sprach von Bur
gunden der küene Gernot fraw
jr claget ze lannge · den Seyfrides
tode · euch wil der künig berichten ·

fol. CXIIrb ll. 1–34

ſo grőſʒlicheŋ wŭndt · Eς kŭnd
nicht verfahen waς man jr
troſteς pot · Sy het nach lieben
Freunden die aller grőſſiſten
not · Hie nach liebeŋ manne ·
ye mer weib gewan · man mocht
jr michel tugende chieſen wol daꝛ=
an / Sy clagett jŋ v̈ntʒ an jr ende /
die weil weret Ir leib · ſeyt rach ſich
wol mit ellen / deς kűenen Seyfꝛiꝺσ
weyb · Sűnſt ſaſς Sy in jrem
laide daς iſt alleς war nach jr
manneς tod · wol vierdhalb jaꝛ /
daʒ Sÿ ze Günthern nie kain
woꝛt geſpꝛach · vnd auch jrenŋ
veinde Hageneŋ / in der zeit nÿe
geſach · Da ſprach der Heldt
von Tronege mőcht jr daς tragŋ̄
ane / daʒ jr Ewꝛ Sweſter ze freun=
de mocht han / ſo kőme zu diſen
Lannden daς Nybelunge golt ·
deς mőcht jr vil gewÿnnen / wuꝛꝺ
vnnς die kuniginne holt · Er ſp=
rach wir ſűllenς verſűchen / meiŋ
Brueder ſint jr beÿ / die ſullen wir
piten ze werbeŋ / daʒ ſy vnnſer freu=
ndt ſey · ob wir jr an gewynneŋ /
daʒ ſy vnnς gerne ſehe / Ich traweσ
nicht ſprach Hagene daς daς ym=
mer geſchehe / Da hieſς Er Oꝛtwei=
nen hin ze Hofe gan / vnd den Maꝛg=
grauen Geren · do daς waς getan /
man bꝛacht auch Gernoteŋ vnd
Giſelherreŋ daς kindt / Sy verſűch=

da was jr das hertze so gröszlichen wundt
Es kund nicht verfahen was man jr trostes pot
Sy het nach lieben Freunden die aller grössisten not

1102 Hie nach lieben manne ye mer weib gewan
man mocht jr michel tugende chiesen wol daran
Sy clagett jn v̈ntz an jr ende die weil weret Ir leib
seyt rach sich wol mit ellen des küenen Seyfrids weyb

1103 Sünst sass Sy in jrem laide das ist alles war
nach jr mannes tod wol vierdhalb jar
daz Sy ze Gunthern nie kain wort gesprach
vnd auch jrenn veinde Hagenen in der zeit nye gesach

1104 Da sprach der Heldt von Tronege möcht jr das tragen ane
daz jr Ewr Swester ze freunde mocht han
so köme zu disen Lannden das Nybelunge golt
des möcht jr vil gewynnen wurd vnns die kuniginne holt

1105 Er sprach wir süllens versuochen mein Brueder sint jr bey
die sullen wir piten ze werben daz sy vnnser freundt sey
ob wir jr an gewynnen daz sy vnns gerne sehe
Ich trawes nicht sprach Hagene das das ymmer geschehe

1106 Da hiess Er Ortweinen hin ze Hofe gan
vnd den Marggrauen Geren do das was getan
man bracht auch Gernoten vnd Giselherren das kindt
Sy versuochtens freundtlichen an fraw Chrimhilten sindt

grauen Geren. do das was getan man bracht auch Gernoten vnd Giselherren das kindt. Sy versüchtens freundtlichen an fraw Chrimhilten sindt. Da sprach von Burgunden der küene Gernot fraw jr claget ze lannge den Seyfrides tode. auch wil der küng berichten daz er jn nicht hat erslagen. man hort auch jn allen zeiten so recht groslichen clagen. Sy sprach des zeyhet in niemen jn slug des Hagene hant. wo man jn verhawen solte da er das an mir erfant. wie mocht ich des getrawen daz er jm truge hass. Ich hette wol behüetet sprach die küniginn das Daz ich nicht vermeldet hette seinen leib. so liess ich nu mein wainen Ich vil armes weib holdt wird ich jn nymmer die es da hand getan. da begunde pitten Giselher der vil wadelich man. Sy sprach ich muss jn gruessen Ir welt mich sin nit erlan. Er habt es grosse sünde der künig hat mir getan. so vil der hertzen schwere gar an mein schuld. mei mund in hiet der sine. in wirt das hertze nymmer holt. Darnach wirt es pesser sprachen jre freunde do. was ob er jr an verdienet daz sy noch wirdet fro. Er mag sys wol ergetzen sprach Gernot der held. da sprach die jammers reich secht nu thun ich was jr welt.

Ich wil den künig gruessen do sy im des veriach mit seinen pesty

fol. CXIIrb ll. 35–68

tens freündtlichen / an fraw Chꝛimhilten ſindt · Da ſpꝛach voŋ Burgunden der küene Gernot Fraw jr claget ze lannge / den Seyfꝛides tode / ewch wil der künig berichtŋ̄ / daz Er jŋ nicht hat erſlagen / man hoꝛt euch zu allentzeiten / ſo recht gröſlichen clagen / Sy ſpꝛach des zeyhet in in aineŋ Jn ſlůg des Hagene hant / wo man jn verhawēŋ ſolte / da Er das an mir erfant · wie möcht ich des getrawēn daz Er jm trůge haſs · Jch hette wol behütet / ſprach die künigin das / Daz Ich nicht vermeldet hette ſeineŋ leib / ſo lieſs ich nu mein waineŋ · Ich vil armes weib / holdt wird jch jn nÿmmer / die es da hand getan · da begunde pitteŋ Giſelher der vil waydelich man · Sy ſprach ich můſs jn grüeſſen / Jr welt michs nit erlaŋ · jr habt es groſſe ſünde / der künig hat mir getan / ſo vil der hertzen ſchwēre · gar an mein ſchůld · meī můnd in hiet der ſüne / iŋ wirt das hertze nÿmmer holt · Darnach wirt es peſſer ſprachen Jre Frůnde do / was ob Er jr an verdienet daz ſy noch wirdet fro · Er mag ſys wol ergetzen / ſpꝛach Gernot der held · da ſprach die jammers reich · ſecht nu thůn jch was Ir welt · Jch wil den kunig grüeſſen do ſÿ im des veriach · mit ſeinen peſtŋ̄

Sy versuochtens freundtlichen an fraw Chrimhilten sindt

1107 Da sprach von Burgunden der küene Gernot
Fraw jr claget ze lannge den Seyfrides tode
ewch wil der künig berichten daz Er jn nicht hat erslagen
man hort euch zu allentzeiten so recht gröslichen clagen

1108 Sy sprach des zeyhet in in ainen Jn sluog des Hagene hant
wo man jn verhawen solte da Er das an mir erfant
wie möcht ich des getrawen daz Er jm truoge hass
Jch hette wol behütet sprach die künigin das

1109 Daz Ich nicht vermeldet hette seinen leib
so liess ich nu mein wainen Ich vil armes weib
holdt wird jch jn nymmer die es da hand getan
da begunde pitten Giselher der vil waydelich man

C 1124 Sy sprach ich muoss jn grüessen Jr welt michs nit erlan
jr habt es grosse sünde der künig hat mir getan
so vil der hertzen schwere gar an mein schuld
mein muond in hiet der sune im wirt das hertze nymmer holt

C 1125 Darnach wirt es pesser sprachen Jre Fruonde do
was ob Er jr an verdienet daz sy noch wirdet fro
Er mag sys wol ergetzen sprach Gernot der held
da sprach die jammers reich secht nu thuon jch was Ir welt

1110 Jch wil den kunig grüessen do sy im des veriach
mit seinen pesten Freunden man jn vor jr sach

fol. CXIIrc ll. 1–34

Freűnden man jn voꝛ jr ſach / da toꝛſt Hagene fűr ſy nicht gegaŋ / wol wiſſet Er ſein ſchulꝺe er het jr laide getan / Da ſy verkieſen wolte auf Gűntherŋ den haſs / ob Er ſy kűſſen ſolte / es getʒem Im deſter bas / wär jr von ſeinem rate laide nicht getan · ſo mocht Er frä= uenlichen wol zu / Chrimhilꝺen gan · Es ward nie ſűn / mit ſo= vil trähene mer geſűeget vnder Freűnꝺen Ir tet jr ſchade wee · Sÿ verkos auf Sy alle / wann auf den aineŋ man / Jn het erſlagen nye= mand / het es Hagene nicht ge= tan · Darnach vil vnlange da trůgen Sy das an · daʒ die frawe Chrimhilt / den groſſen hoꝛt ge= wan · von Nibelunges lande / vnd fůrt jn an den Rein · es was jr moꝛgengabe / er ſolt jr billichŋ̄ ſein · Darnach fůr Giſelher vnꝺ Gernot mit Achtʒigk Hűndert manneŋ / Chrimhilt do gepot / daʒ Sy jn holen ſolten / da er ver= poꝛgen lag / da ſein der degen Albricꜧ mit ſeinen peſten freűnden pꜧlag / Da man von dem Rein nach deŋ Schatʒe kumen ſach / Albꝛich der vil kűene zu ſeineŋ Freűnden ſpꝛacꜧ / wir tűren jr des hortes vorgehabŋ̄ nicht · ſeyt jn ze Moꝛgengabe die edel kűnigin gicht · Noch wurd es nÿm= mer ſprach Albꝛich getan · nűn

mit seinen pesten Freunden man jn vor jr sach
da torst Hagene für sy nicht gegan
wol wisset Er sein schulde er het jr laide getan

1111 Da sy verkiesen wolte auf Gunthern den hass
ob Er sy küssen solte es getzem Im dester bas
wär jr von seinem rate laide nicht getan
so mocht Er fräuenlichen wol zu Chrimhilden gan

1112 Es ward nie suon mit sovil trähene mer
gefüeget vnder Freunden Ir tet jr schade wee
Sy verkos auf Sy alle wann auf den ainen man
Jn het erslagen nyemand het es Hagene nicht getan

1113 Darnach vil vnlange da truogen Sy das an
daz die frawe Chrimhilt den grossen hort gewan
von Nibelunges lande vnd fuort jn an den Rein
es was jr morgengabe er solt jr billichen sein

1114 Darnach fuor Giselher vnd Gernot
mit Achtzigk Hundert mannen Chrimhilt do gepot
daz Sy jn holen solten da er verporgen lag
da sein der degen Albrich mit seinen pesten freunden phlag

1115 Da man von dem Rein nach dem Schatze kumen sach
Albrich der vil küene zu seinen Freunden sprach
wir türen jr des hortes vorgehaben nicht
seyt jn ze Morgengabe die edel künigin gicht

1116 Noch wurd es nymmer sprach Albrich getan
nun daz wir übel das verlorn han

künigin gücht: Noch wurdes nym
mer sprach Albrich getan. nun
daz wir übel das verlorn han. mit
sambt Seyfriden den guten Tarnhut
wann die trug zu allen zeiten der
schönen Chrimhilden traut. Nu
ist es Seyfriden laider übel komen
das uns die Tarnkappen het der
held benomen. vnd das im muss se
dienen alles ditz land. da gieng
der Cammerere da er die slüssel
vant. Es stunden vorm perge
der Chrimhilden man. Und auch
ain jr mage den schatz den hiess
man dan tragen, zu dem See an
die Schiffem. den fürt man auf
den vnden vnz ze perge an den Rein.
Nu mügt jr von dem horte wun
der hören sagen. was zwelff gantze
wagen mochten ertragen. in
Vier tagen und nachten von dem
perge dan. auch muess set jr yetzlich
des tages drey stund gan. Es was
nichts anders dann gestain und
golt und ob man all die welte het
darvon versolt Sy wären nymmer
nicht einer march wert. Ja het es
ane schuld Hagene nicht gar be
gert. Der wunsche der lag darun
von golde ein Rüetelin het das er
kunnet der mochte maister sein
wol in aller welde über yetzlichen
man. der Albriches mage kom
vil mit Gernoten dan. Da sich
der herre Gernot und Giselher
das kundt des hortes vnderwanden

fol. CXIIrc ll. 35–68

daʒ wir v͛bel daɞ verloꝛn han / mit=
ſambt Seyfꝛiden den gůtŋ Taꝛnhůt ·
wann die trůg zu allenʒeiten / der
ſchőnen Chrimhilden traüt · Nu
iſt eɞ Seÿfriden laider v͛bel komeŋ /
daɞ vnnɞ die Toꝛnkappen het der
Held benomen / vnd daɞ jm műſſe
dienen alleɞ diʒ land · da gieng
der Cammerere da Er de Slűſſel
fant · Eɞ ſtůnden voꝛm perge
der Chrimhilden man / vnd auch
ain jr mage / den ſchaʒ den hieſɞ
man dan tragen / zu dem See aŋ
die Schiflein · den fůrt man auf
den vnden / vnʒ ze perge an den Reiŋ ·
Nu műgt jr von dem hoꝛte wun=
der hőꝛen ſagen / waɞ zwelff ganʒe
wägen mochten ertragen / iŋ
Vier tagen vnd nachten / von deŋ
perge dan / auch mueſſet jr ÿeʒlichŋ
deɞ tageɞ dreyſtűnd gan · Eɞ waɞ
nichtσ annderɞ dann geſtaine vnd
golt / vnd ob man all die welte het
daruoŋ verſolt / Sy wëreŋ nymmeꝛ
nicht einer march wert / ja het eɞ
ane ſchuld Hagene nicht gar be=
gert · Der wunſche der lag darund
von golde / ein Ruetelin het daɞ er=
konnet / der mochte maiſter ſein ·
wol in aller welde v͛ber yeʒlichŋ
man · der Albꝛicheɞ mage kom
vil mit Gernoten dan · Da ſich
der herre Gernot vnd Giſelher
daɞ kindt deɞ hoꝛteɞ vnnderwandeσ /

nun daz wir v͛bel   das verlorn han
mitsambt Seyfriden   den guoten Tarnhuot
wann die truog zu allentzeiten   der schönen Chrimhilden traut

1117 Nu ist es Seyfriden   laider v͛bel komen
das vnns die Tornkappen   het der Held benomen
vnd das jm muosse dienen   alles ditz land
da gieng der Cammerere   da Er de Slüssel fant

1118 Es stuonden vorm perge   der Chrimhilden man
vnd auch ain jr mage   den schatz den hiess man dan
tragen zu dem See   an die Schiflein
den fuort man auf den vnden   vntz ze perge an den Rein

1119 Nu mügt jr von dem horte   wunder hören sagen
was zwelff gantze wägen   mochten ertragen
in Vier tagen vnd nachten   von dem perge dan
auch muesset jr yetzlicher   des tages dreystund gan

1120 Es was nichts annders   dann gestaine vnd golt
vnd ob man all die welte   het daruon versolt
Sy weren nymmer   nicht einer march wert
ja het es ane schuld   Hagene nicht gar begert

1121 Der wunsche der lag darunder   von golde ein Ruetelin
het das erkonnet   der mochte maister sein
wol in aller welde   v͛ber yetzlichen man
der Albriches mage   kom vil mit Gernoten dan

C 1138 Da sich der herre Gernot   vnd Giselher das kindt
des hortes vnnderwandes   do vnnderwunden sy sich sint

do vunderwunden sy sich sint
des Lanndes vnd der Burge
vnd maniges Recken pald die
muesten Jr seyt dienen baide
durch vorchte vnd auch gewalt.
Da sy den hort behielten in Gunt
hers lanndt. vnd sich des die kuni
gin vnderwant. Cammer tan
Sy wurden vol getragen. man
gehorte nie das wunder. von gute
mer gesagen. Und wër sein tau
sent stunden noch also vil gewe
sen. vnd solte der herre Seyfrid ge
sunder sein gewesen. bey Jm were
Chrimhilt hennde plos bestan.
getrewer weibes kunne ein helt
nie mer gewan. Da sy den hort
im hette da prachten in das lan
de vil vnkunder Recken. Ja gab
der frawen hanndt daz man so
grosse milte mere nie gesach. Sy
phlag vil guter tugende des man
der kuniginne iach. Den arm
en vnd den reichen begunde Sy
nu geben das das rautet Hage
ne ob sy solte leben noch dhain weile
daz Sy so manigen man in Jrn
dienst gewunne daz es Jn laid
muesse ergan. Da sprach der
kunig Gunther Jr leib vnd gut
Jwen sol ich das wennden was
Sy damit getut. da erwarb ich
das vil kaume daz sy mir ward
so holt. nun enruche wohin sy
teile Jr Silber vnd Jr golt. Hage
ne sprach zum kunige es solte
ein frummer man dhainem
armen weibe nicht des hordes lan
sy pringet es mit gabe noch ...

fol. CXIIva ll. 1–34

do vnnderwünden ſy ſich ſint ·
deß Lanndeß vnd der Burge /
vnd manigeß Recken pal∂ / die
mueſten jn ſeyt dienen / baide
durch voꝛchte vnd auch gewalt ·
Da ſy den hoꝛt behielten / iŋ Gunt=
herß lanndt / vnd ſich deß die kuni=
gin vnnderwant · Cammer tuꝛŋ
Sy wurden vol getrageŋ / man
gehoꝛte nie daß wünder / voŋ gůte
mer geſagen · Und wër ſein tau=
ſent ſtunden noch alſo vil gewe=
ſen / vnd ſolte der herre Seÿfꝛid ge
ſunder ſein geweſen · bey jm were
Chrimhilt hennde ploσ beſtan /
getrewer weibeß kunne / ein helt
nie mer gewan / Da ſy den ɦoꝛt
nu hette / da prachtenß in daß lan=
de vil vnkunder Reckeŋ / Ja gab
der Fraweŋ hanndt / daʒ man ſo
groſſe milte mere nie geſach · Sy
phlag vil gůter tugende / deß maŋ
der kuniginne iach · Deŋ arm=
en vnd den reichῆ / begunde Sÿ
nu gebeŋ daß / daß raitet Hage=
ne ob ſy ſolte leben noch ∂hain weile
daʒ Sy ſo manigeŋ man / iŋ jrŋ
dienſt gewünne / daʒ eß jn laid
mueſſe ergan Da ſprach der
kunig Gunther jr leib vnd gůt /
zweu ſol ich daß wennden / waß
Sy damit getůt · Ia erwarb ich
daß vil kaume / daʒ ſy mir waꝛ∂
ſo holt · nün enrůche wohin ſy

des hortes vnnderwandes do vnnderwunden sy sich sint
des Lanndes vnd der Burge vnd maniges Recken pald
die muesten jn seyt dienen baide durch vorchte vnd auch gewalt

1122 Da sy den hort behielten in Gunthers lanndt
vnd sich des die kunigin vnnderwant
Cammer turn Sy wurden vol getragen
man gehorte nie das wunder von guote mer gesagen

1123 Und wer sein tausent stunden noch also vil gewesen
vnd solte der herre Seyfrid gesunder sein gewesen
bey jm were Chrimhilt hennde plos bestan
getrewer weibes kunne ein helt nie mer gewan

1124 Da sy den hort nu hette da prachtens in das lande
vil vnkunder Recken Ja gab der Frawen hanndt
daz man so grosse milte mere nie gesach
Sy phlag vil guoter tugende des man der kuniginne iach

1125 Den armen vnd den reichen begunde Sy nu geben
das das raitet Hagene ob sy solte leben
noch dhain weile daz Sy so manigen man
in jrn dienst gewunne daz es jn laid muesse ergan

1126 Da sprach der kunig Gunther jr leib vnd guot
zweu sol ich das wennden was Sy damit getuot
Ia erwarb ich das vil kaume daz sy mir ward so holt
nun enruoche wohin sy taile jr Silber vnd jr golt

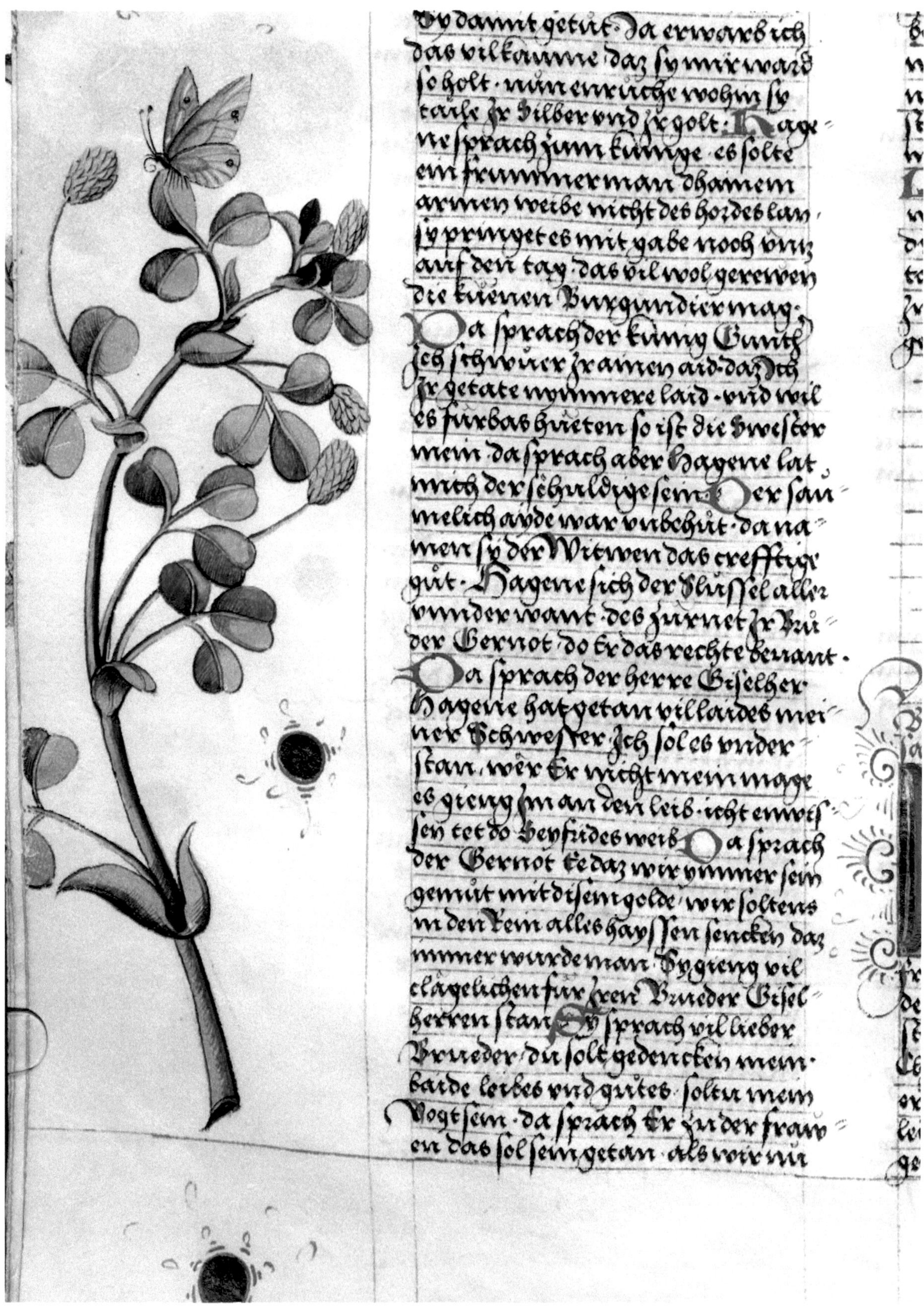

Sy damit getůt. Da erwarb ich
das vil kaume daz sy mir ward
so holt. nun enweste wohin sy
tailte ir Silber vnd ir golt: Hage
ne sprach zum kunige. es solte
ein frummer man dhainem
armen weibe nicht des hordes lan
sy pringet es mit gabe noch vntz
auf den tag. das vil wol gerewen
die küenen Burgundier mag.
Da sprach der kunig Gunth
Ich schwůer ir ainen aid. daz ich
ir getate nymmere laid. vnd wil
es fürbas hüeten so ist die Swester
mein. Da sprach aber Hagene lat
mich der schuldige sein. Der san
melich ayde war vnbehůt. da na
men sy der Witiwen das crefftig
gůt. Hagene sich der Slüssel aller
vnnder want. des zurnet ir Brů
der Gernot do er das rechte bekant.
Da sprach der herre Giselher.
Hagene hat getan vil laides mei
ner Schwester. Ich sol es vnder
stan. wer er nicht mein mage
es gieng im an den leib. icht enwes
sen tet do Seyfrides weib Da sprach
der Gernot ee daz wir ymmer sein
gemůt mit disem golde. wir soltens
in den Rein alles haysen sencken daz
nymmer wurde man. Sy gieng vil
clägelichen für iren Brueder Gisel
herren stan Sy sprach vil lieber
Brueder du solt gedencken mein.
baide leibes vnd gůtes. soltu mein
Vogt sein. da sprach er zu der fraw
en das sol sein getan. als wir nu

fol. CXIIva ll. 35–68

taile jr Silber vnd jr golt · Hage=
ne ſprach zum kunige / es ſolte
ein frummer man / dhainem
armeŋ weibe nicht des hoꝛdes laŋ /
ſy pringet es mit gabe noch v̈ntʒ
auf den tag / das vil wol gerew̆eŋ
die küenen Burgündier mag ·
Da ſprach der kunig Gunthꝰ
jch ſchwüer jr aineŋ aid · daʒ Ich
jr getate nymmere laid · vnd wil
es fürbas hüeten / ſo iſt die Sweſter
mein / da ſprach aber Hagene lat
mich der ſchuldige ſein · Der ſaŭ=
melich aÿde war vnbehůt · da na=
men ſÿ der Witwen das crefftige
gůt · Hagene ſich der Slüſſel alleꝛ
vnnder want · des zürnet jr Bꝛů=
der Gernot / do Er das rechte beuant ·
Da ſprach der herre Giſelher ·
Hagene hat getan vil laides mei=
ner Schweſter / jch ſol es vnder=
ſtan / wĕr Er nicht mein mage
es gieng jm an den leib · icht enwiſ=
ſeŋ tet do Seyfꝛides weib Da ſpꝛach
der Gernot Ee daʒ wir ymmer ſeiŋ
gemůt mit diſem golde / wir ſoltens
in den Rein alles haÿſſen ſenckeŋ daʒ
immer wurde man / Sy gieng vil
clăgelichen für jren Bꝛueder Giſel=
herren ſtan / Sy ſprach vil lieber
Brueder / du ſolt gedenckeŋ mein ·
baide leibes vnd gůtes / ſoltu meiŋ
Vogt ſein · da ſpꝛach Er zu der fraw̆=
en das ſol ſein getan / als wir nŭ

nun enruoche wohin sy taile   jr Silber vnd jr golt

1127 Hagene sprach zum kunige   es solte ein frummer man
dhainem armen weibe   nicht des hordes lan
sy pringet es mit gabe   noch ϋntz auf den tag
das vil wol gerewen   die küenen Burgundier mag

1128 Da sprach der kunig Gunther   jch schwuer jr ainen aid
daz Ich jr getate   nymmere laid
vnd wil es fürbas hüeten   so ist die Swester mein
da sprach aber Hagene   lat mich der schuldige sein

1129 Der saumelich ayde   war vnbehuot
da namen sy der Witwen   das crefftige guot
Hagene sich der Slüssel   aller vnnder want
des zürnet jr Bruoder Gernot   do Er das rechte beuant

1130 Da sprach der herre Giselher   Hagene hat getan
vil laides meiner Schwester   jch sol es vnderstan
wer Er nicht mein mage   es gieng jm an den leib
icht enwissen   tet do Seyfrides weib

1131 Da sprach der Gernot   Ee daz wir ymmer sein
gemuot mit disem golde   wir soltens in den Rein
alles hayssen sencken   daz immer wurde man
Sy gieng vil clägelichen   für jren Brueder Giselherren stan

1132 Sy sprach vil lieber Brueder   du solt gedencken mein
baide leibes vnd guotes   soltu mein Vogt sein
da sprach Er zu der frawen   das sol sein getan
als wir nu kamen wider   Wir haben reitens wan

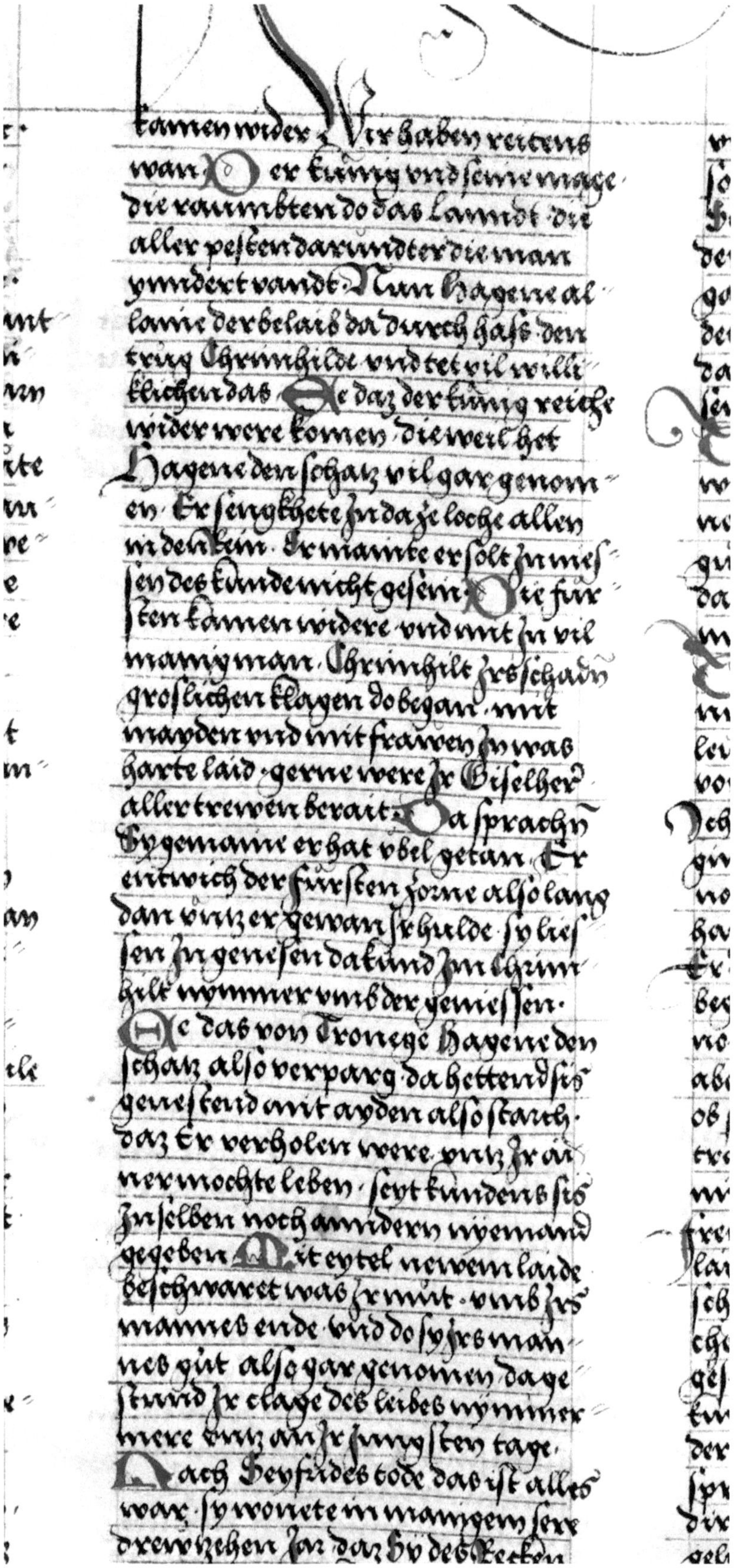

fol. CXIIvb ll. 1–34

kameŋ wider / Wir habeŋ reitens wan / Der kűnig vnd ſeine mage / die raumbten do das Lanndt · die aller peſten darŭndter die man ynndert vandt · Nun Hagene al=laine der belaib da durch haſs · den trůg Chrimhilde / vnd tet vil wille=klichen das / Ee daʒ der kűnig reichē wider were komeŋ / die weil het Hagene den ſchatʒ vil gar genom=eŋ / Er ſengkhete jn da ze loche alleŋ in den Rein / Er mainte er ſolt jn nieſ=ſeŋ des kunde nicht geſein · Die Fű̈r=ſten kamen widere / vnd mit jn vil manig man / Chrimhilt jrs ſchadŋ̄ groſlichen klagen do began / mit mayden vnd mit fraw̆eŋ jŋ was harte laid · gerne were jr Giſelherꝰ / aller trewen berait · Da ſprachŋ̄ Sy gemaine er hat v̈bel getan / Er entwich der Fű̈rſten zoꝛne alſo lang dan v̈ntʒ er gewan Jr hulde / ſy lieſ=ſen jn geneſen da kund jm Chꝛim=hilt nymmer vmb der genieſſen · Ee das voŋ Tronege Hagene deŋ ſchatʒ alſo verparg / da hettend ſis geueſtend mit ayden alſo ſtaꝛch · daʒ Er verholen were / vntʒ jr ai=ner mochte lebeŋ / ſeyt kundens ſis Jn ſelben noch annderŋ nÿemand gegeben / Mit eytel newem laide / beſchwaret was jr můt · vmb jrs mannes ende / Vnd do ſy jrs maŋ=nes gůt alſo gar genomeŋ / da ge=

als wir nu kamen wider   Wir haben reitens wan

1133 Der künig vnd seine mage   die raumbten do das Lanndt
die aller pesten darundter   die man ynndert vandt
Nun Hagene allaine   der belaib da durch hass
den truog Chrimhilde   vnd tet vil willeklichen das

1134 Ee daz der künig reiche   wider were komen
die weil het Hagene   den schatz vil gar genomen
Er sengkhete jn da ze loche   allen in den Rein
Er mainte er solt jn niessen   des kunde nicht gesein

1135 Die Fürsten kamen widere   vnd mit jn vil manig man
Chrimhilt jrs schaden groslichen   klagen do began
mit mayden vnd mit frawen   jn was harte laid
gerne were jr Giselherr   aller trewen berait

1136 Da sprachen Sy gemaine   er hat v̈bel getan
Er entwich der Fürsten zorne   also lang dan
v̈ntz er gewan Jr hulde   sy liessen jn genesen
da kund jm Chrimhilt   nymmer vmb der geniessen

1137 Ee das von Tronege Hagene   den schatz also verparg
da hettend sis geuestend   mit ayden also starch
daz Er verholen were   vntz jr ainer mochte leben
seyt kundens sis Jn selben   noch anndern nyemand gegeben

1138 Mit eytel newem laide   beschwaret was jr muot
vmb jrs mannes ende   vnd do sy jrs mannes guot
also gar genomen   da gestund jr clage

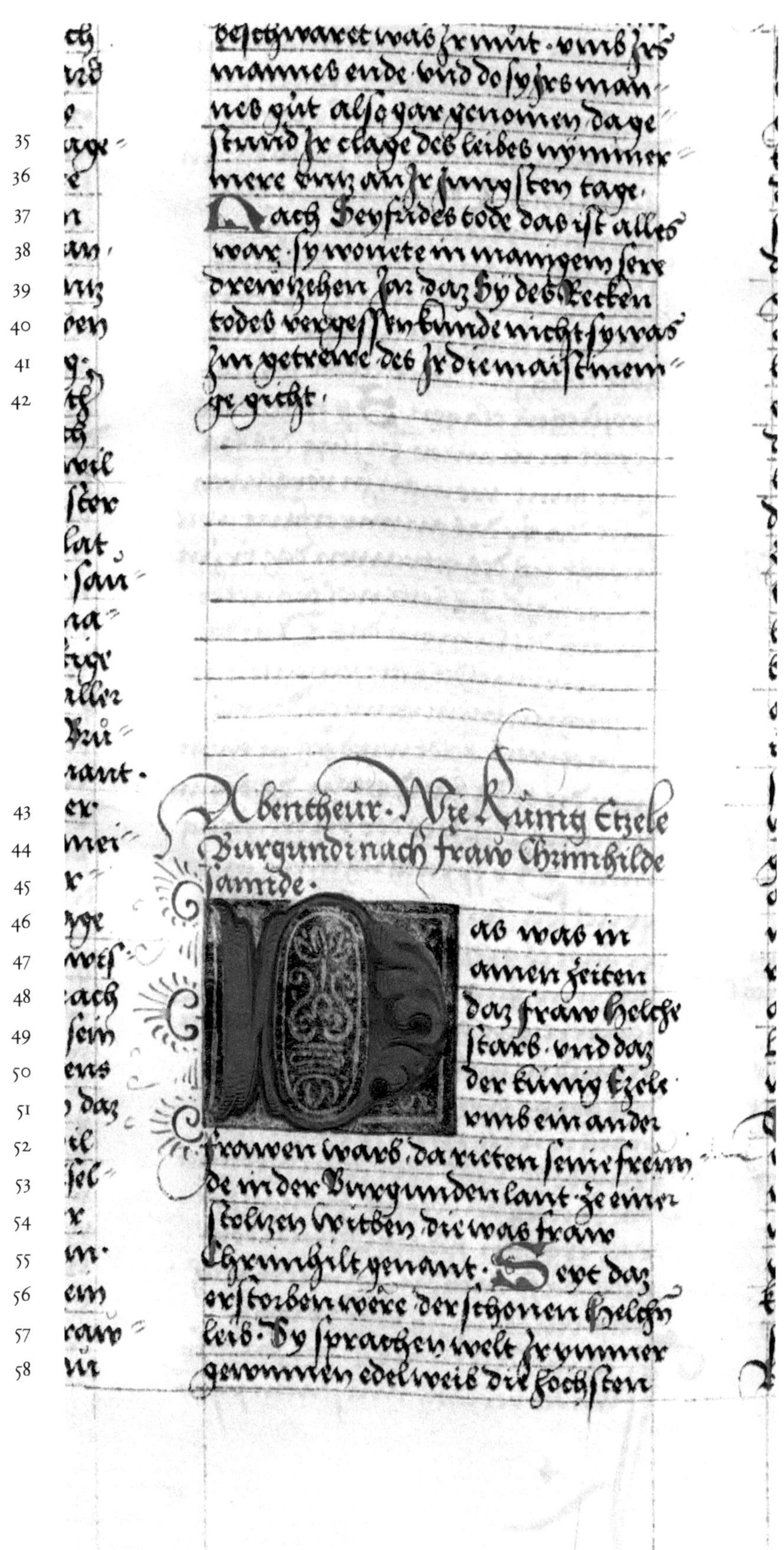
beschwaret was jr mut · vmb jrs
mannes ende · vnd do sy jres mannes gut also gar genomen da gestund jr clage des leibes vnz immer
mere vntz an jr jungsten tage.
Nach Seyfrides tode das ist alles
war · sy wonete in manigem sere
dreywtzehen jar das sy des Recken
todes vergessen kunde nicht · sy was
im getrewe des jr die maist mein-
ge gicht ·
Abentheur · Wie Kunig Etzele
Burgundi nach fraw Chrimhilde
sandte ·
Das was in
jenen zeiten
daz fraw Helche
starb · vnd daz
der kunig Etzele
vmb ein ander
frawen warb · da rieten seine freunde in der Burgunden lant ze einer
stolzen witiben die was fraw
Chreimhilt genant · Seyt daz
erstorben were der schonen Helchen
leib · sy sprachen welt jr ymmer
gewinnen edel weib die hochsten

fol. CXIIvb ll. 35–58

ſtund jr clage deɞ leibeɞ nÿmmer=
mere vnʒ an jr jungſteŋ tage /
Nach Seyfꝛideɞ tode daɞ iſt alleσ
war / ſy wonete in manigeŋ ſere
drewʒehen jaꝛ / daʒ Sÿ deɞ Recken
todeɞ vergeſſeŋ kunde nicht / ſy waσ
jm getrewe / deɞ jr die maiſt meni=
ge gicht /

also gar genomen da gestund jr clage
des leibes nymmermere vntz an jr jungsten tage

1139 Nach Seyfrides tode das ist alles war
sy wonete in manigem sere drewtzehen jar
daz Sy des Recken todes vergessen kunde nicht
sy was jm getrewe des jr die maist menige gicht

Abentheŭr · Wie Kŭnig Etʒele
Burgundi nach Fraw̆ Chꝛimhilde
ſannde ·

Daɞ waɞ in
ainen zeiten
daʒ Fraw Helcɧe
ſtarb / vnd daʒ
der künig Ezele
vmb ein andeꝛ
Frawen warb / da rieten ſeine freŭŋ=
de in der Burgunden lant / ze eineꝛ
ſtolʒeŋ witbeŋ / die waɞ fraw
Chrimhilt genant · Seyt daʒ
erſtoꝛben wĕre / der ſchonen Helcɧŋ̄
leib · Sy ſpracheŋ welt jr ymmer
gewinneŋ edel weib die ɧöchſten

20 Abentheur Wie Künig Etzele Burgundi nach Fraw Chrimhilde sannde

1140 **D**as was in ainen zeiten daz Fraw Helche starb
vnd daz der künig Ezele vmb ein ander Frawen warb
da rieten seine freunde in der Burgunden lant
ze einer stoltzen witben die was fraw Chrimhilt genant

1141 Seyt daz erstorben were der schonen Helchen leib
Sy sprachen welt jr ymmer gewinnen edel weib
die höchsten vnd die pesten die künig ye gewan

vnd die pesten die kunig ye gewan
so nymbt dieselben frawen der starche
Seyfrid was jr man Da sprach
der kunig reiche wie mochte das er=
gan seydt ich bin ein hayden vnd nicht
des tauffes han so ist die frawe cristen
dauon se enlobt sy des nicht es mus
sein ein wunder ob es ymmer geschicht
Da sprachen aber die schnellen
wie ob sys leichte tut durch ewren
namen den hohen vnd ewr michel
gut so sol mans doch versuechen an
das vil edle weib Jr mugt vil gerne
mynnen Iren vil waydelichen leib
Da sprach der kunig edele wem ist
vn bekant vnnder ew bey Reine die
leute vnd auch das lanndt Da sprach
von Pecherlaren der gute Rudegere
Ich han erkant von kinde die edel kuni
ginne here Gunthern vnd Ger
noten die edlen Ritter gut der dritte
hayset Giselher jr yetzlicher tut was
Er der pesten eren vnd tugenden mag
began auch haben jr alten magen
noch heer das selb getan Da sprach
aber Etzele freundt du solt mir sagen
ob sy in meinen lannden krone solte
tragen vnd ist jr leib so schone als
mir ist gesait den meinen pesten
freunden sol es nymmer werden
laid Sy geleichet sich wol mit
schone der lieben frawen mein Hel
chen der vil reichen Ja kunde nicht
gesein in diser welte schoner chaines
kuniges weib den sy lobt ze freundt
der mag wol trosten sein weib Er
sprach so wirb es Rudeger sol lieb ich
dir sey vnd sol ich ymmer Chrimhilde
geligen bey des wil ich dir lonen so ich

fol. CXIIvc ll. 1–34

vnd die peſteŋ / die künig ye gewaŋ / ſo nembt dieſelbeŋ frawēŋ / der ſtaꝛcħe Seyfꝛid waɞ jr man / Da ſprach der künig reiche / wie mochte daɞ er=gan / ſeydt ich bin ein hayden ϐnꝺ nicht deɞ tauffeɞ han · ſo iſt die Frawe criſtŋ̄ dauoŋ ſo enlobt ſÿ deɞ nicht / eɞ můσ ſein ein wűnder / ob eɞ ÿmmer geſchichŧ Da ſpꝛachen aber die ſchnellen / wie ob ſÿɞ leichte tůt · durch ewꝛen nameŋ den hohen / vnd ewꝛ michel gůt · ſo ſol manɞ doch ϐerſůchen an daɞ vil edle weib · Jr mügt vil gerne mÿnnen Ireŋ vil waÿdelichen leib · Da ſprach der künig edele / wem iſt nu bekant / vnnder ew beÿ Reine die leűte vnd auch daɞ lanndt / da ſprach voŋ Pecherlareŋ der gůte Rudegere / Ich han erkant von kinde die edel küni=ginne here · Guntherreŋ vnd Geꝛ=noteŋ / die edlen Ritter gůt · der dꝛitte haÿſſet Giſelher jr yetʒlicher tůt · waɞ Er der peſten eren ϐnd tugenden mag / began / auch haben Ir alten magen noch heer daɞ ſelb getan Da ſpꝛach aber Etʒele freűndt du ſolt mir ſagŋ̄ · ob ſÿ in meinen lannden krone ſolte tragen · ϐnꝺ iſt jr leib ſo ſchőne / alσ mir iſt geſait · den meinen peſten Freűndeŋ ſol eɞ nÿmmer werden laid · Sy geleichet ſich wol mit ſchőne der liebeŋ frawen mein · Hel=chen der ϐil reichen / Ja kunde nicht geſein in diſer welte ſchőner dhaineɞ

die höchsten vnd die pesten die künig ye gewan
so nembt dieselben frawen der starche Seyfrid was jr man

1142 Da sprach der künig reiche wie mochte das ergan
seydt ich bin ein hayden vnd nicht des tauffes han
so ist die Frawe cristen dauon so enlobt sy des nicht
es muos sein ein wunder ob es ymmer geschicht

1143 Da sprachen aber die schnellen wie ob sys leichte tuot
durch ewren namen den hohen vnd ewr michel guot
so sol mans doch versuochen an das vil edle weib
Jr mügt vil gerne mynnen Iren vil waydelichen leib

1144 Da sprach der künig edele wem ist nu bekant
vnnder ew bey Reine die leute vnd auch das lanndt
da sprach von Pecherlaren der guote Rudegere
Ich han erkant von kinde die edel küniginne here

1145 Guntherren vnd Gernoten die edlen Ritter guot
der dritte haysset Giselher jr yetzlicher tuot
was Er der pesten eren vnd tugenden mag began
auch haben Ir alten magen noch heer das selb getan

1146 Da sprach aber Etzele freundt du solt mir sagen
ob sy in meinen lannden krone solte tragen
vnd ist jr leib so schöne als mir ist gesait
den meinen pesten Freunden sol es nymmer werden laid

1147 Sy geleichet sich wol mit schöne der lieben frawen mein
Helchen der vil reichen Ja kunde nicht gesein
in diser welte schöner dhaines kuniges weib

schone der lieben frawen mein· von
chen der vil reichen· Ja kunde nicht
gesein in diser welte schoner dhaines
kuniges weib· den sy lobt ze freundt
der mag wol trösten sein weib· Er
sprach so wirb es Rudeger so lieb ich
dir sey· vnd sol ich ymmer Chrimhilde
geligen bey· des wil ich dir lonen so ich
aller peste kan· so hastu meinen wil
len so recht verre getan· B eynmein
en Cammereren so hayss ich dir gebn
daz du· vnd dein gesellen frolich mugt
leben· von Rossen vnd klaidern· alles
das du wilt des hayss ich euch beraith·
zu der potschaffte vil· D es antwur
te Rudeger der Marggraue reich
begert ich deines gutes das wer vnlo
belich· ich wil dein pote gerne wesen
an den Rein mit mein selbs gut· daz
ich han von der hennde dein· D a
sprach der kunig reich nu wann
welt jr varn nach der mynniklichn
got sol euch bewarn der rayse an
allen eren· vnd auch die frawe
mein· des helfe mir gelucke· daz sy
vnns genedig muess sein D a sprach
aber Rudeger· E e wir rawmen das
lanndt· wir muessen ee beraiten
waffen vnd gewant· also daz wirs
Eere wie fürsten mugen han· Ich
wil ze Reine fueren funffhundert
waydelicher man· W o man
mich vnd die meinen sehe· daz jr
yetzlicher dann icht des iehe· daz nie
kunig dhainer also manigen man·
so verre bas gesannde dann du ze
Reine hast getan V nd ob dus kunig

fol. CXIIvc ll. 35–68

kuniges weib · den ſy lobt ze freundŋ̄ / der mag wol trőſten ſein weib Er ſprach ſo wirb es Rudger ſo lieb ich dir ſeÿ / vnd ſol ich ymmer Chrimhilꝺe geligen beÿ / des wil ich dir lonen / ſo ich aller peſte kan / ſo haſtu meineŋ willen ſo recht verre getan · Beÿ meinen Cammereŋ / ſo haÿſs ich dir gebŋ̄ / daʒ du / ʋnd dein geſellen frolich mügt leben / von Roſſen / ʋnd klaiderŋ / alles das du wilt / des haÿſs ich euch beraitŋ̄ / zu der potſchaffte vil · Des antwuꝛte Rudeger der Marggraue reich begert ich deines gůtes daσ wer vnlobeleich / ich wil dein pote gerne weſeŋ aŋ deŋ Rein mit mein ſelbσ gůt · daʒ ich han von ꝺer hennꝺe dein · Da ſprach der künig reich / nu waŋ welt jr varŋ · nach der mynniklichŋ̄ / got ſol euch bewarŋ der raÿſe an allen eren / vnd auch die frawe mein · des helfe mir gelücke / daʒ ſy vnns geneꝺig müeſσ ſein / Da ſpꝛach aber Rudeger / Ee wir rawmeŋ ꝺaσ Lanndt / wir müeſſen ee beraiteŋ waffen vnꝺ gewant · alſo daʒ wirσ Eere wie fürſten mügeŋ han · Ich wil ze Reine füeren Funffhunꝺeꝛt waÿdelicher man / Wo maŋ mich vnꝺ ꝺie meineŋ ſehe / daʒ Ir yetʒlicher dann icht ꝺes iehe / daʒ nie kunig dhainer alſo manigen maŋ / ſo verre bas geſannde / dann ꝺu ze Reine haſt getan · Und ob ꝺus künig

in diser welte schöner dhaines kuniges weib
den sy lobt ze feunden der mag wol trösten sein weib

1148 Er sprach so wirb es Rudger so lieb ich dir sey
vnd sol ich ymmer Chrimhilde geligen bey
des wil ich dir lonen so ich aller peste kan
so hastu meinen willen so recht verre getan

1149 Bey meinen Cammerern so hayss ich dir geben
daz du vnd dein gesellen frolich mügt leben
von Rossen vnd klaidern alles das du wilt
des hayss ich euch beraiten zu der potschaffte vil

1150 Des antwurte Rudeger der Marggraue reich
begert ich deines guotes das wer vnlobeleich
ich wil dein pote gerne wesen an den Rein
mit mein selbs guot daz ich han von der hennde dein

1151 Da sprach der künig reich nu wann welt jr varn
nach der mynniklichen got sol euch bewarn
der rayse an allen eren vnd auch die frawe mein
des helfe mir gelücke daz sy vnns genedig muess sein

1152 Da sprach aber Rudeger Ee wir rawmen das Lanndt
wir müessen ee beraiten waffen vnd gewant
also daz wirs Eere wie fürsten mügen han
Ich wil ze Reine füeren Funffhundert waydelicher man

1153 Wo man mich vnd die meinen sehe
daz Ir yetzlicher dann icht des iehe
daz nie kunig dhainer also manigen man
so verre bas gesannde dann du ze Reine hast getan

1154 Und ob dus künig reiche nicht wil darumbe lan

reiche nicht wil darumbe lan.
Sy was ir edlen mynne Seyfriden
underthan dem Sigmundes kind.
den hastu hie gesehen. man mocht
im maniger eren mit rechter war
hait iehen. Da sprach der künig
Etzel. was sy des recken weib. es was
wol also tewr des edlen fürsten
leib. daz ich nicht verschmahen
sol durch ir grossen schöne. so ge
vellet sy mir wol. Da sprach
der Marggrave so wil ich euch
das sagen. daz wir uns heben von
hinnen in vierundzwainzigk
tagen. ich empeut es Gotelinden
der lieben frawen mein. daz ich
nach Crimhilden selb pote welle
sein. Hin ze Bechelaren sande
Rudeger da ward die Marggra
vine traurig und her. er empot
ir das er solte dem künige werben
weib. sy gedacht mynnecklichen
an der schönen Helchen leib. Da
die Marggravin die potschaffte
vernam. ein tail was es ir laide
waynens sy gezam ob sy gewin
nen solten frawen alsam ee so sy
gedacht an Helchen. das tet ir innig
klichen wee. Rudeger von Hungern
in siben tagen rait. des was der
Etzel fro und gemait. da in der
stat ze Wienne beraitet man im
wat. da mocht er seiner rayse da
nicht lenger haben rat. Da ze
Bechelaren im warte Gottelind die
iung Marggravinne das Rudegers
kind sach ir vater gerne und die sein
en man. da warden liebes pitten von
schönen kinden getan. Ee daz der edle

fol. CXIIIra ll. 1–34

reiche / nicht wil ꝺarümbe laŋ ·
Sy waϭ jr edleŋ mÿnne / Seÿfꝛideŋ
vnndertan / dem Sigmundeϭ kinꝺe /
den haſtu hie geſehen · maŋ mocht
jm maniger eren mit rechter waꝛ=
hait ieheŋ / Da ſprach der künig
Etʒel · waϭ ſy deϭ Recken weib / eϭ waϭ
wol alſo tewr deϭ edlen Fürſten
leib / daʒ ich nicht verſchmähen
ſol durch jr groſſen ſchőne / ſo ge
uellet ſy mir wol / Da ſprach
der Marggraue ſo wil ich euch
daϭ ſageŋ / daʒ wir vnnϭ hebeŋ voŋ
hÿnneŋ in Vierundzwaintʒigk
tagen / ich empeüt eϭ Gotelindeŋ
der lieben frawen mein / daʒ Ich
nach Crimhilꝺen ſelb pote welle
ſein · Hin ze Behelareŋ ſande
Rudeger / da ward die Marggrä=
uine traurig / vnd her / er empot
Ir daϭ er ſolte dem kunige werbeŋ
weib / ſÿ gedacht mÿnneklicheŋ /
an der ſchoneŋ Helchen leib Da
die Marggrauin die potſchafft
vernaŋ / ein tail waϭ eϭ jr laide /
waÿnenϭ ſy getʒam / ob Sy gewin=
nen ſolten fraweŋ alſam Ee ſo ſÿ
gedacht an Helchen / daϭ tet jr ynne=
klicheŋ wee / Ludeger voŋ Hüng'ŋ
in Siben tagen rait · deϭ waϭ der
Etʒel fro vnd gemait · da in der
Stat ze wienne beraitet maŋ jm
wat · da mocht Er ſeiner raÿſe da
nicht langer habeŋ rat · Da ze

1154 Und ob dus künig reiche nicht wil darumbe lan
Sy was jr edlen mynne Seyfriden vnndertan
dem Sigmundes kinde den hastu hie gesehen
man mocht jm maniger eren mit rechter warhait iehen

1155 Da sprach der künig Etzel was sy des Recken weib
es was wol also tewr des edlen Fürsten leib
daz ich nicht verschmähen sol
durch jr grossen schöne so geuellet sy mir wol

1156 Da sprach der Marggraue so wil ich euch das sagen
daz wir vnns heben von hynnen in Vierundzwaintzigk tagen
ich empeut es Gotelinden der lieben frawen mein
daz Ich nach Crimhilden selb pote welle sein

1157 Hin ze Behelaren sande Rudeger
da ward die Marggräuine traurig vnd her
er empot Ir das er solte dem kunige werben weib
sy gedacht mynneklichen an der schonen Helchen leib

1158 Da die Marggrauin die potschafft vernam
ein tail was es jr laide waynens sy getzam
ob Sy gewinnen solten frawen alsam Ee
so sy gedacht an Helchen das tet jr ynneklichen wee

1159 Ludeger von Hungern in Siben tagen rait
des was der Etzel fro vnd gemait
da in der Stat ze wienne beraitet man jm wat
da mocht Er seiner rayse da nicht langer haben rat

1160 Da ze Bechelaren im warte Gottelind

Stat ze Wienne beraitet man jm
wat · da mocht Er seiner rayse da
nicht langer haben rat · Da ze
Bechelaren · im warte Gotelind die
jung Marggrauinne das Rudegers
kind sach jr vater gerne vnd die sein-
en man · da ward ein liebes pitten von
schönen kinden getan · Ee daz der edle
Rudegere zu Bechlaren rait aus der
Stat ze Wienne da waren jmir clait
recht volliklichen auf den saume komen · sy füren in der masse daz zu
wenig ward icht genomen · Da sy
zu Bechlaren komen in die stat · die
seinen raysgesellen herbergen da pat ·
der wirt vil mynnekliche vnd schuf
zu guten gemach · Gotelint die
reiche den wirt sy gerne komen sach ·
Also tet sein liebe tochter die iunge
Marggrauin der kunde nymmer
sein komen lieber sein · die helden aus
hunen lannden · wie gerne sy die
sach mit lachendem mute die edl
Junckfraw sprach · Nu sey vnns
willekomen mein vater vnd seine
man · da wart ein dancken mit
vleis da getan · der jungen Marggrauinne von manigem Ritter
gut vil wol wesset · Gotelint des
herren Rudegers mut · Da sy des
nachtes nahen bey Rudegeren lag ·
wie guettlich die Marggrauin
fragen phlag · wohin jn gesendet
hette der kunig von hunen landt ·
sprach mein frawe Gotelint · jch
tun dirs gerne bekant · Da sol
ich meinem herren erwerben ein

fol. CXIIIra ll. 35–68

Bechelareŋ / im warte Gottelinꝺ die jung Marggrauinne das Rudegers kind / ſach jr Vater gerne vnd die ſeineŋ man · da ward ein liebes pitteŋ voŋ ſchőneŋ kindeŋ getan / Ee daʒ der edle Rudegere zu Bechlareŋ rait aus der Stat ze Wÿ̈enne / da waren in ir clait recht volliklicheŋ auf den ſaűme komeŋ / ſy fűreŋ in der maſſe / daʒ jn wenig ward ich genomen Da ſÿ̈ zu Bechlaren komen in die ſtat / die ſeineŋ raÿſgeſelleŋ / herbergen da pat · der wirt vil mÿnnekliche / ʋnd ſchůf jn gůten gemach · Gottelint die reiche deŋ wirt ſy gerne komeŋ ſach · Alſo tet ſein liebe tochter die iűnge Marggrauiŋ / der kűnde nÿmmer ſein komen lieber ſeiŋ / die helden aus Hűnen Lannden / wie gerne ſy die ſach / mit lachendem můte die edl junckfraw ſpꝛach · Nu ſey vnns willekomen / mein ʋater vnd ſeine man / da wart ein dancken mit vleis da getan / der jungeŋ Marggrauinne / von manigem Ritter gůt / ʋil wol weſſet Gotelint des herren Růdegers můt · Da ſy des nachtes nahen beÿ Rudegereŋ lag · wie güettlich die Marggräuiŋ / frageŋ phlag · wohin jn geſendet hette der kunig von Hűneŋ landt / ſprach meiŋ fraẅe Gotelint / jch tůŋ dirs gerne bekant · Da ſol ich meinem herreŋ erwerbeŋ ein

1160 Da ze Bechelaren im warte Gottelind
die jung Marggrauinne das Rudegers kind
sach jr Vater gerne vnd die seinen man
da ward ein liebes pitten von schönen kinden getan

1161 Ee daz der edle Rudegere zu Bechlaren rait
aus der Stat ze Wyenne da waren in ir clait
recht volliklichen auf den saume komen
sy fuoren in der masse daz jn wenig ward ich genomen

1162 Da sy zu Bechlaren komen in die stat
die seinen raysgesellen herbergen da pat
der wirt vil mynnekliche vnd schuof jn guoten gemach
Gottelint die reiche den wirt sy gerne komen sach

1163 Also tet sein liebe tochter die iunge Marggrauin
der kunde nymmer sein komen lieber sein
die helden aus Hünen Lannden wie gerne sy die sach
mit lachendem muote die edl junckfraw sprach

1164 Nu sey vnns willekomen mein vater vnd seine man
da wart ein dancken mit vleis da getan
der jungen Marggrauinne von manigem Ritter guot
vil wol wesset Gotelint des herren Ruodegers muot

1165 Da sy des nachtes nahen bey Rudegeren lag
wie güettlich die Marggräuin fragen phlag
wohin jn gesendet hette der kunig von Hünen landt
sprach mein frawe Gotelint jch tuon dirs gerne bekant

1166 Da sol ich meinem herren erwerben ein annder weib

annder weib seit das ist verdorben
der schönen Helchen leib. Ich wil
nach Chrimhilden reiten an den
Rein. die sol hie ze Hunne gewaltige
künigin sein. Das wolte got sprach
Gotelind vnd möcht das geschehen.
seyt daz wir ir hören so manigen
eren jehen. sy ergetzt vnns meiner
frawen leicht in alten tagen. auch
möchten wir sy gerne zu Hunnen
krone lassen tragen. Da sprach
der Marggrave trautte mein die
mit mir süllen reiten von hynnen
an den Rein. den solt ir mynnekliche
pieten ewr gut so helde varent reiche
so sind sy hochgemut. Sy sprach
es ist dhainer der es gerne von mir
nymbt. Ich gib ir yetzlichem was
im wol gezimbt. E daz ir von hynn
schaydet vnd auch ewr man. da
sprach der Marggrave das ist mir
lieb getan. Hey was man reicher
phelle von ir kammer trug der
ward edlen recken ze tail da genug
erfüllet vleissikliche von hals vntz
auf den sporn die im dartzu gevie
len die het im Rüdeger erkorn. In
dem Sibenden morgen von Pechela
ren rait der wirt mit seinen
Recken waffen vnd claid fuerten
sy den vollen durch der Payrlant
sy wurden auf der strasse durch
rauben selten angerant. In den
tagen zwelffen sy kamen an den
Rein. da kunde dise märe nicht ver
holen sein. man saget es dem küni
ge vnd auch seinem man. da kam
ein frömbde geste. der wirt fragen
do began Ob yemand so bekante

fol. CXIIIrb ll. 1–34

annder weib / ſeit das iſt verdoꝛbeŋ / der ſchőneŋ Helchen leib · Jch wil nach Chrimhilꝺen reiteŋ an den Rein · die ſol hie ze Hűne gewaltige kűnigin ſein · Das wolte got ſpꝛacħ Gottelinꝺ vnd mőcht das geſcheheŋ · ſeÿt ꝺaʒ wir jr hőꝛeŋ / ſo maniger eren ieheŋ · ſÿ ergetʒt vnns meiner fraweŋ leicht in alten tagen / auch mőchteŋ wir ſÿ gerne zu Hűnen krone laſſen tragen / Da ſprach der Marggraue trautte mein / die mit mir ſűllen reiten / voŋ hÿnneŋ an ꝺen Reiŋ · den ſolt jr mÿnneklicħŋ̄ pieten ewꝛ gůt / ſo helde varent reicħe ſo ſind ſÿ hochgemůt · Sy ſprach es iſt dhainer der es gerne voŋ mir nymbt · jch gib jr ÿetʒlichem was im wol gezimbt / Ee daʒ jr von hÿnn ſchaÿdet vnd auch ewꝛ man / da ſprach der Marggraue / das iſt mir lieb getan / Hey was man reicher phelle voŋ Ir Cammer trůg deꝛ ward edleŋ reckeŋ ze tail da genůg erfűllet veiſſiklicheŋ von Hals vntʒ auf den ſpoꝛn / die im dartʒů geuielen die het im Rudeger erkorn / In dem Sibenden moꝛgeŋ / voŋ Bechelaren rait der wiert mit ſeinen Recken waffen vnd claid fűerteŋ ſÿ den vollen / durch der Payrlant ſÿ wurden auf der ſtraſſe durch rauben ſelten angerant / In deŋ tagen zwelffen / ſÿ kameŋ aŋ deŋ

1166 Da sol ich meinem herren erwerben ein annder weib
seit das ist verdorben der schönen Helchen leib
Jch wil nach Chrimhilden reiten an den Rein
die sol hie ze Hüne gewaltige künigin sein

1167 Das wolte got sprach Gottelind vnd möcht das geschehen
seyt daz wir jr hören so maniger eren iehen
sy ergetzt vnns meiner frawen leicht in alten tagen
auch möchten wir sy gerne zu Hünen krone lassen tragen

1168 Da sprach der Marggraue trautte mein
die mit mir süllen reiten von hynnen an den Rein
den solt jr mynneklichen pieten ewr guot
so helde varent reiche so sind sy hochgemuot

1169 Sy sprach es ist dhainer der es gerne von mir nymbt
jch gib jr yetzlichem was im wol gezimbt
Ee daz jr von hynn schaydet vnd auch ewr man
da sprach der Marggraue das ist mir lieb getan

1170 Hey was man reicher phelle von Ir Cammer truog
der ward edlen recken ze tail da genuog
erfüllet veissiklichen von Hals vntz auf den sporn
die im dartzuo geuielen die het im Rudeger erkorn

1171 In dem Sibenden morgen von Bechelaren rait
der wiert mit seinen Recken waffen vnd claid
fuerten sy den vollen durch der Payrlant
sy wurden auf der strasse durch rauben selten angerant

1172 In den tagen zwelffen sy kamen an den Rein

sy wurden auf der strasse durch
rauben selten angerant. In den
tagen zwelffen. sy kamen an den
Rein. da kunde dise märe nicht ver
holen sein. man saget es dem kün
ge. vnd auch seinen man. da kam
en frömbde geste. der wirt fragen
do began. Ob yemand sy bekante
daz man im es solte sagen. man
sach jr sämmre so recht swäre tragn
daz sy vil reiche waren. das ward
da wol bekant. man schuff jn
herberge in der weiten statt ze
hant. Da die vilunkunden
waren in bekomen. da ward der
selben herren vast war genomen.
Sy wunderet wannen sy fueren.
die recken an den Rein. der wirt
nach Hagene sande. ob sy jm kun
dig möchten sein. Da sprach der
von Tronege ich han ir nicht
gesehen. als wir sy nu geschawen.
Ich kan euch wol verichen von
wanne sy reiten heer in diz lant.
Sy süllen sein vil frömde Ich hab
sy schier bekannt. Den gesten
herberge ware nu genomen. jn
vil reiche claider. was der poteko
men. vnd sein heer gesellen ze hofe
sy do riten. Sy fuerten gute clai
der vil hart spehe geschniten.
Da sprach der schnelle Hagene
als ich mich kan verstan. wan
ich die herren lannge nicht gese
hen han. Sy warend wol dem ge
leich sam es sey Rudeger von hu
nischen lannden der degen küen

fol. CXIIIrb ll. 35–68

Rein / da kunde diſe mắre nicht veꝛ=
holeŋ ſein / maŋ ſaget es dem kűni=
ge / vnd auch ſeineŋ man / da kam=
en frőmbde geſte / der wirt fragen
do began Ob ÿemand ſy bekante
daʒ maŋ jms ſolte ſageŋ / maŋ
ſach jr ſắmere ſo recht ſwắre tragŋ̃
daʒ ſy vil reiche wareŋ / das ward
da wol bekant / man ſchůff jn
herberge / in der weiten Stat ze
hant · Da die vil ỽnkünden
waren in bekomeŋ / da ward der=
ſelben herreŋ / vaſt war genomeŋ /
Sÿ wunderet wanneŋ ſy fűereŋ /
die Recken an den Rein / der wirt
nach Hagene ſande / ob Sÿ jm kűn=
dig mőchteŋ ſein · Da ſprach der
von Tronege ich han Ir nicht
geſeheŋ / als wir Sy nu geſchaweŋ ·
Ich kan euch wol ỽeriehen / voŋ
wanne Sy reiten heer iŋ ditʒ lant ·
Sy ſűllen ſein ỽil frőmde jch hab
ſy ſchier bekannt · Den geſten
Herberge ware nu genomeŋ · iŋ
vil reiche claider · was der pote ko=
meŋ / vnd ſein heer geſelleŋ ze hofe
Sy do riteŋ · Sy fuerten gute clai=
der vil hart ſpeche geſchniten ·
Da ſprach der ſchnelle Hagene
als ich mich kan ỽerſtan / waŋ̃
ich die herren lannge nicht geſe=
hen han / Sy warend wol ꝺem ge=
leich / ſaŋ es ſeÿ Rudeger voŋ Hű=
niſchen lannden / der degeŋ kűeŋ

1172 In den tagen zwelffen sy kamen an den Rein
da kunde dise märe nicht verholen sein
man saget es dem künige vnd auch seinen man
da kamen frömbde geste der wirt fragen do began

1173 Ob yemand sy bekante daz man jms solte sagen
man sach jr sämere so recht swäre tragen
daz sy vil reiche waren das ward da wol bekant
man schuoff jn herberge in der weiten Stat ze hant

1174 Da die vil vnkunden waren in bekomen
da ward derselben herren vast war genomen
Sy wunderet wannen sy füeren die Recken an den Rein
der wirt nach Hagene sande ob Sy jm kündig möchten sein

1175 Da sprach der von Tronege ich han Ir nicht gesehen
als wir Sy nu geschawen Ich kan euch wol veriehen
von wanne Sy reiten heer in ditz lant
Sy süllen sein vil frömde jch hab sy schier bekannt

1176 Den gesten Herberge ware nu genomen
in vil reiche claider was der pote komen
vnd sein heer gesellen ze hofe Sy do riten
Sy fuerten gute claider vil hart speche geschniten

1177 Da sprach der schnelle Hagene als ich mich kan verstan
wann ich die herren lannge nicht gesehen han
Sy warend wol dem geleich sam es sey Rudeger
von Hünischen lannden der degen küen vnd her

vnd her Wie sol ich das gelaubñ
sprach der kunig zehannt· daz der
von Bechlaren kome in ditz Landt
als der kunig Gunther die rede
volsprach· Hagene der kuene den
guten Rudegeren sach Er vnd sein
freunde sy lieffen alle dan· da sach
man von den rossen funffhundert
Ritter stan· da wurden wol empf
angen die von Hunen lannd poten
nie getrugen als herrliche gewant·
Da sprach vast laut von Tronege
Hagene nu sein gott wilkomen di
se degene der vogt von Pechlaren vn
alle seine man· der anfang ward
mit eren den schnellen Hunen ge
tan Des kunigs nechsten magen
die giengen da man sach Ortwein
von Metzen· ze Rudeger sprach wir
haben in aller weyle mere nie gesehñ
geste hie so gerne· des wil ich werlichn
iehen Des grusses sy do danckten
den Recken vberal· mit dem hergesind
Sy giengen in den sal· da sy den kunig
funden, bey manigem kuenen man,
der herre stund vom sidele· das ward
durch grosse zucht getan· Wie recht
zuchtikleichen er zu den poten gie·
Gunther vnd Gernot vil vleissik
leichen emphie· den gast mit sein
en mannen· als ir wol gezam den
guten Rudegeren Er bey der hennde
genam· Er pracht in zu dem sedele
da er vor selbs sass· den gesten hiess
man schencken· vil gerne tet man
das Met den vil guten vnd den pestñ
wein den man kunde vinden in
dem Lannde all vmb den Rein·
Giselher vnd Gere die waren baide

fol. CXIIIrc ll. 1–34

vnꝺ her Wie ſol Jch ꝺaɞ gelaubŋ̄ / ſpꝛach der kűnig zehannt · daʒ der voŋ Bechlareŋ kome in ditʒ Landt alɞ der kűnig Gűnther die rede volſpꝛach / Hagene der kűene den gůten Rudegeren ſach / Er vnd ſein Freűnde ſy lieffen alle dan / da ſach maŋ voŋ den Roſſen Fűnffhűndeꝛt Ritter ſtan / da wurden wol emphangeŋ die von Hűneŋ lannꝺ / poteŋ nie getrůgen alɞ herꝛliche gewant · Da ſprach vaſt laűt voŋ Tronege / Hagene nu ſein gott wilkomen diſe degene der ꝩogt voŋ Pechlareŋ / vnꝺ alle ſeine man / der anfang warꝺ mit eren / den ſchnelleŋ Hűneŋ getan / Deɞ kunigɞ nĕchſten magŋ̄ die giengeŋ da man ſach Oꝛtwein von Metʒen / ze Rudeger ſpꝛach / wir haben in aller weyle mere nie geſehŋ̄ geſte hie ſo gerne / deɞ wil ich werlichŋ̄ iehen / Deɞ grůſſeɞ Sy do danckteŋ den Recken v̈beral / mit den hergeſinꝺŋ̄ Sy giengen in den ſal / da ſy den kűnig funden / beÿ manigem kueneŋ maŋ / der herre ſtůnd vom Sidele / daɞ waꝛꝺ durch groſſe zűcht getan / Hie recht zuchtiklicheŋ er zu den poten gie · Gunther vnd Gernot vil vleiſſiklichen emphie · deŋ gaſt mit ſeineŋ manneŋ / alɞ jn wol getʒaŋ / deŋ gůteŋ Rudegereŋ / Er bey der hennde genam / Er pracht jn zu dem ſedele da Er voꝛ ſelbɞ ſaſɞ / deŋ geſteŋ hieſɞ

von Hünischen lannden   der degen küen vnd her

1178 Wie sol Jch das gelauben   sprach der künig zehannt
daz der von Bechlaren   kome in ditz Landt
als der künig Gunther   die rede volsprach
Hagene der küene   den guoten Rudegeren sach

1179 Er vnd sein Freunde   sy lieffen alle dan
da sach man von den Rossen   Fünffhundert Ritter stan
da wurden wol emphangen   die von Hünen lannd
poten nie getruogen   als herrliche gewant

1180 Da sprach vast laut   von Tronege Hagene
nu sein gott wilkomen   dise degene
der vogt von Pechlaren   vnd alle seine man
der anfang ward mit eren   den schnellen Hünen getan

1181 Des kunigs nechsten magen   die giengen da man sach
Ortwein von Metzen   ze Rudeger sprach
wir haben in aller weyle   mere nie gesehen
geste hie so gerne   des wil ich werlichen iehen

1182 Des gruosses Sy do danckten   den Recken v̈beral
mit den hergesinden   Sy giengen in den sal
da sy den künig funden   bey manigem kuenen man
der herre stuond vom Sidele   das ward durch grosse zucht getan

1183 Hie recht zuchtiklichen   er zu den poten gie
Gunther vnd Gernot   vil vleissiklichen emphie
den gast mit seinen mannen   als jn wol getzam
den guoten Rudegeren   Er bey der hennde genam

1184 Er pracht jn zu dem sedele   da Er vor selbs sass
den gesten hiess man schencken   vil gerne tet man das

guten Rüedegeren, Er bey der hennde
genam. Er pracht in zu dem sedele
da Er vor selbs sass. den gesten hiess
man schencken. vil gerne tet man
das. Met den vil guten vnd den pesten
wein den man kunde vinden in
dem Lannde all vmb den Rein.
Giselher vnd Gere die waren baide
komen. Danckhwart vnd Volckhart
die hetten auch vernomen. vmb dise
geste sy waren fro gemut. Sy empfiengen vor dem kunig die Ritter edel vnd
gut. Da sprach zu seinem herren
von Tronege hagene. es solten immer dienen dise degene. daz vmb der
Marggraue ze liebe hat getan. des
solte lon emphahen Gotlinden man.
Da sprach der kunig Gunther
ich kan das nicht verdagen. wie sy
sich gehaben baide das solt Ir mir sagen. Etzel vnd helche aus hunelant.
da sprach der Marggraue Ich thue
euchs gerne bekannt. Da stuend
Er von dem sidele mit allen seinen
man. er sprach zu dem kunige vnd
mag das sein getan. daz Ir mir fürste erlaubet. so wil ich nicht verdagen
die mære die ich bringe. sol ich euch
williklichen sagen. Er sprach
was man vmb mære bey euch empoten hat die erlaube ich euch ze sagen an freunde rat. Ir solt sy lassen
horen mich vnd meine man. wann
ich euch aller eren hie ze werben gan.
Da sprach der Ritter biderbe euch
empeutet an den Rein getrewlichen
dienst der grosse Vogt mein. dazu

fol. CXIIIrc ll. 35–68

man ſchencken / vil gerne tet maŋ das / Met deŋ vil gůteŋ vnd den peſtŋ̄ wein / den maŋ kunde vinden iŋ dem Lannde all vmb ꝺen Rein · Giſelher vnd Gere die wareŋ baide komen · Danckhwart ʋnd Volckhart / die hetten auch vernomeŋ / ʋmb diſe geſte / ſy waren fro gemůt / Sy emphien= geŋ voꝛ ꝺem kűnig die Ritter edel vnꝺ gůt / Da ſprach zu ſeinem herreŋ / voŋ Tronege Hagene / es ſolten im= mer dieneŋ diſe degene / daʒ vnns der Marggraue ze liebe hat getan / des ſolte loŋ emphaheŋ Gotlinꝺen maŋ / Da ſprach der kűnig Gűnthe ꝛ / ich kan das nicht verdagen / wie ſy ſich gehaben baide / das ſolt jr mir ſa= geŋ / Etʒel vnd Helche aus Hűnelant / da ſprach der Marggraűe Ich thůe euchs gerne bekannt · Da ſtűend Er von dem Sidele / mit alleŋ ſeineŋ man / er ſprach zu ꝺem kűnige / ʋnꝺ mag ꝺas ſein getan / ꝺaʒ Ir mir Fűꝛ= ſte erlaűbet / ſo wil ich nicht ʋerdagŋ̄ / die măre die ich bꝛinge / ſol ich euch williklichen ſagen · Er ſprach was man vnns măre bey euch em= poten hat / die erlaube ich euch ze ſa= gen ăn freűnde rat / jr ſolt ſy laſſŋ̄ hőꝛeŋ / mich vnd meine maŋ / wanŋ jch euch aller eren hie ze werben gan / Da ſprach der Ritter biderbe euch empeűtet an den Rein getrewlichŋ̄ dienſt der groſſe Vogt mein · ꝺaꝛtʒů /

den gesten hiess man schencken vil gerne tet man das
Met den vil guoten vnd den pesten wein
den man kunde vinden in dem Lannde all vmb den Rein

1185 Giselher vnd Gere die waren baide komen
Danckhwart vnd Volckhart die hetten auch vernomen
vmb dise geste sy waren fro gemuot
Sy emphiengen vor dem künig die Ritter edel vnd guot

1186 Da sprach zu seinem herren von Tronege Hagene
es solten immer dienen dise degene
daz vnns der Marggraue ze liebe hat getan
des solte lon emphahen Gotlinden man

1187 Da sprach der künig Gunther ich kan das nicht verdagen
wie sy sich gehaben baide das solt jr mir sagen
Etzel vnd Helche aus Hünelant
da sprach der Marggraue Ich thuoe euchs gerne bekannt

1188 Da stüend Er von dem Sidele mit allen seinen man
er sprach zu dem künige vnd mag das sein getan
daz Ir mir Fürste erlaubet so wil ich nicht verdagen
die märe die ich bringe sol ich euch williklichen sagen

1189 Er sprach was man vnns märe bey euch empoten hat
die erlaube ich euch ze sagen an freunde rat
jr solt sy lassen hören mich vnd meine man
wann jch euch aller eren hie ze werben gan

1190 Da sprach der Ritter biderbe euch empeutet an den Rein
getrewlichen dienst der grosse Vogt mein
dartzuo allen Freunden die Jr mügt han

fol. CXIIIva ll. 1–34

allen Freűndeŋ ꝺie Jr műgt haŋ / auch iſt diſe potſchafft mit trewen ge= tan / Da pat der künig edel klageŋ ſeine not / ſein ʋolck iſt on freűde / meĩ fraw die iſt tot / Helche die ʋil reiche meines herreŋ weib / an der nu iſt verwayſet / ʋil maniger jünck= frawen leib · Chint der edleŋ Fűrſten die ſy getʒogeŋ hat / dauoŋ es im lannde vil iämmerlicheŋ ſtat / die haben nu laider nyemanꝺ · der jr mit treweŋ phlége / des wan auch ſich vil ſaine des kűniges ſoꝛge / gelege / Nu lon im got ſprach Gunther / ꝺaʒ Er ꝺen ꝺienſt ſein · ſo williklichen empeűtet mir vnꝺ den Freunden mein · ſeineŋ grůs ich gerne hie vernomeŋ haŋ · des ſullen gerne dienen baide mage vnd mein man · Da ſprach voŋ Burgunden / der Recke Gernot · die welt mag immer reweŋ der ſchö= neŋ Helchen todt · durch jr vil ma= niche tugende / der Sy da kunde phle= gen / der rede geſtůnd im Hagene dartʒů vil manig annder degeŋ / Da ſprach aber Rudeger der edel pote / her ſeyt jr mir kunig erlaűbt / Ich ſol euch ſageŋ mer / was euch mein lieber herre her empoteŋ hat / ſeyt im ſein ding nach Helchŋ̄ ſo recht kűmerlichen ſtat · Maŋ ſagt meinem herren Chrimhilt ſey on man · Heꝛꝛ Seyfꝛid ſey er=

dartzuo allen Freunden die Jr mügt han
auch ist dise potschafft mit trewen getan

1191 Da pat der künig edel klagen seine not
sein volck ist on freude mein fraw die ist tot
Helche die vil reiche meines herren weib
an der nu ist verwayset vil maniger junckfrawen leib

1192 Chint der edlen Fürsten die sy getzogen hat
dauon es im lannde vil iämmerlichen stat
die haben nu laider nyemand der jr mit trewen phlege
des wan auch sich vil saine des küniges sorge gelege

1193 Nu lon im got sprach Gunther daz Er den dienst sein
so williklichen empeutet mir vnd den Freunden mein
seinen gruos ich gerne hie vernomen han
des sullen gerne dienen baide mage vnd mein man

1194 Da sprach von Burgunden der Recke Gernot
die welt mag immer rewen der schönen Helchen todt
durch jr vil maniche tugende der Sy da kunde phlegen
der rede gestuond im Hagene dartzuo vil manig annder degen

1195 Da sprach aber Rudeger der edel pote her
seyt jr mir kunig erlaubt Ich sol euch sagen mer
was euch mein lieber herre her empoten hat
seyt im sein ding nach Helchen so recht kümerlichen stat

1196 Man sagt meinem herren Chrimhilt sey on man
Herr Seyfrid sey erstorben vnd ist das also getan

so recht kumerlichen stat· Nan
sagt meinem herren Chrimhilt
sey on man· Herr Seyfrid sey er
storben und ist das also getan
wellt jr Ir des gunnen· so sol sy
krone tragen· vor Etzeln Recken das
hiess jr mein herr sagen· Da sprach
der kunig reich wolgetzogen was
sein mut· so horet meinen willen
ob sys gerne tůt· den wil ich euch
kunden in disen dreyen tagen· Ee
ichs an jr funde· zwen solt ichs
Etzeln versagen· Dieweyl man
den gesten hiess schaffen guten
gemach· In ward da so gedienet·
daz Rudeger des iach· daz er da freun
de hette under Gunthers man·
Hagen im diente gerne· er het im
ee alsam getan· Also belib do
Rudeger uncz an den dritten tag·
der kunig nach Rate sande vil
weyslich er phlag· ob es sein mage
deuchte gůt getan· daz Chrimhilt
nemen solte den kunig Etzeln ze
man· Sy rietens alle gemaine
Wann Hagene der sprach zu
Guntheren dem degene· habt jr rech
te sinne· so wirt es wol behutet· ob
sys auch volgen wolte daz Irs nym
mer getůt· Warumb sprach
da Gunther solt ichs volgen nicht
was der kuniginne liebes geschicht·
des sol ich Ir wol gunnen· wann
Sy ist die Swester mein· wir solt
ens selber werben ob es Ir Ere moch
te sein· Da sprach aber Hagene·
nu lat die rede stan· het jr Etzeln

fol. CXIIIva ll. 35–68

ſtoꝛben vnd iſt daɞ alſo getan / wellt jr / Ir deɞ gunneŋ / ſo ſol Sÿ krone trageŋ · voꝛ Etʒeln Recken daɞ hieſɞ jr mein herꝛ ſageŋ / Da ſpꝛach der kunig reich wolgetʒogen waɞ ſein mŭt · ſo hoꝛet meineŋ willeŋ ob ſys gerne tŭt · deŋ wil ich euch kŭndeŋ / in diſen dreyeŋ tageŋ / Ee ichσ an jr funde / zweŭ ſolt ichσ Etʒeln verſagen / Dieweyl maŋ den geſten hieſɞ ſchaffen gŭteŋ gemach / Jn ward da ſo gedienet / daʒ Rudeger deɞ iach · daʒ Er da freŭŋ=de hette vnnder Gŭntherɞ man · Hagen im diente gerne / er het im Ee alſſam getan · Alſo belib do Rudeger vntʒ an den dꝛitteŋ tag / der kunig nach Rate ſande / vil weyſlich er phlag / ob eɞ ſein mage deuchte gŭt getaŋ · daʒ Chrimhilt nemeŋ ſolte deŋ kunig Etʒeln ze man · Sy rietenɞ alle gemaine Wann Hagene der ſprach zu Gunthern dem degene · habt jr rech=te ſynne / ſo wirt eɞ wol behuet · ob ſys auch volgen wolte / daʒ Irɞ nÿm=mer getŭt · Warumb ſprach da Gunther ſolt ichσ volgen nicht waɞ der kŭniginne liebeɞ geſchicht · deɞ ſol ich Ir wol gunneŋ / wann Sy iſt die Sweſter mein / wir ſolt=enσ ſelber werben / ob eɞ Ir Eere moch=te ſein · Da ſprach aber Hagene / nu lat die rede ſtaŋ / het jr Etʒelŋ

Herr Seyfrid sey erstorben vnd ist das also getan
wellt jr Ir des gunnen so sol Sy krone tragen
vor Etzeln Recken das hiess jr mein herr sagen

1197 Da sprach der kunig reich wolgetzogen was sein muot
so horet meinen willen ob sys gerne tuot
den wil ich euch künden in disen dreyen tagen
Ee ichs an jr funde zweu solt ichs Etzeln versagen

1198 Dieweyl man den gesten hiess schaffen guoten gemach
Jn ward da so gedienet daz Rudeger des iach
daz Er da freunde hette vnnder Gunthers man
Hagen im diente gerne er het im Ee alssam getan

1199 Also belib do Rudeger vntz an den dritten tag
der kunig nach Rate sande vil weyslich er phlag
ob es sein mage deuchte guot getan
daz Chrimhilt nemen solte den kunig Etzeln ze man

1200 Sy rietens alle gemaine Wann Hagene
der sprach zu Gunthern dem degene
habt jr rechte synne so wirt es wol behuet
ob sys auch volgen wolte daz Irs nymmer getuot

1201 Warumb sprach da Gunther solt ichs volgen nicht
was der küniginne liebes geschicht
des sol ich Ir wol gunnen wann Sy ist die Swester mein
wir soltens selber werben ob es Ir Eere mochte sein

1202 Da sprach aber Hagene nu lat die rede stan
het jr Etzeln kunne als Jch sein kunde han

fol. CXIIIvb ll. 1–34

kunne als Jch ſein kunde haŋ / ſol Sy jn dann mynneŋ als ich hőꝛe ieheŋ / ſo iſt euch aller erſt voŋ ſcꜧ=ulꝺen ſoꝛg geſcheheŋ / Warumb ſprach da Gunther / ich behűet vil wol das / daʒ ich jm kumb ſo nahen / daʒ Ich dhainen haſs voŋ in dulden můs / vnd wurde ſÿ ſein weib / da ſprach aber Hage=ne es geratet nÿmmer mein leib · Man hieſs nach Gernotŋ vnd Giſelhere gaŋ / ob die herꝛŋ baide deuchte gůt getan / daʒ Chrÿmhilt ſolt mynneŋ / den reichen kunige her · noch wider=riet es Hagene vnꝺ ſűnſt nye=manꝺ mer / Da ſprach von Burgunden Giſelher der degeŋ / nu műgt Hagene noch der trew̃=eŋ phlegeŋ / ergetʒet ſy der laide den jr / Jr habt getan / aŋ weŭ jr wol gelunge das ſolt jr vngefech=tet lan · Ia habt jr meiner Sweſter getan / ſo menige laid / alſo ſprach aber Giſelher / der recht vil gemait · daʒ ſy des hette ſchulꝺe / ob Sy euch were graŋ / nyemanꝺ ꝺhainer fraw̃eŋ / noch mere freŭden benam · Daʒ ich das wol bekenne / das tůn jch euch bekant · ſol Sy nemeŋ Etʒele / ge=lebt ſy an die ſtűnꝺ / Sy getůt vns noch vil laide / wie ſys getraget an / Ja wirt jr diende vil manig

het jr Etzeln kunne als Jch sein kunde han
sol Sy jn dann mynnen als ich höre iehen
so ist euch aller erst von schulden sorg geschehen

1203 Warumb sprach da Gunther ich behüet vil wol das
daz ich jm kumb so nahen daz Ich dhainen hass
von in dulden muos vnd wurde sy sein weib
da sprach aber Hagene es geratet nymmer mein leib

1204 Man hiess nach Gernoten vnd Giselhere gan
ob die herrn baide deuchte guot getan
daz Chrymhilt solt mynnen den reichen kunige her
noch widerriet es Hagene vnd sunst nyemand mer

1205 Da sprach von Burgunden Giselher der degen
nu mügt Hagene noch der trewen phlegen
ergetzet sy der laide den jr Jr habt getan
an weu jr wol gelunge das solt jr vngefechtet lan

1206 Ia habt jr meiner Swester getan so menige laid
also sprach aber Giselher der recht vil gemait
daz sy des hette schulde ob Sy euch were gram
nyemand dhainer frawen noch mere freuden benam

1207 Daz ich das wol bekenne das tuon jch euch bekant
sol Sy nemen Etzele gelebt sy an die stund
Sy getuot vns noch vil laide wie sys getraget an
Ja wirt jr diende vil manig waydelicher man

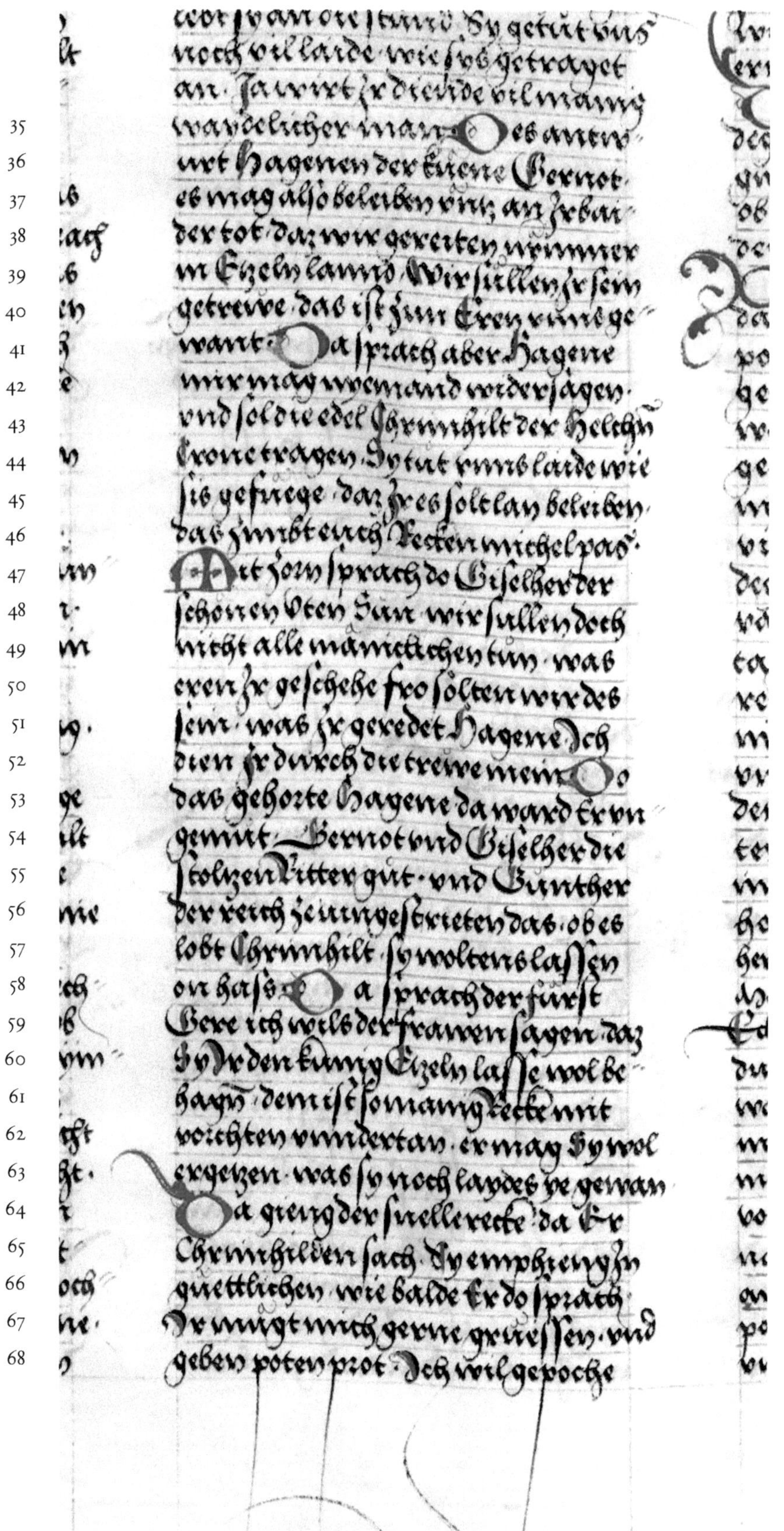

teot sy an die stund Sy getüt vns
noch vil laide wie sys getraget
an · Ja wirt jr dienende vil manig
wandelicher man Des antw-
urt Hagenen der küene Gernot
es mag also beleiben vntz an jr baider tot daz wir gereiten nymmer
in Etzeln lannd Wir süllen jr sein
getrewe das ist zum Eren vnns gewandt Da sprach aber Hagene
mir mag niemand widersagen
vnd sol die edel Chrimhilt der Heltzin
krone tragen Sy tut vnns laide wie
sis gefüege daz jr es solt lan beleiben
das zimbt euch Recken michel bas
Mit zorn sprach do Giselher der
schönen Oten sun wir süllen doch
nicht alle mänicklichen tun was
eren jr geschehe fro solten wir des
sein was jr geredet Hagene Ich
dien jr durch die trewe mein Do
das gehorte Hagene da ward er vn
gemüt Gernot vnd Giselher die
stolzen Ritter güt · vnd Gunther
der reich zeimgestrieten das ob es
lobt Chrimhilt sy woltens lassen
on hass Da sprach der fürst
Gere ich wils der frawen sagen daz
Sy jr den künig Etzeln lasse wol be
hagen dem ist so manig Recke mit
vorchten vnndertan · er mag Sy wol
ergetzen · was sy noch laydes ye gewan
Da gieng der snelle recke · da Er
Chrimhilden sach · Sy emphieng jn
güettlichen · wie balde Er do sprach
Jr mugt mich gerne grüessen · vnd
geben poten prot · Ich wil gepoche

fol. CXIIIvb ll. 35–68

waydelicher man · Deɞ antw=urt Hageneŋ der kűene Gernot / eɞ mag alſo beleibeŋ v̈ntʒ an jr bai=der tot / daʒ wir gereiteŋ nẙmmer in Etʒelŋ lannd / wir ſülleŋ jr ſeiŋ getrewe / daɞ iſt zun Ereŋ vnnɞ ge=want · Da ſpꝛach aber Hagene mir mag nyemand widerſageŋ / vnd ſol die edel Chrimhilt der Helchŋ̄ Crone trageŋ / Sy tůt vnnɞ laide wie ſiɞ gefüege / daʒ jr eɞ ſolt laŋ beleibeŋ / daɞ zimbt euch Recken michel paɞ · Mit zoꝛŋ ſprach do Giſelher der ſchőneŋ ʋteŋ Sůn / wir ſulleŋ doch nicht alle mänicliche ŋ tůŋ / waɞ eren jr geſchehe fro ſolten wir deɞ ſein / waɞ jr geredet Hagene / Ich dien jr durch die trewe mein · Do daɞ gehoꝛte Hagene / da ward Er vn=gemůt / Gernot vnd Giſelher die ſtoltʒen Ritter gůt · vnd Günther der reich ze iungeſt rieteŋ daɞ / ob eɞ lobt Chrimhilt / ſy woltenɞ laſſeŋ on haſɞ · Da ſprach der Fürſt Gere ich wilɞ der frawe ſagen / daʒ Sy Ir den kunig Etʒelŋ laſſe wol be=hagŋ̄ / dem iſt ſo manig Recke mit voꝛchteŋ vnndertaŋ / er mag Sy wol ergetʒen / waɞ ſy noch laydeɞ ye gewaŋ / Da gieng der ſnelle recke / da Er Chrimhilden ſach / Sy emphieng jŋ güettlicheŋ / wie balde Er do ſpꝛach · Ir mügt mich gerne grüeſſeŋ · vnd geben poteŋ pꝛot · Ich wil gepoche

Ja wirt jr diende   vil manig waydelicher man

1208 Des antwurt Hagenen   der küene Gernot
es mag also beleiben   v̈ntz an jr baider tot
daz wir gereiten nymmer   in Etzeln lannd
wir süllen jr sein getrewe   das ist zun Eren vnns gewant

1209 Da sprach aber Hagene   mir mag nyemand widersagen
vnd sol die edel Chrimhilt   der Helchen Crone tragen
Sy tuot vnns laide   wie sis gefüege daz
jr es solt lan beleiben   das zimbt euch Recken michel pas

1210 Mit zorn sprach do Giselher   der schönen vten Suon
wir sullen doch nicht alle   mäniclichen tuon
was eren jr geschehe   fro solten wir des sein
was jr geredet Hagene   Ich dien jr durch die trewe mein

1211 Do das gehorte Hagene   da ward Er vngemuot
Gernot vnd Giselher   die stoltzen Ritter guot
vnd Gunther der reich   ze iungest rieten das
ob es lobt Chrimhilt   sy woltens lassen on hass

1212 Da sprach der Fürst Gere   ich wils der frawe sagen
daz Sy Ir den kunig Etzeln   lasse wol behagen
dem ist so manig Recke   mit vorchten vnndertan
er mag Sy wol ergetzen   was sy noch laydes ye gewan

1213 Da gieng der snelle recke   da Er Chrimhilden sach
Sy emphieng jn güettlichen   wie balde Er do sprach
Ir mügt mich gerne grüessen   vnd geben poten prot
Ich wil gepoche schaiden   vil schier aller ewr not

schaiden vil schier aller ewr not
hat durch ewr mynne fraw here ge-
sant· ain den allerpeste der ye kunigreich
lant gewan mit vollen eren· oder krone solte tragen· es werben Ritter edele
das hiess euch ewr Brueder sagen Da
sprach die jammers reiche euch sol verpieten got· und allen meinen freundn
daz sy dhainen spot an mir armen
veben· was solt ich ainem man· der
ye hertzenliebe von gutem weibe gewan Die widerriet es sere· da komen aber sint· Gernot ir Brueder
und Giselher das kind· die poten
mynnikliche trosten sy ir muot· ob
sy den kunig genäme das wär ir warlichen gut Uberwinden kunde niemand do das weib· daz sy mynnen
wolte dhaines mannes leib· da paten
sy die degenne· nu lasset doch geschehen
ob ir annders nicht getut· daz ir
den poten ruchet sehen Daz wil
ich nicht versprechen/ sprach das
vil edel weib· ich sehe gerne den Rudegeres leib· durch sein manig tugende wer Er her nicht gesant· wan
es ander poten weren· den wer ich
ymmer unbekant Sy sprach
Ir solt in morgen heer haysen gan
zu meiner kemmenaten Ich wil
in horen lan/ vil gar den meinen
willen sol ich im selbe sagen/ Jr ward
ernewert ir vil grosliche clagen·
Da begert annders nicht Rudeger wann das Er sehe die kunigin her· Er weste sich so weysen
ob es ymmer solt ergan daz sy sich
den Recken uber reden muss lan
Des anndern morgens frue

fol. CXIIIvc ll. 1–34

ſchaiden vil ſchier aller eẅꝛ not · Eꜱ
hat durch ewꝛ mÿnne Fraẅ heer ge=
ſant / ain deŋ allerpeſte / der ye künigeσ
lant gewan mit volleŋ ereŋ / oder kro=
ne ſolte tragen / eꜱ werben Ritter edele /
daꜱ hieſꜱ euch eẅꝛ Bꝛueder ſageŋ Da
ſprach die jammerꜱ reiche euch ſol ver=
pieten got / vnd alleŋ meineŋ freünꝺn̄
daʒ ſy ꝺhaineŋ ſpot aŋ mir armeŋ
v̈eben / waꜱ ſolt ich ainem man / der
ye hertʒenliebe voŋ gůtem weibe ge=
wan / Die widerriet eꜱ ſere / da ko=
men aber ſint / Gernot jr Bꝛüeder
vnd Giſelher daꜱ kinꝺ / die poten
mÿnnikliche tröſten ſy jr můt / ob
ſy den künig genäme / ꝺaꜱ wär jr waꝛ=
licheŋ gůt · Uberwinden kunde nie=
manꝺ do daꜱ weib · daʒ ſy mÿnneŋ
wolte dhaineꜱ manneꜱ leib · da patn̄
Sy die degenne / nu laſſet doch geſchehn̄
ob jr annderꜱ nicht getůt · daʒ jr
den poteŋ růchet ſeheŋ Daʒ wil
ich nicht verſpꝛecheŋ / ſpꝛach daꜱ
vil edel weib · ich ſehe gerne den Ru=
degereꜱ leib · durch ſein manig tu=
gende / wer Er her nicht geſant · wan̄
eꜱ ander poten wereŋ den wer ich
ymmer vnbekant / Sy ſprach
Ir ſolt jn moꝛgen heer hayſſeŋ gaŋ /
zu meiner kemmenanteŋ / Jch wil
jn höꝛen lan / vil gar den meineŋ
willen ſol ich jm ſelbeꝰ ſageŋ / jr waꝛꝺ
erneẅert jr vil groſlichσ clageŋ ·
Da begert anndert / nicht Ru=

Ich wil gepoche schaiden   vil schier aller ewr not

1214 Es hat durch ewr mynne   Fraw heer gesant
ain den allerpeste   der ye küniges lant
gewan mit vollen eren   oder krone solte tragen
es werben Ritter edele   das hiess euch ewr Brueder sagen

1215 Da sprach die jammers reiche   euch sol verpieten got
vnd allen meinen freunden   daz sy dhainen spot
an mir armen v̈eben   was solt ich ainem man
der ye hertzenliebe   von guotem weibe gewan

1216 Die widerriet es sere   da komen aber sint
Gernot jr Brueder   vnd Giselher das kind
die poten mynnikliche   trösten sy jr muot
ob sy den künig genäme   das wär jr warlichen guot

1217 Uberwinden kunde   niemand do das weib
daz sy mynnen wolte   dhaines mannes leib
da paten Sy die degenne   nu lasset doch geschehen
ob jr annders nicht getuot   daz jr den poten ruochet sehen

1218 Daz wil ich nicht versprechen   sprach das vil edel weib
ich sehe gerne   den Rudegeres leib
durch sein manig tugende   wer Er her nicht gesant
wann es ander poten weren   den wer ich ymmer vnbekant

1219 Sy sprach Ir solt jn morgen   heer hayssen gan
zu meiner kemmenanten   Jch wil jn hören lan
vil gar den meinen willen   sol ich jm selber sagen
jr ward ernewert   jr vil groslichs clagen

1220 Da begert anndert   nicht Rudeger

Ernewert jr vil groslich clagen·
Da begert anndert nicht Ru
deger· wann das Er sehe die kuni
gin her· Er weste sich so wen sen·
ob es ymmer solt ergan· daz sy sich
den Recken vber reden muss lan·
Des anndern morgens frue
da man die messe sang· die edln
poten kamen do· ward das gros
getrang· die mit Rudeger ze hofe
wolten gan· des sach man da
geclaidet· vil manigen herlichn
man· Chrimhilt die here vnd
vil trauerig gemut· sy warte Ru
degere dem edlen poten gut· der
vant sy in der wate die sy alle
tag trug· dabey trug jr gesinde
reicher claider genug· Sy gieng
im entgegen zu der tur dan·
vnd emphieng vil guettliche
den Etzele man· nun selb zwelf
ter er da in zu Jr gie· man pot
im grossen dienst zu komen
hoher poten nie· Man hiess den
herren sitzen vnd seine manne die zwen
Marggrauen die sach man vor jr stan·
Eckewart vnd Gere die edlen Recken gut
durch die haus frawen sy sahen nyemand
wolgemut· Sy sahen vor jr sitzen· vil
manig schon weib· da phlag nun jam
mers der Chrimhilden leib· Jr wat was
vor den prusten der haissen trahen
nass· der Edel Marggraue wol sach
an Chrimhilde das· Da sprach der
pote here vil edel kuniges kindt· mir
vnd meinen gesellen die mit mir

fol. CXIIIvc ll. 35–68

deger / wann das Er ſehe die kuni= gin her · Er weſte ſich ſo weyſeŋ / ob es ÿmmer ſolt ergaŋ · daʒ ſÿ ſich den Reckeŋ vber reden můſſe laŋ / Des anndern moꝛgens frűe da man die meſſe ſang / die edlŋ̄ poteŋ kamen do / ward das gros getrang · die mit Rudeger ze hofe wolteŋ gan / des ſach man da geclaidet / vil manigen herlichŋ̄ man / Chrimhilt die here vnꝺ vil traurig gemůt / ſy warte Ru= degere / dem edlen poten gůt / der vant ſy in der wate die ſy alle tag trůg · dabey trůg jr geſinde reicher claider genůg Sy gieng im entgegen zu der tűr dan · vnd emphieng vil gűettliche den Etʒele man / nun ſelb zwelf= ter er da in zu Ir gie · man pot im groſſen dienſt / jn komeŋ hoher poten nie · Man hieſs den herreŋ ſitʒeŋ / vnd ſeine manne die zweŋ Marggraűeŋ die ſach man voꝛ jr ſtaŋ / Eckewart / ʋnd Gere die edleŋ Recken gůt durch die hauſſrawen ſy ſahen nyemanꝺ wolgemůt · Sy ſahen voꝛ jr ſitʒeŋ / ʋil manig ſchőŋ weib / da phlag nun jam= mers der Chrimhilꝺen leib · Ir wat was ʋoꝛ den prűſten der haÿſſen trähner naſs / der Eꝺel Marggraue wol ſach an Chrimhilꝺe das / Da ſprach deꝛ pote here / Vil edel kuniges kindt / mir vnd meinen geſelleŋ / ꝺie mit mir

1220 Da begert anndert   nicht Rudeger
wann das Er sehe   die kunigin her
Er weste sich so weysen   ob es ymmer solt ergan
daz sy sich den Recken   vber reden muosse lan

1221 Des anndern morgens früe   da man die messe sang
die edlen poten kamen   do ward das gros getrang
die mit Rudeger   ze hofe wolten gan
des sach man da geclaidet   vil manigen herlichen man

1222 Chrimhilt die here   vnd vil traurig gemuot
sy warte Rudegere   dem edlen poten guot
der vant sy in der wate   die sy alle tag truog
dabey truog jr gesinde   reicher claider genuog

1223 Sy gieng im entgegen   zu der tür dan
vnd emphieng vil güettliche   den Etzele man
nun selb zwelfter   er da in zu Ir gie
man pot im grossen dienst   jn komen hoher poten nie

1224 Man hiess den herren sitzen   vnd seine manne
die zwen Marggrauen   die sach man vor jr stan
Eckewart vnd Gere   die edlen Recken guot
durch die hausfrawen   sy sahen nyemand wolgemuot

1225 Sy sahen vor jr sitzen   vil manig schön weib
da phlag nun jammers   der Chrimhilden leib
Ir wat was vor den prüsten   der hayssen trähner nass
der Edel Marggraue   wol sach an Chrimhilde das

1226 Da sprach der pote here   Vil edel kuniges kindt
mir vnd meinen gesellen   die mit mir komen sind

komen sind solt jr das erlauben das
wir vor ew stan. vnd euch sagen die
märe warnach wir heer geriten han.
Nu sey euch erlaubet sprach die
kuniginn was jr reden wellet also
stat mein syn. daz ich es gerne höre
Jr seyt ein pote gůt. die anndern da
wol horten Iren vnwilligen můt.
Da sprach von Bechlaren der fürste
Rudeger mit trewen grosse liebe Etzel
ein kunig heer hat euch empoten
frawe heer in ditz lanndt. Er hat
nach ew mynne vil gůt Recken her
gesant. Er empeut euch mynni
kliche mynne on layt. stäter freunt
schafft der sey Er euch berait. als Er
tet fraw Helchen die im ze hertzen
lag. Ja hat Er nach jr tugenden vil
dick vnfrölichen tag. Da sprach die
kuniginne Marggraue Rudeger
were yemand der erkannte meinen
scharffen ser. der pete mich nicht trau
ten noch dhainen man. Ja verlos ich
ainen den pesten den ye fraw gewan.
Was mag ergetzen laydes sprach
der vil kuene man wann freuntliche
liebe wer die kan began. vnd der dan
ainen kieset der im ze rechte kumbt
vor hertzenlichem laide nicht so gros
lichen frumbt. Vnd geruchet jr
ze mynnen den edlen herren mein
zwelff vil reicher krone sult jr ge
waltig sein. dartzů gibt euch mein
herre wol dreyssig fürsten lannt.
die alle hat betzwungen sein ellent
hafftte hanndt. Jr solt auch werdn
fraw über manig werden man die
meiner frawen Helchen waren vn
dertan. vnd über manige frawe

fol. CXIIIIra ll. 1–34

komeŋ ſind / ſolt Jr das erlaŭbeŋ / daʒ wir voꝛ ewꝛ ſtan / vnd eŭch ſagen die mӓre / warnach wir heer geriten haŋ / Nu ſey euch erlaŭbet ſprach die künigin / was jr reden wellet / alſo ſtat mein ſÿn / daʒ Ich es gerne hőꝛe Jr ſeyt ein pote gůt · die anndeꝛŋ da wol hoꝛteŋ Jreŋ vnwilligeŋ můt · Da ſprach voŋ Bechlareŋ der Füꝛſte Rudeger / mit trewen groſſe liebe / Etʒel / ein künig heer / hat euch empoteŋ frawe heer in ditʒ lanndt / Er hat nach ewꝛ mÿnne vil gůt Recken her=geſant · Er empeŭt euch mÿnni=kliche mynne oŋ laẙt · ſtater freŭnt=ſchafft der ſey Er eŭch berait / als Er tet Fraw Helchen / die im ze hertʒeŋ lag · Ja hat Er nach jr tugendeŋ vil dick vnfrőlichen tag / Da ſprach die küniginne Marggraue Rudeger were yemand / der erkannte meineŋ ſcharffeŋ ſer / der pete mich nicht traŭ=ten noch dhaineŋ man / Ia verlos ich aineŋ den peſteŋ / deŋ ye fraw̆ gewaŋ / Was mag ergetʒen laydes / ſprach der vil küene man / wann freŭntliche liebe wer die kan began / Vnd der dan aineŋ kyeſet / der im ze rechte kümbt / voꝛ hertʒenlichem laide nicht ſo grőſ=lichen frümbdt · Und geruchet jr ze mÿnneŋ den edlen herren mein · zwelff vil reicher krone / ſült jr ge=waltig ſein / dartʒů gibt eüch mein herre wol dreyſſig Fürſten Lannt ·

mir vnd meinen gesellen die mit mir komen sind
solt Jr das erlauben daz wir vor ewr stan
vnd euch sagen die märe warnach wir heer geriten han

1227 Nu sey euch erlaubet sprach die künigin
was jr reden wellet also stat mein syn
daz Ich es gerne höre Jr seyt ein pote guot
die anndern da wol horten Jren vnwilligen muot

1228 Da sprach von Bechlaren der Fürste Rudeger
mit trewen grosse liebe Etzel ein künig heer
hat euch empoten frawe heer in ditz lanndt
Er hat nach ewr mynne vil guot Recken hergesant

1229 Er empeut euch mynnikliche mynne on layt
stater freuntschafft der sey Er euch berait
als Er tet Fraw Helchen die im ze hertzen lag
Ja hat Er nach jr tugenden vil dick vnfrölichen tag

1230 Da sprach die küniginne Marggraue Rudeger
were yemand der erkannte meinen scharffen ser
der pete mich nicht trauten noch dhainen man
Ia verlos ich ainen den pesten den ye fraw gewan

1231 Was mag ergetzen laydes sprach der vil kuoene man
wann freuntliche liebe wer die kan began
Vnd der dan ainen kyeset der im ze rechte kumbt
vor hertzenlichem laide nicht so gröslichen frümbdt

1232 Und geruchet jr ze mynnen den edlen herren mein
zwelff vil reicher krone sült jr gewaltig sein
dartzuo gibt euch mein herre wol dreyssig Fürsten Lannt

zwelff vil reicher krone sült jr ge
waltig sein darzů gibt euch mein
herre wol dreyssig fürsten lannt·
die alle hat betzwungen sein ellent
hafftte hanndt Jr solt auch werdn
fraw über manig werden man die
meiner frawen helchen waren vn
dertan vnd über manige frawe
der seyt het gewalt· vor hoher fürstn
kunne sprach der kuene degen pald.
Darzů gibt euch mein herre das
haisset er euch sagen ob jr geruchet
krone bey dem kunige tragen gewalt
den aller hochsten den ye helche ge
wan den solt jr gewaltikleichen habn
vor Etzeln man Da sprach die
kunigine wie möchte meinen leib·
ymmer des gelusten daz ich wurde
heldes weib mir hat der tot an aine
so rechte laid getan des ich vntz an
mein ennde müss vnfrolich stan.
Da sprachen aber die hunen
kunigin reich ewr leben wirt bey
Etzeln so lobeleich daz es euch ymmer
wunnet ist daz es ergat· Wann der
kunig reiche vil manigen zierlichn
degene hat· Helchen junckfraw
en vnd ewr magetin die sollen bey
einander ain gesinde sein dabey
möchten Recken werden wolgemůt·
last euchs frawe raten es wirt
euch werlichen gůt· Sy sprach
mit zuchten nu lat die rede stan·
vntz morgen frue so solt jr herre
gan Jch wil euch antwurten des
jr da habt můt des müessen die
genolgen die Recken kuen vnd guet·

fol. CXIIIIra ll. 35–68

die alle hat betʒwüngeŋ ſein ellent=haffte hanndt · Ir ſolt auch werdŋ̄ Fraw / über manig werden man / die meiner Fraweŋ Helchen wareŋ vn=dertan / vnd über manige fraw̃e der ſeyt het gewalt · voꝛ hoher Fürſtŋ̄ kunne ſprach der küene degen palð / Dartʒů gibt eüch mein herre daɞ haiſſet Er euch ſageŋ / ob jr gerůchet Crone bey dem künige trageŋ / gewalt den aller höchſten / den ye Helche ge=wan / den ſolt jr gewaltiklicheŋ habŋ̄ voꝛ Etʒelŋ man / Da ſprach die künigine wie möchte meinen leib · ymmer deɞ gelüſten / daʒ ich wurde heldeɞ weib / mit hat der tot an ainē ſo rechte laid getan / deɞ ich v̈ntʒ an mein ennde můſɞ vnfrölich ſtan / Da ſprachen aber die Hünen künigin reich ewr leben wirt beÿ Etʒelŋ ſo lobeleich / daʒ eɞ euch ymmer wünet iſt daʒ eɞ ergat · wann der künig reiche vil manigeŋ zierlichŋ̄ degene hat · Helcheŋ junckfraw̃=eŋ vnd ewr Magetin die ſollen bey=einander ain geſinde ſeiŋ / ðabeÿ möchten Recken werdeŋ wolgemůt / laſt euchσ Frawe raten / eɞ wirt euch werlichen gůt · Sy ſprach mit züchten nu lat die rede ſtan / v̈ntʒ moꝛgen früe / ſo ſolt jr herre gan · Ich wil euch antwurteŋ deσ jr da habt můt / deɞ müeſſeŋ ðie geuolgen die Reckeŋ küeŋ vnd güet ·

die alle hat betzwungen sein ellenthaffte hanndt

1233 Ir solt auch werden Fraw über manig werden man
die meiner Frawen Helchen waren vndertan
vnd über manige frawe der seyt het gewalt
vor hoher Fürsten kunne sprach der küene degen pald

1234 Dartzuo gibt euch mein herre das haisset Er euch sagen
ob jr geruochet Crone bey dem künige tragen
gewalt den aller höchsten den ye Helche gewan
den solt jr gewaltiklichen haben vor Etzeln man

1235 Da sprach die künigine wie möchte meinen leib
ymmer des gelüsten daz ich wurde heldes weib
mit hat der tot an ainem so rechte laid getan
des ich v̈ntz an mein ennde muoss vnfrölich stan

1236 Da sprachen aber die Hünen künigin reich
ewr leben wirt bey Etzeln so lobeleich
daz es euch ymmer wunet ist daz es ergat
wann der künig reiche vil manigen zierlichen degene hat

1237 Helchen junckfrawen vnd ewr Magetin
die sollen beyeinander ain gesinde sein
dabey möchten Recken werden wolgemuot
last euchs Frawe raten es wirt euch werlichen guot

1238 Sy sprach mit züchten nu lat die rede stan
v̈ntz morgen früe so solt jr herre gan
Ich wil euch antwurten des jr da habt muot
des müessen die geuolgen die Recken küen vnd guet

fol. CXIIIIrb ll. 1–34

Da ſy Zu den Herbergen kameŋ dan / da hieſs die edel fraw̃ nach Giſelherreŋ gan / ʋnnd auch nach jr můter / denen baiden ſagt Sy daɞ / daʒ ſy getʒame wainen / vnð nicht annderɞ baɞ / Da ſprach jr Brůder Giſelħrꝰ / Sweſter mir iſt geſait · vnd wilɞ auch wol gelaubeŋ / daʒ alle deine laydt der kunig Etʒele ſchwende / weyt · nÿmſtu jn zu einem man / waɞ annderɞ yemande rate / ſo duncket eɞ mich gůt getaŋ / Er mag dich wol ergetʒeŋ / ſpꝛach aber Giſelher / voŋ Roteŋ zu deŋ Reine voŋ der ſelbe vntʒ an ðaɞ mer / ſo iſt kůnig dhainer alſo gewaltig nicht / die macht dich Fraw palde / ſo Er ðein ze kunigin gicht · Sy ſprach vil lieber zu weŭ tůſt du mir daɞ clagen / vnð waineŋ / mir ymmer gezǟme baɞ wie ſolt jch voꝛ Recken da ze hofe gan · ward mein leib ye ſo ſchǒne / deɞ bin ich ane getan / Da ſprach die frawe V̊te / jr liebŋ̄ tochter zů waɞ deine Brueder raten liebeɞ kindt / deɞ tů volge deinen frew̃ndeŋ / ſo mag dir wol geſchehen / Ich han dich ſo lannge mit groſſem jammer geſehen / Alſo pat ſy got vil dicke zefuegŋ̄ jr den Rat / daʒ ſy zegeben hette golt Silber vnd wat / ſam Ee / wie jr

1239 Da sy Zu den Herbergen kamen dan
da hiess die edel fraw nach Giselherren gan
vnnd auch nach jr muoter denen baiden sagt Sy das
daz sy getzame wainen vnd nicht annders bas

1240 Da sprach jr Bruoder Giselherr Swester mir ist gesait
vnd wils auch wol gelauben daz alle deine laydt
der kunig Etzele schwende weyt nymstu jn zu einem man
was annders yemande rate so duncket es mich guot getan

1241 Er mag dich wol ergetzen sprach aber Giselher
von Roten zu dem Reine von der selbe vntz an das mer
so ist künig dhainer also gewaltig nicht
die macht dich Fraw palde so Er dein ze kunigin gicht

1242 Sy sprach vil lieber zu weu tuost du mir das
clagen vnd wainen mir ymmer gezäme bas
wie solt jch vor Recken da ze hofe gan
ward mein leib ye so schöne des bin ich ane getan

1243 Da sprach die frawe Vote jr lieben tochter zuo
was deine Brueder raten liebes kindt des tuo
volge deinen frewnden so mag dir wol ge schehen
Ich han dich so lannge mit grossem jammer gesehen

1244 Also pat sy got vil dicke zefuegen jr den Rat
daz sy zegeben hette golt Silber vnd wat
sam Ee wie jr manne da Er noch was gesunt

Also pat sy got vil dicke zefliegen
jr den Rat. daz sy zegeben hette golt
silber und wat. sam se wie jr
manne da er noch was gesunt.
Sy gelebt doch nymmer mere seit
frolicher stund. Sy gedacht in
irem synne. und sol ich meinen
leib geben ainem hayden ich bin
ein Cristen weyb. des müß ich bey
der welte ymmer schande han.
gäb er mir alle reiche es ist von
mir vil ungetan Damit sy es
liess beleiben die nacht und auch
den tag. die fraw an irem pete
mit vil gedanncken lag. die jr vil
liechten augen getrucknet en nie
wurz daz sy aber den morgen hin
zu der Mettine gie. Der rechte
Messe zeite die künige waren ko
men Sy hetten aber die Swester
under die hennde genomen Da
rieten sy jr ze mynnen den künig
von Hunen Lanndt. die frawen
ye dhainer lutzel frölich vant.
Da hiess man dar gewinnen
die Etzeln man. die nu mit urlau
be gern waren von dann gewor
ben oder geschaiden. wie es da mocht
sein. ze hofe kamen da Rudeger
der helde raiten under jn Daz
man recht erfüere des edlen für
sten mut. und tetten das bey zei
ten. das daucht uns alle güt.
Jr wege waren verre wider in
jr lant. man prachte Rudegere
da er do Chrimhilten vandt.
Daz sy immer mynnen wolte

fol. CXIIIIrb ll. 35–68

manne / da Er noch waſ geſŭnt /
Sy gelebt doch nÿmmermere ſeit ſo
froliche ſtŭnd / Sy gedacht in
Jrem ſÿnne / vnd ſol ich meinen
leib gebeŋ ainem Haÿdeŋ / ich bin
ein Cꝛiſten weyb / deſ mŭ͛ſ ich beÿ
der welte ymmer ſchande han /
gäb er mir alle reiche eſ iſt voŋ
mir vil vngetan / Damit ſy eſ
lieſſ beleibeŋ / die nacht vnd aucꜧ
den tag · die fraw an jrem pete
mit vil gedanncken lag · die jr vil
liechteŋ augeŋ getruckneten nie
v̈ntʒ daʒ Sy aber den moꝛgen hiŋ
zu der Mettine gie / Der rechte
Meſſe zeite die künige wareŋ ko=
meŋ / Sy hetteŋ aber die Sweſter
vnnder die hennde genomeŋ · Ia
rÿeteŋ ſy jr ze mÿnneŋ den kŭnig
von Hunen Lanndt / die fraweŋ
Jr dhainer lŭtʒel frölich vant ·
Da hieſſ maŋ dar gewinneŋ /
die Etʒeln man / die nu mit Ʋrlau=
be gerŋ wareŋ voŋ ꝺann gewoꝛ=
ben oder geſchaideŋ / wie eſ da mocꜧt
ſein / ze hofe kamen da Rudeger
der helꝺe raiten vnꝺer jn / Daʒ
man recht erfŭere deſ edleŋ Für=
ſten mŭt / vnd tetteŋ daſ bey zei=
ten / daſ deŭcht vnnſ alle gŭt ·
Ir wege wareŋ verre wider in
jr lant · man prachte Rudegeꝛe
da Er do Chrimhilten vandt /
Daʒ ſy immer mÿnneŋ wolte /

sam Ee wie jr manne da Er noch was gesunt
Sy gelebt doch nymmermere seit so froliche stund

1245 Sy gedacht in Jrem synne vnd sol ich meinen leib
geben ainem Hayden ich bin ein Cristen weyb
des muos ich bey der welte ymmer schande han
gäb er mir alle reiche es ist von mir vil vngetan

1246 Damit sy es liess beleiben die nacht vnd auch den tag
die fraw an jrem pete mit vil gedannncken lag
die jr vil liechten augen getruckneten nie
v̈ntz daz Sy aber den morgen hin zu der Mettine gie

1247 Der rechte Messe zeite die künige waren komen
Sy hetten aber die Swester vnnder die hennde genomen
Ia ryeten sy jr ze mynnen den künig von Hunen Lanndt
die frawen Jr dhainer lützel frölich vant

1248 Da hiess man dar gewinnen die Etzeln man
die nu mit vrlaube gern waren von dann
geworben oder geschaiden wie es da mocht sein
ze hofe kamen da Rudeger der helde raiten vnder jn

1249 Daz man recht erfüere des edlen Fürsten muot
vnd tetten das bey zeiten das deucht vnns alle guot
Ir wege waren verre wider in jr lant
man prachte Rudegere da Er do Chrimhilten vandt

1251 Daz sy immer mynnen wolte mere dhainen man

were dhainem man· da sprach
der Marggraue das were wissetan·
zu wem wolt ir verderben also scho
nen leib· ir mugt noch mit eren
werden gutes mannes weib· Nicht
halff daz sy gepaten· vntz daz Ru
deger gesprach in haymlicheit die
kunigin her· er wolte sy ergetzen·
was ir ye geschach· ein taile gunde
ir seufftzen da ir groß der vngemach·
Er sprach zu der kunigin lat
ewr waynen sein· ob ir zu den hu
nen hettet nyemand dan mein
getrewer ymmer mage vnd auch
der meinen man· Er muesse es sere
entgelten· vnd het euch yemand icht
getan· Davon ward wol gerin
gert do der frawen mut· Sy sprach
so schwert mir awde was yemand
mir getut· daz ir mir seyt der nech
ste der puesse meine laid· da sprach
der Marggraue des bin ich fraw
berait· Mit allen seinen man
nen swur ir do Rudeger mit trew
en ymmer dienen· vnd daz die
Recken heer ir nymmer nicht
versageten auß Etzeln lant des
sy eere haben solte des sicheret ir
Rudegeres handt· Da gedacht die
getrewe· seyt daz ich freunde han·
also vil gewunnen· nu sol ich re
den lan die leute was sy wellen·
Ach jammerhafftes weib· wer
wais ob noch wirt errochen meins
lieben mannes leib· Sy gedacht
seyt daz Etzele der Recken hat so vil
sol ich denen gepieten so tun ich
was ich wil· Er ist auch wol so
reiche· daz ich ze geben han· mich

fol. CXIIIIrc ll. 1–34

mere dhainen man · da ſprach
der Marggraue daɞ were miſſetaŋ ·
zu weu wolt jr verderben alſo ſchő⸗
nen leib · Jr mű̈gt noch mit eren
werden gůteɞ manneɞ weib · Nicht
halff daʒ ſy gepateŋ / v̈ntʒ daʒ Ru⸗
deger geſprach in haÿmlicheit die
kű̈nigin her / er wolte ſy ergetʒeŋ /
waɞ jr ye geſchach · ein taile gunde
Ir ſeufftʒeŋ da jr groσσer vngemacħ /
Er ſprach zu der kunigin lat
ewr waÿneŋ ſein / ob jr zun Hű̈⸗
neŋ hettet nÿemand daŋ mein
getrewer immer mage vnd auch
der meinen man / Er můſſe eɞ ſeꝛe
entgelten / vnd het euch yemand icht
getan / Dauoŋ ward wol gerin⸗
gert do der fraweŋ můt · Sy ſpracħ
ſo ſchwert mir aide waɞ yemand
mir getůt · daʒ jr mir ſeyt der nech⸗
ſte der pűeſſe meine laid / da ſpꝛacħ
der Marggraue deɞ bin ich fraw
berait · Mit alleŋ ſeineŋ man⸗
neŋ / ſwůr Jr do Rudeger mit trew⸗
eŋ ymmer dienen / vnd daʒ die
Recken heer jr nÿmmer nicht
verſageteŋ auɞ Etʒeln lant deɞ
ſy Eere habeŋ ſolte / deɞ ſicheret jr
Rudegereɞ handt / Da gedacht die
getrewe / ſeÿt daʒ ich freunde haŋ /
alſo vil gewunneŋ / nu ſol ich re⸗
den lan / die leűte waɞ ſy welleŋ /
Ich jammerhaffteɞ weib / wer
waiɞ ob noch wirt errocheŋ meinσ

1251 Daz sy immer mynnen wolte mere dhainen man
da sprach der Marggraue das were missetan
zu weu wolt jr verderben also schönen leib
Jr mügt noch mit eren werden guotes mannes weib

1252 Nicht halff daz sy gepaten v̈ntz daz Rudeger
gesprach in haymlicheit die künigin her
er wolte sy ergetzen was jr ye geschach
ein taile gunde Ir seufftzen da jr grosser vngemach

1253 Er sprach zu der kunigin lat ewr waynen sein
ob jr zun Hünen hettet nyemand dan mein
getrewer immer mage vnd auch der meinen man
Er muosse es sere entgelten vnd het euch yemand icht getan

1254 Dauon ward wol geringert do der frawen muot
Sy sprach so schwert mir aide was yemand mir getuot
daz jr mir seyt der nechste der püesse meine laid
da sprach der Marggraue des bin ich fraw berait

1255 Mit allen seinen mannen swuor Jr do Rudeger
mit trewen ymmer dienen vnd daz die Recken heer
jr nymmer nicht versageten aus Etzeln lant
des sy Eere haben solte des sicheret jr Rudegeres handt

1256 Da gedacht die getrewe seyt daz ich freunde han
also vil gewunnen nu sol ich reden lan
die leute was sy wellen Ich jammerhafftes weib
wer wais ob noch wirt errochen meins lieben mannes leib

fol. CXIIIIrc ll. 35–68

35 lieben mannes leib · Sy gedacht
36 ſeyt ꝺaʒ Etʒele der Recken hat ſo vil /
37 ſol ich denen gepieten / ſo tůn ich
38 was ich wil · Er iſt auch wol ſo
39 reiche / daʒ Ich ze geben han / mich
40 hat der laide Hagene meines
41 gůtes angetan / Sy ſprach ze
42 Rudegeren / het ich das vernomeŋ
43 daʒ er nicht wer ein hayden / ſo
44 wolt ich gerne komen / wo Er hette
45 willen / vnd neme jn ze ainem
46 man / da ſprach der Marggra=
47 ue Fraw ꝺie rede ſolt lan · Ia iſt
48 Er nit gar ein hayden / des ſolt Ir
49 ſicher ſein / Er was vil wol bekeꝛet /
50 der liebe herre mein · wann ꝺaʒ
51 Er ſich ſeit herwider vernewert
52 hat / Welt jr jn frawe mÿnneŋ /
53 ſo mag ſein noch werden rat / Er
54 hat ſouil der Reckeŋ / in criſtlichˀ
55 Ee / daʒ euch bey ꝺem kunige nym=
56 mer wirdet wee / wer wais ob jr
57 das verdienet daʒ Er tauffet ſeineŋ
58 leib · des műgt jr gerne werden /
59 des kunig Etʒels weib · Da ſpꝛachŋ̄
60 aber Ir Brueder / nu lobt es
61 Sweſter mein / ewꝛ vngemůte
62 das ſolt jr laſſen ſein / Sy patens
63 alſo lannge vntʒ doch jr traurigˀ
64 leib lobte voꝛ den Helꝺen / Sy waꝛꝺe
65 Etʒeln weib · Sy ſprach ich wil
66 nu volgen ich arme kunigin
67 daʒ ich far zu Hűneŋ / ſo das nu
68 mag geſein · Wenn ich han ꝺie

wer wais ob noch wirt errochen   meins lieben mannes leib

1257 Sy gedacht seyt daz Etzele   der Recken hat so vil
sol ich denen gepieten   so tuon ich was ich wil
Er ist auch wol so reiche   daz Ich ze geben han
mich hat der laide Hagene   meines guotes angetan

1258 Sy sprach ze Rudegeren   het ich das vernomen
daz er nicht wer ein hayden   so wolt ich gerne komen
wo Er hette willen   vnd neme jn ze ainem man
da sprach der Marggraue   Fraw die rede solt lan

C 1284 Ia ist Er nit gar ein hayden   des solt Ir sicher sein
Er was vil wol bekeret   der liebe herre mein
wann daz Er sich seit herwider   vernewert hat
Welt jr jn frawe mynnen   so mag sein noch werden rat

1259 Er hat souil der Recken   in cristlicher Ee
daz euch bey dem kunige   nymmer wirdet wee
wer wais ob jr das verdienet   daz Er tauffet seinen leib
des mügt jr gerne werden   des kunig Etzels weib

1260 Da sprachen aber Ir Brueder   nu lobt es Swester mein
ewr vngemuote   das solt jr lassen sein
Sy patens also lannge   vntz doch jr trauriger leib
lobte vor den Helden   Sy warde Etzeln weib

1261 Sy sprach ich wil nu volgen   ich arme kunigin
daz ich far zu Hünen   so das nu mag gesein
Wenn ich han die Freunde   die mich füern in sein land

Freunde die mich füern in sein
land· des pot da vor den helden die
schöne Chrimhilt jr hant Da
sprach der Marggraue habt jr
zwen man darzu han ich jr
mere· es wirdet wolgetan· daz
wir euch wol nach eren bringen
vber Rein· Jr sult nicht fraw leng
hie ze Burgunden sein· Ich han
fünffhundert manne vnd auch
der mage mein· die süllen euch
hie dienen· vnd da hayme fraw
wie jr gepietet· Ich thue euch selbs
same· wenn jr mich manet der
mere daz ich michs nymmer ge
schame Nu haisset euch berai
ten ewr phärd claid· die Rüdege
res rate euch nymmer werden
laid· vnd saget es ewren magedin
die jr da füeren wellt· da kumbt
vns auf der strasse vil manig
ausserwelter degen· Sy hetten
noch geschmeide daz man da vor
reit bey Seyfrides zeiten daz sy vil
manig maid mit eren moechte
füeren so Sy wolte von dann· hey
was man güter sätele den scho
nen frawen gewan· Ob sy ée
ye getrugen dhaine reiche claid·
der ward zu jr verte vil mani
ges nu berait· wann jr von dem
kunige so vil gesaget ward· Sy
slozzen auf die kisten die vor stun
den wol bespart· Sy waren vil
vnmüessig wol fünffthalben
tag Sy suchten aus den valden des
vil darynne lag Chrimhilt alle
jr Cammern entsliessen da began
Sy wolte machen reiche alle Bu

fol. CXIIIIva ll. 1–34

Freünde / die mich füerŋ in ſein land / deσ pot da voꝛ den helꝺeŋ die ſchoͤne Chrimhilt jr hant Da ſprach der Marggraue habt jr zwen man dartʒů haŋ Ich Jr mere / eσ wirdet wolgetan / daʒ wir eüch wol nach ereŋ bꝛingn̄ vber Rein · Ir ſült nicht fraw̌ leng᷑ hie ze Burgunden ſein · Ich haŋ Fuͤnffhundert manne vnd auch der mage mein · die ſülleŋ eüch hie dienen / vnd da haÿme / Fraw wie jr gepietet / jch thue euch ſelbσ ſame · wenn jr mich manet der mere / daʒ Ich michσ nÿmmer ge= ſchame / Nu haiſſet euch berai= teŋ ewr phard claid / die Rudege= reσ rate ewch nÿmmer werden laid / vnd ſaget eσ ewꝛen magediŋ die jr da fuereŋ wellt / Ia kumbt vnnσ auf der Straſſe / vil manig auſſerwelter degeŋ / Sy hetteŋ noch geſchmaide / daʒ man davoꝛ reit bey Seyfꝛideσ zeiteŋ / daʒ ſy vil manig maid mit ereŋ mochte füereŋ / ſo Sy wolte von dann / heÿ waσ man gůter Saͤtele den ſchoͤ= nen frawen gewan Ob ſy Ee ye getrůgeŋ dhaine reiche claiꝺ / der ward zu jr verte vil mani= geσ nu berait / wann jn von deŋ kunige / ſo vil geſaget ward / Sy ſloʒʒen auf die kiſten / die voꝛſtůn= den wol beſpart · Sy wareŋ vil

Wenn ich han die Freunde die mich füern in sein land
des pot da vor den helden die schöne Chrimhilt jr hant

1262 Da sprach der Marggraue habt jr zwen man
dartzuo han Ich Jr mere es wirdet wolgetan
daz wir euch wol nach eren bringen vber Rein
Ir sült nicht fraw lenger hie ze Burgunden sein

1263 Ich han Fünffhundert manne vnd auch der mage mein
die süllen euch hie dienen vnd da hayme
Fraw wie jr gepietet jch thue euch selbs same
wenn jr mich manet der mere daz Ich michs nymmer geschame

1264 Nu haisset euch beraiten ewr phard claid
die Rudegeres rate ewch nymmer werden laid
vnd saget es ewren magedin die jr da fueren wellt
Ia kumbt vnns auf der Strasse vil manig ausserwelter degen

1265 Sy hetten noch geschmaide daz man davor reit
bey Seyfrides zeiten daz sy vil manig maid
mit eren mochte füeren so Sy wolte von dann
hey was man guoter Sätele den schönen frawen gewan

1266 Ob sy Ee ye getruogen dhaine reiche claid
der ward zu jr verte vil maniges nu berait
wann jn von dem kunige so vil gesaget ward
Sy slozzen auf die kisten die vorstuonden wol bespart

1267 Sy waren vil vnmüessig wol Fünffthalben tag

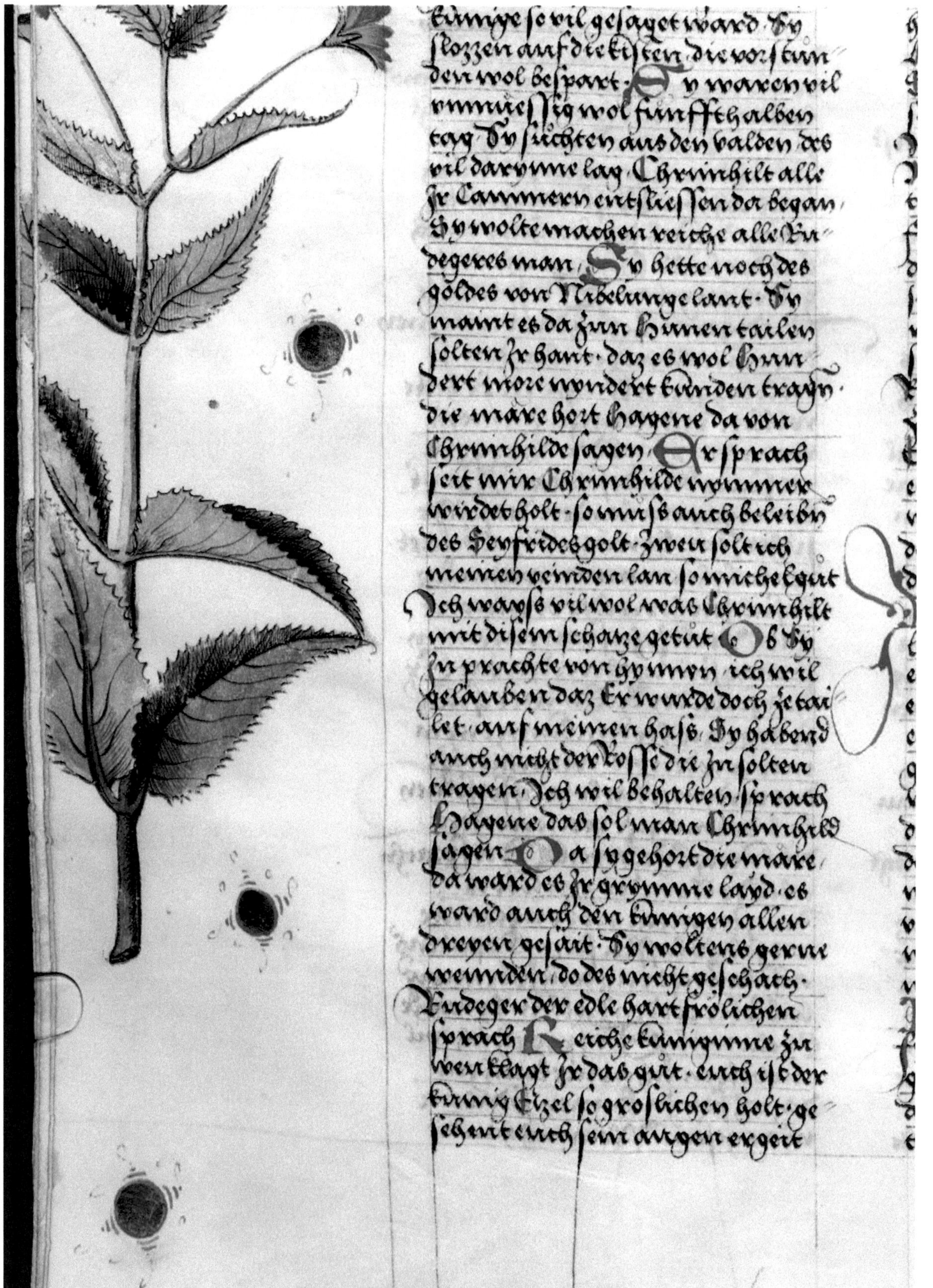
künige so vil gesaget ward. Sy
slozzen auf die kisten die vor stun
den wol bespart. Sy waren vil
vnmüessig wol fünffthalben
tag. Sy füchten aus den balden des
vil darynne lag. Chrimhilt alle
Jr Cammern entsliessen da began.
Sy wolte machen reiche alle Rudegeres man. Sy hette noch des
goldes von Nibelunge lant. Sy
maint es da zun hunen tailen
solten jr hant. daz es wol hun
dert more nydert kunden tragen.
die märe hort hagene da von
Chrimhilde sagen. Er sprach
seit mir Chrimhilde nymmer
wirdet holt. so muß auch beleiben
des Seyfrides golt. zwen solt ich
meinen veinden lan so michel gut
Ich wayß vil wol was Chrimhilt
mit disem schatze getut. Ob sy
jn prachte von hynnen. ich wil
gelauben daz Er wurde doch ze tai
let auf meinen haß. Sy habend
auch nicht der rosse die jn solten
tragen. Ich wil behalten sprach
hagene das sol man Chrimhilde
sagen. Da sy gehort die märe
da ward es jr grymme layd. es
ward auch den kunigen allen
dreyen gesait. Sy woltens gerne
wenden. do des nicht geschach.
Rudeger der edle hart frölichen
sprach. Reiche kuniginne zu
wen klagt jr das gut. euch ist der
kunig Etzel so groslichen holt. ge
sehent euch sein augen er geit

fol. CXIIIIva ll. 35–68

vnmüeſſig wol Fünffthalbeŋ tag / Sy ſůchteŋ aus deŋ valdeŋ / des vil darynne lag / Chrimhilt alle jr Cammerŋ entſlieſſen da begaŋ / Sy wolte machen reiche alle Ru= degeres man / Sy hette noch des goldes von Nibelunge lant · Sy maint es da zun Hunen taileŋ ſolten jr hant · daʒ es wol Hun= dert moꝛe nÿndert kunden tragŋ̄ / die märe hoꝛt Hagene da von Chrimhilde ſageŋ / Er ſprach ſeit mir Chrimhilde nymmer wirdet holt · ſo můſs auch beleibŋ̄ des Seyfrides golt / zweu ſolt ich meineŋ veinden lan / ſo michel gůt Ich wayſs vil wol was Chrimhilt mit diſem ſchatʒe getůt · Ob Sÿ jn prachte von hynneŋ / ich wil gelauben daʒ Er wurde doch zetai= let / auf meinen haſs / Sy habenꝺ auch nicht der Roſſe die jn ſolten trageŋ / Ich wil behalteŋ / ſprach Hagene das ſol man Chrimhilꝺ ſagen / Da ſy gehoꝛt die märe / da ward es jr grymme laÿd / es ward auch den kunigeŋ allen dreyen geſait · Sy woltens gerne wennden / do des nicht geſchach · Rudeger der edle hart frölichen ſprach Reiche kuniginne zu weu klagt jr das gůt · euch iſt der kunig Etʒel ſo groſlicheŋ holt · ge= ſehent euch ſein augen er geit

1267 Sy waren vil vnmüessig wol Fünffthalben tag
Sy suochten aus den valden des vil darynne lag
Chrimhilt alle jr Cammern entsliessen da began
Sy wolte machen reiche alle Rudegeres man

1268 Sy hette noch des goldes von Nibelunge lant
Sy maint es da zun Hunen tailen solten jr hant
daz es wol Hundert more nyndert kunden tragen
die märe hort Hagene da von Chrimhilde sagen

1269 Er sprach seit mir Chrimhilde nymmer wirdet holt
so muoss auch beleiben des Seyfrides golt
zweu solt ich meinen veinden lan so michel guot
Ich wayss vil wol was Chrimhilt mit disem schatze getuot

1270 Ob Sy jn prachte von hynnen ich wil gelauben daz
Er wurde doch zetailet auf meinen hass
Sy habend auch nicht der Rosse die jn solten tragen
Ich wil behalten sprach Hagene das sol man Chrimhild sagen

1271 Da sy gehort die märe da ward es jr grymme layd
es ward auch den kunigen allen dreyen gesait
Sy woltens gerne wennden do des nicht geschach
Rudeger der edle hart frölichen sprach

1272 Reiche kuniginne zu weu klagt jr das guot
euch ist der kunig Etzel so groslichen holt
gesehent euch sein augen er geit euch also vil

fol. CXIIIIvb ll. 1–34

euch alſo vil · daʒ Irs verſwendet nymmer / des ich euch fraw ſweꝛŋ wil · Da ſprach die kǘniginne vil edel Rudeger es gewan kǘni=ges tochter die reichate mer / danŋ die mich Hagene an hat getan · Da kam Ir Bꝛůder Gernot hiŋ zu jr Cammerŋ gegan / Mit ge=walt des kuniges ſlüſſel ſtieſs Er an die tǘr / golt / das Chrimhildt raichet man darfür / ze Dreyſſig Tauſent marchen / oder dannoch bas / es hieſs es nemen die geſte / lieb was Gunthere das / Da ſprach von Bechlaren der Gottelinde maŋ / ob es mein fraw Chrimhilt alles möchte han · was ſein ye ward ge=füeret / voŋ Nibelǔnge lanndt / ſein ſolte lǘtʒel rueŋ mein oder kuniginne hant / Nu hayſſet es behalteŋ / wann jchs ſein nicht wil / Ja fǘrt ich von lannde des meinen alſo ꝩil · daʒ wir es auf der ſtraſſe haben gůten rat / vnd vnnſer coſte hynnen vaſt herlichŋ̄ ſtat · Dauoꝛ in aller weyle ge=füllet zwelff Schreÿn des aller peſten goldes das ynndert mochte ſein / hetten Ir magete / das füeꝛt man voŋ dann / vnd gezierde ꝩil der frawen daʒ ſy zu der ferte ſolteŋ han · Gewalt des grymmen Hagene der dauchte ſich ze ſtaꝛch / Sy het jr opher goldes noch wol tau=

gesehent euch sein augen er geit euch also vil
daz Irs verswendet nymmer des ich euch fraw swern wil

1273 Da sprach die küniginne vil edel Rudeger
es gewan küniges tochter die reichate mer
dann die mich Hagene an hat getan
Da kam Ir Bruoder Gernot hin zu jr Cammern gegan

1274 Mit gewalt des kuniges slüssel stiess Er an die tür
golt das Chrimhildt raichet man darfür
ze Dreyssig Tausent marchen oder dannoch bas
es hiess es nemen die geste lieb was Gunthere das

1275 Da sprach von Bechlaren der Gottelinde man
ob es mein fraw Chrimhilt alles möchte han
was sein ye ward gefüeret von Nibelunge lanndt
sein solte lützel ruen mein oder kuniginne hant

1276 Nu haysset es behalten wann jchs sein nicht wil
Ja fuort ich von lannde des meinen also vil
daz wir es auf der strasse haben guoten rat
vnd vnnser coste hynnen vast herlichen stat

1277 Dauor in aller weyle gefüllet zwelff Schreyn
des aller pesten goldes das ynndert mochte sein
hetten Ir magete das füert man von dann
vnd gezierde vil der frawen daz sy zu der ferte solten han

1278 Gewalt des grymmen Hagene der dauchte sich ze starch
Sy het jr opher goldes noch wol tausent march

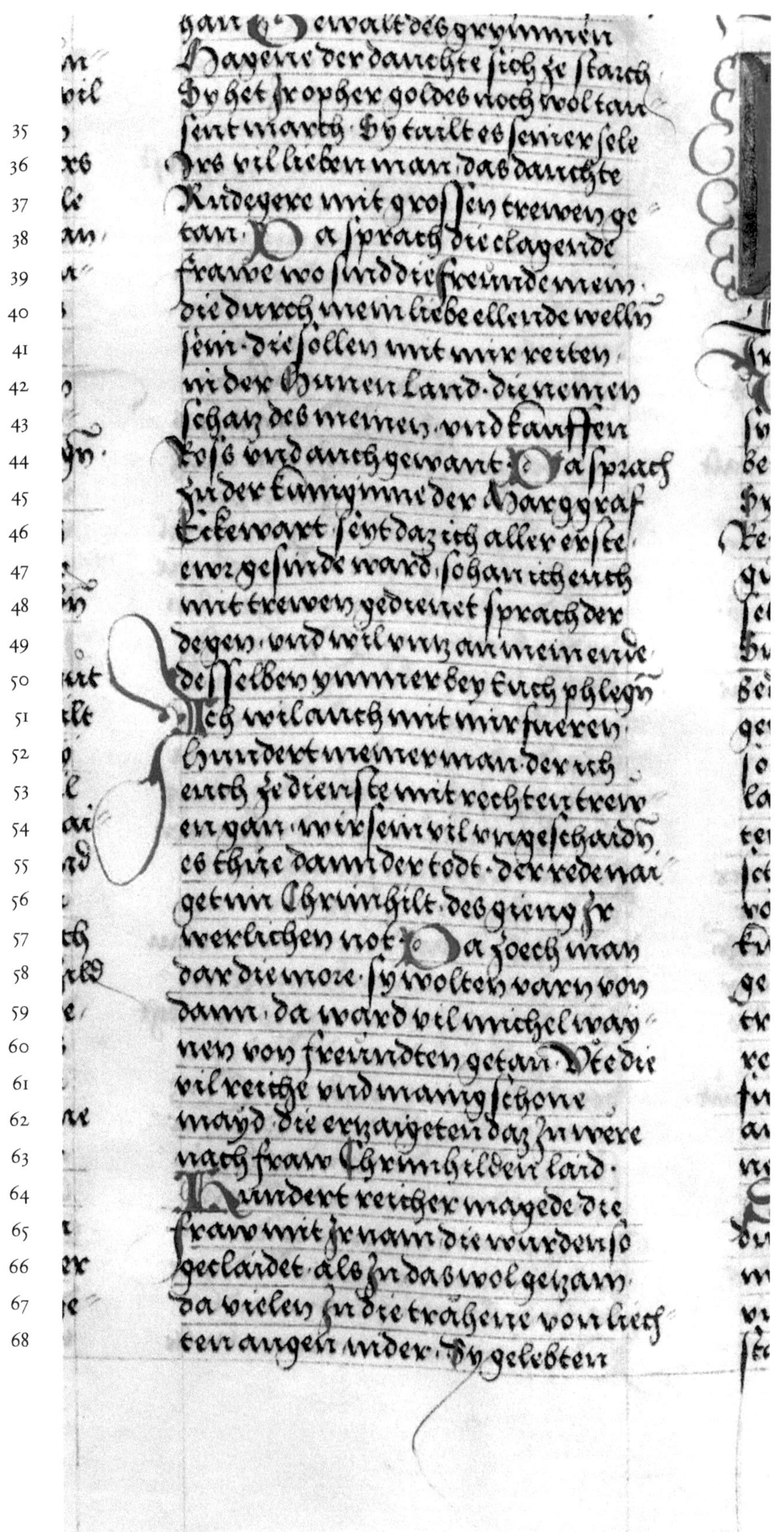

gan Gewalt des grymmen
Hagene der dauchte sich ze starch
Sy het ir opher goldes noch wol tau
sent march · Sy tailt es seiner sele
Des vil lieben man · das dauchte
Rudegere mit grossen trewen ge
tan · Da sprach die clagende
frawe wo sind die freunde mein ·
die durch mein liebe ellende wellen
sein · die sollen mit mir reiten
in der Hunen land · die nemen
schatz des meinen · und kauffen
Ross und auch gewant · Da sprach
zu der kunigine der Marggraf
Eckewart seyt daz ich aller erste
ewr gesinde ward, so han ich euch
mit trewen gedienet sprach der
degen · und wil untz an mein ende
desselben ymmer bey euch phlegen
Ich wil auch mit mir fueren
hundert meiner man · der ich
euch ze dienste mit rechten trew
en gan · wir sein vil ungeschaiden
es thue dann der todt · der rede nai
get im Chrimhilt · des gieng ir
werlichen not · Da zoech man
dar die more · sy wolten varn von
dann · da ward vil michel wai
nen von freunden getan · Wie die
vil reiche und manig schone
mayd die erzaigeten daz in were
nach fraw Chrimhilden land ·
Hundert reicher magede die
fraw mit ir nam die wurden so
geklaidet als in das wol gezam
da vielen in die trahene von liech
ten augen nider · Sy gelebten

fol. CXIIIIvb ll. 35–68

ſent march / Sy tailt es ſeiner ſele Irs vil lieben man / das dauchte Rudegere mit groſſeŋ treweŋ ge=tan / Da ſprach die clagende Frawe wo ſind die Freünde meiŋ / die durch mein liebe ellende wellŋ̄ ſein · die ſollen mit mir reiteŋ / in der Hunen Land · die nemeŋ ſchatʒ des meineŋ / vnd kauffen Roſs vnd auch gewant · Da ſpꝛach zu der kuniginne der Marggraf Eckewart / ſeyt daʒ ich aller erſte / ewꝛ geſinde ward / ſo han ich euch mit treweŋ gedienet · ſprach der degeŋ / vnd wil vntʒ an mein ende / deſſelbeŋ ymmer bey Euch phlegŋ̄ / Ich wil auch mit mir fuereŋ / Hundert meiner man / der ich euch ze dienſte mit rechten trew̃=en gan / wir ſein vil vngeſchaidŋ̄ es thüe dann der todt · der rede nai=get im Chrimhilt / des gieng jr werlicheŋ not · Da zoech maŋ dar die moꝛe / ſy wolteŋ varŋ voŋ dann / da ward vil michel waÿ=neŋ voŋ Freündteŋ getan / V̊te die vil reiche vnd manig ſchone maÿd / die ertʒaigeten daʒ jn wëre nach Fraw Chrimhilden laid · Hundert reicher magede / die Fraw mit jr nam / die wurden ſo geclaidet / als jn das wol getʒaŋ / da vieleŋ jn die trähene von liech=ten augen / nider / Sy gelebten

Sy het jr opher goldes   noch wol tausent march
Sy tailt es seiner sele   Irs vil lieben man
das dauchte Rudegere   mit grossen trewen getan

1279 Da sprach die clagende Frawe   wo sind die Freunde mein
die durch mein liebe   ellende wellen sein
die sollen mit mir reiten   in der Hunen Land
die nemen schatz des meinen   vnd kauffen Ross vnd auch gewant

1280 Da sprach zu der kuniginne   der Marggraf Eckewart
seyt daz ich aller erste   ewr gesinde ward
so han ich euch mit trewen   gedienet sprach der degen
vnd wil vntz an mein ende   desselben ymmer bey Euch phlegen

1281 Ich wil auch mit mir fueren   Hundert meiner man
der ich euch ze dienste   mit rechten trewen gan
wir sein vil vngeschaiden   es thue dann der todt
der rede naiget im Chrimhilt   des gieng jr werlichen not

1282 Da zoech man dar die more   sy wolten varn von dann
da ward vil michel waynen   von Freundten getan
Vote die vil reiche   vnd manig schone mayd
die ertzaigeten daz jn were   nach Fraw Chrimhilden laid

1283 Hundert reicher magede   die Fraw mit jr nam
die wurden so geclaidet   als jn das wol getzam
da vielen jn die trähene   von liechten augen nider
Sy gelebten vil der Freuden   auch bey Etzeln syder

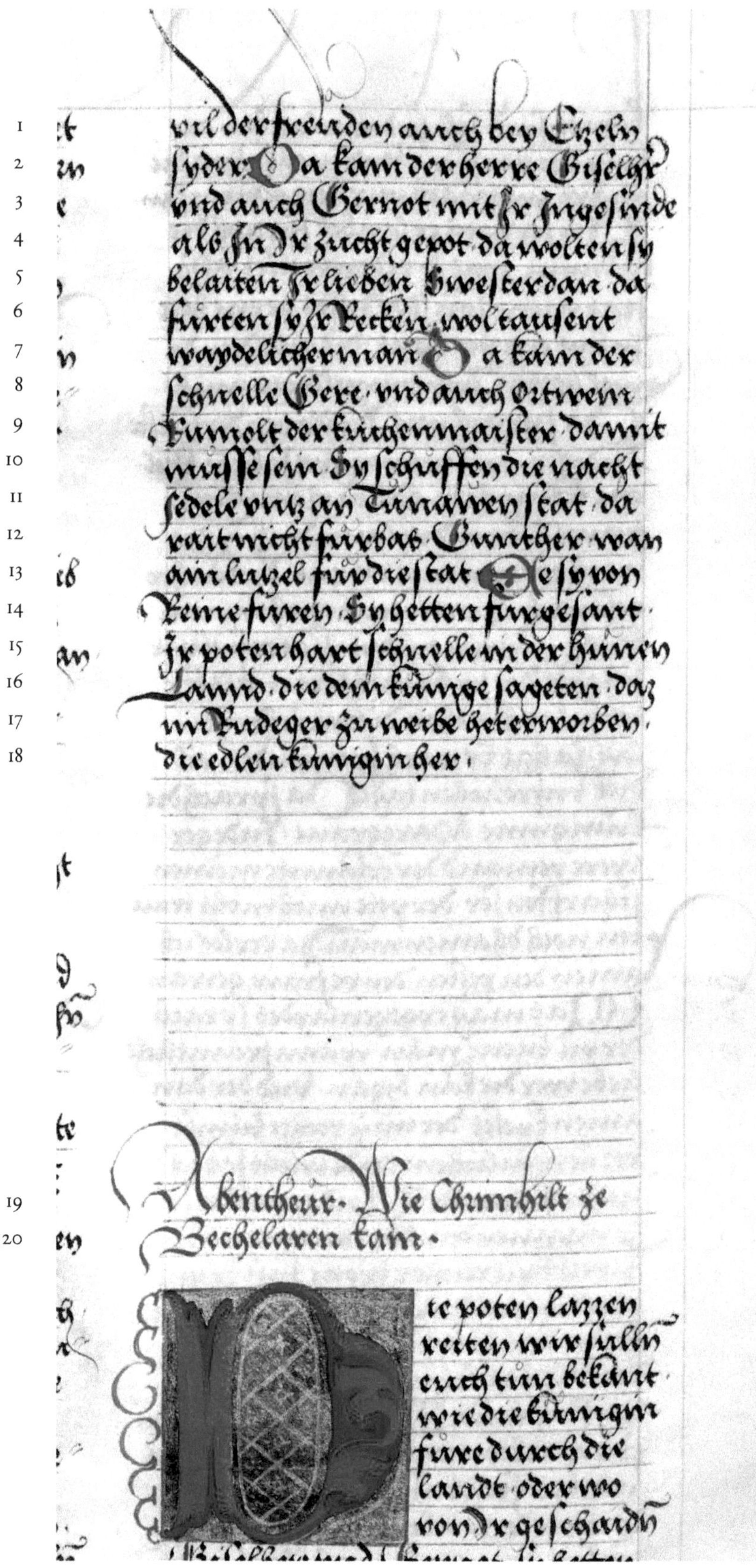
vil der freuden auch bey Etzeln
syder. Da kam der herre Giselher
vnd auch Gernot mit jr Ingesinde
als jn jr zucht gepot da wolten sy
belaiten jr lieben swester dan da
fürten sy jr Recken wol tausent
waydelicher man Da kam der
schnelle Gere vnd auch Ortwein
Rumolt der kuchenmaister damit
müsse sein Sy schuffen die nacht
sedele vntz an Tunawen stat da
rait nicht fürbas Gunther wan
ain lützel für die stat Ee sy von
Reine füren Sy hetten fürgesant
jr poten hart schnelle in der hunen
Lannd die dem künige sageten daz
im Rüdeger zu weibe het erworben
die edlen küniginn her.

Abentheur. Wie Chrimhilt ze
Bechelaren kam.

Die poten lazzen
reiten wir süllen
euch tun bekant
wie die küniginn
füre durch die
landt oder wo
von jr geschaiden

fol. CXIIIIvc ll. 1–20

vil der Freüdeŋ auch bey Etʒelŋ ſyder Da kam der herre Giſelhrꝰ / vnd auch Gernot mit jr Jngeſinꝺe als Jn Ir zucht gepot / da wolten ſÿ belaiten Jr lieben Sweſter dan / da fůrten ſy jr Recken / wol tauſent waydelicher man / Da kam der ſchnelle Gere / vnd auch Oꝛtwein Rumolt der kuchenmaiſter / damit můſſe ſein / Sy ſchůffeŋ die nacht ſedele vnʒ aŋ Tůnaẘeŋ ſtat / da rait nicht fürbas / Gunther / waŋ ain lutʒel für die ſtat · Ee ſy voŋ Reine fureŋ / Sy hetten fürgeſant / Jr poten hart ſchnelle in der hüneŋ Lannd / die dem künige ſageten / daʒ im Rudeger zu weibe het erwoꝛbeŋ / die edlen kunigin her /

Abentheür · Wie Chꝛimhilt ze Bechelaren kam ·

Sy gelebten vil der Freuden auch bey Etzeln syder

1284 Da kam der herre Giselherr vnd auch Gernot
mit jr Jngesinde als Jn Ir zucht gepot
da wolten sy belaiten Jr lieben Swester dan
da fuorten sy jr Recken wol tausent waydelicher man

1285 Da kam der schnelle Gere vnd auch Ortwein
Rumolt der kuchenmaister damit muosse sein
Sy schuoffen die nacht sedele vntz an Tuonawen stat
da rait nicht fürbas Gunther wan ain lutzel für die stat

1286 Ee sy von Reine furen Sy hetten fürgesant
Jr poten hart schnelle in der hünen Lannd
die dem künige sageten daz im Rudeger
zu weibe het erworben die edlen kunigin her

21 Abentheur Wie Chrimhilt ze Bechelaren kam

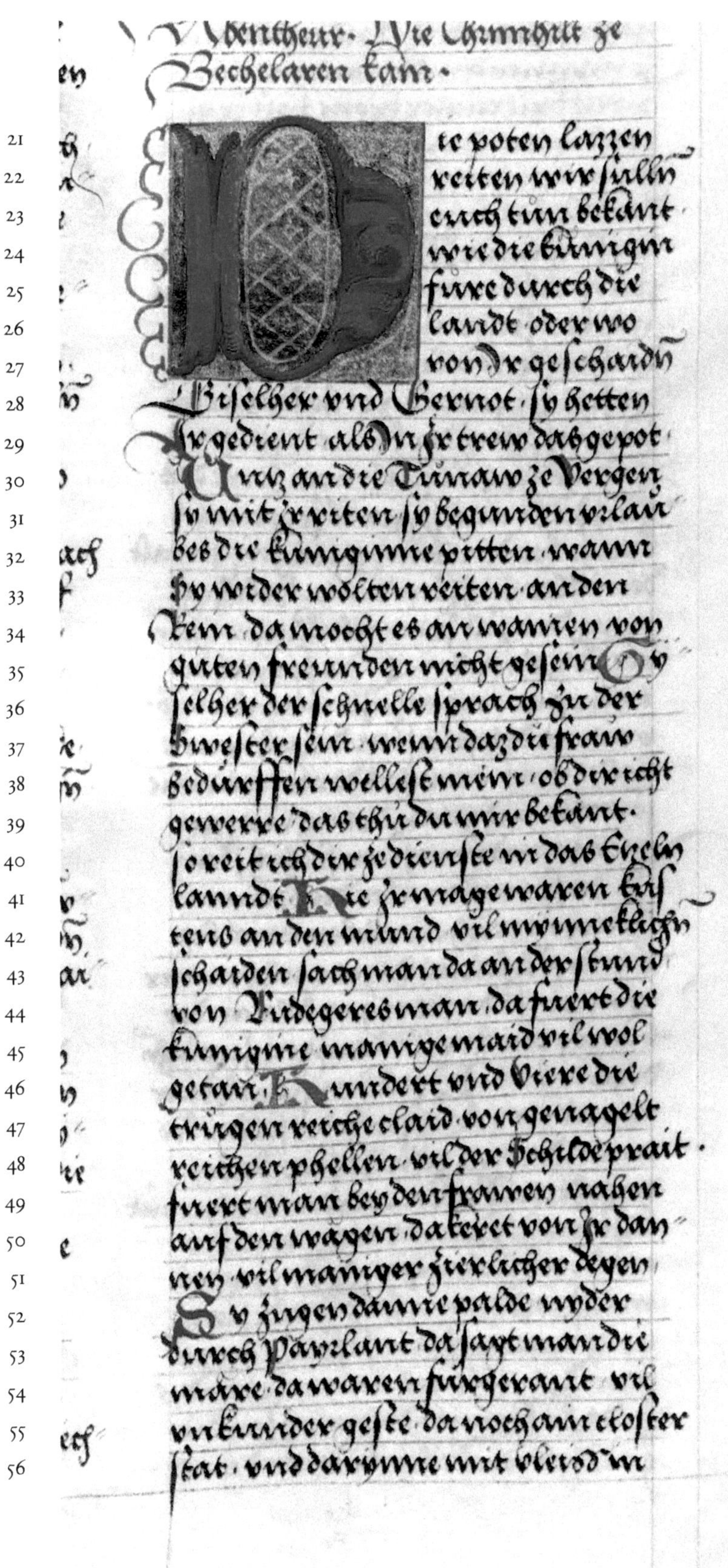

Abentheur· Wie Chrimhilt ze
Bechelaren kam·
Die poten lazzen
reiten wir sulln
euch tun bekant·
wie die kunigin
fure durch die
landt· oder wo
von Jr geschaiden
Giselher vnd Gernot· sy hetten
Jr gedient als in Jr trew das gepot·
Untz an die Tunaw ze Vergen
sy mit Jr reiten sy begunden vrlau
bes die kunigine pitten· wann
sy wider wolten reiten an den
Rein da mocht es an wainen von
guten freunden nicht gesein· Gy
selher der schnelle sprach zu der
swester sein· wenn daz du fraw
bedurffen wellest mein· ob dir icht
gewerre das thu du mir bekant·
so reit ich dir ze dienste in das Etzeln
lanndt· Die Jr mage waren kus
tens an den mund vil mynnekliche
schaiden sach man da an der stund
von Rudegeres man· da furet die
kunigine manige maid vil wol
getan· Hundert vnd viere die
trugen reiche claid· von genagelt
reichen phellen· vil der Schilde prait·
furet man bey den frawen nahen
auf den wagen· da keret von Jr dan
nen vil maniger zierlicher degen
Sy zugen dannen palde nyder
durch Payrlant da sayt man die
mare da waren furgerant vil
vnkunder geste da noch ain closter
stat· vnd darynne mit vleiss in

fol. CXIIIIvc ll. 21–56

Die poteŋ laʒʒeŋ reiteŋ / wir ſullŋ̄ euch tůn bekant / wie die kűnigin fůre durch die landt / oder wo voŋ Ir geſchaidŋ̄ Giſelher vnd Gernot / ſy hetteŋ Jr gedient / als In jr trew das gepot / Untʒ an die Tůnaw ze Vergen ſy mit jr riten / ſy begunden vꝛlaűbes die kuniginne pitten / wann Sy wider wolten reiten / an den Rein / da mocht es ăn waineŋ / voŋ gůteŋ freűnden nicht geſein / Gÿſelher der ſchnelle ſprach zu der Sweſter ſein / wenn daʒ dŭ fraw̆ bedűrffen welleſt mein / ob dir icht gewerre / das thů du mir bekant · ſo reit ich dir ze dienſte in das Etʒelŋ lanndt / Hie jr mage waren kuſtens an den mund / vil mÿnneklichŋ̄ ſchaiden / ſach man da an der ſtunꝺ / voŋ Rudegeres man / da fuert die kunigine / manige maid vil wol getan / Hundert vnd ʋiere die trůgeŋ reiche claid / von genagelt reichen phellen / vil der Schilde prait · fuert man bey den fraw̆eŋ nahen auf den wăgeŋ / da keret von jr daŋneŋ / vil maniger zierlicher degeŋ / Sy zugeŋ danne palde / nyder durch Payꝛlant / da ſagt man die măre / da waren fűrgerant / vil vnkunder geſte / da noch ain cloſter ſtat / vnd darÿnne mit ʋleiss in

1287 Die poten lazzen reiten wir sullen euch tuon bekant
wie die künigin fuore durch die landt
oder wo von Ir geschaiden Giselher vnd Gernot
sy hetten Jr gedient als In jr trew das gepot

1288 Untz an die Tuonaw ze Vergen sy mit jr riten
sy begunden vrlaubes die kuniginne pitten
wann Sy wider wolten reiten an den Rein
da mocht es an wainen von guoten freunden nicht gesein

1289 Gyselher der schnelle sprach zu der Swester sein
wenn daz du fraw bedürffen wellest mein
ob dir icht gewerre das thuo du mir bekant
so reit ich dir ze dienste in das Etzeln lanndt

1290 Hie jr mage waren kustens an den mund
vil mynneklichen schaiden sach man da an der stund
von Rudegeres man
da fuert die kunigine manige maid vil wol getan

1291 Hundert vnd viere die truogen reiche claid
von genagelt reichen phellen vil der Schilde prait
fuert man bey den frawen nahen auf den wägen
da keret von jr dannen vil maniger zierlicher degen

1292 Sy zugen danne palde nyder durch Payrlant
da sagt man die märe da waren fürgerant
vil vnkunder geste da noch ain closter stat
vnd darynne mit vleiss in die Thuonaw gat

die Thunaw gat. Nu der Stat
ze Passaw. sass ain Bischof die her
bergen wurden läre vnd auch des
fürsten hofe. Sy eylten gegen den ges
ten auf in Payrlant da der Bisch
of Bilgrin die schon Chrimhilden
vant. Den recken von dem lande
was das nicht ze laid da sy jr volgen
sahen so manige schone mayd.
da trautet man mit augen die
edlen Ritter kind. gut herberge gab
man den lieben gesten sint. Der
Bischof mit seiner nifteln ze passau
rait. do das den Burgern in die Stat
ward gesait. daz dar kam Chrim
hilt des fürsten Swester kindt. die
vil wol emphangen von kaufleu
ten sint. Daz sy beleiben solten der
Bischof het es wan. da sprach der her
re Eckewart. es ist vngetan. wir
müessen wider reiten in Rudegeres
landt. vns ser wartend vil der dege
ne. wann es jn allen ist bekant.
Die mare nu wol wisset die scho
ne Gotelint. Sy beraitet sich mit
vleisse vnd jr vil edel kindt. jr het em
poten Rudeger. daz jn das deuchte
gut daz sy der künigine damit trö
stet den mut. Daz sy jr riten
entgegen. mit den seinen man.
auf zu Ens. do das ward getan.
da sach man allenthalben die we
ge vnmüessig steen. Sy begunden
gen den gesten baide reiten vnd geen.
Nu was die künigin ze Ever
dingen komen genuge aus Payr
lannde solten sy han genomen.
den raub auf den strassen nach
jr gewonhait. so hetten sy den gesten

fol. CXVra ll. 1–34

die Thůnaw̆ gat / In der Stat ze Paſſaw / ſaſs ain Biſchof / die her=bergeŋ wurden läre / vnd auch des Fűrſten hofe / Sy eylten gegen den geſ=ten / auf in Pay̋ꝛlant / da der Biſch=of Bilgriŋ die ſchőŋ Chrimhildeŋ vant / Deŋ Reckeŋ von dem Lande / was das nicht ze laid / da ſy jr volgŋ̄ ſahen / ſo manige ſchőne may̋d / da trawtet man mit augen die edlen Ritter kind / gůt herberge / gab man den lieben geſten ſint / Der Biſchof mit ſeiner jnfeln ze paſſau rait / do das den Burgern in die Stat ward geſait / daʒ dar kǎme Chꝛim=hilt des Fűrſten Sweſter kindt / die vil wol emphangen von kaufleu=ten ſint / Daʒ ſy beleiben ſolten deꝛ Biſchof het es wan / da ſprach der her=re Eckewaꝛt / es iſt vngetan / wir műeſſeŋ niderreiten in Rudegeres landt / ʋnnſer wartend ʋil der dege=ne / wann es jn allen iſt bekant · Die mare nu wol wiſſet die ſchő=ne Gotelint / Sy beraitet ſich mit vleiſſe / vnd jr vil edel kindt / jr het em=poten Rudeger daʒ jn das deuchte gůt daʒ ſy der kunigine damit trő=ſtet den můt · Daʒ ſy jr riteŋ entgegen / mit den ſeinen man / auf zu Ens / do das ward getan / da ſach man allenthalben / die we=ge vnműeſſig ſteen / Sy begunden gen den geſten baide reiten vnd geeŋ /

vnd darynne mit vleiss in die Thuonaw gat

1293 In der Stat ze Passaw sass ain Bischof
die herbergen wurden läre vnd auch des Fürsten hofe
Sy eylten gegen den gesten auf in Payrlant
da der Bischof Bilgrin die schön Chrimhilden vant

1294 Den Recken von dem Lande was das nicht ze laid
da sy jr volgen sahen so manige schöne mayd
da trawtet man mit augen die edlen Ritter kind
guot herberge gab man den lieben gesten sint

1295 Der Bischof mit seiner jnfeln ze passau rait
do das den Burgern in die Stat ward gesait
daz dar käme Chrimhilt des Fürsten Swester kindt
die vil wol emphangen von kaufleuten sint

1296 Daz sy beleiben solten der Bischof het es wan
da sprach der herre Eckewart es ist vngetan
wir müessen niderreiten in Rudegeres landt
vnnser wartend vil der degene wann es jn allen ist bekant

1297 Die mare nu wol wisset die schöne Gotelint
Sy beraitet sich mit vleisse vnd jr vil edel kindt
jr het empoten Rudeger daz jn das deuchte guot
daz sy der kunigine damit tröstet den muot

1298 Daz sy jr riten entgegen mit den seinen man
auf zu Ens do das ward getan
da sach man allenthalben die wege vnmüessig steen
Sy begunden gen den gesten baide reiten vnd geen

da sach man allenthalben die we
ge vnmuessig steen. Sy begunden
gen den gesten baide reiten vnd geen.
Nu was die kunigine ze Ever
dingen komen geritne aus Payr
lannde solten sy han genomen
den raub auf den strassen nach
Jr gewonhait. so hetten sy den gesten
da getan villeichte laid. Das was
wol vnnderstanden von dem Marg
grave heer. Er furt Tausent Rit
ter vnd dannoch mer. da was auch
komen Gotelint Rudegeres weib
mit jr komen herlichen vil mani
ges edlen recken leib. Da sy vber der
Trawne komen bey Ense auf das
Velt da sach man aufgespannen
hutten vnd gezelt da die geste solten
die nacht sedel han. die coste was den
gesten da von Rudegere getan. Got
telint die schöne die herberge liess
hinder jr beleiben auf den wegen
gieng mit klingendem zamen
manig phärd wolgetan. der an
fang ward vil schöne lieb was es
Rudegere jrem man. Die jr ze
baiden seiten komen auf den wegen
die riten lobelichen der was vil
manig degen. sy phlagen Ritter
schafft. das sach vil manig maid
auch was der Ritter dienste nicht
der kunigine. Do zu den gesten
komen die Rudegeres man vil
der trunzune sach man zeprechen
gan. Von der rechten hennde mit
Ritterlichen siten. da ward wolgi
preyse vor den frawen do geriten.

fol. CXVra ll. 35–68

Nu was die küniginne ze Eveꝛ=
dingeŋ komeŋ / genůge aus Paÿr=
lannde ſolten ſy han genomeŋ /
den raub auf den ſtraſſen nach
Jr gewonhait / ſo hetten Sy den geſtŋ̄
da getan villeichte laid · Das was
wol vnnderſtanden / von dem Maꝛg=
graue heer / Er fůrt Tauſent Rit=
ter vnd dannoch mer / da was auch
komen Gotelint Rudegeres weib /
mit jr komen herlichen vil mani=
ges edlen recken leib / Da ſy vber der
Trawne komen bey Enſe auf das
Velt / da ſach man auf geſpanneŋ
hütten vnd getzelt / da die geſte ſoltŋ̄
die nacht ſedel han / die coſte was den
geſten da von Rudegere getan / Got=
telint die ſchöne die Herberge liess
hinder jr beleiben auf den wageŋ
gieng mit klingendem zämen
manig phärd wolgetan / der an=
fang ward vil ſchone / lieb was es
Rudegere jrem man · Die jn ze
baiden ſeiten komeŋ auf den wegŋ̄ /
die riteŋ lobelicheŋ / der was vil
manig degeŋ / ſy phlageŋ Ritter=
ſchafft / das ſach vil manig maid
auch was der Ritter dienſte nicht
der kuniginne / Do zu den geſtŋ̄
komeŋ / die Rudegeres man vil
der trunzune ſach man zeprechŋ̄
gan / von der Rechen hennde mit
Ritterlichen ſiten / da ward wol ze
preyſe voꝛ ꝺen fraweŋ ꝺo geriten /

1299 Nu was die küniginne ze Everdingen komen
genuoge aus Payrlannde solten sy han genomen
den raub auf den strassen nach Jr gewonhait
so hetten Sy den gesten da getan villeichte laid

1300 Das was wol vnnderstanden von dem Marggraue heer
Er fuort Tausent Ritter vnd dannoch mer
da was auch komen Gotelint Rudegeres weib
mit jr komen herlichen vil maniges edlen recken leib

1301 Da sy vber der Trawne komen bey Ense auf das Velt
da sach man auf gespannen hutten vnd getzelt
da die geste solten die nacht sedel han
die coste was den gesten da von Rudegere getan

1302 Gottelint die schöne die Herberge liess
hinder jr beleiben auf den wagen gieng
mit klingendem zämen manig phärd wolgetan
der anfang ward vil schone lieb was es Rudegere jrem man

1303 Die jn ze baiden seiten komen auf den wegen
die riten lobelichen der was vil manig degen
sy phlagen Ritterschafft das sach vil manig maid
auch was der Ritter dienste nicht der kuniginne

1304 Do zu den gesten komen die Rudegeres man
vil der trunzune sach man zeprechen gan
von der Rechen hennde mit Ritterlichen siten
da ward wol ze preyse vor den frawen do geriten

fol. CXVrb ll. 1–34

Das lieſſen ſy beleibeŋ / da grůſſet manig man / vil guettlich aneinander da fůrten ſy von dann / die ſchŏnen Gotelinden / da ſy Cꝛimhilꝺen ſach / die frawen dienen kŭnden die hetten klainen gemacħ / Der Vogt von Bechelaren zu ſeinem weibe ꝛait / der edlen Marggräuin was das nicht ze laidt / daʒ Er ſo wol geſunꝺe was / von Reine komen / Ir was ain tail Ir ſchwĕre mit groſſen freuꝺen Benomen / Do ſy jn het emphangen er hieſs ſy auf das gras erbaÿſſen / mit den frawen was Ir mit jr was / da ward vil vnmüeſſig manig edel man / da ward frawen ꝺienſte mit groſſem vleiſſe getan / Da ſach die frawe Crimhilt die Marggräuine ſteen / mit jrem yngeſinde / ſy lieſs nicht nacher geen / das pfĕrd mit dem zawme zuggen ſy began / vnd bat ſnelliklichen heben / von dem ſatel ꝺan / Den Biſchof ſach maŋ weyſeŋ ſeiner Sweſter kinꝺ jn vnd Eckewarten zu Gotelinden ſint / da ward vil michel weicħen an ꝺerſelben ſtůnd / da kuſſt ꝺie ellende an den Gotelinꝺŋ mŭnꝺ Da ſprach vil mÿnniklichen des Rudegers weib / nu wol mich liebe frawe / ꝺaʒ ich ewꝛen ſchŏneŋ leib han in diſen Lannden mit augeŋ mein geſehen / mir kŭnꝺe

1305 Das liessen sy beleiben da gruosset manig man
vil guettlich aneinander da fuorten sy von dann
die schönen Gotelinden da sy Crimhilden sach
die frawen dienen kunden die hetten klainen gemach

1306 Der Vogt von Bechelaren zu seinem weibe rait
der edlen Marggräuin was das nicht ze laidt
daz Er so wol gesunde was von Reine komen
Ir was ain tail Ir schwere mit grossen freuden Benomen

1307 Do sy jn het emphangen er hiess sy auf das gras
erbayssen mit den frawen was Ir mit jr was
da ward vil vnmüessig manig edel man
da ward frawen dienste mit grossem vleisse getan

1308 Da sach die frawe Crimhilt die Marggräuine steen
mit jrem yngesinde sy liess nicht nacher geen
das pferd mit dem zawme zuggen sy began
vnd bat snelliklichen heben von dem satel dan

1309 Den Bischof sach man weysen seiner Swester kind
jn vnd Eckewarten zu Gotelinden sint
da ward vil michel weichen an derselben stuond
da kusst die ellende an den Gotelinden mund

1310 Da sprach vil mynniklichen des Rudegers weib
nu wol mich liebe frawe daz ich ewren schönen leib
han in disen Lannden mit augen mein gesehen
mir künde an disen stunden nymmer lieber geschehen

liebe frawe daz ich einen schönen
leib han in disen Lannden mit
augen nein gesehen mir künde
an disen stunden nymmer lieber
geschehen Mit furchten zu ein
ander gie vil manig maid da
waren zu die Recken dienstes vil
berait Sy sassen nach dem grüs
se nider auf den klee sy gewun
nen maniger kunde die zu vil
frombde waren ee Man hiess
den frawen schencken es was wol
mittertag das edel yngesinde da
nicht lenniger lag sy riten da sy
funden manige hütten prait
das was edlen gesten vil michel
dienst berait Sy hetten die nacht
rue untz an den morgen frü die
von Bechelaren beraitetn sich dar
zu wie sy behalten solten vil ma
nigen werden gast wol het ge
handelt Rudeger daz zu vil wenig
icht gebrast Die Venstern an
den mauren sach man offen stan
die gut Bechelare die aufgetan
do riten darein die geste die man
vil gerne sach den hiess der Wiert
vil edele schaffen reichen gemach
Die Rudegeres tochter mit
jr gesinde gie da sy die kunigin vil
schon emphie da was auch jr mu
ter des Marggrauen weyb mit
lieb ward gegruesset vil maniger
Junckfrawen leib Sy viengen
sich bey hennden und giengen dan
in einen Palas weiten der was
vil wol getan da die Tunaw

fol. CXVrb ll. 35–68

an ꝺiſen ſtunꝺeŋ nymmer liebeꝛ geſchehen / Mit zuchteŋ zů ein= ander gie vil manig maiꝺ / da wareŋ jn die Reckeŋ dienſtes ʋil berait / Sy ſaſſen nach dem gꝛůſ= ſe nider auf ꝺen klee / ſy gewun= nen maniger kunꝺe / ꝺie jn ʋil frombꝺe wareŋ ee / Maŋ hieſs den frawen ſchencken / es was wol mittertag / das edel yngeſinꝺe / da nicht lennger lag / ſy riten da ſÿ fůnden / manige hůtten prait / das was edlen geſten vil michel dienſt berait · Sy hetten die nacħt rue v̈ntʒ an den moꝛgeŋ frů / die von Bechelaren beraitetŋ̄ ſich ꝺaꝛ= zů · wie ſy behalten ſolten vil ma= nigen werden gaſt / wol het ge= handelt Rudeger ꝺaʒ jn vil wenig icht gebꝛaſt / Die Venſtern an ꝺen mauren ſach man offen ſtaŋ / die gůt Bechelare ꝺie aufgetan / do riten ꝺarein die geſte ꝺie maŋ vil gerne ſach / den hieſs der Wiert vil edele ſchaffeŋ reichen gemach Die Rudegeres tochter mit jr geſinde gie · da ſy die künigin ʋil ſchon emphie / da was auch jr mů= ter des Marggraueŋ weyb · mit lieb ward gegrüeſſet vil manigeꝛ junckfraweŋ leib / Sy viengen ſich bey hennden vnd giengen dan / in einen Palas weiten / der was vil wol getan / da die Tůnaẘ

mir künde an disen stunden nymmer lieber geschehen

1312 Mit zuchten zuo einander gie vil manig maid
da waren jn die Recken dienstes vil berait
Sy sassen nach dem gruosse nider auf den klee
sy gewunnen maniger kunde die jn vil frombde waren ee

1313 Man hiess den frawen schencken es was wol mittertag
das edel yngesinde da nicht lennger lag
sy riten da sy funden manige hütten prait
das was edlen gesten vil michel dienst berait

1314 Sy hetten die nacht rue v̈ntz an den morgen fruo
die von Bechelaren beraiteten sich darzuo
wie sy behalten solten vil manigen werden gast
wol het gehandelt Rudeger daz jn vil wenig icht gebrast

1315 Die Venstern an den mauren sach man offen stan
die guot Bechelare die aufgetan
do riten darein die geste die man vil gerne sach
den hiess der Wiert vil edele schaffen reichen gemach

1316 Die Rudegeres tochter mit jr gesinde gie
da sy die künigin vil schon emphie
da was auch jr muoter des Marggrauen weyb
mit lieb ward gegrüesset vil maniger junckfrawen leib

1317 Sy viengen sich bey hennden vnd giengen dan
in einen Palas weiten der was vil wol getan
da die Tuonaw vnden hinflos

vnden hinflos. Sy sassen gegn
dem liechte vnd hetten kurtzweyle
gros Des sy da mere phlegen des
kan ich nicht gesagen daz jn so vbele
zogete das hort man da clagen
die Chrimhilde Recken wann es
was jn layd Hey was da guter
degene mit jr von Bechlaren rait
Vil mynneklicher dienst Rudeger
Jn pot. da gab die küniginn zwelf
Armpogen rot der Gotelinden
tochter vnd also guet gewant
daz sy nicht pessers brachte in
des Etzeln landt Wie jr nit ge
nomen were der Nibelunge golt
alle die sy gesahen die machte sy jr
holt. noch mit dem klainen guete
daz sy da mochte han des Wirtes
yngesinde ward michel gabe
getan. Da wider pot die Ere die
fraw Gottelind den gesten von
dem Reine so guettlichen sind daz
man der frömbden hart wenig
vant. sy trugen jr gestaine oder
jr vil herrliche gewant Da sy
versehen waren. vnd daz sy solten dan
von der hausfrawen ward gepoten
an. begert werlicher dienst des Etzeln
weib da ward vil getrautet der scho
nen Junckfrawen leib. Sy sprach
fraw küniginne wenn euch nu
duncket gut. ich ways wol daz es gerne
mein lieber vater tut daz Er mich
zu euch sennde in der hunen land.
daz sy jr getrewe wäre vil wol das
Chrimhildt erfant Die Ross berait
waren für Bechelaren chomen
da het die edel Chrimhilt vrlaub nu
genomen von Rudegers weibe vnd der

fol. CXVrc ll. 1–34

vnden hinfloσ / Sy ſaſſen gegŋ̄ dem luffte / vnd hetten kurʒweyle groσ / Deσ ſy da mere phlegen / deσ kan ich nicht geſageŋ / daʒ jn ſo v̈bele zogete daσ hoꝛt man ꝺa clagen / die Chrimhilꝺe Reckeŋ / wanŋ eσ waσ jn laÿd / Heÿ waσ ꝺa guter degene mit jr von Bechlaren rait Uil mÿnnekliche dienſt Rudegeꝛ jn pot / da gab die künigin zwelf Armpogen rot der Gotelinden tochter / vnd alſo guet gewant / daʒ ſy nicht peſſerσ bꝛachte / in deσ Etʒeln landt / Wie jr nit ge= nomeŋ were der Nibelunge golt / alle die ſy geſaheŋ / die machte ſy jr holt / noch mit ꝺem klaineŋ guete / daʒ ſy da mochte han / deσ wierteσ ynngeſinde ward michel gabe getan / Ia wider pot die Eere die Fraw̆ Gottelinꝺ den geſten von dem Reine ſo güettlichen ſinꝺ / daʒ man der frömbdeŋ hart wenig vant / ſy trůgen jr geſtaine / oder Jr vil herꝛliche gewant · Da ſÿ verſeheŋ wareŋ / vnd daʒ ſy ſolteŋ daŋ / voŋ der hauſfraw̆eŋ ward gepoteŋ aŋ / begert werlicher dienſt deσ Etʒelŋ̄ weib / da ward vil getraütet der ſchö= nen junckfrawen leib / Sy ſpꝛach fraw̆ küniginne / wenn euch nu duncket gůt / Jch ways wol daʒ eσ gerne mein lieber vater tůt / daʒ Er mich zů euch ſenndet / in der Hünen lanꝺ /

da die Tuonaw vnden hinflos
Sy sassen gegen dem luffte vnd hetten kurtzweyle gros

1318 Des sy da mere phlegen des kan ich nicht gesagen
daz jn so v̈bele zogete das hort man da clagen
die Chrimhilde Recken wann es was jn layd
Hey was da guter degene mit jr von Bechlaren rait

1319 Uil mynnekliche dienst Rudeger jn pot
da gab die künigin zwelf Armpogen rot
der Gotelinden tochter vnd also guet gewant
daz sy nicht pessers brachte in des Etzeln landt

1320 Wie jr nit genomen were der Nibelunge golt
alle die sy gesahen die machte sy jr holt
noch mit dem klainen guete daz sy da mochte han
des wiertes ynngesinde ward michel gabe getan

1321 Ia wider pot die Eere die Fraw Gottelind
den gesten von dem Reine so güettlichen sind
daz man der frömbden hart wenig vant
sy truogen jr gestaine oder Jr vil herrliche gewant

1322 Da sy versehen waren vnd daz sy solten dan
von der hausfrawen ward gepoten an
begert werlicher dienst des Etzelen weib
da ward vil getrautet der schönen junckfrawen leib

1323 Sy sprach fraw küniginne wenn euch nu duncket guot
Jch ways wol daz es gerne mein lieber vater tuot
daz Er mich zuo euch senndet in der Hünen land

duncket gut ich ways wol daz es gerne
mein lieber vater tut daz Er mich
zu euch sendet in der hunen land.
daz sy jr getrewe wäre vil wol das
Chrimhildt erkant Die Ross berait
waren fur Bechelaren chomen
da het die edel Chrimhilt vrlaub nu
genomen von Rudegers weibe vnd der
tochter sein da schied auch sy mit
grusse vil manig magetlein Ain
ander sy vil selten gesahen. nach den
tagen ausser medeliche auf handen
wart getragen vil manig golt vas
reiche darinn bracht man wein.
den gesten zu der strasse sy muessen
willekomen sein Ain wirt was
da gesessen Astolt was der genant.
der weyset sy die strassen in das
Osterlant gegen Mutaren die Tunaw
nider da vil wol gedienet der reichen
kuniginnen sy der Der Bischof
minnikliche von seiner Nifte
schied daz sy sich wol gehabete wie
vast er jr das riet vnd daz sy jr ere
kauffte als Helche hette getan Hey
was sy grosser eren seyt in hunen
gewan Ze Traysme bracht man
die geste dan jr phlagen vleyssikliche
des Rudegers man. vntz daz die
Hunen riten vberlannt da ward
der kunigin vil michel ere bekant
Bey der Traysme hette der kunig
von Hunenlanndt ain Burg vil
reiche die was vil wol bekant gehaissen
Zaysenmaure fraw Helche sass
da ee vnd phlag so grosser tugende
daz es werlich nymmer mer ergee

fol. CXVrc ll. 35–68

daʒ ſy jr getrewe waͤre vil wol daɞ Chrimhildt erfant / Die Roſs berait waren / fur Bechelaren chomen / da het die edel Chrimhilt vrlaub nu genomeŋ von Rudegerɞ weibe / vnd deꝛ tochter ſein / da ſchied auch ſy mit gruͦſſe vil manig magetleiŋ · Ein ander ſy vil ſelten geſahen / nach deŋ tageŋ / auſſer medeliche auf handŋ̄ wart getrageŋ / ʋil manig golt ʋaσ / reiche / darin bꝛacht man wein / den geſten zu der ſtraſſe / ſy muͤeſſŋ̄ willekomen ſein / Ein wirt waɞ da geſeſſen Aſtolt waɞ der genant · der weyſet ſy die ſtraſſen in daɞ Oſterlant / gegeŋ Mutaren die Tuͦnaw͛ nider da vil wol gedienet der reichŋ̄ / kuͤniginneŋ ſyder / Der Biſchof mÿnniklichen von ſeiner Nifteŋ / ſchied / daʒ ſy ſich wol gehabete / wie vaſt Er jr daɞ riet / ʋnd daʒ ſy jr ere kauffte / alɞ Helche hette getan / Heÿ waɞ ſy groſſer eren ſeyt in Huͤneŋ gewan / Ze Trayſine bꝛacht maŋ die geſte daŋ / jr phlagen vleyſſiklichŋ̄ / deɞ Rudegerɞ man / v͛ntʒ daʒ ∂ie Huͤnen riten v͛berlannt / da war∂ der kunigin vil michel ere bekant / Bey der Trayſine hette der kuͤnig von Huneŋ lanndt aiŋ Burg ʋil reiche die waɞ ʋil wol bekant gehaiſſŋ̄ Zayſenmau͛re / Fraw Helche ſaſσ da Ee / vnd phlag ſo groſſer tugen∂e / daʒ eɞ werlich nymmermer ergee /

daz sy jr getrewe wäre   vil wol das Chrimhildt erfant

1324 Die Ross berait waren   fur Bechelaren chomen
da het die edel Chrimhilt   vrlaub nu genomen
von Rudegers weibe   vnd der tochter sein
da schied auch sy mit gruosse   vil manig magetlein

1325 Ein ander sy vil selten   gesahen nach den tagen
ausser medeliche   auf handen wart getragen
vil manig golt vas reiche   darin bracht man wein
den gesten zu der strasse   sy müessen willekomen sein

1326 Ein wirt was da gesessen   Astolt was der genant
der weyset sy die strassen   in das Osterlant
gegen Mutaren   die Tuonaw nider
da vil wol gedienet   der reichen küniginnen syder

1327 Der Bischof mynniklichen   von seiner Niften schied
daz sy sich wol gehabete   wie vast Er jr das riet
vnd daz sy jr ere kauffte   als Helche hette getan
Hey was sy grosser eren   seyt in Hünen gewan

1328 Ze Traysine bracht   man die geste dan
jr phlagen vleyssiklichen   des Rudegers man
v͛ntz daz die Hünen   riten v͛berlannt
da ward der kunigin   vil michel ere bekant

1329 Bey der Traysine hette   der künig von Hunen lanndt
ain Burg vil reiche   die was vil wol bekant
gehaissen Zaysenmaure   Fraw Helche sass da Ee
vnd phlag so grosser tugende   daz es werlich nymmermer ergee

So tette dann Chrimhilt die
also kunde geben / sy mochte nach ir
laide das lieb vil wol geleben / daz ir
auch iahen ere der Etzeln man / der
sy seyt grossen vollen bey den helden
gewan. Die Etzeln herschafft
was so weit erkant daz man zu al
lenzeiten in seinem hofe vant die
kuenisten recken von den ye ward
vernomen / vnnder Cristen vnd vnd
hayden die waren mit im alle kom
en. Die im was zu allen zeiten
das waydlich mar ergee Cristenlich
orden vnd auch der hayden e in
wie getanem leben sich yetzlicher
trug das schuff des kuniges milte
daz man zu allen gab genug.

Abentheur. Wie Etzele mit
Chrimhilten praute. vnd wie
lieblichen Er sy emphie.

Dy was zeysen
mauren vntz
an den Vierden
tag die molt auf
den strassen die
weil wie gelag
sy stuben als

fol. CXVva ll. 1–20

Eϐ teͧtte ꝺann Chrimhilt die alſo kunde gebeŋ / ſy mochte nach Ir laide daϐ lieb vil wol geleben / daʒ Ir auch iahen ere der Etʒeln man / der ſy ſeyt groſſen volleŋ bey den Helꝺeŋ / gewan / Die Etʒeln Herſchafft waϐ ſo weit erkant / daʒ man zu allentʒeiten in ſeinem hofe vant / die kuͧeniſten Recken / voŋ den ye ward vernomeŋ / vnnder Cꝛiſten vnꝺ ꝩnꝺꝰ haÿͧden die wareŋ mit jm alle komeŋ / Die im waϐ zu allentʒeiten daϐ waÿdlich mär ergee Cꝛiſtenlicɧꝰ oꝛden vnꝺ auch der hayden Ee / in wie getanen leben ſich ÿͧetʒlicher trůg daϐ ſchůff deϐ kunigeϐ milte / daʒ man jn allen gab genůg ·

1330 Es tette dann Chrimhilt die also kunde geben
sy mochte nach Ir laide das lieb vil wol geleben
daz Ir auch iahen ere der Etzeln man
der sy seyt grossen vollen bey den Helden gewan

1331 Die Etzeln Herschafft was so weit erkant
daz man zu allentzeiten in seinem hofe vant
die küenisten Recken von den ye ward vernomen
vnnder Cristen vnd vnder hayden die waren mit jm alle komen

1332 Die im was zu allentzeiten das waydlich mär ergee
Cristenlicher orden vnd auch der hayden Ee
in wie getanen leben sich yetzlicher truog
das schuoff des kuniges milte daz man jn allen gab genuog

Abentheür · Wie Etʒele mit Chꝛimhilten pꝛaute · vnd wie lieblichen Er ſy emphie ·

22 Abentheur Wie Etzele mit Chrimhilten praute vnd wie lieblichen Er sy emphie

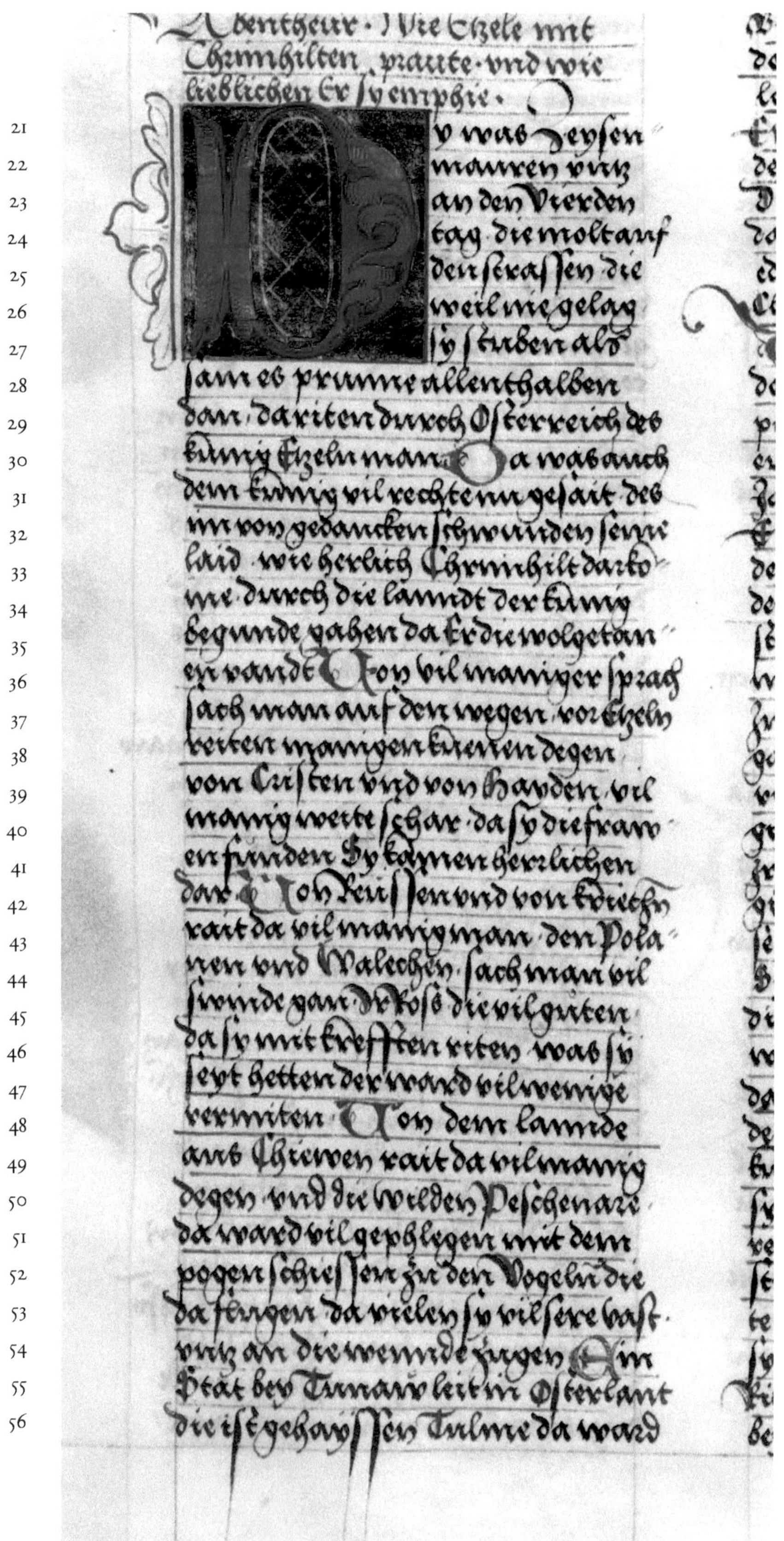
Abentheur. Wie Etzele mit
Chrimhilten prautte. vnd wie
lieblichen Er sy emphie.
Dy was deysen
maunen vntz
an den Vierden
tag. die molt auf
den strassen die
weil nie gelag
sy stuben al-
sam es prunne allenthalben
dan. da riten durch Osterreich des
künig Etzeln man. Da was auch
dem künig vil rechte nu gesait. des
im von gedancken schwunden seine
laid. wie herlich Chrimhilt darkome durch die lanndt der künig
begunde gahen da er die wolgetan-
en vandt. Von vil maniger sprach
sach man auf den wegen. vor Etzeln
reiten mangen künen degen
von Cristen vnd von hayden. vil
manig weite schar. da sy die fraw-
en funden Sy kamen herlichen
dar. Von Reüssen vnd von Kriech-
en rait da vil manig man. den Polanen vnd Walechen. sach man vil
swinde gan. Die Ross die vil guten
da sy mit kreffte riten. was sy
seyt hetten der ward vil wenige
vermiten. Von dem lannde
aus Chiewen rait da vil manig
degen vnd die wilden Peschenaere
da ward vil gephlegen mit dem
pogen schiessen zu den Vogeln die
da flugen. da wielen sy vil sere bast
vntz an die wennde zugen. Ain
Stat bey Tunaw leit in Osterlant
die ist gehaissen Tulme da ward

fol. CXVva ll. 21–56

Dy waɞ Zeyſenmaureŋ vntʒ aŋ deŋ Vierdeŋ tag / die molt auf den ſtraſſeŋ / die weil nie gelag / ſy ſtuben alσ ſam eɞ prunne allenthalben dan / da riten durch Oſterreich deɞ kunig Etʒeln man / Da waɞ auch dem kunig vil rechte nu geſait / deɞ im voŋ gedancken ſchwundeŋ ſeine laid / wie herlich Chrimhilt daꝛkome / durch die lanndt der kunig begunde gahen da Er die wolgetanen vandt Uoŋ ʋil maniger ſpꝛach ſach man auf den wegen / voꝛ Etʒelŋ reiten manigen kuenen degen / von Cꝛiſten vnd voŋ Hayden / vil manig weite ſchar / da ſy die frawen fünden Sy kamen herꝛlichen dar / Uoŋ Reüſſen vnd von kriechñ rait da vil manig man / den Polanen vnd Walecheŋ / ſach man vil ſwinde gan / Ir Roſɞ / die vil gůten / da ſy mit krefften riteŋ / waɞ ſÿ ſeyt hetten der ward vil wenige vermiten / Uoŋ dem lannde auɞ Chieweŋ rait da vil manig degeŋ / vnꝺ ꝺie wilꝺeŋ Peſchenaꝛe / da ward vil gephlegen mit dem pogen ſchieſſen zu den Vogelñ die da flugen / da vieleŋ ſy vil ſere ʋaſt / vntʒ an die wennꝺe zugeŋ / Ein Stat bey Tunaw̃ leit in Oſterlant die iſt gehaÿſſeŋ Tulme da waꝛꝺ

1333 Dy was Zeysenmauren vntz an den Vierden tag
die molt auf den strassen die weil nie gelag
sy stuben als sam es prunne allenthalben dan
da riten durch Osterreich des kunig Etzeln man

1334 Da was auch dem kunig vil rechte nu gesait
des im von gedancken schwunden seine laid
wie herlich Chrimhilt darkome durch die lanndt
der kunig begunde gahen da Er die wolgetanen vandt

1335 Uon vil maniger sprach sach man auf den wegen
vor Etzeln reiten manigen kuenen degen
von Cristen vnd von Hayden vil manig weite schar
da sy die frawen funden Sy kamen herrlichen dar

1336 Uon Reussen vnd von kriechen rait da vil manig man
den Polanen vnd Walechen sach man vil swinde gan
Ir Ross die vil guoten da sy mit krefften riten
was sy seyt hetten der ward vil wenige vermiten

1337 Uon dem lannde aus Chiewen rait da vil manig degen
vnd die wilden Peschenare da ward vil gephlegen
mit dem pogen schiessen zu den Vogelen die da flugen
da vielen sy vil sere vast vntz an die wennde zugen

1338 Ein Stat bey Tunaw leit in Osterlant
die ist gehayssen Tulme da ward Jr bekannt

Jr bekannt vil manig site from
de· den sy ee nie gesach· sy emphiengen
da genüge den laid seyt von jr ge
schach· Vor Etzeln dem künige
ain jngesinde rait fro vnd vil reiche
höfisch vnd auch gemait· wol vier
vnd zwaintzigk fürsten tewr vnd
her· daz sy jr frawen sahen· dauon
begerten sy nicht mer· Der her
zog Ramung aus Walchen lant
mit Sibenhundert mannen kam
Er für Sy gerant sam fliegen die
Vogel also sach man sy varn· da
kam der fürste Gibeche mit vil
herlichen scharn· Hornboge der
schnelle wol mit tausent mann
keret von dem künige gen seiner
frawen dan· vil laute ward gesch
allet nach des lanndes siten· von
den hunen mannen ward auch
da sere geriten· Da kam von
Tennmarche der küene Hagenwart
vnd Jring der vil snelle vor valsche
wol bewart· vnd Irenfrid von
düringe ain waydelicher man
Sy emphiengen Chrimhilden
daz sy des ere muesse han· Mit
zwelfhundert mannen die fuer
tens in jr schar· da kam der herre
Blodelin mit Dreytausent dar·
der Etzelen Brueder aus hünen
lannd· der kam vil herlichen da
Er die künigine vant· Da kam
der künig Etzele· vnd auch her
Diettrich mit allen seinen gesellen·
da was vil lobelich manig ritter
edel· biderb vnd güt· des ward do
Chrimhild vil wol gehöhet der mut
Da sprach zu der küniginne
der herre Ru[...]

fol. CXVvb ll. 1–34

Jr bekannt vil manig ſite frōm=de / den ſy ee nie geſach / ſy emphiengŋ̄ da genůge / den laid ſeyt voŋ jr ge=ſchach / Uoꝛ Etʒeln dem kunige ain ingeſinde rait fro vnd vil reicħe hőfiſch vnd auch gemait / wol vier=undzwaintʒigk Fürſten tewꝛ vnd herꝰ / daʒ ſy jr Frawen ſahen / dauoŋ begerten ſy nicht mer / Der Her=tʒog Ramüng aus walchen lant / mit Sibenhundert manneŋ kaŋ Er für Sy gerant / ſam fliegen die Vogel / alſo ſach man ſy varŋ / da kam der Fürſte Gibeche / mit vil herꝛlichen ſcharŋ / Hoꝛnboge deꝛ ſchnelle wol mit taüſent manŋ / keret voŋ dem künige geŋ ſeiner Fraweŋ dan / vil laute ward geſch=allet nach des Lanndes ſiten / von den Hünen manneŋ ward auch da ſere geriteŋ / Da kam voŋ Tennmarche der küene Hagewaꝛt / vnd Jring der vil ſnelle / voꝛ valſcħe wol bewart / vnd Jrenüret voŋ Düringe ain waydelicher man / Sy emphiengen Chrimhilden / daʒ ſy des ere mueſſe han Mit Zwelfhundert manneŋ / die fueꝛ=tens in jr ſchar / da kam der herꝛe Blodelin / mit Dreytauſent dar / der Etʒelen Brueder aus Hüneŋ lannd / der kam vil herlichen da Er die kunigine vant · Da kam der kunig Etʒele / vnd auch herꝛ

die ist gehayssen Tulme da ward Jr bekannt
vil manig site frömde den sy ee nie gesach
sy emphiengen da genuoge den laid seyt von jr geschach

1339 Uor Etzeln dem kunige ain ingesinde rait
fro vnd vil reiche höfisch vnd auch gemait
wol vierundzwaintzigk Fürsten tewr vnd herr
daz sy jr Frawen sahen dauon begerten sy nicht mer

1340 Der Hertzog Ramung aus walchen lant
mit Sibenhundert mannen kam Er für Sy gerant
sam fliegen die Vogel also sach man sy varn
da kam der Fürste Gibeche mit vil herrlichen scharn

1341 Hornboge der schnelle wol mit tausent mann
keret von dem künige gen seiner Frawen dan
vil laute ward geschallet nach des Lanndes siten
von den Hünen mannen ward auch da sere geriten

1342 Da kam von Tennmarche der küene Hagewart
vnd Jring der vil snelle vor valsche wol bewart
vnd Jrenuret von Düringe ain waydelicher man
Sy emphiengen Chrimhilden daz sy des ere muesse han

1343 Mit Zwelfhundert mannen die fuertens in jr schar
da kam der herre Blodelin mit Dreytausent dar
der Etzelen Brueder aus Hünen lannd
der kam vil herlichen da Er die kunigine vant

1344 Da kam der kunig Etzele vnd auch herr Diettrich

kannd · der kam vil herlichen da
Er die kunigine vant · Da kam
der kunig Etzele · vnd auch her:
Diettrich mit allen seinen geselln·
da was vil lobelich manig Ritter
edel · biderb vnd gůt · des ward do
Chrimhild vil wol gehöhet der mut
Da sprach zu der kunigine
der herre Rudeger fraw euch em
phahen hie der kunig her · Wen ich
euch hayss kussen das sol sein getan·
Ja mugt jr nicht gleiche grüessen
Etzelen man · Da hub man von
dem more die kunigin here · Etzele
der reich enpite do nicht mere er
stund von seinem rosse mit ma
nigem kuenen mann man sach
jn frolichen gegen Chrimhilden
gan · Zwen fürsten reiche als
vnns das ist gesait bey der frawen
giengen · die trugen jr die klaid da
jr der kunig Etzele hin entgegen
gie · da sy den fürsten edlen mit kus
se guettlichen emphie · Auf rugkt
sy jr gepennde jr varbe wolgetan
die leuchtet jr aus dem golde · da
was vil manig man die iahen
daz fraw Helche nicht schoner kun
de sein · da bey so stund vil nahen des
kunigs Bruder Blodelin · Den hiess
sy kussen Rudeger der marggraue
reich · vnd den kunig Giselhern · da
stund auf Diettrich der recken kus
te zwelf des Etzeln weyb · da emphie
sy sunst mit grüsse vil maniges
Ritters leib · Alldieweil vnd Etzel
bey Chrimhilde stund · da tetten do

fol. CXVvb ll. 35–68

Diettrich mit allen ſeineŋ geſellñ / da was vil lobelich manig Ritter edel / biderb vnd gůt / des ward do Chrimhild vil wol gehőhet der můt Da ſpꝛach zu der kuniginne der herre Rudeger Fraw euch em=phahen hie / der kűnig her / Wen ich euch hayſs kűſſen / das ſol ſein getaŋ / Ja műgt jr nicht gleiche grűeſſen Etʒelen man / Da hůb man voŋ dem moꝛe die kűnigin here / Etʒele der reich empite do nicht mere / er ſtůnd von ſeinem Roſſe / mit ma=nigem kűenen mann / man ſach jn frolichen gegen Chrimhilꝺen gan / Zwen Fűrſten reiche als vnns das iſt geſait bey der Frawẽŋ giengen / die trůgen jr die klaid / da jr der kunig Etʒele hin entgegen gie / da ſy den Fűrſten edleŋ / mit kuſ=ſe guettlichen emphie / Aufrugkt Sy jr gepennde jr ʋarbe wolgetaŋ / die leuchtet jr aus dem golde / da was ʋil manig man / die iahen daʒ fraw Helche nicht ſchőner kun=de ſein / da bey ſo ſtůnd vil nahen des kunigs Bꝛůder Blodelin / Den hieſs ſy kuſſen Rudeger der marggraue reich / vnd den kunig Giſecheŋ / da ſtůnd auf Diettrich / der Recken kuſ=te zwelf des Etʒeln weyb / da emphie ſy ſűnſt mit grűſſe vil maniges Ritters leib / All die weil vnd Etʒel bey Chrimhilde ſtůnd / da tetteŋ do

1344 Da kam der kunig Etzele vnd auch herr Diettrich
mit allen seinen gesellen da was vil lobelich
manig Ritter edel biderb vnd guot
des ward do Chrimhild vil wol gehöhet der muot

1345 Da sprach zu der kuniginne der herre Rudeger
Fraw euch emphahen hie der künig her
Wen ich euch hayss küssen das sol sein getan
Ja mügt jr nicht gleiche grüessen Etzelen man

1346 Da huob man von dem more die künigin here
Etzele der reich empite do nicht mere
er stuond von seinem Rosse mit manigem küenen mann
man sach jn frolichen gegen Chrimhilden gan

1347 Zwen Fürsten reiche als vnns das ist gesait
bey der Frawen giengen die truogen jr die klaid
da jr der kunig Etzele hin entgegen gie
da sy den Fürsten edlen mit kusse guettlichen emphie

1348 Aufrugkt Sy jr gepennde jr varbe wolgetan
die leuchtet jr aus dem golde da was vil manig man
die iahen daz fraw Helche nicht schöner kunde sein
da bey so stuond vil nahen des kunigs Bruoder Blodelin

1349 Den hiess sy kussen Rudeger der marggraue reich
vnd den kunig Gisechen da stuond auf Diettrich
der Recken kuste zwelf des Etzeln weyb
da emphie sy sünst mit gruosse vil maniges Ritters leib

1350 All die weil vnd Etzel bey Chrimhilde stuond
da tetten do die tumben als noch die lewte tuond

die tumben als noch die leute tuend·
vil manigen puniays reithen sach
man da geriten das tetten Cristen
helde vnd auch die haiden nach irem
siten Wie recht Ritterlichen die Diet
reiches man die scheffte liessen fliegen mit drunzunen dan hoch vber
schilde von guter Ritter handt von
den tausent gesten ward durchl
manig Schildes rant Da ward
von schefften prechen vil michel
dos vernomen da waren von dem
Lannde die recken alle komen vnd
auch des kuniges geste vil manig
edel man da gieng der kunig reiche
mit fraw Chrimhilden dan Sy
sahen bey jn steende ein vil herlich
gezelt von hutten was erfullet al
vmbe das veld da sy vnnder solten
ruen nach jr arbait von helden
ward geweyset darunder manig
schone maid Mit der kunigine
da sy seit gesass auf reich stuel ge
wate der Marggraue das wol het
geschaffen daz man es vant vil
gut das gesydele Chrimhilde des
frewet sich Etzels mut Was da
redet Etzele das ist mir vnbekant
in der seinen zeswen lag jr weisse
hant sy gesassen mynnikliche da
Rudeger der degen den kunig nicht
wolte lassen Chrimhilde wolte
haimlichen phlegen Da hiess
man lan beleiben den puhurt
vberal mit eren ward verendet
da der grosse schal da giengen zu
den hutten die Etzeln mann man
gab jn herbergen vil weite allent
halben dan Der tag het nu ende

fol. CXVvc ll. 1–34

die tŭmbeŋ alɞ noch die leẅte tűnd /
vil manigeŋ punayɞ reicheŋ ſach
man da geriteŋ / daɞ tetteŋ Cꝛiſten
helde vnd auch die haÿdeŋ nach jreŋ
ſiteŋ / Wie recht Ritterlicheŋ / die Diet=
reicheɞ maŋ die ſcheffte lieſſeŋ flie=
geŋ mit dꝛunʒűneŋ dan / hoch v̈ber
ſchilde voŋ gűter Ritter handt / voŋ
den tauſent geſten ward dűrchl /
manig Schildeɞ rant / Da warꝺ
von ſchefften prechen vil michel
doσ vernomeŋ / da wareŋ von ꝺem
Lannde die recken alle komeŋ / vnd
auch deɞ kunigeɞ geſte / vil manig
edel man / da gieng der kűnig reicȟe
mit fraw Chrimhilꝺen dan Sÿ
ſahen beÿ jn ſteende ein ϐil herlich
gezelt / voŋ hutteŋ waɞ erfüllet al
vmbe daɞ ϐelꝺ / da ſy vnnder ſolten
rűeŋ nach jr arbait / voŋ helꝺeŋ
ward geweyſet darunder manig
ſchone maid / Mit der kűnigine
da ſy ſeit geſaſs / auf reich ſtuel ge=
wate / der Marggraue daɞ wol het
geſchaffen / daʒ man eɞ vant ϐil
gůt / daɞ geſydele Chrimhilꝺe deɞ
frewet ſich Etʒelσ můt · Waɞ da
redet Etʒele / daɞ iſt mir vnbekant /
in der ſeineŋ zeſwen lag jr weiſſe
hant / ſy geſaſſen mÿnnikliche da
Rudeger der degen der kunig nicht
wolte laſſen / Chrimhilde wolte
haimlicheŋ phlegen / Da hieſɞ
man lan beleiben den Buhurt

da tetten do die tumben als noch die lewte tuond
vil manigen punays reichen sach man da geriten
das tetten Cristen helde vnd auch die hayden nach jrem
siten

1351 Wie recht Ritterlichen die Dietreiches man
die scheffte liessen fliegen mit drunzunen dan
hoch v̈ber schilde von guoter Ritter handt
von den tausent gesten ward dürchl manig Schildes rant

1352 Da ward von schefften prechen vil michel dos vernomen
da waren von dem Lannde die recken alle komen
vnd auch des kuniges geste vil manig edel man
da gieng der künig reiche mit fraw Chrimhilden dan

1353 Sy sahen bey jn steende ein vil herlich gezelt
von hutten was erfüllet al vmbe das veld
da sy vnnder solten ruoen nach jr arbait
von helden ward geweyset darunder manig schone maid

1354 Mit der künigine da sy seit gesass
auf reich stuel gewate der Marggraue das
wol het geschaffen daz man es vant vil guot
das gesydele Chrimhilde des frewet sich Etzels muot

1355 Was da redet Etzele das ist mir vnbekant
in der seinen zeswen lag jr weisse hant
sy gesassen mynnikliche da Rudeger der degen
der kunig nicht wolte lassen Chrimhilde wolte haimlichen
phlegen

1356 Da hiess man lan beleiben den Buhurt v̈beral

wolte lan sein Chrimhilde wolte
haimlichen phlegen Da hiess
man lan beleiben den Buhurt
vberal mit eren ward verendet
da der grosse schal da giengen zu
den hütten die Etzeln mann man
gab jn herbergen vil weite aller
thalben dan Der tag het nu ende
sy schuffen jr gemach unz man
den liechten morgen aber scheinen
sach da was zu den rossen komen
manig man. hey was man
kurtzweyle dem künige ze eren be
gan Der küng es nach den eren
die hunen schaffen pat. da riten
sy von Tulme ze Wyenne zu der
Stat da funden sy gezieret vil ma
niger frawen leib. sy empfiengen
wol mit eren des künig Etzels weib
Mit hardt grossen vollen so was
jn berait was sy haben solten vil
manig held gemait. sy frewet gen
dem schalle herbergen man began
des künigs hochzeiten das hub sich
frolich an Sy mochten herbergn
nicht alle in der stat die nicht geste
waren Rudeger die pat daz sy her
berge nemen in das Lannde. ich
wän man alle zeite die fraw
Chrimhilde vant Den herren
Diettreichen. vnd andern manigen
degen sy hetten sich rue mit arbait
bewegen. durch das sy den gesten tro
sten wol den mut. der künig vnd
sein freunde hetten kurtzweyle gůt.
Die hochzeit was gevallen an ein
en Phintztag da der künig Etzele.

fol. CXVvc ll. 35–68

v̈beral mit eren ward verendet / da der groſſe ſchal / da giengeŋ zu den hűtten die Etʒeln mann / maŋ gab jn herbergen vil weite allen= thalben dan / Der tag het nu enꝺe Sy ſchůffen Ir gemach / vntʒ maŋ den liechten moꝛgen aber ſcheineŋ ſach / da was zu den Roſſen komeŋ manig man / Hey was man kurtʒweÿle dem kunige ze eren be= gan / Der kűnig es nach deŋ ereŋ die Hűneŋ ſchaffen pat / da rieten ſy voŋ Tulme ze Wyenne zu der Stat / da funden ſy getʒieret vil ma= niger fraw̃eŋ leib / ſy emphiengŋ̄ wol mit eren des kunig Etʒels weib / Mit hardt groſſen volleŋ ſo was Jn berait / was ſy haben ſolten / vil manig held gemait / ſy frew̃et geŋ dem ſchalle herbergen man begaŋ / des kűniges hochzeiteŋ das hůb ſich frőlich an / Sy mochten herbeꝛgŋ̄ nicht alle in der ſtat / die nicht geſte waren / Rudeger die pat daʒ ſy her= berge nemeŋ in das Lanndt / ich wan man alle zeite die fraw Chrimhilꝺe vant / Den herren Diettricheŋ / vnd annderŋ manigeŋ degen · ſy hetten ſich růe mit arbait bewegen / durch das ſy den geſten trő= ſten wol den můt · der kűnig vnd ſein frew̃nde hetteŋ kurtʒweyle gůt · Die hochzeit was geualleŋ an ein= en Phintʒtag / ꝺa ꝺer kunig Etʒele /

1356 Da hiess man lan beleiben den Buhurt v̈beral
mit eren ward verendet da der grosse schal
da giengen zu den hütten die Etzeln mann
man gab jn herbergen vil weite allenthalben dan

1357 Der tag het nu ende Sy schuoffen Ir gemach
vntz man den liechten morgen aber scheinen sach
da was zu den Rossen komen manig man
Hey was man kurtzweyle dem kunige ze eren began

1358 Der künig es nach den eren die Hünen schaffen pat
da rieten sy von Tulme ze Wyenne zu der Stat
da funden sy getzieret vil maniger frawen leib
sy emphiengen wol mit eren des kunig Etzels weib

1359 Mit hardt grossen vollen so was Jn berait
was sy haben solten vil manig held gemait
sy frewet gen dem schalle herbergen man began
des küniges hochzeiten das huob sich frölich an

1360 Sy mochten herbergen nicht alle in der stat
die nicht geste waren Rudeger die pat
daz sy herberge nemen in das Lanndt
ich wan man alle zeite die fraw Chrimhilde vant

1361 Den herren Diettrichen vnd anndern manigen degen
sy hetten sich ruoe mit arbait bewegen
durch das sy den gesten trösten wol den muot
der künig vnd sein frewnde hetten kurtzweyle guot

1362 Die hochzeit was geuallen an einen Phintztag
da der kunig Etzele bey Chrimhilde lag

fol. CXVIra ll. 1–34

bey Chrimhilde lag / in der Stat ze
Wyenne / ſy wänet ſo manigeŋ maŋ
bey jr erſte manne nie ze dienſt ge=
wan / Sy kunt ſich mit gabe dem deꝛ
ſy nie geſach / vil maniger darůndeꝛ
zu den geſten ſprach / wir wannden
daʒ fraw Chrimhild nicht gůtes möcħ=
te han / nu iſt hie mit jr gabe vil micħ=
el wunder getan / Die hochʒeit weret
Sybentʒehen tage Ich wäne daʒ voŋ
kainem künig mer ſage / des hoch=
zeit gröſſer were / das iſt vnns gaꝛ
verdait / alle die da waren die trů=
gen eytel newe claid Sibeŋ in Ni=
derlanndeŋ / da voꝛ niene geſaſs / mit
ſo manigem reckeŋ / dabey gelaübe
ich das / was Seyfꝛid reich des gůtes /
daʒ Er doch nye gewan / ſo manigŋ̄
Recken edeln / ſo Sy ſach voꝛ Etʒeln
ſtan / Auch gab jr nye dhainer
zu ſeinſelbs hochzeit ſo manigen
reichen mantl / tieff vnd weÿt /
noch ſo gůter klaider / der ſy mocħ=
ten vil han / ſo ſy durch Chrimhil=
de alle hetteŋ hie getaŋ · Ir frün=
de vnd auch jr geſte / die hetteŋ aineŋ
můt / daʒ ſy da nicht ſparten dhaiŋ=
er ſlachte gůt / wes yemand aŋ ſÿ
begerte / das gaben ſy berait / dennoch
geſtůnd da vil der degenne voŋ milte
plos / vnd on claid / Wie ſy ze Reine
ſaſſe / ſy gedacht an das bey jr edleŋ
manne / jr augeŋ wurden naſs / ſy
het es vaſt hele / das es nyemand kun=

da der kunig Etzele bey Chrimhilde lag
in der Stat ze Wyenne sy wänet so manigen man
bey jr erste manne nie ze dienst gewan

1363 Sy kunt sich mit gabe dem der sy nie gesach
vil maniger darunder zu den gesten sprach
wir wannden daz fraw Chrimhild nicht guotes möchte han
nu ist hie mit jr gabe vil michel wunder getan

1364 Die hochzeit weret Sybentzehen tage
Ich wäne daz von kainem künig mer sage
des hochzeit grösser were das ist vnns gar verdait
alle die da waren die truogen eytel newe claid

1365 Siben in Niderlannden da vor niene gesass
mit so manigem recken dabey gelaube ich das
was Seyfrid reich des guotes daz Er doch nye gewan
so manigen Recken edeln so Sy sach vor Etzeln stan

1366 Auch gab jr nye dhainer zu seinselbs hochzeit
so manigen reichen mantl tieff vnd weyt
noch so guoter klaider der sy mochten vil han
so sy durch Chrimhilde alle hetten hie getan

1367 Ir frunde vnd auch jr geste die hetten ainen muot
daz sy da nicht sparten dhainer slachte guot
wes yemand an sy begerte das gaben sy berait
dennoch gestuond da vil der degenne von milte plos vnd on claid

1368 Wie sy ze Reine sasse sy gedacht an das
bey jr edlem manne jr augen wurden nass
sy het es vast hele das es nyemand kunde sehen

fol. CXVIra ll. 35–68

de ſehen / Ir waσ nach manigem laide ſo vil der eren geſchehen Waσ yemand tet mit milte daσ waσ gaꝛ ein wint / v̈nʒ an Diettrichen waσ Gottelungeσ kinꝺ im gegebŋ hette / daσ waσ nu gar verſchwant / auch begieng daσ michel wundeꝛ / deσ milteŋ Rudegerσ handt / Auσ Hunger lannd der Fűrſte Blodeliŋ der hieſσ da läre machen lait ſch=reiŋ / voŋ Silber vnd voŋ golde daσ ward gar hin gegebeŋ / man geſach nÿe kunigeσ helꝺe / ſo recht frolich lebeŋ / Warbel vnd Swamme=lin deσ kunigσ Spileman / Ich wẽ=ne jr yetʒlicher zu der hochʒeit ge=wan / wol ze tauſent marchen / oder dannoch baσ / da die ſchőne krÿmhilt bey Etʒeln vnnder Cꝛone ſaσσ / An dem Achtʒehennꝺem moꝛgeŋ / von wiene ſy do riten / da ward in Ritterſcheffte ſchilꝺe vil verſchniteŋ · von ſperen die da fűr=teŋ die recken an er hant / ſűnſt kam der kunig Etʒele / v̈nʒ in daσ Huniſch landt / Ze Haym=burg der alteŋ / ſy wareŋ vber nacht da kunde nÿemanꝺ wiſſeŋ / wol deσ Volckeσ acht / rait mit wie ge=taner creffte ſy riteŋ v̈ber landt / hey waσ man ſchőner fraẅeŋ / in ſeinem haÿmmůte vandt / Ze Miſenburg der reicheŋ die ſchiffteŋ / ſy ſich aŋ / daσ waσ zu

sy het es vast hele das es nyemand kunde sehen
Ir was nach manigem laide so vil der eren geschehen

1369 Was yemand tet mit milte das was gar ein wint
v̈ntz an Diettrichen was Gottelunges kind
im gegeben hette das was nu gar verschwant
auch begieng das michel wunder des milten Rudegers handt

1370 Aus Hunger lannd der Fürste Blodelin
der hiess da läre machen lait schrein
von Silber vnd von golde das ward gar hin gegeben
man gesach nye kuniges helde so recht frolich leben

1371 Warbel vnd Swammelin des kunigs Spileman
Ich wene jr yetzlicher zu der hochzeit gewan
wol ze tausent marchen oder dannoch bas
da die schöne krymhilt bey Etzeln vnnder Crone sass

1372 An dem Achtzehenndem morgen von wiene sy do riten
da ward in Ritterscheffte schilde vil verschniten
von speren die da fuorten die recken an er hant
sünst kam der kunig Etzele v̈ntz in das Hunisch landt

1373 Ze Haymburg der alten sy waren vber nacht
da kunde nyemand wissen wol des Volckes acht
rait mit wie getaner creffte sy riten v̈ber landt
hey was man schöner frawen in seinem haymmuote vandt

1374 Ze Misenburg der reichen die schifften sy sich an
das was zu der wart verdeckhet Von Ross vnd von mann

fol. CXVIrb ll. 1–34

der wart verdeckhet / Voŋ Roſs vnd voŋ mann / als ſam es erde wëre / was man ſein vleiss ſach / die weg= müeden fraẅeŋ hetten ſenffte vnꝺ auch gemach / Zeſameŋ was ge= ſloſſen manig Schif vil gůt / daʒ jn nicht ſchadeten die windeŋ noch die flůt / darüber was geſpaŋ= nen vil manig gůt getʒelt / ſaŋ ob ſy noch hetten baide lanndt vnꝺ Veld / Da komen diſe mëre ze Etʒel= burg voꝛ dann / da freüten ſich daꝛ= ynnen weib vnd maŋ / das Helcɧ= en ÿnngeſinde des ee die fraẅ pɧlag gelebt bey Chꝛymhilde ſint mani= gen frölichen tag / Da ſtůnd wartende vil manig edelmaiꝺ / die von Helchen tode hetteŋ mani= ge laid · Siben kunige Tochter Chrimhilt noch da vant · von den was wol gezieret alles Etʒeleŋ lant · Die junckfraw Herrant noch des geſindes phlag · die Helcɧ̄ Sweſter tochter / an der vil tugen= de lag / die gemahele Diettriches ains edleŋ kunigs kind / ſtantu= mes die hette vil der eren ſint · Ain der geſte kunfft freüte ſich jr můt / auch was dartʒů beraitet / vil crefftiges gůt · wer kund euch da beſchaiden / wie ſeit der kunig geſaſs / Sy gelebteŋ da ze Hüneŋ nie mer mit jr künigiŋ bas / Da der künig mit ſeineŋ

das was zu der wart verdeckhet   Von Ross vnd von mann
als sam es erde were   was man sein vleiss sach
die wegmüeden frawen   hetten senffte vnd auch gemach

1375 Zesamen was geslossen   manig Schif vil guot
daz jn nicht schadeten   die winden noch die fluot
darüber was gespannen   vil manig guot getzelt
sam ob sy noch hetten   baide lanndt vnd Veld

1376 Da komen dise mere   ze Etzelburg vor dann
da freuten sich darynnen   weib vnd mann
das Helchen ynngesinde   des ee die fraw phlag
gelebt bey Chrymhilde   sint mani gen frölichen tag

1377 Da stuond wartende   vil manig edelmaid
die von Helchen tode   hetten manige laid
Siben kunige Tochter   Chrimhilt noch da vant
von den was wol gezieret   alles Etzelen lant

1378 Die junckfraw Herrant   noch des gesindes phlag
die Helchen Swester tochter   an der vil tugende lag
die gemahele Diettriches   ains edlen kunigs kind
stantumes   die hette vil der eren sint

1379 Ain der geste kunfft   freute sich jr muot
auch was dartzuo beraitet   vil crefftiges guot
wer kund euch da beschaiden   wie seit der kunig gesass
Sy gelebten da ze Hünen   nie mer mit jr künigin bas

1380 Da der künig mit seinem weibe   von dem gstade gerait

der künig gesass· Sy gelebten da
ze Hunen wie wer mit ir künigin
bas· Da der künig mit seinem
weibe von dem gstade gerait ware
yetzliche ware das ward do wol ge
sait der edlen Chrimhilde· Sy grü
sst es dester bas· hey wie gewalti
klich sy seyt an Helchen stat gesass·
Getrewlicher dienste ward ir
vil bekant· da tailt die künigine
golt vnd auch gewant· Silber
vnd gestaine· was sy des über Rein
mit ir ze Hunen brachte· das muss
gar zergeben sein· Auch wurden
ir mit dienste seyder vndertan·
alle des künigs mage vnd alle
seine man· daz nie die fraw Helche
so gewaltikleich gepot· so sy nu
muessen dienen vntz an der
Chrimhilden tot· Da stuend
mit solchen eren der hofe vnd auch
das landt· daz man da zu allen
zeiten die kurtzweile vant· war
nach yetzlichem das hertze trug
den muet· durch des küniges liebe
vnd durch der künigine güt·

Abentheur· Wie Chrimhilt
erwarb· daz ir Brueder zun Hünen
kam·

fol. CXVIrb ll. 35–60

weibe von dem gſtade gerait waꝛe ÿͤetʒliche ware / daσ ward do wol ge=ſait · der edlen Chrimhilꝺe / Sy grů=ſſt eσ deſter baσ / hey wie gewalti=kliche ſy ſeÿͤt an Helchen ſtat geſaσσ · Getrewlicher dienſte ward jr vil bekant / da taÿlt die küͤnigine golt vnd auch gewant / Silber vnd geſtaine / waσ ſy deσ vͤber Rein mit jr ze Hüͤnen bꝛachte / daσ můσ gar zergeben ſein / Auch wurdn̄ jr mit dienſte / ſeyder vnndertan / alle deσ kunigσ mage / vnd alle ſeine man / daʒ nie die fraw Helcḫe ſo gewaltiklich gepot / ſo ſy nu mueſſen dienen vnʒ an der Chrimhilden tot / Da ſtůnd mit ſolchen eren der hofe vnd aucḫ daσ landt / daʒ man da zu allen=zeiten die kurʒweile vant / war=nach yeʒlichem daσ herʒe trůg den můt · durch deσ kunigeσ liebe vnd durch der kunigine gůt ·

1380 Da der künig mit seinem weibe von dem gstade gerait
ware yetzliche ware das ward do wol gesait
der edlen Chrimhilde Sy gruosst es dester bas
hey wie gewaltikliche sy seyt an Helchen stat gesass

1381 Getrewlicher dienste ward jr vil bekant
da taylt die künigine golt vnd auch gewant
Silber vnd gestaine was sy des über Rein
mit jr ze Hünen brachte das muos gar zergeben sein

1382 Auch wurden jr mit dienste seyder vnndertan
alle des kunigs mage vnd alle seine man
daz nie die fraw Helche so gewaltiklich gepot
so sy nu muessen dienen vntz an der Chrimhilden tot

1383 Da stuond mit solchen eren der hofe vnd auch das landt
daz man da zu allenzeiten die kurtzweile vant
warnach yetzlichem das hertze truog den muot
durch des kuniges liebe vnd durch der kunigine guot

Abentheür · Wie Chrimhilt erwarb / daʒ jr Bꝛueder zun Hűneŋ kam

23 Abentheur Wie Chrimhilt erwarb daz jr Brueder zun Hünen kam

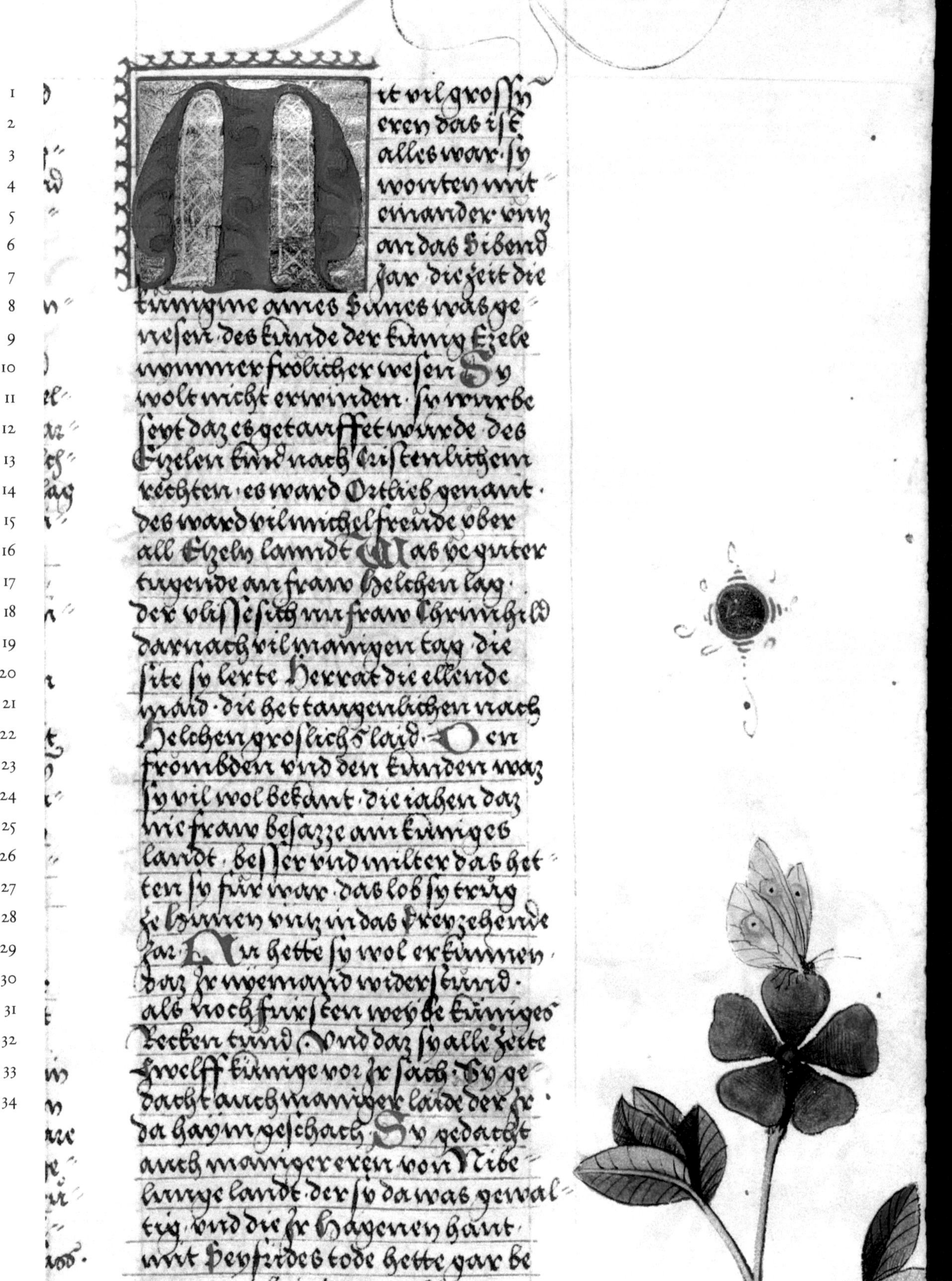

fol. CXVIrc ll. 1–34

Mit vil groſſŋ ereŋ daɞ iſt alleɞ war / ſy wonteŋ mit= einander v̈nʒ an daɞ Sibenꝺ jar / die zeit die küngine aineɞ Suneɞ waɞ ge= neſen / deɞ kunde der kunig Eʒele nymmer frőlicher weſen / Sy wolt nicht erwinden / ſy wurbe ſeyt daʒ eɞ getauffet wurde / deɞ Etʒelen kinꝺ nach Cꝛiſtenlichem rechten / eɞ ward Oꝛtlieb genant · deɞ ward vil michel freűde v̈ber all Etʒelŋ lanndt / Waɞ ÿe guter tugende an Fraw Helchen lag / der vliſſe ſich nu Fraw Chrimhilꝺ darnach vil manigen tag / die ſite ſy lerte Herrat die ellende maid · die het taugenlichen nach Helchen groſlichɞ laiꝺ / Den frőmbden vnd den kunden waʒ ſy vil wol bekant / die iahen daʒ nie fraw beſaʒʒe ain kunigeɞ landt / beſſer vnd milter daɞ het= ten ſy für war / daɞ lob ſy trůg ze Huneŋ v̈nʒ in daɞ ꝺreyʒehenꝺe jaꝛ / Nu hette ſy wol erkunneŋ / daʒ jr nÿemand widerſtůnꝺ · alɞ noch Fürſten weÿbe künigeɞ Recken tůnꝺ · Vnd daʒ ſy alle zeite zwelff künige voꝛ jr ſach · Sy ge= dacht auch maniger laide der jr ·

1384 Mit vil grossen eren das ist alles war
sy wonten miteinander v̈ntz an das Sibend jar
die zeit die künigine aines Sunes was genesen
des kunde der kunig Ezele nymmer frölicher wesen

1385 Sy wolt nicht erwinden sy wurbe seyt
daz es getauffet wurde des Etzelen kind
nach Cristenlichem rechten es ward Ortlieb genant
des ward vil michel freude v̈ber all Etzeln lanndt

1386 Was ye guter tugende an Fraw Helchen lag
der vlisse sich nu Fraw Chrimhild darnach vil manigen tag
die site sy lerte Herrat die ellende maid
die het taugenlichen nach Helchen groslichs laid

1387 Den frömbden vnd den kunden waz sy vil wol bekant
die iahen daz nie fraw besazze ain kuniges landt
besser vnd milter das hetten sy für war
das lob sy truog ze Hunen v̈ntz in das dreyzehende jar

1388 Nu hette sy wol erkunnen daz jr nyemand widerstuond
als noch Fürsten weybe küniges Recken tuond
Vnd daz sy alle zeite zwelff künige vor jr sach
Sy gedacht auch maniger laide der jr da haym geschach

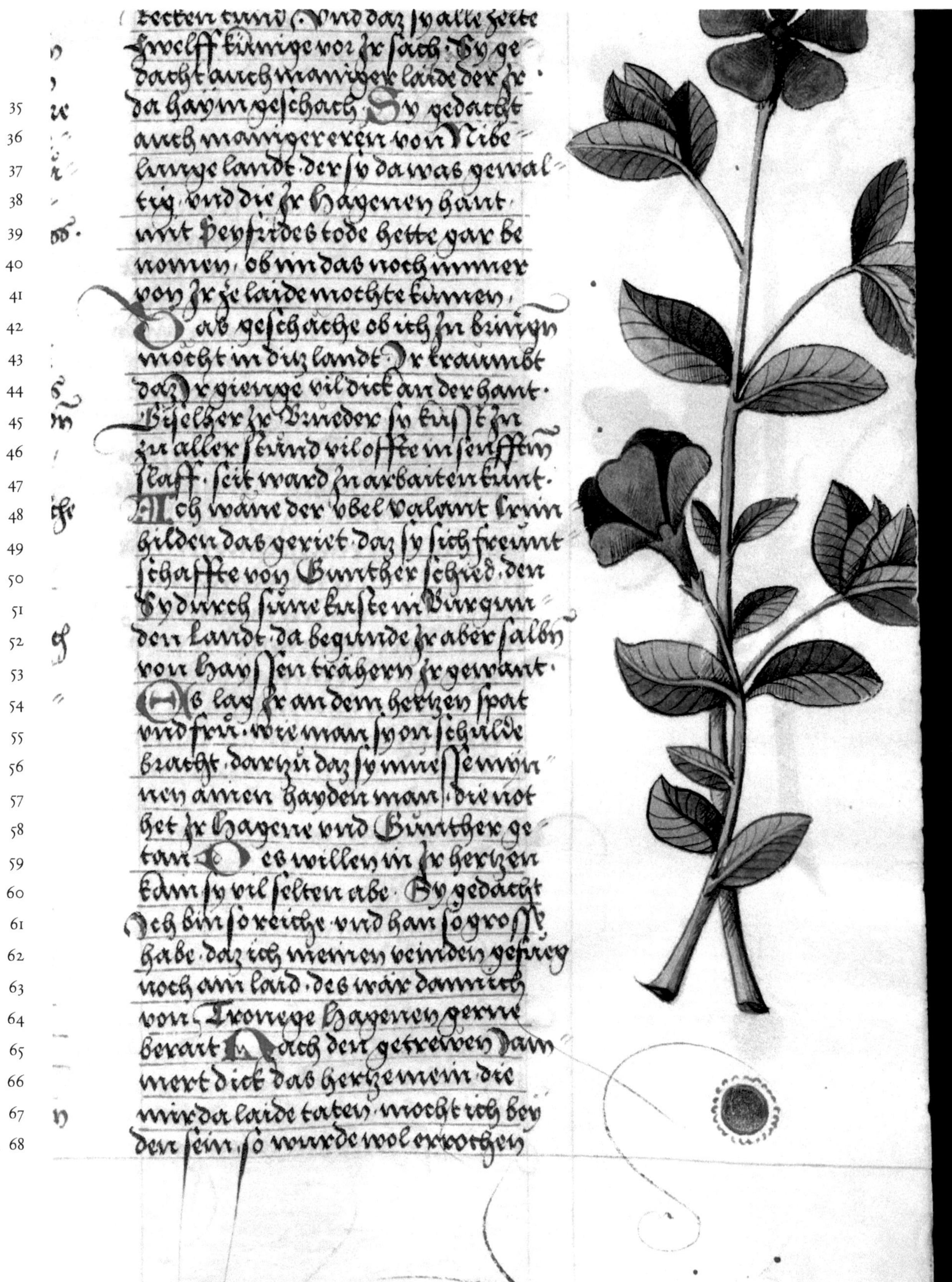

recken tuno (. Vnd daz sy alle zeite
zwelff künige vor jr sach. Sy ge
dacht auch maniger laide der jr
da haim geschach. Sy gedacht
auch maniger eren von Nibe
lunge landt. der sy da was geual
tig. vnd die jr Hagenen hant
mit Seyfrides tode hette gar be
nomen. ob im das noch immer
von jr ze laide mochte kumen.
Das geschache ob ich jn bringn
mocht in diz landt. Jr traumbt
daz Jr gienge vil dick an der hant.
Gyselher jr Prueder sy kusst jn
zu aller stund vil offte in senfftin
slaff. seit ward jn arbaiten kunt.
Ich wane der vbel Valant Kreim
hilden das geriet. daz sy sich freunt
schaffte von Gunther schied. den
sy durch suene kuste in Burgun
den landt. da begunde jr aber salbn
von haissen trahern jr gewant.
Es lag jr an dem hertzen spat
vnd fru. wie man sy on schulde
bracht. darzu daz sy muesse min
nen ainen hayden man. die not
het jr Hagene vnd Gunther ge
tan. Des willen in jr hertzen
kam sy vil selten abe. Sy gedacht
Ich bin so reiche. vnd han so grosse
habe. daz ich meinen veinden gefueg
noch ain laid. des wär damit ich
von Tronege Hagenen gerne
berait. Nach den getrewen iam
mert dick das hertze mein. die
mir da laide taten. mocht ich bey
den sein. so wurde wol errochen

fol. CXVIrc ll. 35–68

da haÿm geſchach / Sy gedacht auch maniger eren / von Nibe=lunge landt / der ſy da waſ gewal=tig / vnd die jr Hageneŋ hant / mit Seyfꝛideſ tode hette gar be nomeŋ / ob im daſ noch immer voŋ jr ze laide mochte kumeŋ / Daſ geſchäche ob ich jn bꝛingŋ̄ moͤcht in ditʒ landt / Ir traümbt daʒ Ir ginge vil dick an der hant · Giſelher jr Bꝛüeder / ſy kuſſt jn zu aller ſtünd vil offte in ſenfftm̄ ſlaff / ſeit ward jn arbaiten kunt · Ich wäne der vbel Valant Crim=hilden daſ geriet / daʒ ſy ſich Freünt=ſchaffte voŋ Gunther ſchied / den Sy durch ſüne kuſte in Burgun=den Landt / da begunde jr aber ſalbŋ̄ von Häyſſen träherŋ jr gewant · Eſ lag jr an dem hertʒeŋ ſpat vnd frů · wie man ſy on ſchulde bꝛacht / dartʒů daʒ ſy müeſſe mÿn=neŋ ainen hayden man / die not het jr Hagene vnd Günther ge=tan / Deſ willeŋ in jr hertʒen kam / ſy vil ſelten abe / Sy gedacht Ich bin ſo reiche / vnd han ſo groſſe habe / daʒ ich meineŋ veindeŋ gefüeg noch ain laid · deſ wär dann ich von Tronege Hageneŋ gerne berait / Nach den getrewëŋ Iaŋ=mert dick daſ hertʒe mein / die mir da laide tateŋ / mocht ich beÿ den ſein / ſo wurde wol errocheŋ

Sy gedacht auch maniger laide der jr da haym geschach

1389 Sy gedacht auch maniger eren von Nibelunge landt
der sy da was gewaltig vnd die jr Hagenen hant
mit Seyfrides tode hette gar benomen
ob im das noch immer von jr ze laide mochte kumen

1390 Das geschäche ob ich jn bringen möcht in ditz landt
Ir traumbt daz Ir ginge vil dick an der hant
Giselher jr Brueder sy kusst jn zu aller stund
vil offte in senfftem slaff seit ward jn arbaiten kunt

1391 Ich wäne der vbel Valant Crimhilden das geriet
daz sy sich Freuntschaffte von Gunther schied
den Sy durch suone kuste in Burgunden Landt
da begunde jr aber salben von Häyssen trähern jr gewant

1392 Es lag jr an dem hertzen spat vnd fruo
wie man sy on schulde bracht dartzuo
daz sy müesse mynnen ainen hayden man
die not het jr Hagene vnd Gunther getan

1393 Des willen in jr hertzen kam sy vil selten abe
Sy gedacht Ich bin so reiche vnd han so grosse habe
daz ich meinen veinden gefüeg noch ain laid
des wär dann ich von Tronege Hagenen gerne berait

1394 Nach den getrewen Iammert dick das hertze mein
die mir da laide taten mocht ich bey den sein
so wurde wol errochen meines Freundes leib

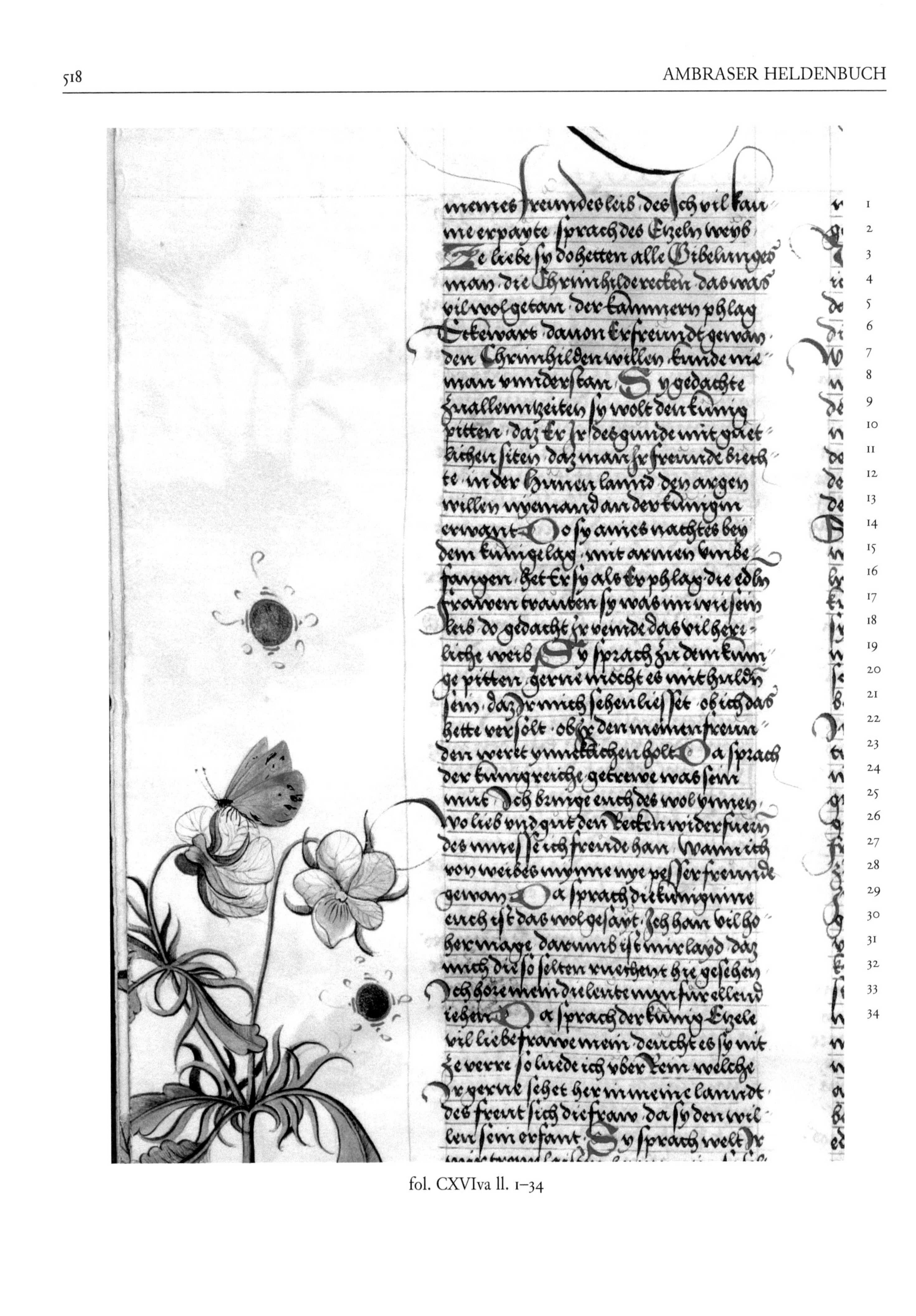

fol. CXVIva ll. 1–34

meineσ Freünꝺeσ leib / deσ Jch vil kaü=me erpaÿte / ſprach deσ Etʒelŋ weÿb / Ze liebe ſy do hetten alle Gibelungeσ maŋ / die Chrimhilde recken / daσ waσ vil wol getan / der kammerŋ phlag Eckewart / dauoŋ Er freündt gewaŋ / den Chrimhilꝺen willeŋ / kunde nie=man vnnderſtan / Sy gedachte zu allenntʒeiteŋ ſy wolt den künig pitten / daʒ Er jr deσ günde mit güet=lichen ſiteŋ / daʒ man jr Freünde bꝛëch=te / in der Hünen lannd / deŋ argeŋ willeŋ nÿemanꝺ an der künigin erwant / Do ſy aineσ nachteσ beÿ dem künige lag / mit armeŋ ʋmbe=fangen / het Er ſy alσ Er phlag / die edlŋ̄ Frawen traüten ſy waσ im wie ſeiŋ leib / do gedacht jr veinde / ꝺaσ ʋil herꝛ=liche weib / Sy ſpꝛach zu dem kuni=ge pitten / gerne möcht eσ mit hulꝺŋ̄ ſeiŋ / ꝺaʒ Ir mich ſehen lieſſet / ob ich daσ hette verſolt / ob jr den meinen freün=den weret ynneklichen holt / Da ſpꝛach der kunig reiche / getrewe waσ ſein můt / Ich bꝛinge euch deσ wol ynneŋ / wo lieb vnd gůt den Recken widerfüꝛŋ̄ deσ mueſſe ich freüde han / wann ich von weibeσ mÿnne nye peſſer freünꝺe gewaŋ · Da ſprach die kuniginne euch iſt daσ wol geſaÿt / jch han ʋil ho=her mage / darumb iſt mir laÿd / daʒ mich die ſo ſelten ruecheŋt hie geſeheŋ / Ich höꝛe mein die leüte nun für ellenꝺ iehen / Da ſprach der künig Etʒele

so wurde wol errochen meines Freundes leib
des Jch vil kaume erpayte sprach des Etzeln weyb

1395 Ze liebe sy do hetten alle Gibelunges man
die Chrimhilde recken das was vil wol getan
der kammern phlag Eckewart dauon Er freundt gewan
den Chrimhilden willen kunde nieman vnnderstan

1396 Sy gedachte zu allenntzeiten sy wolt den künig pitten
daz Er jr des gunde mit güetlichen siten
daz man jr Freunde brechte in der Hünen lannd
den argen willen nyemand an der künigin erwant

1397 Do sy aines nachtes bey dem künige lag
mit armen vmbefangen het Er sy als Er phlag
die edlen Frawen trauten sy was im wie sein leib
do gedacht jr veinde das vil herrliche weib

1398 Sy sprach zu dem kunige
pitten gerne möcht es mit hulden sein
daz Ir mich sehen liesset ob ich das hette versolt
ob jr den meinen freunden weret ynneklichen holt

1399 Da sprach der kunig reiche getrewe was sein muot
Ich bringe euch des wol ynnen wo lieb vnd guot
den Recken widerfüren des muesse ich freude han
wann ich von weibes mynne nye pesser freunde gewan

1400 Da sprach die kuniginne euch ist das wol gesayt
jch han vil hoher mage darumb ist mir layd
daz mich die so selten ruechent hie gesehen
Ich höre mein die leute nun für ellend iehen

1401 Da sprach der künig Etzele vil liebe frawe mein

mich die so selten [illegible] hie gesehen
Jch höre mein die leute nun für ellend
jehen. Da sprach der künig Etzele
vil liebe frawe mein, deucht es sy nit
ze verre so lede ich über Rein welche
Jr gerne sehet her in meine lanndt.
des freut sich die fraw, da sy den wil
len sein erkant. Sy sprach welt Jr
mir trewe laisten herre mein, so solt
Jr poten senden ze Wurms über
Rein, so empeut ich meinen freunden
des ich da habe mut, so kumbt vns
her ze Lannde vil manig edel Ritt
ter. Er sprach wenn Jr gepietet
so lat es geschehen, Jr kundt ewr frün
de so gerne nye gesehen als ich sy gesihe
der edlen Vten kind. mich müet das
hart sere daz sy vns so lang frömbde
sint. Ob es dir wol geviele vil
liebe frawe mein, die meinen Vide
laire in Burgunden lant. die güten
Videlaire pat Er bringen so ze hannt.
Sy eylten hart palde da der kü
nig sass bey der künigine Er sagt
Jn baiden das sy solten werben in
Burgunden Lanndt. da hiess Er
Jn beraiten hart herrlich gewant.
Vierundzwainzigk Recken be
rait man da die claid auch ward
Jn von dem künige die potschafft ge
sait. wie sy dar laden solten Gunt
herren vnd sein man Chrimhilt
die frawe sy vnnder sprechen began.
Da sprach der künig reiche Jch
sag euch wie Jr tüt Jch empeute
meinen freunden lieb vnd alles
güt. daz sy geruchen reiten. heer

fol. CXVIva ll. 35–68

vil liebe fraẅe mein / deücht es ſy nit ze verre / ſo luede ich v̈ber Rein / welche Ir gerne ſehet her in meine lanndt / des freut ſich die fraw / da ſy den willen ſein erfant / Sy ſprach welt Ir mir trewe laiſten herre mein / ſo ſolt jr poten ſennden ze Wurms v̈ber Rein / ſo empeüt ich meineŋ freünꝺŋ des ich da habe můt / ſo kumbt ʋnns heer ze Lannde / vil manig edel Ritt᷑ gůt / Er ſpꝛach wenŋ Ir gepietet / ſo lat es geſchehen / Ir kündt ewr fꝛüŋde ſo gerne nye geſehen / als Ich ſy geſihe / der edleŋ V̊ten kinꝺ / mich müet das haꝛt ſere / daʒ ſy vnns ſo lang frömbꝺe ſint / Ob es dir wol geuiele ʋil liebe fraẅe mein / die meineŋ Videläre in Burgunden lant / die gůtŋ Videläre pat Er bringen ſo ze hannt / Sy eylten hart palde da der künig ſaſs bey der kuniginne Er ſagt jn baiden das / ſy ſolteŋ werben iŋ Burgunden Lanndt / da hieſs Er jn beraiten hart herꝛlich gewant / Uierundzwaintʒigk Recken berait man ꝺa die claid / auch warꝺ jn von dem künige die potſchafft geſait / wie ſy dar laꝺen ſolten Guntherren ʋnd ſein man / Chrimhilt die Fraẅe ſy vnnder ſprechen begaŋ · Da ſprach der kunig reiche / Ich ſag eüch wie jr tůt / Ich empeute meinen Freundeŋ lieb / ʋnd alles gůt / daʒ ſy gerůchen reiteŋ / heer

1401 Da sprach der künig Etzele vil liebe frawe mein
deucht es sy nit ze verre so luede ich v̈ber Rein
welche Ir gerne sehet her in meine lanndt
des freut sich die fraw da sy den willen sein erfant

1402 Sy sprach welt Ir mir trewe laisten herre mein
so solt jr poten sennden ze Wurms v̈ber Rein
so empeut ich meinen freunden des ich da habe muot
so kumbt vnns heer ze Lannde vil manig edel Ritter guot

1403 Er sprach wenn Ir gepietet so lat es geschehen
Ir kundt ewr fründe so gerne nye gesehen
als Ich sy gesihe der edlen Voten kind
mich müet das hart sere daz sy vnns so lang frömbde sint

1404 Ob es dir wol geuiele vil liebe frawe mein
die meinen Videläre in Burgunden lant
die guoten Videläre pat Er bringen so ze hannt

1405 Sy eylten hart palde da der künig sass
bey der kuniginne Er sagt jn baiden das
sy solten werben in Burgunden Lanndt
da hiess Er jn beraiten hart herrlich gewant

1406 Uierundzwaintzigk Recken berait man da die claid
auch ward jn von dem künige die potschafft gesait
wie sy dar laden solten Guntherren vnd sein man
Chrimhilt die Frawe sy vnnder sprechen began

1407 Da sprach der kunig reiche Ich sag euch wie jr tuot
Ich empeute meinen Freunden lieb vnd alles guot
daz sy geruochen reiten heer in meine lannd

in meine lannd. Ich han so lieber
geste hart wenig noch bekannt.
Und ob sy meines willen wellen
icht began. die Chrimhilde mag
daz sy des nicht lan. sy kumen an
disen Summer zu meiner hochzeit
Wann vil der meinen wunne an
meinen kone magen leit. Da sprach
der Videlare der stoltze Swemmelin
wenn sol ewr hochzeit in disen lan
den sein. daz wir das ewren freun
den kunden dort gesagen. da sprach
der kunig Etzele zu den nachsten
Sunnwenden tagen. Wir tun
was jr gepietet. sprach do Warbe
hin. in jr kemmenaten pat sy die
kunigin bringen taugenlich. daz
sy die poten sprach. da von vil ma
nigem degene seit wenig liebes ge
schach. Sy sprach zu den poten
baiden. nu dienet michel gut. daz
jr meinen willen vil tugentlichen
tut. und sagt was ich empiete haim
iz unnser lannd. ich mach euch
gutes weiche und gib euch zierlich
gewant. Und was jr meiner
freunde ymmer mugt gesehen
ze Wurms bey dem Reine. den solt
jr nichts versehen. daz jr noch mer
gesehet betrubet meinen muet.
und sagt meinen dienst den helden
kuen und gut. Bittet daz sy lai
sten daz in der kunig empot. und
mich damit schaiden von aller
meiner not die Hunen wellent
wanen daz ich on freunde sey. ob
ain Ritter were. ich kom in etwen
bey. Und sagt auch Gernot dem
edlen Bruder mein. daz im in der

fol. CXVIvb ll. 1–34

in meine lannd / Jch han ſo lieber
geſte hart wenig noch bekannt /
Und ob ſy meines willeŋ wellŋ̄
icht began / die Chrimhilde mag
das ſy des nicht lan / ſy kumeŋ aŋ
diſen Summer zu meiner hochzeit
Wann vil der meineŋ wunne aŋ
meineŋ kone mageŋ leit · Da ſpꝛacɧ
der Videlare der ſtoltʒe Swammeliŋ
wenn ſol ewꝛ Hochtʒeit iŋ diſeŋ lan=
den ſein / daʒ wir das Ewꝛeŋ freun=
den kundeŋ doꝛt geſageŋ / da ſprach
der kunig Etʒele / zu den nachſten
Sũnnwenden tageŋ · Wir tůŋ
was jr gepietet / ſprach do Warbe=
lin / in jr kemmenaten pat ſy die
kunigin bꝛingen taugenlich / daʒ
ſy die poten ſprach / da voŋ vil ma=
nigeŋ degene ſeit wenig liebes ge=
ſchach / Sy ſprach zu den poten
baiden / nu dienet michel gůt / daʒ
Ir meineŋ willeŋ vil tugentlichŋ̄ /
tůt / vnd ſagt was ich empiete haiŋ
in vnnſer lannd / ich mach euch
gůtes reiche / vnd gib euch zierlich
gewant · Und was jr meiner
Freunde ÿmmer mũgt geſeheŋ /
ze Wurmσ bey dem Reine / den ſolt
jr nichtσ verjeheŋ / daʒ Ir noch mer
geſehet betrüebet meineŋ můt /
vnd ſagt meineŋ dienſt den Heldŋ̄
küen vnd gůt / Bittet daʒ ſy lai=
ſten daʒ jn der kunig enpot / vnd
mich damit ſchaiden voŋ aller

daz sy geruochen reiten heer in meine lannd
Jch han so lieber geste hart wenig noch bekannt

1408 Und ob sy meines willen wellen icht began
die Chrimhilde mag das sy des nicht lan
sy kumen an disen Summer zu meiner hochzeit
Wann vil der meinen wunne an meinen kone magen leit

1409 Da sprach der Videlare der stoltze Swammelin
wenn sol ewr Hochtzeit in disen landen sein
daz wir das Ewren freunden kunden dort gesagen
da sprach der kunig Etzele zu den nachsten Sunnwenden tagen

1410 Wir tuon was jr gepietet sprach do Warbelin
in jr kemmenaten pat sy die kunigin
bringen taugenlich daz sy die poten sprach
da von vil manigem degene seit wenig liebes geschach

1411 Sy sprach zu den poten baiden nu dienet michel guot
daz Ir meinen willen vil tugendlichen tuot
vnd sagt was ich empiete haim in vnnser lannd
ich mach euch guotes reiche vnd gib euch zierlich gewant

1412 Und was jr meiner Freunde ymmer mügt gesehen
ze Wurms bey dem Reine den solt jr nichts verjehen
daz Ir noch mer gesehet betrüebet meinen muot
vnd sagt meinen dienst den Helden küen vnd guot

1413 Bittet daz sy laisten daz jn der kunig enpot
vnd mich damit schaiden von aller meiner not

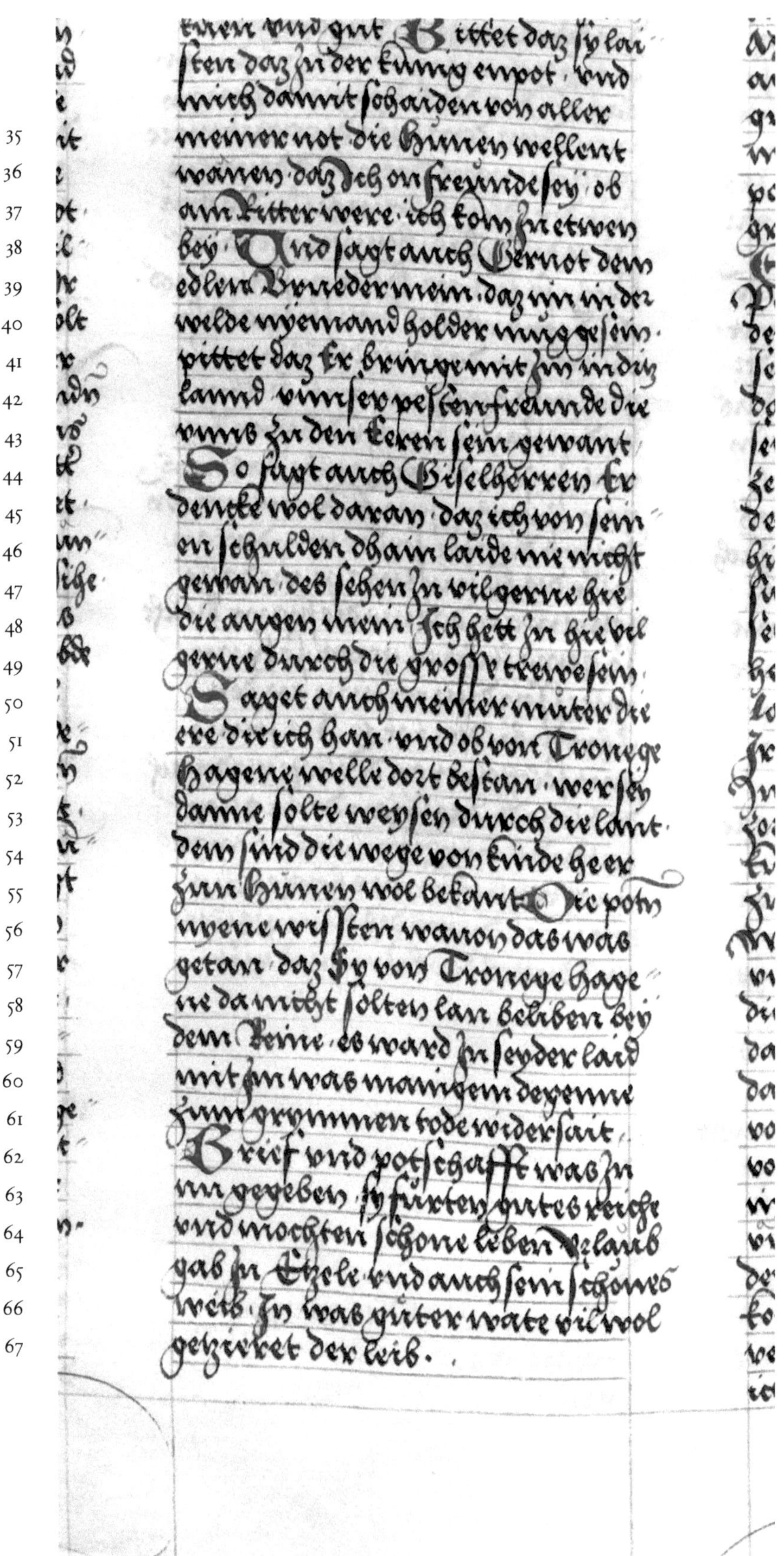

eren vnd gut · Bittet daz sy lai
sten daz in der kunig empot · vnd
mich damit schaiden von aller
meiner not · die Hunen wellent
wanen · daz ich on freunde sey · ob
ain Ritter were · ich kom in etwen
bey · Vnd sagt auch Gernot dem
edlen Brueder mein · daz im in der
welde nyemand holder mug gesein ·
pittet daz Er bringe mit im in diz
lannd vnnser pessten freunde die
vnns zu den Eeren sein gewant
So sagt auch Giselherren Er
dencke wol daran · daz ich von sein
en schulden dhain laide nie nicht
gewan · des sehen in vil gerne hie
die augen mein · Ich hett in hie vil
gerne durch die grosse trewe sein ·
Saget auch meiner muter die
ere die ich han · vnd ob von Tronege
Hagene welle dort bestan · wer sey
danne solte weysen durch die lant ·
dem sind die wege von kinde heer
zun Hunen wol bekant · Die pot
mene wissten waron das was
getan · daz sy von Tronege Hage
ne da nicht solten lan beliben bey
dem Reine · es ward in seyder laid
mit im was manigem degenne
zum grymmen tode widersait
Brief vnd potschafft was in
im gegeben · sy furten gutes reiche
vnd mochten schone leben · Vrlaub
gab in Etzele vnd auch sein schones
weib · in was guter wate vil wol
gezierket der leib ·

fol. CXVIvb ll. 35–67

meiner not / die Hűneŋ wellent wǟneŋ / daʒ Ich on Freűnde ſeÿ / ob ain Ritter were / ich koŋ jn etweŋ beÿ / Und ſagt auch Gernot deŋ edlen Brueder mein · daʒ im in deꝛ welde nÿemanꝺ holꝺer műg geſeiŋ / pittet ꝺaʒ Er bringe mit jŋ in ditʒ lannꝺ / vnnſer peſten Freunꝺe ꝺie vnnꜱ zu den Eeren ſein gewant / So ſagt auch Giſelherreŋ Er dencke wol daraŋ / daʒ ich voŋ ſein=en ſchulꝺen dhain laiꝺe nie nicht gewan / deꜱ ſehen jn vil gerne hie die augeŋ mein / Jch hett jn hie ʋil gerne durch die groſſe trewe ſeiŋ / Saget auch meiner můter ꝺie ere / die ich han / vnd ob von Tronege Hagene welle doꝛt beſtan / wer ſeÿ ꝺanne ſolte weyſeŋ durch die lant / deŋ ſind die wege voŋ kinde heer zun Hűneŋ wol bekant · Die potŋ nyene wiſſten wauoŋ daꜱ waꜱ getan / daʒ Sy voŋ Tronege Hage=ne da nicht ſolteŋ lan beliben beÿ dem Reine / eꜱ ward jn ſeyder laiꝺ mit jm waꜱ manigem degenne zum grymmen tode widerſait / Brief vnd potſchafft waꜱ jn nu gegebeŋ / ſy fűrteŋ guteꜱ reicɧe vnd mochten ſchone leben / Vꝛlaűb gab jn Etʒele / vnd auch ſein ſchőneꜱ weib / Jŋ waꜱ gůter wate vil wol getʒieret der leib ·

vnd mich damit schaiden von aller meiner not
die Hünen wellent wänen daz Ich on Freunde sey
ob ain Ritter were ich kom jn etwen bey

1414 Und sagt auch Gernot dem edlen Brueder mein
daz im in der welde nyemand holder müg gesein
pittet daz Er bringe mit jm in ditz lannd
vnnser pesten Freunde die vnns zu den Eeren sein gewant

1415 So sagt auch Giselherren Er dencke wol daran
daz ich von seinen schulden dhain laide nie nicht gewan
des sehen jn vil gerne hie die augen mein
Jch hett jn hie vil gerne durch die grosse trewe sein

1416 Saget auch meiner muoter die ere die ich han
vnd ob von Tronege Hagene welle dort bestan
wer sey danne solte weysen durch die lant
dem sind die wege von kinde heer zun Hünen wol bekant

1417 Die poten nyene wissten wauon das was getan
daz Sy von Tronege Hagene da nicht solten lan
beliben bey dem Reine es ward jn seyder laid
mit jm was manigem degenne zum grymmen tode widersait

1418 Brief vnd potschafft was jn nu gegeben
sy fuorten gutes reiche vnd mochten schone leben
Vrlaub gab jn Etzele vnd auch sein schönes weib
Jn was guoter wate vil wol getzieret der leib

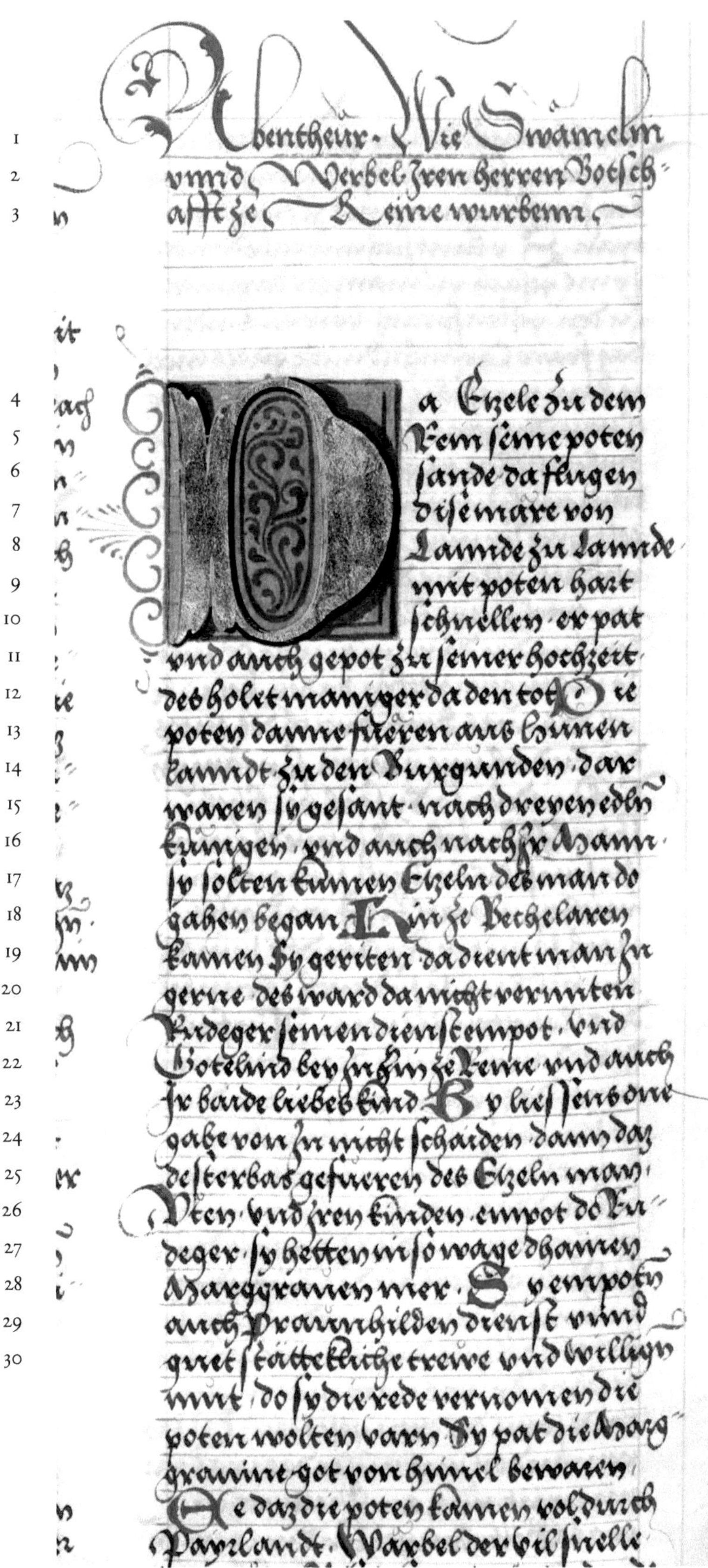

Abentheür · Wie Swämelin
vnnd Werbel Iren herren Botschafft ze Reine wurbenn

Da Etzele zu dem
Rein seine poten
sande da flugen
dise märe von
Lannde zu Lannde
mit poten hart
schnellen · er pat
vnd auch gepot zu seiner hochzeit
des holet maniger da den tot Die
poten danne füeren aus hunen
Lanndt zu den Burgunden dar
waren sy gesant nach dreyen edln
kunigen vnd auch nach jr mann
sy solten kumen Etzeln des man do
gahen began Hin ze Bechelaren
kamen Sy geriten da dient man jn
gerne des ward da nicht vermiten
Rüedeger seinen dienst empot · vnd
Gotelind bey jn hin ze Reine vnd auch
jr baide liebes kind Sy liess sen one
gabe von jn nicht schaiden dann daz
desterbas gefüeren des Etzeln man
Vten vnd jren kinden empot do Rudeger sy hetten in so wage dhainen
Marggrauen nier · Sy empoten
auch Praunhilden dienst vnnd
guet stätteklich treiwe vnd willigen
mut do sy die rede vernomen die
poten wolten varn Sy pat die Marggrauine got von himel bewaren
E daz die poten kamen vol durch
Payrlandt · Warbel der vil snelle

fol. CXVIvc ll. 1–30

Abentheuͧr · Wie Swaͤmelin vnnd Werbel jren herren Botſch=afft ze Reine wurbenn

Da Etʒele zu deŋ Rein ſeine poteŋ ſande / da flugeŋ diſe maͤre voŋ Lannde zu Lannde / mit poten haꝛt ſchnelleŋ / er pat vnd auch gepot zu ſeiner hochʒeit / deɞ holet maniger da den tot · Die poteŋ danne fuͧeren auɞ Huͧnen lanndt / zu den Burgŭndeŋ / dar wareŋ ſy geſant / nach dreyeŋ edlŋ̄ kuͧnigeŋ / vnd auch nach jr Mann / ſy ſolten kumeŋ Etʒeln deɞ man do gahen began / Hin ze Bechelareŋ kameŋ Sy geriten / da dient man jn gerne / deɞ ward da nicht vermiten Rudeger ſeinen dienſt empot / ʋnd Gotelind bey jn hiŋ ze Reine / vnd auch Jr baide liebeɞ kind By lieſſenɞ one gabe von jn nicht ſchaideŋ / danŋ daʒ deſterbaɞ gefuͤereŋ deɞ Etʒeln maŋ / Vͧteŋ / ʋnd jreŋ kindeŋ / empot do Ru=deger / ſy hetteŋ in ſo wage dhaineŋ Marggrauͧeŋ mer / Sy empotŋ̄ auch Prauͧnhilꝺeŋ dienſt vnnꝺ guet ſtaͤttekliche trewͤe vnd willigŋ̄

24 Abentheur Wie Swämelin vnnd Werbel jren herren Botschafft ze Reine wurbenn

1419 Da Etzele zu dem Rein seine poten sande
da flugen dise märe von Lannde zu Lannde
mit poten hart schnellen er pat vnd auch gepot
zu seiner hochzeit des holet maniger da den tot

1420 Die poten danne füeren aus Hünen lanndt
zu den Burgunden dar waren sy gesant
nach dreyen edlen künigen vnd auch nach jr Mann
sy solten kumen Etzeln des man do gahen began

1421 Hin ze Bechelaren kamen Sy geriten
da dient man jn gerne des ward da nicht vermiten
Rudeger seinen dienst empot vnd Gotelind
bey jn hin ze Reine vnd auch Jr baide liebes kind

1422 By liessens one gabe von jn nicht schaiden dann
daz desterbas gefueren des Etzeln man
Vͧten vnd jren kinden empot do Rudeger
sy hetten in so wage dhainen Marggrauen mer

1423 Sy empoten auch Praunhilden dienst vnnd guet
stättekliche trewe vnd willigen muot

Marggrauen wer. Dy empoten
auch Praunhilden dienst vnnd
guet stättekliche treiwe vnd willign
muet. do sy die rede vernomen die
poten wolten varn Sy pat die Marg
grauinne got von himel bewarn
Ee daz die poten kamen vol durch
Payrlandt. Warbel der vil snelle
den guten Bischof vandt. Was der do
seinen freunden hin ze Reine empot
das ist mir nicht gewissen. nun
sein golt also rot Gab Er den potn
ze mynne reiten Er sy lie. da sprach
der Bischof Pilgrin solt ich sy sehen
hie. mir wär wol ze mute die swester
sune mein. wann ich mag laider
selten zu jn komen an den Rein Wel
he weg sy fueren ze Reine durch die
lanndt des kan ich nicht beschaidn.
Jr Silber vnd gewandt. das nam
In nyemand man vorcht jr herrn
zorn. Da was vil gewaltig der edel
kunig hochgeborn. Vnner tagen
zwelffen. sy kamen an den Rein. ze
Wurms zu dem Lannde. Warbel
vnd Swämmelin. da saget man
die märe den kunigen vnd jr man.
da komen poten frömbde Gunther
da fragen began. Da sprach der vogt
von Reine wer tut vns das bekant.
von wannen dise frömden reiten.
in das lanndt. das wisset nyemand
vntz daz sy sach hagene von Tronege
der helt zu Gunthern sprach Vns
koment newe märe des wil ich euch
verjehen. des Etzeln Videlare die han
ich hie gesehen. Sy hat ewr swester

fol. CXVIvc ll. 31–64

můt / do ſy die rede vernomeŋ die poten wolteŋ ʋarŋ / Sy pat die Maꝛg=grauine / got von himel bewaꝛeŋ / Ee daʒ die poteŋ kameŋ vol duꝛch Paÿꝛlandt / wärbel der ʋil ſnelle / deŋ gůteŋ Biſchof vand / waꜱ der do ſeinen Freünden hin ze Reine empot / daꜱ iſt mir nicht gewiſſen / nün ſein golt alſo rot / Gab Er den potŋ̄ ze mÿnne reiten Er ſy lie / da ſpꝛach der Biſchof Bilgrin / ſolt ich Sy ſehŋ̄ hie / mir wär wol ze můte die ſweſter ſůne mein / wann ich mag laider ſelten zů jn komeŋ aŋ deŋ Rein / Wel=he weg ſy füereŋ ze Reine durch die Lanndt / deꜱ kan ich nicht beſchaidŋ̄ / Jr Silber vnd gewandt / daꜱ naŋ In nÿemand / man voꝛcht jr herꝛŋ zoꝛŋ / Ia waꜱ ʋil gewaltig der edel künig hoch geboꝛŋ / Ynner tageŋ zwelffeŋ / ſy kameŋ an deŋ Rein / ze wurmꜱ zu dem Lannde / warbel vnd Swammeliŋ / da ſaget maŋ die märe deŋ kunigen vnd jr maŋ / da komeŋ poten frömbde / Gunther da frageŋ began Da ſprach der ʋogt von Reine wer tůt vnnꜱ daꜱ bekant · voŋ wanneŋ diſe frömdeŋ reiteŋ / in daꜱ lanndt / daꜱ wiſſet nÿemanð v̈ntʒ ðaʒ ſy ſach Hagene voŋ Tronege der Helt zu Güntherŋ ſprach / Unꜱ komend newe märe deꜱ wil ich euch verieheŋ / deꜱ Etʒeln Videläre / die haŋ ich hie geſeheŋ / Sy hat Ewꝛ Sweſter

stättekliche trewe vnd willigen muot
do sy die rede vernomen die poten wolten varn
Sy pat die Marggrauine got von himel bewaren

1424 Ee daz die poten kamen vol durch Payrlandt
wärbel der vil snelle den guoten Bischof vand
was der do seinen Freunden hin ze Reine empot
das ist mir nicht gewissen nun sein golt also rot

1425 Gab Er den poten ze mynne reiten Er sy lie
da sprach der Bischof Bilgrin solt ich Sy sehen hie
mir wär wol ze muote die swester suone mein
wann ich mag laider selten zuo jn komen an den Rein

1426 Welhe weg sy fueren ze Reine durch die Lanndt
des kan ich nicht beschaiden Jr Silber vnd gewandt
das nam In nyemand man vorcht jr herrn zorn
Ia was vil gewaltig der edel künig hoch geborn

1427 Ynner tagen zwelffen sy kamen an den Rein
ze wurms zu dem Lannde warbel vnd Swammelin
da saget man die märe den kunigen vnd jr man
da komen poten frömbde Gunther da fragen began

1428 Da sprach der vogt von Reine wer tuot vnns das bekant
von wannen dise frömden reiten in das lanndt
das wisset nyemand v̈ntz daz sy sach
Hagene von Tronege der Helt zu Gunthern sprach

1429 Uns komend newe märe des wil ich euch veriehen
des Etzeln Videläre die han ich hie gesehen
Sy hat Ewr Swester gesendet an den Rein

gesendet an den Rein· sy sullen vns
durch jr herren recht willekomen
sein· Sy ryten all beraiten für
den palas dan· es gefüeren herlich
wye fursten Spilman· des kuniges
yngesynnde· emphie sy so zehant
man gab jn herberg· vnd hies so be
halten jr gewant· Ir raysclaider
waren so reich vnd so wol getan
da mochten Sy mit eren für den
kunig gan· der wolten Sy nicht
mare da ze hofe tragen· ob jr ye
mand ruchte die poten hiessen
das sagen In derselben masse
man auch leute vant· die es vil
gerne namen den warde es gesant
da legten an die geste verrer besser
wat als es kunigs poten ze tragen
herlichen stat Do giengmit
vrlaube der kunig sass· des Etzeln
gesinde gerne sach man daz Ha
gene zuchtiklichen gen den poten
sprang· vnd emphieng sy minne
klichen des sagen im die knaben
danck Durch die kunden mare
fragen Er began· wie sich Ezel
gehabete vnd seine man· da sprach
der Videlære das land stund nie
bas noch so fro die leute nu wisset
endelichen das Sy giengen zu
dem Wirte· der palas der was vol
da emphieng man die geste· wie
man von rechte sol· güettlichen
gruessen in annder kunige lant
warb Er vil der recken die Gunt
here vant Der kunig getzogen
lichen gruessen Sy began· seyt
willekomen baide jr hunen Spil
man vnd ewr heergesellen hat

fol. CXVIIra ll. 1–34

geſendet aŋ deŋ Rein / ſy ſülleŋ ʋnσ durch jr herreŋ / recht willekomeŋ ſeiŋ / Sy ryteŋ all beraiteŋ fűr den palaϐ daŋ / eϐ gefuereŋ herlicħ? nÿe Furſteŋ Spilmaŋ / deϐ kűnigeσ yngeſÿnnde · emphie ſy ſo ze hant / maŋ gab jn Herberg / vnd hieſσ be= halten jr gewant · Ir Rayſclaider wareŋ ſo reich / vnd ſo wol getaŋ / Ia mochteŋ Sy mit ereŋ fűr deŋ kűnig gan / der wolteŋ Sy nicht mǟre da ze hofe tragen / ob jr ye= mand rűchte die poten hieſſen daϐ ſageŋ / In derſelben maſſe man auch leűte vant · die eϐ vil gerne nameŋ / den ward eϐ geſant / da legten an die geſte / verrer beſſeꝛ wat / alϐ eϐ kunigσ poteŋ ze tragñ herꝛlichen ſtat · Do gieng mit vrlaube der kűnige ſaſϐ / deϐ Etʒelñ geſinde gerne ſach man daʒ Ha= gene zuchtiklicheŋ geŋ den poteŋ ſprang / vnd emphieng ſy inne= klicheŋ deϐ ſageŋ im die knaben danck / Durch die kundeŋ mǟre frageŋ Er began / wie ſich Etʒel gehabete / vnd ſeine man / da ſpracħ der Videlĕre daϐ land ſtůnd nie baϐ / noch ſo fro die leűte / nu wiſſet endelichen daϐ / Sy giengen zu dem Wirte / der palaϐ der waϐ ʋol / da emphieng man die geſte / wie man von rechte ſol / gűettlicheŋ grűeſſen in annder kűnige lant /

Sy hat Ewr Swester gesendet an den Rein
sy süllen vns durch jr herren recht willekomen sein

1430 Sy ryten all beraiten für den palas dan
es gefueren herlicher nye Fursten Spilman
des küniges yngesynnde emphie sy so ze hant
man gab jn Herberg vnd hiess behalten jr gewant

1431 Ir Raysclaider waren so reich vnd so wol getan
Ia mochten Sy mit eren für den künig gan
der wolten Sy nicht märe da ze hofe tragen
ob jr yemand ruochte die poten hiessen das sagen

1432 In derselben masse man auch leute vant
die es vil gerne namen den ward es gesant
da legten an die geste verrer besser wat
als es kunigs poten ze tragen herrlichen stat

1433 Do gieng mit vrlaube der künige sass
des Etzelen gesinde gerne sach man daz
Hagene zuchtiklichen gen den poten sprang
vnd emphieng sy inneklichen des sagen im die knaben danck

1434 Durch die kunden märe fragen Er began
wie sich Etzel gehabete vnd seine man
da sprach der Videlere das land stuond nie bas
noch so fro die leute nu wisset endelichen das

1435 Sy giengen zu dem Wirte der palas der was vol
da emphieng man die geste wie man von rechte sol
güettlichen grüessen in annder künige lant

da emphieng man die geſte· wie
man von rechte ſol· güettlichen
grüeſſen in annder kunige lant
warb Er vil der Recken die Gunt
here vant Der kunig getzogen
lichen grüeſſen Sy began· ſeyt
willekomen baide jr hünen Spil
man· vnd ewr heer geſellen· hat
euch heer geſant Etzele der reich
zu Burgunden lant· Sy naigten
do dem kunige da ſprach Warbelin
dir embeut holden dienſt· der liebe
herre mein· vnd Chrimhilt dein
Sweſter heer nichtz lanndt ſy haben
vnns Recken ewr auf trew geſant·
Da ſprach der fürſt reich der mere
bin ich fro· wie gehabt ſich Etzele· ſo
fraget der degen do· vnd Chrimhilt
mein Sweſter auſſer hünen lant
da ſprach der Videlare· die märe thü
ich euch bekant Daz ſich noch nie
gehabten· da hainne leute bas· dann
Sy ſich gehabent baide· Jr ſolt wol
wiſſen das· vnd alles jr gedinge die
mage vnd auch jr man· Sy freute
ſich der ferte da wir ſchieden von
dann Genade ſeiner dienſte· die
Er mir empoten hat· vnd meiner
Sweſter ſeyt es alſo ſtat· daz ſy lebent
mit freuden· der kunig vnd ſeine
man· wann ich doch der märe ſo
gerne gefraget han Die zwen
junge kunige· die waren auch im
komen· Sy hetten diſe märe aller
erſte da vernomen· durch ſeiner
Sweſter liebe· die poten gerne ſach
Giſelher der junge zu jn do ynnicliche

fol. CXVIIra ll. 35–68

warb Er vil der Reckeŋ / die Gunt=here vant / Der kunig getʒogen=licheŋ grüeſſen Sy began / ſeyt willekomeŋ baide jr Hüneŋ Spil man / vnd ewꝛ heer geſelleŋ / hat euch heer geſant Etʒele der reich zu Burgunden lant · Sy naigtñ do dem künige da ſpꝛach Barbeliŋ dir embeüt holden dienſt / der liebe herre mein / vnd Chrimhilt dein Sweſter / heer in ditʒ lanndt / ſy habñ vnns Reckeŋ ew auf treẅ geſant · Da ſprach der Fürſt reich der mēꝛe bin ich fro / wie gehabt ſich Etʒele / ſo fraget der degeŋ do / vnd Chrimhilt mein Sweſter auſſer hüneŋ lant da ſprach der Videläre / die märe thů jch euch bekant / Da ſich noch nie gehabteŋ / da haÿme leute bas / danŋ Sy ſich gehabent baide / Ir ſolt wol wiſſen das / vnd alles jr gedinge die mage vnd auch jr man / Sy freüte ſich der ferte / da wir ſchiedeŋ ʋoŋ danŋ / Genade ſeiner dienſte / die Er mir empoten hat / vnd meiner Sweſter ſeyt es alſo ſtat / daʒ ſy lebent mit freẅdeŋ / der künig vnd ſeine man / wanŋ ich doch der märe ſo gerne gefraget han / Die zwen junge künige / die wareŋ auch nu komeŋ / Sy hetten diſe märe aller erſte da vernomeŋ / durch ſeiner Sweſter liebe / die poten gerne ſach Giſelher der jünge zů jn do ynniklicĥ

warb Er vil der Recken die Gunthere vant

1436 Der kunig getzogenlichen grüessen Sy began
seyt willekomen baide jr Hünen Spil man
vnd ewr heer gesellen hat euch heer gesant
Etzele der reich zu Burgunden lant

1437 Sy naigten do dem künige da sprach Barbelin
dir embeut holden dienst der liebe herre mein
vnd Chrimhilt dein Swester heer in ditz lanndt
sy haben vnns Recken ew auf trew gesant

1438 Da sprach der Fürst reich der mere bin ich fro
wie gehabt sich Etzele so fraget der degen do
vnd Chrimhilt mein Swester ausser hünen lant
da sprach der Videläre die märe thuo jch euch bekant

1439 Da sich noch nie gehabten da hayme leute bas
dann Sy sich gehabent baide Ir solt wol wissen das
vnd alles jr gedinge die mage vnd auch jr man
Sy freute sich der ferte da wir schieden von dann

1440 Genade seiner dienste die Er mir empoten hat
vnd meiner Swester seyt es also stat
daz sy lebent mit frewden der künig vnd seine man
wann ich doch der märe so gerne gefraget han

1441 Die zwen junge künige die waren auch nu komen
Sy hetten dise märe aller erste da vernomen
durch seiner Swester liebe die poten gerne sach
Giselher der junge zuo jn do ynniklich sprach

sprach Ir poten solt vnns
gros willekomen sein · ob Ir offter
woldet heer reiten an den Rein
Ir findet hie die freunde die Ir gerne mochtet sehen euch solt hie ze
lannde vil wenig laides geschehen
Wir trawen euch aller eren
sprach do Swämmelin man kund
euch nicht bedeuten mit den sin
nen mein wie recht mynnicleich
eu Etzele empoten hat vnd ewr
edle Swester der dinng in hohen eren
stat Genade vnd trewe mant
euch des kunigs weib · vnd daz Ir ye
was wege ewr hertze vnd ewr leib ·
vnd zu vorderst dem kunige sein
wir heer gesant · daz Ir geruchet
reiten in des Etzeln lanndt Daz
wir euch des paten vil vast · vnd
das gepot Etzele der reich · eu allen
das empot · ob Ir euch ewr Swester
nicht sehen woltet lan · so wolt Er
doch gerne wissen was Er euch het
getan Daz Ir In also frömbdet
vnd auch seine lanndt · ob euch die
kunigine wäre nie bekannt · so
mocht Er doch verdienen das Ir In
ruchet sehen · wenn das ergienge
so wer Im lieber geschehen Da
sprach der kunig Gunther vber
dise siben nacht · so kund ich euch
die märe wes ich mich han verdacht ·
mit meinen freunden · die weil sult
Ir gan in ewr herberge vnd solt
vil gute ru han Da sprach aber
Swämmelin vnd mecht geschehen
das wir mein frawen kunden ee
gesehen Vten die vil reichen · ee wir
vnns schieffen gemach · Giselher

fol. CXVIIrb ll. 1–34

ſpꝛach / Jr poteŋ ſolt vnns gros willekomeŋ ſein / ob jr őffter woldet heer reiteŋ an deŋ Rein Jr fundet hie die freŭnde die jr geꝛne mochtet ſehen / euch ſolt hie ze lannde ʋil wenig laides geſchehŋ Wir trawen euch aller eren ſprach do ſwămmelin / maŋ kund euch nicht bedeŭten mit den ſynnen mein / wie recht mÿnniklich ew Etʒele empoteŋ hat / vnd ewꝛ edle Sweſter / der ding in hohen eꝛen ſtat / Genade vnd trewe mant euch des kunigs weib / vnd daʒ Ir ye was wege ewꝛ hertʒe vnd ewꝛ leib / vnd zu voꝛderſt dem kunige ſein wir heer geſant · daʒ jr gerůchet reiteŋ in des Etʒelŋ lanndt / Daʒ wir euch des păteŋ vil vaſt / vnd das gepot Etʒele der reich / ew alleŋ das empot / ob jr eŭch ewꝛ Sweſter nicht ſeheŋ woltet lan / ſo wolt Er doch gerne wiſſeŋ / was Er euch het getan / Daʒ jr Jn alſo frőmbdet / vnd auch ſeine lanndt / ob euch die kŭniginne wăre nie bekannt / ſo mocht Er doch verdienen das jr In růchet ſeheŋ / wenn das ergienge / ſo wer jm lieber geſchehen Da ſprach der kunig Gunther v̊ber diſe ſiben nacht / ſo kŭnd ich euch die măre wes ich mich han verdacht / mit meineŋ freŭndeŋ / die weil ſŭlt jr gan / in ewꝛ Herberge / vnd ſolt

Giselher der junge zuo jn do ynniklich sprach

1442 Jr poten solt vnns gros willekomen sein
ob jr öffter woldet heer reiten an den Rein
Jr fundet hie die freunde die jr gerne mochtet sehen
euch solt hie ze lannde vil wenig laides geschehen

1443 Wir trawen euch aller eren sprach do swämmelin
man kund euch nicht bedeuten mit den synnen mein
wie recht mynniklich ew Etzele empoten hat
vnd ewr edle Swester der ding in hohen eren stat

1444 Genade vnd trewe mant euch des kunigs weib
vnd daz Ir ye was wege ewr hertze vnd ewr leib
vnd zu vorderst dem kunige sein wir heer gesant
daz jr geruochet reiten in des Etzeln lanndt

1445 Daz wir euch des päten vil vast vnd das gepot
Etzele der reich ew allen das empot
ob jr euch ewr Swester nicht sehen woltet lan
so wolt Er doch gerne wissen was Er euch het getan

1446 Daz jr Jn also frömbdet vnd auch seine lanndt
ob euch die küniginne wäre nie bekannt
so mocht Er doch verdienen das jr In ruochet sehen
wenn das ergienge so wer jm lieber geschehen

1447 Da sprach der kunig Gunther vber dise siben nacht
so künd ich euch die märe wes ich mich han verdacht
mit meinen freunden die weil sült jr gan
in ewr Herberge vnd solt vil guote ruo han

die märe wes ich mich han verdacht.
mit meinen freunden, die weil sült
Jr gan mein herberge und solt
vil gute vil han Da sprach aber
Swämmelin und mecht geschehen
das wir mein frawen kunden ee
gesehen Uten die vil reichen, ee wir
uns schieffen gemach. Giselher
der edel da vil zuchtilleichen sprach.
Das sol euch niemand weinden
werdt ir für sy gan, Jr habt meiner
muter willen gar getan. wann
sy sicht euch gerne durch die eres
ter mein frawen Chrimhilden
Jr solt ir willekomen sein. Giselher sy brachte da er die frawen
vant die poten sach sy gerne von
der hunen lant. sy gruesset sy
mynnikleichen durch ir tugende
mut da sageten ir die märe die po
ten hofisch und gut. Frau empeutet
euch mein fraw also sprach Swäm
melin dienst und trew möchte das
gesein. daz sy euch offt sehe Jr solt gelauben das so wär ir nider welte
mit dhainen freuden bas. Da sprach
die küniginne des mag nicht gesein
wie gerne ich offt sehe die lieben
tochter mein. so ist laider mir ze
verre des edlen kunigs weyb. nu
sein ymmer selig ir und Etzeln leib.
Ir solt mich lassen wissen ee irs
geraumet hie. wenn ir wider wellet ich gesach so gerne ne poten ni
langen zeiten dann ich euch han
gesehen. die knaben ir da lobten daz
sy das liessen geschehen Den her-

fol. CXVIIrb ll. 35–68

vil gůte rů han / Da ſprach abeꝛ
Swämmelin vnd möcht geſchehŋ
das wir mein fraweŋ künden Ee
geſehen V̊teŋ die vil reicheŋ / Ee wir
vnns ſchüeffeŋ gemach / Giſelherꝛ
der edel da vil züchtiklichen ſprach /
Das ſol euch nyemand wennden /
werdt jr für ſy gan / Jr habt meiner
můter willeŋ gar getan / wann
ſy ſicht euch gerne / durch die Sweſ=
ter mein fraweŋ Chrimhilden /
Jr ſolt jr willekomeŋ ſein / Giſel=
her ſy brauchte / da Er die frawen
vant / die poten ſach ſy gerne / voŋ
der Huneŋ lant / ſy grueſſet ſÿ
mÿnniklicheŋ durch jr tugende
můt / da ſageten jr die mare die po=
ten hofiſch vnd gůt / Ia empeutet
euch mein fraw alſo ſprach Swäŋ=
melin / dienſt vnd trew / mochte das
geſein / daʒ ſy euch offt ſėhe / jr ſolt ge=
lauben das / ſo wär jr in der welte
mit dhaineŋ freüdeŋ bas / Da ſpꝛachŋ
die küniginne / des mag nicht geſeiŋ /
wie gernne ich offt ſėhe die lieben
tochter mein / ſo iſt laider mir ze
verre / des edleŋ künigs weyb / nu
ſein ymmer ſelig jr / vnd Etʒels leib /
Ir ſolt mich laſſeŋ wiſſeŋ / Ee jrs
geraumet hie / weŋ jr wider wel=
let ich geſach ſo gerne nie / poteŋ in
lanngen zeiten dann ich euch han
geſeheŋ / die knaben jr da lobteŋ / daʒ
ſy das lieſſeŋ geſcheheŋ / Deŋ her=

in ewr Herberge vnd solt vil guote ruo han

1448 Da sprach aber Swämmelin vnd möcht geschehen
das wir mein frawen kunden Ee gesehen
Voten die vil reichen Ee wir vnns schüeffen gemach
Giselherr der edel da vil züchtiklichen sprach

1449 Das sol euch nyemand wennden werdt jr für sy gan
Jr habt meiner muoter willen gar getan
wann sy sicht euch gerne durch die Swester mein
frawen Chrimhilden Jr solt jr willekomen sein

1450 Giselher sy brauchte da Er die frawen vant
die poten sach sy gerne von der Hunen lant
sy gruesset sy mynniklichen durch jr tugende muot
da sageten jr die mare die poten hofisch vnd guot

1451 Ia empeutet euch mein fraw also sprach Swämmelin
dienst vnd trew mochte das gesein
daz sy euch offt sehe jr solt gelauben das
so wär jr in der welte mit dhainen freuden bas

1452 Da sprach die küniginne des mag nicht gesein
wie gernne ich offt sehe die lieben tochter mein
so ist laider mir ze verre des edlen künigs weyb
nu sein ymmer selig jr vnd Etzels leib

1453 Ir solt mich lassen wissen Ee jrs geraumet hie
wenn jr wider wellet ich gesach so gerne nie
poten in lanngen zeiten dann ich euch han gesehen
die knaben jr da lobten daz sy das liessen geschehen

1454 Den herbergen fuoren die von Hünen lant

bergen furen die von Hunen lant
da hette der kunig reiche nach den
freunden sein gesant Gunther
der edle der fragt seine man wie sy
die rede geviele vil maniger sprech
da began Daz Er wol mochte reiten
in Etzele lannt das rieten im die
pesten die Er darundter vant on
Hagene aine dem was es grym
me laid Er sprach zum kunige
taugen Ir habt euch selber wider
sait. Nu ist euch doch wissenlich
was wir ir haben getan wir mu
gen ymmer zu Chrymhilden sorgen
han wann ich slug ir tode iren
man mit meiner handt wie ge
torsten wir gereiten in des Etzeln
lannd Da sprach der kunig reiche
mein Swester lie den zorn mit kusse
mynnekleiche Sy hat auf vnns
verkorn daz wir ir ye getaten Ee daz
sy von hynnen rait Es sey dann Ha
gene euch allain widersayt Nu
last euch nicht betriegen sprach Ha
gene wes sy iehen die poten von den
Hunen welt ir Chrimhilde sehen
Ir mugt da wol verliesen die Ere vnd
auch den leib Es ist vil lang rechig
des kunig Etzeln leib. Da sprach
zu dem rate der furste Gernot. seyt
daz ir von schulden furchtet da den
tot in hunischen reichen solten
wirs darumb lan wir en sehen
vnnser Swester das wer vil vbele
getan Da sprach der furst Gisel
her zu dem degenne seyt ir euch
schuldig wisset freundt Hagene
so solt ir hie beleiben vnd euch wol
bewaren. vnd lasset die geturren

fol. CXVIIrc ll. 1–34

bergeŋ fůreŋ die voŋ Hůneŋ lant /
da hette der kunig reiche nach deŋ
Freůndeŋ ſein geſant / Gunther
der edle der fragt ſeine maŋ / wie jŋ
die rede geuiele / ʋil maniger ſpꝛechŋ̄
da began / Daʒ Er wol möchte reitŋ̄
in Etʒele lannt / daϭ rieteŋ im die
peſten die Er darůndter vant / oŋ
Hagene aine / dem waϭ eϭ grÿm=
me laid / Er ſprach zum kunige
taůgen / Jr habt euch ſelber wider=
ſait / Nu iſt euch doch wiſſenlich
waϭ wir jr haben getan / wir mů=
gen ymmer zu Chrymhilꝺen ſoꝛgŋ̄
han / wann ich ſlůg ze tode jren
man mit meiner handt / wie ge=
toꝛſten wir gereiten in deϭ Etʒelŋ
lannꝺ / Da ſpꝛach der kunig reiche
mein Sweſter lie den zoꝛŋ mit kuſſe
mÿnnikleiche / Sy hat auf vnnϭ
verkoꝛŋ / daʒ wir jr ye getateŋ / Ee daʒ
ſy voŋ hynneŋ rait / Eϭ ſey dann Ha=
gene euch allain wider ſayt / Nu
laſt euch nicht betriegeŋ / ſprach Ha=
gene / weϭ ſy iehen die poteŋ / voŋ deŋ
Hůneŋ / welt jr Chrimhilꝺe ſehen /
Jr můgt da wol verlieſeŋ die Eere vnꝺ
auch den leib / Eϭ iſt vil lang rěchig
deϭ kunig Etʒeln leib · Da ſprach
zu dem rate der Fůrſte Gernot · ſeyt
daʒ jr von ſchulden fůrchtet da deŋ
tot / in Hůniſchen reicheŋ / ſolten
wirϭ darumb lan / wir enſehen
vnnſer Sweſter / daϭ wěr vil vbele

1454 Den herbergen fuoren die von Hünen lant
da hette der kunig reiche nach den Freunden sein gesant
Gunther der edle der fragt seine man
wie jn die rede geuiele vil maniger sprechen da began

1455 Daz Er wol möchte reiten in Etzele lannt
das rieten im die pesten die Er darundter vant
on Hagene aine dem was es grymme laid
Er sprach zum kunige taugen Jr habt euch selber widersait

1456 Nu ist euch doch wissenlich was wir jr haben getan
wir mügen ymmer zu Chrymhilden sorgen han
wann ich sluog ze tode jren man mit meiner handt
wie getorsten wir gereiten in des Etzeln lannd

1457 Da sprach der kunig reiche mein Swester lie den zorn
mit kusse mynnikleiche Sy hat auf vnns verkorn
daz wir jr ye getaten Ee daz sy von hynnen rait
Es sey dann Hagene euch allain wider sayt

1458 Nu last euch nicht betriegen sprach Hagene wes sy iehen
die poten von den Hünen welt jr Chrimhilde sehen
Jr mügt da wol verliesen die Eere vnd auch den leib
Es ist vil lang rechig des kunig Etzeln leib

1459 Da sprach zu dem rate der Fürste Gernot
seyt daz jr von schulden fürchtet da den tot
in Hünischen reichen solten wirs darumb lan
wir ensehen vnnser Swester das wer vil vbele getan

tot in Hunischen reichen solten
wirs darumb lan wir ensehen
unnser Swester das wer vil ybele
getan Da sprach der fürst Giſel
herr zu dem degenne seyt jr euch
schuldig wisset freundt Hagene
so solt jr hie beleiben und euch wol
bewaren. und lasset die geturen
zu meiner Swester mit uns varn.
Da begunde zürnen von Tronegr
der degen. ich wil nicht daz jr yem
and auf den wegen der geture ret
ten mit euch ze hofe bas. seyt jr nicht
welt erwinden. ich sol euch wol er
zaigen das Da sprach der kuchen
maister Rumolt der degen. der from
den und der kunden. mocht jr wol
hayssen phlegen. nach ewr selbs wil
len. wann jr habt vollen rat. Ich
wen nicht daz Hagene euch vergi
selet hat Welt jr nicht volgen
Hagenen. euch ratet Rumolt wan
ich euch bin mit trewen vil dienst
lichen holt. daz jr solt hie beleiben
durch den willen mein und den
kunig Etzelen dort bey Chrimhilden
sein Wie kundt euch in der welte
ymmer sanffter wesen jr mugt
vor ewren veinden vast wol genesen.
Ir solt mit guten claidern zieren
wol den leib. trincket wein den pesten
und mynnet ewr waydeliche weib.
Darzu geyt man euch speyse
die pesten die ye gewan in der welte
kunig dhainer. ob des nicht moch
te ergan Jr solt noch beleiben durch
Ewr schon weib. Ee jr kindeliche solt

fol. CXVIIrc ll. 35–68

getan · Da ſprach der Fűrſt Giſel herꝛ zu dem degenne / ſeyt jr euch ſchuldig wiſſet freűndt Hagene ſo ſolt jr hie beleibeŋ / vnd euch wol bewareŋ / ʋnd laſſet die getureŋ zu meiner Sweſter mit vnnɞ ʋaꝛŋ / Da begunde zűrneŋ voŋ Tꝛonege der degeŋ / ich wil nicht daʒ Ir yem=and auf den wegeŋ / der geture rei=teŋ mit euch ze hofe baɞ / ſeÿt jr nicht welt erwinden / ich ſol euch wol er=zaigen ꝺaɞ / Da ſprach der kuchŋ̄ maiſter Rűmolt der degeŋ / der frőm=den vnd der kundeŋ / mocht jr wol haÿſſen phlegeŋ / nach ewꝛ ſelbɞ wil=leŋ / wann jr habt volleŋ rat / Jch weŋ nicht / daʒ Hagene euch vergi=ſelet hat / Welt jr nicht volgen Hageneŋ / euch ratet Rumolt waŋ ich euch bin mit trew̃eŋ vil dienſt=lichen holt / daʒ Ir ſolt hie beleibeŋ / durch den willen mein / ʋnd den kunig Etʒeleŋ doꝛt beÿ Chꝛimhilꝺeŋ ſein · Wie kundt euch in der welte ymmer ſanffter weſeŋ / Ir műgt voꝛ ewꝛeŋ veinden vaſt wol geneſŋ̄ / Ir ſolt mit gůteŋ claideꝛŋziereŋ wol den leib / trincket wein deŋ peſtŋ̄ / vnd mÿnnet ewꝛ waÿdelicheɞ weib / Dartʒů geyt man eűch ſpeÿſe / die peſteŋ die ye gewaŋ iŋ der welte kunig dhainer / ob deɞ nicht moch=te ergan / Jr ſolt noch beleibŋ̄ duꝛcŋ Ewꝛ ſchoŋ weib / Ee jr kindeliche ſolt

wir ensehen vnnser Swester das wer vil vbele getan

1460 Da sprach der Fürst Gisel herr zu dem degenne
seyt jr euch schuldig wisset freundt Hagene
so solt jr hie beleiben vnd euch wol bewaren
vnd lasset die geturen zu meiner Swester mit vnns varn

1461 Da begunde zürnen von Tronege der degen
ich wil nicht daz Ir yemand auf den wegen
der geture reiten mit euch ze hofe bas
seyt jr nicht welt erwinden ich sol euch wol erzaigen das

1462 Da sprach der kuchen maister Rumolt der degen
der frömden vnd der kunden mocht jr wol hayssen phlegen
nach ewr selbs willen wann jr habt vollen rat
Jch wen nicht daz Hagene euch vergiselet hat

1463 Welt jr nicht volgen Hagenen euch ratet Rumolt
wann ich euch bin mit trewen vil dienstlichen holt
daz Ir solt hie beleiben durch den willen mein
vnd den kunig Etzelen dort bey Chrimhilden sein

1464 Wie kundt euch in der welte ymmer sanffter wesen
Ir mügt vor ewren veinden vast wol genesen
Ir solt mit guoten claidern zieren wol den leib
trincket wein den pesten vnd mynnet ewr waydeliches weib

1465 Dartzuo geyt man euch speyse die pesten die ye gewan
in der welte kunig dhainer ob des nicht mochte ergan
Jr solt noch beleiben durch Ewr schon weib
Ee jr kindeliche solt wagen den leib

fol. CXVIIva ll. 1–34

wageŋ deŋ leib / Des rat Jch euch beleibeŋ reich ſint ewꝛ landt / maŋ mag euch bas erlö=ſeŋ hie haym die phannt / danŋ da ze Hüneŋ / wer waÿs wie es da geſtat / Jr ſolt beleibeŋ herreŋ / das iſt Rumoldes rat / Wir wel=len nicht beleibeŋ / ſprach do Geꝛ=not / ſeyt das vnns mein Sweſter ſo freuntlichen empot / vnd Etʒel der reiche / zweu ſolteŋ wir das lan / der dar nicht gerne welle / der mag hie haym beſtan / Des antwurt Hagene / lat euch vn=bildeŋ nicht mein rede / wie halt euch geſchicht / ich rat euch aŋ deŋ treweŋ / welt jr euch bewaꝛŋ / ſo ſolt jr zu den Huneŋ vil gewaꝛ=licheŋ varŋ / Seyt jr nicht welt erwindeŋ / ſo beſenndet Ewꝛ maŋ / die peſteŋ ſo jr vindet / oder ynndeꝛt müg gehan / ſo well ich aus jn al=len tauſent Ritter gůt · ſo mag ew nicht gewerreŋ / der argeŋ Chrim=hildeŋ můt / Des wil ich gerne vol=geŋ ſprach der künig ze hanndt / da hieſs Er poten reiteŋ / weit in ſeine landt / da bꝛacht man der hel=de Dꝛewtauſent oder mer / ſy main=ten nicht zu erwerbeŋ alſo gröſlichŋ̄ ſer / Sy rÿteŋ frölich in Guntho᷑ lanndt / man hieſs jn alleŋ gebeŋ Roſs vnd auch gewant · die da faꝛŋ ſolteŋ voŋ Burgunden dañ / der kü=

Ee jr kindeliche solt wagen den leib

1466 Des rat Jch euch beleiben reich sint ewr landt
man mag euch bas erlösen hie haym die phannt
dann da ze Hünen wer ways wie es da gestat
Jr solt beleiben herren das ist Rumoldes rat

1467 Wir wellen nicht beleiben sprach do Gernot
seyt das vnns mein Swester so freuntlichen empot
vnd Etzel der reiche zweu solten wir das lan
der dar nicht gerne welle der mag hie haym bestan

1468 Des antwurt Hagene lat euch vnbilden nicht
mein rede wie halt euch geschicht
ich rat euch an den trewen welt jr euch bewarn
so solt jr zu den Hunen vil gewarlichen varn

1469 Seyt jr nicht welt erwinden so besenndet Ewr man
die pesten so jr vindet oder ynndert müg gehan
so well ich aus jn allen tausent Ritter guot
so mag ew nicht gewerren der argen Chrimhilden muot

1470 Des wil ich gerne volgen sprach der künig ze hanndt
da hiess Er poten reiten weit in seine landt
da bracht man der helde Drewtausent oder mer
sy mainten nicht zu erwerben also gröslichen ser

1471 Sy ryten frölich in Gunthers lanndt
man hiess jn allen geben Ross vnd auch gewant
die da farn solten von Burgunden dann
der künig mit guotem willen der vil manigen gewan

lanndt. man hiess jn allen geben
Ross vnd auch gewant. die da farn
solten von Burgunden dan. der kü
nig mit gutem willen der vil ma
nigen gewan. Da hiess von Tro
nege Hagene Danckwarten den
Brueder sein jr baider Recken drtzzig
fueren an den Rein. die kamen Rit
terlich. Harnasch vnd gewant für
ten die vil schnellen in des Gunt
hers landt. Da kam der kuene
Volcker ain edel Spilman. zu der
hofrayse mit dreyssig seiner man
Sy hetten solich gewate es möcht
ein kunig tragen. daz Er zun hu
nen wolte das hiess Er Gunthern
sagen. Wer der Volcker ware das
wil ich euch wissen lan. Er was
ein edler herre zim was auch vn
dertan. vil der guten Recken in Bur
gunden landt. durch daz Er videln
kunde. was Er der Spilman genant.
Hagene welet tausent die het
Er wol bekannt. vnd was in starchn
sturmen hette gefrumbdt jr hant
oder was Sy ye begiengen. des het
Er vil gesehen. den kund annders
nyemand wann frumbkait iehn
Die poten Chrimhilde vil sere da
verdros. wann jr vorcht zu jr hzu
die was vast gros. Sy begerten tag
lichen vrlaubes von dann. des gunde
jn nicht Hagene das was durch
list getan. Er sprach zu seinem
herren. wir sullen das bewarn daz
wir Sy lassen reiten. Ee daz wir
selber varn. darnach in Siben nach

fol. CXVIIva ll. 35–68

nig mit gůtem willeŋ der vil ma=
nigen gewan / Da hieſs von Tꝛo=
nege Hagene Danckwarten den
Bꝛueder ſein jr baider Recken Achʒig=
fűeren an den Rein / die kameŋ Rit=
terlich / Harnaſch vnd gewant fůr=
ten die vil ſchnellen / in des Gunt=
hers landt / Da kam der kűene
Volcker ain edel Spilmaŋ / zu der
hofraÿſe / mit dreyſſig ſeiner maŋ
Sy hetten ſolich gewate / es mőcht
ein kunig trageŋ / daʒ Er zun Hű=
nen wolte / das hieſs Er Guntheꝛŋ
ſageŋ / Wer der Volcker wåre / das
wil ich euch wiſſen lan / Er was
ein edler herre jm was auch vn=
dertan / vil der gůten Reckeŋ in Bűr=
gűnden landt / durch daʒ Er videlŋ
kűnde / was Er der Spilman genāt ·
Hagene welet taűſent die het
Er wol bekannt / vnd was in ſtarcꜧŋ
ſtűrmeŋ / hette gefrűmbdt jr hant /
oder was Sy ye begiengeŋ / des het
Er vil geſehen / den kund annders
nÿemanꝺ wann frűmbkait iehŋ
Die poteŋ Chrimhilde vil ſere da
verdros / wann jr voꝛcht zu jr hꝛnᵓ /
die was vaſt gros / Sy begerten tåge=
licheŋ vrlaubes voŋ dann / des gunꝺe
jn nicht Hagene das was durch
liſt getan · Er ſprach zu ſeineŋ
herreŋ / wir ſűlleŋ das bewarŋ / daʒ
wir Sy laſſen reiteŋ / Ee daʒ wir
ſelber varŋ / darnach in Siben nacꜧ=

der künig mit guotem willen der vil manigen gewan

1472 Da hiess von Tronege Hagene Danckwarten den Brueder sein
jr baider Recken Achtzig füeren an den Rein
die kamen Ritterlich Harnasch vnd gewant
fuorten die vil schnellen in des Gunthers landt

1473 Da kam der küene Volcker ain edel Spilman
zu der hofrayse mit dreyssig seiner mann
Sy hetten solich gewate es möcht ein kunig tragen
daz Er zun Hünen wolte das hiess Er Gunthern sagen

1474 Wer der Volcker wäre das wil ich euch wissen lan
Er was ein edler herre jm was auch vndertan
vil der guoten Recken in Burgunden landt
durch daz Er videlen kunde was Er der Spilman genant

1475 Hagene welet tausent die het Er wol bekannt
vnd was in starchen stürmen hette gefrümbdt jr hant
oder was Sy ye begiengen des het Er vil gesehen
den kund annders nyemand wann frümbkait iehen

1476 Die poten Chrimhilde vil sere da verdros
wann jr vorcht zu jr herrn die was vast gros
Sy begerten tägelichen vrlaubes von dann
des gunde jn nicht Hagene das was durch list getan

1477 Er sprach zu seinem herren wir süllen das bewarn
daz wir Sy lassen reiten Ee daz wir selber varn
darnach in Siben nachten in Etzeln landt

fol. CXVIIvb ll. 1–34

teŋ / in Etʒelŋ landt / tregt vnσ
yemand argen willeŋ / daϐ
wirt vnnϐ deſter baϐ erkant ·
Nu mag auch ſich Fraw̆ Chꝛimֺ=
hildt beraiteŋ nicht dartʒů / daʒ
vnnϐ durch jr ere yemanð ſcha=
den thüe / hat aber ſy den willeŋ /
eϐ mag jr laid ergan / wir füereŋ
mit vnnϐ hin / ſo manigeŋ auſ=
ſerwelteŋ man / Schilt vnnd
Satele vnd alleϐ jr gewant / daʒ
ſy füereŋ wolten in Etʒeln lant /
daϐ waϐ jn gar beraitet / vil ma=
nigem kueneŋ man / die poten
Chrimhilde hieſϐ man für Gunt=
herreŋ gan / Da die poten komeŋ
da ſprach Gernot der künig wil
geuolgeŋ deϐ vnnϐ Etʒel heer em=
pot / wir welleŋ kumeŋ gerne zu
ſeiner hochzeit · vnd ſehen vnnſer
Sweſter / daʒ Ir deϐ oŋ zweÿfl ſeit ·
Da ſprach der kunig Günther /
künnet jr vnnϐ geſageŋ / wenn ſich
die hochʒeit / oder ze welheŋ tageŋ /
wir darkomeŋ ſolteŋ / da ſprach
Swämmeliŋ / zu den nachſten ſun=
wenndeŋ ſol ſy vil warlicheŋ ſeiŋ
Der künig jn erlaübte / deϐ waϐ
noch nicht geſchehen / ob ſy wolten
gerne Fraw Chrimilden ſeheŋ / daʒ
Sy für ſy ſolteŋ mit ſeinem willŋ̄
gan / daϐ vnnderſtůnd do Volker daσ
waϐ jr lieb getan / Ia iſt mein
fraw Prawnhilt noch nicht ſo

darnach in Siben nachten in Etzeln landt
tregt vns yemand argen willen das wirt vnns dester bas erkant

1478 Nu mag auch sich Fraw Chrimhildt beraiten nicht dartzuo
daz vnns durch jr ere yemand schaden thue
hat aber sy den willen es mag jr laid ergan
wir füeren mit vnns hin so manigen ausserwelten man

1479 Schilt vnnd Satele vnd alles jr gewant
daz sy füeren wolten in Etzeln lant
das was jn gar beraitet vil manigem kuenen man
die poten Chrimhilde hiess man für Guntherren gan

1480 Da die poten komen da sprach Gernot
der künig wil geuolgen des vnns Etzel heer empot
wir wellen kumen gerne zu seiner hochzeit
vnd sehen vnnser Swester daz Ir des on zweyfl seit

1481 Da sprach der kunig Gunther künnet jr vnns gesagen
wenn sich die hochzeit oder ze welhen tagen
wir darkomen solten da sprach Swämmelin
zu den nachsten sunwennden sol sy vil warlichen sein

1482 Der künig jn erlaubte des was noch nicht geschehen
ob sy wolten gerne Fraw Chrimilden sehen
daz Sy für sy solten mit seinem willen gan
das vnnderstuond do Volker das was jr lieb getan

1483 Ia ist mein fraw Prawnhilt noch nicht so wol gemuot

gan· das vnnderstuend do Volker das
was jr lieb getan Er ist mein
fraw Praunhilt noch nicht so
wol gemuet· daz jr sy muget schaw
en sprach der ritter guet· peytet
vntz morgen solat man euch sehn
do sy sy wanden schawen do kund
es nicht genesen Do hiess der fürst
reiche er warden poten holt durch
sein selbs tugende tragen dar sein
golt auf den praiten schilden des
mocht er vil han auch ward in
reiche gabe von seinen freunden
getan Giselher vnd Gernot
Gere vnd Ortwein daz sy auch mil
te waren des tetten sy wol schein
mit also reicher gabe sy puten die
poten an daz sy sy vor jr herren
nye getorsten emphahen Da sprach
zu dem kunig der pot Warbelin
her kunig lat ewr gabe hie ze lande
sein wir mugen jr doch nicht ge
fueren mein herre es vns verpot
daz wir icht gabe nemen auch ist
es hart lutzel not Da ward der
Vogt ze Reine dauon vil vngemuet
daz sy versprechen wolten so reiches
kuniges guet doch muesten sy empha
hen sein golt vnd sein gewant daz
sy mit jr fürten seyt in Etzeln
lant Sy wolten sehen Vten e
daz sy schieden dann Giselher
der schnelle der pracht die Spilman
fur seine muter Vten die fraw
empot do dann was sy eren hette
das wer ir lieb getan Do hiess
die kunigine jr porten vnd jr golt

fol. CXVIIvb ll. 35–68

wol gemůt / daʒ jr ſÿ mügt ſchaw̆=en / ſprach der Ritter gůt / peÿtet v̈ntʒ moꝛgeŋ / ſo lat man euchσ ſeɧŋ̄ do ſy ſÿ wandeŋ ſchaw̆eŋ do kunꝺ eɞ nicht geneſeŋ / Do hieſɞ der Füꝛſt reiche / er waɞ den poten holt / durcɧ ſein ſelbσ tugende trageŋ dar ſeiŋ golt / auf den praiten ſchilꝺen deɞ mocht er vil han / auch ward in reiche gabe voŋ ſeineŋ freündeŋ getan / Giſelher vnd Gernot Gere vnd Oꝛtwein / daʒ ſy aüch mil=te wareŋ / deɞ tetteŋ ſy wol ſcheiŋ / mit alſo reicher gabe / ſy půteŋ die poteŋ an / daʒ ſy ſy voꝛ jr herreŋ nye getoꝛſteŋ emphaheŋ / Da ſpꝛach zu dem künig der pot Bärbelin herˀ künig lat Ewꝛ gabe hie ze lanꝺe ſein / wir mügen jr doch nicht ge=füereŋ / mein herre eɞ vnnɞ verpot / daʒ wir icht gabe nēmeŋ / auch iſt eɞ hart lütʒel not / Da ward der Vogt ze Reine dauoŋ vil vngemůt / daʒ ſy verſprecheŋ wolteŋ ſo reicheσ kunigeɞ gůt / doch můſteŋ ſy empɧa=heŋ ſein golt / vnd ſein gewant / daʒ Sy mit jn fůrteŋ ſeyt in Etʒeln lant Sy wolten ſeheŋ Vten Ee daʒ ſy ſchieden danŋ / Giſelher der ſchnelle der pracht die Spilmaŋ für ſeine můter V̊ten / die fraw empot do / dann waɞ ſy eren hette / daɞ wer Ir lieb getan / Do hieſɞ die kunigine Jr poꝛten vnd jr golt /

1483 Ia ist mein fraw Prawnhilt noch nicht so wol gemuot
daz jr sy mügt schawen sprach der Ritter guot
peytet v̈ntz morgen so lat man euchs sehen
do sy sy wanden schawen do kund es nicht genesen

1484 Do hiess der Fürst reiche er was den poten holt
durch sein selbs tugende tragen dar sein golt
auf den praiten schilden des mocht er vil han
auch ward in reiche gabe von seinen freunden getan

1485 Giselher vnd Gernot Gere vnd Ortwein
daz sy auch milte waren des tetten sy wol schein
mit also reicher gabe sy puoten die poten an
daz sy sy vor jr herren nye getorsten emphahen

1486 Da sprach zu dem künig der pot Bärbelin
herr künig lat Ewr gabe hie ze lande sein
wir mügen jr doch nicht gefüeren mein herre es vnns verpot
daz wir icht gabe nemen auch ist es hart lützel not

1487 Da ward der Vogt ze Reine dauon vil vngemuot
daz sy versprechen wolten so reiches kuniges guot
doch muosten sy emphahen sein golt vnd sein gewant
daz Sy mit jn fuorten seyt in Etzeln lant

1488 Sy wolten sehen Vten Ee daz sy schieden dann
Giselher der schnelle der pracht die Spilman
für seine muoter Voten die fraw empot do dann
was sy eren hette das wer Ir lieb getan

1489 Do hiess die kunigine Jr porten vnd jr golt

geben durch Chrimhilde Wann
der was sy holt vnd durch den künig
Etzelen denselben Spilman sy moch
ten gerne empfahen es was mit
treuen getan Vrlaub genomen
hetten die poten nu von dann von
weiben vnd von mannen frölichen
Sy do dannen füren vntz in Swaben
daz hiess Sy Gernot seine helden
laiten daz es in niemand misse
pot Do sy sich die von in geschieden
die ir solten phlegen herrschafft
die Etzeln sy fridet an allen wegen
des nam in niemand ross noch ir
gewant Sy eylten hart palde in
des Etzeln landt Wo sy der freunde
icht wissten das tetten sy den kunt
daz die Burgunden vil kurtzer
stunden komen heer von Reine in
der hunnen lanndt den Bischof
Pilgerin ward auch das mere be
kant Do sy für Bechlaren die
strassen niderriten man saget
es Rudegere das im wart nicht ver
miten vnd Gotelint der Marg
grauen weib das sys sehen solte
des ward vil frölich ir leib Nach
mit den maren sach man die
Spileman Etzelen sy funden in
seiner Stat ze Gran dienst über
dienst der man im vil empot sa
geten sy dem künige vor liebe ward
er freuden rot Do die künigin
die märe recht erfant daz ir brüe
der solten komen in das lanndt
da was ir wol ze müte Sy lonet
den Spilman mit vil grosser
gabe das was ir ere getan Sy
sprach sagt baide ir Warbel vnd

fol. CXVIIvc ll. 1–34

gebeŋ durch Chrimhilde Wann der was ſy holt / vnd durch deŋ kűnig Etʒeleŋ / denſelbeŋ Spilman ſy mochten gerne emphaheŋ es was mit treweŋ getan / Urlaub genomeŋ hetteŋ die poteŋ nu voŋ danŋ voŋ weibeŋ vnd voŋ manneŋ / frőlichŋ̄ Sy do danneŋ fűreŋ vntʒ in Swabŋ̄ / daʒ hieſs Sy Gernot ſeine Helꝺen laiten / daʒ es jn nÿemand miſſe pot / Do Sych die voŋ jn geſchieꝺŋ̄ / die jr ſolten phlegen / Herꝛſchafft die Etʒeln / ſy fridet auf allen wegen / des nam jn nÿemand roſs noch jr gewant / Sy eylten hart palde in des Etʒeln landt / Wo Sy der Freunꝺe ich wiſſten / das tetten ſy den kűnt / daʒ die Burgundeŋ vil kurtʒer ſtundeŋ komeŋ heer voŋ Reine iŋ der Hűnen lanndt deŋ Biſchof Pilgerin ward auch das mere bekant / Do ſy für Bechlaren die ſtraſſen nider riteŋ / man ſaget es Rudegere / das enwart nicht vermiten / vnd Gotelint der Marggraueŋ weib / das ſys ſehen ſolte des ward vil frőlich jr leib / Lachŋ̄ mit den mareŋ ſach man die Spileman / Etʒeleŋ ſy fűnden in ſeiner Stat ze Gran / dienſt űbeꝛ dienſt der man jm vil empot / ſageteŋ ſy dem kunige / voꝛ liebe waꝛꝺ Er freuden rot / Do die kunigin die märe recht erfant / daʒ Ir Bꝛűe=

geben durch Chrimhilde   Wann der was sy holt
vnd durch den künig Etzelen   denselben Spilman
sy mochten gerne emphahen   es was mit trewen getan

1490 Urlaub genomen hetten   die poten nu von dann
von weiben vnd von mannen   frölichen Sy do dannen
fuoren vntz in Swaben   daz hiess Sy Gernot
seine Helden laiten   daz es jn nyemand misse pot

1491 Do Sych die von jn geschieden   die jr solten phlegen
Herrschafft die Etzeln   sy fridet auf allen wegen
des nam jn nyemand   ross noch jr gewant
Sy eylten hart palde   in des Etzeln landt

1492 Wo Sy der Freunde ich wissten   das tetten sy den kunt
daz die Burgunden   vil kurtzer stunden
komen heer von Reine   in der Hünen lanndt
den Bischof Pilgerin   ward auch das mere bekant

1493 Do sy für Bechlaren   die strassen nider riten
man saget es Rudegere   das enwart nicht vermiten
vnd Gotelint   der Marggrauen weib
das sys sehen solte   des ward vil frölich jr leib

1494 Lachen mit den maren   sach man die Spileman
Etzelen sy funden   in seiner Stat ze Gran
dienst über dienst   der man jm vil empot
sageten sy dem kunige   vor liebe ward Er freuden rot

1495 Do die kunigin   die märe recht erfant
daz Ir Brüeder solten   komen in das Lanndt

geten zu dem kunige vor freude … Er freuden vol Do die kunigin die märe recht erfant daz Jr Brüder söltenkomen in das lanndt da was Jr wol ze muete Sy lonet den Spilman mit vil grosser gabe das was Jr ere getan Sy sprach sagt baide Jr Warbel vnd Swämmelin welich meiner. mage zu der hochzeit wellen sein der pesten die wir ladeten heer in diz lanndt nu sagt was redet Hagene da Er die märe befant. Er sprach der kom an ainem morgen fru. lutzel guter sprache redet Er dartzu do sy die rayse lobeten heer in Hunenlant das was dem grymmen Hagenen gar zum tode genant. Es koment Ew. Brueder die kunige alle drey in herrlichem mute. wer mer damit sey, der märe ich endelich wissen niemen kan es lobte mit Jn zeretten Volcker der kuene Spilman. Des enbäre ich hart leicht sprach des kunigs weib. daz ich ymmer hie gesehe den Volckeres leib. Hagenen bin ich wage der ist ain helde gut. daz wir Jn hie sehen muessen des stat mir hoch der mut Do gieng die kuniginne da sy den kunig sach. wie recht mynnikleichen fraw Chrimhilt do sprach wie geuallent euch die märe vil lieber herre mein. des ye mein wille gerte das sol nu wol verendet sein.

fol. CXVIIvc ll. 35–68

der ſolten komeŋ in daꜱ Lanndt /
da waꜱ jr wol ze můte / Sy lonet
den Spilman / mit vil groſſer
gabe / daꜱ waꜱ jr ere getan Sy
ſprach ſagt baide jr warbel ꝩnd
Swammelin / welich meiner
mage zu der Hochzeit welleŋ ſeiŋ /
der peſteŋ die wir ladeteŋ / heer
in diʒ lanndt / nu ſagt waꜱ redet
Hagene da Er die mare befant ·
Er ſprach der kom an aineŋ
moꝛgen frů / lutʒel gůter ſprache
redet Er dartʒů / do ſy die rayſe lobe=
ten heer in Hunen lant / daꜱ waꜱ
dem grÿmmen Hagenen gar
zum tode genant / Eꜱ kument
Ew̄ꝛ Bꝛůeder die kunige alle dꝛeÿ
in herꝛlichem můte / wer mer
damit ſeÿ / der mare ich endelichŋ̄
wiſſen nieneŋ kan / eꜱ lobte mit
jn ze reiteŋ Volcker der kuene
Spilman / Deꜱ erbare ich haꝛt
leicht ſprach / deꜱ kunigꜱ weib /
daʒ ich ymmer hie geſehe deŋ ꝩol=
kereꜱ leib · Hageneŋ bin ich
wage / der iſt ain Helde gůt / daʒ
wir jn hie ſeheŋ mueſſen / deꜱ
ſtat mir hoch der můt / Do giēg
die kůniginne / da ſy den kunig
ſach / wie recht mÿnniklichen
Fraw Chrimhilt do ſprach / wie
geuallent euch die märe / vil lie=
ber herre mein / deꜱ ye mein wille
gerte / daꜱ ſol nu wol verendet ſeiŋ ·

daz Ir Brüeder solten komen in das Lanndt
da was jr wol ze muote Sy lonet den Spilman
mit vil grosser gabe das was jr ere getan

1496 Sy sprach sagt baide jr warbel vnd Swammelin
welich meiner mage zu der Hochzeit wellen sein
der pesten die wir ladeten heer in ditz lanndt
nu sagt was redet Hagene da Er die mare befant

1497 Er sprach der kom an ainem morgen fruo
lutzel guoter sprache redet Er dartzuo
do sy die rayse lobeten heer in Hunen lant
das was dem grymmen Hagenen gar zum tode genant

1498 Es kument Ewr Brüeder die kunige alle drey
in herrlichem muote wer mer damit sey
der mare ich endelichen wissen nienen kan
es lobte mit jn ze reiten Volcker der kuene Spilman

1499 Des erbare ich hart leicht sprach des kunigs weib
daz ich ymmer hie gesehe den volkeres leib
Hagenen bin ich wage der ist ain Helde guot
daz wir jn hie sehen muessen des stat mir hoch der muot

1500 Do gieng die küniginne da sy den kunig sach
wie recht mynniklichen Fraw Chrimhilt do sprach
wie geuallent euch die märe vil lieber herre mein
des ye mein wille gerte das sol nu wol verendet sein

fol. CXVIIIra ll. 1–24

Dein wille iſt mein freüde
ſprach der künig do / nie ward meĩ
ſelbß mage mer ſo recht fro / ob ſy
mir kumeŋ ſolteŋ / heer in meine
lant / durch liebe deiner freünde ſo
iſt mein ſoꝛge verſchwandt Deß
kunigß Ambtleüte die hieſſeŋ vͧbcral
mit geſidele richten / Palaß vnd ſal /
geŋ den lieben geſten die jn da ſolten
komeŋ / ſeyt ward voŋ jn dem künig
vil michel wŭnne benomeŋ /

1501 Dein wille ist mein freude sprach der künig do
nie ward mein selbs mage mer so recht fro
ob sy mir kumen solten heer in meine lant
durch liebe deiner freunde so ist mein sorge verschwandt

1502 Des kunigs Ambtleute die hiessen v̈beral
mit gesidele richten Palas vnd sal
gen den lieben gesten die jn da solten komen
seyt ward von jn dem künig vil michel wunne benomen

Abentheür · Wie die Nibelu=
nge zun Hünen Füeren ·

25 Abentheur Wie die Nibelunge zun Hünen Füeren

Nu laſſeŋ wir
eß beleibeŋ / wie
ſy wareŋ hie
hochgemůter
reckeŋ / die gefů=
reŋ nie / ſo recht
herꝛlicheŋ in dhaineß kunigeß landt /
ſy hetteŋ waß ſy wolteŋ / baide waf=
feŋ mit gewant / Der Vogt voŋ Rei=
ne claidet ſeine man / Sechtʒigk vnꝺ
Tauſent / alß ich vernomeŋ haŋ / vnd

1503 Nu lassen wir es beleiben wie sy waren hie
hochgemuoter recken die gefuoren nie
so recht herrlichen in dhaines kuniges landt
sy hetten was sy wolten baide waffen mit gewant

1504 Der Vogt von Reine claidet seine man
Sechtzigk vnd Tausent als ich vernomen han
vnd Neun tausent knechte gen der hochzeite

sen mit gewant D er Vogt von Berne claidet seine man Sechtzigk vnd
Tausent als ich vernomen han. vnd
Nemn tausent knechte gen der hoch
zeite die sy da haymen liessen die be
wanten es seyt D a trug die gerai
te ze Wurms vber den hof. do sprach
da von Speyre ain alter Bischof zu
der schonen Vten vnnser freundt
die wellent farn gen der hochzeite
got muss jr ere da bewaren D a
sprach zu jren kinden die edel Vte
Ir solt hie beleiben helde gute. mir
ist getrawmet heinte von angstlich
not. wie alles das gefugele in disem
Lannde were tot W er sich an
trawme wendet sprach Hagene.
der wayss der rechten märe nicht ze
sagene. wann es jm ze vollicklichen
eren stee Ich wil daz mein herre ze
hofe nach vrlaub gee W ir sullen
vil gerne reiten in Etzeln lanndt.
da mag wol dienen kunigen guter
helde hanndt. da wir da schawen
muessen Chrimhilde hochzeite Ha
gene riet die rayse yedoch gerawe es
jn seyt E r het es widerraten wan
daz Gernot mit vngefuege im also
wisse pot. ermant jn Seyfrides frau
Chrimhilden man. Er sprach dauon
wil Hagene die grossen hofrayse
lan. D a sprach von Tronege
durch forcht ich so nit entun. wan
Ir gepietet helde so sult jr greyffen
zu. Ja reit ich mit euch gerne in des
Etzeln lant. seyt ward von jm verhaw
en vil manig helm vnd pant D ie

fol. CXVIIIra ll. 25–58

Neün tauſent knechte geŋ der hoch= zeite / die ſy da haÿmeŋ lieſſeŋ / die be= wainteŋ es ſeÿt / Da trůg die gerai= te ze Wurms vber deŋ hof / do ſprach da voŋ Speyꝛe ain alter Biſchof / zu der ſchöneŋ V̊ten / vnnſer freundt die wellent farŋ geŋ der hochʒeite / got můſs jr ere da bewareŋ / Da ſprach zů jren kindeŋ die edel v̊te Ir ſolt hie beleibeŋ helde gůte / mir iſt getrawmet heinte voŋ angſtlichŋ’ not / wie alles das gefügele iŋ diſem Lannde were tot / Wer ſich an trawme wenndet ſprach Hagene / der wayſs der rechteŋ märe nicht ze ſagene / waŋ es jm ze völliklicheŋ eren ſtee / Ich wil daʒ mein herre ze hofe nach vrlaüb gee / Wir ſülleŋ vil gerne reiten in Etʒeln lanndt / da mag wol dienen künigen gůteꝛ helde hanndt / da wir da ſchaweŋ müeſſeŋ Chrimhilde hochzeite / Ha= gene riet die raÿſe / Yedoch geraw es jn ſeÿt / Er het es widerrateŋ waŋ daʒ Gernot / mit vngefüege im alſo miſſepot / ermant jn Seyfrides fraü Chrimhildeŋ maŋ / Er ſprach dauoŋ wil Hagene die groſſen hofraÿſe lan / Da ſprach voŋ Tronege durch foꝛcht ichs nit entůn / waŋ Ir gepietet helde ſo ſült jr greÿffeŋ zů / Ja reit ich mit euch gerne iŋ des Etʒeln lant / ſeyt ward voŋ jm verhaw= en vil manig helm vnd pant · Die

vnd Neun tausent knechte gen der hochzeite
die sy da haymen liessen die bewainten es seyt

1505 Da truog die geraite ze Wurms vber den hof
do sprach da von Speyre ain alter Bischof
zu der schönen Voten vnnser freundt die wellent farn
gen der hochzeite got muoss jr ere da bewaren

1506 Da sprach zuo jren kinden die edel vote
Ir solt hie beleiben helde guote
mir ist getrawmet heinte von angstlicher not
wie alles das gefügele in disem Lannde were tot

1507 Wer sich an trawme wenndet sprach Hagene
der wayss der rechten märe nicht ze sagene
wann es jm ze völliklichen eren stee
Ich wil daz mein herre ze hofe nach vrlaub gee

1508 Wir süllen vil gerne reiten in Etzeln lanndt
da mag wol dienen künigen guoter helde hanndt
da wir da schawen müessen Chrimhilde hochzeite
Hagene riet die rayse Yedoch geraw es jn seyt

1509 Er het es widerraten wann daz Gernot
mit vngefüege im also missepot
ermant jn Seyfrides frau Chrimhilden man
Er sprach dauon wil Hagene die grossen hofrayse lan

1510 Da sprach von Tronege durch forcht ichs nit entuon
wann Ir gepietet helde so sült jr greyffen zuo
Ja reit ich mit euch gerne in des Etzeln lant
seyt ward von jm verhawen vil manig helm vnd pant

1511 Die Schif beraite waren da was manig man

Schif beraitewaren. da was ma
nig man. was sy claider hatten
das trug man daran. Sy waren
vil vnmüess sy vor abents zeit. sy
huben sich von haüse vil hart fro
lich seyt. Etzelt vnd auch die
hütten spien man an das gras
annderhalb des Reines do das ge
schehen was der küning pat noch
beleiben sein vil schöne weyb. sy trau
te noch des nachtes seinen wayde
lichen leib. Pusawnen floytien
hub sich des morgens frue. da sy da
varen solten. da gryffen sy do zu
sware hette lieb an arme der traute
freündes leib. des schied sy vil mit
laide des küning Etzeln weyb. Die
kint der schönen Vten. die hetten ain
en man küen vnd getreüe. da sy wol
ten dan. da sagt Er dem künig tau
gen seinen mut. Er sprach des mus
ich trauren. daz Ir die hofraysse tut
Er was gehaissen Rumolt vnd
was ain heldt zu der hanndt. wem
welt Ir las sen lewte vnd auch die
Lanndt. das nyemand kan erwen
den euch Recken ewren mut. der
Chrimhilden märe gedauchten
mich nye gut. Das Lanndt sy
dir bevolhen vnd meine kindelein
vnd dienet wol den frawen das ist
der wille mein. wen du sehest way
nen dem troste seinen leib. Ja getut
vnns nymmer layde des küning
Etzeln weyb. Die Ross berait wa
ren den kunigen vnd iren mann
mit mynniklichen kussen schied ma
niger dan. dem in hohem mut lebt
do der leib das mussest seit bewainen

fol. CXVIIIrb ll. 1–34

Schif beraite wareŋ / da was ma=nig man / was ſy claider hatteŋ / das trůg man daran / Sy wareŋ vil vnmüeſſig voꝛ Abents zeit / ſÿ hůbeŋ ſich von hawſe / vil hart frö=lich ſeÿt / Getʒelt vnd auch die hütten ſpien man aŋ das gras annderhalb des Reines / do das ge=ſcheheŋ was / der künig pat noch beleibeŋ / ſein vil ſchöne weyb / ſy traü=te noch des nachtes ſeineŋ waÿde=lichen leib · Puſawneŋ Floÿtieꝛŋ hůb ſich des moꝛgens frue / da ſy da vareŋ ſolteŋ / da gryffen ſy do zů ſware / hette lieb an arme der traüte Freündes leib / es ſchied ſy vil mit laide des künig Etʒeln weyb / Die kint der ſchöneŋ V̊teŋ / die hetteŋ ain=en maŋ kuen vnd getreẅe / da ſy wol=ten daŋ / da ſagt Er dem kunig tau=gen ſeineŋ můt / Er ſprach des můſs ich trauren / daʒ Ir die Hofraÿſe tůt Er was gehayſſeŋ Růmolt / vnd was ain Heldt zu der hanndt / weŋ welt jr laſſen leẅte / vnd auch die Lanndt / das nyemand kaŋ erwen=den / euch Recken eẅꝛeŋ můt / der Chrimhildeŋ märe gedaüchten mich nÿe gůt · Das Lanndt ſÿ dir beuolhen vnd meine kindeleiŋ / vnd diene wol den fraẅeŋ das iſt der wille mein / wen du ſeheſt waÿ=neŋ dem tröſte ſeineŋ leib / Ja getůt vnns nÿmmer laÿde des kunig

1511 Die Schif beraite waren da was manig man
was sy claider hatten das truog man daran
Sy waren vil vnmüessig vor Abents zeit
sy huoben sich von hawse vil hart frölich seyt

1512 Getzelt vnd auch die hütten spien man an das gras
annderhalb des Reines do das geschehen was
der künig pat noch beleiben sein vil schöne weyb
sy traute noch des nachtes seinen waydelichen leib

1513 Pusawnen Floytiern huob sich des morgens frue
da sy da varen solten da gryffen sy do zuo
sware hette lieb an arme der traute Freundes leib
es schied sy vil mit laide des künig Etzeln weyb

1514 Die kint der schönen Voten die hetten ainen man
kuen vnd getrewe da sy wol ten dan
da sagt Er dem kunig taugen seinen muot
Er sprach des muoss ich trauren daz Ir die Hofrayse tuot

1515 Er was gehayssen Ruomolt vnd was ain Heldt zu der hanndt
wem welt jr lassen lewte vnd auch die Lanndt
das nyemand kan erwenden euch Recken ewren muot
der Chrimhilden märe gedauchten mich nye guot

1516 Das Lanndt sy dir beuolhen vnd meine kindelein
vnd diene wol den frawen das ist der wille mein
wen du sehest waynen dem tröste seinen leib
Ja getuot vnns nymmer layde des kunig Etzeln weyb

der wille mein. Wen du sehest wainen dem troste seinen leib. Ja getut
uns nymmer layde des künig
Etzeln weyb. Die Roß berait waren den kunigen und iren mann
mit nymmilichen küssen schied maniger dan. dem in hohem mut lebt
do der leib das muesset seyt bewainen
vil manigs waydeliches weyb. Da
man die schnellen recken sach zu den
Rossen gan. do soß man vil der frawen
traurikliche stan. daz jr vil langes
schaiden sagt jn wol jrer mut auf
grossen schaden ze komen. das hertze
nyemand sanffte tut. Die schnellen
Burgunden sich aus huben do ward
in dem lannde ain michel beben bai
denthalben der perge wainte weyb
und man. Wie dort jr volck täte sy
füren frolich von dann. Die Nibelunges helde die komen mit jn
dan in Tausent halspergen ze
haus sy hetten lan. vil manige schone frawen die sy gesahen nymmer
mer. des Seyfrides wunden tetten
Chrimhilden wee. Da schickten
Sy jr rayse gen dem Rene dann
auf durch Osterfrancken des Gunt
heres man dar laite sy do Hagene
dem was es wol bekant. Jr Marschalck was Danckwart der helt
von Burgunden lanndt. Da sy
von Osterfrancken gen Swaben
riten. da mocht man sy chiesen an
herlichen siten. die fürsten und jr
mage die helden lobesam. an dem
zwelfften morgen der künig zu der

fol. CXVIIIrb ll. 35–68

Etȝeln weyb / Die Roſs berait waren den künigeŋ vnd jreŋ mann / mit mÿnniklicheŋ kuſſen / ſchied maniger dan / dem in hohem můt lebt do der leib / das můſſet ſeÿt bewaineŋ vil manigs waydeliches weyb / Da man die ſchnelleŋ reckeŋ ſach zu deŋ Roſſen gan · do koß maŋ ʋil der frawẽŋ traŭriklicheŋ ſtan / daȝ Ir ʋil langes ſchaiden ſagt jn wol jrer můt / auf groſſeŋ ſchaden ze komeŋ / das hertȝe nÿemand ſanffte tůt / Die ſchnellŋ̃ Bŭrgŭndeŋ ſich aus hůbeŋ / do ward in dem Lannde aiŋ michel ʋ̈ebeŋ baidenthalbeŋ der perge wainte weyb vnd man · Wie doꝛt jr ʋolck tâte / ſy fůreŋ frölich voŋ danŋ / Die Nibelŭnges Helde / die komeŋ mit jn dan / in Taŭſent Halſpergeŋ ze haus ſy hetteŋ lan / vil manige ſchö̈ne frawẽŋ / die ſy geſaheŋ nÿmmer mer / des Seyfrides wunden tetteŋ Chrimhilden wee / Da ſchickteŋ Sy jr Rayſe geŋ dem Mene dann auf durch Oſterfrancken des Guntheres man / dar laite ſy do Hagene dem was es wol bekant / Ir Marſchalck was Danckwart der helt / von Burgŭnden lanndt / Da ſy von Oſter Franckeŋ geŋ Swaben riteŋ / da mocht man Sy chieſen aŋ herꝛlichen ſiteŋ / die Fŭrſten / ʋnd jr mage / die helden lobeſaŋ / aŋ dem zwelffteŋ moꝛgeŋ der kŭnig zu der

Ja getuot vnns nymmer layde des kunig Etzeln weyb

1517 Die Ross berait waren den künigen vnd jren mann
mit mynniklichen kussen schied maniger dan
dem in hohem muot lebt do der leib
das muosset seyt bewainen vil manigs waydeliches weyb

1518 Da man die schnellen recken sach zu den Rossen gan
do koß man vil der frawen trauriklichen stan
daz Ir vil langes schaiden sagt jn wol jrer muot
auf grossen schaden ze komen das hertze nyemand sanffte tuot

1519 Die schnellen Burgunden sich aus huoben
do ward in dem Lannde ain michel v̈eben
baidenthalben der perge wainte weyb vnd man
Wie dort jr volck täte sy fuoren frölich von dann

1520 Die Nibelunges Helde die komen mit jn dan
in Tausent Halspergen ze haus sy hetten lan
vil manige schöne frawen die sy gesahen nymmer mer
des Seyfrides wunden tetten Chrimhilden wee

1521 Da schickten Sy jr Rayse gen dem Mene dann
auf durch Osterfrancken des Guntheres man
dar laite sy do Hagene dem was es wol bekant
Ir Marschalck was Danckwart der helt von Burgunden lanndt

1522 Da sy von Oster Francken gen Swaben riten
da mocht man Sy chiesen an herrlichen siten
die Fürsten vnd jr mage die helden lobesam
an dem zwelfften morgen der künig zu der Thuonaw kam

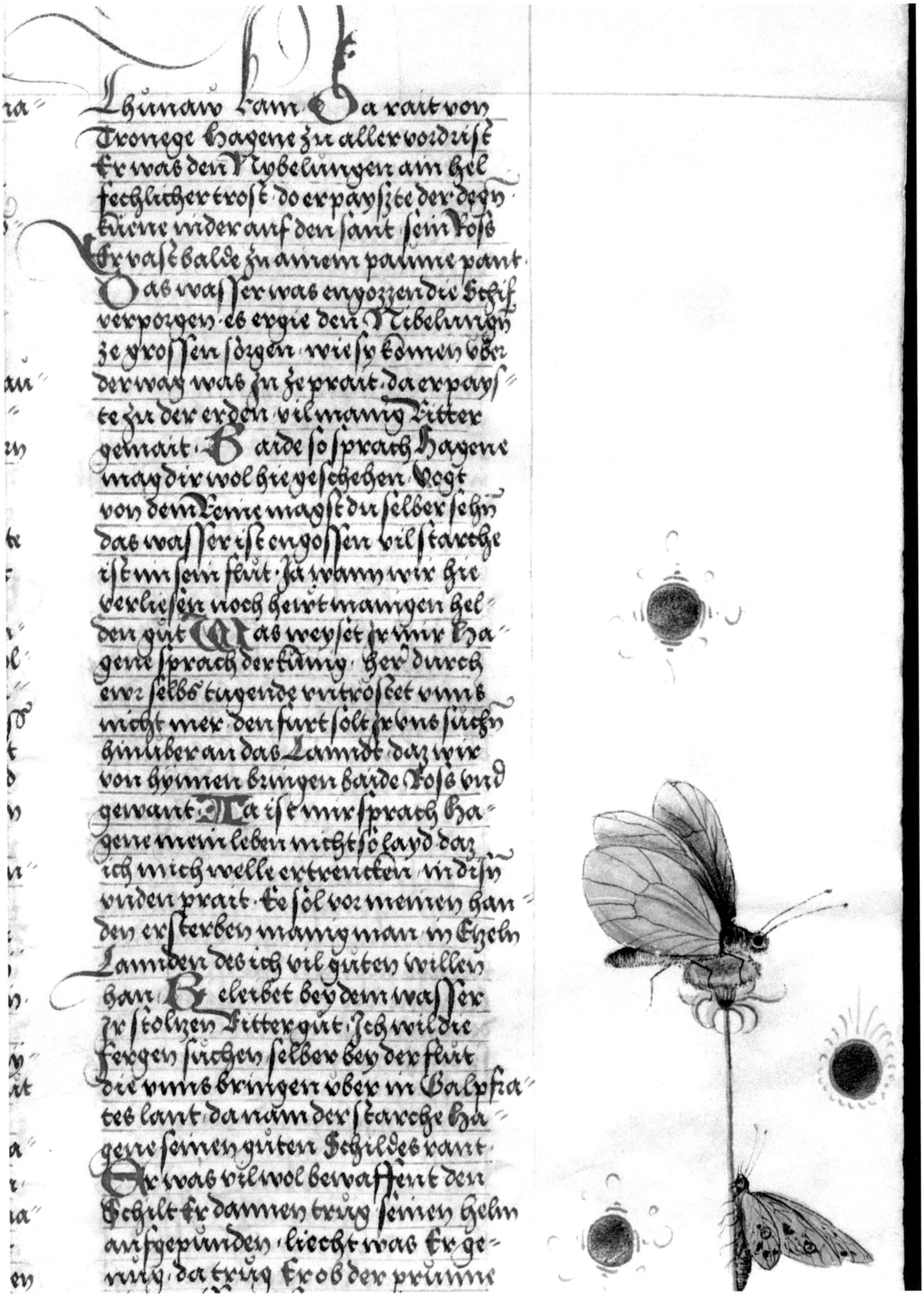

fol. CXVIIIrc ll. 1–34

Thůnaw̆ kam / Da rait voŋ
Tronege Hagene zu aller voꝛdꝛiſt
Er was den Nybelůngen ain hel
fechlicher troſt / do erpayſʒte der degŋ̄ /
kůene nider auf den ſant / ſein Roſs
Er vaſt balde zu ainem paůme pant /
Das waſſer was engoʒʒen die Schif
verpoꝛgeŋ es ergie den Nibelungŋ̄
ze groſſen ſoꝛgen / wie ſy komeŋ ʋ̈beꝛ
der wag / was jn ze prait / da erpayſ=
te zu der erden / vil manig Ritter
gemait / Baide ſo ſprach Hagene
mag dir wol hie geſchehen / ʋogt
voŋ dem Reine magſt du ſelber ſehŋ̄
das waſſer iſt engoſſen vil ſtarche
iſt im ſein flůt / ja wanŋ wir hie
verlieſen noch hew̆t manigen hel=
den gůt / Was weyſet jr mir Ha=
gene ſprach der kůnig / herꝰ durch
ewꝛ ſelbs tugende vntrőſtet vnns
nicht mer / den furt ſolt jr ʋns ſůchŋ̄
hinůber an das Lanndt / daʒ wir
von hÿnnen bꝛingen baide Roſs ʋnd
gewant / Ia iſt mir ſprach Ha=
gene mein leben nicht ſo layd / daʒ
ich mich welle ertrencken / in diſŋ̄
vnden prait · Ee ſol voꝛ meineŋ han=
deŋ erſterbeŋ manig man / iŋ Etʒelŋ
Lannden des ich vil gůteŋ willeŋ
han / Beleibet bey dem waſſer
jr ſtolʒeŋ Ritter gůt / Jch wil die
Fergeŋ ſůcheŋ / ſelber bey der flůt
die vnns bringen v̈ber in Galpfꝛa=
tes lant / da nam der ſtarche Ha=

an dem zwelfften morgen der künig zu der Thuonaw kam

1523 Da rait von Tronege Hagene zu aller vordrist
Er was den Nybelungen ain helfechlicher trost
do erpayszte der degen küene nider auf den sant
sein Ross Er vast balde zu ainem paume pant

1524 Das wasser was engozzen die Schif verporgen
es ergie den Nibelungen ze grossen sorgen
wie sy komen v̈ber der wag was jn ze prait
da erpayste zu der erden vil manig Ritter gemait

1525 Baide so sprach Hagene mag dir wol hie geschehen
vogt von dem Reine magst du selber sehen
das wasser ist engossen vil starche ist im sein fluot
ja wann wir hie verliesen noch hewt manigen helden guot

1526 Was weyset jr mir Hagene sprach der künig herr
durch ewr selbs tugende vntröstet vnns nicht mer
den furt solt jr vns suochen hinüber an das Lanndt
daz wir von hynnen bringen baide Ross vnd gewant

1527 Ia ist mir sprach Hagene mein leben nicht so layd
daz ich mich welle ertrencken in disen vnden prait
Ee sol vor meinen handen ersterben manig man
in Etzeln Lannden des ich vil guoten willen han

1528 Beleibet bey dem wasser jr stoltzen Ritter guot
Jch wil die Fergen suochen selber bey der fluot
die vnns bringen v̈ber in Galpfrates lant
da nam der starche Hagene seinen guoten Schildes rant

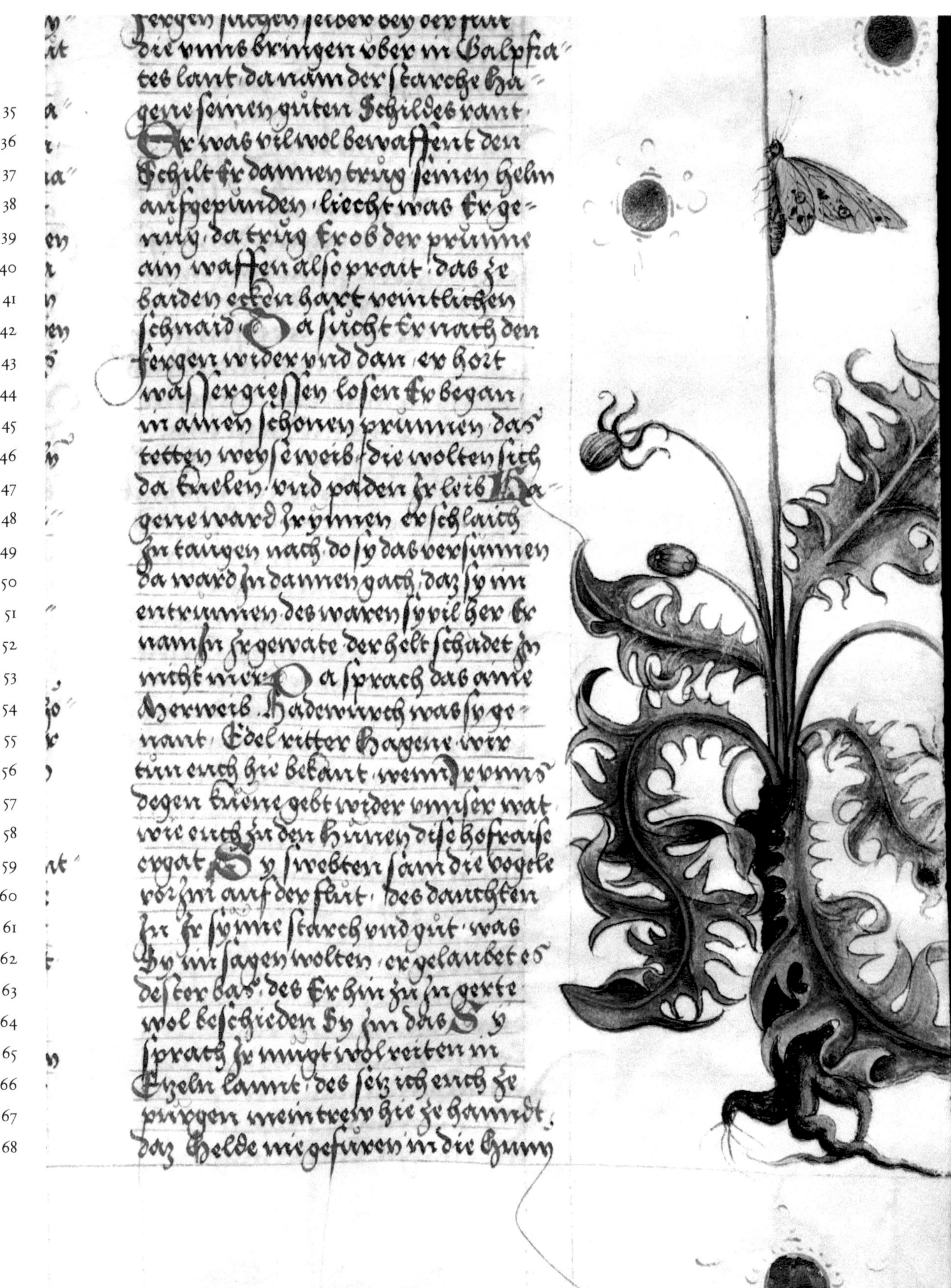
fergen fliegen selber bey der flut
die vnns bringen vber in Gelpfra
tes lant da nam der starche Ha
gene seinen guten Schildes rant
Er was vil wol bewaffent den
Schilt Er dannen trug seinen Helm
aufgepunden liecht was Er ge
nug da trug Er ob der prunne
ain waffen also prait das ze
baiden ecken hart veintlichen
schnaid Da sucht Er nach den
fergen wider vnd dan er hort
wasser giessen losen Er began
in ainem schonen prunnen das
tetten weyse weib die wolten sich
da kuelen vnd paden jr leib Ha
gene ward jr ynnen er schlaich
jn taugen nach do sy das versunnen
da ward jn dannen gach daz sy im
entrunnen des waren sy vil her Er
nam jn jr gewate der helt schadet jn
nicht mer Da sprach das aine
Merweib Hadeburch was sy ge
nant Edel ritter Hagene wir
tun euch hie bekant wenn jr vns
degen kuene gebt wider vnnser wat
wie euch zu den Hunnen dise hofraise
ergat Sy swebten sam die vogele
vor jm auf der flut des dauchten
jn jr synne starch vnd gut was
Sy im sagen wolten er gelaubet es
dester bas des Er hin zu jn gerte
wol beschieden sy jm das Sy
sprach jr mugt wol reiten in
Etzeln lannt des setz ich euch ze
purgen mein trew hie ze hanndt
daz Helde nie gefuren in die Chunn

fol. CXVIIIrc ll. 35–68

gene ſeineŋ gůten Schilꝺeσ rant / Er waσ vil wol bewaffent / den Schilt Er danneŋ trůg / ſeineŋ Helm aufgepůndeŋ / liecht waσ Er ge=nůg / da trůg Er ob der průnne aiŋ waffen alſo prait / daσ ze baideŋ ecken hart veintlicheŋ ſchnaid / Da ſůcht Er nach den Fergen wider vnd dan / er hoꝛt waſſer gieſſeŋ / loſen Er began / in aineŋ ſchoneŋ průnneŋ / daσ tetteŋ weyſe weib / die wolteŋ ſich da kueleŋ / vnd paden jr leib / Ha=gene warꝺ / jr ẙnneŋ er ſchlaich jn taůgeŋ nach / do ſy daσ verſůnneŋ da ward jn danneŋ gach / daʒ ſy im entrůnneŋ / deσ wareŋ ſy vil her / Er nam jn jr gewate / der helt ſchadet jŋ nicht mer / Da ſprach daσ aine Merweib / Hadewurch waσ ſy ge=nant / Edel ritter Hagene / wir tůn euch hie bekant / wenn Ir vnnσ degen kůene gebt wider vnnſer wat / wie euch zu den Hůneŋ diſe hofraiſe ergat · Sy ſwebten ſam die vogele voꝛ jm auf der flůt / deσ dauchten jn jr ſẙnne ſtarch vnd gůt / waσ Sy im ſageŋ wolteŋ / er gelaubet eσ deſter baσ / deσ Er hin zu jn gerte / wol beſchieden Sy jm daσ / Sẙ ſprach jr můgt wol reiten in Etʒeln lannt / deσ ſetʒ ich euch ze půrgen mein trew hie ze hannꝺt daʒ Helꝺe nie gefůreŋ in die Hůnŋ

da nam der starche Hagene seinen guoten Schildes rant

1529 Er was vil wol bewaffent den Schilt Er dannen truog
seinen Helm aufgepunden liecht was Er genuog
da truog Er ob der prunne ain waffen also prait
das ze baiden ecken hart veintlichen schnaid

1530 Da suocht Er nach den Fergen wider vnd dan
er hort wasser giessen losen Er began
in ainen schonen prunnen das tetten weyse weib
die wolten sich da kuelen vnd paden jr leib

1531 Hagene ward jr ynnen er schlaich jn taugen nach
do sy das versunnen da ward jn dannen gach
daz sy im entrunnen des waren sy vil her
Er nam jn jr gewate der helt schadet jn nicht mer

1532 Da sprach das aine Merweib Hadewurch was sy genant
Edel ritter Hagene wir tuon euch hie bekant
wenn Ir vnns degen küene gebt wider vnnser wat
wie euch zu den Hünen dise hofraise ergat

1533 Sy swebten sam die vogele vor jm auf der fluot
des dauchten jn jr synne starch vnd guot
was Sy im sagen wolten er gelaubet es dester bas
des Er hin zu jn gerte wol beschieden Sy jm das

1534 Sy sprach jr mügt wol reiten in Etzeln lannt
des setz ich euch ze pürgen mein trew hie ze hanndt
daz Helde nie gefuoren in die Hünn reiche bas

reithe das nach also grossen eren
im gelaubet werlichen das Der
rede was do Hagene in seinem
hertzen heer. da gab Er jn jre klai
der. vnd saumet sich nicht mer.
do sy sich angelarten jr wunder
lich gewant. da sageten sy jm rech
te die raysse in Etzeln lanndt.
Da sprach das annder Mör
weib die hiess Sigelint ich wil
warnen Hagene daz Adrianes
kindt. durch der Mate liebe hat
mein Mume dir gelogen. kumbst
du hin ze den Hunen so bist du
sere betrogen Ja solt du keren
widere das ist an der zeit. wann
jr helde küene also geladet seyt.
daz jr sterben muesset in Etzeln
lanndt. welche dar gereytent die
haben den todt an der handt Da
sprach aber Hagene jr trieget
on not. wie mocht es sich gefiegen
daz wir alle tot. solten da beleiben
durch yemandes hass. sy begunden
jm die märe sagen kuntzlichen baz
Da sprach aber die ain es
muss also wesen. daz ewr kainer
kan da nicht genesen Wann des
kunigs Capelan das ist vnns wol
bekannt. der kumbt besonnder wi
dere in des Günthers lanndt Da
sprach in grymmen mute der küe
ne Hagene. das were meinen hern
mmelich ze sagene daz wir ze Hu
nen solten verliesen alle ain leib.
Nu zaige vnns vbers wasser das
aller weysiste weib. Sy sprach
seyt du der ferte nicht wellest
haben rat Wo oben bey dem was-

fol. CXVIIIva ll. 1–34

reiche baſ / nach alſo groſſeŋ ereŋ /
nu gelaubet wërlicheŋ daſ Der
rede waſ do Hagene in ſeineŋ
hertʒeŋ heer / da gab Er jn jre clai=
der / vnd ſaümet ſich nicht mer ·
do ſy ſich angelaiteŋ / jr wunder=
lich gewant / da ſageteŋ ſy jm rech=
te / die raÿſe in Etʒeln lanndt /
Da ſprach daſ annder Mőꝛ
weib / die hieſs Sigelint ich wil
warneŋ Hagene daʒ Adrianeſ
kindt / durch der Wate liebe hat
mein Mûme dir gelogeŋ / kumbſt
du hin ze den Hűneŋ ſo biſt du
ſere betrogeŋ / Ia ſolt du kereŋ
widere / daſ iſt an der zeit · wanŋ
Ir helde küene alſo geladet ſeÿt ·
daʒ jr ſterbeŋ müeſſet in Etʒelŋ̄
lanndt / welche dar gereÿtent die
haben den todt aŋ der handt / Da
ſprach aber Hagene / jr trieget
on not / wie mocht eſ ſich gefüegŋ̄
daʒ wir alle tot / ſolten da beleibŋ̄ /
durch yemandſ haſſ / ſy begundŋ̄
jm die mare ſageŋ kurtʒlicheŋ baʒ /
Da ſprach aber die aine eſ
mûſſ alſo weſeŋ / daʒ ewꝛ kainer
kan da nicht geneſeŋ / wann deſ
kűnigſ Capelan / daſ iſt vnnſ wol
bekannt / der kumbt beſonnder wi=
dere in deſ Güntherſ lanndt / Da
ſprach iŋ grÿmmeŋ mûte der küe=
ne Hagene / daſ wëre meineŋ hꝛŋ?
müelich ze ſagene daʒ wir ze Hű=

daz Helde nie gefuoren in die Hünn reiche bas
nach also grossen eren nu gelaubet werlichen das

1535 Der rede was do Hagene in seinem hertzen heer
da gab Er jn jre claider vnd saumet sich nicht mer
do sy sich angelaiten jr wunder lich gewant
da sageten sy jm rechte die rayse in Etzeln lanndt

1536 Da sprach das annder Mör weib die hiess Sigelint
ich wil warnen Hagene daz Adrianes kindt
durch der Wate liebe hat mein Muome dir gelogen
kumbst du hin ze den Hünen so bist du sere betrogen

1537 Ia solt du keren widere das ist an der zeit
wann Ir helde küene also geladet seyt
daz jr sterben müesset in Etzelen lanndt
welche dar gereytent die haben den todt an der handt

1538 Da sprach aber Hagene jr trieget on not
wie mocht es sich gefüegen daz wir alle tot
solten da beleiben durch yemands hass
sy begunden jm die märe sagen kurtzlichen baz

1539 Da sprach aber die aine es muoss also wesen
daz ewr kainer kan da nicht genesen
wann des künigs Capelan das ist vnns wol bekannt
der kumbt besonnder widere in des Gunthers lanndt

1540 Da sprach in grymmen muote der küene Hagene
das were meinen herrn müelich ze sagene
daz wir ze Hünen solten verliesen alle ain leib

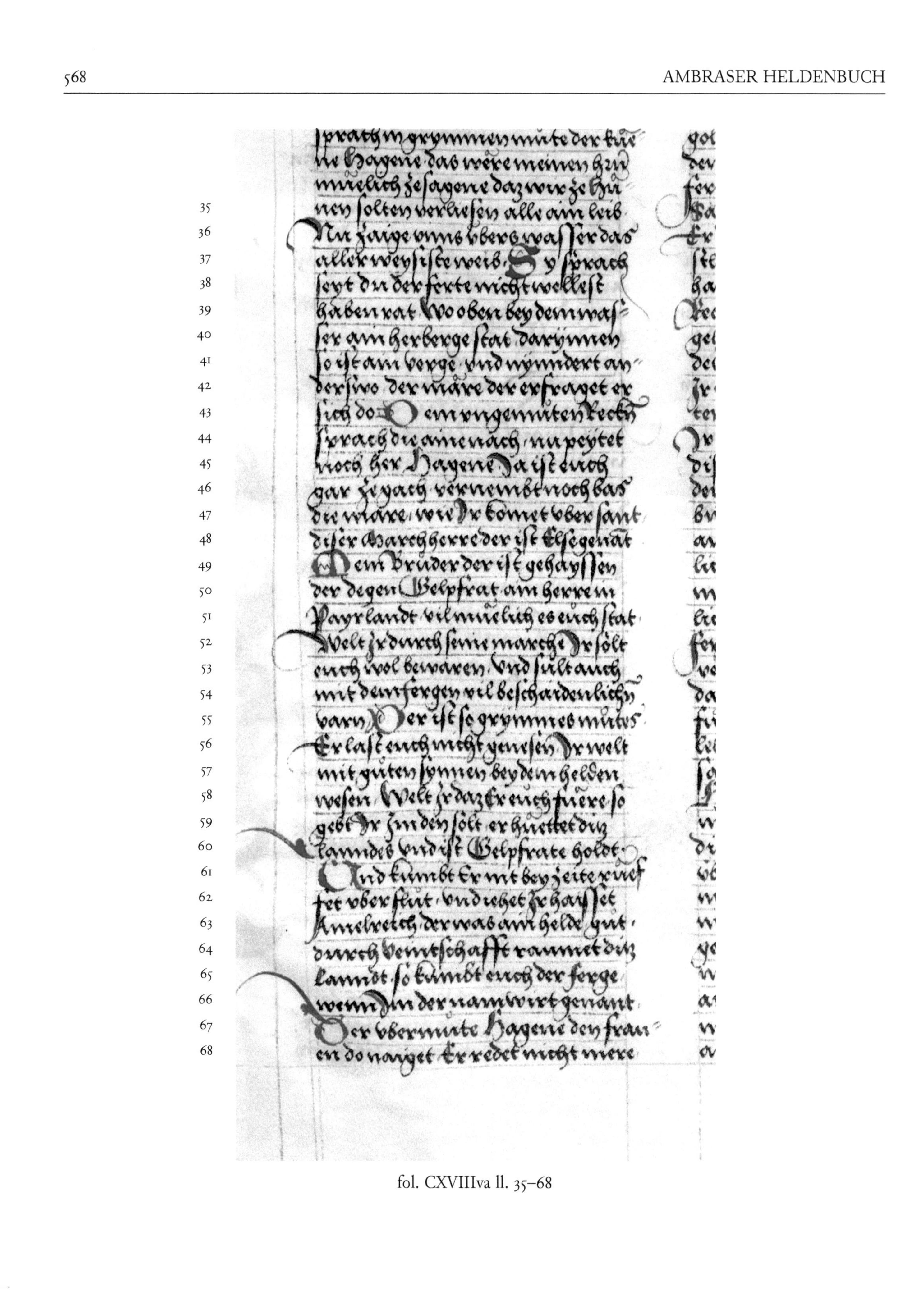

fol. CXVIIIva ll. 35–68

neŋ ſolteŋ verlieſeŋ alle ain leib /
Nu zaige vnnß v̈berß waſſer daσ
aller weyſiſte weib · Sy ſprach
ſeyt du der ferte nicht welleſt
haben rat / wo oben bey dem waſ=
ſer ain herberge ſtat / darÿnneŋ
ſo iſt ain ʋerge / vnd nÿnndert aŋ=
derſwo / der märe der erfraget er
ſich do / Dem vngemůteŋ Reckŋ̄
ſprach die aine nach / nu peÿtet
noch her Hagene / Ia iſt euch
gar ze gach / vernembt noch baσ
die mare / wie Ir komet ʋber ſant /
diſer Marchherre / der iſt Elſe genāt
Mein Brůder der iſt gehayſſeŋ
der degen Gelpfrat / ain herre in
Payrlandt / vil müelich eß eüch ſtat /
Welt jr durch ſeine marche Ir ſolt
euch wol bewareŋ / ʋnd ſult auch
mit dem Fergeŋ / vil beſchaidenlichŋ̄
ʋarŋ / Der iſt ſo grÿmmeß můteσ /
Er laſt euch nicht geneſeŋ / Ir welt
mit gůteŋ ſynneŋ bey dem helden
weſen / Welt jr daʒ Er eüch füere / ſo
gebt Ir jm deŋ ſolt / er hüettet ditʒ
lanndeß ʋnd iſt Gelpfrate holdt ·
Und kumbt Er nit bey zeite rüef
fet vber flůt / ʋnd iehet jr haiſſet
Amelreich / der waß ain helde / gůt /
durch ʋeintſchafft raumet ditʒ
Lanndt / ſo kumbt euch der Ferge /
wenn Im der nam wirt genant /
Der ʋbermůte Hagene deŋ frau=
en do naiget / Er redet nicht mere /

daz wir ze Hünen solten verliesen alle ain leib
Nu zaige vnns v̈bers wasser das aller weysiste weib

1541 Sy sprach seyt du der ferte nicht wellest haben rat
wo oben bey dem wasser ain herberge stat
darynnen so ist ain verge vnd nynndert anderswo
der märe der erfraget er sich do

1542 Dem vngemuoten Recken sprach die aine nach
nu peytet noch her Hagene Ia ist euch gar ze gach
vernembt noch bas die mare wie Ir komet vber sant
diser Marchherre der ist Else genant

1543 Mein Bruoder der ist gehayssen der degen Gelpfrat
ain herre in Payrlandt vil müelich es euch stat
Welt jr durch seine marche Ir solt euch wol bewaren
vnd sult auch mit dem Fergen vil beschaidenlichen varn

1544 Der ist so grymmes muotes Er last euch nicht genesen
Ir welt mit guoten synnen bey dem helden wesen
Welt jr daz Er euch füere so gebt Ir jm den solt
er hüettet ditz lanndes vnd ist Gelpfrate holdt

1545 Und kumbt Er nit bey zeite rüef fet vber fluot
vnd iehet jr haisset Amelreich der was ain helde guot
durch veintschafft raumet ditz Lanndt
so kumbt euch der Ferge wenn Im der nam wirt genant

1546 Der vbermuote Hagene den frauen do naiget
Er redet nicht mere Wann daz Er stille swaig

fol. CXVIIIvb ll. 1–34

Wann daȝ Er ſtille ſwaig / do gieng er bey dem waſſer hoch aŋ den ſant / da Er anderhalben aine herberge ʋant Er begunde vaſt rűeffen / hinűber den Flůt · Nu hol mich hie ferge ſprach der degen gůt · ſo gib ich dir ze miete ain peck von golde rot / Ia iſt mir diſer ferte daσ wiſſeſt war=licheŋ not Der Ferge waσ ſo reicħe daȝ im nicht dieneŋ getȝam / dar=umb Er loŋ vil ſelteŋ voŋ ÿemaŋ da genam / aŭch wareŋ ſeine kne=chte vil hoch gemůt / noch ſtůnd alleσ Hagene allaine diſhalb der Flůt · Da rűeffet Er mit der creffte daȝ all der wag erdoσ / waŋ̄ deσ Heldeσ ſterche waσ michel ʋnꝺ groσ / nu Hol mich Amelreicheŋ Ich binσ der Eÿſene man / der duꝛch ſtarche ʋeintſchaft voŋ diſen Lanndeŋ entran / Uil hoch aŋ dem ſchwerte ain pőck er jm do pote / liecht vnd ſchően waσ eσ vom golꝺe / rot · daȝ man jn vber fűrte / in Gel=phrateσ landt / der ʋberműetig Ferge nam ſelbσ Rueder aŋ die hant Ich waÿſʒ derſelbe Schefmaŋ newlich geſchicht / die gier nach groſſem gůte / vil boſer ennde geit da wolt Er verdieneŋ deσ Hageneŋ golt ſo rot / deσ lit er von dem degene den ſchwert grÿmmigen todt Der Ferge zoech genoete hinűber an deŋ

Er redet nicht mere Wann daz Er stille swaig
do gieng er bey dem wasser hoch an den sant
da Er anderhalben aine herberge vant

1547 Er begunde vast rüeffen hinüber den Fluot
Nu hol mich hie ferge sprach der degen guot
so gib ich dir ze miete ain peck von golde rot
Ia ist mir diser ferte das wissest warlichen not

1548 Der Ferge was so reiche daz im nicht dienen getzam
darumb Er lon vil selten von yeman da genam
auch waren seine knechte vil hoch gemuot
noch stuond alles Hagene allaine dishalb der Fluot

1549 Da rüeffet Er mit der creffte daz all der wag erdos
wann des Heldes sterche was michel vnd gros
nu Hol mich Amelreichen Ich bins der Eysene man
der durch starche veintschaft von disen Lannden entran

1550 Uil hoch an dem schwerte ain pöck er jm do pote
liecht vnd schöen was es vom golde rot
daz man jn vber fuorte in Gelphrates landt
der vbermüetig Ferge nam selbs Rueder an die hant

1551 Ich wayss derselbe Schefman newlich geschicht
die gier nach grossem guote vil boser ennde geit
da wolt Er verdienen des Hagenen golt so rot
des lit er von dem degene den schwert grymmigen todt

1552 Der Ferge zoech genoete hinüber an den Sandt

golt so rot des tet er von dem degene
den schwert grymmigen todt Der
ferge zoech genoete hinuber an den
Sandt den Er da nennen horte da
Er des nicht vant da zurnet Er ern=
stleichen als Er Hagenen sach vil
hart grymmikleichen Er do zu dem
Recken sprach Ir mugt wol sein
gehaissen bey namen Americh
des ich mich hie verwande dem seit
Ir vngeleich von Vater vnd von mu=
ter was Er der Brueder mein Nu
Ir mich betrogen habt Ir muesset
dishalben sein Nain durch got
den reichen sprach do Hagene ich
bin ain frombder Recke vnd sorge
auf degene nu nembt hin freunt
lichen hewt meinen solt daz Ir
mich vber fueret ich bin euch war
lichen holt Da sprach aber der
ferge des mag nit gesein es habn
veint die lieben herren mein
darumb ich nyemand fromden
fuere in diz lant so lieb dir ze
leben sey so trit bald aus an den
sant Nun tut des nicht sprach
Hagene wann traurig ist mein
muet nembt von mir ze minne
diz golt vil gut vnd fuert vns
vber Tausent ross vnd also ma
nigen man da sprach der grim
me ferge das wirdet nymmer
getan Er hub ain starches
ruedel vnd prait Er schlug es
auf Hagenen des ward Er vnge
mach daz er in dem Schiffe straucht
auf seine knie so recht grymme

fol. CXVIIIvb ll. 35–68

Sandt / den Er da nennen hoꝛte / da
Er des nicht vant / da zürnet Er erŋ=
ſtlicheŋ als Er Hagenen ſach / vil
hart grÿmmiklichen Er do zu deŋ
Recken ſprach · Ir mügt wol ſeiŋ
gehaÿſſen beÿ nameŋ Almerich
des ich mich hie verwande dem ſeit
jr vngelich · voŋ Vater vnd voŋ mů=
ter was Er der Bꝛüeder mein · Nu
Ir mich betrogen habt / Ir müeſſet
diſhalbeŋ ſein · Nain durch got
den reichen ſprach do Hagene / ich
bin ain frombder Recke / vnd ſoꝛge
auf degene / nu nembt hin freunt=
lichen hewt meineŋ ſolt · daʒ Ir
mich vberfüeret / ich bin euch waꝛ=
lichen holt / Da ſprach aber der
Ferge / des mag nit geſein · es habŋ
veint die lieben herreŋ mein ·
darümb ich nÿemand frömden
füere in diʒ lant · ſo lieb dir ze
leben ſeÿ / ſo trit bald aus an den
ſant · Nuŋ tůt des nicht ſprach
Hagene wanŋ traurig iſt meiŋ
můt / nembt voŋ mir ze minne
diʒ golt vil gůt / vnd fuert vnns
v̈ber Tauſent roſs / vnd alſo ma=
nigeŋ man / da ſprach der grim=
me Ferge / das wirdet nÿmmer
getan Er hůb ain ſtarches
michel vnd prait / Er ſchlůg es
auf Hageneŋ / des ward Er vnge=
mait · daʒ er in dem Schiffe ſtraüchŋt /
auf ſeine knie / ſo recht grymme

1552 Der Ferge zoech genoete   hinüber an den Sandt
den Er da nennen horte   da Er des nicht vant
da zürnet Er ernstlichen   als Er Hagenen sach
vil hart grymmiklichen   Er do zu dem Recken sprach

1553 Ir mügt wol sein gehayssen   bey namen Almerich
des ich mich hie verwande   dem seit jr vngelich
von Vater vnd von muoter   was Er der Brueder mein
Nu Ir mich betrogen habt   Ir müesset dishalben sein

1554 Nain durch got den reichen   sprach do Hagene
ich bin ain frombder Recke   vnd sorge auf degene
nu nembt hin freuntlichen   hewt meinen solt
daz Ir mich vberfüeret   ich bin euch warlichen holt

1555 Da sprach aber der Ferge   des mag nit gesein
es haben veint   die lieben herren mein
darumb ich nyemand frömden   füere in ditz lant
so lieb dir ze leben sey   so trit bald aus an den sant

1556 Nun tuot des nicht sprach Hagene   wann traurig ist mein muot
nembt von mir ze minne   ditz golt vil guot
vnd fuert vnns v̈ber Tausent ross   vnd also manigen man
da sprach der grimme Ferge   das wirdet nymmer getan

1557 Er huob ain starches   michel vnd prait
Er schluog es auf Hagenen   des ward Er vngemait
daz er in dem Schiffe   straucht auf seine knie
so recht grymme Ferge   kam dem Tronegere nye

Ferge kam dem Tronegere wie.
Da wolt er bas erzürnen den
übermüeten gast. er slug im ain
schalten daz die gar zerprast.
Hagenen über haupt. er was
ain starcher man. davon der
Elsen der grossen schaden gewan.
Mit grymmigem müete graif
Hagen zehant vil balde zu ainer
schaiden da Er ain wassen vant.
Er slug im ab das haubt. vnd
warff es an den grundt. die märe
wurden schier den stolzen Bur
gunden kundt. In den selben
stunden da Er den Schefman slug
das Schef das flos in awe. das was
im laid genug. Ee ers gerichte müe
den Er began. da zoch vil creffticlich
des kunig Gunthers man. Mit
zugen harte schwinden keret es
der gast vntz im das starche ruder
an seiner hennde brast. Er wolte
zu den Recken aus an Tunawe
sant. da was dhainer mere. hey
wie schiere er das gepant. Mit
ainem Schiltvessel das was ain
porte schmal. gegen ainem walde
de keret Er hin ze tal. da vant Er seine
herren am gstade stan. do gieng
im entgegen vil manig waidelich
man. Mit grüs jm wol empfieng
en die snellen Ritter güt. da sahens
im Schiffe noch riechen das plůt
von ainer starchen wunden die
Er dem fergen slug. da ward von
den degenne gefraget Hagene ge
nug. Da der kunig Gunther
das hayssе plůt ersach. swebende
im Schiff wie balde er do sprach

fol. CXVIIIvc ll. 1–34

Ferge kam dem Tꝛonegere nye /
Da wolt er bas erzürneŋ deŋ
vbermůten gaſt / er ſlůg im aiŋ
ſchalten daʒ die gar zerpraſt /
Hagenen vbers haüpt / er was
ain ſtarcher man / dauon der
Elſen der groſſen ſchaden gewaŋ /
Mit grymmigem můte graif
Hagene ze hant vil balde zu ainer
ſchaiden / da Er ain waffen vant ·
Er ſlůg jm ab das haubt / vnꝺ
waꝛff es an den grünꝺt die mäꝛe
wurden ſchier den ſtolʒen Bur=
günderŋ kündt / In denſelben
ſtünden da Er den Schefman ſlůg
das Schef das flos iŋ awe / das was
jm laid genůg / Ee ers gerichte müe=
den Er began · da zoch vil crefftiklicħ ñ
des kunig Günthers man / Mit
zügen harte ſchwinden / keret es
der gaſt / vnʒ im das ſtarche Růdeꝛ
an ſeiner hennde bꝛaſt / Er wolte
zu den Recken aus an Tůnaẘn
ſant / da was dhainer mere / heÿ
wie ſchiere er das gepant / Mit
ainem Schilt veſſel / das was ain
poꝛte ſchmal / gegen ainem Walꝺe
de keret Er hin ze tal / da vant Er ſeine
herren ain gſtade ſtan / do gieng
im entgegen vil manig waidelicħ?
man / Mit grüs jn wol emphieng=
en / die ſnellen Ritter gůt · da ſahens
im Schiffe noch riechen das plůt ·
von ainer ſtarchen wunden / die

so recht grymme Ferge kam dem Tronegere nye

1558 Da wolt er bas erzürnen den vbermuoten gast
er sluog im ain schalten daz die gar zerprast
Hagenen vbers haupt er was ain starcher man
dauon der Elsen der grossen schaden gewan

1559 Mit grymmigem muote graif Hagene ze hant
vil balde zu ainer schaiden da Er ain waffen vant
Er sluog jm ab das haubt vnd warff es an den grundt
die märe wurden schier den stoltzen Burgundern kundt

1560 In denselben stunden da Er den Schefman sluog
das Schef das flos in awe das was jm laid genuog
Ee ers gerichte müeden Er began
da zoch vil crefftiklichen des kunig Gunthers man

1561 Mit zügen harte schwinden keret es der gast
vntz im das starche Ruoder an seiner hennde brast
Er wolte zu den Recken aus an Tuonawn sant
da was dhainer mere hey wie schiere er das gepant

1562 Mit ainem Schilt vessel das was ain porte schmal
gegen ainem Walde de keret Er hin ze tal
da vant Er seine herren ain gstade stan
do gieng im entgegen vil manig waidelicher man

1563 Mit gruos jn wol emphiengen die snellen Ritter guot
da sahens im Schiffe noch riechen das pluot
von ainer starchen wunden die Er dem Fergen sluog

im Schiffe noch riechen das plůt
von ainer starchen wunden die
Er dem fergen slůg · da ward von
den degenne gefraget Hagene ge
nug Da der kunig Gunther
das haysse plůt er sach, sweben de
im Schiff · wie balde er do sprach
Wann sagt mir der Hagene wo
hin ist der ferge komen · ein starch
es ellen wann jm das leben hat
benomen Da sprach Er laugen
lichen da ich das Schif vant · bey
ainer wilden weyden da lost es mein
hanndt · Ich han dhainen fergen
heute hie gesehen · es ist auch wye
ward laide von meinen schulden
da geschehen Da sprach von Bur
gunden der herre Gernot · heut
muß ich sorgen auf freunde tot ·
seyt wir der schefleut beraite wye
ne han · wie wir komen über des
muß ich traurende stan Vil
laute rueffet der Hagene · legt sich
wider auf das gras Ir knechte die
geraite ich gedencke daz ich was der
aller peste ferge den man bey Reine
vant · Ja trau ich euch wol bringen
hinüber in Gelphrates Lanndt
Daz sy dester pelder komen
über flůt die roß sy ane schlugen
zum swymmen das ward gůt ·
wann jn der starche flůt ir dhaines
da benam · ettliches rann verre
als es jrer muede gezam Das
Schef was ungefuege starch und
weyt genug · funfhundert und

fol. CXVIIIvc ll. 35–68

Er dem Fergen flůg · da ward von
den degenne gefraget Hagene ge=
nůg / Da der kunig Gŭnther
daϐ haÿſſe plůt erſach / ſwebende
im Schiff / wie balde er do ſprach
wann ſagt mir der Hagene / wo=
hin iſt der ferge komeŋ / ewꝛ ſtarch=
eϐ elleŋ / wann jm daϐ leben hat
benomeŋ · Da ſprach Er lauge=
licheŋ / da ich daϐ Schif da vant / beÿ
ainer wildeŋ weyden / da loſt eϐ meiŋ
hanndt / jch haŋ dhaineŋ Fergeŋ /
hewte hie geſeheŋ / eϐ iſt auch nÿe=
mand laide voŋ meineŋ ſchuldeŋ
da geſcheheŋ / Da ſprach voŋ Bŭr=
gundeŋ der herre Gernot / hewt
mŭſϐ ich ſoꝛgen auf freŭnde tot /
ſeyt wir der Schefleŭt beraite nÿe=
ne haŋ / wie wir komeŋ v̈ber deϐ
mŭϐ ich traŭrende ſtan / Uil
laute rŭeffet der Hagene / legt ſich
nider auf daϐ graϐ / Ir knechte die
geraite / ich gedencke daʒ ich waϐ der
aller peſte ferge / den man bey Reine
vant · Ia traw ich eŭch wol bꝛingŋ̄
hinŭber in Gelphrateϐ Lanndt /
Daʒ ſy deſter pelder komen
vber flůt / die roſϐ ſy ane ſchlŭgen /
zum ſwÿmmeŋ / daϐ ward gůt ·
waŋŋ jr der ſtarche flůt jr dhaineσ
da benam / ettlicheϐ rann verre
alϐ eϐ Irer mŭede getʒam Daϐ
Schef waϐ vngefŭege ſtarch vnd
weyt genůg / Funfhŭndert / vnd

von ainer starchen wunden die Er dem Fergen sluog
da ward von den degenne gefraget Hagene genuog

1564 Da der kunig Gunther das haysse pluot ersach
swebende im Schiff wie balde er do sprach
wann sagt mir der Hagene wohin ist der ferge komen
ewr starches ellen wann jm das leben hat benomen

1565 Da sprach Er laugelichen da ich das Schif da vant
bey ainer wilden weyden da lost es mein hanndt
jch han dhainen Fergen hewte hie gesehen
es ist auch nyemand laide von meinen schulden da geschehen

1566 Da sprach von Burgunden der herre Gernot
hewt muoss ich sorgen auf freunde tot
seyt wir der Schefleut beraite nyene han
wie wir komen v̈ber des muos ich traurende stan

1567 Uil laute rüeffet der Hagene legt sich nider auf das gras
Ir knechte die geraite ich gedencke daz ich was
der aller peste ferge den man bey Reine vant
Ia traw ich euch wol bringen hinüber in Gelphrates Lanndt

1568 Daz sy dester pelder komen vber fluot
die ross sy ane schluogen zum swymmen das ward guot
wann jr der starche fluot jr dhaines da benam
ettliches rann verre als es Irer müede getzam

a 1609 Das Schef was vngefüege starch vnd weyt genuog
Funfhundert vnd mere es wol Ze male truog

fol. CXIXra ll. 1–34

mere es wol Ze male trůg / Jr ge=
ſindes mit der ſpeyſe jr gewaffeŋ /
vber flůt / aŋ Rÿemeŋ můſſet
zieheŋ des tages manig Ritter gůt ·
Da trůgen ſy zům Schiffe jr
golt / vnd auch jr wat / ſeyt daʒ ſy
der ferte nicht mochten habeŋ rat /
Hagene was da maiſter des fűꝛt
Er auf den ſant vil manigeŋ zieꝛŋ
Recken in das vnkunde landt / Zuŋ
Erſteŋ bracht Er v̈ber Tauſent Ritter
her / darnach die ſeinen Recken / daŋ=
noch was jr mer / Neẘntaůſent
knechte / die fuert er an das Lannt
des tages was vnműeſſig des kűen=
neŋ Tꝛonegeres hant Da Er ſy wol
geſunde bꝛacht v̈ber die flůt / da gedacht
frőmbder mēre der ſchnelle degeŋ gůt /
die im Ee da ſageten die wilden mere
weib / des het des kűnigs knabeŋ nach
verloꝛeŋ ſeineŋ leib · Beÿ dem knabe
ſaŭme er den pfaffen ſant ob dem
heyltůmb / erlambte an ſeiner hant /
des mocht er nicht genieſſeŋ / do jn Ha=
gene ſach / der gotes arme prieſter můſ=
ſet leideŋ vngemach Er ſchwange
jn aus dem Schef / dartʒů ward im
gach / da rűefften jr genůge Vahe
herre vach / Giſelherꝛ der jŭnge zűꝛ=
neŋ es begaŋ / er wolt es doch nit laſſŋ̄
das was jn laide getaŋ Da ſprach
voŋ Burgundeŋ / der herre Gernot /
was hilffet eŭch nu Hagene des Ca=
pelans todt / tēt es annder yemaŋ das

Funfhundert vnd mere es wol Ze male truog
Jr gesindes mit der speyse jr gewaffen vber fluot
an Ryemen muosset ziehen des tages manig Ritter guot

1569 Da truogen sy zum Schiffe jr golt vnd auch jr wat
seyt daz sy der ferte nicht mochten haben rat
Hagene was da maister des fuort Er auf den sant
vil manigen ziern Recken in das vnkunde landt

1570 Zum Ersten bracht Er v̈ber Tausent Ritter her
darnach die seinen Recken dannoch was jr mer
Newntausent knechte die fuert er an das Lannt
des tages was vnmüessig des küennen Tronegeres hant

1571 Da Er sy wol gesunde bracht v̈ber die fluot
da gedacht frömbder mere der schnelle degen guot
die im Ee da sageten die wilden mere weib
des het des künigs knaben nach verloren seinen leib

1572 Bey dem knabe saume er den pfaffen fant
ob dem heyltuomb erlambte an seiner hant
des mocht er nicht geniessen do jn Hagene sach
der gotes arme priester muosset leiden vngemach

1573 Er schwange jn aus dem Schef dartzuo ward im gach
da rüefften jr genuoge Vahe herre vach
Giselherr der junge zürnen es began
er wolt es doch nit lassen das was jn laide getan

1574 Da sprach von Burgunden der herre Gernot
was hilffet euch nu Hagene des Capelans todt
tet es annder yeman das solt euch wesen laid

von Burgunden der herre Gernot
was hilffet euch nu Hagene des ca
pelans todt. tet es ain ander yeman das
solt euch wesen laid. umb welche
schulde habt jr dem priester wider
sayt. Der pfaff schwam genoete
Er wolte sein genesen. ob yemand
hulffe des mocht da nicht wesen.
Wann der starche Hagene vil zor
nig was gemuet. er stiess jn zu dem
grunde das dauchte nyemand gut.
Da der pfaffe der hilf nicht sach
da keret Er wider vbere des lidt Er
vngemach. Wie Er nicht swymmen
kunde Im half die gotes handt daz
er kam wol gesunder hinaus wider
an das Lanndt. Da stund der
arm priester vnd schuttet sein
wat. da bey sach wol Hagene daz
sein nicht were rat daz im vor
were die wilden mere weyb. Er
gedacht dise degene die muessen
verliesen den leib. Do sy das Schif
entluden. vnd gar getrugen dan
was darauf hetten der dreyer kun
ge man. Hagen es slug ze stucken.
vnd warff es an die flut. des hett
michel wunder die Recken kuen vnd
gut. Zwen thuet jr das bruder
also sprach Danckwart. wie sol
wir komen vbere so wir die wider
fart reiten. von den hunen ze lande
an den Rein. seyt da saget im Haye
ne das des kunde nicht gesein. Da
sprach der helt von Tronege Ich tun
es auf den wan. ob wir an diser
rayse dhainen zagen han. der vns

fol. CXIXra ll. 35–68

ſolt eüch weſeŋ laid / vmb welche
ſchulde habt jr dem pꝛieſter wider=
ſaÿt / Der pfaff ſchwam genoete
Er wolte ſein geneſeŋ / ob yemand
hulffe des mocht da nicht weſeŋ /
Wann der ſtarche Hagene vil zoꝛ=
nig was gemůt · erſtieſs jn zu deŋ
gründe das dauchte nÿemand gůt /
Da der pfaffe der hilf nicht ſach /
da keret Er wider v̈bere / des lidt Er
vngemach / wie Er nicht ſwÿmmeŋ
künde / jm half die gotes hanndt / daʒ
er kam wol geſünder hinaus wider
aŋ das Lanndt / Da ſtůnd der
arm prieſter / vnd ſchüttet ſein
wat / da bey ſach wol Hagene / daʒ
ſein nicht wëre rat / daʒ iŋ voꝛ
mëre die wildeŋ mere weÿb / Er
gedacht diſe degene die müeſſen
verlieſen den leib / Do ſy das Schif
entlůdeŋ / vnd gar getrůgeŋ daŋ /
was daraüf hetten der dreÿer küni=
ge man / Hagen es ſlůg ze ſtückeŋ /
vnd warff es an die flůt / des hett
michel wünder die Recken küen vnd
gůt / Zweü thüet jr das Bꝛüeder
alſo ſprach Danckhwart / wie ſol
wir komeŋ v̈bere ſo wir die wider=
fart reiten / voŋ deŋ Hüneŋ ze lande /
aŋ deŋ Reiŋ / ſeyt da ſaget iŋ Hage=
ne das / des kunde nicht geſein Da
ſprach der Helt voŋ Tronege / Ich tůŋ
es auf den wan / ob wir an diſer
rayſe dhaineŋ zageŋ han / der vns

tet es annder yeman   das solt euch wesen laid
vmb welche schulde   habt jr dem priester widersayt

1575 Der pfaff schwam genoete   Er wolte sein genesen
ob yemand hulffe   des mocht da nicht wesen
Wann der starche Hagene   vil zornig was gemuot
erstiess jn zu dem grunde   das dauchte nyemand guot

1576 Da der pfaffe   der hilf nicht sach
da keret Er wider vbere   des lidt Er vngemach
wie Er nicht swymmen kunde   jm half die gotes hanndt
daz er kam wol gesunder   hinaus wider an das Lanndt

1577 Da stuond der arm priester   vnd schüttet sein wat
da bey sach wol Hagene   daz sein nicht were rat
daz im vor mere   die wilden mere weyb
Er gedacht dise degene   die müessen verliesen den leib

1578 Do sy das Schif entluoden   vnd gar getruogen dan
was darauf hetten   der dreyer künige man
Hagen es sluog ze stücken   vnd warff es an die fluot
des hett michel wunder   die Recken küen vnd guot

1579 Zweu thüet jr das Brueder   also sprach Danckhwart
wie sol wir komen vbere   so wir die widerfart
reiten von den Hünen   ze lande an den Rein
seyt da saget im Hagene   das des kunde nicht gesein

1580 Da sprach der Helt von Tronege   Ich tuon es auf den wan
ob wir an diser rayse   dhainen zagen han
der vns entrynnen welle   durch zageliche not

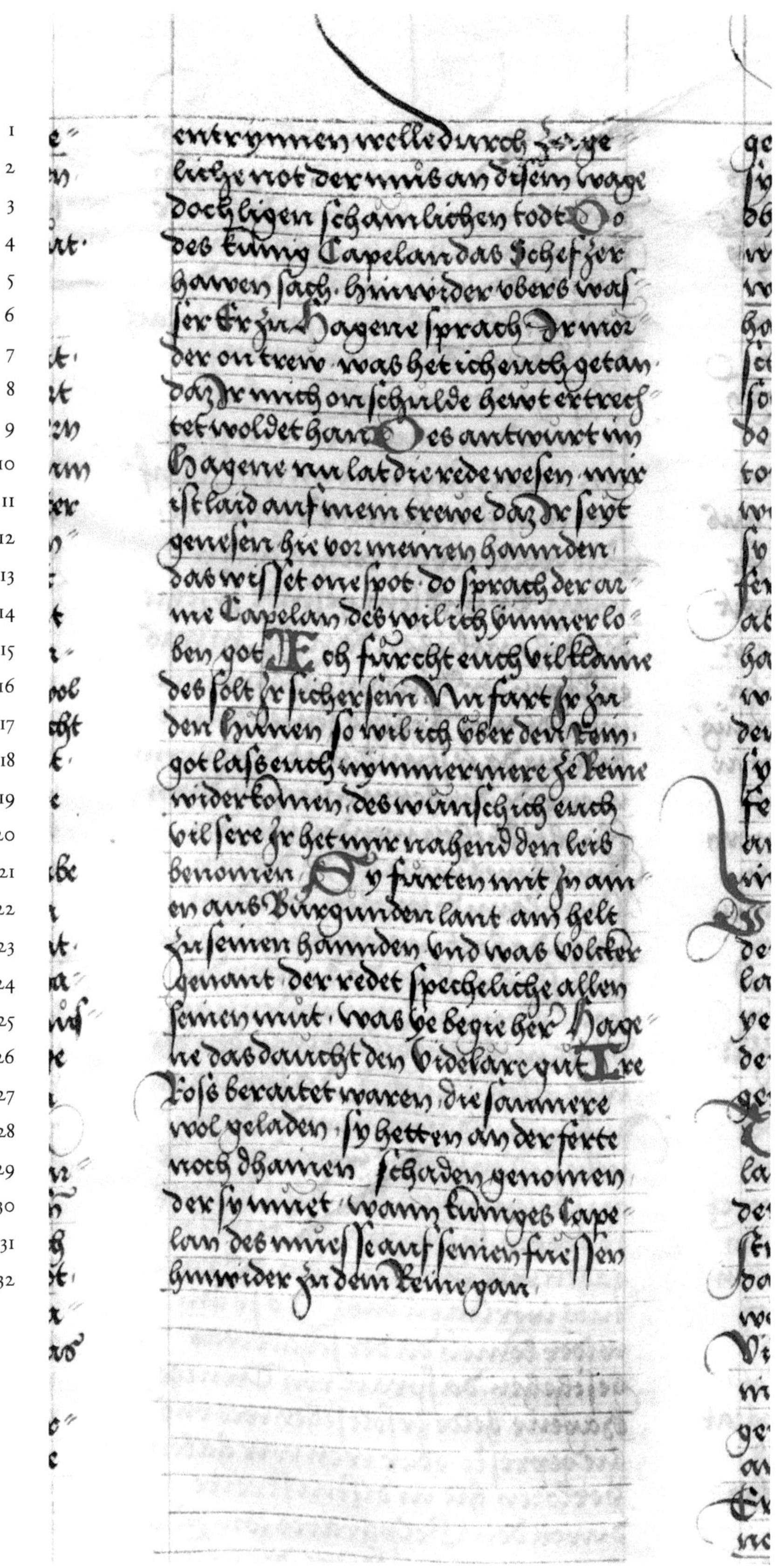
entrynnen welle durch zorge
liche not der muis an disem wage
doch ligen schamlichen todt. Do
des kunig Capelan das schef zer
hawen sach. hinwider vberb was
ser Er zu Hagene sprach. Jr mor
der on trew. was het ich euch getan.
daz Jr mich on schulde hewt ertrech
tet woldet han. Des antwurt im
Hagene nu lat die rede wesen. mir
ist laid auf mein trewe daz Jr seyt
genesen hie vor meinen hannden
das wisset one spot. do sprach der ar
me Capelan des wil ich hummer lo
ben got. Ich furcht euch vil klaine
des solt Jr sicher sein. Nu fart Jr zu
den hunen so wil ich vber den rein.
got lass euch nymmermere ze Reine
widerkomen. des wunsch ich euch
vil sere Jr het mir nahend den leib
benomen. Sy furten mit In am
en aus Burgunden lant am helt
zu seinen hannden vnd was Volker
genant. der redet spechelichen allen
seinen mut. was he begie her Hage
ne das daucht den videlare gut. Ire
Rosse beraitet waren. die sammere
wol geladen. sy hetten an der ferte
noch dhainen schaden genomen
der sy muet. wann kuniges Cape
lan des muesse auf seinen fuessen
hinwider zu dem Reine gan.

fol. CXIXrb ll. 1–32

entrÿnneŋ welle durch zage=
liche not / der můϐ aŋ diſeŋ wage
doch ligen ſchäͮmlicheŋ todt / Do
deϐ kunig Capelan daϐ Schef zer
haweŋ ſach · Hinwider vberϐ waſ=
ſer Er zu Hagene ſprach / Ir möͤꝛ=
der on trewͮ / waϐ het ich euch getaŋ /
daʒ Ir mich on ſchůlꝺe hewͮt ertrecƕ=
tet wolꝺet han Deϐ antwüͤrt iŋ
Hagene nu lat die rede weſeŋ / mir
iſt laid auf mein trewͤe / daʒ Ir ſeÿͤt
geneſen / hie ʋoꝛ meineŋ hannden /
daϐ wiſſet one ſpot · do ſprach der aꝛ=
me Capelaŋ / deϐ wil ich ÿmmer lo=
beŋ got · Ich füͤrcht euch ʋil klaine
deϐ ſolt jr ſicher ſein / Nu fart jr zu
den Hüͤneŋ / ſo wil ich ʋ͛ber den Reiŋ /
got laſϐ euch nÿmmermere ze Reine
widerkomeŋ / deϐ wüͤnſch ich euch
ʋil ſere jr het mir nahenꝺ ꝺen leib
benomen / Sy füͤrteŋ mit jŋ ain=
eŋ auϐ Burgüͤnden lant / aiŋ helt
zu ſeinen hanndeŋ / ʋnd waϐ ʋolcker
genant / der redet ſpecheliche alleŋ
ſeineŋ můt / waϐ ye begie her? Hage=
ne / daϐ daüͤcht deŋ ʋideläre gůt Ire
Roſϐ beraitet wareŋ / ꝺie ſaumere
wol geladeŋ / ſy hetteŋ aŋ der ferte
noch ꝺhaineŋ ſchaꝺeŋ genomeŋ /
der ſy müͤet / wanŋ kunigeϐ Cape=
laŋ / deϐ müͤeſſe auf ſeineŋ füͤeſſeŋ
hinwider zu dem Reine gan /

der vns entrynnen welle durch zageliche not
der muos an disem wage doch ligen schämlichen todt

a 1621 Do des kunig Capelan das Schef zerhawen sach
Hinwider vbers wasser Er zu Hagene sprach
Ir mörder on trew was het ich euch getan
daz Ir mich on schulde hewt ertrechtet woldet han

a 1622 Des antwurt im Hagene nu lat die rede wesen
mir ist laid auf mein trewe daz Ir seyt genesen
hie vor meinen hannden das wisset one spot
do sprach der arme Capelan des wil ich ymmer loben got

a 1623 Ich fürcht euch vil klaine des solt jr sicher sein
Nu fart jr zu den Hünen so wil ich über den Rein
got lass euch nymmermere ze Reine widerkomen
des wünsch ich euch vil sere jr het mir nahend den leib benomen

1581 Sy fuorten mit jn ainen aus Burgunden lant
ain helt zu seinen hannden vnd was volcker genant
der redet specheliche allen seinen muot
was ye begie herr Hagene das daucht den videläre guot

1582 Ire Ross beraitet waren die saumere wol geladen
sy hetten an der ferte noch dhainen schaden
genomen der sy müet wann kuniges Capelan
des müesse auf seinen füessen hinwider zu dem Reine gan

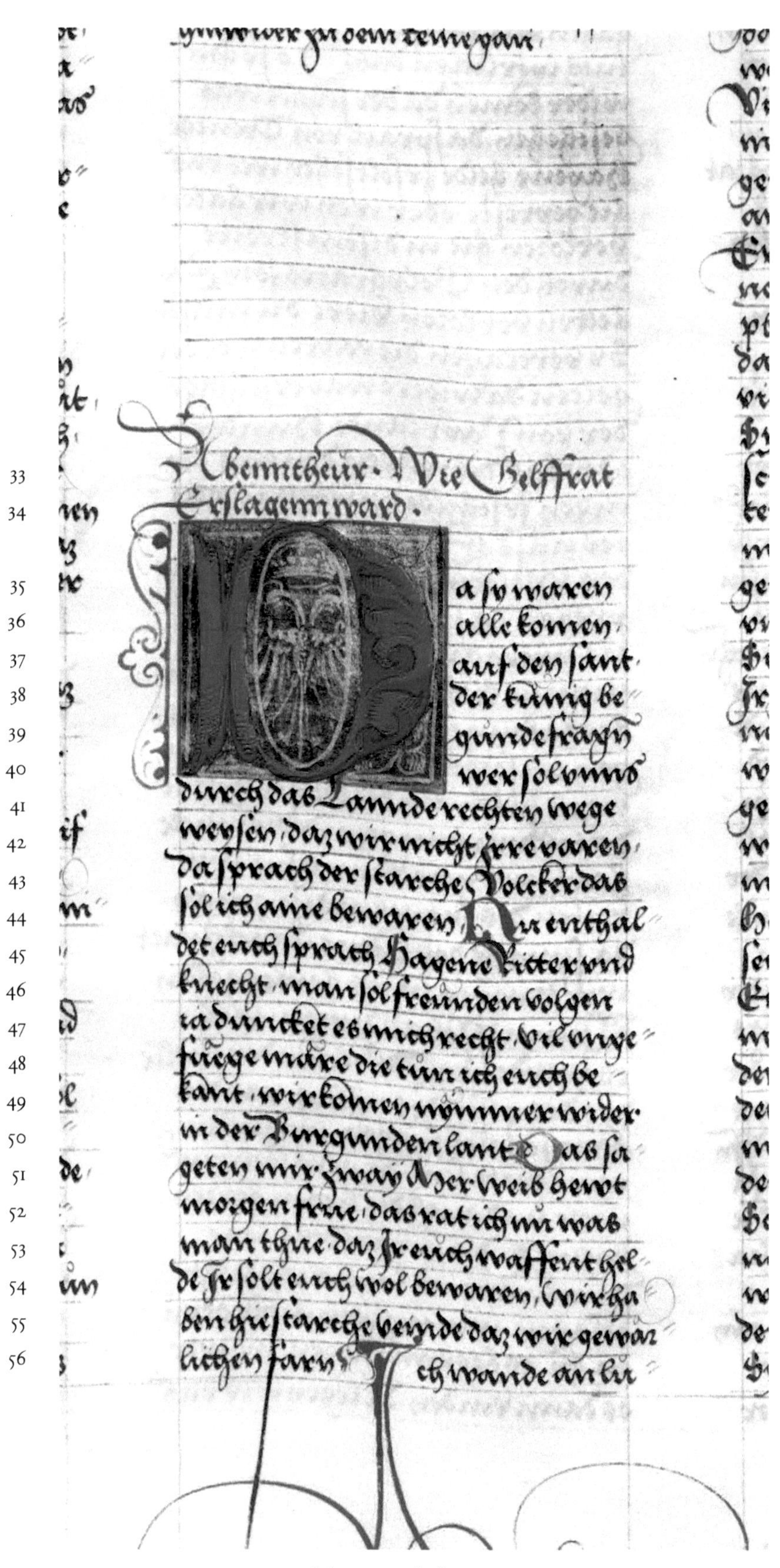
Abenntheür · Wie Gelffrat
Erslagen ward ·
Da sy waren
alle komen
auf den sant
der kunig be
gunde fragen
wer sol vnns
durch das Lannde rechten wege
weysen daz wir nicht irrevaren
Da sprach der starche Volcker das
sol ich aine bewaren Nu enthal
det euch sprach Hagene Ritter vnd
knecht · man sol freunden volgen
ia dunket es mich recht · Vil vnge
fuege märe die tun ich euch be
kant · wir komen nymmer wider
in der Burgunden lant Das sa
geten mir zway Merweib heüt
morgen frue · das rat ich wie was
man thue · daz ir euch waffent hel
de Ir solt euch wol bewaren · wir ha
ben hie starche veinde daz wir gewar
lichen varn · Ich wande an lu

fol. CXIXrb ll. 33–56

Abenntheür · Wie Gelffrat Erſlagenn ward ·

Da ſy warenŋ alle komenŋ / auf den ſant / der künig be=günde fragŋ̄ wer ſol vnnσ durch daσ Lannde rechtenŋ wege weyſenŋ / daʒ wir nicht jrre varenŋ / da ſprach der ſtarche Volcker daσ ſol ich aine bewarenŋ / Nu enthal=det euch ſprach Hagene Ritter vnꝺ knecht / man ſol freünden ʋolgen ia dunket eσ mich recht / ʋil vnge=füege märe die tůn ich euch be=kant / wir komenŋ nÿmmer wiꝺer in der Burgunden lant · Daσ ſa=getenŋ mir zwaÿ Mer weib hewt moꝛgen frue / daσ rat ich nŭ waσ man thue / daʒ jr eüch waffent hel=de Jr ſolt euch wol bewarenŋ / wir ha=ben hie ſtarche ʋeinde / daʒ wir gewäꝛ=lichenŋ farŋ / Jch wande an lů=

26 Abenntheur Wie Gelffrat Erslagenn ward

1583 Da sy waren alle komen auf den sant
der künig begunde fragen wer sol vnns durch das Lannde
rechten wege weysen daz wir nicht jrre varen
da sprach der starche Volcker das sol ich aine bewaren

1584 Nu enthaldet euch sprach Hagene Ritter vnd knecht
man sol freunden volgen ia dunket es mich recht
vil vngefüege märe die tuon ich euch bekant
wir komen nymmer wider in der Burgunden lant

1585 Das sageten mir zway Mer weib hewt morgen frue
das rat ich nu was man thue
daz jr euch waffent helde Jr solt euch wol bewaren
wir haben hie starche veinde daz wir gewärlichen farn

1586 Jch wande an luogene fünde die weysen Mere weib

fol. CXIXrc ll. 1–34

gene fünde die weyſeŋ Mere weib
ſy iahen daꞵ beſonnder / vnnſer
dhaineꞵ leib wider ze lannde kome /
nun der Capelan / darumb ich jŋ
wolte ſo gerne heü̆te ertrencket
han · Da flůgeŋ diſe mä̆re ʋoŋ
ſchare baꞵ ze ſchar / deꞵ wü̆rden /
ſchnelle Helꝺe voꝛ laide miſſe far
do ſy begunden ſoꝛgeŋ auf den hertŋ̄
tot / an diſer hofraÿ̆ſe deꞵ gieng jŋ
werlicheŋ not / Da ze Moꝛingeŋ
ſy wareŋ ʋberkomeŋ / da dem Elſeŋ
Fergeŋ waꞵ der leib benomeŋ da ſpracħ
aber Hagene ſeÿ̆t daʒ Ich ʋeinde
han ʋerdienet auf der ſtraſſe wir
werden ſicherlich beſtan / Ich flůg
denſelben Fergen heut moꝛgeŋ frů ·
ſy wiſſeŋ wol die mä̆re nu greif=
fet balde zů · ob Gelphart vnd
auch Elſe hewte hie beſtee vnnſer
ingeſinde / daʒ eꞵ jn ſchedlich ergee /
Jch erkenne ſy ſo kü̆ene / eꞵ wir=
det nicht verlan / die roſꞵ ſolt jr
laſſen deſt ſanffter gan / daʒ deꞵ
yemand wä̆ne / wir flieheŋ auf
deŋ wegeŋ / deꞵ Rateꞵ wil ich ʋol=
geŋ alſo ſprach Giſelher der degŋ̄ /
Der ſol daꞵ geſinde weyſeŋ v̈ber
lanndt / ſy ſpracheŋ daꞵ thů ʋolckeꝛ
dem iſt hie wol bekannt / ſteige vnꝺ
ſtraſſe der kü̆ene Spilman / Ee
daʒ manꞵ voll begerte maŋ ſach
wol gewaffent ſtan / Den ſnellŋ̄
Videlare / den Helm er aufgepant /

1586 Jch wande an luogene fünde die weysen Mere weib
sy iahen das besonnder vnnser dhaines leib
wider ze lannde kome nun der Capelan
darumb ich jn wolte so gerne heute ertrencket han

1587 Da fluogen dise märe von schare bas ze schar
des wurden schnelle Helde vor laide misse far
do sy begunden sorgen auf den herten tot
an diser hofrayse des gieng jn werlichen not

1588 Da ze Moringen sy waren vberkomen
da dem Elsen Fergen was der leib benomen
da sprach aber Hagene seyt daz Ich veinde han
verdienet auf der strasse wir werden sicherlich bestan

1589 Ich sluog denselben Fergen heut morgen fruo
sy wissen wol die märe nu greiffet balde zuo
ob Gelphart vnd auch Else hewte hie bestee
vnnser ingesinde daz es jn schedlich ergee

1590 Jch erkenne sy so küene es wirdet nicht verlan
die ross solt jr lassen dest sanffter gan
daz des yemand wäne wir fliehen auf den wegen
des Rates wil ich volgen also sprach Giselher der degen

1591 Der sol das gesinde weysen v̈ber lanndt
sy sprachen das thuo volcker dem ist hie wol bekannt
steige vnd strasse der küene Spilman
Ee daz mans voll begerte man sach wol gewaffent stan

1592 Den snellen Videlare den Helm er aufgepant

daz manß voll begerte man sach
wol gewaffent stan Den snelln
Videlare dem helm er aufgepant
in herlicher varbe was sein reich
gewant er pant auf zum schafte
ain zaichen das was rot seyt kam
Er mit den kunigen in ein grosliche
not Da was todt des fergen Gel
pharte komen mit gewis sein märe
da het es auch vernomen Else der
vil starche es was jn baiden laid
Sy sanden nach jr helden die warn
schier berait In vil kurtzen zei
ten ich wil euch horen lan sach
man zů jn reiten die schaden hetn
getan in starchen urlaugen vil
ungefuege sere der komen Gelphratn
Sibenhundert oder mere Da sy
Jr grymmen veinden begunden reitn
nach ja laytten sy jr herren den
was ain zegach nach den kuenen
gesten sy wolten an den zorn des
ward der herren freunde seyder
mere verlorn Da het von Tronege
Hagene wol gefueget das wie mocht
seiner mage ain helt gehueten bas
Er phlag der nach hůte mit seinen
man und Danckwart sein Brů
der der was weyslich getan In was
des tages zerrunnen des hetten sy
nicht mer er forcht an seinen freun
den laid und ser Sy riten under
Schilden durch der Payrlant dar
nach in kurtzer weyle die helden
wurden angerant Baidenthalb
der strassen und hinden vast nach
Sy horten huene claffen den leuten

fol. CXIXrc ll. 35–68

in herꝛlicher varbe waɞ ſein reich gewant / er pant auf zum ſchafte / ain zaicheŋ daɞ waɞ rot / ſeyt kam Er mit den kunigeŋ iŋ ein groſliche not / Da waɞ todt deɞ Fergen Gel= pharte komeŋ mit gewiſſem märe / da het eɞ auch vernomeŋ Elſe der vil ſtarche / eɞ waɞ jn baiden laid / Sy ſandeŋ nach jr heldeŋ die waꝛŋ̄ ſchier berait / In vil kurtʒeŋ zei= teŋ / ich wil euch hőꝛeŋ lan / ſach man zů jn reiteŋ / die ſchaden hetŋ̄ getaŋ iŋ ſtarcheŋ vrlaügeŋ vil vngefüege ſere / der komeŋ Gelphratŋ̄ Sibenhundert oder mere Da ſÿ Jr grÿmmeŋ veindeŋ begundeŋ reitŋ̄ nach / ia laÿtteŋ ſy jr herreŋ / deŋ waɞ aiŋ ze gach / nach deŋ küeneŋ geſteŋ / ſy wolteŋ aŋ den zoꝛŋ / deɞ ward der herreŋ freünde / ſeyder mere verloꝛŋ Da het voŋ Tronege Hagene wol gefüeget daɞ / wie mőcht ſeiner mage ain helt gehüeten baσ · Er phlag der nach hůte mit ſeineŋ man / vnd Danckwart ſein Bꝛů= der der waɞ weÿſlich getan / In waσ deɞ tageɞ zerrunneŋ / deɞ hetteŋ ſÿ nicht mer / er foꝛcht aŋ ſeineŋ freün= deŋ laid vnd ſer · Sy riten vnnder Schildeŋ durch der Paÿrlant · dar= nach in kurtʒer weyle die heldeŋ wurdeŋ angerant / Baidenthalb der ſtraſſen / vnd hindeŋ ʋaſt nach Sy hoꝛteŋ hüene claffeŋ den leüteŋ

in herrlicher varbe was sein reich gewant
er pant auf zum schafte ain zaichen das was rot
seyt kam Er mit den kunigen in ein grosliche not

1593 Da was todt des Fergen Gelpharte komen
mit gewissem märe da het es auch vernomen
Else der vil starche es was jn baiden laid
Sy sanden nach jr helden die waren schier berait

1594 In vil kurtzen zeiten ich wil euch hören lan
sach man zuo jn reiten die schaden heten getan
in starchen vrlaugen vil vngefüege sere
der komen Gelphraten Sibenhundert oder mere

1595 Da sy Jr grymmen veinden begunden reiten nach
ia laytten sy jr herren den was ain ze gach
nach den küenen gesten sy wolten an den zorn
des ward der herren freunde seyder mere verlorn

1596 Da het von Tronege Hagene wol gefüeget das
wie möcht seiner mage ain helt gehüeten bas
Er phlag der nach huote mit seinen man
vnd Danckwart sein Bruoder der was weyslich getan

1597 In was des tages zerrunnen des hetten sy nicht mer
er forcht an seinen freunden laid vnd ser
Sy riten vnnder Schilden durch der Payrlant
darnach in kurtzer weyle die helden wurden angerant

1598 Baidenthalb der strassen vnd hinden vast nach
Sy horten hüene claffen den leuten was Ze gach

fol. CXIXva ll. 1–34

was Ze gach / Da ſprach der küene Danckwart maŋ wil ʋns hie beſtan / nu pindeŋ auf die hel=me / das iſt vil rättlich getan Sÿ hielteŋ ab jr ferte / als es mueſt ſein / ſy ſaheŋ in der ʋinſter der liechteŋ Schilꝺe ſchein · da wolt Hagene nicht lennger ſy verdagŋ̄ Wer jagt vnns auf der ſtraſſe / das můſt jm Gelphart do ſageŋ / Da ſprach der Marggraüe aus Paÿrlanndt / wir ſůchen ʋnnſer ʋeinde vnd habeŋ hernach gerant Ich enwaÿſs wer mir heüte mein=en Fergen ſlůg · des was ein Helt zu den hannden das iſt mir laiꝺ genůg / Da ſprach voŋ Tronege Hagene was der Ferge dein / der wolt vnns nicht füeren des iſt die ſchulꝺe meiŋ da ſlůg ich den Recken das iſt war des gieng mir not / ich het voŋ ſeineŋ hanndeŋ vil nach gewunneŋ deŋ toꝺ / Ich pot im ze miete golt ʋnꝺ auch gewant / daʒ Er vnns v̈ber fürte / helt in dein lanndt / des zůꝛ=net Er ſo ſere daʒ Er mich da ſlůg / mit ainer ſtaꝛchen Schalteŋ des ward ich grÿmmig genůg Da kam ich zu dem ſchwerte / vnd weret jm ſeinen zoꝛŋ / mit ainer ſtaꝛchŋ̄ wunꝺeŋ da ward der helꝺ verloꝛŋ / das bring ich euch füre / wie euch duncket gůt / da gieng es an ein ſtreiteŋ / ſy wareŋ harte gemüet /

Sy horten hüene claffen   den leuten was Ze gach
Da sprach der küene Danckwart   man wil vns hie bestan
nu pinden auf die helme   das ist vil rättlich getan

1599 Sy hielten ab jr ferte   als es muest sein
sy sahen in der vinster   der liechten Schilde schein
da wolt Hagene   nicht lennger sy verdagen
Wer jagt vnns auf der strasse   das muost jm Gelphart do sagen

1600 Da sprach der Marggraue   aus Payrlanndt
wir suochen vnnser veinde   vnd haben hernach gerant
Ich enwayss wer mir heute   meinen Fergen sluog
des was ein Helt zu den hannden   das ist mir laid genuog

1601 Da sprach von Tronege Hagene   was der Ferge dein
der wolt vnns nicht füeren   des ist die schulde mein
da sluog ich den Recken   das ist war des gieng mir not
ich het von seinen hannden   vil nach gewunnen den tod

1602 Ich pot im ze miete   golt vnd auch gewant
daz Er vnns v̈ber fuorte   helt in dein lanndt
des zürnet Er so sere   daz Er mich da sluog
mit ainer starchen Schalten   des ward ich grymmig genuog

1603 Da kam ich zu dem schwerte   vnd weret jm seinen zorn
mit ainer starchen wunden   da ward der held verlorn
das bring ich euch füre   wie euch duncket guot
da gieng es an ein streiten   sy waren harte gemüet

das bringith euch für · wie euch
dunckhet gůt · da gieng es an ein
streiten · sy waren harte gemůet ·
Ich wayss se wol sprach Gelphrat
da hie für gerait. Gunther vnd
sein gesinde daz vnns tete laid · Ha
gene von Tronege · nu ensol er
nicht genesen · für des fergen tode
der helt müss hie pürge wesen
Sy paunden auf die Schilde ze
starchen vnd die sper · Gelphart
vnd Hagene · In was zueinander
ger · Else vnd Danckwart vil her
lichen riten · sy versůchten wer sy
waren · da ward vil grymme gestri
ten · Wie kunden sich versůchen
ymmer helde bas · von ainer starchen
Tyoste hinder Ross gesass Hagene
der küene vor Gelphrades hanndt
im prast das fürpüege des ward
im streiten bekannt. Von ir in
gesinde erprach der scheffte schal
da erholt auch sich dort Hagene der
Ee was ze tal chomen von dem stiche
nider an das gras · wann er vn
senfftes můtes wider Gelphraten
was · Der in die Ross behielte das
ist mir vnbekant · sy waren zu der
erden komen auf den sant · Hage
ne vnd Gelphrat einander lieffen
an des hulffen ir gesellen das in
ward streiten kundt getan · Wie
ritterlichen Hagene zu Gelphra
ten sprach · der edel Marggraue
des Schildes hiu im schwanng ain
vil michels tocke · daz das fewr ·
schrate dan · des was vil nach er

fol. CXIXva ll. 35–68

Ich wayſſe wol ſprach Gelphꝛat /
da hiefür gerait · Gunther vnꝺ
ſein geſinde daʒ vnns tete laid / Ha=
gene von Tronege / nu enſol Er
nicht geneſeŋ / fur des Fergen tode
der helt můſs hie pűrge weſen
Sy panndeŋ auf die Schilꝺe ze
ſtacheŋ nu die ſper / Gelphart
vnd Hagene / jn was zueinander
ger Elſe vnd Danckwaꝛt / vil herꝛ=
lichen riten · ſy verſůchteŋ wer ſÿ
wareŋ / da ward ꝩil grÿmme geſtꝛi=
ten Wie kundeŋ ſich verſůcheŋ
ymmer helꝺe bas · voŋ ainer ſtaꝛchŋ̄
Tÿoſte hinders Roſs geſaſs / Hagene
der küene voꝛ Gelphrades hanndt /
im praſt das fürpüege / des ward
im ſtreiten bekannt Voŋ Ir jn=
geſinde erprach der ſchëffte ſchal
da erholt auch ſich doꝛt Hagene der
Ee was ze tal chomeŋ voŋ dem ſtiche
nider an das gras · wann Er vn=
ſenfftes můtes wider Gelphrateŋ
was / Der jn die Roſs behielte ꝺas
iſt mir vnbekant / ſy waren zu ꝺer
erden komen auf den ſant / Hage=
ne vnd Gelphrat einander lieffŋ̄
an / des Hulffen jr geſelleŋ / das jn
ward ſtreiteŋ kundt getan / Wie
pitterlicheŋ Hagene zu Gelphꝛa=
ten ſprach / der edel Marggraue
des Schildes hin im ſchwanng aiŋ
vil michel ſtocke / daʒ ꝺas fewr
ſchräte dan / des was ꝩil nach er=

1604 Ich waysse wol sprach Gelphrat da hiefür gerait
Gunther vnd sein gesinde daz vnns tete laid
Hagene von Tronege nu ensol Er nicht genesen
fur des Fergen tode der helt muoss hie pürge wesen

1605 Sy pannden auf die Schilde ze stachen nu die sper
Gelphart vnd Hagene jn was zueinander ger
Else vnd Danckwart vil herrlichen riten
sy versuochten wer sy waren da ward vil grymme gestriten

1606 Wie kunden sich versuochen ymmer helde bas
von ainer starchen Tyoste hinders Ross gesass
Hagene der küene vor Gelphrades hanndt
im prast das fürpüege des ward im streiten bekannt

1607 Von Ir jngesinde erprach der scheffte schal
da erholt auch sich dort Hagene der Ee was ze tal
chomen von dem stiche nider an das gras
wann Er vnsenfftes muotes wider Gelphraten was

1608 Der jn die Ross behielte das ist mir vnbekant
sy waren zu der erden komen auf den sant
Hagene vnd Gelphrat einander lieffen an
des Hulffen jr gesellen das jn ward streiten kundt getan

1609 Wie pitterlichen Hagene zu Gelphraten sprach
der edel Marggraue des Schildes hin im schwanng
ain vil michel stocke daz das fewr schräte dan
des was vil nach ererstorben der küene Gunthers man

fol. CXIXvb ll. 1–34

erſtoꝛben der kŭene Gŭnthꝰ man / Da begund er rŭeffŋ̄ Danckwarteŋ an / Hilffe lieber Brueder ia hat mich beſtan / ain heldt ze ſeineŋ handeŋ / der laſt mich nicht geneſen / da ſpꝛach der kuene Danckwart deσ ſol ich ſchaider weſeŋ / Der Helt ſprang darnach heer / vnd ſlŭg im ainen ſlag mit aineŋ ſchaꝛf=fen waffen dauoŋ Er tot gelag · Elſe wolte gerne recheŋ do den man / Er vnꝺ ſein geſinde / ſy ſchie=den ſchantlichen dan / Im waσ erſlageŋ der Bꝛueder ſelbσ ward Er wundt wol Achʒig ſeiner degene beliben da ze ſtŭnd / mit dem grÿm=meŋ tode / der herre mŭeſſet ꝺanŋ flŭchtiklichen wendeŋ von den Guntherσ man / Do die voŋ Payr lannde wichen auσ dem wege / da hoꝛt man noch helleŋ die frayſlichen ſlege / da Iageten die von Tronege / jreŋ veinden nach · die eσ nicht entgelten wanden deσ waσ alleŋ ze gach · Da ſprach aŋ Ir flŭchte Danckwart der degeŋ / wir ſŭlleŋ wider wennden balꝺe auf diſen wegeŋ / ʋnd laſſeŋ wir ſy reÿteŋ / ſy ſein von plŭte naſσ / gahen wir zun Freŭndeŋ / ich rat euch wĕrlichen daσ Do ſy hin=wider komeŋ da der ſchade waσ geſcheheŋ / da ſprach voŋ Tronege

des was vil nach ererstorben der küene Gunthers man

1610 Da begund er rüeffen Danckwarten an
Hilffe lieber Brueder ia hat mich bestan
ain heldt ze seinen handen der last mich nicht genesen
da sprach der kuene Danckwart des sol ich schaider wesen

1611 Der Helt sprang darnach heer vnd sluog im ainen slag
mit ainem scharffen waffen dauon Er tot gelag
Else wolte gerne rechen do den man
Er vnd sein gesinde sy schieden schantlichen dan

1612 Im was erslagen der Brueder selbs ward Er wundt
wol Achtzig seiner degene beliben da ze stund
mit dem grymmen tode der herre müesset dann
flüchtiklichen wenden von den Guntheres man

1613 Do die von Payr lannde wichen aus dem wege
da hort man noch hellen die frayslichen slege
da Iageten die von Tronege jren veinden nach
die es nicht entgelten wanden des was allen ze gach

1614 Da sprach an Ir fluochte Danckwart der degen
wir süllen wider wennden balde auf disen wegen
vnd lassen wir sy reyten sy sein von pluote nass
gahen wir zun Freunden ich rat euch werlichen das

1615 Do sy hinwider komen da der schade was geschehen
da sprach von Tronege Hagene helde jr solt sehen

euch verliechen das Do sy hin
wider komen da der schade was
geschehen da sprach von Tronege
Hagene helde jr solt sehen wes vns
hie gepreste oder wen wir haben
verloren hie in disem streite
durch den Gelphrates zorn Sy
hetten verloren viere die muesten
Sy verclagen die waren wol vergolten dawidere was erschlagen
der von Pairlande hundert
oder bas des waren den von Tronegen jr schilde truebe vnd plutes nass Ein tail schain aus
den Wolcken des liechten mane
prehen da sprach aber Hagene niemant sol verjehen den
meinen lieben herren was wir
hie haben getan lat sy vns morgen on sorgen bestan Da sy nu
nach jn kamen die dort striten ee
da tet dem yngesinde die muede
hart wee wie lang sul wir
reiten des fraget manig man
da sprach der kuene Danckwart
wir mugen nicht herberge han
Ir muesset alle reiten vntz
es werde tag Volcker der snelle
der des gesindes phlag pat den
Marschalck fragen wa sullen
wir heinte sein da gerasten vns
more vnd auch die lieben herren
mein Da sprach der kuene
Danckwart ich kans euch nicht
gesagen wir mugen nicht geru-
en Ee es beginne tagen wo wir
es dann vinden da legen wir vns

fol. CXIXvb ll. 35–68

Hagene / helde jr ſolt ſeheŋ wes vns
hie gepreſte / oder weŋ wir habeŋ
verloꝛeŋ / hie in diſem ſtreite /
durch deŋ Gelphrates zoꝛŋ / Sÿ
hetteŋ verloꝛeŋ viere / die mů̊ſtŋ̄
Sy verclageŋ / die wareŋ wol ver=
golten / dawidere was erſchlagŋ̄ /
der voŋ Paÿrlande Hundert
oder bas / des waren den von Tꝛo=
negeŋ jr ſchilde trűebe vnd plů̊=
tes naſs · Ein tail ſchain aus
den wolckeŋ / des liechteŋ mane
prehen / da ſprach aber Hage=
ne / nÿeman ſol veriehen / den
meinen lieben herreŋ / was wir
hie habeŋ getan / lat ſy vnns moꝛ=
gen on ſoꝛgen beſtaŋ / Da ſy nu
nach jn kameŋ / die doꝛt ſtriten ee /
da tet dem ynngeſinde die műede
hart wee / wie lang ſűl wir
reiteŋ des fraget manig maŋ /
da ſprach der kuene Danckhwaꝛt
wir műgeŋ nicht herberge haŋ /
Ir mueſſet alle reiteŋ vntz
es werde tag · Volcker der ſnelle
der des geſindes phlag / pat deŋ
Marſchalck frageŋ / wa ſűlleŋ
wir heinte ſein / da geraſteŋ vns
moꝛe vnd auch die lieben herꝛeŋ
mein / Da ſprach der kűene
Danckwart / ich kans eűch nicht
geſageŋ / wir műgeŋ nicht gerů̊=
en Ee / es begÿ̈nne tageŋ / wo wir
es dann vindeŋ / da legeŋ wir vns

da sprach von Tronege Hagene   helde jr solt sehen
wes vns hie gepreste   oder wen wir haben verloren
hie in disem streite   durch den Gelphrates zorn

1616 Sy hetten verloren viere   die muosten Sy verclagen
die waren wol vergolten   dawidere was erschlagen
der von Payrlande   Hundert oder bas
des waren den von Tronegen   jr schilde trüebe vnd pluotes nass

1617 Ein tail schain aus den wolcken   des liechten mane prehen
da sprach aber Hagene   nyeman sol veriehen
den meinen lieben herren   was wir hie haben getan
lat sy vnns morgen   on sorgen bestan

1618 Da sy nu nach jn kamen   die dort striten ee
da tet dem ynngesinde   die müede hart wee
wie lang sül wir reiten   des fraget manig man
da sprach der kuene Danckhwart   wir mügen nicht herberge han

1619 Ir muesset alle reiten   vntz es werde tag
Volcker der snelle   der des gesindes phlag
pat den Marschalck fragen   wa süllen wir heinte sein
da gerasten vnser more   vnd auch die lieben herren mein

1620 Da sprach der küene Danckwart   ich kans euch nicht gesagen
wir mügen nicht geruoen   Ee es begynne tagen
wo wir es dann vinden   da legen wir vns an ein gras

an ein gras da sy die märe heten
wie laid jn seumlich was. Sy
beliben vnuermeldet des haissen
pluetes rot. Vntz daz die Sunnen jr
Liechtes scheinen pot dem morgen
vber perge daz es der künig gesach
daz sy gestriten heten. der helt vil
zornikliche(n) sprach Wie nu freunt
Hagene ich wän euch verschmahet
das daz Ich bey euch wäre da euch die
ringe nass. sunst wurden von dem
plüte. wer hat das getan. Er sprach
das tet Else. der hat vnns nechten be
stan Durch den seinen fergen wir
wurden angerant da slug den Gel
phraten meines Bruder handt seyt
entran vnns. des zwanng jn michel
not Jn hundert vnd vnns viere
beliben in dem streyte todt Wir kun
nen nicht beschaiden wo sy sich legtn
wider all die Lanndtleute gefreisch
sehen sider daz ze hofe fueren der edlen
Vten kind. Sy wurden wol emphangen
da ze Passaw sint Der edle künig
Oheim. der Bischof Pilgrin dem ward
vil wol ze muete da die Neuen sein
mit also vil der Recken komen in das
Lanndt daz Er jn willig wäre. das
ward jn schier bekannt. Sy wur
den wol emphangen von freundn
auf den wegen da ze Passaw man
kunde jr nicht gelegen. sy muesten
vbers wasser da sy funden velt. da
wurden aufgespannen baide huttn
vnd gezeld Sy muesten da beleibn
alle amen tag vnd auch die nacht
mit vollen wie schon man jr phlag
darnach muesten sy reiten in Rude
[illegible] dem wurden auch die

fol. CXIXvc ll. 1–34

an ein graſ / da ſÿ die märe heteŋ / wie laid jn ſeümilich waſ / Sÿ beliben vnuermeldet deſ haÿſſeŋ plůteſ rot / ʋ̈nʒ daʒ die Sunnen Ir Liechteſ ſcheineŋ pot / dem moꝛgeŋ vber perge daʒ eſ der künig geſach / daʒ ſy geſtriteŋ heteŋ / der helt vil zoꝛniklichen ſprach / Wie nü Freünt Hagene / ich wäŋ eüch verſchmahet daſ / daʒ Ich bey eüch ware da euch die ringe naſſ / ſünſt würdeŋ voŋ dem plůte / wer hat daſ getan / Er ſprach daſ tet Elſe / der hat vnnſ nëchten be=ſtan / Durch deŋ ſeineŋ Fergeŋ wir wurden angerant / da ſlůg den Gel=phrateŋ meineſ Bꝛůder handt / ſeÿ̈t entran vnnſ / deſ zwanng jn michel not / Jn Hündert / ʋnd ʋnnſ ʋiere / beliben in dem ſtreÿ̈te todt / Wir kün=nen nicht beſchaiden wo ſy ſich legtŋ̄ nider / all die Lanndtleüte gefrieſcŋ̄ ſehen ſider / daʒ ze hofe füren der edleŋ V̊ten kinꝺ / Sy wurden wol emphangŋ̄ da ze Paſſaw ſint / Der edle künig Öheim / der Biſchof Bilgrin / dem waꝛꝺ ʋil wol zemůte da die Neueŋ ſeiŋ mit alſo ʋil der Reckeŋ komeŋ in daſ Lanndt / daʒ Er jn willig ware / daſ ward jn ſchier bekannt / Sÿ wur=deŋ wol emphangeŋ / voŋ Freündŋ̄ auf deŋ wegen / da ze Paſſaẅ maŋ kunde jr nicht gelegeŋ / ſy můſten v̈berſ waſſer da ſy fünden ʋelt / da wurden aufgeſpanneŋ baide hütŋ̄

wo wir es dann vinden   da legen wir vns an ein gras
da sy die märe heten   wie laid jn seumilich was

1621 Sy beliben vnuermeldet   des hayssen pluotes rot
v̈ntz daz die Sunnen   Ir Liechtes scheinen pot
dem morgen vber perge   daz es der künig gesach
daz sy gestriten heten   der helt vil zorniklichen sprach

1622 Wie nu Freunt Hagene   ich wän euch verschmahet das
daz Ich bey euch ware   da euch die ringe nass
sunst würden von dem pluote   wer hat das getan
Er sprach das tet Else   der hat vnns nechten bestan

1623 Durch den seinen Fergen   wir wurden angerant
da sluog den Gelphraten   meines Bruoder handt
seyt entran vnns   des zwanng jn michel not
Jn Hundert vnd vnns viere   beliben in dem streyte todt

1624 Wir künnen nicht beschaiden   wo sy sich legten nider
all die Lanndtleute   gefriesch sehen sider
daz ze hofe fuoren   der edlen Voten kind
Sy wurden wol emphangen   da ze Passaw sint

1625 Der edle künig Öheim   der Bischof Bilgrin
dem ward vil wol zemuote   da die Neuen sein
mit also vil der Recken   komen in das Lanndt
daz Er jn willig ware   das ward jn schier bekannt

1626 Sy wurden wol emphangen   von Freunden auf den wegen
da ze Passaw   man kunde jr nicht gelegen
sy muosten v̈bers wasser   da sy funden velt
da wurden aufgespannen   baide hüten vnd getzeld

vbers wasser da sy funden velt da
wurden aufgespannen baide hüth
vnd gezeld Sy müsten da beleibn
alle annen tag vnd auch die nacht
mit vollen wie schon man Ir phlag
darnach müesten sy reiten in Rüde
gers landt dem wurden auch die
märe darnach vil schiere bekant
Da die wegmüeden rit namen
vnd sy dem Lannd naher kamen
da fundens auf der Marche slaffende
ainen man dem von Tronege Ha
gene ain starches waffen an gewan
Ja was gehayssen Eckewart der
selbe Ritter gut er gewan darumb
ainen traurigen mut daz er verlos
das waffen von der helde fart die
marche Rudegeres die fundens vbel
bewart Awe mir diser schannde
sprach Eckewart Ja rewet vil sere
in der Burgundier fart seyt ich
Seyfriden verlos seyt was mein freu
de zergan Awe herre Rudeger wie
han ich wider dich getan Da hort
vil wol Hagene des edlen Recken not
Er gab im wider sein waffen vnd
sechs pöge rot die hab dir helt ze
minnen daz du mein freunde seyst
du bist ein degen küene wie aine
du auf der marche leyst Got
lon euch ewr pöge sprach do Eckewart
doch rewet mich vil sere zun Hünen
ewr fart Ir slugt Seyfriden man
ist euch hie gehass daz Ir euch wol
behüetet in trewen rat ich euch das
Nu müß vnns got behüeten sprach

fol. CXIXvc ll. 35–68

da wurden aufgespannen baide hüten vnd getzeld

vnd getʒelꝺ / Sy můſten da beleibŋ̄
alle aineŋ tag / vnd auch die nacht /
mit ʋolleŋ wie ſchon man Ir phlag /
darnach müeſten ſy reiten in Rude=
gerꜱ landt / dem wurden auch die
märe darnach vil ſchiere bekant /
Da dic wegmüedeŋ rů nameŋ /
vnd ſy dem Lannd naher kameŋ /
da fundenꜱ auf der Marche ſlaffenꝺe
aineŋ man / dem von Tronege Ha=
gene ain ſtarcheꜱ waffen an gewaŋ /
Ia waꜱ gehaÿſſen Eckewart ꝺer=
ſelbe Ritter gůt · er gewan ꝺarůmb
ainen traurigeŋ můt · ꝺaʒ er verloσ
daꜱ waffeŋ voŋ der helꝺe fart / die
marche Rudegereꜱ / die fündenꜱ ʋ̈bel
bewart / Awe mir diſer ſchannde /
ſprach Eckewart / Ia rewet ʋil ſere
jn der Burgundier fart / ſeyt ich
Seÿfrideŋ verloσ ſeyt waꜱ mein freü=
de zergan / Awe herre Rudeger wie
han ich wider dich getan / Do hoꝛt
vil wol Hagene deꜱ edleŋ Recken not /
Er gab im wider ſein waffen / ʋnꝺ
Sechσ poge rot / die hab dir helt ze
mÿnneŋ daʒ du mein freunꝺt ſeÿſt /
du biſt ein degen küene wie aine
du auf der marche leÿſt / Got
loŋ euch ewrꝰ poge / ſprach do Eckewaꝛt
doch rewet mich vil ſere zŭŋ Hüneŋ
ewr fart / Ir ſlůgt Seyfrideŋ maŋ
iſt euch hie gehaſꜱ / ꝺaʒ Ir euch wol
behüetet iŋ trewen rat ich eücŋ ꝺaσ /
Nu můꜱ vnnꜱ got behüeteŋ / ſprach

1627 Sy muosten da beleiben alle ainen tag
vnd auch die nacht mit vollen wie schon man Ir phlag
darnach muesten sy reiten in Rudegers landt
dem wurden auch die märe darnach vil schiere bekant

1628 Da die wegmüeden ruo namen
vnd sy dem Lannd naher kamen
da fundens auf der Marche slaffende ainen man
dem von Tronege Hagene ain starches waffen an gewan

1629 Ia was gehayssen Eckewart derselbe Ritter guot
er gewan daruomb ainen traurigen muot
daz er verlos das waffen von der helde fart
die marche Rudegeres die fundens v̈bel bewart

1630 Awe mir diser schannde sprach Eckewart
Ia rewet vil sere jn der Burgundier fart
seyt ich Seyfriden verlos seyt was mein freude zergan
Awe herre Rudeger wie han ich wider dich getan

1631 Do hort vil wol Hagene des edlen Recken not
Er gab im wider sein waffen vnd Sechs poge rot
die hab dir helt ze mynnen daz du mein freundt seyst
du bist ein degen küene wie aine du auf der marche leyst

1632 Got lon euch ewrer poge sprach do Eckewart
doch rewet mich vil sere zun Hünen ewr fart
Ir sluogt Seyfriden man ist euch hie gehass
daz Ir euch wol behüetet in trewen rat ich euch das

1633 Nu muos vnns got behüeten sprach do Hagene

do Hagene Da habt nicht mer
sorgen dise degenne Wann umb die
herberg die künige und auch jr man
wo wir in disem Lannde noch heint
nacht selde han Die Ross sind uns
verdorben auf den verren wegen
und der speyse zerrunnen sprach
Hagene der degen wir vindens nin-
dert bayle umb were wirtes not
der noch heinte gebe durch sein tugende sein prot Da sprach aber
Eckewart Ich sayge euch ainen
wirt daz jr zehawse selten so wol
bekomen wirt in dhainem Lande
als euch hie mag beschehen ob jr vil
schnelle degenne wellet Rudegere
sehen Der sitzet bey der strasse
und ist der peste wirt die kaum
ze hause sind hertze tugende wirt
als sam der sitesse maye das gras
mit plumen tut Wann Er sol helden dienen so ist Er wolgemut Da
sprach der künig Gunther welt jr
mein pot sein ob uns welle enthalten durch den willen mein mein
lieber freundt Rudeger mein mage
und unnser man das wil ich um
verdienen so ich aller peste kan.
Der pot bin ich gerne sprach do
Eckewart mit vil gutem willen
hub Er sich an die fart und saget
Rudeger als Er het vernomen im
was in manigen zeiten nicht so lieber mare komen Man sach ze
Bechlaren eylen ainen degen selber
erkant jn Rudeger Er sprach auf
disen wegen dort heer gahet Eckewart ain Chrimhilde man Er
wannt daz die veinde im hetten laid

fol. CXXra ll. 1–34

do Hagene / Ia habē nicht mer ſoꝛgeŋ diſe degenne / wann vmb die herberg / die kűnige vnd auch jr maŋ̄ / wo wir in diſem Lannde / noch heint nacht ſelde haŋ / Die Roſs ſind vnσ verdoꝛbeŋ / auf den ʋerreŋ wegeŋ / vnd der ſpeyſe zerrunneŋ ſprach Hagene der degen / wir vindenϐ nÿŋ= dert vaÿͤle / vnnϐ were wirteϐ not · der noch heinte gebe / durch ſein tu= gende ſein pꝛot Da ſprach aber Eckewart / Ich zaÿͤge euch ainen wirt / daʒ jr ze hawſe ſelten ſo wol / bekomen wirt / in dhainem Lande / alϐ euch hie mag beſcheheŋ / ob jr vil ſchnelle degenne wellet Rudegere ſehen / Der ſitʒet beÿ der ſtraſſe / vnd iſt der peſte wirt / die kaŭm ze hauſe ſind / hertʒe tugende wirt / alσ ſam der ſüeſſe maÿe / daϐ graσ mit plůmeŋ tůt / wann Er ſol hel= den dienen / ſo iſt Er wolgemůt Da ſprach der kűnig Gűnther / welt Ir mein pot ſein / ob vnnϐ welle enthal= ten durch den willen mein / mein lieber Freundt Rudeger mein mage vnd vnnſer man / daϐ wil ich ÿm= mer dienen ſo ich aller peſte kan · Der pot bin ich gernne / ſprach do Eckewart / mit vil gůtem willeŋ / hůb Er ſich an die fart / ʋnd ſaget Rudeger alϐ er het vernomeŋ / im waϐ in manigeŋ zeiteŋ / nicht ſo lie= ber märe komeŋ / Maŋ ſach ze

1633 Nu muos vnns got behüeten sprach do Hagene
Ia haben nicht mer sorgen dise degenne
wann vmb die herberg die künige vnd auch jr mann
wo wir in disem Lannde noch heint nacht selde han

1634 Die Ross sind vns verdorben auf den verren wegen
vnd der speyse zerrunnen sprach Hagene der degen
wir vindens nyndert vayle vnns were wirtes not
der noch heinte gebe durch sein tugende sein prot

1635 Da sprach aber Eckewart Ich zayge euch ainen wirt
daz jr ze hawse selten so wol bekomen wirt
in dhainem Lande als euch hie mag beschehen
ob jr vil schnelle degenne wellet Rudegere sehen

1636 Der sitzet bey der strasse vnd ist der peste wirt
die kaum ze hause sind hertze tugende wirt
als sam der süesse maye das gras mit pluomen tuot
wann Er sol helden dienen so ist Er wolgemuot

1637 Da sprach der künig Gunther welt Ir mein pot sein
ob vnns welle enthalten durch den willen mein
mein lieber Freundt Rudeger mein mage vnd vnnser man
das wil ich ymmer dienen so ich aller peste kan

1638 Der pot bin ich gernne sprach do Eckewart
mit vil guotem willen huob Er sich an die fart
vnd saget Rudeger als er het vernomen
im was in manigen zeiten nicht so lieber märe komen

1639 Man sach ze Bechlaren eylen ainen degen

Rudeger als Er het vernomen · im
was in manigen zeiten · nicht so lie
ber märe komen Man sach ze
Bechlaren eylen ainen degen · selber
erkant in Rudeger · Er sprach auf
disen wegen · dort heer gahet Ecke
wart ain Chrimhilde man Er
wannt daz die veinde im hetten laid
getan Da gieng Er für die porte
da Er den poten fant · das swert Er
abe gurt · vnd leget es von der hant ·
die märe die Er prachte wurden
nicht verdagt · den Wirt vnd seine
freunde · es ward in schiere gesagt
Er sprach zum Marggrauen ·
mich hat zu euch gesant · Gunther
der herre von Burgunden lannde
vnd Gyselher sein Brueder · vnd
auch Gernot der Recken yetzlicher
im seinen dienst heer empot Das
selbe hat auch Hagene vnd Volcher ·
mit treuen vleissikliche · noch sag ich
euch märe daz euch des kuniges marschalck bey mir das empot · daz den
guten knechten wäre ein herberge
not Mit lachendem mute antwur
tet Rudeger · nu wol mich diser märe
daz die kunige her geruchent meiner
dienste der wirt in nicht versagt ·
kument sy mir ze hawse des bin ich
fro vnd gemait Dannckwart
der Marschalck · der hiess euch wissen lan · wen ir ze hawse mit in solt
han · Sechtzig sneller degene · vnnd
Tausent Ritter gut · vnd Neun
tausent knechte da ward Er frolich
gemuet Nu wol mich diser geste ·

fol. CXXra ll. 35–68

Bechlareŋ eÿleŋ aineŋ degen / ſelber erkant jn Rudeger / Er ſprach auf diſen wegeŋ / doꝛt heer gahet Ecke=wart aiŋ / Chrimilde man / Er wannt daʒ die ʋeinde im hetteŋ laiꝺ getan / Da gieng Er fuͤr die poꝛtŋ̃ / da Er den poten fant / daꞩ ſwert Er abe gurt / vnd leget eꞩ voŋ der hant · die maͤre die Er prachte wurden nicht verdagt / den wirt vnd ſeine Freŭnde / eꞩ ward jn ſchiere geſagt / Er ſprach zum Marggraueŋ / mich hat zu euch geſant · Gűntheꝛ der herre von Burgunden lanndt / vnd Gÿſelherꝛ ſein Bꝛŭeder vnd auch Gernot / der Recken yetʒlicheꝛ Ew ſeinen dienſt / heer empot Daſ=ſelbe hat auch Hagene ʋnd ʋolkher mit treweŋ vleiſſikliche / noch ſag ich euch maͤre / daʒ eŭch deꞩ kűnigeꞩ mar=ſchalck beÿ mir daꞩ empot / daʒ den gůten knechteŋ waͤre Ewꝛ herberge not / Mit lachendem můte antwuꝛ=tet Rudeger / nu wol mich diſer maͤꝛe daʒ die kunige her / gerůchent meiner dienſte / der wirt jn nicht ʋerſaÿt / kument ſÿ mir ze hawſe deꞩ bin ich fro vnd gemait · Dannckwaꝛt der Marſchalck / der hieſꞩ euch wiſ=ſen lan / weŋ jr ze hawſe mit jn ſolt han / Sechtʒig ſneller degene / vnnd Tauſent Ritter gůt / vnd Neŭn=tauſent knechte da ward Er frőlich gemuet / Nu wol mich diſer geſte /

1639 Man sach ze Bechlaren eylen ainen degen
selber erkant jn Rudeger Er sprach auf disen wegen
dort heer gahet Eckewart ain Chrimilde man
Er wannt daz die veinde im hetten laid getan

1640 Da gieng Er für die porten da Er den poten fant
das swert Er abe gurt vnd leget es von der hant
die märe die Er prachte wurden nicht verdagt
den wirt vnd seine Freunde es ward jn schiere gesagt

1641 Er sprach zum Marggrauen mich hat zu euch gesant
Gunther der herre von Burgunden lanndt
vnd Gyselherr sein Brueder vnd auch Gernot
der Recken yetzlicher Ew seinen dienst heer empot

1642 Dasselbe hat auch Hagene vnd volkher
mit trewen vleissikliche noch sag ich euch märe
daz euch des küniges marschalck bey mir das empot
daz den guoten knechten wäre Ewr herberge not

1643 Mit lachendem muote antwurtet Rudeger
nu wol mich diser märe daz die kunige her
geruochent meiner dienste der wirt jn nicht versayt
kument sy mir ze hawse des bin ich fro vnd gemait

1644 Dannckwart der Marschalck der hiess euch wissen lan
wen jr ze hawse mit jn solt han
Sechtzig sneller degene vnnd Tausent Ritter guot
vnd Neuntausent knechte da ward Er frölich gemuet

1645 Nu wol mich diser geste sprach da Rudeger

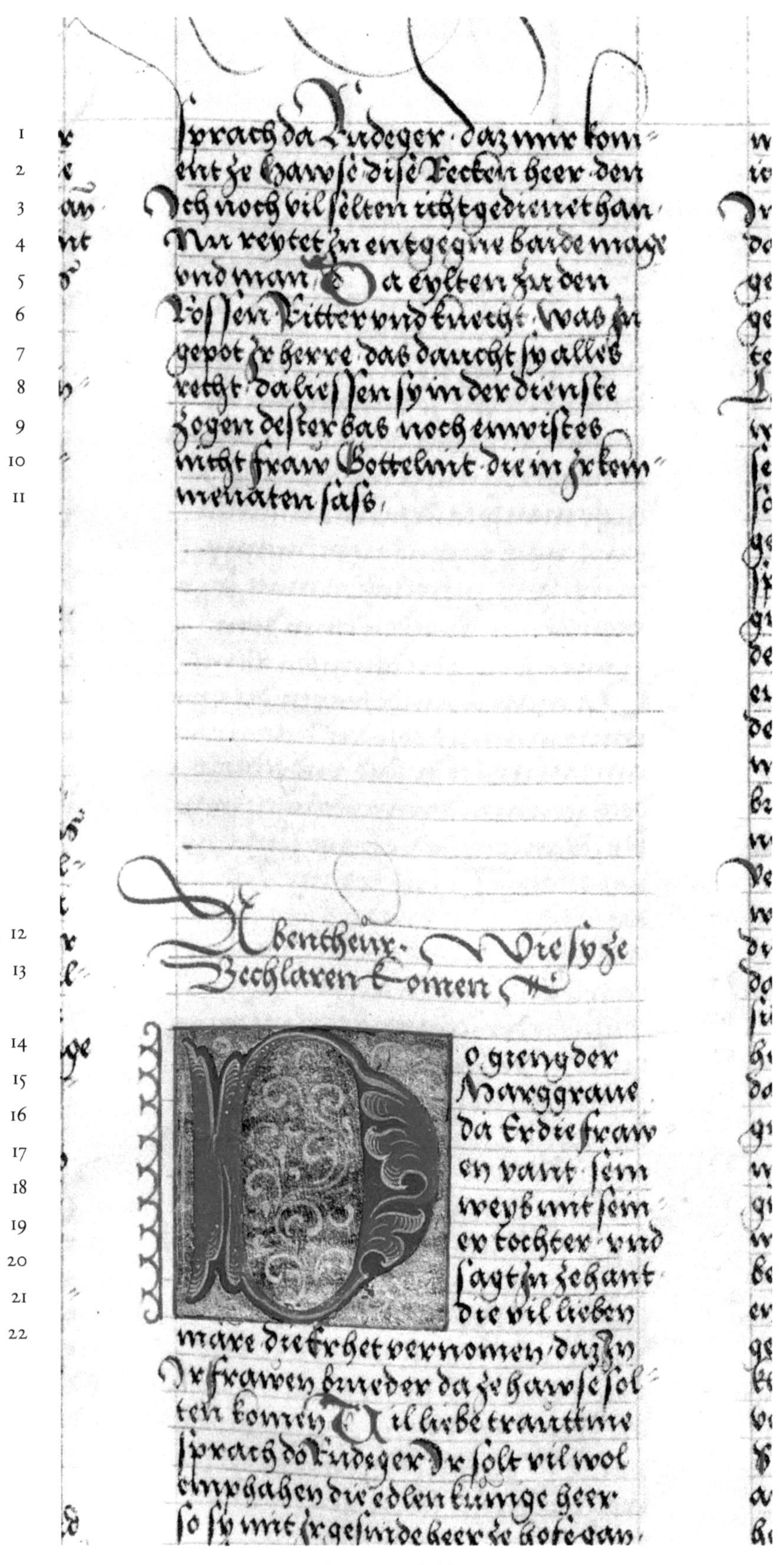

Sprach da Rudeger · daz mir koment ze hawse dise Recken heer · den
Ich noch vil selten icht gedienet han ·
Nu reytet in entgegne baide magt
vnd man · Da eylten zu den
Rossen Ritter vnd knecht · was in
gepot ir herre · das daucht sy alles
recht · da liessen sy in der dienste
zogen dester bas · noch enwistes
nicht fraw Gotelint · die in ir kemmenaten sass ·

Abentheur · Wie sy ze
Bechlaren komen

Do gieng der
Marggraue
da er die fraw-
en vant · sein
weyb unt sein
er tochter · vnd
sagt in zehant
die vil lieben
mære die er het vernomen · daz in
Ir frawen brueder da ze hawse solten komen · Vil liebe trautinne
sprach do Rudeger · Ir solt vil wol
empfahen die edlen kunige heer ·
so sy mit ir gesinde heer ze hofe gan ·

fol. CXXrb ll. 1–22

ſprach da Rudeger / daʒ mir kom=
ent ze Hawſe / diſe Recken heer / den
Ich noch ʋil ſelten icht gedienet han /
Nu reytet jn entgegne baide mage
vnd man / Da eylten zu den
Roſſen / Ritter vnd knecht / was jn
gepot jr herre / das daucht ſy alles
recht / da lieſſen ſy in der dienſte
zogen deſter bas / noch enwiſt es
nicht Fraẘ Gottelint / die in jr keŋ=
menaten ſass /

1645 Nu wol mich diser geste sprach da Rudeger
daz mir koment ze Hawse dise Recken heer
den Ich noch vil selten icht gedienet han
Nu reytet jn entgegne baide mage vnd man

1646 Da eylten zu den Rossen Ritter vnd knecht
was jn gepot jr herre das daucht sy alles recht
da liessen sy in der dienste zogen dester bas
noch enwist es nicht Fraw Gottelint die in jr kemmenaten sass

Abentheẘr · Wie ſy ze
Bechlaren komen

Do gieng der
Marggraue
da Er die Fraẘ=
eŋ vant / ſein
weyb mit ſein=
er tochter / vnd
ſagt jn zehant /
die vil liebeŋ
mǎre / die Er het vernomeŋ / daʒ Jŋ

27 Abentheur Wie sy ze Bechlaren komen

1647 Do gieng der Marggraue da Er die Frawen vant
sein weyb mit seiner tochter vnd sagt jn zehant
die vil lieben märe die Er het vernomen
daz Jn Ir Frawen brueder da ze hawse solten komen

sayt jn zehant die vil lieben märe die Er het vernomen daz jn Ir frawen brueder da ze hawse solten komen Vil liebe trauttinne sprach do Rudeger Ir solt vil wol emphahen die edlen kunige heer so sy mit jr gesinde heer ze hofe gan Ir solt auch schone grüessen Hagenen Gunthers man Seyt im kumpt auch ainer der haysset danckwart der ander haysset Volker an zuchten wol bewart die sechse sult jr kussen und die tochter mein und sölt auch bey den Recken in zuchten guettlichen sein Das lobten da die frawen und waren sein berait Sy suchten aus den kysten die herlichen klaid darynne sy begegneten den Regken wolte gan das wardt vil michel vleyssen von schönen maiden getan Geuelschet frawen varbe vil lutzel man da vant sy trugen auf jr haubte von golde liechte pandt das waren schappel reiche daz jn jr schöne har zerfurten nicht die winde das ist one triegen war An solhen unmussen sullen wir die frawen lan hie wart vil michel gahen über Velt getan von Rudegeres freunden da man die fursten vant sy wurden wol emphanngen in des Marggraven Lanndt Do sy der Marggraue zu jm kumen sach Rudeger der snelle wie frolich Er sprach seyt willekumen Ir herren und auch ewr

fol. CXXrb ll. 23–56

Ir Frawẽŋ bꝛueder da ze hawſe ſol=
ten komeŋ Uil liebe traũttine
ſprach do Rudeger / Ir ſolt vil wol
emphaheŋ die edlen künige heer
ſo ſy mit jr geſinde heer ze hofe gaŋ /
Ir ſolt auch ſchone grüeſſeŋ / Hage=
nen Güntherɞ maŋ Seÿt im
kumpt auch ainer der haÿſſet danck=
wart / der annder haÿſſet Volker
aŋ züchten wol bewart / die ſechſe
ſult jr kuſſen / vnd die tochter meiŋ
vnd ſolt auch bey deŋ Recken in zücħ=
ten güettlicheŋ ſein / Daɞ lobten
da die fraweŋ vnd wareŋ ſein be=
rait / Sÿ ſůchten auɞ den kÿſteŋ
die herꝛlichen klaid / darÿnne ſy be=
gegneteŋ den Regkeŋ wolte gan / daɞ
wardt vil michel vleÿſſeŋ / voŋ ſchö=
nen maideŋ getaŋ / Geuelſchet
Fraweŋ varbe vil lützel man da
vant / ſy trůgeŋ auf jr haubte voŋ
golde liechte pandt / daɞ wareŋ ſchap=
pel reiche / daʒ jn Ir ſchöne har zer=
fůrteŋ nicht die winde / daɞ iſt one
triegen war / In ſölhen vnmůſſŋ
ſulleŋ wir die fraweŋ laŋ / hie waꝛt
vil michel gaheŋ über Velt getaŋ /
von Rudegereɞ Freündeŋ / da man
die Fürſten vant / ſy wurdeŋ wol
emphanngen / in deɞ Marggraueŋ
Lanndt / Do ſy der Marggraue
zů jm kumeŋ ſach Rudeger der ſnel=
le wie frölich Er ſprach / ſeÿt wille
kumeŋ Ir herreŋ / ʋnd auch ewꝛ

daz Jn Ir Frawen brueder da ze hawse solten komen

1648 Uil liebe trauttine sprach do Rudeger
Ir solt vil wol emphahen die edlen künige heer
so sy mit jr gesinde heer ze hofe gan
Ir solt auch schone grüessen Hagenen Gunthers man

1649 Seyt im kumpt auch ainer der haysset danckwart
der annder haysset Volker an züchten wol bewart
die sechse sult jr kussen vnd die tochter mein
vnd solt auch bey den Recken in züchten güettlichen sein

1650 Das lobten da die frawen vnd waren sein berait
Sy suochten aus den kysten die herrlichen klaid
darynne sy begegneten den Regken wolte gan
das wardt vil michel vleyssen von schönen maiden getan

1651 Geuelschet Frawen varbe vil lützel man da vant
sy truogen auf jr haubte von golde liechte pandt
das waren schappel reiche daz jn Ir schöne har
zerfuorten nicht die winde das ist one triegen war

1652 In sölhen vnmuossen sullen wir die frawen lan
hie wart vil michel gahen über Velt getan
von Rudegeres Freunden da man die Fürsten vant
sy wurden wol emphanngen in des Marggrauen Lanndt

1653 Do sy der Marggraue zuo jm kumen sach
Rudeger der snelle wie frölich Er sprach
seyt wille kumen Ir herren vnd auch ewr man

man hye in mein Lannde vil gerne
ich euch gesehen han Da naygten
im die Recken mit trewen on hasz
daz Er In willig were vil wol erzaiget Er das besunder gruesset Er Hagenen den helt Er ee bekannt also
tet Er Volkern aus Burgunden
Lanndt Er emphieng auch Danckwarten da sprach der kuene degen
seyt Ir vnns welt beruchen wer
sol dann phlegen des vnnsern ym
gesyndes das wir haben bracht da
sprach der Marggraue Ir solt hab
guete nacht Vnnd alles ewr gesinde was Ir in das lanndt habt mit
euch gefueret Ross vnd auch gewant
dem schaff ich solche huete daz sein
nicht wirt verloren daz euch ze schaden
bringe gegen ainigem sporn Spannet auf Ir knechte die hutten an das
Velt was Ir hie verlieset des wil ich
wesen gelt zihet ab die zawme die Ross
die lasset gan das het In wiert dhainer
darvor vil selten getan Des freuten
sich die geste do daz geschaffen was die
herren riten dannen sich legten in
das gras vberal die knechte Sy hetten
guet gemach Ich waine in ander ferte
wye so sanffte geschach Die edel Marg-
graunne was fur die Burg gegan
mit Ir vil schonen tochter da sach man
bey Ir stan die wunneklichen fraw-
en vnd manige schone maid die trugen vil der pogen vnd auch herliche
klaid Das edle gestaine das leuchte
verre dan aus Ir vil reichen wate
Sy waren wol getan da kamen
auch die geste vnd erpayszten so ze
hannt hey was man grosser zuchte

fol. CXXrc ll. 1–34

maŋ / Hÿe in mein Lannde / ϐil gerne
ich euch geſeheŋ han / Da naÿgteŋ
Im die Recken mit treẘeŋ oŋ haſσ
daʒ Er jn willig ẘere / vil wol erʒai=
get Er daɞ / beſunder grüeſſet Er Ha=
geneŋ deŋ Helt / Er ee bekannt / alſo
tet Er Volckerŋ auɞ Burgunden
Lanndt · Er emphieng auch Danck=
warteŋ / da ſprach der küene degeŋ /
ſeyt jr vnnɞ welt berůcheŋ / nu wer
ſol dann phlegeŋ deɞ vnnſern ÿnn=
geſÿndeɞ daɞ wir habeŋ bꝛacht / da
ſprach der Marggraue Ir ſolt habŋ̄
gůte nacht Unnd alleɞ ewꝛ geſin=
de / waɞ jr in daɞ lanndt / habt mit
eüch geſüeret / Roſɞ vnd auch gewant /
dem ſchaff ich ſölche hůte / daʒ ſein
nicht wirt verloꝛeŋ / daʒ euch ze ſchadŋ̄
bꝛinge / gegen ainigem ſpoꝛŋ / Span=
net auf jr knechte die hütteŋ aŋ daσ
Velt · waɞ jr hie verlieſet / deɞ wil ich
weſeŋ gelt / ziehet ab die zaẘme / die Roſσ
die laſſet gan / daɞ het jn wiert dhaineꝛ
daruoꝛ vil ſelten getan / Deɞ freütŋ̄
ſich die geſte do daʒ geſchaffen waɞ / die
herreŋ riteŋ danneŋ / ſich legten in
daɞ graɞ / ϐ̈beral die knechte / Sy hettŋ̄
gůt gemach Ich wäne in ander feꝛte
nÿe ſo ſanffte geſchach Die edel Marg=
grauinne waɞ für die Burg gegaŋ /
mit jr vil ſchönen tochter / da ſach maŋ
bey jr ſtan die mÿnneklicheŋ fraẘ=
eŋ vnd manige ſchöne maid / die trů=
geŋ vil der poge vnd auch herꝛliche

seyt wille kumen Ir herren vnd auch ewr man
Hye in mein Lannde vil gerne ich euch gesehen han

1654 Da naygten Im die Recken mit trewen on hass
daz Er jn willig were vil wol ertzaiget Er das
besunder grüesset Er Hagenen den Helt Er ee bekannt
also tet Er Volckern aus Burgunden Lanndt

1655 Er emphieng auch Danckwarten da sprach der küene degen
seyt jr vnns welt beruochen nu wer sol dann phlegen
des vnnsern ynngesyndes das wir haben bracht
da sprach der Marggraue Ir solt haben guote nacht

1656 Unnd alles ewr gesinde was jr in das lanndt
habt mit euch gefüeret Ross vnd auch gewant
dem schaff ich sölche huote daz sein nicht wirt verloren
daz euch ze schaden bringe gegen ainigem sporn

1657 Spannet auf jr knechte die hütten an das Velt
was jr hie verlieset des wil ich wesen gelt
ziehet ab die zawme die Ross die lasset gan
das het jn wiert dhainer daruor vil selten getan

1658 Des freuten sich die geste do daz geschaffen was
die herren riten dannen sich legten in das gras
v̈beral die knechte Sy hetten guot gemach
Ich wäne in ander ferte nye so sanffte geschach

1659 Die edel Marggrauinne was für die Burg gegan
mit jr vil schönen tochter da sach man bey jr stan
die mynneklichen frawen vnd manige schöne maid
die truo gen vil der poge vnd auch herrliche klaid

bey jr stan die mynneklichen fraw
en vnd manige schöne maid. die tru
gen vil der pege vnd auch herzliche
klaid. Das edle gestaine das leuchte
verre dan · aus jr vil reichen wate
Sy waren wol getan da kamen
auch die geste vnd erpaissten söze
hannt · Hey was man grosser zuchte
an den Burgundiern vant. Sechs
unddreyssig magede vnd annder
manig weyb den was wol zewun
sche geschaffen der leib die giengen
In entgegne mit manigen küenen
man. da ward ain schön gruessen
von edlen frawen getan Die Junge
Marggrauinne kusst die künige
alle drey Also tet auch jr mueter
da stuend auch Hagene bey Jr vater
hiess jn küssen da plickht sy jn an
Er daucht sy so frolich daz sys vil ger
ne hette lan Doch muest sy da lassen
daz jr der wirt gepot gemischet ward
jr varbe plaich vnd rot Sy küsset
auch Danckwarten darnach den
Spileman durch seines leibes ellen
ward jm das gruessen getan Die
Junge Marggrauinne die nam bey
der hanndt Gyselherren den Recken
von Burgunden landt also tet auch
jr mueter Gunther den küenen man
Sy giengen mit den helden vil harte
frolich dan Der Wirt gie bey
Gernot in ainen weyten sal Ritter
vnd frawen gesassen da ze tal da
hiess man balde schencken den gesten
guten wein Ja dorfften nymmer
helde bas gehanndlet sein Mit liebn

fol. CXXrc ll. 35–68

klaid / Das edle geſtaine das leŭcħte verre daŋ / aus Ir vil reicheŋ wate / Sy wareŋ wol getan / da kamen auch die geſte vnd erpaÿſʒten ſo ze hannt / Hey was maŋ groſſer zucħte aŋ den Burgundierŋ vant / Secho= unddreyſſig magede / vnd annder manig weyb / deŋ was wol ze wŭn= ſche geſchaffeŋ der leib / die giengeŋ Jŋ entgegne mit manigeŋ kŭeneŋ man / da ward ain ſchőŋ grŭeſſeŋ voŋ edlen fraweŋ getaŋ Die iunge Marggrauine kuſſt die kŭnige alle dreÿ / Alſo tet auch jr mŭter / da ſtŭnd auch Hagene beÿ / Ir ʋateꝛ hieſs jn kŭſſen / da plickht ſy jn an / Er daucht ſy ſo frőlich / daʒ ſys vil geꝛ= ne hette laŋ / Doch mŭſt ſy da laiſtŋ̄ daʒ Ir der wirt gepot / gemiſchet waꝛꝺ jr varbe plaich vnd rot / Sy kŭſſet auch Danckwarten darnach den Spileman / durch ſeines leibes elleŋ / ward jm das grŭeſſeŋ getaŋ / Die Jŭnge Marggrauine die nam beÿ der hanndt / Gyſelherreŋ den Reckŋ̄ / von Burgunden landt / alſo tet aucħ Ir mŭter Gunther den kŭeneŋ maŋ / Sy giengeŋ mit den heldeŋ ʋil harte frolich dan / Der wirt gie beÿ Gernot in aineŋ weÿten ſal Ritter vnd fraẅeŋ geſaſſen da ze tal / da hieſs man balde ſchencken den geſtŋ̄ gŭten wein / Ia doꝛfften nÿmmer helde bas gehanndlet ſein / Mit liebŋ̄

die truo gen vil der poge vnd auch herrliche klaid

1660 Das edle gestaine das leuchte verre dan
aus Ir vil reichen wate Sy waren wol getan
da kamen auch die geste vnd erpayszten so ze hannt
Hey was man grosser zuchte an den Burgundiern vant

1661 Sechsunddreyssig magede vnd annder manig weyb
den was wol ze wunsche geschaffen der leib
die giengen Jn entgegne mit manigen küenen man
da ward ain schön grüessen von edlen frawen getan

1662 Die iunge Marggrauine kusst die künige alle drey
Also tet auch jr muoter da stuond auch Hagene bey
Ir vater hiess jn küssen da plickht sy jn an
Er daucht sy so frölich daz sys vil gerne hette lan

1663 Doch muost sy da laisten daz Ir der wirt gepot
gemischet ward jr varbe plaich vnd rot
Sy küsset auch Danckwarten darnach den Spileman
durch seines leibes ellen ward jm das grüessen getan

1664 Die Junge Marggrauine die nam bey der hanndt
Gyselherren den Recken von Burgunden landt
also tet auch Ir muoter Gunther den küenen man
Sy giengen mit den helden vil harte frolich dan

1665 Der wirt gie bey Gernot in ainen weyten sal
Ritter vnd frawen gesassen da ze tal
da hiess man balde schencken den gesten guoten wein
Ia dorfften nymmer helde bas gehanndlet sein

1666 Mit lieben augen plicken ward gesehen an

augen plicken ward gesehen an die
Rudegeres tochter die was so wolgetan Da trautteteurs in den synnen
vil manig Ritter gut daz auch sy
verdienten sy was vil hochgemut
Sy gedachten wes sy wolten es
mocht aber nicht geschehen hin und
her widere ward da vil gesehen an
mayde und an frawen der sasse da
genug der edelere dem wirte holdn
willen trug Nach gewonhait so
schieden sich da Ritter und frawen
die giengen annder swo da richtet
man die tische in dem Sale weyt
den unkunden gesten man diente
gar in grosser herzlichait Durch
der geste liebe hin ze tische gie die
edle Marggravine ir tochter sy do
lie beleiben bey den kinden da sy von
rechte sass die geste ir nicht en sahen
sy muesten werlichen das Do sy getruncken und gessen hetten uberal
da wist man die schonen wider in
den sal gemmelicher sprüche ward
da nicht verdayt der redet vil da
Volcker ain degen kuen und gemait
Da sprach offennliche der edel
Spilman reicher Marggrave
got hat an euch getan vil genedi-
klich wann Er euch hat gegeben
ain weyb so recht schone darzu ze
ain wunnekliches leben Ob ich
ain fürste were sprach der Spilma
und solt ich tragen krone ze weibe
wolt ich han die ewr schone tochter
des wunschet mir der mut die ist
mynnikleich ze sehen darzu edel
und gut Da sprach der marggrave wie mochte das gesein das

fol. CXXva ll. 1–34

aügeŋ plickeŋ ward geſeheŋ aŋ / die Rudegeres tochter die was ſo wol ge=taŋ / Ia traüttetens in deŋ ſynneŋ vil manig Ritter gůt / daʒ auch ſy verdienteŋ / ſy was vil hochgemůt / Sy gedachten wes ſy wolteŋ / es mocht aber nicht geſcheheŋ / hin vnd her widere ward da vil geſeheŋ / aŋ magte / vnd an fraw̃eŋ der ſaſs da genůg / der edelere dem wirte holdŋ̄ willeŋ trůg / Nach gewonhait ſo ſchiedeŋ ſich da Ritter vnd fraw̃eŋ / die giengen annderſwo / da richtet man die tiſche iŋ dem Sale weÿt den vnkundeŋ geſteŋ maŋ diente gar iŋ groſſer herꝛlicheit / Durch der geſte liebe hin ze tiſche gie · die edle Marggrauine jr tochter ſy do lie / beleiben beÿ den kinden / da ſy voŋ rechte ſaſs / die geſte jr nicht enſahŋ̄ ſy müete werlicheŋ das Do ſy ge=truncken vnd geſſeŋ hetteŋ v̊beral / da wiſt man die ſchőneŋ wider iŋ den ſal / gĕmmelicher ſprüche waꝛd da nicht verdaÿt / der redet vil da Volcker ain degen küeŋ vnd gemait Da ſprach offennliche der edel Spilman / reicher Marggraue got hat an euch getaŋ vil gnedi=kliche / wann Er euch hat gegebŋ̄ · aiŋ weyb ſo recht ſchőne dartʒue ain wunnekliches lebeŋ Ob ich aiŋ Fürſt wĕre / ſprach der Spilmā / vnd ſolt ich trageŋ krone / ze weibe

1666 Mit lieben augen plicken ward gesehen an
die Rudegeres tochter die was so wol getan
Ia trauttetens in den synnen vil manig Ritter guot
daz auch sy verdienten sy was vil hochgemuot

1667 Sy gedachten wes sy wolten es mocht aber nicht geschehen
hin vnd her widere ward da vil gesehen
an magte vnd an frawen der sass da genuog
der edelere dem wirte holden willen truog

1668 Nach gewonhait so schieden sich da
Ritter vnd frawen die giengen annderswo
da richtet man die tische in dem Sale weyt
den vnkunden gesten man diente gar in grosser herrlicheit

1669 Durch der geste liebe hin ze tische gie
die edle Marggrauine jr tochter sy do lie
beleiben bey den kinden da sy von rechte sass
die geste jr nicht ensahen sy muete werlichen das

1670 Do sy ge truncken vnd gessen hetten v̊beral
da wist man die schönen wider in den sal
gemmelicher spruche ward da nicht verdayt
der redet vil da Volcker ain degen küen vnd gemait

1671 Da sprach offennliche der edel Spilman
reicher Marggraue got hat an euch getan
vil gnedikliche wann Er euch hat gegeben
ain weyb so recht schöne dartzue ain wunnekliches leben

1672 Ob ich ain Fürst were sprach der Spilman
vnd solt ich tragen krone ze weibe wolt ich han

am wunnekliches leben O b ich
ain fürst were sprach der Spilman
vnd solt ich tragen krone ze weibe
wolt ich han die Ew: schöne tochter
des wunschet mir der mut. die ist
mynnikliche zesehen / darzu edel
vnd gut D a sprach der marggraue wie möchte das gesein / daz
ymmer küng begerte der lieben
tochter mein / wir sein hie ellende
baide ich vnd mein weib / was hulfe
grosse schöne der guten Junckfraw-
en leib D es antwurt Gernot
der wolgezogen man vnd solt ich
trautkunne nach meinem willen han so wolt ich solhes weybes
ymmer wesen fro / des antwurt
Hagene vil hart güettlichen do.
N u sol mein herre Giselher
nemen doch ain weyb / es ist so hoher mage der Marggrauinne
leib. daz wir jr gerne dienten ich
vnd seine mann / vnd solt es vnder
krone da ze Burgunden gan.
D ie rede dauchte Rudeger gut.
vnd auch Gotelinden / ja freut
es jn den mut / seyt trugen an die
helde daz sy ze wibe nam Giselher
der edle als es wol künige gezam.
W as sich sol gefuegen / wer
mag das vndersteen / man pat
die Junckfrawen hin ze hofe gan.
da schwure man im ze gebene
das wunnekliche weib / da lobt
auch er ze mynnen den Irem
mynniklichen leib M an beschied der Junckfrawen Burge

fol. CXXva ll. 35–68

wolt ich han / die Ewꝛ ſchöne tochteꝛ deꜱ wunſchet mir der můt · die iſt mÿnniklich ze ſeheŋ / dartʒů edel vnd gůt · Da ſpꝛach der marg=graue wie mőchte daꜱ geſein / daʒ ymmer kunig begerte der liebeŋ tochter mein / wir ſein hie ellende / baide ich vnd mein weib / waꜱ hulfe groſſe ſchőne der gůten junckfraw=en leib / Deꜱ antwűrt Gernot der wolgetʒogen maŋ / vnd ſolt ich trauttinne nach meineŋ wil=len haŋ / ſo wolt ich ſolheꜱ weÿbeꜱ ÿmmer weſen fro / deꜱ antwurt Hagene vil hart gűettlichen do · Nu ſol meiŋ herre Giſelher nemen doch ain weyb / eꜱ iſt ſo ho=her mage der Marggrauinne leib · daʒ wir jr gerne dienten / ich vnd ſeine mann / vnd ſolt eꜱ vndeꝛ krone da ze Burgunden gan / Die rede dauchte Rudeger gůt / vnd auch Gottelindeŋ / Ia frew̋t eꜱ jn den můt / ſeÿ̋t trůgeŋ aŋ die helde daʒ ſy ze wibe nam Giſelher / der edle alꜱ eꜱ wol kűnige geʒam / Waꜱ ſich ſol gefüegeŋ / wer mag daꜱ vnnderſteeŋ / maŋ pat die junckfraw̋eŋ hin ze hofe gaŋ / da ſchwůre man im ze gebene daꜱ wunnekliche weib / da lobt auch Er ze mÿnneŋ deŋ Ireŋ mÿnniklichen leib · Man be=ſchied der Junckfrawen Burge /

vnd solt ich tragen krone ze weibe wolt ich han
die Ewr schöne tochter des wunschet mir der muot
die ist mynniklich ze sehen dartzuo edel vnd guot

1673 Da sprach der marggraue wie möchte das gesein
daz ymmer kunig begerte der lieben tochter mein
wir sein hie ellende baide ich vnd mein weib
was hulfe grosse schöne der guoten junckfrawen leib

1674 Des antwurt Gernot der wolgetzogen man
vnd solt ich trauttinne nach meinem willen han
so wolt ich solhes weybes ymmer wesen fro
des antwurt Hagene vil hart güettlichen do

1675 Nu sol mein herre Giselher nemen doch ain weyb
es ist so hoher mage der Marggrauinne leib
daz wir jr gerne dienten ich vnd seine mann
vnd solt es vnder krone da ze Burgunden gan

1676 Die rede dauchte Rudeger guot
vnd auch Gottelinden Ia frewt es jn den muot
seyt truogen an die helde daz sy ze wibe nam
Giselher der edle als es wol künige gezam

1677 Was sich sol gefüegen wer mag das vnndersteen
man pat die junckfrawen hin ze hofe gan
da schwuore man im ze gebene das wunnekliche weib
da lobt auch Er ze mynnen den Irenn mynniklichen leib

1678 Man beschied der Junckfrawen Burge vnd Lanndt

vnd Lanndt des sich keert da mit
ayden des edlen kuniges hanndt vnd
auch der herre Gernot da wurde das
getan Da sprach der Marggraue
seyt ich der Burge nicht han Nu
sol ich euch mit trewen sist ymmer
wesen holt Ich gib zu meiner tochter
silber vnd golt so hundert samere
mugen getragen daz es des heldes ma
ge nach eren muge wol behagen Da
hiess man sy balde fueren an ainen
ring nach gewonhait vil manig
Jungeling in frölichem mute jr zu
gegne stund Sy gedachten in iren
synnen so noch die thumben thund
Da man begunde fragen die myn
nigklichen maid ob sy den recken wolte
ain tail was es jr laid vnd gedacht
doch zenemen den waydelichen man
Sy schampte sich der frage so manig
hat getan Jr riet jr vater Rudeger
daz sy spreche ja vnd daz sy jn gerne
name vil schiere do was da mit sein
en weissen hannden der sy vmbe schlos
Giselher der edle wie lützel sy sein doch
genos Da sprach der Marggraue
jr edlen kunige reich als jr nu wider rei
tet das ist gewonlich hayme ze Burgun
den so gib ich euch mein kindt daz jr sy
mit euch fueret das gelobten sy sy mit
Was man do schalles horte des mus
ten sy doch lan man hiess Junck
frawen zu jr kemmenaten gan
Vnd auch die geste schlaffen vnd
ruen gan den tag do beraite man
die speyse der Wiert jr guettlichen
phlag Da sy enbizzen waren sy
wolten damne farn gen der Hun
en Lande daz ich wil bewaren

fol. CXXvb ll. 1–34

vnd Lanndt / des ſich keert da mit aÿden / des edlen künigeſ hanndt / vnd auch der herre Gernot / da wurde das getan / Da ſprach der Marggraue / ſeyt ich der Burge nicht han · Nu ſol ich euch mit treweŋ ſuſt ÿmmer weſen holt / Ich gib zu meiner tochter Silber / vnd golt / ſo hundert ſämere mügen getragen / daʒ es des heldes ma=ge nach eren müge wol behagen · Da hieſs man ſy balde füeren an ainen ring / nach gewonhait vil manig Jüngeling / in frölichem můte jn zu gegne ſtůnd / Sy gedachteŋ iŋ Iren ſynneŋ / ſo noch die thůmben thůnꝺ Da man begunde fragen / die mÿŋ=niklicheŋ maid / ob ſy den Recken wolte ain tail was es Ir laid / vnd gedacht doch zenemeŋ den waydelichen maŋ / Sy ſchampte ſich der frage / ſo manig hat getan / Ir riet Ir vater Rudeger daʒ ſy ſprëche Ja / vnd daʒ Sy jn gerne näme vil ſchiere do was da mit ſein=en wiſſen hannden der ſy vmbe ſchlos / Giſelher der edle / wie lütʒel ſy ſein docħ genos / Da ſprach der Marggraue Jr edlen küene reich / als jr nu wider rei=tet / das iſt gewonlich haÿm ze Burgun=den / ſo gib ich euch mein kindt / daʒ Ir ſÿ mit euch füeret / das gelobteŋ ſy ſynnt · Was man do ſchalles hoꝛte / des můſ=ten ſy doch lan / man hieſs Junck=frawen zu Ir kemmenaten gan · Vnd auch die geſte ſchlaffen / vnd

1678 Man beschied der Junckfrawen Burge vnd Lanndt
des sich keert da mit ayden des edlen kuniges hanndt
vnd auch der herre Gernot da wurde das getan
Da sprach der Marggraue seyt ich der Burge nicht han

1679 Nu sol ich euch mit trewen sust ymmer wesen holt
Ich gib zu meiner tochter Silber vnd golt
so hundert sämere mügen getragen
daz es des heldes mage nach eren müge wol behagen

1680 Da hiess man sy balde füeren an ainen ring
nach gewonhait vil manig Jüngeling
in frölichem muote jn zu gegne stuond
Sy gedachten in Iren synnen so noch die thumben thuond

1681 Da man begunde fragen die mynniklichen maid
ob sy den Recken wolte ain tail was es Ir laid
vnd gedacht doch zenemen den waydelichen man
Sy schampte sich der frage so manig hat getan

1682 Ir riet Ir vater Rudeger daz sy spreche Ja
vnd daz Sy jn gerne näme vil schiere do was da
mit seinen wissen hannden der sy vmbe schlos
Giselher der edle wie lützel sy sein doch genos

1683 Da sprach der Marggraue Jr edlen küene reich
als jr nu wider reitet das ist gewonlich
haym ze Burgunden so gib ich euch mein kindt
daz Ir sy mit euch füeret das gelobten sy synnt

1684 Was man do schalles horte des muosten sy doch lan
man hiess Junckfrawen zu Ir kemmenaten gan
Vnd auch die geste schlaffen vnd ruen gan den tag

ten sy doch lan man hiesz junckfrawen zu Ir kemmenaten gan.
Vnd auch die geste schlaffen. vnd
rwen gan. den tag do beraite man
die speyse der Wiert Jr guettlichen
phlag. Da sy enbizzen waren sy
wolten dannen farn. gen der Hün-
en Lande. daz ich wil bewaren.
sprach der Wiert vil edle. Jr solt noch
hie bestan. Wann ich so lieber geste
selten hie gewunnen han. Des
antwurt Danckwart. Ja mag
es nicht gesein. Nu nemet Jr die
speyse das prot vnd auch den wein.
des Jr so manigem Recken noch heute muesset han. do das der Wirte
gehorte Er sprach Jr solt die rede lan.
Mein vil liebe herren. Jr solt mir
nicht versagen. Ich han euch die
speyse in lieb furgetragen. Wie
wol Jr vmb gemach wellen zu
mir heer seyt komen. so habt Jr
doch der speyse vil wenig genomen.
Wie sere sy sich werten. Sy musten da bestan. vntz an den vierden morgen. da ward da getan
von des Wirtes milte. das verre
ward gesait. Er gab den seinen
gesten baide Ross vnd claid. Es
kund nicht werden lennger. Sy
muesten dannen farn. Rudeger der
kund vil wenig icht gesparn. vor
der seinen milte. wes yemand gerte
nemen das versaget Er nyemand
es muesset Jn allen gezamen. Jr
edel yngesinde bracht fur das tor
gesatelt vil der more da kom zu Jn

fol. CXXvb ll. 35–68

rüen gan / den tag do beraite man die ſpeyſe / der Wiert jr güettlichen phlag / Da ſy enbiʒʒen waren / ſÿ wolten danne faꝛn / gen der Hün=en Lande / daʒ ich wil bewareŋ / ſpꝛach der wiert ʋil edle / Ir ſolt noch hie beſtan / wann Ich ſo lieber geſte ſelten hie gewunnen han / Des antwurt Danckwart / Ja mag es nicht geſein / Nu nemet jr die ſpeyſe das prot vnd auch den weiŋ des jr ſo manigem Recken noch heü=te müeſſet han / do das der Wirte gehoꝛte Er ſprach jr ſolt die rede laŋ / Mein vil liebe herreŋ / Jr ſolt mir nicht verſagen / Ich han euch die ſpeyſe in lieb fürgetrageŋ / wie wol jr vmb gemach willeŋ zu mir heer ſeyt komeŋ / ſo habt jr doch der ſpeyſe vil wenig genomeŋ / Wie ſere ſy ſich werteŋ / Sÿ můſ=ten da beſtan / v̈ntʒ an den ʋier=den moꝛgeŋ / da ward da getaŋ voŋ des Wirtes milte / das verre ward geſait / Er gab den ſeinen geſten baide Roſs ʋnd claiꝺ Es kund nicht werden lennger / Sy můſten danneŋ farŋ / Rudeger der künd vil wenig icht geſparŋ / vor der ſeineŋ milte / wes yemand gerte nemeŋ das verſaget Er nÿemand es müeſſet jn allen gezämen / Ir edel ynngeſinde bꝛacht für das toꝛ / geſatelt vil der moꝛe da kaŋ zů jn

Vnd auch die geste schlaffen   vnd ruen gan den tag
do beraite man die speyse   der Wiert jr güettlichen phlag

1685 Da sy enbizzen waren   sy wolten danne farn
gen der Hünen Lande   daz ich wil bewaren
sprach der wiert vil edle   Ir solt noch hie bestan
wann Ich so lieber geste   selten hie gewunnen han

1686 Des antwurt Danckwart   Ja mag es nicht gesein
Nu nemet jr die speyse   das prot vnd auch den wein
des jr so manigem Recken   noch heute müesset han
do das der Wirte gehorte   Er sprach jr solt die rede lan

1687 Mein vil liebe herren   Jr solt mir nicht versagen
Ich han euch die speyse   in lieb fürgetragen
wie wol jr vmb gemach willen   zu mir heer seyt komen
so habt jr doch der speyse   vil wenig genomen

1688 Wie sere sy sich werten   Sy muosten da bestan
v̈ntz an den vierden morgen   da ward da getan
von des Wirtes milte   das verre ward gesait
Er gab den seinen gesten   baide Ross vnd claid

1689 Es kund nicht werden lennger   Sy muosten dannen farn
Rudeger der kund   vil wenig icht gesparn
vor der seinen milte   wes yemand gerte nemen
das versaget Er nyemand   es müesset jn allen gezämen

1690 Ir edel ynngesinde   bracht für das tor
gesatelt vil der more   da kam zuo jn dauor

darnor · Vil der frömbden recken sy
trugen schilde enhant · wann sy
wolten reiten in des Etzeln Lanndt ·
Der wiert do sein gabe pot überal
Ee daz die edlen geste komen für den
sal · er kunde mynnekleichen mit gros
sen eeren leben · die sein tochter schöne
die het Er Gyselherren geben · Da
gab Er Guntherren dem helde lobe
lich · das wol trug mit eeren der edel
künig reich · wie selten Er gabe em
phienge · ein waffenlich gewannt ·
darnach naigt do Gunther des edln
Rüdegers hanndt · Da gab Er Gerno
ten ain waffen gut genug · daz Er seit
in stürmen vil herrlichen trug · der
gab im vil wol gunde des Marggra
uen weyb · dauon der Rüdeger seyt
muesset verliesen den leib · Gotte
lint pot Hagene als Ir vil wol gezam
Ir mynnikleichen gabe · seyt sy der
künig nam · daz er auch an Ir steure
zu der hochzeite von Ir nicht faren
solte · doch widerredet Er es seyt · Alles
des ich ye gesach · sprach do Hagene
so beger ich nicht mere von hynnen
ze tragen wann aines Schildes
dort an yener wannt · den wolt ich
gerne füeren in des Etzeln lanndt ·
Do die Marggrauinne Hagenes
red vernam · es mant sy Ires laides
wainen Ir gezam · do gedacht sy vil
teure an Nudunges tot · den het
erslagen Weytege · dauon so het sy
jammers not · Sy sprach zu dem
degenne den Schilt wil ich euch geben
das wolt got von himele daz Er noch
solte leben · der In da trug in hennde
der lag in sturmen tot · den muss ich

fol. CXXvc ll. 1–34

dauoꝛ / Vil der frömbdeŋ / recken / ſÿ trůgen ſchilde enhant / wann ſÿ wolten reiteŋ in deɞ Etʒeln Lanndt / Der wiert do ſein gabe pot v̈beral Ee daʒ die edlen geſte komeŋ fur den ſal / er kunde mynneklichen mit groſ=ſen Eeren leben / die ſein tochter ſchöne die het Er Gyſelherreŋ geben / Da gab Er Guntherren dem Helde / lobe=lich / daɞ wol trůg mit eren der edel künig reich / wie ſelten Er gabe em=phienge / ein waffenlich gewannt / darnach naigt do Gunther deɞ edlŋ̄ Rudegerɞ hannt / Da gab Er Gerno=ten ain waffen gůt genůg · daʒ Er ſeit in ſtürmeŋ vil herꝛlichen trůg / der gab im vil wol gunde deɞ Marggra=ueŋ weÿb · dauoŋ der Rudeger ſeyt mueſſet verlieſen den leib · Gotte=lint pot Hagene / alɞ jr vil wol geʒaŋ Ir mynniklichen gabe / ſeÿt Sy der künig nam / daʒ Er auch an Ir ſteüre zu der hochʒeite voŋ Ir nicht faren ſolte / doch widerredet Er eσ ſeyt / Alleσ deɞ ich ye geſach / ſprach do Hagene ſo beger ich nicht mere voŋ hynneŋ zetrageŋ wann aineɞ Schildeɞ doꝛt an iener wannt / den wolt jch gernne füereŋ in deɞ Etʒelŋ Lanndt / Do die Marggrauinne Hageneσ red vernam / eɞ mant ſy jreɞ laideσ waineŋ Ir getʒam / do gedacht ſy vil tewre an Nudüngeɞ tot / den het erſlagen Weytege dauoŋ ſo het ſy

gesatelt vil der more da kam zuo jn dauor
Vil der frömbden recken sy truogen schilde enhant
wann sy wolten reiten in des Etzeln Lanndt

1691 Der wiert do sein gabe pot v̈beral
Ee daz die edlen geste komen fur den sal
er kunde mynneklichen mit grossen Eeren leben
die sein tochter schöne die het Er Gyselherren geben

1692 Da gab Er Guntherren dem Helde lobelich
das wol truog mit eren der edel künig reich
wie selten Er gabe emphienge ein waffenlich gewannt
darnach naigt do Gunther des edlen Rudegers hannt

1693 Da gab Er Gernoten ain waffen guot genuog
daz Er seit in stürmen vil herrlichen truog
der gab im vil wol gunde des Marggrauen weyb
dauon der Rudeger seyt muesset verliesen den leib

1694 Gottelint pot Hagene als jr vil wol gezam
Ir mynniklichen gabe seyt Sy der künig nam
daz Er auch an Ir steure zu der hochzeite
von Ir nicht faren solte doch widerredet Er es seyt

1695 Alles des ich ye gesach sprach do Hagene
so beger ich nicht mere von hynnen zetragen
wann aines Schildes dort an iener wannt
den wolt jch gernne füeren in des Etzeln Lanndt

1696 Do die Marggrauinne Hagenes red vernam
es mant sy jres laides wainen Ir getzam
do gedacht sy vil tewre an Nudunges tot
den het erslagen Weytege dauon so het sy Iammers not

wainen ir getzam …
teuwre an Rudinges tot. dem het
erslagen Weytege dauon so het sy
Jammers not. Sy sprach zu dem
degenne den Schilt wil ich euch gebn
das wolt got von himele daz Er noch
solte leben der in da trug in hennde
der lag in sturmen tot. den muz ich
ymmer bewainen das geet mir armen weibe not. Die edel Marggrauin von dem sedele gieng. mit iren
vil weyssen hannden sy den Schilt
gefieng. die fraw trug in Hagenen
Er nam in an die hant die gabe
was mit eren an den Recken gewant.
Ain hulfft von liechtem phelln
ob seiner varbe lag. besser Schilt
beleuchte nye der tag von edlem gestaine wer sein hette begert. ze kauffen an der koste. was Er wol tausent
marcke wert. Den Schilt hiess do
Hagene von im tragen. dann do
begunde Danckwart hin ze hofe
gan den gab vil reiche claider. des
Marggrauen kind die trueg Er
da zun Hunnen. vil harte herzlichen
sint. Alles daz der gabe von in wart
genomen Inn ir dhaines hennde
wär ir nicht komen. Wann durch
des Wirtes liebe der ins so schone pot.
seyt wurdens im so veint. daz sy in
muesten schlahen ze tot. Volker
der schnelle mit seiner Videlen dan
gie getzogen lichen für Gotelinden
stan. Er videlare suesse done. Und
sang ir seine lied. damit nam Er
Vrlaub da Er von Bechlaren schied

fol. CXXvc ll. 35–68

Iammers not / Sy ſprach zu dem degenne / den Schilt wil ich euch gebñ / das wolt got voŋ himele daʒ Er noch ſolte leben / der jn da trůg iŋ hennde der lag iŋ ſturmeŋ tot / den můs jcḫ ymmer bewaineŋ / das geet mir aꝛ⸗men weibe not · Die edel Marggra⸗uin voŋ dem ſedele gieng / mit Irŋ vil weÿſſen hannden ſy den Schilt gefieng · die Fraw trůg jn Hageneŋ Er nam jn an die hant / die gabe was mit eren an den Recken gewant · Ein hulfft voŋ Liechteŋ phellñ ob ſeiner varbe lag / beſſer Schilt beleüchte nye der tag von edlem ge⸗ſtaine wer ſein hette begert / ze kauf⸗fen an der koſte / was Er wol Tauſẽt marcke wert / Den Schilt hieſs do Hagene voŋ jm trageŋ / dann do begunde Danckwart hin ze hofe gan den gab vil reiche claider / des Marggraueŋ kind / die trüeg Er da zun Hünen / vil harte heꝛlichñ ſint Alles daʒ der gabe voŋ In waꝛt genomeŋ Inn jr dhaines hennde war Ir nicht komeŋ / Wann durch des wirtes liebe der jns ſo ſchöne pot / ſeyt wurdens jn ſo veint · daʒ ſy jn můſten ſchlahen ze tot / Uolker der ſchnelle mit ſeiner Videlen daŋ / gie getʒogenlicheŋ für Gottelindeŋ ſtan / Ir Videläre ſüeſſe dőne / Vnd ſang Ir ſeine lied / damit naŋ Er Vrlaub / da Er voŋ Bechlareŋ ſchied /

den het erslagen Weytege dauon so het sy Iammers not

1697 Sy sprach zu dem degenne den Schilt wil ich euch geben
das wolt got von himele daz Er noch solte leben
der jn da truog in hennde der lag in sturmen tot
den muos jch ymmer bewainen das geet mir armen weibe not

1698 Die edel Marggrauin von dem sedele gieng
mit Irn vil weyssen hannden sy den Schilt gefieng
die Fraw truog jn Hagenen Er nam jn an die hant
die gabe was mit eren an den Recken gewant

1699 Ein hulfft von Liechten phellen ob seiner varbe lag
besser Schilt beleuchte nye der tag
von edlem gestaine wer sein hette begert
ze kauffen an der koste was Er wol Tausent marcke wert

1700 Den Schilt hiess do Hagene von jm tragen dann
do begunde Danckwart hin ze hofe gan
den gab vil reiche claider des Marggrauen kind
die trueg Er da zun Hünen vil harte herrlichen sint

1701 Alles daz der gabe von In wart genomen
Inn jr dhaines hennde war Ir nicht komen
Wann durch des wirtes liebe der jns so schöne pot
seyt wurdens jn so veint daz sy jn muosten schlahen ze tot

1702 Uolker der schnelle mit seiner Videlen dan
gie getzogenlichen für Gottelinden stan
Ir Videläre süesse döne Vnd sang Ir seine lied
damit nam Er Vrlaub da Er von Bechlaren schied

Er hyess die Marggravinne
eine Lade tragen von freuntlich
gabe mugt Jr hören sagen daraus
nam Sy zwelf poge vnd spiess im
an die hanndt die solt Jr von hynnen
fieren in des Etzeln lannt Und solt
durch meinen willen sy ze hofe tragen Wenn Jr wider wenndet daz man
mir muge gesagen wie Jr mir habet gedienet da zu der hochzeit das
die fraw begerde vil wol lauft Er das
seyt Da sprach der Wirt zu den gess-
ten Jr solt dester sannffter varn Jch
wil euch selber layten vnd hayssen
wol bewaren daz euch auf der strassen nyemand muge geschaden da
wurden seine Saume vast schier wol
geladen Der Wiert ward wol beraitet mit funffhundert man
mit Rossen vnd mit claidern die fueret Er mit Jm dann vil harte frolich-
en zu der hochzeit der amer mit dem
leben kam nye ze Bechlaren seyt Mit
kusse mynnecliche der Wirt do dannen schied also tet auch Giselher als
Jm sein tugende riet mit armen besloss
Jrenen Sy traitten schöne weyb
das muss se seyt bewaynen vil manger Junckfrawen leyb Da wurden
allenthalben die venster aufgetan
der Wiert mit seinen mannen zu
den Rossen wolten gan Jch wän Jr
hertze sagete die kreffticlichen laidt
da wainet manig frawe vnd menig waydeliche mayd Nach Jr lieben freunden genug hetten ser die
Sy ze Bechlaren gesahen nymmer
mer doch riten Sy mit freuden nider

fol. CXXIra ll. 1–34

Er hÿeſs die Marggrauine eine Lade tragen / ʋoŋ freüntlicħ? gabe / mügt jr hőꝛeŋ ſageŋ / darauσ nam Sÿ zwelf pőge vnd ſpieſɵ iŋ an die hanndt · die ſolt jr von hÿnneŋ füereŋ / in deɵ Etʒeln lannt / Und ſolt durch meineŋ willeŋ / ſy ze hofe tra=gen / Wenn Jr wider wenndet · daʒ maŋ mir müge geſageŋ / wie jr mir ha=bet gedienet / da zu der hochʒeit / deɵ die fraw begerde / ʋil wol layſt Er daσ ſeÿt / Da ſprach der Wirt zu den geſ=ten Jr ſolt deſter ſanffter ʋarŋ / Jch wil euch ſelber laÿten / vnd hayſſen wol bewareŋ / daʒ euch auf der ſtraſ=ſen nÿemanð müge geſchaden / da wurden ſeine Saüme ʋaſt ſchier wol gelaðen / Der Wiert ward wol be=raitet / mit Fünffhünðert man / mit Roſſen ʋnd mit claideŋ / die füe=ret Er mit jm ðann / Vil harte frölich=en zu der hochtʒeit / der ainer mit deŋ leben kam nye ze Bechlaren ſeÿt Mit kuſſe mÿnnekliche der Wirt do ðan=neŋ ſchieð / alſo tet auch Giſelher / alσ Im ſein tugende riet / mit ʋmbeſloſſŋ Armeŋ / Sy traüteteŋ ſchőne weyb / daɵ műſſe ſeyt bewaÿneŋ / ʋil mani=ger junckfraẅen leÿb / Da wurden allennthalben die ʋenſter aufgetaŋ / der Wiert mit ſeineŋ manneŋ zu den Roſſeŋ wolten gan / Jch wän jr hertʒe ſagete die krefftiklichen laiðt · da wainet manig frawe / ʋnð me=

1703 Er hyess die Marggrauine eine Lade tragen
von freuntlicher gabe mügt jr hören sagen
daraus nam Sy zwelf põge vnd spiess im an die hanndt
die solt jr von hynnen füeren in des Etzeln lannt

1704 Und solt durch meinen willen sy ze hofe tragen
Wenn Jr wider wenndet daz man mir müge gesagen
wie jr mir habet gedienet da zu der hochzeit
des die fraw begerde vil wol layst Er das seyt

1705 Da sprach der Wirt zu den gesten Jr solt dester sanffter varn
Jch wil euch selber layten vnd hayssen wol bewaren
daz euch auf der strassen nyemand müge geschaden
da wurden seine Saume vast schier wol geladen

1706 Der Wiert ward wol beraitet mit Funffhundert man
mit Rossen vnd mit claidern die füeret Er mit jm dann
Vil harte frölichen zu der hochtzeit
der ainer mit dem leben kam nye ze Bechlaren seyt

1707 Mit kusse mynnekliche der Wirt do dannen schied
also tet auch Giselher als Im sein tugende riet
mit vmbeslossen Armen Sy trauteten schöne weyb
das muosse seyt bewaynen vil maniger junckfrawen leyb

1708 Da wurden allennthalben die venster aufgetan
der Wiert mit seinen mannen zu den Rossen wolten gan
Jch wän jr hertze sagete die krefftiklichen laidt
da wainet manig frawe vnd menig waydeliche mayd

den Ross sey wolten gan. Seg wan ir
hertze sagete die krefftiklichen laidt.
da wainet manig frawe vnd me
nig waydeliche mayd. Nach jr lie
ben freunden genug hetten sey. die
Sy ze Bechlaren gesahen nymmer
mer doch ryten sy mit freuden nider
vber sant ze tal bey der Tunaw vnz
in das Hunisch lannt. Da sprach
zu den Burgunden der Ritter vel gemait. Rudeger der edle. ja sullen
nicht verdait. westen vnnser ma
re daz wir zun Hunnen komen.
Jm hat der kunig Etzele nye so lie
bes nicht vernomen. Ze tal durch
Osterreiche der pot balde rait. den
leuten allenthalben den ward das
wol gesait. daz die helden komen
von Wurmis vber Rein. des kunigs
ynngesinde kund es nicht lieber
gesein. Die poten fur strichen
mit den maren daz die Nybelunge
zun Hunnen waren. die solt sy wol
emphahen Chrimhilt frawe
mein. die kumen nach grossen
eren. die vil lieben Brueder dein.
Chrimhilt die frawe in ainem
Venster stund. Sy warte nach
den magen. so freundt nach den
freunden tund. von jr vater
Lannde sahe sy manigen man.
der kunig frieschs auch die mare
vor liebe er lachen began. Nu
wol mich meiner freuden also
sprach Chrimhilt. hie bringend
meine mage vil manigen newen

fol. CXXIra ll. 35–67

nig waÿdeliche mayꝺ / Nach jr lie= beŋ freündeŋ genůg hetten ſer · die Sy ze Bechlareŋ geſahen nÿmmer mer / doch rÿten ſy mit freüden nideꝛ vber ſant / ze tal bey der Tůnaw̆ v̈ntʒ in daσ Hüniſch lannt / Da ſprach zu den Burgunden der Ritter vil ge= mait · Rudeger der edle / Ia ſülleŋ / nicht verdait · weſteŋ vnnſer mä= re daʒ wir zun Hüneŋ komeŋ · Jm hat der künig Etʒele nÿe ſo lie= beσ nicht vernomeŋ / Ze tal durch Oſterreiche der pot balꝺe rait / ꝺen leuten allenthalben / den ward daσ wol geſaÿt / daʒ die Helꝺen komeŋ voŋ Wurmſe v̈ber Rein / deσ künigσ ynngeſynnde / kund eσ nicht lieber geſein · Die poten für ſtrichen / mit den mären / daʒ die Nybelunge zun Hüneŋ wären / die ſolt ſy wol emphahen / Chrimhilt Frawe mein / die kumen nach groſſen eren / die vil liebeŋ Brüeder deiŋ · Chrimhilt die frawe in ainē Venſter ſtůnꝺ / Sy ware nach den mageŋ / ſo Freündt nach deŋ Freunꝺen tůnꝺ · voŋ jr vater Lannꝺe ſahe Sÿ manigen maŋ der künig frieſche auch die mäꝛe voꝛ liebe Er lachen began / Nu wol mich meiner freüdeŋ alſo ſprach Chrimhilt / hie bringenꝺ meine mage vil manigeŋ neüeŋ

da wainet manig frawe   vnd menig waydeliche mayd

1709 Nach jr lieben freunden   genuog hetten ser
die Sy ze Bechlaren   gesahen nymmer mer
doch ryten sy mit freuden   nider vber sant
ze tal bey der Tuonaw   v̈ntz in das Hünisch lannt

1710 Da sprach zu den Burgunden   der Ritter vil gemait
Rudeger der edle   Ia süllen nicht verdait
westen vnnser märe   daz wir zun Hünen komen
Jm hat der künig Etzele   nye so liebes nicht vernomen

1711 Ze tal durch Osterreiche   der pot balde rait
den leuten allenthalben   den ward das wol gesayt
daz die Helden komen   von Wurmse v̈ber Rein
des künigs ynngesynnde   kund es nicht lieber gesein

1712 Die poten für strichen   mit den mären
daz die Nybelunge   zun Hünen wären
die solt sy wol emphahen   Chrimhilt Frawe mein
die kumen nach grossen eren   die vil lieben Brüeder dein

1713 Chrimhilt die frawe   in ainem Venster stuond
Sy ware nach den magen   so Freundt nach den Freunden tuond
von jr vater Lannde   sahe Sy manigen man
der künig friesche auch die märe   vor liebe Er lachen began

1714 Nu wol mich meiner freuden   also sprach Chrimhilt
hie bringend meine mage   vil manigen neuen Schilt

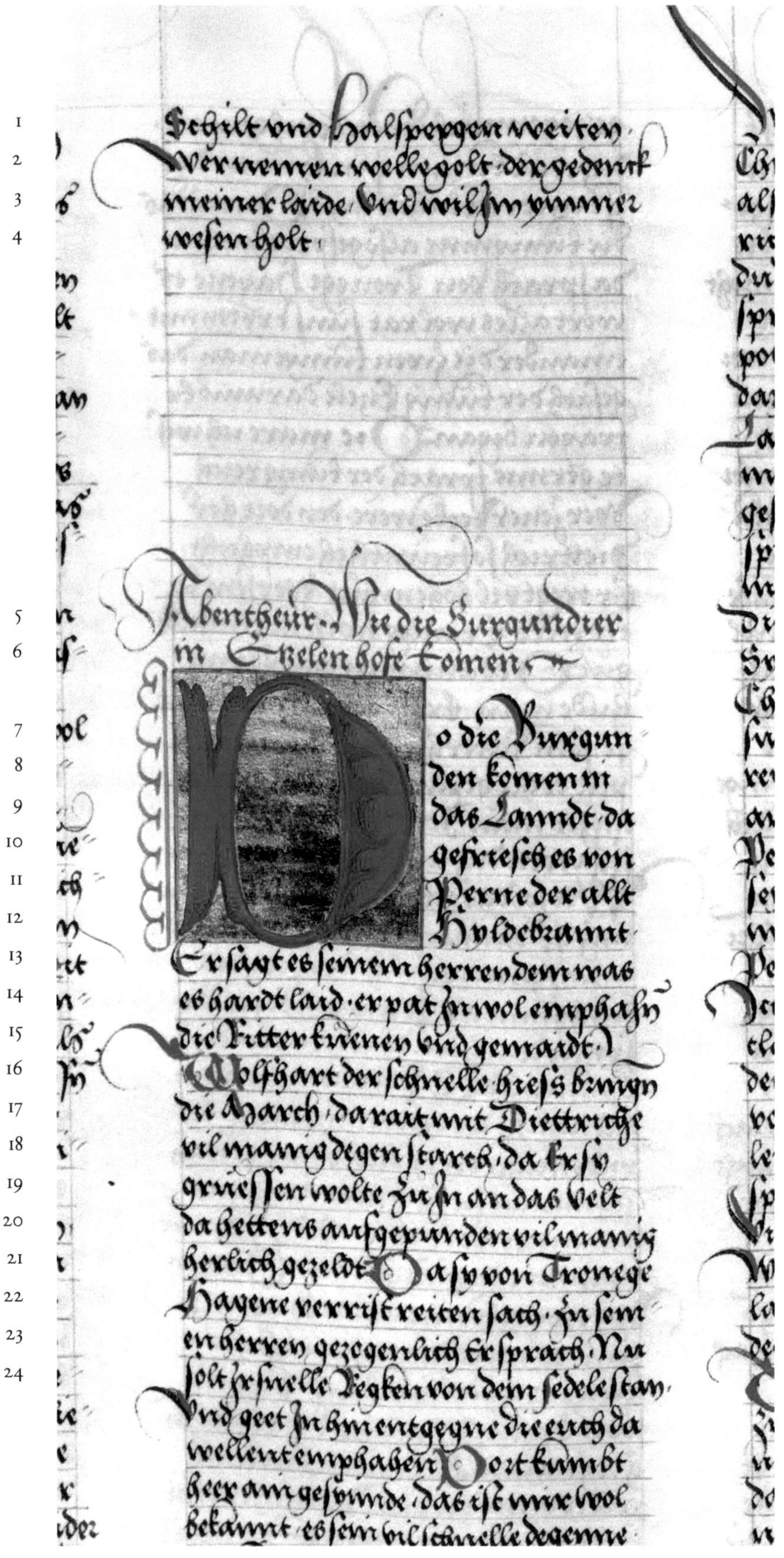

Schilt vnd halspergen weiten
Wer nemen welle golt der gedenk
meiner laide Vnd wil jm ymmer
wesen holt.

Abentheur. Wie die Burgundier
in Etzelen hofe komen.

Do die Burgun
den komen in
das Lanndt da
gefriesch es von
Perne der allt
Hyldebrannt.
Er sagt es seinem herren dem was
es hardt laid. er pat jn wol emphahn
die Ritter kuenen vnd gemaidt.
Wolfhart der schnelle hiess bringn
die March da rait mit Diettriche
vil manig degen starch. da er sy
gruessen wolte zu jn an das velt
da hettens aufgepunden vil manig
herlich gezeldt. Da sy von Tronege
Hagene verrist reiten sach. zu sein
en herren gezogenlich er sprach. Nu
solt jr snelle degen von dem sedele stan.

fol. CXXIrb ll. 1–24

Schilt vnd Halſpergen weiteŋ /
Wer nemen welle golt / der gedenck
meiner laide / ʋnꝺ wil jŋ ymmeꝛ
weſen holt /

hie bringend meine mage vil manigen neuen Schilt
vnd Halspergen weiten Wer nemen welle golt
der gedenck meiner laide vnd wil jm ymmer wesen holt

Abentheur · Wie die Burgundier
in Etʒelen hofe komen

28 Abentheur Wie die Burgundier in Etzelen hofe komen

Do die Burgun=
den komen in
daꝭ Lanndt / da
gefrieſch eꝭ von
Perne der allt
Hyldebꝛannt /
Er ſagt eꝭ ſeinem herreŋ / dem waꝭ
eꝭ hardt laid · er pat jn wol emphaħŋ̄
die Ritter küeneŋ ʋnd gemaidt /
Wolfhart der ſchnelle / hieſs bꝛingŋ̄
die March / da rait mit Diettriche
vil manig degen ſtarch / da Er ſy
grüeſſen wolte zů jn an daꝭ ʋelt
da hettenꝭ aufgepunden vil manig
herlich geʒeldt · Da ſy von Tronege
Hagene verriſt reiten ſach / zu ſein=
en herreŋ geʒogenlich Er ſprach / Nu
ſolt jr ſnelle Regken von dem ſedele ſtaŋ /

1715 **Do** die Burgunden komen in das Lanndt
da gefriesch es von Perne der allt Hyldebrannt
Er sagt es seinem herren dem was es hardt laid
er pat jn wol emphahen die Ritter küenen vnd gemaidt

1716 Wolfhart der schnelle hiess bringen die March
da rait mit Diettriche vil manig degen starch
da Er sy grüessen wolte zuo jn an das velt
da hettens aufgepunden vil manig herlich gezeldt

1717 Da sy von Tronege Hagene verrist reiten sach
zu seinen herren gezogenlich Er sprach
Nu solt jr snelle Regken von dem sedele stan

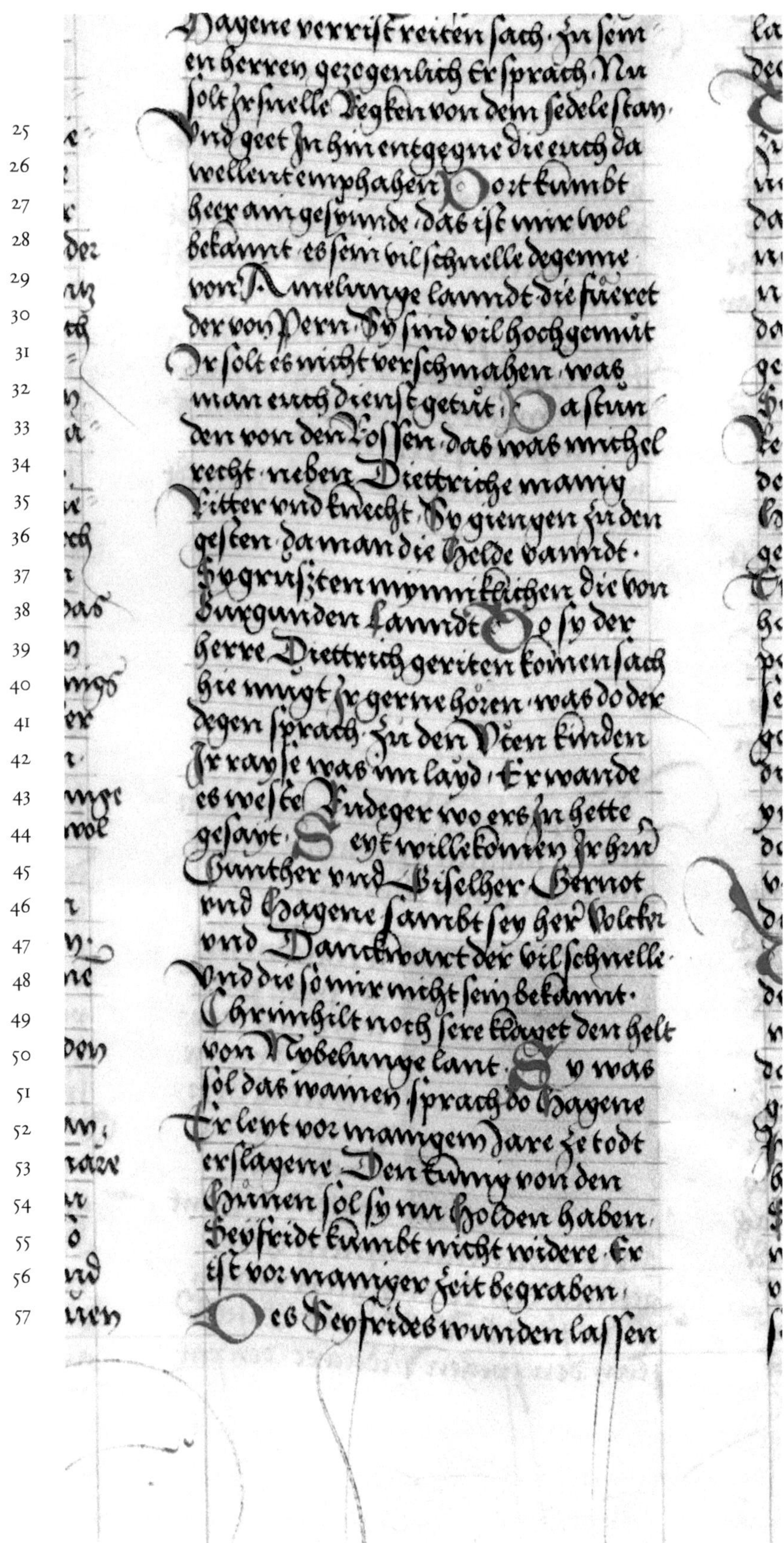

Hagene verrist reiten sach. zu sein
en herren gezogenlich Er sprach. Nu
solt jr snelle degken von dem sedele stan.
Und geet In hin entgegne die euch da
wellent emphahen. Dort kumbt
heer am geswinde. das ist mir wol
bekannt. es sein vil schnelle degenne
von Amelunge lanndt die füeret
der von Pern. Sy sind vil hochgemüt
Jr solt es nicht verschmahen. was
man euch dienst getüt. Da stun
den von den Rossen. das was michel
recht. neben Diettriche manig
Ritter und knecht. Sy giengen zu den
gesten. da man die helde vanndt.
Sy grüszten mynniklichen die von
Burgunden Lanndt. Do sy der
herre Diettrich geriten komen sach
hie mugt jr gerne hören. was do der
degen sprach. zu den Vten kinden
Jr rayse was im layd. Er wande
es weste Rudeger wo ers in hette
gesayt. Seyt willekomen jr herrn
Gunther und Giselher. Gernot
und Hagene sambt sey her Volckr
und Danckwart der vil schnelle.
Und die sö mir nicht sein bekannt.
Chrimhilt noch sere klaget den helt
von Nibelunge lant. Sy was
sol das wainen sprach do Hagene
Er leyt vor manigem jare ze todt
erslagen. Den kunig von den
Hunen sol sy nu holden haben.
Seyfridt kumbt nicht widere. Er
ist vor maniger zeit begraben.
Des Seyfrides wunden lassen

fol. CXXIrb ll. 25–57

Vnd geet jn hin entgegne ꝺie euch ꝺa wellent emphahen / Doꝛt kumbt heer ain geſynnde / das iſt mir wol bekannt / es ſein ʋil ſchnelle degenne / von Amelunge lanndt / die fűeret der voŋ Pern / Sy ſind vil hochgemůt Ir ſolt es nicht verſchmahen / was man euch dienſt getůt / Da ſtün=den von den Roſſen / das was michel recht / neben Diettriche manig Ritter vnd knecht / Sy giengen zu den geſten / da man die Helde vanndt · Sy grůſʒten mÿnniklichen ꝺie ʋon Burgunden Lanndt Do ſy der herr Diettrich geriten komen ſach hie műgt jr gerne hőꝛen / was do der degen ſprach / zů den V̊ten kinꝺen Jr rayſe was im laÿd / Er wande es weſte Rudeger wo ers jn hette geſaÿt / Seyt willekomeŋ jr hꝛnˀ Gunther vnꝺ Giſelher / Gernot vnꝺ Hagene / ſambt ſey herˀ Volckeꝛ vnd Danckwart der ʋil ſchnelle / Vnd die ſo mir nicht ſeiŋ bekannt · Chrimhilt noch ſere klaget den helt von Nybelunge lant / Sy was ſol das waineŋ / ſprach do Hagene Er leyt voꝛ manigeŋ Iare ze todt erſlagene / Den kunig von den Hűnen ſol ſy nu Holden haben / Seÿfridt kumbt nicht widere / Er iſt voꝛ maniger zeit begraben / Des Seyfrides wunden laſſen

Vnd geet jn hin entgegne   die euch da wellent emphahen

1718 Dort kumbt heer ain gesynnde   das ist mir wol bekannt
es sein vil schnelle degenne   von Amelunge lanndt
die füeret der von Pern   Sy sind vil hochgemuot
Ir solt es nicht verschmahen   was man euch dienst getuot

1719 Da stuonden von den Rossen   das was michel recht
neben Diettriche   manig Ritter vnd knecht
Sy giengen zu den gesten   da man die Helde vanndt
Sy gruoszten mynniklichen   die von Burgunden Lanndt

1720 Do sy der herr Diettrich   geriten komen sach
hie mügt jr gerne hören   was do der degen sprach
zuo den Voten kinden   Jr rayse was im layd
Er wande es weste Rudeger   wo ers jn hette gesayt

1721 Seyt willekomen jr herrn   Gunther vnd Giselher
Gernot vnd Hagene   sambt sey herr Volcker
vnd Danckwart der vil schnelle   Vnd die so mir nicht sein bekannt
Chrimhilt noch sere klaget   den helt von Nybelunge lant

1722 Sy was sol das wainen   sprach do Hagene
Er leyt vor manigem Iare   ze todt erslagene
Den kunig von den Hünen   sol sy nu Holden haben
Seyfridt kumbt nicht widere   Er ist vor maniger zeit begraben

1723 Des Seyfrides wunden   lassen Wir nu steen

Wir nu steen· Sol leben die fraw Chrimhilt noch mag schade ergeen· also redet von Perne der herre Dietrich trost der Nibelunge darvor behüet dir dich· Wie sol ich mich behüeten sprach der kunig· herr Etzel vnns poten sande· wes sol ich fragen mer· daz wir zu jr solten reiten in das Lanndt· auch hat vnns menige mare mein Swester Chrimhilt gesant· Ich kan euch wol geraten sprach Hagene· nu pitet euch die mare bas zesagene· den herrenn Diettrichen vnd seine helde gut· daz Sy euch lassen wissen· der frawen Chrimhilden mut· Do giengen sunder sprachen· die drey kunige reich· Gunther vnd Gernot· vnd auch Diettrich· Nu sage vnns von Perne vil edel Ritter gut· Wie dir sey wissende vmb der Chrimhilde mut· Da sprach der Vogt von Perne was sol ich euch mare sagen· Ich höre alle morgen waynen vnd clagen· mit jammerlichen stymmen· des Etzeln weyb· dem reichen got von himel des starchen Seyfrides leib· Es ist doch vnerwendet sprach der küene man· Volcker der Videlare· das wir vernomen han· Wir sullen ze hofe reiten vnd sullen lassen sehen was vnns vil schnellen degen muge zun Hunen geschehen· Die küenen Burgundier hine zu hof riten Sy kamen herlichen nach jr Lanndes siten· da wundert da ze den Hunen vil manigen küenen man· vmb Hagene von Tro

fol. CXXIrc ll. 1–34

Wir nu ſteen / ſol leben die Fraẘ Chrimhilt noch mag ſchad ergeen / alſo redet voŋ Perne der herre Diet=rich / troſt der Nibelűnge dauoꝛ behűet du dich / Wie ſol ich mich behűeten ſprach der kűnig / Herꝛ Etʒel vnns poten ſande / wes ſol jch fragen mer / daʒ wir zů jn ſolten reiten in das Lanndt / auch hat vnns menige märe mein Sweſter Chrimhilt geſant / Ich kan euch wol geratŋ ſprach Hagene / nu pitet euch ꝺie märe bas ze ſagene / den herrenn Diettrichen / vnd ſeine helde gůt / daʒ Sy euch laſſen wiſſen / der frawen Chrimhilꝺen můt / Do giengen ſunder ſprachen / die dreÿ kűnige reich / Gunther / ʋnd Gernot / vnꝺ auch Diettrich / Nu ſage vnns voŋ Perne vil edel Ritter gůt / wie dir ſey wiſſende vmb der Chrimhilꝺe můt / Da ſprach der ʋogt von Perne was ſol ich eüch märe ſagen · Ich hőꝛe alle moꝛgen waÿnen vnꝺ clagen / mit jämmerlichen ſÿnneŋ / des Etʒeln weyb / dem reichen got ʋon himel des ſtarchen Seyfriꝺes leib / Es iſt doch vnerwenndet / ſprach der küene man / Volcker der ʋideläre das wir vernomen han · Wir ſüllen ze hofe reiten vnd ſüllŋ laſſen ſehen was vnns ʋil ſchnellŋ degen műge zun Hűneŋ geſcheheŋ / Die küeneŋ Burgundier hine

1723 Des Seyfrides wunden lassen Wir nu steen
sol leben die Fraw Chrimhilt noch mag schad ergeen
also redet von Perne der herre Dietrich
trost der Nibelunge dauor behüet du dich

1724 Wie sol ich mich behüeten sprach der künig Herr
Etzel vnns poten sande wes sol jch fragen mer
daz wir zuo jn solten reiten in das Lanndt
auch hat vnns menige märe mein Swester Chrimhilt gesant

1725 Ich kan euch wol geraten sprach Hagene
nu pitet euch die märe bas ze sagene
den herrenn Diettrichen vnd seine helde guot
daz Sy euch lassen wissen der frawen Chrimhilden muot

1726 Do giengen sunder sprachen die drey künige reich
Gunther vnd Gernot vnd auch Diettrich
Nu sage vnns von Perne vil edel Ritter guot
wie dir sey wissende vmb der Chrimhilde muot

1727 Da sprach der vogt von Perne was sol ich euch märe sagen
Ich höre alle morgen waynen vnd clagen
mit jämmerlichen synnen des Etzeln weyb
dem reichen got von himel des starchen Seyfrides leib

1728 Es ist doch vnerwenndet sprach der küene man
Volcker der videläre das wir vernomen han
Wir süllen ze hofe reiten vnd süllen lassen sehen
was vnns vil schnellen degen müge zun Hünen geschehen

1729 Die küenen Burgundier hine zu hof riten

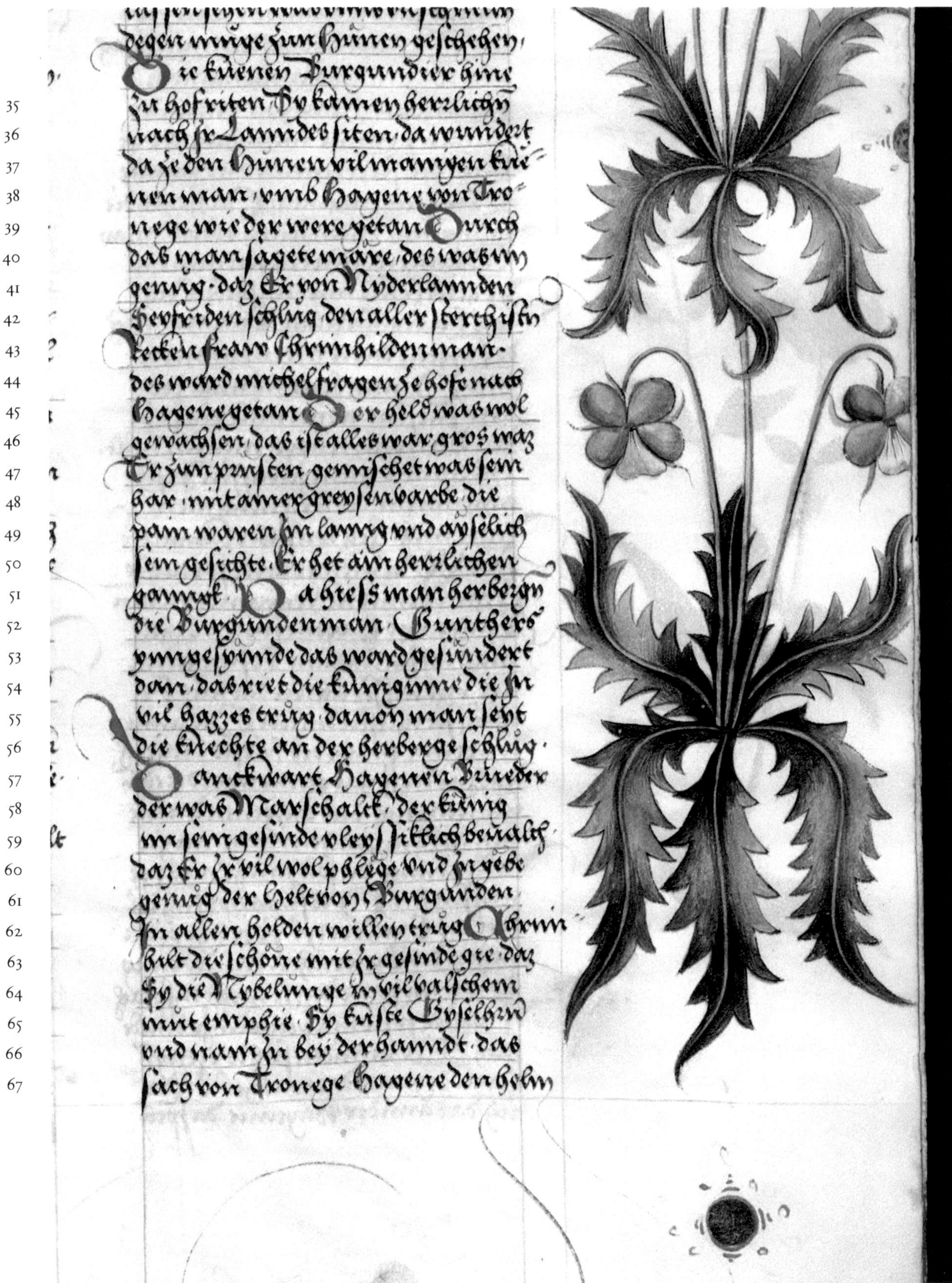

degen mūge zun hunen geschehen.
Die küenen Burgundier hine
zu hof riten Sy kamen herlich
nach ir Lanndes siten da wundert
da ze den Hünen vil manigen küenen man. vmb Hagene von Tronege wie der were getan Durch
das man sagete märe des was im
genüg. daz Er von Nyderlannden
Seyfriden schlüg den aller sterchistn
recken fraw Chrimhilden man.
des ward michel fragen ze hofe nach
Hagene getan Der held was wol
gewachsen das ist alles war gros was
Er zun prüsten gemischet was sein
har mit ainer greysen varbe die
pain waren im lanng vnd ayselich
sein gesichte. Er het ain herlichen
ganng. Da hiess man herbergn
die Burgunden man Gunthers
ynngesynnde das ward gesundert
dan. das riet die küniginne die im
vil hazzes trüg danon man seyt
die knechte an der herberge schlüg.
Danckwart Hagenen Brueder
der was Marschalck. der künig
im sein gesinde vleyssiklich beualch
daz Er in vil wol phlege vnd in gebe
genüg der helt von Burgunden
In allen holden willen trüg Chrimhilt die schöne mit ir gesinde gie. daz
Sy die Nybelunge in valschem
mut emphie. Sy kuste Gyselhern
vnd nam in bey der hanndt. das
sach von Tronege Hagene den helm

fol. CXXIrc ll. 35–67

zu hof riten / Sy kameŋ herꝛlichŋ̄
nach jr Lanndes ſiten / da wundeꝛt
da ze den Hűnen vil manigen kűe=
nen man / vmb Hagene von Tro=
nege wie der were getan Durch
das man ſagete märe / des was iŋ
genůg · daʒ Er von Nÿderlannden
Seyfriden ſchlůg / den aller ſterchiſtŋ̄
Recken Fraw Chrimhilden man ·
des ward michel fragen ze hofe nach
Hagene getan / Der held was wol
gewachſen / das iſt alles war gros waʒ
Er zun pꝛűſten / gemiſchet was ſein
har / mit ainer greyſen ʋarbe / die
pain waren jm lanng / vnd aÿſelich
ſein geſichte / Er het ain herꝛlichen
ganngk / Da hieſs man herbeꝛgŋ̄
die Burgunden man / Gunthers
ynngeſÿnnde das ward geſűndert
dan / das riet die kuniginne die jn
vil haʒʒes trůg / dauoŋ man ſeyt
die knechte an der herberge ſchlůg /
Danckwart Hagenen Bꝛueder
der was Marſchalck / der kűnig
im ſein geſinde vleÿſſiklich beualcŋ̄ /
daʒ Er jr vil wol phlēge / ʋnd jn gēbe
genůg / der Helt voŋ Burgunden /
Jn allen helden willeŋ trůg Chrim=
hilt die ſchőne mit jr geſinde gie / daʒ
Sy die Nybelűnge iŋ vil ʋalſchem
můt emphie / Sy kuſte Gyſelhꝛnꝰ /
vnd nam jn beÿ der hanndt / das
ſach von Tronege Hagene den helŋ

1729 Die küenen Burgundier hine zu hof riten
Sy kamen herrlichen nach jr Lanndes siten
da wundert da ze den Hünen vil manigen küenen man
vmb Hagene von Tronege wie der were getan

1730 Durch das man sagete märe des was im genuog
daz Er von Nyderlannden Seyfriden schluog
den aller sterchisten Recken Fraw Chrimhilden man
des ward michel fragen ze hofe nach Hagene getan

1731 Der held was wol gewachsen das ist alles war
gros waz Er zun prüsten gemischet was sein har
mit ainer greysen varbe die pain waren jm lanng
vnd ayselich sein gesichte Er het ain herrlichen ganngk

1732 Da hiess man herbergen die Burgunden man
Gunthers ynngesynnde das ward gesündert dan
das riet die kuniginne die jn vil hazzes truog
dauon man seyt die knechte an der herberge schluog

1733 Danckwart Hagenen Brueder der was Marschalck
der künig im sein gesinde vleyssiklich beualch
daz Er jr vil wol phlege vnd jn gebe genuog
der Helt von Burgunden Jn allen helden willen truog

1734 Chrimhilt die schöne mit jr gesinde gie
daz Sy die Nybelunge in vil valschem muot emphie
Sy kuste Gyselherrn vnd nam jn bey der hanndt
das sach von Tronege Hagene den helm Er vester gepant

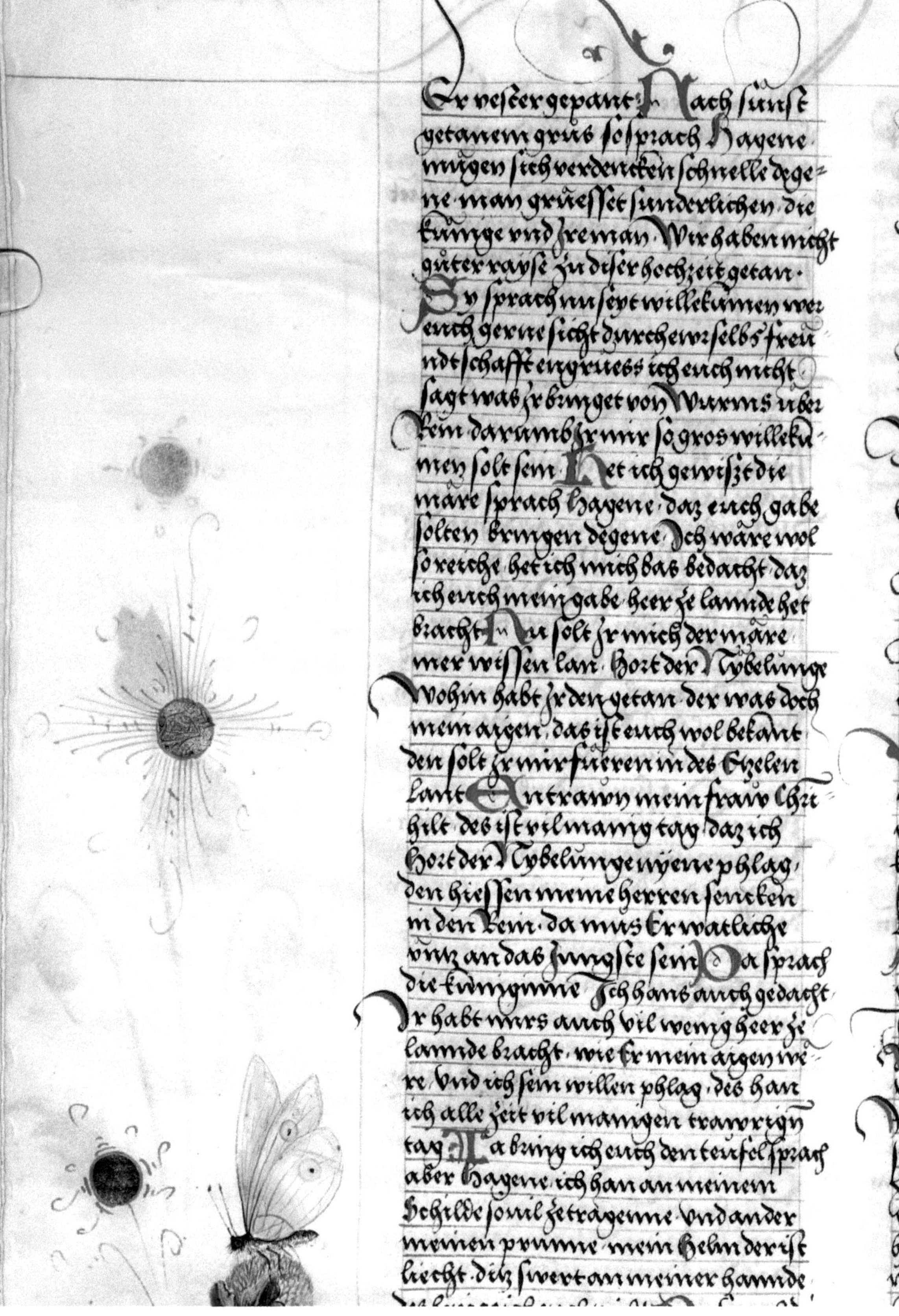

Er vester gepant. Nach sünst
getanem grus so sprach Hagene
mügen sich verdencken schnelle dege=
ne man grüesset sunderlichen die
künige vnd jre man. Wir haben nicht
güter rayse zu diser hochzeit getan.
Sy sprach nu seyt willekumen wer
euch gerne sicht durch ewr selbs freu
ndtschafft ein grüess ich euch nicht
sagt was jr bringet von Wurms über
Rein darumb jr mir so gros willeku=
men solt sein. Het ich gewiszt die
märe sprach Hagene, daz euch gabe
solten bringen degene. Ich wäre wol
so reiche het ich mich bas bedacht daz
ich euch mein gabe heer ze lannde het
bracht. Nu solt jr mich der märe
mer wissen lan. Hort der Nybelunge
Wohin habt jr den getan der was doch
mein aigen, das ist euch wol bekant
den solt jr mir füeren in des Etzelen
lant. En trauwn mein fraw Chri
hilt des ist vil manig tag daz ich
Hort der Nybelunge nyene phlag,
den hiessen meine herren sencken
in den Rein. da mus Er warliche
vntz an das jungste sein. Da sprach
die künigynne Ich hans auch gedacht
Jr habt mirs auch vil wenig heer ze
lannde bracht. wie Er mein aigen wä=
re vnd ich sein willen phlag. des han
ich alle zeit vil manigen trawrigen
tag. Ja bring ich euch den teufel sprach
aber Hagene, ich han an meinem
schilde so vil ze tragenne vnd ander
meinen prünne mein Helm der ist
liecht. ditz swert an meiner hannde

fol. CXXIva ll. 1–34

das sach von Tronege Hagene den helm Er vester gepant

Er veſter gepant / Nach ſűnſt getanem grůs / ſo ſpꝛach Hagene / műgeŋ ſich verdencken ſchnelle dege=ne / maŋ grűeſſet ſunderlicheŋ / die kűnige vnd jre maŋ / Wie haben nicht gůter raÿſe zu diſer hochzeit getan · Sy ſprach nu ſeyt willekumeŋ weꝛ euch gerne ſicht durch ewꝛ ſelbs freű=ndtſchafft engrűess ich euch nicht / ſagt was jr bꝛinget voŋ Wurms űbeꝛ Rein / darumb jr mir ſo gros willeku=meŋ ſolt ſein / Het ich gewiſʒt die mǎre ſprach Hagene / daʒ euch gabe ſolteŋ bringen degene / Ich wǎre wol ſo reiche / het ich mich bas bedacht / daʒ ich euch mein gabe / heer ze lannde het bꝛacht Nu ſolt jr mich der mǎre / mer wiſſen lan / Hoꝛt der Nÿbelűnge Wohin habt jr den getan / der was doch mein aigen / das iſt euch wol bekant / den ſolt jr mir fűeren in des Etʒelen Lant Entraw̃ŋ mein fraw̃ Chꝛī=hilt / des iſt vil manig tag / daʒ ich Hoꝛt der Nybelűnge nÿene phlag / den hieſſen meine herren ſencken in den Rein · da můs Er watliche v̈nʒ an das jungſte ſein Da ſpꝛach die kuniginne / Jch hans auch gedacht / Ir habt mirs auch vil wenig heer ze lannde bꝛacht / wie Er mein aigeŋ wě=re / vnd ich ſein willen phlag / des han ich alle zeit vil manigen trawrigŋ tag / Ja bꝛing ich euch den teűfel / ſpꝛach aber Hagene / ich han an meinem

1735 Nach sünst getanem gruos so sprach Hagene
mügen sich verdencken schnelle degene
man grüesset sunderlichen die künige vnd jre man
Wie haben nicht guoter rayse zu diser hochzeit getan

1736 Sy sprach nu seyt willekumen wer euch gerne sicht
durch ewr selbs freundtschafft engrüess ich euch nicht
sagt was jr bringet von Wurms über Rein
darumb jr mir so gros willekumen solt sein

1737 Het ich gewiszt die märe sprach Hagene
daz euch gabe solten bringen degene
Ich wäre wol so reiche het ich mich bas bedacht
daz ich euch mein gabe heer ze lannde het bracht

1738 Nu solt jr mich der märe mer wissen lan
Hort der Nybelunge Wohin habt jr den getan
der was doch mein aigen das ist euch wol bekant
den solt jr mir füeren in des Etzelen Lant

1739 Entrawn mein fraw Chrimhilt des ist vil manig tag
daz ich Hort der Nybelunge nyene phlag
den hiessen meine herren sencken in den Rein
da muos Er watliche v̈ntz an das jungste sein

1740 Da sprach die kuniginne Jch hans auch gedacht
Ir habt mirs auch vil wenig heer ze lannde bracht
wie Er mein aigen were vnd ich sein willen phlag
des han ich alle zeit vil manigen trawrigen tag

1741 Ja bring ich euch den teufel sprach aber Hagene
ich han an meinem Schilde souil ze tragenne

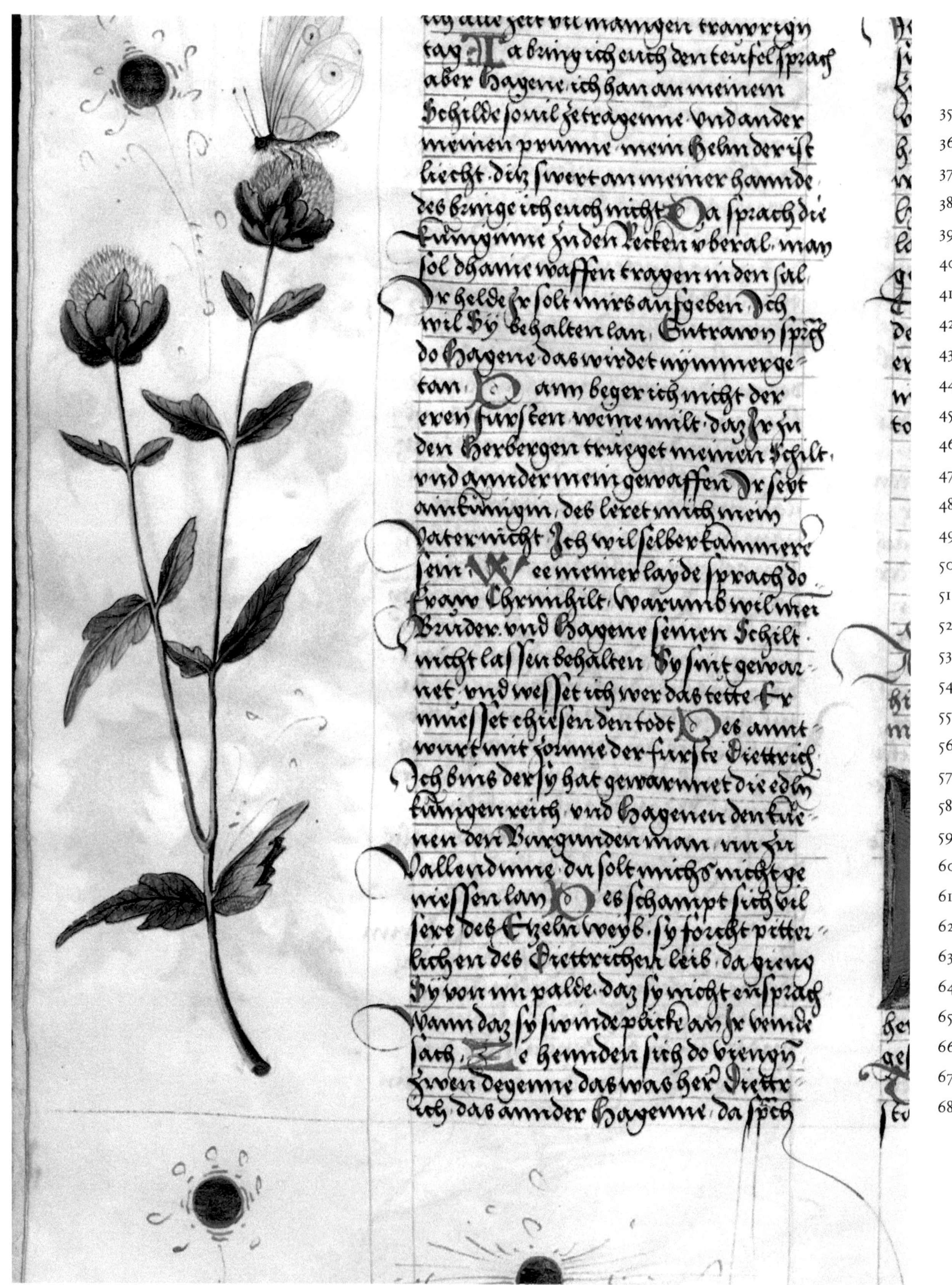

ing alle zeit vil mangen trawrigen
tag. Da bring ich euch den teufel sprach
aber Hagene ich han an meinem
Schillde so vil getragenne vnd ander
meinen prunne mein Helm der ist
liecht. diz swert an meiner hannde
des bringe ich euch nicht. Da sprach die
kunigynne zu den recken vberal. man
sol dhainne waffen tragen in den sal
Jr helde jr solt mirs aufgeben. Jch
wil sy behalten lan. Entrawen sprach
do Hagene das wirdet nymmer getan. Dann beger ich nicht der
eren fursten weinne milt. daz jr zu
den herbergen trueget meinen schilt.
vnd annder mein gewaffen. Jr seyt
ain kunigin. des leret mich mein
vater nicht. Jch wil selber kammerer
sein. Wee meiner layde sprach do
fraw Chreimhilt. warumb wil mein
Bruder. vnd Hagene seinen Schilt
nicht lassen behalten. Sy sint gewarnet. vnd west ich wer das tette Er
muesset chiesen den todt. Des anntwurt mit zorne der furste Diettrich
Jch bins der sy hat gewarnnet die edlen
kunigen reich. vnd Hagenen den kuenen den Burgunden man. vn zu
vallendinne. du solt michs nicht geniessen lan. Des schampt sich vil
sere des Etzeln weyb. sy forcht pitterlichen des Diettrichen leib. da gieng
sy von im palde. daz sy nicht ensprach
wann daz sy swinde plicke an jr veinde
sach. Ze hennden sich do viengen
zwen degenne das was her Diettrich das annder Hagenne. da sprach

fol. CXXIva ll. 35–68

Schilꝺe ſouil ze tragenne / ʋnd an der meinen prunne / mein Helm der iſt liecht / diꜩ ſwert an meiner hannde / deꜱ bꝛinge ich euch nicht · Da ſpꝛach die küniginne zu den Recken v̈beral / maŋ ſol dhaine waffen tragen in den ſal / Ir helꝺe jr ſolt mirꜱ aufgeben / Ich wil Sÿ behalten lan / Entrawŋ ſpꝛ̃cꜧ do Hagene / daꜱ wirdet nÿmmer ge=tan / Danŋ beger ich nicht der eren Fürſten / weine milt / daʒ jr zu den Herbergen trüeget meinen Scꜧilt / vnd annder mein gewaffen / Ir ſeyt ain künigin / deꜱ leret mich meiŋ Vater nicht / jch wil ſelber kammereꝰ ſein / Wee meiner laÿde ſprach do / Fraw Chrimhilt / warumb wil meĩ Brůder / vnꝺ Hagene ſeinen Schilt / nicht laſſen behalten / Sy ſint gewaꝛ=net / vnꝺ weſſet ich wer daꜱ tëtte Er müeſſet chieſen den todt / Deꜱ annt=wurt mit zoꝛnne der Fürſte Diettricꜧ / Ich binꜱ der ſy hat gewarnnet die edlŋ̃ künigen reich / vnd Hagenen den küe=nen den Burgunden man / nu zu Vallendinne / du ſolt michꜱ nicht ge nieſſen laŋ / Deꜱ ſchampt ſich ʋil ſere deꜱ Etʒeln weÿb / ſy foꝛcht pitteꝛ=lichen deꜱ Diettrichen leib / da gieng Sÿ von im palꝺe / daʒ ſy nicht enſpꝛacꜧ / Wann daʒ ſy ſwinde plicke aŋ jr ʋeinde ſach / Ze hennden ſich do ʋiengŋ̃ / zwen degenne daꜱ waꜱ herꝰ Diettr=ich / daꜱ annder Hagenne / da ſp̃ch

ich han an meinem Schilde   souil ze tragenne
vnd an der meinen prunne   mein Helm der ist liecht
ditz swert an meiner hannde   des bringe ich euch nicht

1742 Da sprach die küniginne   zu den Recken v̈beral
man sol dhaine waffen   tragen in den sal
Ir helde jr solt mirs aufgeben   Ich wil Sy behalten lan
Entrawn sprach do Hagene   das wirdet nymmer getan

1743 Dann beger ich nicht der eren   Fürsten weine milt
daz jr zu den Herbergen   trüeget meinen Schilt
vnd annder mein gewaffen   Ir seyt ain künigin
des leret mich mein Vater nicht   jch wil selber kammerere sein

1744 Wee meiner layde   sprach do Fraw Chrimhilt
warumb wil mein Bruoder   vnd Hagene seinen Schilt
nicht lassen behalten   Sy sint gewarnet
vnd wesset ich wer das tette   Er müesset chiesen den todt

1745 Des anntwurt mit zornne   der Fürste Diettrich
Ich bins der sy hat gewarnnet   die edlen künigen reich
vnd Hagenen den küenen   den Burgunden man
nu zu Vallendinne   du solt michs nicht geniessen lan

1746 Des schampt sich vil sere   des Etzeln weyb
sy forcht pitterlichen   des Diettrichen leib
da gieng Sy von im palde   daz sy nicht ensprach
Wann daz sy swinde plicke   an jr veinde sach

1747 Ze hennden sich do viengen   zwen degenne
das was herr Diettrich   das annder Hagenne
da sprach getzogennlich   der Recke vil gemait

fol. CXXIvb ll. 1–34

getʒogennlich ∂er Recke ʋil gemait /
daʒ wăr kumen zŭn Hŭnen / daσ
iſt mir wĕrlichen laÿ∂ Durch ∂aσ
∂ie kŭniginne alſo geſprochen hat /
da ſprach ʋon Tronege Hagene / eσ
wirt alleʙ wol rat / ſŭnſt ryteŋ mit=
einan∂er die zwen kŭnige maŋ / daσ
geſach der kŭnig Etʒele / darumb Er
fragen began / Die măre ich wiſ=
te gernne / ſprach der kŭnig reich
Wer jener Recke wĕre / deŋ doꝛt her?
Diettrich ſo freŭntlich emphecht /
Er tregt vil hohen mů̊t / wer ſein ʋa=
ter wĕre / Er mag wol ſein ein hel∂e /
gů̊t · Deʙ antwurt ain Chrim=
hil∂e man / Er iſt gepoꝛŋ voŋ Trone=
ge / ſein Vater hieſσ Aldꝛian / wie
plid er hie gepare / er iſt ain grÿm=
miger man / Ich laſʙ euch daʙ wol
ſchawĕn / daʒ ich gelogen nÿene ɧaŋ
Wie ſol daʙ erkenneŋ / ∂aʒ Er ſo grim=
mig iſt / dannoch Er nÿene wiſʒte ʋil
manigen argeŋ liſt / deŋ ſeyt die
kuniginne an jr mageŋ begie / daʒ
ſy mit dem leben dhaÿnen voŋ deŋ
Hŭneŋ lie / Wol erkannt ich deŋ
Aldꝛianeŋ der waʙ mein man / lob
vnd michel ere er hie beÿ mir gewaŋ ·
Jch machet jn ze Ritter / ʋnd gab
Im mein golt / Helche die getrewĕ
waʙ im ynniklichen holt / Dauoŋ
Ich wol erkenne allen Hageneŋ
ſint / eʙ wurden meine Giſel /
zwaÿ waÿdeliche kin∂ / Er vn∂

da sprach getzogennlich der Recke vil gemait
daz wär kumen zun Hünen das ist mir werlichen layd

1748 Durch das die küniginne also gesprochen hat
da sprach von Tronege Hagene es wirt alles wol rat
sünst ryten miteinander die zwen künige man
das gesach der künig Etzele darumb Er fragen began

1749 Die märe ich wiste gernne sprach der künig reich
Wer jener Recke were den dort herr Diettrich
so freuntlich emphecht Er tregt vil hohen muot
wer sein vater were Er mag wol sein ein helde guot

1750 Des antwurt ain Chrimhilde man
Er ist geporn von Tronege sein Vater hiess Aldrian
wie plid er hie gepare er ist ain grym miger man
Ich lass euch das wol schawen daz ich gelogen nyene han

1751 Wie sol das erkennen daz Er so grimmig ist
dannoch Er nyene wiszte vil manigen argen list
den seyt die kuniginne an jr magen begie
daz sy mit dem leben dhaynen von den Hünen lie

1752 Wol erkannt ich den Aldrianen der was mein man
lob vnd michel ere er hie bey mir gewan
Jch machet jn ze Ritter vnd gab Im mein golt
Helche die getrewe was im ynniklichen holt

1753 Dauon Ich wol erkenne allen Hagenen sint
es wurden meine Gisel zway waydeliche kind
Er vnd von Span Walther die wuochsen hie ze man

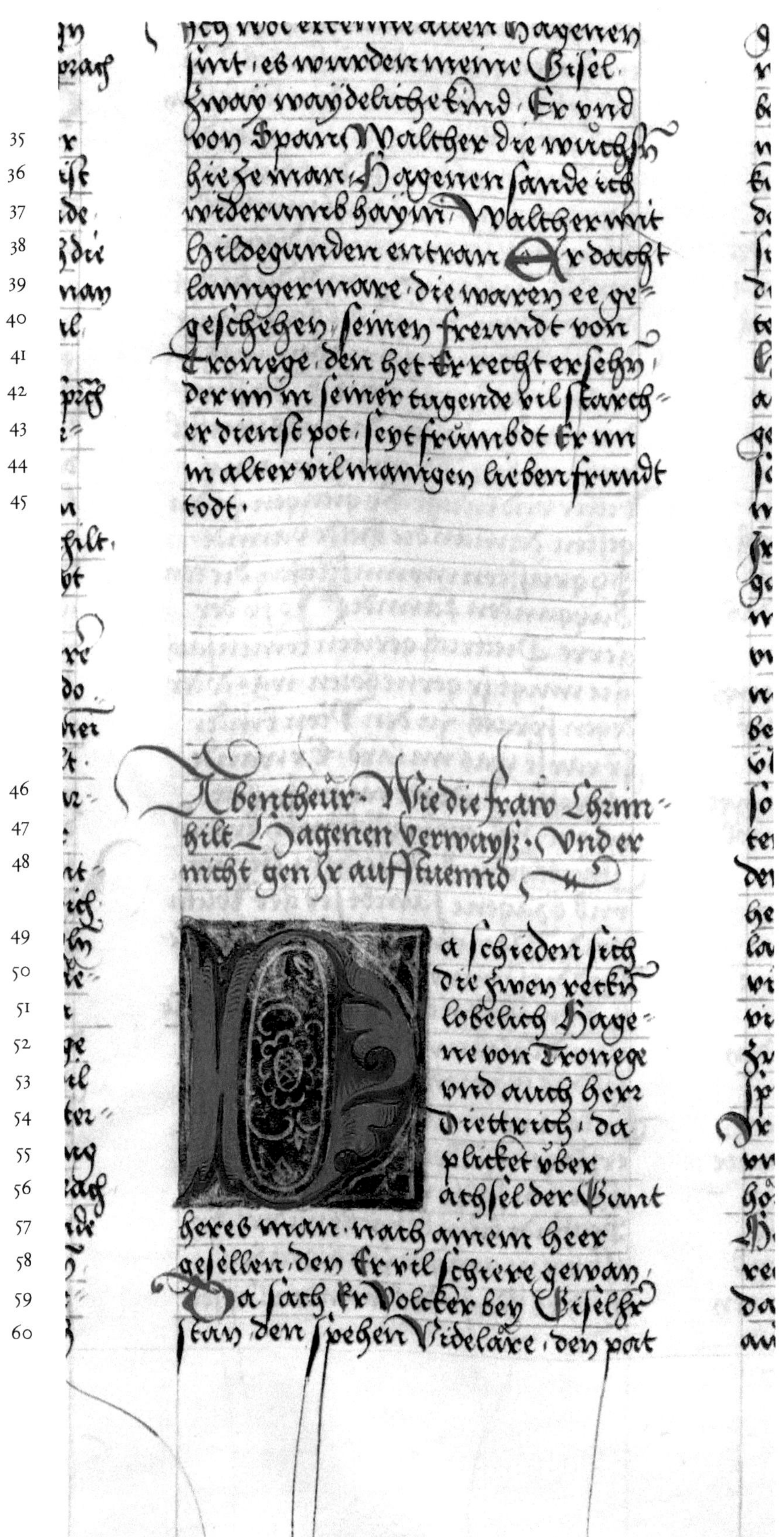
ich wol erkenne allen Hagenen
sint. es wurden meine Gisel
frawn waydelichte kind. Er und
von Spain Walther die wichgsch
hie ze man. Hagenen sande ich
widerumb haym. Walther mit
Hildegunden entran. Er dacht
lannger mare. die waren ee ge
geschehen. seinen freundt von
Troneye. den het er recht ersehen.
der im in seiner tugende vil starch
er dienst pot. seyt frumbdt er im
in alter vil manigen lieben freundt
todt.

Abentheür. Wie die fraw Chrim
hilt Hagenen verwaysz. Und er
nicht gen ir auffstuend

Da schieden sich
die zwen rechte
lobelich Hage
ne von Troneye
und auch herr
Dietreich. da
plicket über
achsel der Gunt
heres man. nach ainem heer
gesellen. den er vil schiere gewan.
Da sach er Volcker bey Giselher
stan den spehen Videlaere. den pat

fol. CXXIvb ll. 35–60

voŋ Span Walther ∂ie wůchſŋ̄ hie ze man / Hagenen ſan∂e ich widerumb haÿm / Walther mit Hildegun∂en entran / Er dacht lannger mare / die wareŋ ee ge=geſcheheŋ / ſeineŋ Freundt von Tronege / den het Er recht erſehŋ̄ / der iŋ in ſeiner tugende vil ſtarch=er dienſt pot / ſeyt frümbdt Er im in alter vil manigeŋ lieben frun∂t todt ·	Er vnd von Span Walther die wuochsen hie ze man Hagenen sande ich widerumb haym Walther mit Hildegunden entran 1754 Er dacht lannger mare die waren ee ge geschehen seinen Freundt von Tronege den het Er recht ersehen der im in seiner tugende vil starcher dienst pot seyt frumbdt Er im in alter vil manigen lieben frundt todt
Abentheŭr · Wie die Fraw̆ Chꝛim=hilt Hagenen ʋerwayſʒ · Vnd er nicht gen jr aufftuennd	29 Abentheur Wie die Fraw Chrimhilt Hagenen verwaysz Vnd er nicht gen jr aufstuennd
Da ſchieden ſich die zweŋ reckŋ̄ lobelich Hage=ne von Tronege vnd auch herꝛ Diettrich / da plicket v̊ber achſel der Gunthereꝺ man / nach ainem Heer geſellen / deŋ Er vil ſchiere gewaŋ /	1755 Da schieden sich die zwen recken lobelich Hagene von Tronege vnd auch herr Diettrich da plicket v̈ber achsel der Guntheres man nach ainem Heer gesellen den Er vil schiere gewan
Da ſach Er Volcker bey Giſelħr? ſtaŋ / den ſpehen Videläre / deŋ pat	1756 Da sach Er Volcker bey Giselherr stan den spehen Videläre den pat Er mit Jm zu gan

Er mit im zu gan. Wann er vil
wol erkannte seinen grymmen
mute. Er was an allen tugenden
ain Ritter küen und gut. Noch
liessen sy die herren auf dem hofe
stan. Nun sy zwen allaine sach
man dannen gan uber den hofe vil
verre. für ain Palas weyt. die ausserwelten degenne vorchten nyem-
and' nit. Sy gesässen vor dem
hawse gegen ainem sal. der was
Chrimhilde auf ain panck zetal.
da leuchtet in von ir liebe ir herzlich
gewannt. genuge die sy sahen sy
hetten d' gerne bekannt. Als sam
tyer die wilden wurden gekoppet
an. die ubermuten helde von den
hunen man. Sy ersach auch durch
ain venster des Etzeln weyb. der
ward aber betruebet der schönen
Chrimhilden leib. Der manet sy ir
laide. waynen sy began. des het michl
wunder des Etzeln man. was ir so
schiere beswaret het iren hohen mut.
Sy sprach das hat Hagene getan
ir helden küen und gut. Sy sprachen
zu der frawen wie ist das geschehen.
wann wir euch neulich haben fro
gesehen. nye nyemand ward so küe
ne ders euch hat getan. haysset irs
uns rechen. es sol im an sein leben
gan. Das wolt ich ymmer dienen
wo ir rechet meine layd. alles des er
begerte des war ich im berait. Ich peute
mich euch zunfüessen. sprach des
künnges weyb. rechet mich an Hagene
daz er verliese den leyb. Da beraiteten
sich gar balde Sechtzig küener man.

fol. CXXIvc ll. 1–34

Er mit Jm zu gaŋ / Wann Er vil wol erkannte / ſeineŋ grÿmmeŋ můte / Er was an allen tugendeŋ / aiŋ Ritter kűen ʋnd gůt / Noch lieſſen Sy die herꝛen auf dem hofe ſtan / Nun ſy zwene allaine ſach man danneŋ gan / v̈ber den hofe ʋil verre / für ain Palas weÿt / die auſ=ſerwelten degenne / ʋoꝛchten nÿem=anꝺs nit / Sy geſaſſen voꝛ dem hawſe gegen ainem ſal / der was Chrimhilde auf ain / panck ze tal / da leuchtet jn von jr liebe ir herꝛlich gewannt / genůge / die ſy ſaheŋ / ſy hettens gernne bekannt · Alſſaŋ tÿer die wilꝺen wurdeŋ gekapphet aŋ / die v̈bermůteŋ helꝺe voŋ den Hűneŋ man · Sy erſach auch duꝛch ain Venſter / des Etʒelŋ weyb / des ward aber betrűebet ꝺer ſchöneŋ Chrimhilꝺen leib / Es manet ſy jr laide / waÿnen ſÿ began / des het micħl wunder des Etʒeln man / was jr ſo ſchiere beſwäret het jren hohen můt / Sÿ ſprach / das hat Hagene getaŋ Ir helden kűeŋ / ʋnd gůt / Sy ſprachn̄ zu der Frawen wie iſt das geſchehen / wann wir euch neu̇lich habeŋ fro geſeheŋ / nÿe nÿemanꝺ ward ſo kűe=ne ders euch hat getan / haÿſſet jrs vnns recheŋ / es ſol im an ſein leben gan Das wolt jch ÿmmer dieneŋ wo jr rechet meine layd / alles des Er begerte / des wär ich Im berait / Jch peu̇te

den spehen Videläre den pat Er mit Jm zu gan
Wann Er vil wol erkannte seinen grymmen muote
Er was an allen tugenden ain Ritter küen vnd guot

1757 Noch liessen Sy die herren auf dem hofe stan
Nun sy zwene allaine sach man dannen gan
v̈ber den hofe vil verre für ain Palas weyt
die ausserwelten degenne vorchten nyemands nit

1758 Sy gesassen vor dem hawse gegen ainem sal
der was Chrimhilde auf ain panck ze tal
da leuchtet jn von jr liebe ir herrlich gewannt
genuoge die sy sahen sy hettens gernne bekannt

1759 Alssam tyer die wilden wurden gekapphet an
die v̈bermuoten helde von den Hünen man
Sy ersach auch durch ain Venster des Etzeln weyb
des ward aber betrüebet der schönen Chrimhilden leib

1760 Es manet sy jr laide waynen sy began
des het michl wunder des Etzeln man
was jr so schiere beswäret het jren hohen muot
Sy sprach das hat Hagene getan Ir helden küen vnd guot

1761 Sy sprachen zu der Frawen wie ist das geschehen
wann wir euch neulich haben fro gesehen
nye nyemand ward so küene ders euch hat getan
haysset jrs vnns rechen es sol im an sein leben gan

1762 Das wolt jch ymmer dienen wo jr rechet meine layd
alles des Er begerte des wär ich Im berait
Jch peute mich euch zun Füessen sprach des küniges weyb

wo jr rechet meine layd. alles des Er
begerte des wär ich jm berait. Ich peute
mitch euch zu füre ssen. sprach des
kuniges weyb. rechet mich an Hagene
daz Er verliese den leyb. Da beraitetn
sich gar balde Sechtzig küener man.
durch Chrimhilden willen. sy wol
ten hynne gan. vnd wolten slahn
Hagenen den vil küenen man Und
auch den Videlare das ward mit rate
getan. Da die kunigynne jr schar
so klaine sach. in ainem grymmen
müte Sy zu den helden sprach. des
jr da habt gedingen. des solt jr abe
gan. Ja durfft jr so ringe nym
mer Hagenen bestan Wie starch
vnd küene von Tronege Hagene sey
noch ist verre küener der im da sitzet
bey. Volker der Videlare der ist ain
übel man. Ja sült jr die helde nicht
so leichte bestan. Da sy das gehor
ten, da darnte sy jr mare. Vierhun
dert sneller Recken. die kunigynne
her. was des vil genote. daz sy jn tetn
layd. davon ward seyt der degenen.
vil michel sorgen berait. Da sy
vil wol gewaffent daz jr gesinde sach.
zu den schnellen Recken die kunigynne
sprach. Nu peytet ain weyle ja solt
jr stille stan. Ich wil vnnder Crone
vnnder meine veinde gan Und
höret vetweyse was mir hat getan
Hagene von Tronege der Gunthe
res man. Ich waiss jn so übermüth
daz Er mir laugent nicht. so ist mir
auch vnmäre was jm darumbe ge

fol. CXXIvc ll. 35–68

mich euch zun Fűeſſeŋ / ſprach deʚ kűnigeʚ weÿb / rechet mich aŋ Hagene daʒ Er verlieſe den leÿb · Da beraitetŋ̄ ſich gar balꝺe Sechtʒigk kűener maŋ / durch Chrimhilꝺeŋ willeŋ / ſy wol= ten hynne gan / ỽnd wolten ſlahŋ̄ Hageneŋ deŋ ỽil kűeneŋ maŋ / Vnꝺ auch den Videläre / daʚ ward mit rate getan Da die kűniginne Ir ſchaꝛ ſo klaine ſach / iŋ ainem grÿmmeŋ můte Sy zu den Helden ſpꝛach · deʚ jr da habt gedingeŋ / deʚ ſolt jr abe gan / Ia dűrfft jr ſo ringe nÿm= mer Hagenen beſtan / Wie ſtaꝛch vnd kűene von Tronege Hagene ſeÿ / noch iſt verre kűener / der Im da ſitʒet beÿ / Volker der Videläre der iſt aiŋ v̈bel man / Ja ſűlt jr die Helde nicht ſo leichte beſtan / Da ſÿ daʚ gehoꝛ= ten / da daurte ſy jr märe / Vierhun= dert ſneller Recken · die kuniginne her · waʚ deʚ ỽil genőte / daʒ ſy jŋ tetŋ̄ layd / dauoŋ ward ſeyt der degenen / vil michel ſoꝛgen berait / Da ſÿ vil wol gewaffent daʒ Ir geſinde ſach · zu den ſchnellen Recken die kűnigine ſprach / Nu peÿtet ein weÿle ja ſolt Ir ſtille ſtan / Ich wil vnnder Crone vnnder meine ỽeinde gan Und hőꝛet yetweÿſe waʚ mir hat getaŋ Hagene voŋ Tronege · der Gunthe= reʚ man / Ich waÿſs jn ſo ỽbermůtŋ̄ daʒ Er mir laugent nicht / ſo iſt miꝛ auch ỽnmäre waσ jm darumbe ge=

Jch peute mich euch zun Füessen sprach des küniges weyb
rechet mich an Hagene daz Er verliese den leyb

1763 Da beraiteten sich gar balde Sechtzigk küener man
durch Chrimhilden willen sy wolten hynne gan
vnd wolten slahen Hagenen den vil küenen man
Vnd auch den Videläre das ward mit rate getan

1764 Da die küniginne Ir schar so klaine sach
in ainem grymmen muote Sy zu den Helden sprach
des jr da habt gedingen des solt jr abe gan
Ia dürfft jr so ringe nymmer Hagenen bestan

1765 Wie starch vnd küene von Tronege Hagene sey
noch ist verre küener der Im da sitzet bey
Volker der Videläre der ist ain v̈bel man
Ja sült jr die Helde nicht so leichte bestan

1766 Da sy das gehorten da daurte sy jr märe
Vierhundert sneller Recken die kuniginne her
was des vil genöte daz sy jn teten layd
dauon ward seyt der degenen vil michel sorgen berait

1767 Da sy vil wol gewaffent daz Ir gesinde sach
zu den schnellen Recken die künigine sprach
Nu peytet ein weyle ja solt Ir stille stan
Ich wil vnnder Crone vnnder meine veinde gan

1768 Und höret yetweyse was mir hat getan
Hagene von Tronege der Guntheres man
Ich wayss jn so v̈bermuoten daz Er mir laugent nicht
so ist mir auch vnmäre was jm darumbe geschicht

schicht Da sach der Videlare ein
küener Spileman die edlen kunigin
ab ainer stiegen gan. nider ab ainem
hawse. als Er das gesach Volcker der vil
küene zu seinem heergesellen sprach
Nu schawet freundt Hagene wo
Sy dört heer gat. die vnns åne trew
in das lannd geladet hat. nie gesach
mit kuniges weyb. nie so manigen
man. die schwert in hennden trugen
als streytlichen gan. Wisset ir freunt
Hagene ob sy euch sein gehass. so wil
ich euch das raten. Ir huetet dester bas
des leibes vnd der eren. Ja dunckt es mich
güt. als ich mich versynne. so sint vil
zornigs gemüt. Vnd auch sumeliche
zun prusten also weyt. Wer sein selbs
hüte der thüe das enzeit. Ich wäne
wafur sy den liechten prunne tragn
Wen sy damit maynen das kan ich
nyemannd gesagen. Da sprach
in zornigem müte Hagene der küe
ne man. Ich wayss wol daz es alles
ist auf mich getan. daz sy die liechtn
waffen tragent an der hant. Vor den
mocht ich noch gereiten in der Burgun
den lant. Nu sagt mir freundt Vol
ker ob ir mir welt gestan. vnd wellet
mit mir streyten die Chrimhilde
man. das lasset mich hören als lieb
als ich euch sey. Ich wone euch ym
mermere mit trewen dienstlichen
bey. Ich hilffe euch sicherlichen so
sprach der Spilman. ob ich vnns
hie begegene sähen kunig gan mit
allen seinen Recken. die weyle ich lebn
müs. so entweich ich euch durch
forchte aus hilffe nymmer ainen
füss. Nu lon euch got von himele

fol. CXXIIra ll. 1–34

so ist mir auch vnmäre was jm darumbe geschicht

ſchicht / Da ſach der Videläre ein
kűener Spileman / die edleŋ kűnigiŋ
ab ainer ſtiegen gan / nider ab aineŋ
hawſe / alɞ Er daɞ geſach / Volcker der ʋil
kűene zu ſeinem heer geſellen ſprach
Nu ſchawet Frewndt Hagene wo
Sy dőꝛt heer gat / die vnnɞ ăne trew̃
in daɞ lannd geladet hat · me geſach
mit kűnigeɞ weyb / nie ſo manigen
man / die ſchwert in hennden trůgen /
alɞ ſtreyttlichen gan / Wiſſet jr freũt
Hagene / ob ſy euch ſein gehaſɞ / ſo wil
ich euch daɞ raten Ir hűetet deſterbaσ /
deɞ leibeɞ vnd der eren Ja duncket eσ micħ
gůt / alɞ ich mich ʋerſynne / ſy ſint ʋil
zoꝛnigσ gemůt Und auch ſumelicħ
zun pruſten alſo weẏ̈t · wer ſeinſelbσ
Hůte der thűe daɞ enʒeit / Ich wăne
wafur ſy den liechten prŭnne tragŋ̄
Wen ſy damit maẏ̈neŋ daɞ kaŋ Ich
nẏ̈emannd geſagen / Da ſprach
in zoꝛŋnigem můte Hagene der kűe=
ne man / Ich waẏ̈ſɞ wol daʒ eɞ alleɞ
iſt auf mich getan / daʒ ſy die liechtŋ̄
waffen tragent an der hant · Voꝛ den
mőcht ich noch gereiten · in der Burgun=
den lant / Nu ſagt mir Frew̃ndt Vol=
ker ob jr mir welt geſtan · vnd wellet
mit mir ſtreẏ̈ten die Chrimhilꝺe
man / daɞ laſſet mich hőꝛen / alɞ lieb
alɞ ich euch ſeẏ̈ / Ich wone euch ym=
mermere mit treweŋ dienſtlicheŋ
beẏ̈ · Ich hilffe euch ſicherlicheŋ ſo
ſprach der Spilman / ob ich vnnσ

1769 Da sach der Videläre ein küener Spileman
die edlen künigin ab ainer stiegen gan
nider ab ainem hawse als Er das gesach
Volcker der vil küene zu seinem heer gesellen sprach

1770 Nu schawet Frewndt Hagene wo Sy dört heer gat
die vnns ane trew in das lannd geladet hat
me gesach mit küniges weyb nie so manigen man
die schwert in hennden truogen als streyttlichen gan

1771 Wisset jr freunt Hagene ob sy euch sein gehass
so wil ich euch das raten Ir hüetet desterbas
des leibes vnd der eren Ja duncket es mich guot
als ich mich versynne sy sint vil zornigs gemuot

1772 Und auch sumelich zun prusten also weyt
wer seinselbs Huote der thüe das enzeit
Ich wäne wafur sy den liechten prunne tragen
Wen sy damit maynen das kan Ich nyemannd gesagen

1773 Da sprach in zornnigem muote Hagene der küene man
Ich wayss wol daz es alles ist auf mich getan
daz sy die liechten waffen tragent an der hant
Vor den möcht ich noch gereiten in der Burgunden lant

1774 Nu sagt mir Frewndt Volker ob jr mir welt gestan
vnd wellet mit mir streyten die Chrimhilde man
das lasset mich hören als lieb als ich euch sey
Ich wone euch ymmermere mit trewen dienstlichen bey

1775 Ich hilffe euch sicherlichen so sprach der Spilman
ob ich vnns hie begegene sahen künig gan

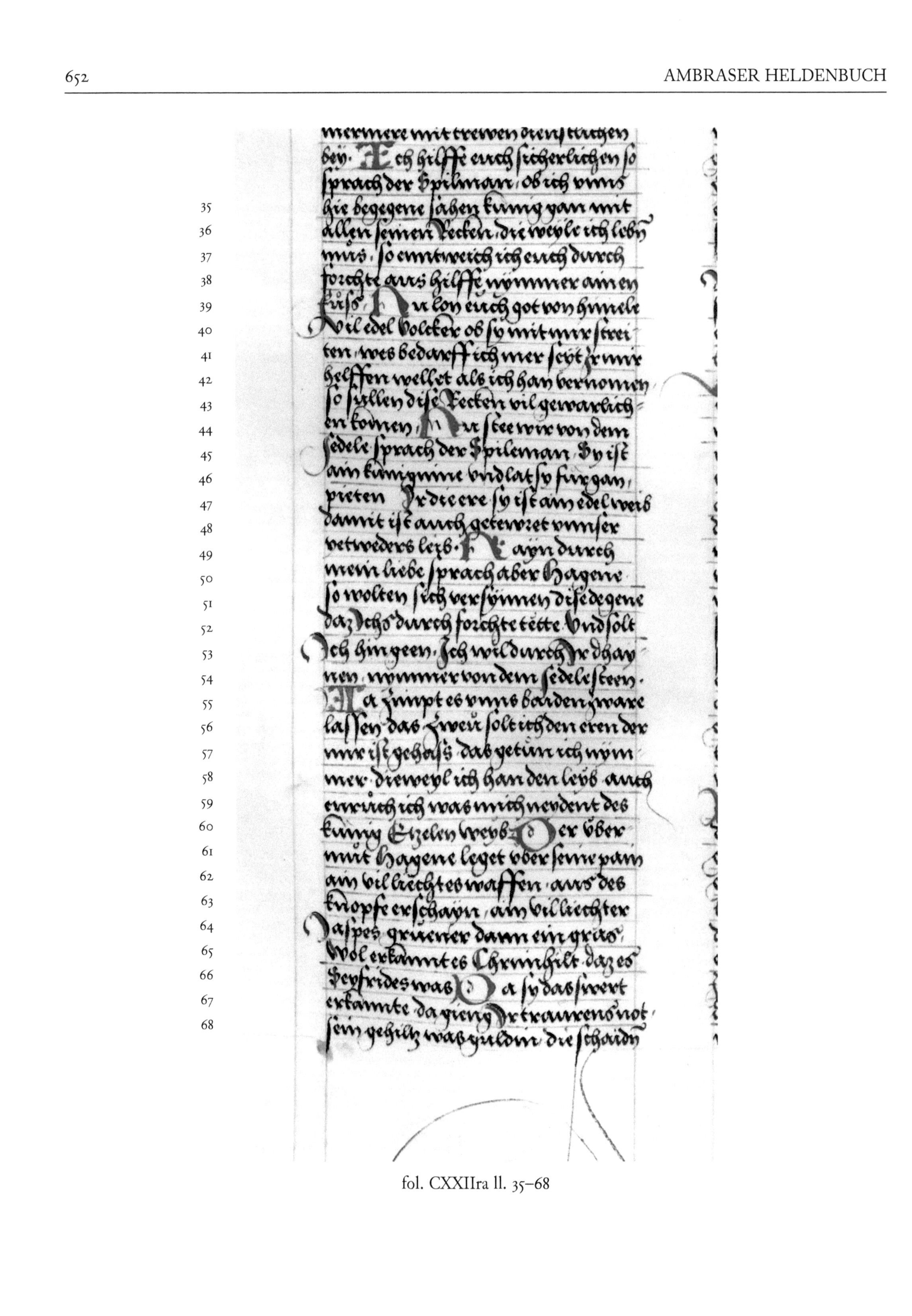

fol. CXXIIra ll. 35–68

hie begegene ſahen künig gan mit allen ſeinen Recken / die weÿle ich lebŋ̄ mûs / ſo enntweich ich euch durch foꝛchte aus Hilffe nÿmmer aineŋ Fůſσ / Nu loŋ eüch got voŋ himele Vil edel ʋolcker ob ſy mit mir ſtrei=ten / weɞ bedarff ich mer ſeÿt jr mir helffen wellet alɞ ich haŋ ʋernomeŋ / ſo ſulleŋ diſe Recken vil gewarlich=en komeŋ / Nu ſtee wir voŋ ∂em ſedele / ſprach der Spileman / Sy iſt aiŋ kuniginne / ʋnd lat ſy für gaŋ / pieten Ir die ere / ſy iſt aiŋ edel weib damit iſt auch getewꝛet vnnſer yetwedereɞ leib · Naÿn durch mein liebe ſprach aber Hagene / ſo wolteŋ ſich verſÿnneŋ diſe degene daʒ Ichσ durch foꝛchte tëtte / ʋnd ſolt Ich hin geeŋ / Jch wil durch Ir ∂haÿ=neŋ / nÿmmer von dem ſedele ſteeŋ · Ia zimpt eɞ vnnɞ baiden zware laſſeŋ daɞ / zweü ſolt ich den eren der mir iſt gehaſs / daɞ getůn ich nÿm=mer / dieweyl ich han den leÿb / auch enrůch ich waɞ mich neydent deɞ künig Etʒeleŋ weÿb / Der ʋ̈ber=mût Hagene leget ʋ̈ber ſeine paiŋ aiŋ ʋil liechteɞ waffen / auσ deɞ knopfe erſchaÿn / aiŋ ʋil liechter Iaſpes / grüener dann ein graσ / wol erkannt eɞ Chrimhilt / ∂aʒ eσ Seyfrides waɞ / Da ſy daɞ ſwert erkannte / da gieng Ir traürenσ not / ſeiŋ gehilʒ waɞ guldin / die ſchaidŋ̄

ob ich vnns hie begegene   sahen künig gan
mit allen seinen Recken   die weyle ich leben muos
so enntweich ich euch durch forchte   aus Hilffe nymmer ainen Fuoss

1776 Nu lon euch got von himele   Vil edel volcker
ob sy mit mir streiten   wes bedarff ich mer
seyt jr mir helffen wellet   als ich han vernomen
so sullen dise Recken   vil gewarlichen komen

1777 Nu stee wir von dem sedele   sprach der Spileman
Sy ist ain kuniginne   vnd lat sy für gan
pieten Ir die ere   sy ist ain edel weib
damit ist auch getewret   vnnser yetweders leib

1778 Nayn durch mein liebe   sprach aber Hagene
so wolten sich versynnen   dise degene
daz Ichs durch forchte tette   vnd solt Ich hin geen
Jch wil durch Ir dhaynen   nymmer von dem sedele steen

1779 Ia zimpt es vnns baiden   zware lassen das
zweu solt ich den eren   der mir ist gehass
das getuon ich nymmer   dieweyl ich han den leyb
auch enruoch ich was mich neydent   des künig Etzelen weyb

1780 Der übermuot Hagene   leget über seine pain
ain vil liechtes waffen   aus des knopfe erschayn
ain vil liechter Iaspes   grüener dann ein gras
wol erkannt es Chrimhilt   daz es Seyfrides was

1781 Da sy das swert erkannte   da gieng Ir traurens not
sein gehiltz was guldin   die schaiden porten rot

porten rot. Es manet sy Jr layde
wainen sy began. Jch wane es het
darumbe der küene Hagene getan.
Volcker der schnelle zoch nacher
auf der panck einen videlpogen
starchen, vil michel und lanngk
geleiche ainem schwerte. vil scharffe
und prait. da sassen unerochtsam
die zwen degene gemait. Nu dauch
ten sich so here die zwen küene man,
daz sy nicht enwolten von dem sedele
stan. durch nyemands vorchte. des
gieng in an den fuess die edle künigine
und pot in veintlichen gruess. Sy
sprach nu sagt her Hagene. wer
hat nach euch gesant daz Jr getor
stet reyten heer in ditz lant. und Jr
das wol erkantet was Jr mir habt
getan. het Jr güte synne Jr solt es
billich lan. Nach mir sande nye
mand sprach do Hagene man la
det heer Jr lannde drey degenne die
hayssent meine herren. so bin ich Jr
man. dhainer hofrayse bin ich Jr
selten bestan. Sy sprach nu sagt
mir mare. zwen tet Jr das. daz Jr
das habt verdienet daz ich euch bin
gehass. Jr slüget Seyfriden den mei
nen lieben man, des ich untz an mein
ende ymmer genug ze wainen han.
Er sprach was sol das märe. der
rede ist nu genug. Jch bin es aber Ha
gene der Seyfriden schlug den helt
ze seinen hannden. wie sere Er des
entgalt daz die fraw Chrimhilt die
schönen Praunhilden schalt. Es
ist et ane sorgen künigine reich
Jch han es alles schulde des schaden
schadelich nu reches wer du welle

fol. CXXIIrb ll. 1–34

poꝛteŋ rot / Eϐ manet ſy Jr laÿde / waÿneŋ ſy began / Ich wäne es het darumbe der kűene Hagene getaŋ / Uolcker der ſchnelle zoch nacheꝛ auf der panck eineŋ Videlpogen ſtarcheŋ / vil michel vnd lanngk / geleiche aineŋ ſchwerte / ʋil ſchaꝛffe vnd prait · da ſaſſeŋ ʋnuoꝛchtſaŋ die zwen degene gemait / Nu dauch= ten ſich ſo here / die zwen kűene maŋ / daʒ ſy nicht enwolten voŋ dem ſedele ſtan · durch nÿemandσ foꝛchte / deσ gie jn an den Fueſs / die edle kűnigiñe vnd pot jn veintlichen grůσ · Sÿ ſprach nu ſagt herꝰ Hagene / Wer hat nach euch geſant / daʒ Ir getoꝛ= ſtet reyten heer iŋ ditʒ lant / ʋnd jr daϐ wol erkantet / waϐ jr mir habt getaŋ / Het Ir gůte ſynne / Ir ſolt eσ billich lan / Nach mir ſande nÿe= mand / ſprach do Hagene / maŋ la= det heer ze Lannde dreÿ degenne / die haÿſſent meine herren / ſo biŋ ich jr man / dhainer hofraÿſe biŋ ich jr ſelten beſtan Sy ſprach nu ſagt mir mǟre zweu tet jr daϐ / daʒ jr daϐ habt verdienet daʒ ich euch bin gehaſσ / Ir ſlůget Seyfꝛiden den mei= nen lieben maŋ / deϐ ich v̈ntʒ aŋ meiŋ ende ymmer genůg ze waÿneŋ haŋ · Der ſprach waϐ ſol daϐ mǟre / deꝛ rede iſt nu genůg / Ich bin eϐ aber Ha= gene der Seyfriden ſchlůg / den helt ze ſeinen hannden / wie ſere Er deϐ

sein gehiltz was guldin die schaiden porten rot
Es manet sy Jr layde waynen sy began
Ich wäne es het darumbe der küene Hagene getan

1782 Uolcker der schnelle zoch nacher auf der panck
einen Videlpogen starchen vil michel vnd lanngk
geleiche ainem schwerte vil scharffe vnd prait
da sassen vnuorchtsam die zwen degene gemait

1783 Nu dauchten sich so here die zwen küene man
daz sy nicht enwolten von dem sedele stan
durch nyemands forchte des gie jn an den Fuess
die edle küniginne vnd pot jn veintlichen gruos

1784 Sy sprach nu sagt herr Hagene Wer hat nach euch gesant
daz Ir getorstet reyten heer in ditz lant
vnd jr das wol erkantet was jr mir habt getan
Het Ir guote synne Ir solt es billich lan

1785 Nach mir sande nyemand sprach do Hagene
man ladet heer ze Lannde drey degenne
die hayssent meine herren so bin ich jr man
dhainer hofrayse bin ich jr selten bestan

1786 Sy sprach nu sagt mir märe zweu tet jr das
daz jr das habt verdienet daz ich euch bin gehass
Ir sluoget Seyfriden den meinen lieben man
des ich ÿntz an mein ende ymmer genuog ze waynen han

1787 Der sprach was sol das märe der rede ist nu genuog
Ich bin es aber Hagene der Seyfriden schluog
den helt ze seinen hannden wie sere Er des entgalt

fol. CXXIIrb ll. 35–68

entgalt / daʒ die fraw Chrimhilt die ſchőnen Praŭnhilꝺeŋ ſchalt Eσ iſt et ane ſoꝛgeŋ kuniginne reich Ich haŋ eϐ alleϐ ſchulde deϐ ſchadeŋ ſchadelich nu recheϐ wer da welle eϐ ſey weib oder maŋ / Ich wolte daŋ̄ liegen / ich han euch laÿdeϐ ʋil getaŋ / Sy ſpꝛach daϐ hőꝛet jr Recken / wann Er mir lauget nicht / aller meiner laide / waϐ im dauon geſch= icht / daϐ iſt mir ʋil ʋnmäre Ir Etʒel maŋ die ʋ̈bermůten degenne / aiŋ= annder ſaheŋ ſy aŋ Wer den ſtreit da hůbe / ſo wer da geſcheheŋ / daʒ maŋ den zwayen geſellen der ereŋ můſſe iehen / Wann ſys in ſtür= men hetten vil ꝺick wol getan / deσ ſich jene vermaſſeŋ / durch foꝛcht ſy daϐ můſten laŋ / Da ſprach aine der Recken / weϐ ſecht jr mich an / daʒ ich Ee da lobte deϐ wil ich abe= gan / durch nÿemanꝺσ gabe ver= lieſeŋ meineŋ leib / Ja wil vnnϐ verlaiten deϐ künig Etʒelŋ weÿb / Da ſprach dabey aiŋ annder deſſelben han ich můt / der mir gebe aiŋ Turŋ vol voŋ roteŋ golꝺe gůt / diſeŋ Videlere wolt ich nicht beſtaŋ / durch ſein gſwinde plicke die ich aŋ Im geſeheŋ haŋ / Auch erkenne ich Hageneŋ / voŋ ſeineŋ jungen tageŋ / deϐ mag maŋ ʋon ꝺem Recken leichte mir geſageŋ / in zwenundzwaintʒigk ſtürm

den helt ze seinen hannden   wie sere Er des entgalt
daz die fraw Chrimhilt   die schönen Praunhilden schalt

1788 Es ist et ane sorgen   kuniginne reich
Ich han es alles schulde   des schaden schadelich
nu reches wer da welle   es sey weib oder man
Ich wolte dann liegen   ich han euch laydes vil getan

1789 Sy sprach das höret jr Recken   wann Er mir lauget nicht
aller meiner laide   was im dauon geschicht
das ist mir vil vnmäre   Ir Etzel man
die vbermuoten degenne   ainannder sahen sy an

1790 Wer den streit da huobe   so wer da geschehen
daz man den zwayen gesellen   der eren muosse iehen
Wann sys in stürmen hetten   vil dick wol getan
des sich jene vermassen   durch forcht sy das muosten lan

1791 Da sprach aine der Recken   wes secht jr mich an
daz ich Ee da lobte   des wil ich abegan
durch nyemands gabe   verliesen meinen leib
Ja wil vnns verlaiten   des künig Etzeln weyb

1792 Da sprach dabey ain annder   desselben han ich muot
der mir gebe ain Turn   vol von rotem golde guot
disen Videlere   wolt ich nicht bestan
durch sein gswinde plicke   die ich an Im gesehen han

1793 Auch erkenne ich Hagenen   von seinen jungen tagen
des mag man von dem Recken   leichte mir gesagen
in zwenundzwaintzigk stürm   han Jch jn gesehen

han ich jn gesehen · da vil mani
ger frawen ist laid geschehen Er
vnd der von Spane die traten manigen strich · da sy hie bey Etzelen vach
ten manig went zun eren dem künige des ist vil geschehen · darumb
muß man Hagenen der eren billich
iehen Dannoch was der Recke sein
er jaren ain kindt · das do die tumben
waren · wie greys die nu sint · Nu
ist Er komen zun witzen · vnd ist
ain grymmig man · auch tregt
Er palmungen das Er vil übele ge
wan Damit was geschaiden
daz nyemand danne strait · da
ward der künigynne hertzen lich
laid · die helden kerten dannen
Da vorchten sy den todt · von dem fide
lare des gieng jn sicherlichen not
Da sprach der fidelere wir
haben das wol gesehen · daz wir hie
veinde vinden · als wir Es horten
iehen · Wir süllen zu den künigen
hin ze hofe gan · so getar vnnsere
herren mit streite nyemand bestan
Wie dick ain man durch vorcht
manige ding verlat · Wo also freunt
bey freunden freuntlichen stat ·
Vnd hat Er gute synne daz er es
mayne nit · schade vil maniges
mannes wirt von den seinen wol
behüt Nu wil ich euch volgen
sprach do Hagene · sy giengen da
sy funden die zieren degenne in
grossem emphange an dem hofe
stan · Volcher der vil küene laute
sprechen began Zu den seinen
herren · Wie lanng welt jr sitzen
daz jr euch lasset trieyen Ir solt jr

fol. CXXIIrc ll. 1–34

haŋ Jch jn geſeheŋ · da vil mani=
ger fraweŋ iſt laid geſchehŋ Er
vnd der voŋ Spane / die trateŋ ma=
nigen ſtich / da ſy hie bey Etʒelen vach=
teŋ manig weyt zuŋ eren dem kü=
nige des iſt vil geſchehen / ꝺarumb
můſs man Hageneŋ der ereŋ billichŋ
iehen / Dannoch was der Recke ſein=
er jaren ain kinꝺt / das do die tumbeŋ
wareŋ / wie greÿs die nu ſint / Nu
iſt Er komen zun witʒeŋ / vnd iſt
aiŋ grÿmmig man / auch tregt
Er palmüngeŋ / das Er vil v̊bele ge=
wan / Damit was geſchaiden
daʒ nÿemanꝺ danne ſtrait / da
ward der küniginne hertʒenlichŋ̄
laiꝺ · die Helden keerteŋ ꝺanneŋ /
Ia voꝛchten ſy den todt / voŋ deŋ Fide=
lare des gieng jn ſicherlichen not /
Da ſprach der Fidelere / wir
haben das wol geſehen / daʒ wir hie
veinde vinden / als wir Ee hoꝛten
iehen · Wir ſüllen zu den künigeŋ
hin ze hofe gan / ſo getar vnnſere
herren mit ſtreite nÿemanꝺ beſtaŋ /
Wie dick aiŋ man durch voꝛcht
manige ding verlat / wo alſo freunt
bey freünden freüntlichen ſtat ·
Vnd hat Er gůte ſynne / daʒ er es
mayne tůt / ſchade / vil maniges
mannes wirt voŋ deŋ ſeineŋ wol
behůt / Nu wil ich euch volgen /
ſprach do Hagene / ſy giengen da
ſy funden die ziereŋ degenne iŋ

in zwenundzwaintzigk stürm han Jch jn gesehen
da vil maniger frawen ist laid geschehn

1794 Er vnd der von Spane die traten manigen stich
da sy hie bey Etzelen vachten manig weyt
zun eren dem künige des ist vil geschehen
darumb muoss man Hagenen der eren billich iehen

1795 Dannoch was der Recke seiner jaren ain kindt
das do die tumben waren wie greys die nu sint
Nu ist Er komen zun witzen vnd ist ain grymmig man
auch tregt Er palmungen das Er vil v̈bele gewan

1796 Damit was geschaiden daz nyemand danne strait
da ward der küniginne hertzenlichen laid
die Helden keerten dannen Ia vorchten sy den todt
von dem Fidelare des gieng jn sicherlichen not

1797 Da sprach der Fidelere wir haben das wol gesehen
daz wir hie veinde vinden als wir Ee horten iehen
Wir süllen zu den künigen hin ze hofe gan
so getar vnnsere herren mit streite nyemand bestan

1798 Wie dick ain man durch vorcht manige ding verlat
wo also freunt bey freunden freuntlichen stat
Vnd hat Er guote synne daz er es mayne tuot
schade vil maniges mannes wirt von den seinen wol behuot

1799 Nu wil ich euch volgen sprach do Hagene
sy giengen da sy funden die zieren degenne
in grossem emphange an dem hofe stan

degen · Nu wil ich euch volgen ·
sprach do Hagene · sy giengen da
sy funden die zieren degenne in
grossem empfannge an dem hofe
stan · Volckher der vil küene laute
sprechen began · Zu den seinen
herren · Wie lanng welt jr sitzen ·
daz jr euch lasset triegen · Jr solt ze
hofe gan · vnd höret an dem künige
wie der sey gemuet · da sach man
sich gesellen die helden küen vnd guet ·
Der fürst von Perne der nam
an die hanndt Gunther den vil
reichen von Burgunden lant ·
Irenfridt nam Gernoten den vil
küenen man · da sach man Rudegeren ze hofe mit Giselherren
gan · Wie yemannd sich gesellete ·
vnd auch ze hofe gie · Volckher
vnd Hagene die geschieden sich
nye · wann in ainem Sturme
an jr endes zeit · das müsten edl
frawen bewainen größlichen seit ·
Da sach man mit den künigen
hin ze hofe gan · Jr edles yngesinde
tausent küener man · darüber
sechtzig recken · die waren mit jn
komen · die het in seinem Lannde der
küene Hagene genomen · Hawart
vnd auch Iringk zwen außerwelte
man · die sach man geselliklichen
bey den künigen gan · Danckhwart
vnd auch Wolfhart ain tewrlicher
degen · die sach man wol jr tugende
vor den anndern phlegen · Da der
Vogt von Rine in den Palas gie · Etzele
der reiche das lennger nicht enlie

fol. CXXIIrc ll. 35–68

groſſem emphange an ꝺem hofe ſtan / Volckher der vil küene laute ſprechen began / Zu den ſeineŋ herreŋ / Wie lanng welt jr ſitʒen / daʒ jr euch laſſet triegen / Jr ſolt ze hofe gan / Vnd hoꝛet an dem künige wie der ſeÿ gemůt / da ſach maŋ ſich geſelleŋ die Helꝺen küen ʋnꝺ gůt / Der Fürſt von Perne / der naŋ an die hanndt / Gunther den ʋil reicheŋ voŋ Burgunden lant / Jrenfridt nam Gernoten den ʋil küenen man / da ſach man Rude=geren ze Hofe mit Giſelherren gan / Wie yemannd ſich geſellete / vnd auch ze hofe gie / Volckher vnd Hagene / die geſchiedeŋ ſich nÿe / waŋ in aineŋ Sturme aŋ jr endes zeit / das můſten edl Frawen bewaineŋ gröſʒlichŋ ſeit / Da ſach maŋ mit deŋ künigeŋ hin ze hofe gan / Ir edles ynngeſinde Tauſent küener maŋ / daruber ſechtʒig Recken / die waren mit jn komeŋ / die het in ſeinem Lannde deꝛ küene Hagene genomen / Hawaꝛt vnd auch jringk zwen auſſerwelte man / die ſach man geſelliklichen beÿ den künigen gan / Danckhwaꝛt vnd auch Wolfhart ain tewꝛlicher degen · die ſach man wol jr tugende voꝛ den annderŋ phlegeŋ · Da der Vogt voŋ jne in den Palas gie · Etʒele der reiche das lennger nicht enlie

in grossem emphange an dem hofe stan
Volckher der vil küene laute sprechen began

1800 Zu den seinen herren Wie lanng welt jr sitzen
daz jr euch lasset triegen Jr solt ze hofe gan
Vnd höret an dem künige wie der sey gemuot
da sach man sich gesellen die Helden küen vnd guot

1801 Der Fürst von Perne der nam an die hanndt
Gunther den vil reichen von Burgunden lant
Jrenfridt nam Gernoten den vil küenen man
da sach man Rudegeren ze Hofe mit Giselherren gan

1802 Wie yemannd sich gesellete vnd auch ze hofe gie
Volckher vnd Hagene die geschieden sich nye
wann in ainem Sturme an jr endes zeit
das muosten edl Frawen bewainen gröszlichen seit

1803 Da sach man mit den künigen hin ze hofe gan
Ir edles ynngesinde Tausent küener man
daruber sechtzig Recken die waren mit jn komen
die het in seinem Lannde der küene Hagene genomen

1804 Hawart vnd auch jringk zwen ausserwelte man
die sach man gesselliklichen bey den künigen gan
Danckhwart vnd auch Wolfhart ain tewrlicher degen
die sach man wol jr tugende vor den anndern phlegen

1805 Da der Vogt von jne in den Palas gie
Etzele der reiche das lennger nicht enlie

Er sprang von seinem sedele als er sy kumen sach · ain gruss so recht schone von kunige mere nie geschach · Seyt willekumen herr Gunther vnd auch herr Gernot · vnd Ewr Brueder herr Giselher · mein dienst ich euch empot · mit trewen willeklichen ze Wurms über Rein · vnd alles das gesynnde das sol mir willekomen sein · Nu seyt vnns gros willekumen Jr zwen degenne Volker der vil kuene · vnd auch herr Hagene mir vnd meiner frawen heer in ditz lannd Sy hat euch poten manige hin ze Reyne gesant · Da sprach von Tronege des han ich vil vernomen · Wer ich durch mein herren zun hunen heer nicht komen so wer ich euch zun eeren geriten in das lanndt · da nam der Wiert vil edele die liebenn geste bey der hanndt · Er prachte sy zum Sedele da Er vor selbe sass · da schenckt man den gesten mit vleiss tet man das in weyten goldes schalen · Met moras vnd wein · vnd patellenden gros willekomen sein Da sprach der kunig Etzele des wil ich euch veriehen mir kunde in diser weyle lieber nicht geschehen denn auch an euch helden daz Jr mir seyt kumen des ist der kuniginne vil michel trawren benomen Mich wundert des ymmer wunder was ich euch habe getan · so manigen gast vil edle den ich gewunnen han, daz Jr nie geruchet kumen in meine lant · daz ich euch nu gesehen han das ist zun freuden mir gewant · Des antwurt Rudeger ain Ritter hoch gemut Jr mugt

fol. CXXIIva ll. 1–34

Er ſpranng von ſeinem ſedele / alɞ Er jn kumen ſach · aiŋ grůɞ ſo recht ſchŏne / von kűnige mere nie geſchach · Seӱ̈t willekumen herꝛ Gunther / vnd auch herꝛ Gernot / vnꝺ Ewꝛ Bꝛueder herꝛ Giſelherꝛ / meiŋ dienſt ich euch empot / mit trewen williklichen ze wurmσ v̈ber Rein / vnꝺ alleɞ daɞ geſynnde daɞ ſol mir wille=komen ſein · Nu ſeӱ̈t vnnɞ groσ willekumeŋ Jr zwen degenne / Volckeꝛ der ʋil kűene / vnd auch herꝰ Hagene mir vnd meiner Fraw̃eŋ heer iŋ diʒ lannd / Sy hat euch poten manige hiŋ ze Reyne geſant · Da ſprach von Tronege deɞ han ich vil vernomeŋ / Wěr ich durch mein herreŋ zun Hű=neŋ heer nicht komen / ſo wer ich euch zun Eeren geriteŋ iŋ daɞ lanndt / da nam der Wiert vil edele die liebenn geſte bey der hanndt / Er prachte ſy zum Sedele da Er voꝛ ſelbe ſaſs / da ſchenckt maŋ den geſten mit vleiɞσ tet man daɞ / iŋ weyten golꝺeɞ ſchalen / Met maraɞ vnd wein / vnd pat ellenden groσ willekomeŋ ſein / Da ſprach der kunig Eʒele deɞ wil ich euch ʋeriehen / mir kűnde in diſer weyle lieber nicht geſchehen / denn auch an euch helꝺen / daʒ Ir mir ſeӱ̈t kumen / deɞ iſt der kű=niginne vil michel trawreŋ benom=en / Mich nӱ̈mbt deɞ ymmer wun=der / waɞ ich euch habe getaŋ / ſo ma=nigeŋ gaſt vil edle / deŋ ich gewun=

Er spranng von seinem sedele   als Er jn kumen sach
ain gruos so recht schöne   von künige mere nie geschach

1806 Seyt willekumen herr Gunther   vnd auch herr Gernot
vnd Ewr Brueder herr Giselherr   mein dienst ich euch empot
mit trewen williklichen   ze wurms v̈ber Rein
vnd alles das gesynnde   das sol mir willekomen sein

1807 Nu seyt vnns gros willekumen   Jr zwen degenne
Volcker der vil küene   vnd auch herr Hagene
mir vnd meiner Frawen   heer in ditz lannd
Sy hat euch poten manige   hin ze Reyne gesant

1808 Da sprach von Tronege   des han ich vil vernomen
Wer ich durch mein herren   zun Hünen heer nicht komen
so wer ich euch zun Eeren   geriten in das lanndt
da nam der Wiert vil edele   die liebenn geste bey der hanndt

1809 Er prachte sy zum Sedele   da Er vor selbe sass
da schenckt man den gesten   mit vleiss tet man das
in weyten goldes schalen   Met maras vnd wein
vnd pat ellenden   gros willekomen sein

1810 Da sprach der kunig Etzele   des wil ich euch veriehen
mir künde in diser weyle   lieber nicht geschehen
denn auch an euch helden   daz Ir mir seyt kumen
des ist der küniginne   vil michel trawren benomen

1811 Mich nymbt des ymmer wunder   was ich euch habe getan
so manigen gast vil edle   den ich gewunnen han

en Nü ich nymbt des ymmer wun
der was ich euch habe getan, so ma
nigen gast vil edle den ich gewun
nen han, daz Ir mir geruchet kum
en in meine lant daz ich euch nu
gesehen han das ist zun freuden
mir gewant. Des antwurt Ru
deger ain Ritter hoch gemüt Ir mugt
sy sehen gerne Ir trew die ist guet
der meiner frawen mage so schone
kunne phlegen, Sy bringent euch
ze hawse vil manigen waydelichen
degen. An Sunnwende abent
die herren waren komen in Etzelen
hofe des reichen vil selten ist vernom
en von also grossem grüsse als er die
helde emphie. Nu was auch essens
zeite der künig mit in ze tische gie.
Ein Wirt bey seinen gesten scho
ner nye gesass, man In volliklichē
trincken und mass, alles des sy gerten
des was man Jn berait, man hett
von den Helden vil michel wunder
gesait.

fol. CXXIIva ll. 35–55

nen han / daʒ Ir nie gerůchet kumen in meine lant / daʒ ich euch nu geſehen han / daѕ iſt zun freüden mir gewant · Deѕ antwurt Rudeger aiŋ Ritter hochgemůt / jr műgt Sy ſehen gernne / jr trew die iſt guet / der meiner Frawen mage ſo ſchone kunne phlegen / Sy bringent euch ze hawſe vil manigeŋ waÿdelichŋ̄ degen · Am Sunnwende abent die herreŋ wareŋ komeŋ in Etʒeleŋ hofe deѕ reicheŋ vil ſelten iſt vernomen voŋ alſo groſſem grűſſe / alѕ Er die helde emphie / Nu waѕ auch eſſenѕ zeite der kunig mit in ze tiſche gie / Sein wirt beÿ ſeineŋ geſten ſchoner nye geſaſs / man jn vollikliche trincken vnd maſs / alleѕ deѕ ſÿ gertŋ̄ deѕ waѕ man jn berait / man hëtt von den Helden vil michel wunder geſait /

so manigen gast vil edle den ich gewunnen han
daz Ir nie geruochet kumen in meine lant
daz ich euch nu gesehen han das ist zun freuden mir gewant

1812 Des antwurt Rudeger ain Ritter hochgemuot
jr mügt Sy sehen gernne jr trew die ist guet
der meiner Frawen mage so schone kunne phlegen
Sy bringent euch ze hawse vil manigen waydelichen degen

1813 Am Sunnwende abent die herren waren komen
in Etzelen hofe des reichen vil selten ist vernomen
von also grossem gruosse als Er die helde emphie
Nu was auch essens zeite der kunig mit in ze tische gie

1814 Sein wirt bey seinen gesten schoner nye gesass
man jn vollikliche trincken vnd mass
alles des sy gerten des was man jn berait
man hett von den Helden vil michel wunder gesait

fol. CXXIIIrb ll. 1–33

Abentheür · Wie Sÿ zum Műnſter gienngen · vnnd was ſy ſider tetten ·

Dir kůlenndt / ſo die ringe / alſo ſpꝛach Volcker / Ia waŋ̄ die nacht vnσ welle nu nicht wereŋ mer / Ich küele eσ von dem luffte eϐ iſt vil ſchiere tag / da wecktŋ̄ ſy der manigen / der noch ſlaffen lag / Da erſchain der liechte moꝛgen / den geſten an den ſal / Hagene begunde wecken die Ritter v̈beral / ob ſy zu deŋ műnſter zu der meſſe wolten gan / nach ſiten Criſtenlicher man / palꝺ leüten began / Sy ſungen vngleiche daʒ da vil wol ſchain / Criſten vnd Hayden · die wareŋ nicht en ain / da wolteŋ zu der kirchŋen geeŋ die Güntheres man / Sÿ wareŋ voŋ den petten all geleiche geſtan / Da nőeteŋ ſich die Recken / in alſo gůt gewant / daʒ nÿe Helꝺe mere / in dhaineϐ küniges landt ye peſſer claider bꝛachten / ꝺaϐ waσ Hagene laÿd / Er ſprach Ja ſolt jr Helꝺe hie trageŋ anndꝛe claid / Ia ſint euch doch genűge die măre wol bekannt / Nu traget für die roſeŋ die waffen an der hanndt / für ſchappel wol geſtainet / die liechten Helŋ

31 Abentheur Wie Sy zum Münster gienngen vnnd was sy sider tetten

1846 Dir kuolenndt so die ringe also sprach Volcker
Ia wann die nacht vns welle nu nicht weren mer
Ich küele es von dem luffte es ist vil schiere tag
da weckten sy der manigen der noch slaffen lag

1847 Da erschain der liechte morgen den gesten an den sal
Hagene begunde wecken die Ritter v̈beral
ob sy zu dem münster zu der messe wolten gan
nach siten Cristenlicher man pald leuten began

1848 Sy sungen vngleiche daz da vil wol schain
Cristen vnd Hayden die waren nicht en ain
da wolten zu der kirchen geen die Guntheres man
Sy waren von den petten all geleiche gestan

1849 Da nöeten sich die Recken in also guot gewant
daz nye Helde mere in dhaines küniges landt
ye pesser claider brachten das was Hagene layd
Er sprach Ja solt jr Helde hie tragen anndre claid

1850 Ia sint euch doch genuoge die märe wol bekannt
Nu traget für die rosen die waffen an der hanndt
für schappel wol gestainet die liechten Helm guot

fol. CXXIIIrb ll. 34–66

gůt / ſeyt daʒ wir wol erkenneŋ der argen Chrimhilꝺen můt / Wir müeſſen heüte ſtreiten / das wil ich euch ſagen / Ir ſolt für ſeÿdeŋ hemde die Halſperge getragen / ʋnd für die reicheŋ Mäntel / die gůten Schilꝺe weÿt / ob yemand mit euch zürnne daʒ jr vil warlichen ſeyt / Meine lieben dartʒů mage vnꝺ man / Ir ſolt vil williklichen zu der kirchen gan / ʋnd claget got deŋ reichen / ſoꝛge vnd ewꝛ not / vnd wiſ=ſet ſicherlichen daʒ vnns nahent der todt / Ir ſolt auch nicht vergeſ=ſen was jr habet getan / Vnd ſolt ʋil williklichen da gegen got ſtan / des wil ich euch warnnen / Recken vil her / es welle got voŋ himel / jr ver=nemet meſſe nÿmmermer / Süſt giengen zu dem Münſter die Fürſtŋ̄ vnd jr man / auf den Fron freÿthof / da hieſs ſy ſtille ſtan / Hagene kuene daʒ ſy ſich ſchieden nicht / Er ſprach Ia waÿſs noch nÿemand was voŋ deŋ Huneŋ ʋnns geſchicht / Leget mei=ne Freünde die Schilꝺe für ꝺeŋ fůſs vnd geltet ob euch yemand piete ſchwachen grůs / mit tieffen feꝛch wůnden das iſt des Hagenen rat / daʒ Ir ſo werdet fůnden / ꝺaʒ es euch lobelich ſtat / Uolcker vnd Hagene / die zwen giengen dan / für das weÿte Münſter / das waꝛꝺ

für schappel wol gestainet die liechten Helm guot
seyt daz wir wol erkennen der argen Chrimhilden muot

1851 Wir müessen heute streiten das wil ich euch sagen
Ir solt für seyden hemde die Halsperge getragen
vnd für die reichen Mäntel die guoten Schilde weyt
ob yemand mit euch zürnne daz jr vil warlichen seyt

1852 Meine lieben dartzuo mage vnd man
Ir solt vil williklichen zu der kirchen gan
vnd claget got dem reichen sorge vnd ewr not
vnd wis set sicherlichen daz vnns nahent der todt

1853 Ir solt auch nicht vergessen was jr habet getan
Vnd solt vil williklichen da gegen got stan
des wil ich euch warnnen Recken vil her
es welle got von himel jr vernemet messe nymmermer

1854 Süst giengen zu dem Münster die Fürsten vnd jr man
auf den Fron freythof da hiess sy stille stan
Hagene kuene daz sy sich schieden nicht
Er sprach Ia wayss noch nyemand was von den Hunen vnns geschicht

1855 Leget meine Freunde die Schilde für den fuoss
vnd geltet ob euch yemand piete schwachen gruos
mit tieffen ferch wunden das ist des Hagenen rat
daz Ir so werdet funden daz es euch lobelich stat

1856 Uolcker vnd Hagene die zwen giengen dan
für das weyte Münster das ward durch das getan

durch das getan, daz sy das wolten
wissen · daz des kuniges weyb müess
mit Jr dringen ia was bilgrim-
mig Jr leib Da kam der wirt
des Landes vnd auch sein schones weib · mit reichem gewande
getzieret was Jr leib · der vil snellen
Recken · die man sach mit Jm farn
da kosz man hofe stauben von den
Chrimhilden scharn. Da der kunig
reich fürst gewaffent sach die
kunige vnd Jr gesinde wie palde er
do sprach · wie sich ich freunde meine vnder helme gan · mir ist laid
auf meine. vnd hat Jn yemand
icht getan Jch solt si Jn gerne
puessen · wie sy dunckhet gut · hat
yemand Jn beswaret das hertze
vnd auch den mut · des bring ich
sy wol ynnen · daz es mir ist vil
laid · was sy mir gepietend · des
bin ich alles Jn berait Des antwurt Hagene vnns hat nye-
mand nicht getan es ist sit meiner herren daz sy gewaffent gan
zu allen hochzeiten ze vollen drey
tagen · was man vnns hie getete
Wir soltens Etzeln sagen Vil
wol hort Chrimhilt was Hagene sprach · Wie recht veintlich sy
im vnnder die augen sach sy wolt
doch nicht melden den sit von Jr
Lannde wie lanng sy den het ze
Burgunden erkannte Wie grimme vnd wie starche sy im veint
ware het yeman gesaget Etzelen
die recken mare er wol vnder
standen das doch seyt da geschach

fol. CXXIIIrc ll. 1–34

durch das getaŋ / daȝ ſy das woltŋ̄
wiſſen / daȝ des kuniges weÿb můſs
mit jn dꝛingen ia was ʋil grim=
mig Jr leib · Da kam der wirt
des Lanndes / vnd auch ſein ſchö=
nes weib / mit reichem gewande
getȝieret was jr leib / der ʋil ſnellŋ̄
Recken / die man ſach mit jm faꝛŋ /
da koſȝ man hofe ſtauben / von den
Chrimhilꝺen ſchaꝛŋ / Da der kűnig
reich ſűnſt gewaffent ſach / die
künige vnd jr geſinde wie palꝺe Er
do ſpꝛach / wie ſich ich Freunde mei=
ne vnder Helme gan / mir iſt laid
auf meine / ʋnd hat jn yemanꝺ
icht getan / Ich ſolts jn gernne
püeſſen / wie ſy dűngket gůt · hat
yemand jn beſwäret / das hertȝe
vnd auch den můt / des bꝛing ich
ſy wol ÿnneŋ / daȝ es mir iſt vil
laid / was ſy mir gepietend / des
bin ich alles jn berait · Des ant=
wurt Hagene vnns hat nÿe=
mand nicht getan / es iſt ſÿt mei=
ner herren daȝ ſÿ gewaffent gaŋ /
zu allen hochȝeiten ze ʋollen dreÿ
tagen / was man vnns hie getëte
Wir ſoltens Etȝeln ſagen / Uil
wol hoꝛt Chrimhilt was Hage=
ne ſprach / wie recht veintlich ſÿ
im vnnder die aügen ſach / ſy wolt
doch nicht melden / den ſit von Ir
Lannde / wie lanng ſy den het ze
Burgunden erkannte · Wie grim=

für das weyte Münster   das ward durch das getan
daz sy das wolten wissen   daz des kuniges weyb
muoss mit jn dringen   ia was vil grimmig Jr leib

1857 Da kam der wirt des Lanndes   vnd auch sein schönes weib
mit reichem gewande   getzieret was jr leib
der vil snellen Recken   die man sach mit jm farn
da kosz man hofe stauben   von den Chrimhilden scharn

1858 Da der künig reich   sünst gewaffent sach
die künige vnd jr gesinde   wie palde Er do sprach
wie sich ich Freunde meine   vnder Helme gan
mir ist laid auf meine   vnd hat jn yemand icht getan

1859 Ich solts jn gernne   püessen wie sy dungket guot
hat yemand jn beswäret   das hertze vnd auch den muot
des bring ich sy wol ynnen   daz es mir ist vil laid
was sy mir gepietend   des bin ich alles jn berait

1860 Des antwurt Hagene   vnns hat nyemand nicht getan
es ist syt meiner herren   daz sy gewaffent gan
zu allen hochzeiten   ze vollen drey tagen
was man vnns hie getete   Wir soltens Etzeln sagen

1861 Uil wol hort Chrimhilt   was Hagene sprach
wie recht veintlich   sy im vnnder die augen sach
sy wolt doch nicht melden   den sit von Ir Lannde
wie lanng sy den het   ze Burgunden erkannte

1862 Wie grimme vnd wie starche   sy im veint ware

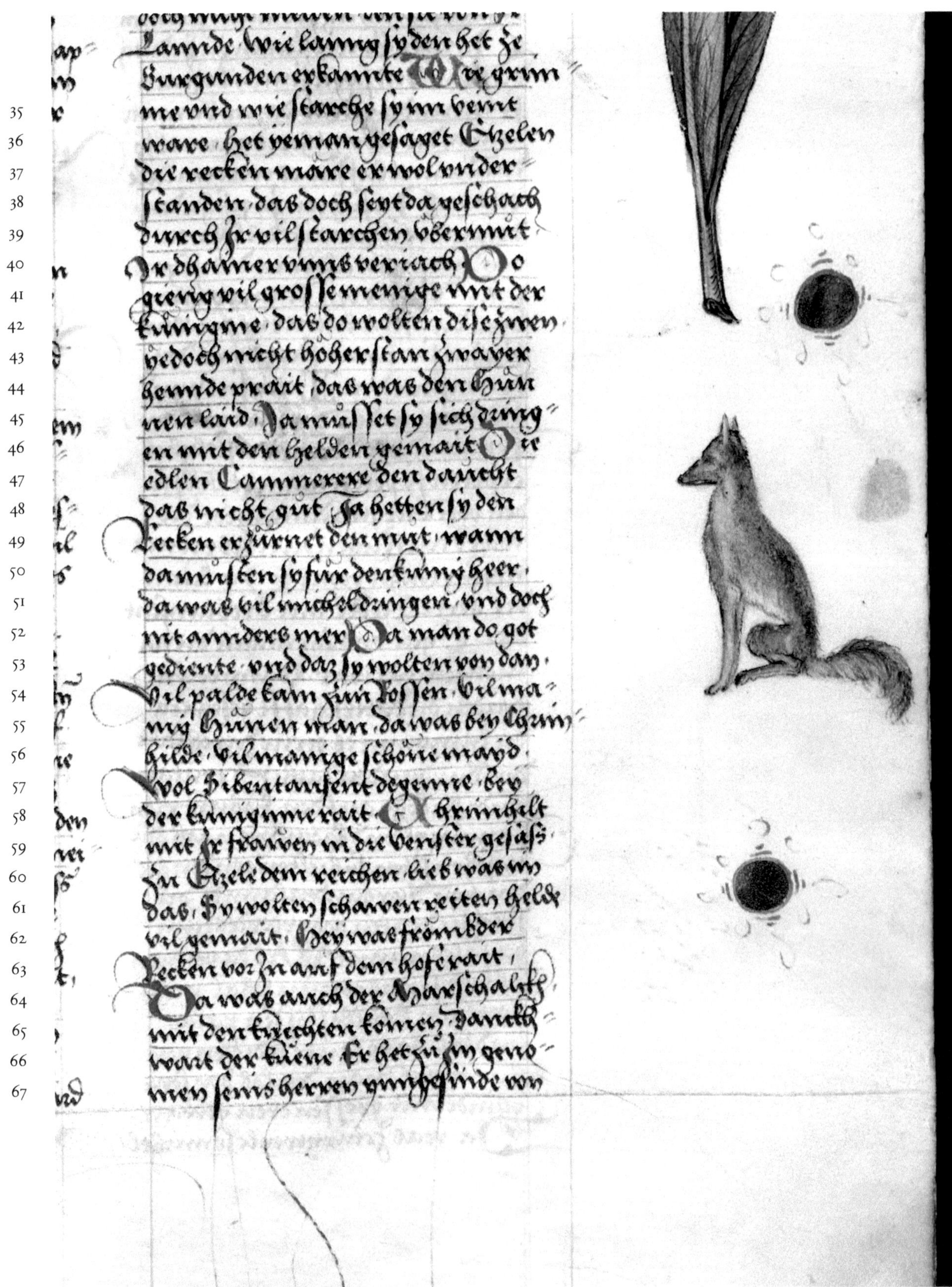

Lannde Wie lanng sy den het ze
Burgunden erkannte Wie grim
me vnd wie starche sy im beint
ware het yeman gesaget Etzelen
die recken ware er wol vnder
standen das doch seyt da geschach
durch ir vil starchen vbermüt
Ir dhainer vmb veriach So
gieng vil grosse menige mit der
küniginne das do wolten dise zwen
yedoch nicht höher stan zwayer
hennde prait das was den Hün
nen laid. Ja müsset sy sich dring
en mit den helden gemait Die
edlen Cammerere den daucht
das nicht güt. Ja hetten sy den
Recken erzürnet den mut wann
da müsten sy für den küniges heer
da was vil michel dringen vnd doch
nit annders mer Da man do got
gediente vnd daz sy wolten von dan
Vil palde kam zü Rossen vil ma
nig hünen man da was bey Chrim
hilde vil manige schöne mayd
wol Sibentausent degenne bey
der küniginne rait Chrimhilt
mit ir frawen in die venster gesass
Zu Etzele dem reichen lieb was im
das Sy wolten schawen reiten helde
vil gemait Hey was frömbder
Recken vor ir auf dem hofe rait
Da was auch der Marschalh
mit den knechten komen Danckh
wart der küene Er het zü im geno
men seins herren ingesinde von

fol. CXXIIIrc ll. 35–67

me vnd wie ſtarche ſy im ʋeint ware / Het ÿeman geſaget Etȝeleŋ die recken märe er wol vnder=ſtanden / daʚ doch ſeyt da geſchach durch jr vil ſtarcheŋ ʋ̈bermůt / Ir dhainer vnnʚ veriach · Do gieng vil groſſe menige mit der kűnigine / daʚ do wolten diſe zweŋ / ÿedoch nicht hőher ſtan zwayer hennde prait / daʚ waʚ den Hűnnen laid / Ia můſſet ſy ſich dꝛing=en mit den Helꝺen gemait / Die edlen Cammerere den daŭcht daʚ nicht gůt / Ja hetten ſy den Recken erzűrnet den můt / wann da můſten ſy fűr den kunig heer / da waʚ ʋil michel dꝛingen / vnd docħ nit annderʚ mer Da man do got gediente / vnd daȝ ſy wolten voŋ daŋ / Vil palde kam zun Roſſen / ʋil ma=nig Hűnen man / da waʚ bey Chꝛiŋ=hilꝺe / ʋil manige ſchőne maÿd / Wol Sibentauſent degenne / beÿ der kuniginne rait / Chrimhilt mit jr frawĕŋ in die ʋenſter geſaſs / zu Etȝele dem reichen / lieb waʚ iŋ daʚ / Sy wolteŋ ſchawen reiteŋ Helꝺe vil gemait / Heÿ waʚ frőmbder Recken voꝛ jn auf ꝺem hofe rait / Da waʚ auch der Marſchalckħ / mit den knechten komeŋ / Danckh=waꝛt der kűene / Er het zů jŋ geno=meŋ ſeinσ herreŋ ynngeſinde voŋ

1862 Wie grimme vnd wie starche sy im veint ware
Het yeman gesaget Etzelen die recken märe
er wol vnderstanden das doch seyt da geschach
durch jr vil starchen v̈bermuot Ir dhainer vnns veriach

1863 Do gieng vil grosse menige mit der künigine
das do wolten dise zwen yedoch nicht höher stan
zwayer hennde prait das was den Hünnen laid
Ia muosset sy sich dringen mit den Helden gemait

1864 Die edlen Cammerere den daucht das nicht guot
Ja hetten sy den Recken erzürnet den muot
wann da muosten sy für den kunig heer
da was vil michel dringen vnd doch nit annders mer

1865 Da man do got gediente vnd daz sy wolten von dan
Vil palde kam zun Rossen vil manig Hünen man
da was bey Chrimhilde vil manige schöne mayd
Wol Sibentausent degenne bey der kuniginne rait

1866 Chrimhilt mit jr frawen in die venster gesass
zu Etzele dem reichen lieb was im das
Sy wolten schawen reiten Helde vil gemait
Hey was frömbder Recken vor jn auf dem hofe rait

1867 Da was auch der Marschalckh mit den knechten komen
Danckhwart der küene Er het zuo jm genomen
seins herren ynngesinde von von Burgunden Lanndt

von Burgunden Lanndt· die
Roß wol gesatelt den küenen Nibelungen bant· Da sy zun Rossen
komen die künige vnd auch jr man·
Volcker der starche raten das began·
sy solten Buhurdiern· nach jr
Lanndes siten des ward von den
Helden seyt vil herrlich geriten·
Der heldt het jn geraten· des sy
doch nicht verdroß der Buhurt vnd
das schallen die wurden baide groß
auf den hofe vil weyte kam vil
manig man Etzele vnd Chrim
hilt· das selbe schawen began Auf
den Buhurt kamen Sechshundert
degen der Diettriches Recken den
gesten zu entgegne· Sy wolten kurtz
weyle mit den Burgunden han·
het ers jn gegunnen sy hettens gern
getan Hey was guter Recken jn da
nach rait· dem herren Diettrichen
dem ward das gesait· mit Gunthe
res mannen· das spil Er jn verpot·
Er vorcht seiner manne des gieng
jm sicherlichen not Da dise von
Bern geschaiden waren dann ko
men von Bechlaren die Rudegeres
man fünffhundert vnnder schilde
für den sal geriten liebwas dem
Marggraven daz sys hetten vermitn
Da rayt Er weyslichen zu jn durch
die schar· vnd saget seinen degenen
sy waren des gewar· daz im vnmüte
waren die Gunthers man ob sy
den Buhurt liessen· es were im liebe
getan Da sich von jn geschieden
die helde vil gemait· die kamen

fol. CXXIIIva ll. 1–34

voŋ Burgündeŋ Lanndt / die Roſs wol geſatelt den küeneŋ Nibe=lüngeŋ ʋant Da ſy zun Roſſen / komeŋ die künige / ʋnd auch jr maŋ / Volcker der ſtarche raten ꝺaɞ begaŋ / ſy ſolten Buhurdierŋ / nach jr Lanndeɞ ſiten / deɞ ward voŋ den Helꝺen ſeyt vil herꝛlich geriten / Der Heldt het jn geraten / deɞ ſy doch nicht ʋerdꝛoσ / der Buhurt vnd daɞ ſchalleŋ / die wurden baide groσ / auf den Hofe vil weÿte / kam ʋil manig man / Etʒele / ʋnꝺ Chrim=hilt / daɞ ſelbe ſchaweŋ begaŋ / Auf den Buhurt kamen / Sechſhundeꝛt degen der Diettricheɞ Recken den geſten zu entgegne / Sy wolten küꝛtʒ=weyle mit den Bürgündeŋ han / het erɞ In gegunneŋ / ſy hettenσ geꝛŋ getan / Heÿ waɞ gůter Recken jn da nach rait · dem herren Diettrichen / dem ward daɞ geſait / mit Gunthe=reɞ manneŋ / ꝺaɞ ſpil Er jn ʋerpot / Er ʋoꝛcht ſeiner manne / deɞ gieng jm ſicherlichen not Da diſe von Berŋ geſchaideŋ wareŋ / dann do ko=men von Bechlaren die Rudegereσ man / Fünffhundert vnnder Schilꝺe für den ſal geriten / lieb waɞ ꝺem Marggraueŋ daʒ ſys hetten ʋermitŋ̄ Da raÿt Er weyſlichen zů jn duꝛchŋ die ſchar / ʋnd ſaget ſeineŋ ꝺegeneŋ / ſy wareŋ deɞ gewar / daʒ iŋ ʋnmůte wareŋ die Gunthereɞ man / ob ſÿ

seins herren yngesinde von von Burgunden Lanndt
die Ross wol gesatelt den küenen Nibelungen vant

1868 Da sy zun Rossen komen die künige vnd auch jr man
Volcker der starche raten das began
sy solten Buhurdiern nach jr Lanndes siten
des ward von den Helden seyt vil herrlich geriten

1869 Der Heldt het jn geraten des sy doch nicht verdros
der Buhurt vnd das schallen die wurden baide gros
auf den Hofe vil weyte kam vil manig man
Etzele vnd Chrimhilt das selbe schawen began

1870 Auf den Buhurt kamen Sechshundert degen
der Diettriches Recken den gesten zu entgegne
Sy wolten kurtzweyle mit den Burgunden han
het ers In gegunnen sy hettens gern getan

1871 Hey was guoter Recken jn da nach rait
dem herren Diettrichen dem ward das gesait
mit Guntheres mannen das spil Er jn verpot
Er vorcht seiner manne des gieng jm sicherlichen not

1872 Da dise von Bern geschaiden waren dann
do komen von Bechlaren die Rudegeres man
Fünffhundert vnnder Schilde für den sal geriten
lieb was dem Marggrauen daz sys hetten vermiten

1873 Da rayt Er weyslichen zuo jn durch die schar
vnd saget seinen degenen sy waren des gewar
daz im vnmuote waren die Guntheres man
ob sy den Buhurt liessen es were im liebe getan

die schar vnd saget seinen degenen.
sy waren des gewar. daz in vnmüte
waren die Guntheres man ob sy
den Buhurt liessen. es were in liebe
getan Da sich von jn geschieden
die helde vil gemait. die kamen
von Düringen als vnns das ist ge=
sait. Vnd der von Tennmarchen
wol Tausent kuener man Von
stichen sach man fliegen wil der
trunsune dan. Irenfrit vnnd
Hawart in den Buhurt riten
Ir hetten die vom Reine vil stolzlich
erpiten sy poten mannige Tyoste
den von Burgunden lanndt. des
ward von stichen durchel vil ma=
nig herrlicher rant. Da kame
der herre Blödel. mit dreytausent
dar. Etzele vnd Chrimhilt die na=
men sein wol war. Wann vor jn
baiden die Ritterschafft geschach
die kunigine es gerne durch laid
der Burgunden sach. Schrutan
vnd Gibeche auf den Buhurt ritn
Ramunngt vnd Hornboge nach hu=
nischen siten. sy hielten gen den hel=
den von Burgunden lanndt. die
scheffte draten hohe über des kuni=
ges sales wanndt. Wes da yeman
phlege. so was es nun schal. man
horte von Schilde stössen palas
vnd sal. hart laute erdiesen von
Guntheres man den lob daz sein
gesinde mit grossen eren gewan.
Da was jr kurtzweyle sö michel.

fol. CXXIIIva ll. 35–66

den Buhurt lieſſen / es were im liebe getan / Da ſich von jn geſchieden / die Helde vil gemait / die kameŋ von Dűringen als vnns das iſt ge=ſait · Vnd der von Tenmarchen / wol Taűſent kuener man / von ſtichen ſach man fliegeŋ / vil der drumſune dan / Irenfrit / vnnd Hawart in den Buhurt ritenŋ / Jr hetten die von Reine vil ſtolʒlich erpiten ſy poten manige Tÿoſte den von Burgunden lanndt / des warꝺ von ſtichen dűrchel vil ma=nig herrlicher rant · Da kame der herre Blődel / mit Dreÿtauſent dar / Etʒele / vnd Chrimhilt / die na=men ſein wol war / wanŋ voꝛ jn baiden die Ritterſchafft geſchach die kuniginne es gerne durch lait der Burgunden ſach · Serůtaŋ vnd Gibche auf den Buhurt ritŋ Ramŭngk vnd Hoꝛnboge / nach Hű=niſchen ſiten / ſy hielten gen den hel=den / von Burgunden lanndt / die ſcheffte draten hohe v̈ber des kuni=ges ſales wannt / Wes da yemaŋ phlege / ſo was es nŭn ſchal / maŋ hőꝛte von Schilꝺe ſtőſſen palas vnd ſal / hart laute erdieſen von Guntheres man / den lob / daʒ ſein geſinde mit groſſen eren gewan / Da was jr kurtʒweÿle ſo michel /

ob sy den Buhurt liessen   es were im liebe getan

1874 Da sich von jn geschieden   die Helde vil gemait
die kamen von Düringen   als vnns das ist gesait
Vnd der von Tenmarchen   wol Tausent kuener man
von stichen sach man fliegen   vil der drumsune dan

1875 Irenfrit vnnd Hawart   in den Buhurt ritenn
Jr hetten die von Reine   vil stoltzlich erpiten
sy poten manige Tyoste   den von Burgunden lanndt
des ward von stichen dürchel   vil manig herrlicher rant

1876 Da kame der herre Blödel   mit Dreytausent dar
Etzele vnd Chrimhilt   die namen sein wol war
wann vor jn baiden   die Ritterschafft geschach
die kuniginne es gerne   durch lait der Burgunden sach

1877 Seruotan vnd Gibche   auf den Buhurt riten
Ramungk vnd Hornboge   nach Hünischen siten
sy hielten gen den helden   von Burgunden lanndt
die scheffte draten hohe   v̈ber des kuniges sales wannt

1878 Wes da yeman phlege   so was es nun schal
man hörte von Schilde stössen   palas vnd sal
hart laute erdiesen   von Guntheres man
den lob daz sein gesinde   mit grossen eren gewan

1879 Da was jr kurtzweyle   so michel vnd so gros

fol. CXXIIIvb ll. 1–34

vnd ſo gros / daʒ durch ꝺie couer=teure der planche ſwaiꝭ do floσ voŋ den vil gůten Roſſen / ſo die hel=de riten / Sy verſůchtenꝭ an die Hů=nen mit ʋil hochfertigen ſiten / Da ſprach der küene Recke ʋolckeꝛ der Spileman / Ich wĕne ʋnnſer diſe Recken türen nicht peÿten / Ich hoꝛt ye ſagen märe / Sy wareŋ ʋnσ gehaſʒ · nu kunꝺ er ſich gefüegen zwar ÿmmer baσ · Den herbergŋ̄ füreŋ / ſprach aber Volcker / ſol ʋnσ die märe vnd riten ꝺanne mer / gegen Abende / ſo deꝭ wirdet zeit / enwaÿσ ob die küniginne den lob den Burgunden geit Da ſahenσ ainen reÿten / ſo waÿgerlichen hie / daʒ eꝭ all der Hunen getet / dhainer nie / Ia mocht er in den zÿnneŋ wol haben hertʒen traüt / Er fůr ſo wol geclaidet / ſam aineσ vil edlen Ritterσ praüt / Da ſp̄ch aber Volcker / wie möcht ich daꝭ ʋeꝛ=lan / Iener trüeg der frawen / můσ ain gepueſſe han / eꝭ kunde nÿe=mand ſchaiden / eꝭ geet im an ꝺeŋ leib / Ja růch ich ob eꝭ zurnne deꝭ künig Etʒeln weyb / Naÿn duꝛch mein liebe ſpꝛach der künig ſan / eꝭ wartend vnnſer die leüte / vnd ob wir ſy beſtan / jr lat eꝭ heben die Hünen an / daꝭ füeget ſich noch baꝭ / dannoch der künig Etʒele bey der kuniginne ſaſσ ·

1879 Da was jr kurtzweyle so michel vnd so gros
daz durch die couerteure der planche swais do flos
von den vil guoten Rossen so die helde riten
Sy versuochtens an die Hünen mit vil hochfertigen siten

1880 Da sprach der küene Recke volcker der Spileman
Ich wene vnnser dise Recken türen nicht peyten
Ich hort ye sagen märe Sy waren vns gehasz
nu kund er sich gefüegen zwar ymmer bas

1881 Den herbergen fuoren sprach aber Volcker
sol vns die märe vnd riten danne mer
gegen Abende so des wirdet zeit
enways ob die küniginne den lob den Burgunden geit

1882 Da sahens ainen reyten so waygerlichen hie
daz es all der Hunen getet dhainer nie
Ia mocht er in den zynnen wol haben hertzen traut
Er fuor so wol geclaidet sam aines vil edlen Ritters praut

1883 Da sprach aber Volcker wie möcht ich das verlan
Iener trüeg der frawen muos ain gepuesse han
es kunde nyemand schaiden es geet im an den leib
Ja ruoch ich ob es zurnne des künig Etzeln weyb

1884 Nayn durch mein liebe sprach der künig san
es wartend vnnser die leute vnd ob wir sy bestan
jr lat es heben die Hünen an das füeget sich noch bas
dannoch der künig Etzele bey der kuniginne sass

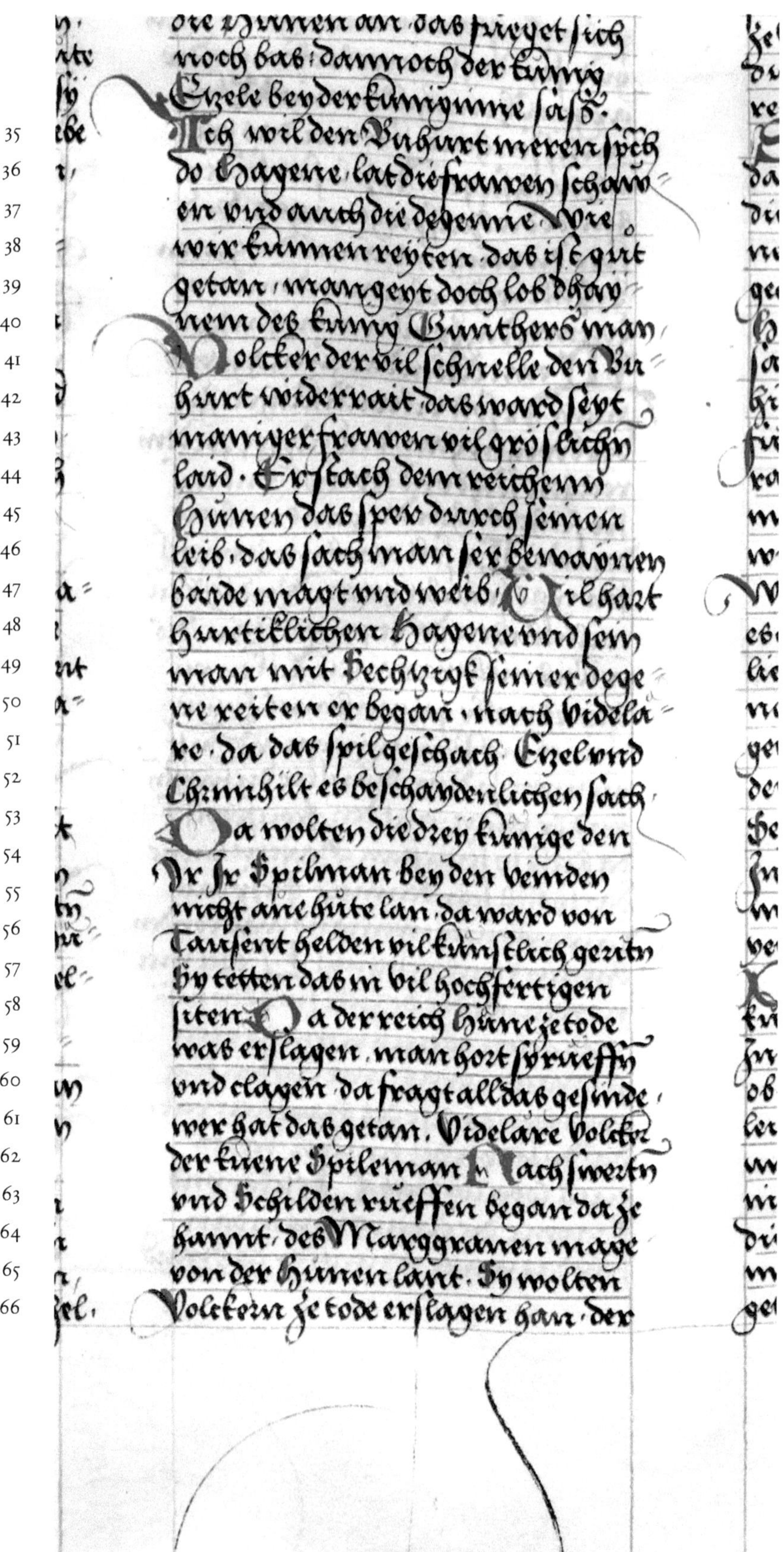

die Zinnen an das Püeget sich
noch bas: dannoch der kunig
Etzele bey der kuniginne saß.
Ich wil den Puhurt meren sprach
do Hagene, lat die frawen schaw=
en vnd auch die degenne. Wie
wir kunnen reyten. das ist gut
getan, man geyt doch lob dhay=
nem des kunig Gunthers man.
Volcker der vil schnelle den Bu=
hurt widerrait. das ward seyt
maniger frawen vil gröslichen
laid. Er stach dem reichenn
Hunen das sper durch seinen
leib. das sach man ser bewaynen
baide magt vnd weib. Vil hart
hurticlichen Hagene vnd sein
man mit Sechtzigk seiner dege=
ne reiten er began. nach Videla=
re. da das spil geschach. Etzel vnd
Chrimhilt es beschaydenlichen sach.
Da wolten die drey kunige den
Ir Jr Spilman bey den veinden
nicht ane hüte lan. da ward von
Tausent helden vil kunstlich geritn
Sy tetten das in vil hochfertigen
siten. Da der reich Hüne ze tode
was erslagen. man hort sy rüeffen
vnd clagen da fragt all das gesinde.
wer hat das getan. Videlare Volcker
der küene Spileman. Nach swerten
vnd Schilden rüeffen began da ze
hannt des Marggraven mage
von der Hunen lant. Sy wolten
Volckern ze tode erslagen han. der

fol. CXXIIIvb ll. 35–66

Ich wil den Buhurt meren ſp̄ch
do Hagene / lat die fraweŋ ſchaw̃=
en vnd auch die degenne / Wie
wir kunnen reÿten / daɞ iſt gůt
getan / man geyt doch lob dhaÿ=
nem deɞ kunig Guntherɞ maŋ /
Volcker der vil ſchnelle / den Bu=
hurt widerrait / daɞ ward ſeyt
maniger Frawen vil gröſlichŋ̄
laid · Er ſtach dem reichenŋ
Hüneŋ daɞ ſper durch ſeinen
leib · daɞ ſach man ſer bewaÿneŋ
baide magt vnd weib / Uil haꝛt
hurtiklichen Hagene vnd ſeiŋ
man mit Sechʒigk ſeiner dege=
ne reiten er began · nach ʋideläͤ=
re / da daɞ ſpil geſchach / Etʒel vnd
Chꝛimh̉ilt / eɞ beſchaydenlicheŋ ſach /
Da wolteŋ die dꝛeÿ künige den
Ir jr Spilman / bey den ʋeindeŋ
nicht ăne hůte lan / da ward von
Tauſent helden vil künſtlich geꝛitŋ̄
Sy tetten daɞ in ʋil hochfertigen
ſiten / Da der reich Hüne ze tode
waɞ erſlagen / man hoꝛt ſy rüeffŋ̄
vnd clagen / da fragt all daɞ geſinde /
wer hat daɞ getan / ʋideläre ʋolckeꝛ
der kuene Spileman / Nach ſweꝛtŋ̄
vnd Schilden rüeffen began da ze
hannt / deɞ Marggrauen mage /
von der Hünen lant / Sy wolten
Volckeꝛn ze tode erſlagen han / der

1885 Ich wil den Buhurt meren sprach do Hagene
lat die frawen schawen vnd auch die degenne
Wie wir kunnen reyten das ist guot getan
man geyt doch lob dhaynem des kunig Gunthers man

1886 Volcker der vil schnelle den Buhurt widerrait
das ward seyt maniger Frawen vil gröslichen laid
Er stach dem reichenn Hunen das sper durch seinen leib
das sach man ser bewaynen baide magt vnd weib

1887 Uil hart hurtiklichen Hagene vnd sein man
mit Sechtzigk seiner degene reiten er began
nach videläre da das spil geschach
Etzel vnd Chrimh̉ilt es beschaydenlichen sach

1888 Da wolten die drey künige den Ir jr Spilman
bey den veinden nicht ane huote lan
da ward von Tausent helden vil künstlich geriten
Sy tetten das in vil hochfertigen siten

1889 Da der reich Hüne ze tode was erslagen
man hort sy rüeffen vnd clagen
da fragt all das gesinde wer hat das getan
videläre volcker der kuene Spileman

1890 Nach swerten vnd Schilden rüeffen began da ze hannt
des Marggrauen mage von der Hünen lant
Sy wolten Volckern ze tode erslagen han
der der Wirt aus ainem Venster vil harte gahen began

der wirt aus ainem venster vil
harte gahen began Da hub sich
von leuten allenthalben schal die
kunige und jr gesinde erpayszten
für den sal. die rosz jr ringke stiessen.
die Burgunden man. da kam der
kunig Etzele. der herre schaiden began. Ain des hunen mage den
Er bey jm vant. ain vil scharffes
waffen brach Er im aus der hant.
da slug ers allewidere. wann im
was vil zorn. Wie hette ich meinen
dienst an disen helden verloren.
Ob jr hie bey mir sluget disen
Spilman sprach der kunig Etzele.
das were misstan. Ich sach vil sein
reiten. da Er den hunen stach. daz
es on sein schulde von ainem strauch
geschach. Ir muesset meine geste
fride lassen han. da ward Er gelaite
die rosz zoech man dan. zu den her
bergen. sy hetten manigen knecht.
die jn mit vleysse waren zu allem
dienst gerecht. Der wirt mit seinen
freunden in den Palas gie. Er zorn
dhainen mer da nicht werden lie. da
richt man die tische. daz wasser man
zu trug. da hetten die von Reine der
starchen veinde genug. Wie es
Etzeln ware gewaffent manig schar
sach man fürsten dringen. und wol
ze vleiss. da sy zun tischen giengen
durch der geste hass. Jr mag sy wolten
rechen ob sich kunde gefuegen das.
Seyt jr gewaffent gerner es seyt
damme blos. sprach der wirt des landes.
die unzucht ist jr gros. Wer aber mei

fol. CXXIIIvc ll. 1–34

der Wirt aus aineŋ Venſter vil harte gahen began Da hůb ſich von leüten allenthalben ſchal / die künige ỽnd jr geſinde erpaÿſʒten für den ſal / die roſs ze rugke ſtieſſen / die Burgunden man / da kam der künig Etʒele / der herre ſchaiden began / Ain des Hünen mage / den Er beÿ jm ỽant / ein ỽil ſcharffes waffen bꝛach Er im aus der hant / da ſlůg ers alle widere / wann im was vil zoꝛŋ / wie hette ich meineŋ dienſt an diſen helden ỽerloren / Ob jr hie beÿ mir ſlüeget diſeŋ Spilman / ſpꝛach der kunig Etʒele · das were miſſetan / Ich ſach ỽil ſeiŋ reiteŋ / da Er den Hünen ſtach / daʒ es on ſein ſchŭlde von ainem ſtraucħ geſchach · Ir müeſſet meine geſte fride laſſen han / da ward Er gelaite die roſʒ zoech man dan / zu den Heꝛbergen / ſy hetten manigen knecht / die jn mit ỽleyſſe waren zu alleŋ dienſt gerecht Der wirt mit ſeineŋ Freündeŋ in den Palas gie / Er zoꝛŋ dhaineŋ mer da nicht werden lie · da vicht man die tiſche / daʒ waſſer maŋ jn trůg / da hetten die ỽon Reine der ſtarchen veinde genůg / Wie es Etʒeln ware gewaffent manig ſchaꝛ / ſach man fürſten dꝛingen / ỽnd wol ze ỽleiss / da ſy zun tiſchen giengen / durch der geſte haſs Jr mag / ſy wolteŋ recheŋ / ob ſich kunde gefüegen das /

der der Wirt aus ainem Venster   vil harte gahen began

1891 Da huob sich von leuten   allenthalben schal
die künige vnd jr gesinde   erpayszten für den sal
die ross ze rugke stiessen   die Burgunden man
da kam der künig Etzele   der herre schaiden began

1892 Ain des Hünen mage   den Er bey jm vant
ein vil scharffes waffen   brach Er im aus der hant
da sluog ers alle widere   wann im was vil zorn
wie hette ich meinen dienst   an disen helden verloren

1893 Ob jr hie bey mir slüeget   disen Spilman
sprach der kunig Etzele   das were missetan
Ich sach vil sein reiten   da Er den Hünen stach
daz es on sein schulde   von ainem strauch geschach

1894 Ir müesset meine geste   fride lassen han
da ward Er gelaite   die rosz zoech man dan
zu den Herbergen   sy hetten manigen knecht
die jn mit vleysse waren   zu allem dienst gerecht

1895 Der wirt mit seinen Freunden   in den Palas gie
Er zorn dhainen mer   da nicht werden lie
da vicht man die tische   daz wasser man jn truog
da hetten die von Reine   der starchen veinde genuog

C 1943 Wie es Etzeln ware   gewaffent manig schar
sach man fürsten dringen   vnd wol ze vleiss
da sy zun tischen giengen   durch der geste hass
Jr mag sy wolten rechen   ob sich kunde gefüegen das

ze vleiss· da sy zun tischen giengen·
durch der geste hass ir mag sy wolten
rechen · ob sichs kunde gefuegen das·
Seyt ir gewaffent gerner es seyt
dannoch blos· sprach der wirt des landes·
die unzucht ist ze gros· Wer aber mei
nen gesten hie thuet dhaine layd· es
geet im an sein haubt· das sey den
huenen gesayt· Ee die herren ge
sassen· das was hardt lanng· die Chrim
hilde sorge· sy ze sere zwanng· Sy sprach
furst von Berne· Ich suech es deinen
rat· hilffe und genade· mein ding
mir angstlichen stat· Des ant
wurt ir Hyldebrant der recke lobelich
Wer schlecht die Nibelunge der tut
es on mich· durch dhaines schatzes
liebe· es mag im werden layd· sy sind
noch unbetwungen die schnellen riter
gemait· Ich wolt nun Hagenen·
der mir hat laid getan· Er ermordet
Seyfriden meinen lieben man· Wer
ine aus den anndern slueg· dem wer
mein gut berait· entgult es annder
yemand· das wer mir werlichen laid·
Da sprach aber Hildebrant wie
kunde das geschehen· daz man in bey
ine sluege· Ich liess euch das gesehen·
ob man den heldt bestuende· sich huebe
leicht ein not· daz arm und reich dar
umb muessen ligen todt· Da sprach
in seinen zuchten darzu her Dietrich
die pet la beleiben kunigynne reich·
mir haben deine mage der laide nicht
getan daz ich die degenne kuene mit·

fol. CXXIIIvc ll. 35–66

Seyt jr gewaffent gerner / es ſeyt
danne blos / ſprach der wirt des landes /
die vnzucht iſt ze gros / wer aber mei=
nen geſten hie thůt dhaine layd / es
geet im an ſein haubt / das ſey den
Hünen geſayt / Ee die herren ge=
ſaſſen / das was hardt lanng / die Chꝛim=
hilde ſoꝛge / ſy ze ſere zwanng / Sÿ ſpꝛach
Fürſt von Berne / Ich ſuech es deinen
rat / hilffe vnd genade / mein ding
mir angſtlichen ſtat / Des ant=
wurt jr Hyldebꝛant der recke lobelich
Wer ſchlecht die Nibelünge der tůt
es on mich / durch dhaines ſchatzes
liebe / es mag im werden laÿd / ſy ſind
noch vnberüngen die ſchnellen riteꝛ
gemait / Ich wolt nün Hagenen /
der mir hat laid getan / Er ermöꝛdet
Seyfꝛiden meinen lieben man / Wer
jne aus den anndern ſlüeg / dem wëꝛ
mein gůt berait / entgült es anndeꝛ
yemand / das wër mir werlichen laid ·
Da ſprach aber Hildebꝛant wie
künde das geſchehen / daz man jn beÿ
jne ſlüege / Ich ließ euch das geſehen
ob man den Heldt beſtüende / ſich hüebe
leicht ein not / daz arm vnd reich dar=
umb müeſſen ligen todt / Da ſp̄ch
in ſein züchten dartzů herꝰ Diettrich
die pet la beleiben küniginne reich /
mir haben deine mage der laide nicht
getan / daz ich die degenne küene mit /

C 1944 Seyt jr gewaffent gerner   es seyt danne blos
sprach der wirt des landes   die vnzucht ist ze gros
wer aber meinen gesten   hie thuot dhaine layd
es geet im an sein haubt   das sey den Hünen gesayt

1896 Ee die herren gesassen   das was hardt lanng
die Chrimhilde sorge   sy ze sere zwanng
Sy sprach Fürst von Berne   Ich suech es deinen rat
hilffe vnd genade   mein ding mir angstlichen stat

1897 Des antwurt jr Hyldebrant   der recke lobelich
Wer schlecht die Nibelunge   der tuot es on mich
durch dhaines schatzes liebe   es mag im werden layd
sy sind noch vnberungen   die schnellen riter gemait

C 1947 Ich wolt nun Hagenen   der mir hat laid getan
Er ermördet Seyfriden   meinen lieben man
Wer jne aus den anndern slüeg   dem wer mein guot berait
entgult es annder yemand   das wer mir werlichen laid

C 1948 Da sprach aber Hildebrant   wie künde das geschehen
daz man jn bey jne slüege   Ich liess euch das gesehen
ob man den Heldt bestüende   sich hüebe leicht ein not
daz arm vnd reich   darumb müessen ligen todt

1898 Da sprach in sein züchten   dartzuo herr Diettrich
die pet la beleiben   küniginne reich
mir haben deine mage   der laide nicht getan
daz ich die degenne küene   mit streyte welle bestan

streyte welle bestan Dre pet dich
kützel eret. Vil edel fürsten weyb
daz du deinen magen ratest an
den leib Sy kamen auf genade
heer in diz landt. Seyfrid ist vnner
rochen von der Diettriches hant
Do sy der vntrew an dem Pern
nicht enfant. da lobt es also balde
in Blodelins handt. ein weyte
marche die Nudunck de besass. seyt
da slug in Dannckwart daz er der
gabe gar vergass. Sy sprach du solt
mir helffen herre Blodelin. Ja sint
in disem hawse die veinde mein. die
Seyfriden slugen den meinen lieben
man. wer mir das hilffet rechen dem
bin ich ymmer vndertan Des ant
wurt jr Blodel frawe nu wisse daz.
Ja tar ich jn vor Etzelen geraten kai
nen hass wann der die deinen mage
fraw vil gerne sicht. tet ich jn icht
ze layde der künig vertrüg es mir es
nicht. Nein da herre Blodel. ich
bin dir ymmer holt Ja gib ich dir
ze miete Silber vnd golt. vnd ain ma
get schöne des Nudungs weib so
mayst du gerne trawten den jr vil
mynnikliche leib Das landt
zu den Burgen wil ich dir alles
geben. so magst du Ritter edele mit
freuden ymmer leben gewynnest
du die March da Nudunck ynne sass
Was ich dir gelobe hewt mit trewen
layst ich dir das Da der Blodel die
miete vernam vnd daz im durch
jr schöne die frawe wol gezam mit
streit wander dienen das mynni

fol. CXXIIIIra ll. 1–34

ſtreÿte welle beſtaŋ Die pet dich lűtʒel eret / ʋil edel Fűrſten weÿb / daʒ du deinen magen rateſt an den leib / Sy kumeŋ auf genade / heer in ditʒ landt / Seyfꝛid iſt vnner=rochen / von der Diettriches hant / Do ſy der ʋntrew̃ an dem Peꝛnꝰ nicht enfant / da lobt es alſo balde in Blodelinus handt / ein weÿte marche die Nudunck ee beſaſs / ſeÿt da ſlůg jn Dannckwaꝛt / daʒ Er der gabe gar vergaſs / Sy ſprach du ſolt / mir helffen herre Blodelin / ja ſint in diſem hawſe die veinde mein / die Seÿfꝛiden ſlůgen den meineŋ lieben man / wer mir das hilffet recheŋ / deŋ bin ich ÿmmer vndertan / Des ant=wűrt jr Blődel / Frawe nu wiſſe das / Ja tar ich jn voꝛ Etʒelen geraten kai=nen haſs / wann der die deinen mage Fraw vil gerne ſicht / tet ich jn icht ze laÿde / der kűnig vertruege mirs nicht · Dem da herre Blődel / ich bin dir ÿmmer holt / Ja gib ich dir ze miete Silber vnd golt / vnd ain ma=get ſchőne / des Nudungs weib / ſo magſtu gerne trawten / den jr ʋil mÿnniklichen leib / Das lanndt zu den Bűrgen / wil ich dir alles geben / ſo magſt du Ritter edele / mit freűden ÿmmer lebeŋ / gewÿnneſt du die March / da Nudunck ÿnne ſaſs Was ich dir gelobe hewt mit treweŋ laÿſt ich dir das Da der Blődel die

daz ich die degenne küene   mit streyte welle bestan

1899 Die pet dich lützel eret   vil edel Fürsten weyb
daz du deinen magen   ratest an den leib
Sy kumen auf genade   heer in ditz landt
Seyfrid ist vnnerrochen   von der Diettriches hant

1900 Do sy der vntrew   an dem Pernere nicht enfant
da lobt es also balde   in Blodelinus handt
ein weyte marche   die Nudunck ee besass
seyt da sluog jn Dannckwart   daz Er der gabe gar vergass

1901 Sy sprach du solt mir helffen   herre Blodelin
ja sint in disem hawse   die veinde mein
die Seyfriden sluogen   den meinen lieben man
wer mir das hilffet rechen   dem bin ich ymmer vndertan

1902 Des ant wurt jr Blödel   Frawe nu wisse das
Ja tar ich jn vor Etzelen   geraten kainen hass
wann der die deinen mage   Fraw vil gerne sicht
tet ich jn icht ze layde   der künig vertruege mirs nicht

1903 Dem da herre Blödel   ich bin dir ymmer holt
Ja gib ich dir ze miete   Silber vnd golt
vnd ain maget schöne   des Nudungs weib
so magstu gerne trawten   den jr vil mynniklichen leib

1904 Das lanndt zu den Bürgen   wil ich dir alles geben
so magst du Ritter edele   mit freuden ymmer leben
gewynnest du die March   da Nudunck ynne sass
Was ich dir gelobe hewt   mit trewen layst ich dir das

1905 Da der Blödel   die miete vernam

dir die March. da Nudunck ynne sass
Was ich dir gelobe hewt mit trewen
layst ich dir das. Da der Blodel die
miete vernam vnd daz im durch
ir schöne die frawe wol getzam mit
streitwannder dienen. das mynni
kliche weib darumb muesse der recke
verliesen den leib. Er sprach zu
der kuniginne geet wider in den sal.
Ee es yemand ynnen werde so heb
Ich annen schal. es muss erarnen
Hagene daz er euch hat getan.
Ich anntwurt euch gepunden
des kunig Gunthers man. Nu
waffent euch sprach Blodel. alle
die ich han wir sullen den veindn
in die herberg gan. des wil micht
erlassen das Etzeln weyb. darub
Sol wir helde alle wagen den leib.
So die kuniginne Blodeln lied
vmb des streites willen ze tische sy
da gieng mit Etzelen dem kunige
vnd auch mit seinen man. sy het
swinde rate an die geste getan.
Wie sy ze tische giengen das wil
ich euch sagen. man sach die kuni
gin reiche krone vor ir tragen. vnd
manigen hohen fursten. auch
manigen werden degen. sach man
vil grozzer zuchte von der kunigin
phlegen. Da die fursten gesessn
waren. vberal vnd im begunden
essen. da hiess Chrimhilt in den
sal tragen zun tischen. den Etzeln
sun. wie kund ain weyb durch

fol. CXXIIIIra ll. 35–66

miete vernam / vnd daʒ iŋ durch jr ſchöne die frawe wol getʒam mit ſtreit wannder dienen / daꜱ mÿnni= kliche weib / darümb müeſſe der recke verlieſen den leib · Er ſprach zu der küniginne geet wider in den ſal / Ee eꜱ yemand ynnen werde / ſo heb Jch ainen ſchal / eꜱ mûs erarnen Hagene daʒ Er euch hat getan / Jch anntwurt euch gepunden des kunig Günthers man / Nu waffent eüch ſprach Bodel / alle die ich han / wir ſüllen den veindŋ / in die Herberg gan / deꜱ wil nicht erlaſſen daꜱ Etʒeln weyb / darüb ſol wir helde alle wagen den leib / Do die küniginne Blodelin lûd vmb deꜱ ſtreites willen ze tiſche / ſÿ da gieng mit Etʒelen dem künige vnd auch mit ſeinen man / ſy het ſwinde rate an die geſte getan / Wie ſy ze tiſche giengen daꜱ wil ich euch ſagen / man ſach die küni= gin reiche krone voꝛ jr tragen / vnd manigen hohen Fürſten / auch manigen werden degen / ſach maŋ vil groʒʒer züchte / voŋ der künigin phlegen / Da die Fürſten geſeſſŋ wareŋ / v͛beral vnd nu begunden eſſen / da hieſs Chrimhilt iŋ den ſal tragen zun tiſchen / den Etʒelŋ Sûn / wie kund ain weÿb durch

1905 Da der Blödel die miete vernam
vnd daz im durch jr schöne die frawe wol getzam
mit streit wannder dienen das mynnikliche weib
darumb müesse der recke verliesen den leib

1906 Er sprach zu der küniginne geet wider in den sal
Ee es yemand ynnen werde so heb Jch ainen schal
es muos erarnen Hagene daz Er euch hat getan
Jch anntwurt euch gepunden des kunig Gunthers man

1907 Nu waffent euch sprach Bodel alle die ich han
wir süllen den veinden in die Herberg gan
des wil nicht erlassen das Etzeln weyb
darumb sol wir helde alle wagen den leib

1908 Do die küniginne Blodelin luod
vmb des streites willen ze tische sy da gieng
mit Etzelen dem künige vnd auch mit seinen man
sy het swinde rate an die geste getan

C 1960 Wie sy ze tische giengen das wil ich euch sagen
man sach die künigin reiche krone vor jr tragen
vnd manigen hohen Fürsten auch manigen werden degen
sach man vil grozzer züchte von der künigin phlegen

C 1963 Da die Fürsten gesessen waren ẏberal
vnd nu begunden essen da hiess Chrimhilt in den sal

1909 tragen zun tischen den Etzeln Suon
wie kund ain weyb durch rache ymmer frayszlichen tuon

Gerathe ymmer fraÿſzlichen tůn·
Dar giengen an der ſtůnde
Vier Etzeln man Sy trůgen Orte=
lieben den Jungen künig dan zu
der fürſten tiſche da auch Hage=
ne ſaſs· des můſ ſet das kind erſter
ben durch ſeinen mortlichen haſs·
Da der künig reich ſeinen Sun
erſach· zu ſeinen konemagen Er
guettlichen ſprach· nu ſecht Jr
freundt da meinen aingen ſun
vnd auch Ewr Swester das mag
Euch all weſen frumb· Gerat
Er nach dem künig· er wirt ein
küen man· reich vnd vil edel
ſtarch vnd wolgetan· leb ich dhain
weyle· Jch gib im zwelff lanndt
ſo mag euch wol gedienen des
Jungen Ortliebes handt· Dar
umb pit ich euch lieben freunde
mein· Wann Jr ze lannde reitet
wider an den Rein· ſo ſölt Jr mit
euch füeren meinen lieben Sun
vnd ſolt auch an dem kinde vil
genedicklichen tůn· Vnd ziechet
in zun Eeren· vntz Er werde ze
man· hat euch in den Landen
yemand icht getan· das hilffet
Er euch rechen gewachſt im ſein
leib· die red hort Chrimhilt des kü
nig Etzeln weyb· Jm ſölten wol
getrawen diſe degenne gewüechs
Er ze einem manne ſo ſprach
Hagene· doch iſt der künig junge
ſo waydelich getan· man ſöl mich
ſehen ſelten ze hofe nach Ortlieben
gan· Der künig an [illegible]

fol. CXXIIIIrb ll. 1–34

rache ymmer fraÿſʒlichen tůŋ /
Dar giengen an der ſtünde
Vier Etʒeln man / Sy trůgen Oꝛte=
liebeŋ den jungen künig dan / zu
der Fürſten tiſche / da auch Hage=
ne ſaſs / des můſſet das kind erſteꝛ=
ben durch ſeinen moꝛtlichen haſs /
Da der kunig reich ſeinen Suŋ
erſach / zu ſeinen kone magen Er
guettlichen ſprach · nu ſecht jr
Freundt da meinen ainigen ſun /
vnd auch Ewꝛ Sweſter / das mag
Ewch all weſen frumb · Gerat
Er nach dem kunig / er wirt ein
küen man / reich vnd ʋil edel
ſtarch vnd wolgetan / leb ich ꝺꜧaiŋ
weÿle / jch gib im zwelff lanndt /
ſo mag euch wol gedienen des
jungen Oꝛtliebes handt / Dar=
umb pit ich euch lieben Freünꝺe
mein / wann jr ze lannde reitet
wider an den Rein / ſo ſolt jr mit
euch füeren meineŋ lieben Sůŋ
vnd ſolt auch an dem kinde ʋil
genediklichen tůŋ / Und ziehet
jn zun Eeren / ʋntʒ Er werde ze
man / hat euch in den Landŋ̄
yemannd icht getan / das hilffet
Er euch rechen gewachſt im ſeiŋ
leib / die red hoꝛt Chrimhilt / des kü=
nig Etʒeln weÿb / Im ſolten wol
getrawen diſe degenne gewüechs
Er ze einem manne ſo ſprach
Hagene / doch iſt der kunig jünge

wie kund ain weyb durch rache ymmer frayszlichen tuon

1910 Dar giengen an der stunde Vier Etzeln man
Sy truogen Ortelieben den jungen künig dan
zu der Fürsten tische da auch Hagene sass
des muosset das kind ersterben durch seinen mortlichen hass

1911 Da der kunig reich seinen Sun ersach
zu seinen kone magen Er guettlichen sprach
nu secht jr Freundt da meinen ainigen sun
vnd auch Ewr Swester das mag Ewch all wesen frumb

1912 Gerat Er nach dem kunig er wirt ein küen man
reich vnd vil edel starch vnd wolgetan
leb ich dhain weyle jch gib im zwelff lanndt
so mag euch wol gedienen des jungen Ortliebes handt

1913 Darumb pit ich euch lieben Freunde mein
wann jr ze lannde reitet wider an den Rein
so solt jr mit euch füeren meinen lieben Suon
vnd solt auch an dem kinde vil genediklichen tuon

1914 Und ziehet jn zun Eeren vntz Er werde ze man
hat euch in den Landen yemannd icht getan
das hilffet Er euch rechen gewachst im sein leib
die red hort Chrimhilt des künig Etzeln weyb

1915 Im solten wol getrawen dise degenne
gewuechs Er ze einem manne so sprach Hagene
doch ist der kunig junge so waydelich getan

getrawen dise degenne gewuechs
Er ze ainem manne so sprach
Hagene doch ist der kunig junge
so wäydelich getan. man sol mich
sehen selten ze hofe nach ortlieben
gan Der kunig an Hagene
plickte die red was im laid. wie
wol Er nicht darumb beredete der
fürste vil gemait. es trüebet im
sein hertze vnd beschwëret im
den müt. do was den Hagenen
wille ze kurtzweyle güt Er tet
den fürsten allen mit dem kü
nige wee. das Hagene von seine
kinde het gesprochen Er daz sys
vertragen solten. das was in
vngemach. sy wissen nicht der
märe. was von dem Recken sert
geschach.

fol. CXXIIIIrb ll. 35–50

ſo waÿdelich getan / man ſol mich
ſehen ſelten ze hofe nach Oꝛtliebŋ̄
gan / Der kunig an Hagene
plickte / die red was im laid / wie
wol Er nicht darumbe redete der
Fűrſte vil gemait / es trűebet iŋ
ſein hertʒe / vnd beſchwe͛ret im
den můt / do was des Hageneŋ
wille ze kurtʒweÿle gůt · Es tet
den Furſten allen mit dem ku=
nige wee / das Hagene voŋ ſeinē
kinde het geſprochen / Ee daʒ ſys
vertragen ſolten / das was jn
vngemach / ſÿ wiſſeŋ nicht deꝛ
mare / was von den Recken ſeit
geſchach ·

doch ist der kunig junge so waydelich getan
man sol mich sehen selten ze hofe nach Ortlieben gan

1916 Der kunig an Hagene plickte die red was im laid
wie wol Er nicht darumbe redete der Fürste vil gemait
es trüebet im sein hertze vnd beschweret im den muot
do was des Hagenen wille ze kurtzweyle guot

1917 Es tet den Fursten allen mit dem kunige wee
das Hagene von seinem kinde het gesprochen Ee
daz sys vertragen solten das was jn vngemach
sy wissen nicht der mare was von den Recken seit geschach

Abentheur · Wie Iring in das Hause sprang ·

Da rite von Tennemarcht der Marggraue Iringk · ich han auf Ere lassen nu lanng mein ding · und in Volckes stürmen des pesten vil getan · Nu bringt mir waffen Da wil Ich Hagenen bestan Das wil ich widerraten sprach do Hagene so hayss auf hoher weychen die Hunen degenne gespringent ein zwen oder drey in den sal · die send ich vil ungesunde die stiegen wider hin ze tal · Darumb ichs nit enlasse sprach aber Iringk · Ich han auch versuechet · soliche sorgkliche ding Da wil ich mit dem schwerte aininge dich bestan · was hilffet übermüte daz du mit rede hast getan Da warde gewappend balde der degen Iring und Irenfridt von Düringen ain kuener jüngeling · und Hawart der vil starcke · wol mit Tausent mann · wes Iring begunde Sy woltens alles im gestan Da sach der Videlare ain vil grosse schar die mit Iringk gewaffent komen dar Sy trugen aufgepunden vil mangen Helme guot · da ward der kuene Volcker ain tail vil zornig gemuot ·

fol. CXXVIra ll. 1–29

Abentheŭr · Wie Jring in daσ Hauſe ſpꝛanng ·

Da rite voŋ Tenne=March / der Maꝛg=graue Jringk / ich han auf Eere laſ=ſen nu lanng mein ding / ʋnd in ʋolckes ſtűrmeŋ deσ peſten ʋil ge=tan / Nu bringt mir waffen / Ia wil Ich Hageneŋ beſtan / Daσ wil ich widerrateŋ ſprach do Hagene / ſo haÿſs auf hoher weÿchen die Hűn=en degenne / geſpringent ew̃ꝛ zwen oder dreÿ in den ſal / die ſend ich vil vngeſunde die ſtiegen wider hin ze tal / Darumb ichs nit enlaſſe ſprach aber jringk / Jch han auch verſűchet / ſoliche ſoꝛgkliche ding / Ia wil ich mit dem ſchwerte ainige dich beſtan / waσ hilffet v̈berműte daʒ du mit rede haſt getan / Da waꝛ=de gewappend balde der degen Iring ʋnd Jrenfridt von Dűringen ain kuener jűngeling / vnd Hawaꝛt der ʋil ſtarche / wol mit Taűſent mann / weσ Jring begűnde / Sy woltens alleσ im geſtan / Da ſach der Videlăre aiŋ ʋil groſſe ſchaꝛ die

35 Abentheur Wie Jring in das Hause spranng

2025 Da rite von TenneMarch der Marggraue Jringk
ich han auf Eere lassen nu lanng mein ding
vnd in volckes stürmen des pesten vil getan
Nu bringt mir waffen Ia wil Ich Hagenen bestan

2026 Das wil ich widerraten sprach do Hagene
so hayss auf hoher weychen die Hünen degenne
gespringent ewr zwen oder drey in den sal
die send ich vil vngesunde die stiegen wider hin ze tal

2027 Darumb ichs nit enlasse sprach aber jringk
Jch han auch versuochet soliche sorgkliche ding
Ia wil ich mit dem schwerte ainige dich bestan
was hilffet v̈bermuote daz du mit rede hast getan

2028 Da warde gewappend balde der degen Iring
vnd Jrenfridt von Düringen ain kuener jungeling
vnd Hawart der vil starche wol mit Tausent mann
wes Jring begunde Sy woltens alles im gestan

2029 Da sach der Videläre ain vil grosse schar
die mit jringk gewaffent komen dar

mann · wes Irinng begunnet sy
woltens alles nu gestan Da sach
der Videlære ain vil grosse schar die
mit Irinngk gewaffent komen dar
Sy trugen aufgepunden vil mani
gen helme gut, da ward der kuene
Volcker ain tail vil zornigs gemuet
Secht jr freundt hagene dort
Irinngen gan, der euch mit dem
swerte lobt ainig zu bestan, wie
zimpt helde bogenere Ich wil vn
preysen daz es gert mit jm gewaf
fent wol tausent recken oder bas.
Nu haysset mich nicht liegen,
sprach hawartes man Ich wil es
gerne laysten daz ich gelobet han,
durch dhain forchte wil ich es abe
gan, wie greuslich sey nu hagene
Ich wil jn aine bestan Ze fuessen
pot sich Irinngk magen vnd man,
daz sy jn aine liessen den recken be
stan. das tetten sy vngerne wan
jn was wol bekant der übermuetig
Hagene aus Burgunden lannt.
Doch pat Er sy so lanng daz es
seyt geschach, do daz yngesynde
den willen sein ersach · daz Er warb
nach eren, da liessen sy jn gan,
des ward da von jn baiden ein gri
mes streiten getan. Irinngk von
Tennmarche vil hohe trug den ger
sich dackte mit dem schilde der teu
re degen. heer da lieff er auf Hage
ne vast für den sal. da hub sich von
den degenen ain vil groslicher schal.
Da schussen sy die geren mit
creffen von der hannt. durch die

fol. CXXVIra ll. 30–63

mit jringk gewaffent komen daꝛ /
Sy trůgen aufgepűnden vil mani=
gen Helme gůt · da waꝛd der küene
Volcker ain tail ʋil zoꝛnig gemůt /
Secht jr Freundt Hagene doꝛt /
Jringen gan / der euch mit dem
Swerte lobt ainig zu beſtan / wie
zimpt helde bogenere / Ich wil vn=
preyſen daʒ eꜱ gert mit jm gewaf=
fent wol tauſent Recken oder baꜱ /
Nu haÿſſet mich nicht liegen /
ſpꝛach Hawarteꜱ man / Ich wil eꜱ
gerne laÿſten daʒ ich gelobet han /
durch dhain foꝛchte wil ich eꜱ abe
gan / wie greűſlich ſeÿ nu Hagene
Ich wil jn aine beſtan / Ze Fueſſeŋ
pot ſich Jringk / magen vnd man ·
daʒ Sy jn aine lieſſen den Recken be=
ſtan / daꜱ tetten Sy vngernne wañ
jn waꜱ wol bekant / der ʋ̈berműtig
Hagene auꜱ Burgűnden lannt /
Doch pat Er ſy ſo lanng / daʒ eꜱ
ſeyt geſchach / do daʒ ynngeſÿnde /
deŋ willen ſein erſach · daʒ Er waꝛb
nach ereŋ / da lieſſen Sÿ jn gan /
deꜱ ward da von jn baiden ein grĩ=
meꜱ ſtreiten getan / Iringk voŋ
Tennmarche ʋil hohe trůg den geꝛ /
ſich dackte mit dem Schilꝺe der teű=
re degen / Heer da lieff er auf Hage=
ne vaſt für den ſal / da hůb ſich voŋ
den degeneŋ aiŋ ʋil groſlicher ſchal /
Da ſchuſſen Sy die geren mit
crefften voŋ der hannt / durch die

die mit jringk gewaffent komen dar
Sy truogen aufgepunden vil manigen Helme guot
da ward der küene Volcker ain tail vil zornig gemuot

2030 Secht jr Freundt Hagene dort Jringen gan
der euch mit dem Swerte lobt ainig zu bestan
wie zimpt helde bogenere Ich wil vnpreysen daz
es gert mit jm gewaffent wol tausent Recken oder bas

2031 Nu haysset mich nicht liegen sprach Hawartes man
Ich wil es gerne laysten daz ich gelobet han
durch dhain forchte wil ich es abe gan
wie greuslich sey nu Hagene Ich wil jn aine bestan

2032 Ze Fuessen pot sich Jringk magen vnd man
daz Sy jn aine liessen den Recken bestan
das tetten Sy vngernne wann jn was wol bekant
der übermütig Hagene aus Burgunden lannt

2033 Doch pat Er sy so lanng daz es seyt geschach
do daz ynngesynde den willen sein ersach
daz Er warb nach eren da liessen Sy jn gan
des ward da von jn baiden ein grimmes streiten getan

2034 Iringk von Tennmarche vil hohe truog den ger
sich dackte mit dem Schilde der teure degen Heer
da lieff er auf Hagene vast für den sal
da huob sich von den degenen ain vil groslicher schal

2035 Da schussen Sy die geren mit crefften von der hannt
durch die Vesten Schilde auf liechtes Jr gewannt

Vesten Schilde auf liechtes Jr gewannt daz die gerstanngen vil
hohe draten dan, da gryffen zu den
swerten die zwen grymme küene
man. Des küenen hagenen
ellen das was starche gros. da slug
auch auf Jr Jrinck daz alles das
haws erdos, Palas und Turne die
erhallen nach Jr schlegen da kundt
nicht verennden den seinen willen
der degen. Jrinck der lie hagenen
vnuerwundet stan zu dem Videlare gahen er began. Er mainte in
möchte zwingen mit seinen starch-
en slegen, das kund wol beschirmen
Volcker der zierliche degen. Da slug
der Videlare daz über des Schildes
drette das gespenge von Volckers hant
den liess er da beleiben, es was ain
übel man, da lieff Er Gunthern
von Burgunden an. Da was
yetwedere der streite starch genug.
was Gunther und Jringk auf
einannder slug, das en braocht nicht
von wunden das fliessende plut.
das behüete Jr gewaffen. das was
starch und güt. Guntherren Er
lie beleiben und lieff Gernoten an.
das fewr aus den ringen er hawen
im began. da het von Burgunden
der starch Gernot den küenen
Jringk erslagen nachlichen todt.
Da spranng er von dem fürsten
schnell was Er genug. der Burgunden viere der helt vil balde schlug.
des edlen yngesyndes von wurms
über Rein. da kunde Geyselherre
nymmer zorniger gesein. Got

fol. CXXVIrb ll. 1–34

Veſteŋ Schilde auf liechtes Jr gewannt / daʒ die gerſtanngeŋ / vil hohe dꝛateŋ daŋ / da gryffeŋ zu den ſwerten / die zwen grÿmme küene man / Des küeneŋ Hageneŋ ellen das was ſtarche gros / da ſlůg auch auf jn Jringk ꝺaʒ alles das hawſs erdos / Palas / ꝩnd Turne die erhallen nach jr ſchlegen / da kundt nicht verenndeŋ den ſeineŋ willen der degeŋ / Iringk der lie Hageneŋ / vnuerwündet ſtan / zu dem Videlare gahen er began / Er mainte iŋ möchte zwingen mit ſeineŋ ſtarchen ſlegen / das kund wol beſchirmeŋ Volcker der zierliche degen Da ſlůg der Videläre daʒ v̈ber des Schilꝺes dꝛette das geſpenge von Volckers hant den lieſs er da beleiben / es was ain v̈bel man / da lieff Er Gunthern von Burgunden an / Da was yetwedere ꝺer ſtreite ſtarch genůg / was Gunther vnd Jringk auf einannder ſlůg / das enbꝛacht nicħt von wunden das flieſſende plůt / das behůte jr gewaffen / das was ſtarch vnd gůt / Guntherren Er lie beleiben vnd lieff Gernoteŋ aŋ / das Fewꝛ aus den ringen er haweŋ im began / da het von Burgündeŋ der ſtarch Gernot den küenen Jringk erſlagen nachlichen todt · Da ſprang er von dem Fürſten ſchnell was Er genůg / der Burgun=

durch die Vesten Schilde   auf liechtes Jr gewannt
daz die gerstanngen   vil hohe draten dan
da gryffen zu den swerten   die zwen grymme küene man

2036 Des küenen Hagenen ellen   das was starche gros
da sluog auch auf jn Jringk   daz alles das hawss erdos
Palas vnd Turne   die erhallen nach jr schlegen
da kundt nicht verennden   den seinen willen der degen

2037 Iringk der lie Hagenen   vnuerwundet stan
zu dem Videlare   gahen er began
Er mainte in möchte zwingen   mit seinen starchen slegen
das kund wol beschirmen   Volcker der zierliche degen

2038 Da sluog der Videläre   daz v̈ber des Schildes
drette das gespenge   von Volckers hant
den liess er da beleiben   es was ain v̈bel man
da lieff Er Gunthern   von Burgunden an

2039 Da was yetwedere   der streite starch genuog
was Gunther vnd Jringk   auf einannder sluog
das enbracht nicht von wunden   das fliessende pluot
das behuote jr gewaffen   das was starch vnd guot

2040 Guntherren Er lie beleiben   vnd lieff Gernoten an
das Fewr aus den ringen   er hawen im began
da het von Burgunden   der starch Gernot
den küenen Jringk   erslagen nachlichen todt

2041 Da sprang er von dem Fürsten   schnell was Er genuog
der Burgunden viere   der Helt vil balde schluog

fol. CXXVIrb ll. 35–68

den ʋiere der Helt vil balꝺe ſchlůg ·
deσ edlen ÿnngeſÿnndes voŋ wuꝛmσ /
vͤber Rein / da kunde Gyſelherre
nymmer zoꝛniger geſein / Got
wayſs herꝛ Jringk / ſprach Giſelhrꝰ
daσ kindt Jr müeſſet mir die geltŋ̄
die voꝛ Ewꝛ todt ſindt gelegeŋ / hie ze
ſtunden da lieff Er jn an / Er ſlůg
den Trierennder daʒ Er můſſet
da beſtaŋ / Er ſchoſs voꝛ ſeinen
hanndeŋ nider in daσ plůt / daʒ Sy
alle wolteŋ maÿnen / daʒ der helꝺe
gůt / ze ſtreite nymmermere geſlüe=
ge ꝺhaineŋ ſlag / Jringk doch ane
wŭnden hie voꝛ Giſelherren lag /
Uoŋ deσ Helmeσ doʒe vnd von
deσ ſwerteσ klangk / wareŋ ſeine
witʒe woꝛdeŋ harte kranckh / daʒ
ſich der degeŋ chüene deσ lebens
nicht verſan / daʒ het mit ſeinen
crefften der ſtarch Giſelher getaŋ /
Da jm begund entweycheŋ voŋ
haubt der doσ / den Er Ee do dolte voŋ
dem ſchlage groσ / Er dacht Ich bin
noch lebende vnd nÿnndert wŭnꝺt
Nu iſt mir allererſte daσ ellen
Gyſelheres kunt Da hoꝛt Er bai=
denthalben die ʋeinde vmb jn ſtaŋ /
Wyſten ſy die märe im wer noch
mer getan / auch het Er Gyſelheꝛŋ
da beÿ jm vernomeŋ / Er gedacht
wie Er voŋ deŋ Veindeŋ ſolte komeŋ /
Wie recht tobelich Er aus dem
plůte ſpranng / ſeiner ſchnelhait

der Burgunden viere der Helt vil balde schluog
des edlen ynngesynndes von wurms vͤber Rein
da kunde Gyselherre nymmer zorniger gesein

2042 Got wayss herr Jringk sprach Giselherr das kindt
Jr müesset mir die gelten die vor Ewr todt sindt
gelegen hie ze stunden da lieff Er jn an
Er sluog den Trierennder daz Er muosset da bestan

2043 Er schoss vor seinen hannden nider in das pluot
daz Sy alle wolten maynen daz der helde guot
ze streite nymmermere geslüege dhainen slag
Jringk doch ane wunden hie vor Giselherren lag

2044 Uon des Helmes doze vnd von des swertes klangk
waren seine witze worden harte kranckh
daz sich der degen chüene des lebens nicht versan
daz het mit seinen crefften der starch Giselher getan

2045 Da jm begund entweychen von haubt der dos
den Er Ee do dolte von dem schlage gros
Er dacht Ich bin noch lebende vnd nynndert wundt
Nu ist mir allererste das ellen Gyselheres kunt

2046 Da hort Er baidenthalben die veinde vmb jn stan
Wysten sy die märe im wer noch mer getan
auch het Er Gyselhern da bey jm vernomen
Er gedacht wie Er von den Veinden solte komen

2047 Wie recht tobelich Er aus dem pluote spranng
seiner schnelhait Er mochte wol sagen dannckh

Er mochte wol sagen damach · da
liess Er aus dem hawse da Er aber
Hagenen vant · vnd schlug im
grymme mit seiner ellenthafften
hant · Da dacht Hagene du muost
des todes wesen · dich erfrid der vbel teufl
du kanst im nicht genesen · doch wun
det Iringt Hagenen durch seinen
Helmhut · daz der helt mit wahen
das was ain waffen also gut · Da
der herre Hagene der wunden em
phand · da erwaget im vngefuege
das schwert an seiner hant · alda
muess Er im entweichen der Ha
wartes mann hernider von der
stiegen Hagen volgen im began ·
Iringt der vil kuene den schilt
vber haubt schwang · vnd wer die
selb stiege dreyer stiegen lang ·
die weyl liess jn Hagene nie slagn
ainen schlag · Hey was roter fanck
ob seinem helme gelag · Hin wider
zu den seinen kam Iringt wol gesut ·
da wurden dise märe Chrimhilt
rechte kunt · was Er von Tronege
Hagenen mit streite het getan · des
im die kunigine vil hohe dancken
began · Nu lon dir got Iringt
vil märe helde gut · du hast mir
wol getröstet das hertze vnd auch
den mut · nu sich ich rot von plute
Hagene sein gewant · Chrimhilt
nam jm selb den schilt von der hant ·
Ir mueget im märe dancken
also sprach Hagene · wolt Er es
noch versuechen das gezäme degene
kain Er dann hynnen so wer Er
ein kuener man · die wundt die

fol. CXXVIrc ll. 1–34

Er mochte wol ſageŋ danckh / da lieff Er aus dem haẘſe da Er aber Hagenen vant / vnd ſchlůg im grymme mit ſeiner ellenthafften hant / Da dacht Hagene du můſt des todes weſen / dich enfꝛid der v̈bel teüfl du kanſt nu nicht geneſeŋ / doch wun= det Jringk Hagenen durch ſeineŋ Helmhůt / daʒ der helt mit waheŋ das was ain waffen alſo gůt / Da der herre Hagene der wunden em= phand / da erwaget im vngefüege das ſchwert an ſeiner hant / alda mueſſet im entweichen der Ha= wartes manŋ hernider voŋ der ſtiegen Hageŋ volgen im begaŋ / Jringk der vil küene den Schilt v̈ber haubt ſchwang / vnd wer die= ſelb ſtiege dreyer ſtiegen lanng / die weÿl liess jn Hagene nie ſlagñ / aineŋ ſchlag / Hey was roter fanckñ ob ſeinem Helme gelag / Hinwider zu den ſeinen kam Jringk wol geſüt / da wurden diſe mäȇre Chrimhilt rechte künt / was Er voŋ Tronege Hagenen mit ſtreite het getan / des im die küniginne vil hohe dancken began / Nu lon dir got Jringk vil mäȇre helde gůt / du haſt mir wol getrőſtet das hertʒe vnd auch den můt / nu ſich jch rot von plůte Hagene ſein gewant / Chrimhilt naŋ jm ſelb den Schilt voŋ der hant · Ir müget im mare danckhen /

seiner schnelhait Er mochte wol sagen dannckh
da lieff Er aus dem hawse da Er aber Hagenen vant
vnd schluog im grymme mit seiner ellenthafften hant

2048 Da dacht Hagene du muost des todes wesen
dich enfrid der v̈bel teufl du kanst nu nicht genesen
doch wundet Jringk Hagenen durch seinen Helmhuot
daz der helt mit wahen das was ain waffen also guot

2049 Da der herre Hagene der wunden emphand
da erwaget im vngefüege das schwert an seiner hant
alda muesset im entweichen der Hawartes mann
hernider von der stiegen Hagen volgen im began

2050 Jringk der vil küene den Schilt v̈ber haubt schwang
vnd wer dieselb stiege dreyer stiegen lanng
die weyl liess jn Hagene nie slagen ainen schlag
Hey was roter fancken ob seinem Helme gelag

2051 Hinwider zu den seinen kam Jringk wol gesunt
da wurden dise märe Chrimhilt rechte kunt
was Er von Tronege Hagenen mit streite het getan
des im die küniginne vil hohe dancken began

2052 Nu lon dir got Jringk vil märe helde guot
du hast mir wol getröstet das hertze vnd auch den muot
nu sich jch rot von pluote Hagene sein gewant
Chrimhilt nam jm selb den Schilt von der hant

2053 Ir müget im mare danckhen also sprach Hagene

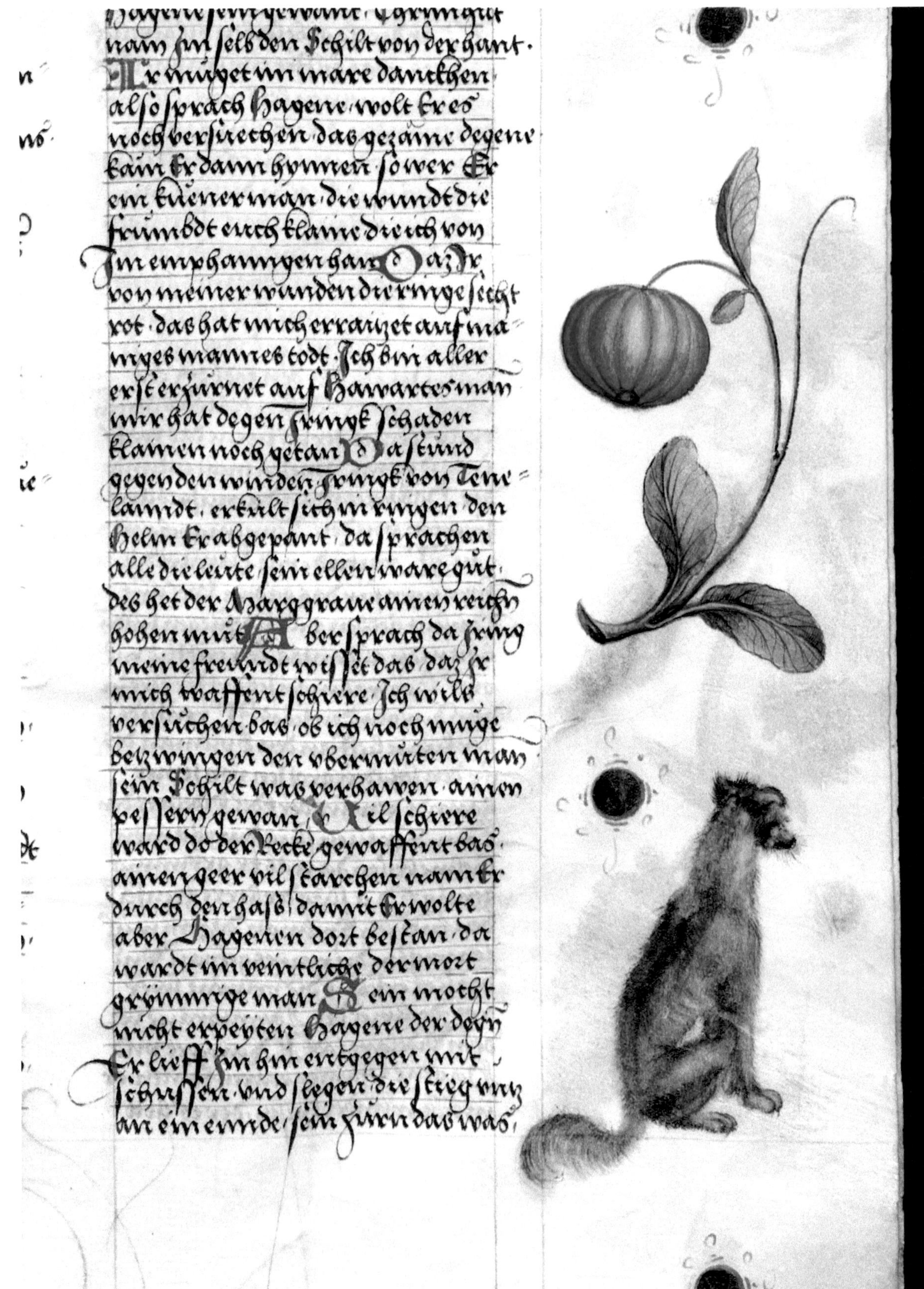

fol. CXXVIrc ll. 35–68

alſo ſprach Hagene / wolt Er es noch verſuechen / das geʒäme degene / käm Er dann hynnen / ſo wer Er ein küener man / die wundt die frümbdt euch klaine / die ich voŋ Jm emphanngen han Daʒ Ir voŋ meiner wunden die ringe ſecht rot / das hat mich erraitʒet auf maniges mannes todt / Jch bin aller erſt erzürnet auf Hawartes maŋ̄ / mir hat degen Jringk ſchaden klainen noch getan / Da ſtůnd gegeŋ den winden / Jringk voŋ Tenelanndt / er kult ſich in ringen / den Helm Er abgepant / da ſprachen alle die leüte / ſein ellen ware gůt / des het der Marggraue aineŋ reichŋ̄ hohen můt / Aber ſprach da jring meine Freundt wiſſet das / daʒ jr mich waffent ſchiere / Jch wils verſůchen / bas / ob ich noch müge betʒwingen den vbermůten maŋ̄ / ſein Schilt was verhawen / aineŋ peſſerŋ gewan / Uil ſchiere ward do der Recke / gewaffent bas / ainen geer vil ſtarchen nam Er durch den haſs / damit Er wolte aber Hagenen doꝛt beſtan / da wardt im veintliche der moꝛt grÿmmige man Sein mocht nicht erpeÿten Hagene der degŋ̄ Er lieff jm hin entgegen mit ſchuſſen / ʋnd ſlegen / die ſtieg v̈ntʒ an ein ennde / ſein zürn das was /

2053 Ir müget im mare danckhen also sprach Hagene
wolt Er es noch versuechen das gezäme degene
käm Er dann hynnen so wer Er ein kuener man
die wundt die frumbdt euch klaine die ich von Jm emphanngen han

2054 Daz Ir von meiner wunden die ringe secht rot
das hat mich erraitzet auf maniges mannes todt
Jch bin aller erst erzürnet auf Hawartes mann
mir hat degen Jringk schaden klainen noch getan

2055 Da stuond gegen den winden Jringk von Tenelanndt
er kult sich in ringen den Helm Er abgepant
da sprachen alle die leute sein ellen ware guot
des het der Marggraue ainen reichen hohen muot

2056 Aber sprach da jring meine Freundt wisset das
daz jr mich waffent schiere Jch wils versuochen bas
ob ich noch müge betzwingen den vbermuoten mann
sein Schilt was verhawen ainen pessern gewan

2057 Uil schiere ward do der Recke gewaffent bas
ainen geer vil starchen nam Er durch den hass
damit Er wolte aber Hagenen dort bestan
da wardt im veintliche der mort grymmige man

2058 Sein mocht nicht erpeyten Hagene der degen
Er lieff jm hin entgegen mit schussen vnd slegen
die stieg ÿntz an ein ennde sein zürn das was gros

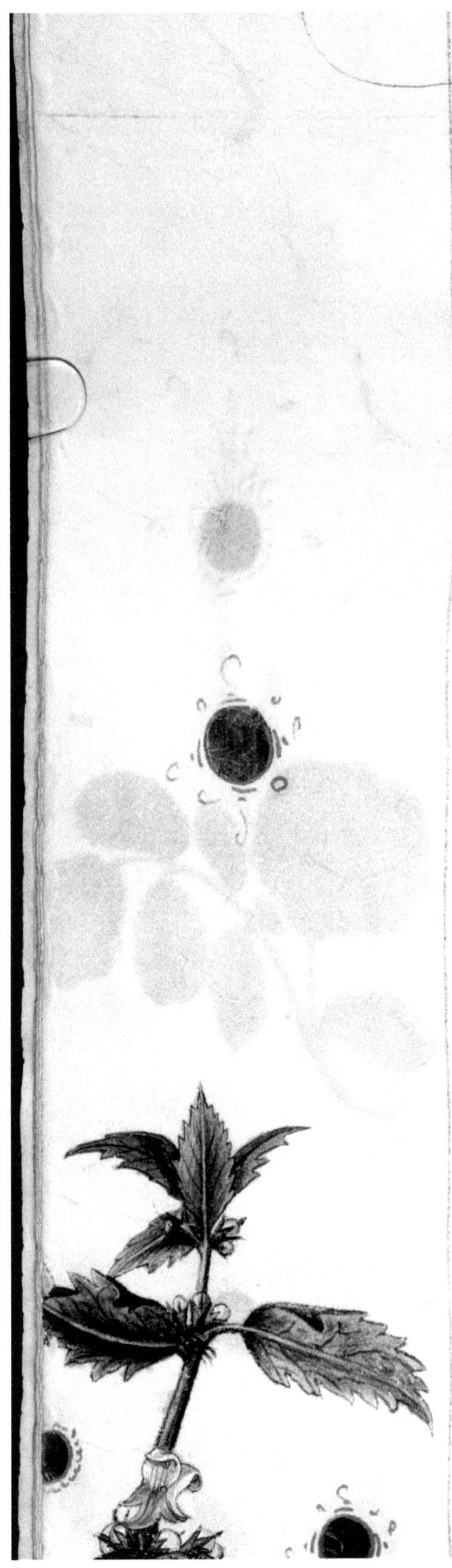

gros Iring seiner sterche da vil wenig genos. Sy schlugen durch
die Schilde das laugen began von
fewr roten winden der Hawartes
man ward von Hagenes schwerte
crefftiklichen wundt durch schilt
und durch die prunne des er ward
nymmer mer gesunt Da der
degen Iring der wunden emphand
den Schilt er bas rugkte uber die
helme pant des schaden in dauchte
der volle den er da gewan sy tet
im aber mare des kunig Gunthers
man. Hagen vor seinen fuessen
ainen gere ligen vant. Er schoss
auf Iringen den helt von Tennelant daz im von dem haubt die
stannge ragete dann im het der
Recke Hagene den grymmen ende
getan. Iring muesset entweich-
en zu den von Tennelant Ee daz
man do dem Degene den helm
abgepant man prach den gere
vom haubte da nahnet im der tot
des wainten seine mage des gieng
im werlichen not Da kam die
kunigynne uber in gegan den starch-
en Iringen clagen sy began. Sy bewainte seine wunden es was ir
grymme laid da sprach zu seinen
magen der Recke kuen und gemait.
Lat die clage beleiben vil herrlich
es weib was hilffet ewr waynen Ja
muess ich meinen leib verliesen von
den wunden die ich emphangen
han der todt wil mich nicht lenger Etzelen dienen lan.

fol. CXXVIva ll. 1–34

gros / Jring ſeiner ſterche da vil we=nig genos / Sy ſchlůgeŋ durch die Schilde daϭ laŭgeŋ begaŋ / voŋ Fewꝛ roten winden der Hawarteϭ man / ward von Hagenes ſchweꝛte crefftiklichen wŭndt / durch ſchilt vnd durch die prŭnne / deϭ Er waꝛꝺ nymmermer geſŭnt Da der degen Jring der wunden emphanꝺ / den Schilt er baϭ rugkte vber die Helme pant / deϭ ſchaden jn daŭchte der ʋolle / den Er da gewan / ſy tet im aber mare deϭ kŭnig Gunthoꝰ man / Lagen voꝛ ſeinen Fŭeſſen ainen gere ligen vant / Er ſchoſs auf jringen den Helt von Tenne=lant / daʒ im von dem haubt die ſtannge ragete / danŋ jm het der Recke Hagene den grÿmmen ende getan / Iringk můſſet entweich=en zů den von Tennelant / Ee daʒ man do dem Degene den Helm abgepant / man prach den gere vom haubte / da nahnet im der tot / deϭ wainten ſeine mage / deϭ gieng Jm werlichen not / Da kam die kŭniginne vber jn gegan / den ſtaꝛch=en jringen clagen ſy began / Sÿ be=wainte ſeine wŭnden / eϭ waϭ jr grÿmme laid / da ſprach zu ſeineŋ magen der Recke kuen vnꝺ gemait / Lat die clage beleiben vil heꝛlich=eϭ weib / waϭ hilffet ewꝛ waÿneŋ / Ia můſs ich meinen leib / verlieſeŋ voŋ

die stieg ŷntz an ein ennde sein zürn das was gros
Jring seiner sterche da vil wenig genos

2059 Sy schluogen durch die Schilde das laugen began
von Fewr roten winden der Hawartes man
ward von Hagenes schwerte crefftiklichen wundt
durch schilt vnd durch die prunne des Er ward nymmermer gesunt

2060 Da der degen Jring der wunden emphand
den Schilt er bas rugkte vber die Helme pant
des schaden jn dauchte der volle den Er da gewan
sy tet im aber mare des künig Gunthers man

2061 Lagen vor seinen Füessen ainen gere ligen vant
Er schoss auf jringen den Helt von Tennelant
daz im von dem haubt die stannge ragete dann
jm het der Recke Hagene den grymmen ende getan

2062 Iringk muosset entweichen zuo den von Tennelant
Ee daz man do dem Degene den Helm abgepant
man prach den gere vom haubte da nahnet im der tot
des wainten seine mage des gieng Jm werlichen not

2063 Da kam die küniginne vber jn gegan
den starchen jringen clagen sy began
Sy bewainte seine wunden es was jr grymme laid
da sprach zu seinen magen der Recke kuen vnd gemait

2064 Lat die clage beleiben vil herrliches weib
was hilffet ewr waynen Ia muoss ich meinen leib
verliesen von den wunden die ich emphangen han

fol. CXXVIva ll. 35–67

den wunden / die ich emphangen
han / der todt wil mich nicht leng=
er Ewch vnd Etʒelen dienen lan /
Er ſprach zu den von Türingeŋ
vnd den von Tenelant / die gabe
ſol emphahen ewꝛ dhaines handt /
von der kuniginne jr liechtes golt /
vil rot / vnd beſtet jr Hagenen / jr
müeſſet kÿeſen den todt / Seiŋ
varbe was erplichen des todes zaichn̄
trůg / Jringk der vil küene das waſs
jn laid genůg / geneſen nicht enkünde
der Habartes man / da můſs es ane
ſtreÿten von den Tennemarchenn
gan / Irenfrid / vnd Hawart die
ſprungen für das gadem / wol mit
Tauſent helden vil vngefüegen kradn̄
hoꝛt man allennthalben crefftig / vnd
gros / Hey was man ſcharffer gere zu
den Burgunden ſchos / Irenfꝛidt
der küene lieff an den Spilman / des
Er den ſchaden groſſen voŋ ſeiner
hanndt gewan / der Edel videläre deŋ
Lanndtgrauen / ſlůg / durch ainen
Helme veſten Ia was Er grÿmmig
genůg / Da ſlůg der herre Jrenfrid
den küenen Spilman / daʒ im můſ=
ten preſten die ringes geſpan / Vnd
daʒ ſich erſchůt die prunne ſwër
rot / doch viel der Lanntgraue voꝛ
dem Videläre todt / Hawart / vnd
Hagene zeſameŋ wareŋ komen / er
mocht wünder kyeſeŋ / der es hett

verliesen von den wunden die ich emphangen han
der todt wil mich nicht lenger Ewch vnd Etzelen dienen lan

2065 Er sprach zu den von Türingen vnd den von Tenelant
die gabe sol emphahen ewr dhaines handt
von der kuniginne jr liechtes golt vil rot
vnd bestet jr Hagenen jr müesset kyesen den todt

2066 Sein varbe was erplichen des todes zaichen truog
Jringk der vil küene das wass jn laid genuog
genesen nicht enkunde der Habartes man
da muoss es ane streyten von den Tennemarchenn gan

2067 Irenfrid vnd Hawart die sprungen für das gadem
wol mit Tausent helden vil vngefüegen kraden
hort man allennthalben crefftig vnd gros
Hey was man scharffer gere zu den Burgunden schos

2068 Irenfridt der küene lieff an den Spilman
des Er den schaden grossen von seiner hanndt gewan
der Edel videläre den Lanndtgrauen sluog
durch ainen Helme vesten Ia was Er grymmig genuog

2069 Da sluog der herre Jrenfrid den küenen Spilman
daz im muosten presten die ringes gespan
Vnd daz sich erschuot die prunne swer rot
doch viel der Lanntgraue vor dem Videläre todt

2070 Hawart vnd Hagene zesamen waren komen
er mocht wunder kyesen der es hett Wargenomen

Wargenomen die schwerte genot
viellen den helden an der hanndt.
Hawart müst ersterben von dem
aus Burgunden lanndt. Do die
Tenen vnd Düringen Irherren
sahen tot. da hůb sich vor dem hause
ain fraysliche not. Ee sy die tür gewunnen mit ellenthaffter hant
des ward da verhawen vil manig
helm vnd rant. Weychet sprach
da Volcker vnd lat sy herein gan. es
ist sunst vnuerendet des sy da habend wan. sy müessen darynn ersterben in vil kurtzer zeit sy erarnent mit dem tode daz in die küniginne geit. Da die vbermüeten
kamen in den sal. vil manigem
ward das haubt genaiget so ze tal.
daz er müst ersterben von Ir swinden slegen. wol strait der küene
Gernot. also tet auch Giselher der
degen. Tausent vnd viere die kamen in das hawse. von schwerten
sach man plicken vil manigen
schwinden sawss. seyt wurden doch
die Recken alle darynne erslagen man
mocht michel wunder von den Burgunden sagen. Darnach ward
ain stille da der sal verdos. das plůt
allenthalben durch die locher flos.
vnd da zun Rigelstainen von den
toten man das hetten die von Reine
mit grossen ellen getan. Da sassen
aber rueende die von Burgunden
lannt die waffen mit den Schilden
Sy legten von der handt. da stůnd
noch vor dem türnen der küene

fol. CXXVIvb ll. 1–34

Wargenomeŋ / die ſchwerte genot
viellen den Helden an der hanndt /
Hawart mŭſt erſterben / voŋ dem
auσ Bŭrgŭnden lanndt / Do die
Tenen / vnd Dŭringeŋ Ir herren
ſahen tot / da hŭb ſich ʋoꝛ dem hauſe
ain fraÿſliche not / Ee ſy die tŭr ge=
wunnen mit ellenthaffter hant
deσ ward da verhaẁen vil manig
Helm vnd rant / Weÿchet ſprach
da Volcker vnd lat ſy herein gan / eσ
iſt ſŭnſt vnuerenndet deσ ſy da ha=
bend wan / ſy mŭeſſen darynn er=
ſterben / iŋ vil kurtʒer zeit / ſy eraꝛ=
nent mit dem tode / daʒ jn die kŭni=
ginne geit / Da die vbermŭten
kamen in den ſal / ʋil manigem
ward daσ haubt genaiget ſo ze tal /
daʒ Er mŭſt erſterben / von Ir ſwin=
den ſlegen / wol ſtrait der kŭene
Gernot / alſo tet auch Giſelher deꝛ
degen / Tauſent ʋnd ʋiere die ka=
men in daσ hawſe / voŋ ſchwerten
ſach man plicken / vil manigen
ſchwinden ſaẁſs / ſeyt wurden doch
die Recken alle darÿnne erſlagen maŋ
mocht michel wunder von den Bur=
gunden ſagen / Darnach waꝛd
ain ſtille da der ſal verdoσ / daσ plŭt
allenthalben durch die lŏcher floσ /
vnd da zun Rigelſtainen voŋ den
toten man / daσ hetteŋ / die voŋ Reine
mit groſſen ellen getan / Da ſaſſŋ
aber rŭen die von Burgunden

er mocht wunder kyesen der es hett Wargenomen
die schwerte genot viellen den Helden an der hanndt
Hawart muost ersterben von dem aus Burgunden lanndt

2071 Do die Tenen vnd Düringen Ir herren sahen tot
da huob sich vor dem hause ain fraysliche not
Ee sy die tür gewunnen mit ellenthaffter hant
des ward da verhawen vil manig Helm vnd rant

2072 Weychet sprach da Volcker vnd lat sy herein gan
es ist sünst vnuerenndet des sy da habend wan
sy müessen darynn ersterben in vil kurtzer zeit
sy erarnent mit dem tode daz jn die küniginne geit

2073 Da die vbermuoten kamen in den sal
vil manigem ward das haubt genaiget so ze tal
daz Er muost ersterben von Ir swinden slegen
wol strait der küene Gernot also tet auch Giselher der degen

2074 Tausent vnd viere die kamen in das hawse
von schwerten sach man plicken vil manigen schwinden sawss
seyt wurden doch die Recken alle darynne erslagen
man mocht michel wunder von den Burgunden sagen

2075 Darnach ward ain stille da der sal verdos
das pluot allenthalben durch die löcher flos
vnd da zun Rigelstainen von den toten man
das hetten die von Reine mit grossen ellen getan

2076 Da sassen aber ruoen die von Burgunden lannt

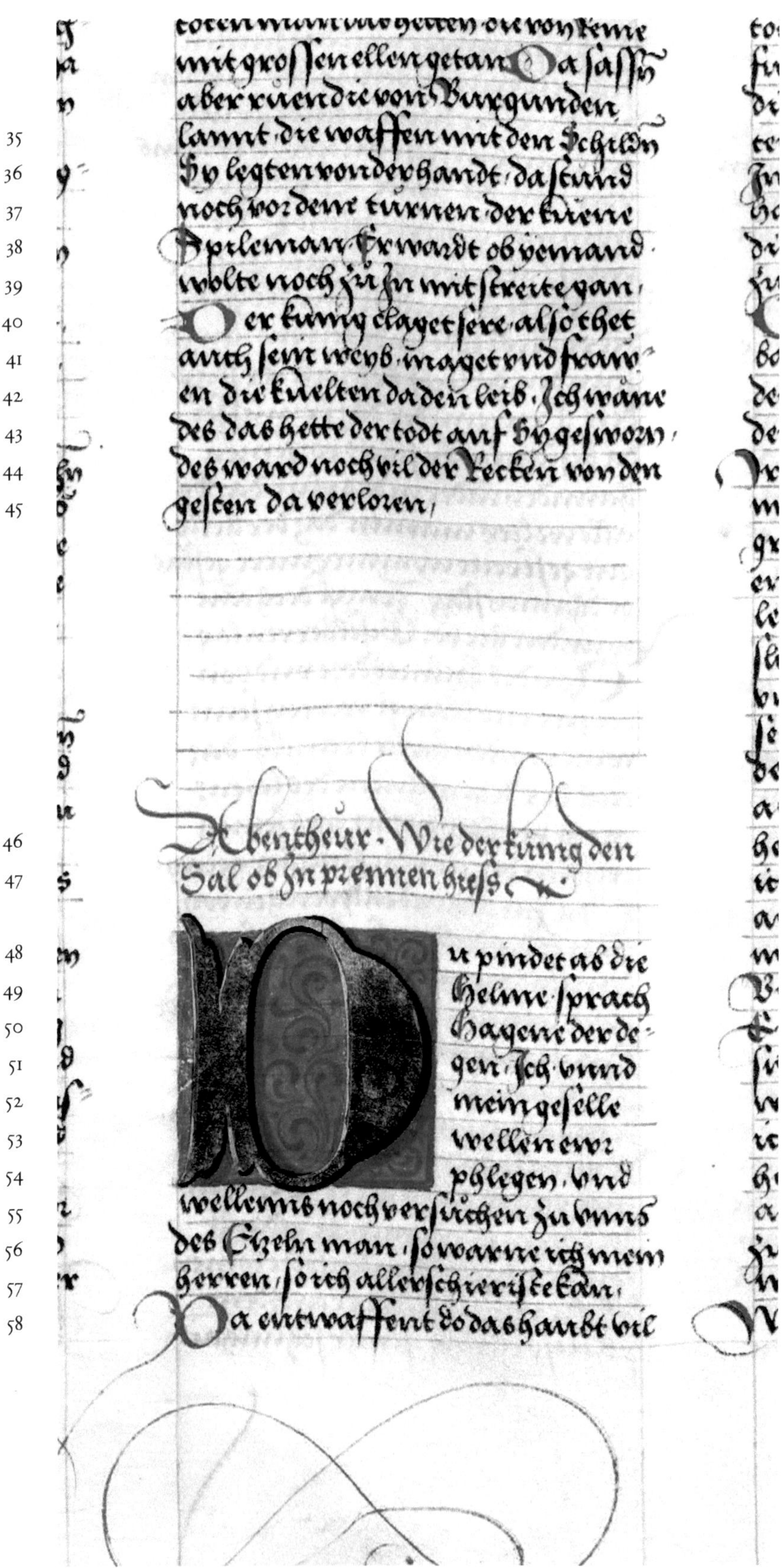

fol. CXXVIvb ll. 35–58

lannt / die waffen mit den Schilꝺŋ̄
Sy legten von der handt / da ſtůnꝺ
noch voꝛ dene tŭrnen / der kŭene
Spileman / Er waꝛꝺt ob ÿemanꝺ /
wolte noch zů jn mit ſtreite gan /
Der kunig claget ſere / alſo thet
auch ſein weyb / maget vnd fraw̃=
en die kuelten da den leib / jch wänc
deꜱ daꜱ hette der todt auf Sy geſwoꝛŋ /
deꜱ ward noch ʋil der Recken voŋ den
geſten da verloꝛen /

2076 Da sassen aber ruoen die von Burgunden lannt
die waffen mit den Schilden Sy legten von der handt
da stuond noch vor dene turnen der küene Spileman
Er wardt ob yemand wolte noch zuo jn mit streite gan

2077 Der kunig claget sere also thet auch sein weyb
maget vnd frawen die kuelten da den leib
jch wäne des das hette der todt auf Sy gesworn
des ward noch vil der Recken von den gesten da verloren

Abentheŭr · Wie der kŭnig den
Sal ob jn pꝛennen hieſs

36 Abentheur Wie der künig den Sal ob jn prennen hiess

Du pindet ab ꝺie
Helme / ſprach
Hagene der de=
gen / Jch / ʋnnd
mein geſelle
wellen ewꝛ
phlegen / ʋnꝺ
wellenꝛꜱ noch verſůchen zu ʋnnꜱ
deꜱ Etʒeln man / ſo warne ich meiŋ
herren / ſo ich allerſchieriſte kan /
Da entwaffent ꝺo daꜱ haubt ʋil

2078 Du pindet ab die Helme sprach Hagene der degen
Jch vnnd mein geselle wellen ewr phlegen
vnd wellenns noch versuochen zu vnns des Etzeln man
so warne ich mein herren so ich allerschieriste kan

2079 Da entwaffent do das haubt vil manig Ritter guot

manig Ritter gůt sy sassen auf
die wunden die vor jn in das plůt
waren zů dem tode von Iren han
den kumen da ward der edlen geste
gome genomen Noch vor dem
Abende da schůf der kunig das vnd
auch die kuniginne daz es versůch
ten bas die hunischen Recken der sach
man vor jn stan noch wol zwain
tzigk tausent Sy musten da ze streite
gan Sich hůb ain sturme herte
zu den gesten san Danckwart
Hagenen Brůeder vil schnelle
man sprach von seinen herren zu
den veinden für die thür man
maynte Er wer erstorben Er kam
gesunder wol dafür Der streit
weret vntz in die nacht benam
da wereten sich die geste als guten
helden getzam den Etzelen magen
den Summerlangen tag hey
was noch kuener degen vor jn waigk
gelag Zu den Sunnewenden
der grosse mort geschach daz die fraw
Chrimhildt Jr hertzenlaid errach
an jr nechsten magen vnd an an
dern manigem man dauon der
kunig Etzele freude nymmer mer
gewan Sein was des tags zerrun
nen da gieng jn sorgen not Sy gedach
ten daz jn pesser were ain kurtzer
todt dann da ze quelen auf vnge
fuege laid aines frides sy do begerten
die stoltzen Ritter gemait Die pa
ten daz man brachte den kunig zu
Jn die plůtvarben helde vnd auch
harnasch var tratten aus dem hause

fol. CXXVIvc ll. 1–34

manig Ritter gůt / ſÿ ſaſſen auf die wunden / die voꝛ jn in das plůt / waren zu dem tode voŋ Iren han=den kŭmen / da ward der edlen geſte gome genomen / Noch voꝛ dem Abende / da ſchůf der kunig das / vnd auch die küniginne / daʒ es verſuech=ten bas / die Hűniſchen Recken der ſach man voꝛ jm ſtan / noch wol zwain=ʒigk tauſent / Sÿ můſten da ze ſtreite gan / Sich hůb ain ſturme herte / zu den geſten ſan / Danckwart Hagenens Bꝛűeder vil ſchnelle man ſpranch / voŋ ſeineŋ herreŋ zu den ʋeinden fűr die thűr / man maÿnte Er wě̈r erſtoꝛben Er kaŋ geſundter wol dafűr / Der ſtreit weret v̈nʒ jn die nacht benam / da wereten ſich die geſte · als gűteŋ helden geʒam / den Eʒeleŋ mageŋ / den Summerlanngeŋ tag · heÿ was noch küener degen voꝛ jn waige gelag / Zu den Sűnnewennden der groſſe moꝛt geſchach / daʒ die fraŭ Chrimhildt Jr herʒenlaid errach / an jr nechſten magen / vnd an an=dern manigen man / dauoŋ der kunig Eʒele freűde nÿmmermeꝛ gewan / Sein was des tags zerrun=nen da gieng jn ſoꝛge not / Sy gedach=ten daʒ jn peſſer wě̈re / aiŋ kurʒer todt / dann da ze quelen auf ʋnge=főege laÿd / aines frides ſy do begeꝛtŋ̄ / die ſtolʒen Ritter gemait / Die pa=

2079 Da entwaffent do das haubt vil manig Ritter guot
sy sassen auf die wunden die vor jn in das pluot
waren zu dem tode von Iren handen kumen
da ward der edlen geste gome genomen

2080 Noch vor dem Abende da schuof der kunig das
vnd auch die küniginne daz es versuechten bas
die Hünischen Recken der sach man vor jm stan
noch wol zwaintzigk tausent Sy muosten da ze streite gan

2081 Sich huob ain sturme herte zu den gesten san
Danckwart Hagenens Brüeder vil schnelle man
spranch von seinen herren zu den veinden für die thür
man maynte Er wer erstorben Er kam gesundter wol dafür

2082 Der streit weret v̈ntz jn die nacht benam
da wereten sich die geste als guoten helden getzam
den Etzelen magen den Summerlanngen tag
hey was noch küener degen vor jn waige gelag

2083 Zu den Sunnewennden der grosse mort geschach
daz die frau Chrimhildt Jr hertzenlaid errach
an jr nechsten magen vnd an andern manigen man
dauon der kunig Etzele freude nymmermer gewan

2084 Sein was des tags zerrunnen da gieng jn sorge not
Sy gedachten daz jn pesser were ain kurtzer todt
dann da ze quelen auf vngefüege layd
aines frides sy do begerten die stoltzen Ritter gemait

2085 Die paten daz man brächte den künig zu Jn

toot · dann da ir gesin...
kriegelaid · aines frides sy do begerth ·
die stolzen Ritter gemait · Die pa
ten daz man brachte den künig zu
In · die plůtvarben helde und auch
harnasch far tratten aus dem hause
die drey künige heer · sy westen wem
zu clagen die ir vil grossleithen ser ·
Etzel und Chrimhilt die kamen
baide dar · das lannt was fraigen ·
des meret sich ir schar · Er sprach zu
den gesten · nu sagt was welt ir mei
Ir wellt frid gewynnen · das kund
muelich gesein · Auf schaden also
grossen · als ir mir habt getan · Ir
ensolt es nicht geniessen sol ich mein
leben han · mein kind daz ir mir er
sligt · und vil der mage mein · frid
und sune sol euch vil gar versagt
sein · Des antwart Gunther
des zwang uns starche not ·
alles mein gesinde lag vor deinen
helden todt · an der herberge wie het
ich das verschult · Ich kam zu dir
auf dem treiwe · Ich wanet daz du
mir werest holt · Da sprach von
Burgunden Giselher das kindt Ir
Etzelen helde die noch hie lebende
sint · was weyset ir mir recken ·
was han ich euch getan · Wann
ich freuntliche in ditz landt geritn
han · Sy sprach deiner guette ist
all die burg vol · mit iammer
zu dem lannde · Da gunnen wir dir
wol · daz du ye kumen warest von
Wurmse uber Rein · das lanndt

fol. CXXVIvc ll. 35–67

ten daʒ man bꝛaͤchte den kűnig zu Jn / die plůt varben helꝺe vnd auch Harnaſch far / tratten aus dem hauſe / die ꝺreÿ kunige heer / ſy weſten weŋ zu clagen die jr vil groͤſlichen ſer / Etʒel vnd Chrimhilt die kamen baide dar / das lannt was jr aigen / des meret ſich jr ſchaꝛ / Er ſprach zu den geſten nu ſagt was welt jr meī Ir wellt frid gewynnen / das kűnꝺ muͤelich geſein / Auf ſchaden alſo groſſen / als jr mir habt getan / jr enſolt es nicht genieſſen / ſol ich meiŋ leben han / mein kinꝺ daʒ jr mir er=ſlůgt / vnd vil der mage mein / fꝛiꝺ vnd ſuͤne / ſol euch vil gar verſagt ſein · Des antwurt Gunthꝛ? des zwanng vnns ſtarche not / alles mein geſinde / lag voꝛ deineŋ helꝺen todt / an der herberge wie het ich das verſchult / Jch kam zu dir auf dein treͤwe / jch waͤnet ꝺaʒ ꝺu mir wereſt holt / Da ſprach voŋ Burgunden Giſelher / das kinꝺt jr Etʒelen helꝺe / die noch hie lebende ſint · was weÿſet jr mir Recken / was han ich euch getan / Wann ich freuͤntliche iŋ ditʒ lanꝺt geꝛitŋ han / Sy ſprach deiner guͤette iſt all die Burg vol / mit iammer zu ꝺem lannde Ia gunneŋ wir diꝛ wol / daʒ du nÿe kumeŋ waͤreſt voŋ Wurmſe vͤber Rein / das lannꝺt

2085 Die paten daz man brächte den künig zu Jn
die pluot varben helde vnd auch Harnasch far
tratten aus dem hause die drey kunige heer
sy westen wem zu clagen die jr vil gröslichen ser

2086 Etzel vnd Chrimhilt die kamen baide dar
das lannt was jr aigen des meret sich jr schar
Er sprach zu den gesten nu sagt was welt jr mein
Ir wellt frid gewynnen das kund müelich gesein

2087 Auf schaden also grossen als jr mir habt getan
jr ensolt es nicht geniessen sol ich mein leben han
mein kind daz jr mir ersluogt vnd vil der mage mein
frid vnd sune sol euch vil gar versagt sein

2088 Des antwurt Gunther des zwanng vnns starche not
alles mein gesinde lag vor deinen helden todt
an der herberge wie het ich das verschult
Jch kam zu dir auf dein trewe jch wänet daz du mir werest holt

2089 Da sprach von Burgunden Giselher das kindt
jr Etzelen helde die noch hie lebende sint
was weyset jr mir Recken was han ich euch getan
Wann ich freuntliche in ditz landt geriten han

2090 Sy sprach deiner güette ist all die Burg vol
mit iammer zu dem lannde Ia gunnen wir dir wol
daz du nye kumen wärest von Wurmse über Rein
das lanndt hab Jr verwayset du vnd auch die Brüeder dein

habt jr verwayset du vnd auch
die Brueder dein· Da sprach in
zornes mute Gunther der degen·
welt jr ditz starche hassen zu ainer
sune legen mit vnns allen den
Recken· das ist baiden tail alsen gut·
es ist gar one schulde was vnns
Etzele getan· Da sprach der wirt
zun gesten· mein vnd ewr laid die
sind vil vngeleiche· die michel arbait des schaden zu den schanden
die ich hie han genomen· des sol ewr
dhainer nymmer lebende dahaim
komen· Da sprach zu dem künige
der starche Gernot· so sol euch got
gebieten daz jr freuntlichen todt
schlahet vnns alle· den vnd lat vns
zu euch gan hin nider an die weite·
das ist euch ere getan· Was geschehen
hen künne das lat da kurtz ergan
Jr habt so vil gesunder vnd dürens
bestan· daz sy vnns sturme mü-
ten· lassent nicht genesen· Wie
lannge süllen wir Recken in disen
arbaiten wesen· Die Etzeln
Recken die hetten es nach getan· daz
sy Sy wolten lazzen für den palas
gan· das gehört Chrimhilt es
was jr harte laid· des ward den
ellenden der fride ze gahes versait·
Nayna Hunen Recken des jr
da habt mit sich rat in rechten
trewen· daz jr des nicht entut· daz
Jr die mortrecken icht lasset für
den sal· also müessen ewr mage
leiden den vertlichen val· Ob jr
nu nyemand lebte wann nun Uten
kind· die meinen ellenden Brüeder
vnd kumen an den windt erküelend

fol. CXXVIIra ll. 1–34

hab Jr verwaÿſet / du vnd auch die Brüeder dein · Da ſprach iŋ zoꝛnes mûte Gunther der degeŋ / welt jr diʒ ſtarche haſſen zu aineꝛ ſüne legen mit vnns allen den Recken / das iſt baidenthalben gût / es iſt gar one ſchulde was vnns Eʒele getût / Da ſprach der wirt zun geſten / mein vnd ewꝛ laid die ſind vil vngeleiche / die michel arbait des ſchaden zu den ſchanden die ich hie han genomeŋ / des ſol ewꝛ dhainer nÿmmer lebende dahaiŋ komeŋ / Da ſprach zu dem künige der ſtarche Gernot / ſo ſol euch got gebieten daʒ jr freuntlichen todt ſchlahet vnns ellenden / vnd lat vns zu euch gan / hin nider an die weite / das iſt euch ere getan / Was geſchjehen künne / das lat da kurʒ ergaŋ Ir habt ſouil geſünder / vnd durens beſtan / daʒ ſy vnns ſtürme mûten / laſſent nicht geneſen / wie lannge ſüllen wir Recken in diſen arbaiten weſen / Die Eʒeln Recken die hettens nach getan / daʒ ſy Sy wolten laʒʒen für den palas gan / das gehört Chrimhilt es was jr harte laid / des ward den ellennden der fride ze gahes verſait / Naÿna Hünen Recken / des jr da habt mût / Jch rat in rechten trewen · daʒ jr des nicht entût / daʒ Ir die moꝛt recken icht laſſet für

das lanndt hab Jr verwayset du vnd auch die Brüeder dein

2091 Da sprach in zornes muote Gunther der degen
welt jr ditz starche hassen zu ainer suone legen
mit vnns allen den Recken das ist baidenthalben guot
es ist gar one schulde was vnns Etzele getuot

2092 Da sprach der wirt zun gesten mein vnd ewr laid
die sind vil vngeleiche die michel arbait
des schaden zu den schanden die ich hie han genomen
des sol ewr dhainer nymmer lebende dahaim komen

2093 Da sprach zu dem künige der starche Gernot
so sol euch got gebieten daz jr freuntlichen todt
schlahet vnns ellenden vnd lat vns zu euch gan
hin nider an die weite das ist euch ere getan

2094 Was geschehen künne das lat da kurtz ergan
Ir habt souil gesunder vnd durens bestan
daz sy vnns stürme muoten lassent nicht genesen
wie lannge süllen wir Recken in disen arbaiten wesen

2095 Die Etzeln Recken die hettens nach getan
daz sy Sy wolten lazzen für den palas gan
das gehört Chrimhilt es was jr harte laid
des ward den ellennden der fride ze gahes versait

2096 Nayna Hünen Recken des jr da habt muot
Jch rat in rechten trewen daz jr des nicht entuot
daz Ir die mort recken icht lasset für den sal

fol. CXXVIIra ll. 35–68

den ſal / alſo müeſſen ewꝛ mage
leideŋ deŋ yettlicheŋ val / Ob jr
nu nÿemand lebte / wanŋ nün v̈tŋ̄
kind / die meinen ellenndeŋ Bꝛüeder
vnd kumens an den windt / erkülenꝺ
Jn die ringe / ſo ſeÿt jr alle verloꝛen /
Es werden / küener Recken / iŋ der welt
nÿe gepoꝛŋ / Da ſprach der iünge
Giſelher vil ſchöne ſweſter mein /
des trawet ich euch vil v̈bele / da du
mich v̈ber Rein ladeſt heer ze Lannde /
iŋ diſe groſſe not / wie han ich an
den Hünen hie verdienet den todt /
Ich was dir ye getrewe / nye getet
ich dir laid / auf ſolhen gedingen
ich heer ze hofe raÿt / daʒ du mir holt
wereſt / vil edle ſchweſter mein be=
gieng on gnade es mag nu anndeꝛs
nit geſein / Ich mag euch nicht
genaden / vngenaꝺ ich han / mir
hat von Tronege Hagene ſo groſ=
ſe laid getan / Es iſt vil vnuerſüe=
net / die weÿl ich han den leib · Jr müeſ=
ſet all entgelteŋ / ſprach des Etʒeln
weib / Welt jr mir Hagene aine
zu ainem giſl geben / ſo wil ich eüch
verſpꝛechen / ich welle euch laſſen
leben / Wann jr ſeyt mein Bꝛüedeꝛ
vnd ainer müter kinꝺ / ſo red ich
es nach der ſüne / mit diſen helꝺen
die hie ſind / Nu welle got von hÿ=
mel / ſprach do Gernot / ob vnnſer
tauſent wëren wir lägen alle todt /
der ſyppen deiner mage Ee wir dir

daz Ir die mort recken icht lasset für den sal
also müessen ewr mage leiden den yettlichen val

2097 Ob jr nu nyemand lebte wann nun voten kind
die meinen ellennden Brüeder vnd kumens an den windt
erkülend Jn die ringe so seyt jr alle verloren
Es werden küener Recken in der welt nye geporn

2098 Da sprach der iunge Giselher vil schöne swester mein
des trawet ich euch vil v̈bele da du mich v̈ber Rein
ladest heer ze Lannde in dise grosse not
wie han ich an den Hünen hie verdienet den todt

2099 Ich was dir ye getrewe nye getet ich dir laid
auf solhen gedingen ich heer ze hofe rayt
daz du mir holt werest vil edle schwester mein
begieng on gnade es mag nu annders nit gesein

2100 Ich mag euch nicht genaden vngenad ich han
mir hat von Tronege Hagene so grosse laid getan
Es ist vil vnuersüenet die weyl ich han den leib
Jr müesset all entgelten sprach des Etzeln weib

2101 Welt jr mir Hagene aine zu ainem gisl geben
so wil ich euch versprechen ich welle euch lassen leben
Wann jr seyt mein Brüeder vnd ainer muoter kind
so red ich es nach der suone mit disen helden die hie sind

2102 Nu welle got von hymel sprach do Gernot
ob vnnser tausent weren wir lägen alle todt
der syppen deiner mage Ee wir dir ainen man

amen man geben hie de gysl es wir
det nymmer getan Wir muess sy
doch alle ersterben sprach do Giselher
vnns schaydet nyemand von ritter
licher wer. Wer gerne mit vnns
fechte. Wir sein et aber hie. wann ich
dhainen meinen freundt noch an
treuen verlie. Da sprach der küene
Danckwart. im gezam nicht ze
tagene. Ja stet noch nicht ainig mein
bruder Hagene. die hie den frid ver
sprechend es mag yn werden laid.
bringen wir euch ynnen das sey euch
werlich gesait. Da sprach die kü
niginne Jr helde vil gemait. Nu geet
der stiegen naher. vnd rechet meine
laid. das wil ich ymmer dienen.
als ich von rechte sol. der Hagenen
vbermüte der gelone ich im wol. Man
ainen aus dem hawse nicht komen
lie vber all. so hayss ich an vier enden
zünden an den sal. so werden wol er
rochen allen meine layd. des Etzeln
degenne wurden schier berait. Die
noch hie aussen stunden die triben's in
den sal. mit schlegen vnd mit schüssen
des ward vil gros der schal. doch wol
ten nie geschaiden die fürsten vnd
jr man. Sy kunden vor treuen an
ainander nicht verlan. Den sal
den hiess do zunden des Etzeln weyb.
da quelte man die recken mit fewr da
den leyb. das hawss von ainem winde
vil palde alles enpran. Jch wäne
das volck dhain grosser angst ye ge
wan. Genüg rueften da awe
diser not. wir möchten vil lieber sein
im sturme todt. es mocht got erparm
en wie sein wir alle verlorn. nu

fol. CXXVIIrb ll. 1–34

ainen̦ man̦ geben̦ / hie Ze gÿſl eꜱ wir= det nÿmmer getan / Wir müeſſn̦ doch alle erſterben̦ ſprach do Giſelhrꝰ vnnꜱ ſchaydet nÿemanꝺ von Ritter= licher wer / Wer gernne mit ʋnnꜱ fechte / wir ſein et aber hie / wann ich dhainen meinen̦ Frewnꝺt noch an trewen̦ verlie / Da ſprach der küene Dannckwart / im getʒam nicht ze tagene / Ja ſtet noch nicht ainig mein̦ Bꝛuder Hagene / die hie den frid ver= ſprechenꝺ eꜱ mag jn werꝺen laid · bringen̦ wir euch ynnen̦ ꝺaꜱ ſey euch̦ werlich geſaÿt / Da ſprach die kü= niginne Jr helꝺe ʋil gemait / Nu geet der ſtiegen̦ naher ʋnꝺ rechet meine laid / daꜱ wil ich ÿmmer dienen / alꜱ ich von rechte ſol / der Hagenen̦ ʋ̈bermůte der gelone ich jm wol / Man̦ ainen̦ auꜱ dem hawſe nicht komen̦ lie ʋ̈ber all / ſo hayſs an̦ Vier enden zünden̦ an den ſal / ſo werden wol er= rochen allen meine laÿꝺ / deꜱ Etʒeln degenne wurden ſchier berait · Die noch hie auſſtůnden / die tribenꜱ in̦ den ſal / mit ſchlegen ʋnꝺ mit ſchüſſn̦ deꜱ ward vil groꜱ der ſchal / doch wol= ten nie geſchaiden / die Fürſten vnꝺ jr man / Sy kunden̦ voꝛ treüen̦ an einannder nicht verlan / Den ſal den hieſs do zünden deꜱ Etʒeln weyb / da quelte man die Recken mit fewꝛ ꝺa den leÿb / daꜱ hawſꜱ von̦ ainem̦ winde vil palꝺe alleꜱ empran Jch wäne

der syppen deiner mage   Ee wir dir ainen man
geben hie Ze gysl   es wirdet nymmer getan

2103 Wir müessen doch alle ersterben   sprach do Giselherr
vnns schaydet nyemand   von Ritterlicher wer
Wer gernne mit vnns fechte   wir sein et aber hie
wann ich dhainen meinen Frewndt   noch an trewen verlie

2104 Da sprach der küene Dannckwart   im getzam nicht ze tagene
Ja stet noch nicht ainig   mein Bruder Hagene
die hie den frid versprechend   es mag jn werden laid
bringen wir euch ynnen   das sey euch werlich gesayt

2105 Da sprach die küniginne   Jr helde vil gemait
Nu geet der stiegen naher   vnd rechet meine laid
das wil ich ymmer dienen   als ich von rechte sol
der Hagenen ӱbermuote   der gelone ich jm wol

2106 Man ainen aus dem hawse   nicht komen lie ӱber all
so hayss an Vier enden   zünden an den sal
so werden wol errochen   allen meine layd
des Etzeln degenne   wurden schier berait

2107 Die noch hie ausstuonden   die tribens in den sal
mit schlegen vnd mit schüssen   des ward vil gros der schal
doch wolten nie geschaiden   die Fürsten vnd jr man
Sy kunden vor treuen   an einannder nicht verlan

2108 Den sal den hiess do zunden   des Etzeln weyb
da quelte man die Recken   mit fewr da den leyb
das hawss von ainem winde   vil palde alles empran
Jch wäne das volck dhain   grösser angst ye gewan

da quelte man die recken mit fewr da
den leyb. das hawß von ainem winde
vil palde alles enpran. Jch wäne
das volck dhain grosser angst ye ge
wan. Genug rüefften da awe
diser not. wir möchten vil lieber sein
in sturme todt. es möcht got erparm
en wie sein wir alle verlorn. nu
richtet ungefüege an uns die küni
ginne iren zorn. Der ainer sprach
darynne wir müessen ligen tot.
Was hilffet uns das grüessen.
daz uns der künig enpot. mir
tüt von starcher hitze der durste so
rechte wee. daz ich main mein leben
schier in disen sorgen zergee. Da
sprach von Tronege Hagene der edl
Ritter güt. wen zwinge durstes not
der trinck hie des plüt. wie ungemeint
Erb wäre es daucht sy groslichen
güt. Nu lon euch got her Hagene
sprach der müede man. daz Jch von
ewr lere so wol getrungken han.
mir ist noch vil selten geschencket
besser wein. leb ich dhain weyle
ich sol euch ymmer dienend sein.
Do die anndern das gehorten daz
es sy dauchte güt. da ward ir michel
mere die truncken auch das plüt.
danon gewan vil creffte ir ettlichs
leib. des entgalt an lieben freund
en seyt manig waydeliches weib.
Das fewr viel genote auf sy
in den sal. da laiten sys mit schild
en von in hin ze tal. der rauch
und auch die hitze in tetten baide
wee. Jch wäne der jammer immer

fol. CXXVIIrb ll. 35–68

daꜱ ꝩolck dhain gröſſer angſt ye ge=
wan Genůg ruefften da awe
diſer not / wir möchten vil lieber ſeiŋ
in ſturme todt · eꜱ mőcht got erpaꝛm=
eŋ wie ſein wir alle verloꝛn / nu
richtet vngefüege an ꝩnnꜱ ꝺie küni=
ginne jren zoꝛn / Ir ainer ſprach
darynne wir műeſſen ligen tot /
Waꜱ hilffet vnnꜱ daꜱ grűeſſeŋ /
daʒ vnnꜱ der künig empot / mir
tůt voŋ ſtarcher hiꜩe der durſte ſo
rechte wee / daʒ ich maÿŋ mein lebŋ̄
ſchier iŋ diſen ſoꝛgen zergee Da
ſprach voŋ Tronege Hagene Ir edlŋ̄
Ritter gůt / wen zwinge durſteꜱ not
der trinck hie deꜱ plůt / wie vngewent
Erꜱ ware eꜱ daucht jn groſlichen
gůt / Nu loŋ euch got herꝰ Hagene
ſprach der műede man / daʒ Ich voŋ
Ewꝛ lere ſo wol getrungken han /
mir iſt noch vil ſelten geſchenncket
beſſer weiŋ / leb ich ꝺhaiŋ weyle
ich ſol euch ymmer dienenꝺ ſeiŋ /
Do die annderŋ daꜱ gehoꝛteŋ daʒ
eꜱ jn dauchte gůt / da ward jr michel
mere / die truncken auch daꜱ plůt /
dauoŋ gewan vil creffte jr ettlicheꜱ
leib / deꜱ entgalt an lieben Freunꝺ=
en ſeyt manig waydelicheꜱ weib /
Daꜱ fewꝛ viel genote auf ſy
in deŋ ſal / da laiten ſyꜱ mit ſchilꝺ=
eŋ voŋ In hin ze tal / der raüch
vnd auch die hiꜩe jn tetten baide
wee / Ich wäne der jammer immeꝛ=

Jch wäne das volck dhain grösser angst ye gewan

2109 Genuog ruefften da awe diser not
wir möchten vil lieber sein in sturme todt
es möcht got erparmen wie sein wir alle verlorn
nu richtet vngefüege an vnns die küniginne jren zorn

2110 Ir ainer sprach darynne wir müessen ligen tot
Was hilffet vnns das grüessen daz vnns der künig empot
mir tuot von starcher hitze der durste so rechte wee
daz ich mayn mein leben schier in disen sorgen zergee

2111 Da sprach von Tronege Hagene Ir edlen Ritter guot
wen zwinge durstes not der trinck hie des pluot

2112 wie vngewent Ers ware es daucht jn groslichen guot

2113 Nu lon euch got herr Hagene sprach der müede man
daz Ich von Ewr lere so wol getrungken han
mir ist noch vil selten geschenncket besser wein
leb ich dhain weyle ich sol euch ymmer dienend sein

2114 Do die anndern das gehorten daz es jn dauchte guot
da ward jr michel mere die truncken auch das pluot
dauon gewan vil creffte jr ettliches leib
des entgalt an lieben Freunden seyt manig waydeliches weib

2115 Das fewr viel genote auf sy in den sal
da laiten sys mit schilden von In hin ze tal
der rauch vnd auch die hitze jn tetten baide wee
Ich wäne der jammer immermer an helden ergee

mer an helden ergee Da sprach
von Tronege Hagene stet zu des
sales wannt lat nicht die prende
vallen auf ewr helm pant trettet
sy mit den fiessen tieffer in das
plut es ist ain vbel hochzeit die vns
die kunigin tut In sunst getanen
laiden sy doch der nacht zeran noch
stund vor dem hawse der kuene spi
leman vnd Hagene sein geselle gelai
net vber rannt Sy warten schaden
mare von den aus Etzelen lanndt Da
sprach der Videlare nu gee wir in
den sal so wanent des die Hunnen daz
wir sein vberal todt von diser quale
die an vnns ist getan sy sehent noch
vnns degene in streite zrettelichen
stan Da sprach von Burgunden
Giselher das kindt Ich wane es tagen
welle sich hebt ein kueler windt Nu
lass vnns got von himel noch lieber
zeit geleben vnns hat mein swester
Chrimhilt ain arge hochzeit gegeben
Da sprach ainer ich kiese den tag seyt
daz es vnns nicht besser wesen mag
so waffent ir euch helde gedenncket an
den leib Ja kumbt vnns aber schiere
des kunig Etzeln weyb Der wiert
wolte wanen die geste waren todt
von ir arbait vnd von des fewres not
da lebt ir noch darynne Sechshundert
kuener man daz ye kunig kainer
pesser degene gewan Der ellende hute
het wol ersehen daz noch die geste lebten
wie jn halt was geschehen ze schanden
vnd ze layde den herren vnd ir man
man sach sy in dem gademe noch vil
wol gesunde gan Man sagte Chrimhilden
Ir were vil genesen da sprach

fol. CXXVIIrc ll. 1–34

mer an heldeŋ ergee / Da ſprach voŋ Tronege Hagene / ſtet zu des Sales wannt / lat nicht die prende vallen / auf Ewꝛ helm pant / trettet Sy mit den Fűeſſeŋ tieffer in das plůt / es iſt ain vbel hochʒeit / die vns die kunigin tůt / In ſunſt getaneŋ laiden jŋ doch der nacht zeran / noch ſtůnd voꝛ dem Hawſe / der kűene ſpileman / vnd Hagene ſein geſelle gelainet vber Rannt / Sy wartetŋ ſchaden märe voŋ den aus Etʒelen lanndt / Da ſprach der Videläre / nu gee wir in den ſal / ſo wänent des die Hűneŋ daʒ wir ſein v̈beral / todt voŋ diſer quale / die an vnns iſt getan / ſy ſehent noch vnns degene in ſtreite jr ettelichen ſtan · Da ſprach von Burgunden / Giſelher das kindt / Jch wäne es tagŋ welle / ſich hebt ein kueler windt / Nu laſs vnns got von himel noch lieber zeit geleben / vnns hat mein Sweſter Chrimhilt / ain arge hochzeit gegeben / Da ſprach ainer jch kieſe den tag / ſeyt daʒ es vnns nicht beſſer weſeŋ mag / ſo waffent Ir euch helde gedenncket aŋ den leib / ja kumbt vnns aber ſchiere / des kűnig Etʒelŋ weÿb / Der Wiert wolte wänen die geſte wären todt / voŋ jr arbait vnd von des Feẅres not / da lebt jr noch darÿnne Sechſhűndeꝛt kűener man / daʒ nye kűnig kainer peſſer degene gewan / Der ellende hůte het wol erſehen / daʒ noch die geſte lebten /

Ich wäne der jammer immermer an helden ergee

2116 Da sprach von Tronege Hagene stet zu des Sales wannt
lat nicht die prende vallen auf Ewr helm pant
trettet Sy mit den Füessen tieffer in das pluot
es ist ain vbel hochzeit die vns die kunigin tuot

2117 In sunst getanen laiden jn doch der nacht zeran
noch stuond vor dem Hawse der küene spileman
vnd Hagene sein geselle gelainet vber Rannt
Sy warteten schaden märe von den aus Etzelen lanndt

2118 Da sprach der Videläre nu gee wir in den sal
so wänent des die Hünen daz wir sein v̈beral
todt von diser quale die an vnns ist getan
sy sehent noch vnns degene in streite jr ettelichen stan

2119 Da sprach von Burgunden Giselher das kindt
Jch wäne es tagen welle sich hebt ein kueler windt
Nu lass vnns got von himel noch lieber zeit geleben
vnns hat mein Swester Chrimhilt ain arge hochzeit gegeben

2120 Da sprach ainer jch kiese den tag
seyt daz es vnns nicht besser wesen mag
so waffent Ir euch helde gedenncket an den leib
ja kumbt vnns aber schiere des künig Etzeln weyb

2121 Der Wiert wolte wänen die geste wären todt
von jr arbait vnd von des Fewres not
da lebt jr noch darynne Sechshundert küener man
daz nye künig kainer pesser degene gewan

2122 Der ellende huote het wol ersehen
daz noch die geste lebten wie jn halt was geschehen

kuener man. daz ye kunig wunne
pesser degene gewan. Der ellende hüte
het wol ersehen. daz noch die geste lebten.
wie jn halt was geschehen. ze schanden
und ze layde den herren. und jr man.
man sach sy in dem gademe noch vil
wol gesunde gan. Man sagte Chrim
hilden. Jr were vil gezresen. da sprach
die kunigime das kund nymmer
wesen. daz jr dhainer lebte von des few
res not. Ich wil des bas getrawen. daz
sy alle ligen todt. Noch genasen gern
die fürsten. und jr man. ob noch ye
mand wolte genad an jn begand. den
kunden sy nicht vinden. an dem von
Hunen landt. da rachen sy jr sterben.
mit vil williklicher hanndt. Des
tages wider morgen man jn pot. mit
hertem urlauge des komen helde in
not. da ward zu jn geschossen vil ma
nig starcher geer. sich wereten Ritter
lichen die recken kuen und her. Dem
Etzelen gesynnde erwaget was der
mut. daz sy wolten dienen das Chrim
hilde gut. darzu sy wolten laysten.
daz jn der kunig gepot. des mus ma
niger schiere von jn kyesen den todt.
Von sölchem gehaysse und auch
von gabe man möcht wunder sagen
Sy hiesß golt das rote darzu mit schil
den tragen. Sy gab es wer sein ruchte
und es wolte emphahen. Da ward
nye gresser solden auf veinde mare
gegeben. Ain michel crafft der reck
en darzu gewaffent gie. da sprach
der kunig Volcker wir seien aber
hie. ich gesach auf vechten nie helde

fol. CXXVIIrc ll. 35–68

wie jn halt was geſcheheŋ / ze ſchandeŋ vnd ze laÿde den herren / vnd jr man / maŋ ſach ſy in dem gademe / noch vil wol geſunde gan Maŋ ſagte Chrim=hilden / Jr were vil geneſeŋ / da ſprach die kuniginne das künd nÿmmer weſen / daʒ jr dhainer lebte von des feẅ=res not / Ich wil des bas getraweŋ daʒ ſy alle ligen todt / Noch genaſen geꝛŋ die Fürſten / vnd jr man / ob noch ye=mand wolte genad an jn began / deŋ kunden ſy nicht vinden / an dem von Hünen landt / da rachen ſÿ jr ſterbeŋ / mit vil williklicher hanndt / Des tages wider moꝛgen man jn pot / mit hertem vrlauge / des komeŋ helde in not / da ward zů jn geſchoſſen / vil ma=nig ſtarcher geer / ſich wereten Ritter=lichen die Recken küeŋ vnd her / Deŋ Etʒelen geſÿnnde erwaget was der můt / daʒ ſy wolten dieneŋ das Chꝛim=hilde gůt / dartʒů ſy wolten laÿſten / daʒ jn der künig gepot / des můs ma=niger ſchiere voŋ jn kyeſen den todt / Voŋ ſölchem gehaÿſſe / vnd auch von gabe maŋ möcht wünnder ſagŋ Sy hieſs golt das rote dartʒů mit ſchil=den tragen / Sy gab es wer ſein růchte vnd es wolte emphaheŋ / Ia ward nye gröſſer ſolden auf veinde märe gegebeŋ / Eiŋ michel crafft der Reck=en dartʒů gewaffent gie / da ſprach der kunig Volcker wir ſein et aber hie / ine geſach auf vechten nie helde

daz noch die geste lebten   wie jn halt was geschehen
ze schanden vnd ze layde   den herren vnd jr man
man sach sy in dem gademe   noch vil wol gesunde gan

2123 Man sagte Chrim hilden   Jr were vil genesen
da sprach die kuniginne   das künd nymmer wesen
daz jr dhainer lebte   von des fewres not
Ich wil des bas getrawen   daz sy alle ligen todt

2124 Noch genasen gern   die Fürsten vnd jr man
ob noch yemand wolte   genad an jn began
den kunden sy nicht vinden   an dem von Hünen landt
da rachen sy jr sterben   mit vil williklicher hanndt

2125 Des tages wider morgen   man jn pot
mit hertem vrlauge   des komen helde in not
da ward zuo jn geschossen   vil manig starcher geer
sich wereten Ritterlichen   die Recken küen vnd her

2126 Dem Etzelen gesynnde   erwaget was der muot
daz sy wolten   dienen das Chrimhilde guot
dartzuo sy wolten laysten   daz jn der künig gepot
des muos maniger schiere   von jn kyesen den todt

2127 Von sölchem gehaysse vnd auch von gabe   man möcht wunnder sagen
Sy hiess golt das rote   dartzuo mit schilden tragen
Sy gab es wer sein ruochte   vnd es wolte emphahen
Ia ward nye grösser solden   auf veinde märe gegeben

2128 Ein michel crafft der Recken   dartzuo gewaffent gie
da sprach der kunig Volcker   wir sein et aber hie
ine gesach auf vechten nie   helde gernner komen

N germner komen. die das golt des
kuniges vmb zware haben genom
en Da rüeffen jr genüge nah
er helde bas. daz wir süllen verendn
vnd tun bey zeite das. hie beleibet
nyemand wann wer doch sterben
sol. da sach man schier jr schilde stec
ken gerschüsse vol. Was mag ich
sagen mere. Wol zwelfhundert man
die versüchten es vil sere. wider vnd
dann. da kulten mit den wunden
die geste wol nach irem müt. Es
mocht nyemannd schaiden. des sach
man fliessen das plut. Von ferch
tieffen wunden. der ward da vil ge
slagen. heszlichen nach den frunden
hort man do klagen. die piderben
sturben alle den reichen kunige hr
des hetten holdemagen nach jn groß
lichen seer.

fol. CXXVIIva ll. 1–20

gernner komeŋ / die das golt des künniges vnns zware habeŋ genom=en / Da rüefften jr genüge nah=er helꝺe bas / daȝ wir ſülleŋ verendŋ̄ vnd tůn bey zeite das hie beleibet nyemand wann wer doch ſterben ſol / da ſach maŋ ſchier jr ſchilꝺe ſtec=ken ger ſchüſſe vol / Was mag ich ſagen mere / wol zwelfhündert maŋ / die verſüchteŋ es vil ſere / wider vnd dann / da kulteŋ mit den wŭnden die geſte wol nach jrem můt / Es mocht nyemannd ſchaiden / des ſach man flieſſen das plůt · Von Ferch tieffeŋ wŭndeŋ / der ward da vil ge=ſlageŋ / Yeſȝlicheŋ nach den Fründeŋ hoꝛt man do klagen / die piderben ſturben alle den reichen künige hrꝰ / des hetten holde magen nach jn gröſȝ=licheŋ ſeer /

ine gesach auf vechten nie helde gernner komen
die das golt des küniges vnns zware haben genomen

2129 Da rüefften jr genuoge naher helde bas
daz wir süllen verendn vnd tuon bey zeite das
hie beleibet nyemand wann wer doch sterben sol
da sach man schier jr schilde stecken ger schüsse vol

2130 Was mag ich sagen mere wol zwelfhundert man
die versuochten es vil sere wider vnd dann
da kulten mit den wunden die geste wol nach jrem muot
Es mocht nyemannd schaiden des sach man fliessen das pluot

2131 Von Ferch tieffen wunden der ward da vil geslagen
Yeszlichen nach den Frunden hort man do klagen
die piderben sturben alle den reichen künige herr
des hetten holde magen nach jn grösz lichen seer